GÜNTER DÜRIG

Gesammelte Schriften

1952–1983

Schriften zum Öffentlichen Recht

Band 463

Günter Dürig

GÜNTER DÜRIG

Gesammelte Schriften

1952–1983

In Verbindung mit Hartmut Maurer

herausgegeben von

Walter Schmitt Glaeser und Peter Häberle

DUNCKER & HUMBLOT / BERLIN

CIP-Kurztitelaufnahme der Deutschen Bibliothek

Dürig, Günter:
Gesammelte Schriften: 1952 - 1983 / Günter Dürig.
In Verbindung mit Hartmut Maurer hrsg. von Walter
Schmitt Glaeser u. Peter Häberle. — Berlin:
Duncker und Humblot, 1984.
(Schriften zum Öffentlichen Recht; Bd. 463)
ISBN 3-428-05594-2

NE: Dürig, Günter: [Sammlung]; GT

Gedruckt 1984 bei Berliner Buchdruckerei Union GmbH, Berlin 61
Printed in Germany

ISBN 3-428-05594-2

Vorwort der Herausgeber

Günter Dürig wird am 25. Januar 1985 fünfundsechzig Jahre alt. Die Herausgabe eines Teils seiner Schriften soll ein bescheidener Ausdruck des Dankes sein, den wir ihm als Lehrer und als Vorbild schulden. Die Laudatio für ihn wurde schon zu seinem sechzigsten Geburtstag von Peter Häberle geschrieben: „Staatsrechtslehre im Verfassungsleben — am Beispiel Günter Dürigs". Sie ist — gleichsam als zweites Vorwort — in diesem Buch Dürigs Schriften vorangestellt und soll eine Einstimmung in die ebenso weit ausgreifenden wie verschiedenartigen wissenschaftlichen Wirkungsebenen des Jubilars vermitteln.

Aus naheliegenden Gründen konnte nur ein Teil seines Werkes in die „Gesammelten Schriften" aufgenommen werden. Die Bibliographie am Ende des Bandes soll ein möglichst vollständiges Bild seines Schaffens vermitteln. Sie ist in Literaturgattungen gegliedert, von „Aufsätze" bis „Geheimkommentar"; an dieser Gliederung orientiert sich auch die Reihung der abgedruckten Schriften.

Die Auswahl bereitete uns viel Kopfzerbrechen. Mit dem Verständnis des Jubilars für das Ergebnis dieser Bemühungen hoffen wir rechnen zu können, wenn wir den Satz in einem seiner Briefe an einen Mitherausgeber richtig bewerten: „Schwierig ist nur, daß ich keine Literaturgattung ausgelassen habe, mit Ausnahme von Opernlibretti (und das war auch noch ein Fehler)." Neben grundlegenden und weichenstellenden Abhandlungen und Beiträgen werden auch einige Glossen und eine Auswahl seiner Stichwortkommentierungen in der Gesetzessammlung für Baden-Württemberg aufgenommen. Sie sollen vor allem den Lehrer Dürig plastisch werden lassen: Klausurentexte wie der „Schein-Standesbeamte" waren keine Seltenheit, und die Stichwortkommentierungen lassen den engagierten Stil seiner Vorlesungen erkennen.

Im übrigen haben sich die Herausgeber von folgenden Auswahlgesichtspunkten leiten lassen: Von möglichst vielen Literaturgattungen sollte mindestens ein repräsentatives Beispiel aus der Feder des Jubilars wieder abgedruckt werden. Von dieser Regel gibt es freilich Ausnahmen. So wurde aus Platzgründen z. B. kein Gutachten in den Sammelband aufgenommen, so groß die Wirkung Günter Dürigs dank seiner inneren und äußeren Unabhängigkeit gerade auch hier war und geblieben ist; immerhin knüpft das Plädoyer zu Art. 79 Abs. 3 GG (hier unter Ziff. V, 2) an das Gutachten zum Abhörstreit an. Ebenfalls aus Raumgründen wurde das Staatsrechtslehrerreferat von 1954 hier nicht aufgenommen; in den Veröffentlichungen der Vereinigung der Deutschen Staatsrechtslehrer bleibt es jedoch jederzeit leicht zugänglich. Bewußt wurden aber drei Diskussionsbeiträge wieder abgedruckt, die der Jubilar auf diesem Forum leistete: Denn wie kaum sonst kommt hier seine rhetorische Begabung ebenso zum Ausdruck wie seine Kunst, „aus dem Stand" ein dichtes, gelegentlich scharf „gewürztes" und wirklich spontanes Votum abzugeben. Schmerzlich ist die Tatsache, daß von den großen Kommentierungen Dürigs im „Maunz / Dürig" wegen des Umfanges nur ein Auszug zu Art. 19 Abs. 4 GG in die vorliegende Sammlung aufgenommen werden konnte. Aber abgesehen davon, daß die übrigen Kommentierungen aus der Feder des Jubilars leicht im Kommentar „Maunz / Dürig" zugänglich sind, darf erwartet werden, daß sich der Verlag Beck im Falle von Zweitbearbeitungen aus der Feder anderer Autoren zu einer gesonderten Herausgabe der schon heute „klassischen" Kommentierungen seines berühmten Autors entschließt.

Die Herausgeber danken Herrn Professor Dr. Dr. h. c. J. Broermann für die Aufnahme von Dürigs Gesammelten Schriften in sein Verlagsprogramm. Wieder einmal blieb der Verlag Duncker & Humblot seiner großen Tradition treu: Juristisches, insbesondere öffentlich-rechtliches Schrifttum unabhängig vom Blick auf den raschen merkantilen Erfolg zu veröffentlichen. Was so zunächst eine Gabe des Verlegers und der Herausgeber für den Jubilar Günter Dürig ist, wird sich letztlich als eine Gabe des Jubilars an die wissenschaftliche Öffentlichkeit, heute wie morgen, erweisen.

Bayreuth, im Sommer 1984

Walter Schmitt Glaeser
Peter Häberle

Bachof, DÖV 85, 81, Ipsen, NJW 85, 259, Maurer, JZ 85, 223

Maurer, JZ 87, 133, Bachof, DÖV 87, 458

Inhaltsverzeichnis

V. Vorträge, Plädoyers, Diskussionsbeiträge

VI. Lexikon- und Handbücherbeiträge

VII. Glückwünsche, Nachrufe

VIII. Glossen

IX. Besprechungen, Berichte

X. „Geheimkommentar“

Staatsrechtslehre im Verfassungsleben — am Beispiel Günter Dürigs

Von Peter Häberle*

I. Einleitung, Sache und Person

Wie prägend Juristen als Einzelpersönlichkeiten für Wissenschaft und Praxis des öffentlichen Rechts, vor allem des Verfassungsrechts, auch heute noch sein können, zeigt sich exemplarisch im Wirken *Günter Dürigs,* der am 25. Januar 1980 60 Jahre alt wird. Das — persönlich bedingte — Geheimnis seiner Ausstrahlung läßt sich gewiß nur zum Teil umschreiben. Das ist auch gut so. Auf diesem Geburtstagsblatt soll mehr die sachliche und funktionelle Seite nachgezeichnet werden, so eng bei einem so engagierten Forscher und Lehrer wie *Dürig* die Sache mit der Person zusammenhängt. „Werkbereich" und „Wirkbereich" (vgl. BVerfGE 30, 173 [189]), nicht nur für den Künstler, sondern auch für den Wissenschaftler unterscheidbar, sind hier letztlich eins.

Die nachstehenden Überlegungen wollen das *Exemplarische* an *Günter Dürig* in seiner Wirkung als Staatsrechtslehrer für das deutsche Verfassungsleben seit 1949 skizzieren. Beispielhaft ist seine Beteiligung am Aufbau und Ausbau der verfassungsrechtlichen Dogmatik zum Grundgesetz nach 1949. Sie geschah und geschieht in mehreren „Rollen" — *insofern* ist *Dürig* „Pluralist in einer Person": ein Staatsrechtslehrer kann Beiträge zum Verfassungsleben auf vielen Ebenen leisten und diese Aufgaben (zum Teil gleichzeitig, zum Teil nacheinander) wahrnehmen. Durch seinen Beruf ist er — ein Glücksfall — in der Lage, in verschiedenen und doch ineinander verschränkten „Funktionen" gleichzeitig und sich gegenseitig verstärkend die „offene Gesellschaft der Verfassungsinterpreten" spezifisch mitzugestalten. *Dürig* hat praktisch vorgeführt, welche Aufgaben und Möglichkeiten, aber auch Verpflichtungen und Lasten in der Freiheit des „Amtes" eines Staatsrechtslehrers angelegt sind. Er hat mitgeholfen, dem Beruf, ja der Berufung zu diesem „Amt" eine neue Glaubwürdigkeit zu verschaffen, eine Glaubwürdigkeit, die nach 1945 erst wieder neu begründet werden mußte.

---

* Entnommen aus *P. Häberle,* Die Verfassung des Pluralismus (1980), S. 110 bis S. 125.

Das Thema „Staatsrechtslehrer und Verfassung" wurde bereits von *Ernst Friesenhahn* vor 30 Jahren[1] unter einem für die damalige Zeit typischen und notwendigen Blickwinkel repräsentativ behandelt: dem der Bindung. In diesem Geburtstagsblatt geht es um die Skizzierung des *Beispiels,* das ein *einzelner* deutscher Staatsrechtslehrer kraft seiner Persönlichkeit dafür gegeben hat, wie vielfältig und intensiv, mittel- und langfristig anregend und verarbeitend Staatsrechtslehrer im Verfassungsleben überhaupt wirken können. Damit wird zugleich Art. 5 Abs. 3 GG von einer spezifischen Seite her ausgeleuchtet: vom Biographischen und vom Werk- und Wirkgeschichtlichen her, vom Personalen wie vom Sachlich-Funktionellen aus. Neben die in diesen Monaten viel bedachte Institutionengeschichte „30 Jahre Bundesrepublik Deutschland" tritt ein Stück persönliche Geschichte.

II. Die einzelnen Aufgabenkreise des Staatsrechtslehrers im Verfassungsleben

1. Selten wird es einer einzelnen Persönlichkeit gelingen, „alle" *möglichen* Aufgabenkreise, die eine offene Gesellschaft gerade ihm als „zunftmäßigen" Verfassungsinterpreten bietet, auch *tatsächlich* wahrzunehmen. Folgende Tätigkeitsbereiche stehen im Vordergrund: die Rolle des *Kommentators* (zur Verfassung), des *wissenschaftlichen Autors* (von Aufsätzen, Monographien, Lexikonartikeln), des *Rechtsprechungsrezensenten,* des *Gutachters* in verfassungsgerichtlichen Prozessen oder des *Beraters* von politischen Gremien, Parteiführern oder (und) Amtsträgern, von Parteien, Verbänden und Religionsgesellschaften, die Rolle des *„Plädierenden"* vor Gerichten oder Parlamentsausschüssen[2], des *Rezensenten wissenschaftlicher Arbeiten Dritter,* des *Debattenredners* (auf Tagungen) und nicht zuletzt des *Lehrers* im Hörsaal und im Seminar, des *Doktor-* und *Habilitationsvaters,* schließlich die Aufgabe des *Verfassungsgeschichtlers* und *Verfassungsvergleichers,* im Zeichen des „kooperativen Verfassungsstaates" auch des *Europa-* und *Völkerrechtlers* (zum Teil in Überschneidung mit den schon erwähnten Aufgaben)[3]. Diese Aufzählung ist gewiß nicht erschöpfend. Ausgelassen ist etwa der „politische Professor", der zum Staatssekretär oder gar zum (Justiz-, Kanzleramts- oder Kultus-)Minister wird; und er ist auch (noch) nicht typisch für den Weg des deutschen Staatsrechtslehrers. Doch dürften im

---

1 *E. Friesenhahn,* Staatsrechtslehrer und Verfassung, 1950.

2 Vgl. allgemein *M. Kriele,* VVDStRL 29 (1971), S. 46 (53).

3 Der Staatsrechtslehrer als „Verfassungsrichter auf Zeit" (Bundesverfassungsrichter: derzeit *K. Hesse* und *H. Steinberger*) oder im Nebenamt (Landesverfassungsrichter: z. B. *O. Bachof* am Bad.-Württ. StGH; *J. P. Müller* am Schweizer Bundesgericht) bleibt hier ausgeklammert. *Dürig* ist bad.-württ. VGH-Richter im Nebenamt.

groben die wichtigsten und üblichen Teil-Berufsbilder innerhalb des Spektrums eines Staatsrechtslehrerlebens umrissen sein.

Diese rasterartige Aufgliederung in verschiedene Wirkungsebenen und „Rollen“, die in der Wissenschaft freilich *personal* geprägt sind, ist mehr als nur formaler Natur: Der Staatsrechtslehrer „als“ Kommentator, „als“ Rezensent, „als“ Gutachter, „als“ Doktorvater usw. wird letztlich immer — auch er als Person — derselbe sein. (Zwei und mehr Seelen in seiner Brust wird freilich auch er haben!) Dennoch muß er sich dem jeweiligen Aufgabenkreis bzw. „Medium“ auch handwerklich optimal anzupassen suchen, so sehr er es seinerseits prägen kann. Vor allem seine Sprache und „Technik“ wird je nach Wirkungsebene und -aufgabe differieren: Der Gutachter darf ein Gran „parteiischer“ sein als der Rezensent; die Sprache des Lehrbuchautors darf, ja soll griffiger sein als die des wissenschaftlichen Schriftstellers etwa im Rahmen von Festschriftenbeiträgen; der forensisch Plädierende darf „politischer“ agieren als der Rezensent oder Festredner bei einer akademischen Versammlung (z. B. einer Rektoratsübergabe)[4]; der „Doktorvater“ muß toleranter sein als der Prüfer. Aber letztlich ist es unbeschadet der jeweiligen, von der speziellen Rolle geforderten Unterschiede in Sprache und Temperament ein und dieselbe Persönlichkeit, die „ihre“ Sache im Verfassungsleben vertritt[5].

Es dürfte sinnvoll sein, wenn sich ein Staatsrechtslehrer *nicht nur* auf eine „Sparte“ spezialisiert, so sehr er seines Zeit- und Kräftehaushalts wegen Akzente setzen muß: Wer z. B. *nur* ad hoc gutachtet, könnte vielleicht auf lange Sicht die Distanz zum Verfassungsgericht und zur Sache so sehr verlieren, daß er kaum mehr „unbefangen“ eine Urteilsrezension oder eine wissenschaftliche Abhandlung zu schreiben vermag. Mit anderen Worten: Es dient der Sache, wenn der Rezensent auch einmal (wieder) monographisch arbeitet, wenn der Gutachter auch einmal rezensiert, der leidenschaftliche Lehrer im Hörsaal und Seminar auch einmal im Gerichtssaal plädiert. Der Auftrag des Staatsrechtslehrers sollte nicht zu eng verstanden werden. Alle einzelnen Wirkweisen stehen ja auch funktionell nicht einfach nebeneinander: Sie fügen sich zu einem Ganzen, zum „Staatsrechtslehrer im Verfassungsleben“.

---

[4] Beispiele in meiner Besprechung der Mannheimer Antrittsvorlesung von *R. Weber-Fas:* DVBl. 1977, S. 836.

[5] Kritisch kann geprüft werden, ob der Staatsrechtslehrer sich jeweils auf die „Rolle“, in der er tätig ist, voll eingestellt hat: So mag man kritisieren, daß *Dürigs* große Kommentierung des Art. 3 GG eigentlich in eine Monographie hineingewachsen ist und insoweit den Rahmen einer Kommentierung sprengt. *Im Sinne Dürigs* aber mit guten Gründen: *H. P. Ipsen,* in: Der Staat 13 (1974), S. 555 (556).

In Gestaltung und Wirkung zeigen sich, zeitlich betrachtet, Unterschiede: Der „erste Zugriff", den ein Rezensent vom Fach im Sinne der „kommentierten Verfassungsrechtsprechung" im Blick auf eine „brandneue" Entscheidung leisten darf, wird den Charakter seines Kommentars prägen: Der mittelfristig arbeitende „Großkommentator" hat mehr Zeit; er muß aber auch die bisherige wissenschaftliche und sonstige Wirkungsgeschichte eines Urteils verarbeiten, in die der „Tagesrezensent" noch nicht eingebunden ist. Insgesamt fügt sich der breite Fächer unterschiedlicher Wirkungsweisen bzw. „Medien" eines Staatsrechtslehrers im Verfassungsleben zu einem Ganzen, wenn man will: zu einem „Konzert" — das freilich auch von Dissonanzen der (und mit) Kollegen, der Rechtsprechung, der Gesetzgebung und der politischen Kräfte insgesamt lebt. Verfassungsinterpreten im engeren und weiteren Sinne[6] arbeiten in „trial and error", in „challenge and response" im Gesamtrahmen einer freiheitlichen Demokratie. Ihr Beitrag zum Verfassungsleben darf sicher nicht überschätzt, er sollte (mittel- und langfristig) aber auch nicht unterschätzt werden. Daß letzteres nicht geschieht, dafür sorgt gerade auch das bisherige Lebenswerk *Dürigs* auf repräsentative Weise.

2. *Dürig* hat viele der *möglichen* Aufgaben auch *tatsächlich* praktiziert. Relativ selten ist eigentlich nur die Rezension von richterlichen Entscheidungen[7] und von wissenschaftlichen Werken Dritter (als „Kommentierte Verfassungsrechts*wissenschaft*") geblieben[8]. Die Medien, über die er — sehr unmittelbar — gewirkt hat und wirkt, die Foren, von denen aus er sein juristisches Werk entfaltet hat und noch entfaltet, sind vielgestaltig. An ihrer Spitze steht:

a) Der *Kommentator* zum Grundgesetz (seit der 1. Auflage des Kommentars, 1958, mit *Maunz*, derzeit *Maunz*, *Herzog* und *Scholz*) — besonders hinsichtlich der Fundierung des Grundgesetzes von den Grundrechten (vor allem von Art. 1, 2 sowie Art. 3 GG) her.

b) Der *wissenschaftliche Autor*, vor allem des monographischen Aufsatzes (z. B. in Festschrift für Nawiasky, 1956, S. 157 ff.; Festschrift für Apelt, 1958, S. 13 ff.; Festschrift für Kern, 1968, S. 65 ff.; s. auch den Artikel „Staatsformen", HDSW 9 [1956], S. 742 ff.).

---

[6] Dazu meine Unterscheidung in: „Die offene Gesellschaft der Verfassungsinterpreten" (1975), jetzt in: Verfassung als öffentlicher Prozeß, 1978, S. 155 ff.

[7] — bedingt wohl durch den „Großkommentar" — vgl. JZ 1957, S. 169; JZ 1958, S. 22; DÖV 1958, S. 194; JZ 1961, S. 166.

[8] AöR 79 (1953/54), S. 254 (zu *Menger*); JZ 1954, S. 206 (zu *Hamann*); AöR 89 (1956), S. 496 (FS *Giacometti*). — Unter die Rubrik „*Sonstiges*" fallen die Glossen: Der „Grotius-Tag" (JZ 1952, S. 571); „Wo er recht hat, hat er recht" (JZ 1959, S. 69) und Berichte über Staatsrechtslehrertagungen (zusammen mit *P. Schneider*, JZ 1958, S. 99 ff.; mit *W. Mallmann*, JZ 1959, S. 291 ff.) sowie über den deutschen Notartag 1952, JZ 1952, S. 505 ff.

c) Der *„Plädierende“* vor dem BVerfG (im Abhörstreit: E 30, 1 bzw. 33 ff. — mit großem Echo in der Presse)[9].

d) Der *Gutachter* (z. B. in Sachen Bremen: Die Rechtsstellung der katholischen Privatschulen im Lande Bremen, 1964; für Hessen im Abhörstreit: *Dürig / Evers,* Zur verfassungsändernden Beschränkung des Post-, Telefon- und Fernmeldegeheimnisses, 1969; im Wahlrecht: Festschrift für Kern, 1968, S. 65 ff.).

e) Der *Diskussionsredner* (und -leiter) — nicht ohne Ironie[10] — vor allem auf den Tagungen der Deutschen Staatsrechtslehrer, welches Forum nicht zuletzt dank *Dürigs* Interventionen weithin ausstrahlt[11]. Seine Fähigkeit, prägnant sogleich zum Grundsätzlichen zu sprechen, ist bekannt; ebenso der polemische Glanz und „pädagogische Eros“ seiner Voten.

Damit dürften fast alle wesentlichen Möglichkeiten und Ausdrucksformen umrissen sein[12], aufgrund derer ein stark personal geprägtes „engagiertes“ juristisches Werk heute überhaupt wirken kann. Nicht zu vergessen ist der Staatsrechtslehrer als *Lehrer* im Hörsaal[13] und als *Kollege* in der Fakultät[14].

Es ist charakteristisch, daß dem *Lehrer Dürigs, Willibald Apelt* (vgl. AöR 82 [1975], S. 157), die ganze Wärme seines eigenen Dankens und Gedenkens gilt[15]. Das schließt aber nicht aus, daß er sogar gegen seinen

---

[9] Vgl. die Nachweise beim Abdruck seines Plädoyers im „Abhörstreit“ in: FS für Maunz, 1971, S. 41 Fn. 1; sonstige Nachweise in meiner Kommentierten Verfassungsrechtsprechung, 1979, S. 91 (92).

[10] Z. B. in bezug auf *Marcic:* vgl. VVDStRL 24 (1966), S. 87. Beispiele für *Dürigs* „Präsenz“ als Diskussions*leiter*: ebd., S. 88, 89, 90, 96, 100, 103, 106, 111 f.

[11] Vgl. etwa *Dürig,* VVDStRL 24 (1966), S. 106 für das Thema „Sachverstand und Politik“; dazu *P. Häberle,* Verfassung als öffentlicher Prozeß, 1978, S. 128 f. Fn. 38.

[12] Erwähnt sei noch *Dürig* als *Herausgeber* von Gesetzessammlungen: Gesetze des Landes Baden-Württemberg, 4. Aufl. 1958, 8. Aufl. 1978; s. auch *Dürig / Rudolf,* Texte zur Verfassungsgeschichte, 1. Aufl. 1967, 2. Aufl. 1979, sowie das engagierte, auch den Nichtjuristen motivierende Vorwort der Textausgabe zum Grundgesetz, dtv-Beck-Texte, 4. Aufl. 1967, 19. Aufl. 1977, 21. Aufl. 1979.

[13] Charakteristisch für *Dürigs* Hochschullehrertätigkeit in Tübingen ist etwa das von ihm ausgegebene Formular „Vorlesungskritik allgemeine Staatslehre (Dürig)“, vom Verfasser nicht als Student, sondern als Privatdozent in Tübingen (im SS 1969) „ergattert“. Hier finden sich Fragen wie: „Ist die Stoffauswahl brauchbar?, Kennzeichne ich deutlich genug, wenn es sich um meine subjektive Meinung handelt?, Fühlen Sie sich durch solche stark persönlichen Meditationen und Reflektionen überfahren?, Wird deutlich genug, wenn ich ‚passen muß‘ und ratlos bin?“

[14] Siehe etwa die freundschaftlichen Glückwünsche für *Otto Bachof:* DÖV 1979, S. 128.

[15] Vgl. auch AöR 90 (1965), S. 378 f.; s. schon *Dürig,* VVDStRL 13 (1955), S. 83 (Schlußwort).

Lehrer einmal „auf Gegenkurs" geht (vgl. *Dürigs* Kommentierung des Art. 3 Abs. 1 GG, Rdnr. 427 Fn. 1).

Die skizzierten Wirkkreise ergänzen sich bei *Dürig* in seltener Intensität: Als Gutachter — nicht nur für „eine" und immer dieselbe Seite — hat er sich niemals von seinem wissenschaftlichen Ethos und Credo entfernt: Es gibt keinen Dissens zwischen *Dürig* als *Wissenschaftler* und *Dürig* als *Gutachter*. Das Gutachten diente nur als gesteigert wirksame Form, sich und der Sache treu zu bleiben (besonders deutlich im Abhörstreit)[16]. Als Debattenredner auf den Staatsrechtslehrertagungen wirkt sein gesprochenes Wort so sachlich und zugleich „gesprochen" wie seine Formulierungen im Kontext einer GG-Artikel-Kommentierung. Als Verfasser von Aufsätzen ist seine Argumentation so engagiert wie die eines Redners. Kurz: alle Äußerungsformen seines juristischen Denkens (und Handelns) bilden den Ausdruck einer *einzigen* „juristischen Persönlichkeit".

Die Prägekraft seines Denkens und seine Fähigkeit zur Umsetzung in plastische, oft suggestive Bilder dürften ein Grund dafür sein, weshalb manche seiner Formulierungen weit über Fachkreise hinaus heute so etwas wie geflügelte Worte sind: Erinnert sei an den Satz von der Gefahr: „Wenn Staat und Gesellschaft deckungsgleich werden, gehen wieder einmal die Lichter aus" (VVDStRL 29 [1971], S. 127), an „Eigentum als geronnene Freiheit" (z. B. K., Art. 3 Abs. 1 GG, Rdnr. 141) oder an sein „Zurück zum klassischen Enteignungsbegriff!" (JZ 1954, S. 4 ff.).

3. *Dürigs* Wirken als *Diskussionsredner* auf Staatsrechtslehrertagungen (VVDStRL) soll etwas ausführlicher nachgezeichnet werden[17]. Grundsätzlichkeit und Spontaneität, Unmittelbarkeit und (gelegentlich) Schärfe, Prägnanz und Kürze zeichnen den Jubilar in seinen Voten auf diesen Tagungen aus (mit denen er auch die interne Diskussion immer wieder „flott machen" will)[18]: Sie strahlen weit über die deutsche Staatsrechtslehrertagung und ihre Kreise hinaus, trotz oder gerade wegen des oft improvisierten Stils[19]. Die Vielfalt der Gegenstände der *Dürig*schen Voten übertrifft die Vielfalt der VVDStRL-Tagungsthemen. Die Im-

---

[16] Zu seinem Verzicht auf eine Kommentierung der Abhörentscheidung und zur Übernahme von Passagen *Erichsens* als Beispiel für „academical self restraint" (*Dürig*, K., Art. 10 Rdnr. 38) vgl. meine Kommentierte Verfassungsrechtsprechung, 1979, S. 52 Fn. 191.

[17] Ein Forschungsprogramm zur Untersuchung der Wirkung von VVDStRL-Beiträgen bei *P. Häberle*, Verfassung als öffentlicher Prozeß, 1978, S. 128 Fn. 38.

[18] Vgl. z. B. VVDStRL 37 (1979), S. 296.

[19] Z. B. *Dürig*, VVDStRL 32 (1974), S. 247—249. — Siehe auch die „Statistik" von *H. P. Ipsen*, AöR 90 (1965), S. 503 ff.; dazu *Dürig*, VVDStRL 37 (1979), S. 296.

pulse, die von ihm als Diskutant auf diesem Forum ausgehen, die Vor- und Nachwirkungen sind beträchtlich[20].

Im einzelnen: *Dürig* äußert sich nicht selten zu Vor- und Methodenfragen[21], er verweist nachdrücklich auf die Notwendigkeit einer bestimmten Anthropologie[22]. Sein Engagement für Grundsatzfragen ist groß: so für den Föderalismus[23], für den Pluralismus der Gesellschaft[24], für die (Wiederholung der) Objektthese zu Art. 1 Abs. 1 GG[25], die Betonung des Personellen, Natürlichen und Menschlichen[26].

Dabei fehlt es nicht am ebenso originellen wie souveränen Umgang mit dem Plenum der Diskutanten[27]. *Dürig* ringt immer um Verständlichkeit[28]; insofern praktiziert er *als Wissenschaftler* „Bürgernähe".

Dürigs Engagement für Lehr- und Forschungsfreiheit als „subjektives Individualrecht des einzelnen, einsamen Gehirns", ein „Privileg zur individuellen Wahrheitssuche"[29], ist auch hier glaubhaft gelebt. Sichtbar wird sein Engagement für rechtspolitische Empfehlungen[30] oder die Sorge um den Bekanntheitsgrad von Rechtsnormen (wie § 539 RVO)[31]. Unter dem Gesichtspunkt des „Paradigmenwechsels" bemerkenswert ist die Artikulierung thematisch gegenläufiger Tendenzen[32] — in der Tat

---

[20] Siehe z. B. die „Vorwegnahme" der Fragestellung von BVerfGE 42, 103 in *Dürig*, VVDStRL 19 (1961), S. 140: Kann ein Staatsvertrag eine nichtverfassungsrechtliche Streitigkeit begründen?

[21] VVDStRL 13 (1955), S. 83: Idee als „Teil des soziologischen Wirklichkeitsstoffs"; VVDStRL 20 (1963), S. 115: „Changieren" in der Methode der Verfassungsinterpretation. — Frage nach der Normalität, die es zu normieren gilt: VVDStRL 32 (1974), S. 115; VVDStRL 21 (1964), S. 252 f.: Argumentation vom Lebenssachverhalt her; VVDStRL 26 (1968), S. 138 f.: Arbeiten mit Begriffen der Soziologie; VVDStRL 33 (1975), S. 290 f.: Frage nach einer „Realanalyse", nach dem „Verwaltungsstoff".

[22] VVDStRL 29 (1970), S. 126; VVDStRL 34 (1975), S. 132: anthropologisch, subjektiv-rechtlich, grundrechtliche Begründetheit dessen, was der Richter macht.

[23] VVDStRL 21 (1964), S. 115; 23 (1966), S. 127 f.

[24] VVDStRL 23 (1966), S. 262—264.

[25] Z. B. VVDStRL 32 (1974), S. 249.

[26] Beim „Gemeingebrauch": VVDStRL 21 (1964), S. 253.

[27] Vgl. etwa *Soells* „Übermittlungsdienste" (für den abgereisten *Dürig*) in: VVDStRL 36 (1978), S. 377.

[28] Warnung vor Verständnislosigkeit der Rechtsgemeinschaft gegenüber bestimmten juristischen Lösungen, Frage nach einer „Gegenprobe aus der Sicht der Bevölkerung": VVDStRL 32 (1974), S. 248 f. — Siehe die bildlich starke Sprache z. B. in: VVDStRL 25 (1967), S. 223 f., 234 f.

[29] VVDStRL 27 (1969), S. 241. — Siehe noch VVDStRL 20 (1963), S. 115: „gleichzeitig als Professor und Richter"; s. auch VVDStRL 30 (1972), S. 154. — Zur Betonung des Richteramtes: VVDStRL 34 (1975), S. 131 f.

[30] VVDStRL 26 (1968), S. 307.

[31] VVDStRL 28 (1970), S. 271 f.

können solche „Umkehrungen" in Kunst und Wissenschaft oft besonders schöpferisch sein —: so sein Einsatz für „individuelle, ja egoistische Freiheitsrechte" (gegen die objektive Dimension)[33], die Sorge um den Staat[34], sein Plädoyer für die *Staats*form der Demokratie[35] und gegen das Recht auf Arbeit[36].

In *Dürigs* Diskussionsbeiträgen kommt schließlich auch das *Verwaltungsrecht* gebührend zu seinem Recht[37].

III. Die Breitenwirkung und Tiefenwirkung des wissenschaftlichen Werkes von Günter Dürig — Beispiele

1. Staatsrechtslehrer können in die Breite, sie können in die Tiefe wirken. Für das wissenschaftliche Werk *Dürigs* ist beides nachweisbar. Er erreicht auch beide juristische Primäradressaten eines wissenschaftlichen Oeuvres: die Staatsrechtslehre *und* die — vor allem gerichtliche — Rechtspraxis. Ja, sein Einfluß auf Wissenschaft und Verfassungsgerichtsbarkeit steigert sich wechselseitig. Auch derjenige, der wissenschaftstheoretische Vorbehalte gegen den wertphilosophischen Ansatz *Dürigs* geltend macht, muß sich der Tatsache stellen, daß das BVerfG wesentliche Aufbauleistungen der „ersten Stunde" gerade mit Hilfe des Grundrechtsdenkens von *Dürig* vollbracht hat[38] und zunächst auch nur so vollbringen konnte.

---

[32] Z. B. VVDStRL 29 (1971), S. 266: „Private *gerieren* sich als Erfüllungsgehilfen des Staates." — „*Zurück* zum klassischen Enteignungsbegriff" (JZ 1954, S. 4 ff.). — VVDStRL 32 (1974), S. 249: *Gegen* gesetzliche Rückwirkungen (Hervorhbg. vom Verf.).

[33] VVDStRL 30 (1972), S. 155. — VVDStRL 20 (1963), S. 115: das BVerfG solle „seinen Weg zur Aufstellung seines positiven Wertkatechismus ruhig fortsetzen"; VVDStRL 22 (1965), S. 195 f.: Verteidigung des geschlossenen Wert- und Anspruchssystems (gegen *Scheuner*).

[34] VVDStRL 28 (1970), S. 98: diese den Staat möglicherweise „atomisierende" Grenzüberschreitung; VVDStRL 33 (1975), S. 291: Zuflucht zum rechtlich strukturierten Staat, zu seinen zuständigen Organen.

[35] VVDStRL 29 (1971), S. 128, zugleich in Kritik am „Demokratisierungsrausch" (S. 127).

[36] VVDStRL 28 (1970), S. 252.

[37] VVDStRL 17 (1959), S. 228; VVDStRL 19 (1961), S. 152: „gemeines deutsches Wasserrecht"; VVDStRL 21 (1964), S. 243; 25 (1967), S. 416 f.; 28 (1970), S. 243; 34 (1975), S. 286, 328; 37 (1979), S. 296, 301, 302. — Aus seinen Arbeiten noch: Die Geltung der Grundrechte für den Staatsfiskus und sonstige Fiskalate, BayVBl. 1959, S. 201 ff.

[38] Vgl. *K. Hesse,* Grundzüge des Verfassungsrechts der Bundesrepublik Deutschland, 11. Aufl. 1978, S. 128: „Wenn das Bundesverfassungsgericht — offenbar unter dem Einfluß *G. Dürigs* — über diesen begrenzten systematischen Aspekt hinaus die Bedeutung der Grundrechte darin erblickt, daß sie ein ‚Wertsystem' aufrichten ..."

2. Die *deutsche Staatsrechtslehre* hat die Thesen *Dürigs* von Anfang an in ihrem Grundsatzcharakter erkannt und entsprechend diskutiert. Frühe Weichenstellungen der ersten Jahre nach 1949 sind mit seinem Namen verbunden: die Auslegung des Art. 1 Abs. 1 GG (Menschenwürde)[39], die Lehre von der mittelbaren Drittwirkung der Grundrechte (vgl. BVerfGE 7, 198 [206])[40], das Eigentumsverständnis, vor allem auch im Blick auf die Frage öffentlich-rechtlicher Rechtspositionen[41], die Auslegung des Grundrechts auf Freizügigkeit (Art. 11 GG)[42], die Verwirkung von Grundrechten (Art. 18 GG)[43], die Interpretation des Art. 103 GG und zuletzt vor allem die Diskussion des Gleichheitssatzes[44]. Insgesamt ist die Fundierung des Grundgesetzes durch die *Grundrechte* von der Basis des Art. 1 Abs. 1 GG her auf Dauer mit *Dürigs* Namen verknüpft.

Gewiß, *Dürig* hat den „Staat" keineswegs ausgeklammert[45]. Doch dürfte der Schwerpunkt seiner schöpferischen Leistungen mit Dauerwirkung in den Beiträgen zur Grundrechtstheorie und -praxis liegen: Jedes Werk der juristischen Primär- und Sekundärliteratur, erst recht der „Tertiärliteratur"[46] setzt sich bis heute mit der *Dürig*schen Grund-

---

[39] *Dürig*, Der Grundrechtssatz von der Menschenwürde, AöR 81 (1956), S. 117 ff. Zuvor schon *ders.:* Die Menschenauffassung des GG, JR 1952, S. 259 ff.

[40] Zustimmend *Hesse* (Fn. 38), S. 160. — Kritisch *Schwabe*, Die sogenannte Drittwirkung der Grundrechte, 1971; dazu die scharfe, aber berechtigte Replik von *Dürig*, in: Maunz / Dürig / Herzog / Scholz, K., Art. 3 Abs. 1 GG, Rdnr. 506.

[41] Dazu *Dürig*, in: FS für Apelt, 1958, S. 13 ff. (s. auch *ders.*, Das Eigentum als Menschenrecht, ZgesStW 109 [1953], S. 326 ff.; Grundfragen des öffentlich-rechtlichen Entschädigungssystems, JZ 1955, S. 522 ff.); dazu etwa *Hesse* (Fn. 38), S. 182; *P. Badura*, in: FS BSG 1979, S. 673 (675, 684, 687).

[42] Vgl. den Beitrag „Freizügigkeit", in: Neumann / Nipperdey / Scheuner (Hrsg.), Handbuch der Grundrechte, Bd. II (1954), S. 507 ff.; aus der „Nachfolge"-Literatur etwa: *D. D. Hartmann*, JöR (n. F.) 17 (1968), S. 437 (440).

[43] Die Verwirkung von Grundrechten nach Art. 18 GG, JZ 1952, S. 513 ff.; die Kommentierung des Art. 18 GG in: Maunz / Dürig (1964). Dazu *W. Schmitt Glaeser*, Mißbrauch und Verwirkung von Grundrechten im politischen Meinungskampf, 1968.

[44] Maunz / Dürig / Herzog / Scholz, Kommentierung des Art. 3 durch *Dürig* (1973); dazu: *H. P. Ipsen*, Der Staat 13 (1974), S. 555 ff.; *Kimminich*, DÖV 1974, S. 303 ff.; *R. Rhinow*, Rechtsetzung und Methodik, 1979, S. 229 f.

[45] Vgl. etwa Artikel „Staatsformen", in: HDSW 9 (1956), S. 742 ff.; *Dürig*, VVDStRL 13 (1955), S. 27 ff.; s. auch einzelne Passagen seiner Grundrechtekommentierung und die Arbeiten zum *staatsorganisatorischen Teil* der Verfassung: neben Art. 45 a, 45 b z. B. 65 a, 87 a und b, etwa: „Die Bundeswehrverwaltung in verfassungsrechtlicher Sicht", BayVBl. 1963, S. 129 ff.; Aktuelle institutionelle Sorgen zur Spitzengliederung im Oberbefehl, in: Stellvertretung im Oberbefehl, München 1966, S. 19 ff. — Ferner: *Dürig*, El Estado alemán de 1933 a 1967, in: Perspectivas del derecho público en la segunda mitad del siglo XX. Homenaje a Enrique Sayagués-Laso (Hrsg. v. Leon Cortinas-Pelaez, Madrid 1969, S. 253—270).

[46] Vgl. zu „Dürigs Objektthese" im Spiegelbild von Dissertationen: *Dürig* selbst, K., Art. 3 Abs. 1, Rdnr. 21, Fn. 3.

konzeption auseinander. Es dürfte freilich am wenigsten seinen Intentionen entsprechen, wenn sie ihn lediglich unkritisch rezipierte.

3. Der Einfluß auf die *Gerichte,* vor allem das BVerfG, war und ist beträchtlich. Über *Dürig* fand und findet eine der oft beschriebenen und idealtypisch geforderten Wechselwirkungen zwischen Staatsrechtswissenschaft und Verfassungsgerichtsbarkeit statt. So gesehen kann der Staatsrechtslehrer „von außen" her fast so viel bewirken wie der Verfassungsrichter im Innern des Gerichts.

Dürigs Einfluß auf „Karlsruhe" geschieht teils erklärtermaßen, teils versteckt. Das BVerfG hat oft auch dort von *Dürig* gelebt, wo es ihn nicht ausdrücklich zitiert hat[47], ein Schicksal, das bekanntlich nicht nur ihm zuteil wurde und im Schrifttum entsprechend kritisiert wird[48]. Gelegentlich kennzeichnet das BVerfG seine Entscheidungen an wesentlichen Stellen mit dem Namen *„Dürig",* so daß dessen Ideen mitunter ein Stück der „tragenden Begründung" im weiteren Sinne werden: Das gilt z. B. für das Lüth-Urteil (E 7, 198 [206]), für die Zeugen-Jehovas-Entscheidung zu Art. 103 Abs. 3 GG (E 23, 181 [204]) sowie für den Gnadenbeschluß in E 25, 352 (362)[49]. Es gilt aber auch für manches andere Judikat, in dem *Dürig* nicht als Autor von Beiträgen und Aufsätzen, sondern als Kommentator (in *Maunz / Dürig / Herzog / Scholz)* zitiert ist[50].

Reizvoll wäre eine Untersuchung der Frage, wann ein Staatsrechtslehrer seine Meinung unter dem Eindruck der (ständigen) Judikatur des BVerfG wie entwickelt, modifiziert[51] oder sogar aufgegeben hat oder doch aufgeben sollte[52]. Die *Rückwirkungen* der Rechtsprechung des

---

[47] Vgl. etwa BVerfGE 21, 362 (369 ff.). — Dieser Einfluß *Dürigs* auf das BVerfG ist um so gewichtiger als er — sichtbar — vor allem in den „Gründerjahren" des BVerfG erfolgte, d. h. in den Bänden 1 bis etwa 25. (Insofern wurde *Dürigs* „Juristenrecht" ein Stück Richterrecht, Verfassungsrechtsprechung, „Verfassungsschöpfung".) Vieles deutet darauf hin, daß *danach* meist „nur" Verfeinerungen und Fortentwicklungen des schon klassischen „Richterrechts" der Jahre bis Bd. 25 erfolgten, sieht man einmal etwa vom 1. NC-Urteil (E 33, 303), der Facharzt-(E 33, 125) und Kalkar-E (E 49, 89), vielleicht auch dem Wahlwerbungsurteil (E 44, 125) und dem „2000-DM-Beschluß" (E 42, 64) ab.

[48] Dazu *H. H. Rupp,* DÖV 1976, S. 691 ff.

[49] Zu *Dürigs* Einfluß auf das SV im Abhörstreit: BVerfGE 30, 33 (45, 46).

[50] Vgl. etwa BVerfGE 24, 33 (51) zu Art. 19 Abs. 4 GG, zum Satz „nulla poena sine culpa": E 20, 323 (331), zum allgemeinen Persönlichkeitsrecht: E 34, 269 (282); zu Art. 1 Abs. 1 GG: BVerfGE 27, 1 (6). — In E 21, 378 (390) und E 21, 391 (402) wird auf *Dürig* berichtend Bezug genommen.

[51] Dies könnte etwa beim Elfes-Urteil naheliegen, BVerfGE 6, 32 (40 f.), vgl. *Dürig,* JZ 1957, S. 169 ff.; *ders.,* Kommentierung zu Art. 2 Abs. 1 GG, Rdnr. 18.

[52] Ein umgekehrtes Beispiel bei *Dürig,* K., Art. 3 Abs. 1 GG, Rdnr. 293, Fn. 3: „Entgegenkommen in Richtung *Dürig* durch BVerfGE 30, 103"! Siehe

Gerichts auf den wissenschaftlichen Autor gehören jedenfalls mit zu den Rechtsbildungs- und Interpretationsprozessen, die für eine pluralistische Gesellschaft charakteristisch und notwendig sind[53].

4. Der Einfluß *Dürigs* auf den *politischen Prozeß* ist bei ihm, wie wohl bei jedem (seinem „Leisten" treu bleibenden) Staatsrechtslehrer, nicht unmittelbar „meßbar": So eng der Austausch zwischen der wissenschaftlichen und nichtwissenschaftlichen Öffentlichkeit in einer freiheitlichen Demokratie und so „osmotisch" ihr Verhältnis ist und sein sollte: Direkte Belege werden sich hier weder „geistes"- noch „sozialwissenschaftlich" ohne weiteres auffinden lassen. Das Verfassungsleben kennt insofern weniger Namen als subtile und komplexe (Wechsel-)Wirkungen und Verschränkungen von Ideen und Interessen, von Objektivem und Subjektivem. Immerhin gibt es historisch Momente, in denen einzelne Staatsrechtslehrer eine öffentliche Diskussion direkt mehr oder weniger spektakulär mit ihrem Namen beeinflussen. Bei *Dürig* wird hierfür die Vorgeschichte des „Abhörstreites" repräsentativ sein, wie sie unter dem Stichwort „Ein Orwellsches Experiment" geläufig geworden ist[54]. Auch sein Engagement in der Wahlrechtskontroverse[55] dürfte den politischen Prozeß im Sinne einer Beibehaltung des Verhältniswahlrechts beeinflußt haben.

Die mittelbaren und langfristigen Wirkungen *Dürigs* (und anderer Grundrechtsdogmatiker) auf die „nichtwissenschaftliche" politische Öffentlichkeit sind fast so nachhaltig wie die Grundrechte, soweit sie das politische Leben unter dem Grundgesetz stark prägen. Und sie tun dies bekanntlich in hohem Maße, auch wenn jetzt die politische „Grundrechts*kultur*" verstärkt „nachwachsen" muß[56]. Erwähnt sei schließlich die Äußerung *Dürigs* zum Streit um die hessische Sozialisierung[57].

---

noch seine Kritik an der Auslegung des Art. 19 Abs. 4 GG durch das BVerfG: VVDStRL 28 (1970), S. 98.

[53] Zur Frage „Juristenrecht" und Richterrecht des BVerfG: *P. Badura, P. Häberle,* Diskussionsbeiträge in: K. Vogel, Grundrechtsverständnis und Normenkontrolle, Kolloquium zum 70. Geburtstag von H. Spanner, 1979, S. 56 ff. bzw. 66.

[54] ZRP 1968, S. 11; *Dürig,* Man hielt es nicht für möglich! Erwiderung zu *Jürgen Glückert:* Orwell und die deutsche Staatsrechtslehre, in: ZRP 1969, S. 176 ff.

[55] Vgl. den Beitrag „Die Übereinstimmung der Wahlsysteme in Bund und Ländern" in der FS für Kern, 1968, S. 65 ff. — Ferner: „Dürig sieht Verfassungshindernisse für Mehrheitswahlrecht. Die Bedenken des Tübinger Staatsrechtslehrers", in: FAZ vom 18. 12. 1967, Nr. 293, S. 6.

[56] Zu diesem Postulat meine Kommentierte Verfassungsrechtsprechung, 1979, S. 88 ff.

[57] *Dürig,* Zum hessischen Sozialisierungsproblem, DÖV 1954, S. 129 ff.; weitere Äußerungen dazu aus der Lit.: *C. Schmitt,* Rechtsstaatlicher Verfassungsvollzug (1952), in: Verfassungsrechtliche Aufsätze, 1958, S. 452 ff.; Nachweise zu den sonstigen Gutachten bei *Dürig,* ebd., S. 129, Fn. 3.

IV. Inhalte und Schwerpunkte

In inhaltlicher Hinsicht ist schon in den bisherigen Ausführungen vieles vom wissenschaftlichen Werk *Dürigs* sichtbar geworden. In folgenden Sach- und Problembereichen dürfte er besonders wirkkräftig geworden sein:

An erster Stelle in Richtung auf

— die Grundrechte, vor allem in ihrer allgemeinen Fundierung vom personalen „Wertsystem“ her[58], aber auch für Einzelgrundrechte wie Art. 1, Art. 2 Abs. 1[59], Art. 14 GG, für Art. 3 GG[60], für Art. 19 Abs. 3 GG[61] sowie Art. 103 GG[62];

— den Wohlfahrts- bzw. Sozialstaat[63];

— das Wahlrecht[64];

— das Polizeirecht, vor allem das Verständnis der polizeilichen Generalklausel[65];

— den Begriff des „öffentlichen Interesses“[66].

---

[58] Zur Kritik etwa *Scheuner*, VVDStRL 22 (1965), S. 1 (37 f. Fn. 110); *Ehmke*, VVDStRL 20 (1963), S. 53 (82); *K. Hesse*, Grundzüge, 11. Aufl. 1978, S. 128 ff.; *Goerlich*, Wertordnung und Grundgesetz, 1973; die wohl beste Gesamtdarstellung bei *Willke*, Stand und Kritik der neueren Grundrechtstheorie, 1975; dazu *P. Häberle*, JZ 1978, S. 79.

[59] Siehe noch: *Dürig*, Grundrechtsverwirklichung auf Kosten von Grundrechten, in: summum ius summa iniuria, 1963, S. 80 ff.; *ders.*, Nochmals zur Problematik von Art. 2 Abs. 1 GG, NJW 1954, S. 1394.

[60] Dazu schon Artikel „Gleichheit“, in: Staatslexikon, Bd. 3, Sp. 983 ff., 6. Aufl. 1959.

[61] Dazu (kritisch) *von Mutius*, Bonner Kommentar, Zweitbearbeitung (1974), Art. 19 Abs. 3 GG, Rdnr. 29 ff.; s. auch *Bleckmann*, Allgemeine Grundrechtslehren, 1979, S. 72 f.

[62] Vgl. *Dürig*, Art. 103 Abs. 3 GG und die „Zeugen Jehovas“, JZ 1967, S. 426 ff.; *ders.*, Anm. zum Urt. des BSG AP Art. 103 GG Nr. 2.

[63] Verfassung und Verwaltung im Wohlfahrtsstaat: JZ 1953, S. 193 ff. (auch in: Scheuner [Hrsg.], Die staatliche Einwirkung auf die Wirtschaft, 1971, S. 161 ff.).

[64] Vgl. den Beitrag in der FS für Kern, 1968, S. 65 ff.

[65] Vgl. *Dürig*, Art. 2 des GG und die Generalermächtigung zu allgemeinpolizeirechtlichen Maßnahmen, AöR 79 (1953/54), S. 57 ff.; Kommentierung des Art. 2 Abs. 1 GG, in: Maunz / Dürig / Herzog / Scholz, Rdnr. 81 ff. — Aus der Lit.: *W. Martens*, in: Drews / Wacke / Vogel / Martens, Gefahrenabwehr, Bd. II, 8. Aufl. 1977, S. 35, 150.

[66] Vgl. die — leider ungedruckte — (in der Münchner Staatsbibliothek bereits im Zustand des Verfalls befindliche) Dissertation „Die konstanten Voraussetzungen des Begriffs öffentliches Interesse“, Diss. jur. München 1949 (s. auch *Dürig*, „Bedürfnis“ und „öffentliches Interesse“ als Rechtsbegriff, JZ 1953, S. 535 ff.). Der Verfasser hat in seiner eigenen Arbeit über das „Öffentliche Interesse als juristisches Problem“, 1970, S. 654, Fn. 136, daran anknüpfen können.

Auf eine Reihe weiterer Arbeiten, vor allem das Staatsrechtslehrerreferat von 1954 über den „Deutschen Staat im Jahre 1945 und seither" (VVDStRL 13 [1955], S. 27 ff.; dazu jetzt *R. Bernhardt,* in: VVDStRL 38 [1980], S. 9 ff.) und die Zeit-Thematik (in der Tübinger Festschrift 1977, S. 21 ff.) sei verwiesen.

Auffällig ist, daß *Dürig* schon sehr bald „seine" Themen gefunden hat, deren Behandlung er im Laufe der Jahrzehnte nie ganz aufgab[67]: So hat er sich für das *Eigentum* schon frühzeitig engagiert[68]. Gleiches gilt für die große Sache der *Menschenwürde*[69] und für die *Gleichheit*[70]. Später ist an neuen Themen die *„Zeit"* hinzugekommen[71]. Von Anfang bis heute verfolgt *Dürig* immer wieder die *Grundrechte* in ihren vielerlei Aspekten: von der Freizügigkeit[72] und Art. 2 Abs. 1 GG[73] bis zu Art. 103 Abs. 3 GG[74] und Art. 104 (Kommentar, 1958).

Im einzelnen: Den ersten Platz darf *Dürigs Grundrechtsdogmatik* beanspruchen. Sie ist mehr als eine bloß „juristische Dogmatik" geworden: Sie begründet bis heute ein wesentliches Stück politischer Kultur der Bundesrepublik Deutschland auf der Tabula rasa der Zeit nach 1945. Daß diese Aufbauleistung mit weiter Ausstrahlung[75] gelingen konnte, ist einer der großen Glücksfälle im ersten Jahrzehnt unserer Republik. Der Einfluß *Dürigs* auf die frühe, weichenstellende Judikatur des BVerfG wurde bereits erwähnt.

Diese Leistung kann durch Kritik am „Wertsystemdenken" nicht geschmälert werden[76]. Wissenschaftstheoretische Einwände lassen sich

---

67 Zeitlich gesehen drängen sich ungemein viele grundlegende Arbeiten in atemberaubender Folge in den 50er Jahren, während ein „einsamer" Gipfel dann wieder in Gestalt der Kommentierung des Art. 3 GG (im Jahre 1973) erreicht wird — die „Inkubationszeit" der späten 60er und frühen 70er Jahre erweist sich als eine solche im Hinblick auf diesen Art. 3 GG!

68 Erstmals wohl in ZgesStW 109 (1953), S. 326 ff., sodann in DÖV 1954, S. 129 ff., JZ 1954, S. 4 ff., JZ 1955, S. 522 ff.; später in FS für Apelt, 1958, S. 13 ff.; Artikel: „Verfassungsrechtliche Eigentumsgarantien", in: Staatslexikon, Bd. 2, Sp. 1079, 6. Aufl. 1959.

69 AöR 81 (1956), S. 117 ff. sowie dann im GG-Kommentar: Art. 1 (1958).

70 Artikel „Gleichheit" in: Staatslexikon, Bd. III, Sp. 983 ff., 6. Aufl. 1959; Art. 3 Abs. 2 GG — vom verfassungsrechtlichen Standpunkt gesehen, FamRZ 1954, S. 2 ff.

71 Der Verkündungszeitpunkt von Gesetzen, in: FS für K. G. Kiesinger, 1964, S. 297 ff.; Zeit und Rechtsgleichheit, in: Gernhuber (Hrsg.), Tradition und Fortschritt im Recht, Tübinger Jubiläumsschrift, 1977, S. 21 ff.

72 In: Neumann / Nipperdey / Scheuner, Bd. II (1954), S. 507 ff.

73 NJW 1954, S. 1394 ff.

74 JZ 1967, S. 426 ff.

75 Vgl. etwa *Hans F. Zacher,* VVDStRL 30 (1972), S. 151 (152), Diskussion. Zu *Dürig* als Argument im § 218-Streit: *Lerche,* in: Arndt / Erhard / Funcke (Hrsg.). Der § 218 StGB vor dem BVerfG, 1979, S. 16, 18, 20.

76 Vgl. meine Besprechung von *Goerlich,* in: JR 1974, S. 487 f.; s. noch

nach einer — auch politischen — Aufbauleistung leicht(er) formulieren, sie sind später sogar notwendig und können weiterhelfen. Aber den Rang der Aufbauleistung als solcher vermögen sie nicht zu schmälern. Der Versuch, sich aus der Alternative „Naturrecht oder Rechtspositivismus" dadurch zu lösen, daß zunächst einmal das positive „Wertsystem" der Verfassung als solcher, das Grundgesetz, zugrunde gelegt wurde, kann gar nicht hoch genug veranschlagt werden. *Dürig* lebte hier wohl in einer Art „Wahlverwandtschaft" zu dem (bayerischen) Präsidenten des BVerfG, *Josef M. Wintrich*[77]. Welche und wie viele naturrechtliche Momente und Einflüsse der katholischen Soziallehre letztlich „hinter" diesem Ansatz stehen, wäre gesondert zu untersuchen und führte zum Thema „Katholische Sozial- und Staatslehre und neuere deutsche Staatslehre"[78].

Eine Kennzeichnung des wissenschaftlichen Gesamtwerkes von *Günter Dürig* von den Anfängen bis heute ist schwer und hier nicht beabsichtigt. Sie muß Aufgabe einer Verfassungs- und Wissenschaftsgeschichte des Grundgesetzes sein. Eine gewisse Orientierung mag das Plakat „liberal-konservativ" geben — so vordergründig solche pauschalen Etikettierungen sind und so wenig sie den Differenzierungen im einzelnen gerecht werden können. Immerhin legt die so einflußreiche personale Grundrechtssicht ihren Schwerpunkt auf die Freiheit, nicht auf die Gleichheit („Präponderanz der Freiheit")[79]. Insofern mag man „konservative" Züge entdecken: „konservativ" aber eben auch im Blick auf die Erhaltung der herkömmlichen Substanz der Verfassung (vgl. die Passagen zu Art. 79 Abs. 3 GG im Gutachten und Plädoyer zum Abhörstreit!); „konservativ" freilich auch im Blick auf die Abwehr des Andrängens und der Einbeziehung sozialwissenschaflicher Methoden und Entwürfe[80]. In diesen Kontext gehört die immer wieder bezeugte Achtung vor dem Eigentum[81].

Dürigs bekenntnishafte Fußnote in seiner Kommentierung des Art. 3 Abs. 1, Rdnr. 199 Fn. 2.

[77] *Wintrich*, Zur Problematik der Grundrechte, 1957; vgl. BVerfGE 20, 323 (331); 27, 1 (6); ferner die Beiträge *Wintrichs* in der FS für Nawiasky, 1956, S. 191 (bes. S. 205 f.), in der FS für Laforet, 1952, S. 227 ff. sowie in der FS für Apelt, 1958, S. 1 ff.

[78] Vgl. *H. Maiers* gleichnamigen Aufsatz in AöR 93 (1968), S. 1 ff. (mit Kritik an *Dürig:* S. 36 Fn. 158). Siehe *Dürigs* eigene Bezugnahme auf die christliche Soziallehre: Kommentierung des Art. 3 Abs. 1 GG, Rdnr. 156 Fn. 4.

[79] Maunz / Dürig / Herzog / Scholz, Kommentierung des Art. 3 Abs. 1 durch *Dürig*, Rdnr. 135; s. noch *Dürigs* Diskussionsbeitrag in VVDStRL 30 (1972), S. 154 f.; s. auch *ders.*, in: VVDStRL 23 (1966), S. 262: „Präponderanz" der Freiheit und in: VVDStRL 30 (1972), S. 154—156. Zum ganzen vgl. *Willke* (Fn. 58), S. 24 ff., 226 f.

[80] Vgl. *Dürig*, VVDStRL 31 (1975), S. 290 f. (Diskussion), zu *Habermas*. Zu dessen Rang der beachtliche Leserbrief zweier Staatsrechtslehrer (*Staff* und *Denninger*) in: FAZ vom 24. 10. 1979, S. 8.

Mancher mag kritisieren, daß gelegentlich *Er*kenntnisse mit *Be*kenntnissen in untrennbarer Einheit verbunden erscheinen, daß der Stil mitunter höchst subjektiv und (daher) plastisch[82], weil betont für didaktische Lehrzwecke gedacht und auch geschrieben ist. Dies ist aber nötig, wenn Person und Rolle des Staatsrechtslehrers bis zu einem gewissen Grade eins sein sollen: *Dürig* ist ein leidenschaftlicher Lehrer und sein Einfluß auf die juristische Nachkriegsgeneration (in Tübingen) dürfte groß sein. Freilich: Das persönliche Engagement kann mitunter zu einem Schwarz-Weiß verleiten, wo Zwischentöne der Situation gerechter zu werden vermögen.

Dürigs allgemeines politisches Engagement zeigt sich nicht nur in den erwähnten Wahlrechtsfragen, in dem Plädoyer vor dem BVerfG im „Abhörstreit", in dem Beitrag zum „Orwellschen Experiment"; es prägt auch die verfassungsrechtliche Einführung in das Grundgesetz in *Jürgen Baumanns* originellem Traktat „Zu den Worten des Vorsitzenden Mao Tse Tung", 1971, S. 103 bis 140. „Staatsbürgerliche Edukation" ist bei *Dürig* in Form und Inhalt, in Wort[83] und Schrift ernst gemeint (siehe das insoweit charakteristische Vorwort im dtv-GG-Text). Insofern ist Verfassungsrechtswissenschaft auch ein Stück Pädagogik des Staatsrechtslehrers, ist das Grundgesetz ein „Erziehungsziel" für den Bürger.

V. Ausblick

Schon heute darf aus Anlaß des „großen" Geburtstages gesagt werden, daß *Günter Dürig* wie nur wenige andere nahezu alle Möglichkeiten seines Berufes erkundet, auch erlitten und die Weite seines „Amtes" als Staatsrechtslehrer zugleich in die Tiefe erprobt hat. Sein wissenschaftliches Werk steht für eine Grundlagenposition[84], die weder aus der Geschichte der deutschen Staatsrechtslehrer seit 1949, noch aus unserer Gegenwart nach 30 Jahren Bundesrepublik Deutschland hinwegzudenken ist. So „fest", auf eine Weise „geschlossen" die *Dürig*sche Position ist, so sehr hat sie Anteil daran, daß das Grundgesetz nicht nur juristisch, sondern auch politisch eine *freiheitliche* Ordnung werden und sich als solche bis heute bewähren konnte.

---

[81] Vgl. dazu *Dürig*, Der Staat und die vermögenswerten öffentlich-rechtlichen Berechtigungen seiner Bürger, in: FS für Apelt, 1958, S. 13 ff.; dieser Beitrag ist in Fragestellung und Ergebnissen längst ein Klassiker (vgl. etwa BVerfGE 40, 65 [82 f.]). Zuvor: *Dürig*, Das Eigentum als Menschenrecht, ZgesStW 109 (1953), S. 326 ff.; Zum hessischen Sozialisierungsproblem, DÖV 1954, S. 129 ff.; Zurück zum klassischen Enteignungsbegriff!, JZ 1954, S. 4 ff.

[82] Dazu meine Rezension der Tübinger Festschrift (1977), in: BayVBl. 1978, S. 577 f.

[83] Vgl. z. B. *Dürig*, VVDStRL 37 (1979), S. 321.

[84] Vgl. auch die Würdigung durch *H. P. Ipsen*, in: Der Staat 13 (1974), S. 554 ff. (bes. 572).

„Staatsrechtslehrer im Verfassungsleben", das umreißt vielgestaltige Möglichkeiten. *Dürig* hat sie in *einem* Falle, in *seinem* Falle zur Wirklichkeit werden lassen: so sehr, daß dieses Grundsatzthema ohne eine Würdigung seiner Person gar nicht behandelt werden kann. Diese Aussage umschließt auch Glückwünsche für die Zukunft!

I. Aufsätze

Die Menschenauffassung des Grundgesetzes*

Das Grundgesetz stellt an seinen Anfang den Satz: „Die Würde des Menschen ist unantastbar." Dieser in Art. 1 Abs. I enthaltene Satz ist prima facie in gleicher Weise dazu geeignet, als phrasenhafte Deklamation belächelt zu werden, wie dazu, dem davongekommenen Menschen des zweiten Weltkrieges mit den Waffen des Rechts, als des aktuellsten Zwangsmittels des menschlichen Zusammenlebens, zum „Wiedergewinnen der Mitte" zu verhelfen. „Würde" ist ein Wertbegriff, der einen Wertträger als Subjekt voraussetzt. Eine Aussage, daß dem Menschen unantastbare Würde innewohne, ist also eine Aussage über den Menschen.

I.

Über ein Negativum herrscht allgemeine Klarheit. Dieser Wertträger Mensch, von dem das GG ausgeht, ist nicht der zum Objekt des Kollektivs degradierte Mensch des verflossenen Systems. Wie die Entwicklungslinie des obigen Satzes, die sich zweifelsfrei von Art. 100 der Bayerischen Verfassung her[1] über Art. 1 Abs. II des Herrenchiemseer Entwurfs[2] bis hinein in das GG nachweisen läßt, an ihrem bayerischen Ausgangspunkt beweist[3], tritt dieser Satz in das Verfassungsleben der Nachkriegszeit gerade als Reaktion gegen die vergangene Mißachtung des Menschen ein.

II.

Verhältnismäßig leicht läßt sich auch erkennen, daß der Mensch des GG nicht jenem anderen Extrem entspricht, wonach im klassischen liberalistischen Sinne des 19. Jahrhs. der Mensch ein autonomes, in sich geschlossenes, jede Einwirkung von außen ablehnendes „Individuum" ist.

---

* JR 1952, S. 259 bis S. 263.

[1] Vgl. *Nawiasky / Leusser*, Handkomm. d. Bayer. Verf., 1948, S. 183.

[2] Bericht über den Verfassungskonvent auf Herrenchiemsee S. 21 und 61.

[3] *Nawiasky / Leusser* (Fn. 1), S. 60. Vgl. auch *von Mangoldt*, Komm., S. 43 über den „Gegensatz" zwischen dem „Geist, in dem die neue Staatsordnung wächst, und dem im Mai 1945 vernichteten Regierungssystem".

1. Das folgt zunächst schon aus der Tatsache, daß überhaupt eine Aussage über die „Würde“ des Menschen gemacht wird. Wie *Jerusalem*[4] mit Recht feststellt, ginge nach liberaler Auffassung den Staat die Würde des Menschen nichts an.

2. Art. 100 Bayer. Verf., der die Ausgangsnorm darstellt, spricht von der „Würde der menschlichen *Persönlichkeit*“[5]. Wie noch zu zeigen sein wird, ist mit dem wertschweren Ausdruck Persönlichkeit klar die Vorstellung eines atomisierten Individuums, die der farblose Ausdruck „Mensch“ noch zuläßt, abgelehnt. Die weitere Entwicklung[6] läßt nicht erkennen, daß durch die sprachliche Änderung eine andere materielle Wertsetzung beabsichtigt wurde. Daß kein sachlicher Wertunterschied geschaffen werden sollte, beweist auch die Tatsache, daß im Grundrecht auf „freie Entfaltung der Persönlichkeit“ (Art. 2 Abs. I GG) dann der Begriff doch noch auftaucht. Dieses Grundrecht auf Entfaltung der Persönlichkeit ist in unserem VerfR eine Neuheit, deren Sinn dunkel bleiben wird, wenn man sie nicht als konsequente Fortführung des ebenso neuen Grundsatzes von der Würde des Menschen ansieht. Der Mensch soll sich zu dem entfalten können, was nach Art. 1 sein Wesen ausmacht. Beide Artikel beinhalten das gleiche Gut „Persönlichkeit“.

3. Daß der Mensch, der das Maß des GG sein soll, nicht jenes isolierte Individuum sein kann, ergibt sich für alle diejenigen, denen die Lebenswirklichkeit eine Realie der Verfassungsgebung ist, aus der Tatsache unserer sozialen Not. Eine solche soziale Grundtatsache zu ignorieren, wäre ein Atavismus. Daß der Grundgesetzgeber in der Regel diesen Blick für Realitäten gehabt hat, läßt sich dadurch nachweisen, daß er fortließ, was nicht „realisierbar“ war[7]. Es ist aber nicht realisierbar, einen Typus des Menschen zu „achten“ und zu „schützen“, den man infolge zweier Kriege nicht mehr vorfindet.

4. Ein vierter, infolge der unglücklichen Satzfassung[8] allerdings schwacher Grund ergibt sich aus Art. 1 Abs. II, der in den Menschenrechten die „Grundlage jeder menschlichen *Gemeinschaft*“ sieht. Mit vom Staate freien Individuen, deren negativen Status das GG so einseitig betont, gibt es aber keine Gemeinschaft.

5. Wichtiger dagegen erscheint es, daß das GG zu jener Verfassungsart gehört, die den Menschen als Glied *zwischen*staatlicher Ordnungen zu begreifen beginnt. *Kägi*[9] stellt vorwurfsvoll fest: „Es ist eine Erbschaft

[4] *Jerusalem,* SJZ 1950, Sp. 2. Zustimmend *Maunz,* Staatsrecht, 1951, S. 73.

[5] So lautete auch noch Art. 1 Abs. II des HCHEntw.

[6] Vgl. dazu JÖR (n. F.) 1 (1951), S. 48 ff.

[7] Vgl. z. B. für das „Grundrecht auf Heimat“: *von Mangoldt* (Fn. 3), S. 41.

[8] Vgl. hierzu die Kritik *von Mangoldts* (Fn. 3), S. 44, 45.

Rousseaus und der französischen Revolution, die von einer wahren ‚phobie des groupements' besessen waren, wenn das Staatsrecht bis in die Gegenwart hinein in dieser individualistischen Entgegensetzung Individuum-Staat betrachtet wurde und man daher das Verhaltensrecht in der Verfassung wesentlich auf eine Verhältnisordnung Individuum-Staat reduzierte."

Dieser Vorwurf trifft für das GG nur teilweise zu. Diejenigen Gebilde[10], die man nach der soziologischen Terminologie *Tönnies'* „Gemeinschaften" nennen kann (Ehe, Familie, Gemeinde[11], Kirche[12]) werden anerkannt und gewährleistet (vgl. Art. 6, 28 GG und Art. 140 GG mit Art. 137 ff. WRV). Die juristischen Personen sind zum Grundrechtsträger erhoben (Art. 19 Abs. III). Die Parteien wurden durch Art. 21 erstmalig aus ihrer bisherigen Verbannung im Vereinsrecht des BGB befreit und in das VerfR herübergeholt, ein Vorgang, den *Leibholz*[13] als fast „revolutionär erscheinende Neuerung" bezeichnet. Obwohl die Normierung des GG immer noch hinter der tatsächlichen Entwicklung, während der sich der abhängig gewordene Mensch zu Sozialgebilden zusammengeschlossen hat, die alle zwischen Staat und Individuum ihren Platz haben, zurückbleibt und obwohl es kein Wort über Gewerkschaften, Betriebsvertretungen[14], Arbeitgeberverbände, Berufskammern usw. aussagt, scheint uns das GG doch erkannt zu haben, daß die Individuen nicht mehr unvermittelt dem Staat gegenüberstehen und daß sie ihrerseits nicht beziehungslos nebeneinander her leben. Eine Verfassung aber, die dies erkennt und den Menschen in seinen zwischenstaatlichen Bindungen sieht, erteilt dem Leitgedanken des Liberalismus eine Absage[15].

---

[9] *Kägi,* Die Verfassung als rechtliche Grundordnung des Staates, 1945, S. 47.

[10] *Maunz,* Staatsrecht, S. 86, nennt als „stufenförmig aufsteigende Ordnungen" Familie, Beruf, Gemeinde, Volk.

[11] Die Bayer. Verf. v. 2. 12. 1946 spricht in Art. 11 Abs. II von den Gemeinden als „ursprünglichen" Gebietskörperschaften.

Nawiasky / Leusser (Fn. 1), S. 86, rügt diese „rechtstheoretisch anfechtbare Charakterisierung". In der Tat scheint es verfehlt zu sein, wenn man durch solche Zusätze den Eindruck erweckt, als gehöre die heutige moderne Einwohnergemeinde in jene Hierarchie vorstaatlicher Ordnungen, die mit der Ehegemeinschaft beginnt. Wenn aber auch die Gemeinde eine Institution von Gnaden der Staatsgewalt ist, deren Recht auf Selbstverwaltung ein vom Staat verliehenes Recht ist, so spricht das aber keineswegs gegen das Zuständigkeitsprinzip der Subsidiarität. So läßt sich der Zusatz „ursprünglich" zwar nicht im historischen Sinne und nicht von der Staatsgewalt her, aber von der Zuständigkeit her doch noch halten.

[12] Hierfür grundlegend in letzter Zeit *Joh. Heckel,* Kirchengut und Staatsgewalt, in Festgabe für R. Smend, S. 103 ff.

[13] Recht, Staat, Wirtschaft, Bd. 3, S. 109.

[14] Zum Meinungsstreit über die Rechtsnatur der Betriebsvertretungen vgl. *Maus,* Handbuch des Arbeitsrechts, 1950, VIII A 1 c.

[15] Vgl. *Lütge,* Die Funktion des Eigenheims in der Sozialordnung unserer Zeit, Referat des dritten Deutschen Volksheimstättentages 1951, S. 11.

III.

Was aber in der Mitte der beiden Extreme „kollektivierter Befehlsempfänger“ und „isoliertes Individuum“ liegt, wird zur Zeit mehr geahnt als juristisch gewußt[16].

Und trotzdem stehen wir entgegen aller Skepsis[17], die gegenüber der rechtlichen Positivierung ethischer Werte geäußert wurde, vor der Aufgabe, die Begriffe „Würde“ und „Persönlichkeit“ als Begriffe des aktuellen Rechts zu erfassen. Für den Begriff der Persönlichkeit folgt diese Notwendigkeit schon aus dem Charakter des Art. 2 Abs. I als eines echten Grundrechts (subjektiv öffentlichen Rechts). Der Satz von der Menschenwürde ist zwar kein echtes Grundrecht[18], aber er ist eine aktuelle Norm des objektiven Rechts. Daß er nicht nur eine ethische Deklamation ist, wie sie z. T. die Präambel enthält, folgt aus Art. 79 Abs. III. Es wäre sinnlos, wenn eine Verfassung ethische Werte der rechtlichen Disposition durch die verfassungsändernde Mehrheit entzöge, weil sie es ja, eben weil sie ethische Werte sind, ohnehin schon gegenüber jeglicher rechtlichen Verfügungsmacht wären. Durch *rechtliche* Sperrvorschriften kann man ethische Normen nur dann und insoweit schützen, als sie gleichzeitig auch *Rechts*normen sind.

Dem Bayerischen Verfassungsgerichtshof kommt das Verdienst zu, es zuerst unternommen zu haben, den Persönlichkeitsbegriff und dessen Wertinhalt als Rechtsbegriff zu erfassen. Diesem begrüßenswerten Mühen droht aber die Gefahr einer *Teil*erkenntnis, vor der wir warnen müssen.

Weder in Bayern noch im Bund ist während der Entstehungsgeschichte des Satzes von der Würde der menschlichen Persönlichkeit jemals klar bekannt worden, woher man den Persönlichkeitsbegriff entlehnt hat. *Daß* er entlehnt ist, ergibt sich aus der Tatsache, daß er als Rechtsbegriff des *Verfassungs*rechts überhaupt noch nicht und im *Zivil*recht nur als zusammengefaßtes Bündel einzelner Persönlichkeitsrechte bekannt war[19].

---

[16] Am klarsten bisher *F. Klein,* VVDStRL 8 (1950), S. 86.

[17] Vgl. *Apelt,* NJW 1949, S. 481.

[18] *Apelt,* JZ 1951, S. 353. Interessant ist die Rechtsprechung des Bayerischen VerfGH. Der Bayer. VerfGH (n. F.) Bd. 1, Teil II, S. 29 ff., S. 93 ff., Bd. 2, Teil II, S. 85 ff., gewährt bei Art. 100 Bay. Verf. zwar mit der einen Hand ein Grundrecht, nimmt es praktisch aber mit der andern Hand wieder durch seine ständige Spruchpraxis, daß das Grundrecht nicht verletzt sei, wenn gerade der Beschwerdeführer menschenunwürdig behandelt wurde, sondern nur dann, wenn die Menschenwürde „als solche (in abstracto)“, getroffen wurde. Die Folge ist, daß, soweit ersichtlich, noch nicht eine der zahlreichen auf Verletzung des Art. 100 gestützten Rügen Erfolg hatte.

[19] Vgl. dazu *Coing,* SJZ 1947, Sp. 641; RGZ 69, S. 403; 79, S. 398; 113, S. 414.

Nun ist aber seit jeher der Begriff „Persönlichkeit“ ein fester Begriff der christlich-philosophischen Anthropologie[20], der christlichen Gesellschaftslehre[21] und der Moraltheologie[22]. Inwieweit dieser Persönlichkeitsbegriff eine Synthese von allgemeiner humanitas und christlicher Lehre ist, braucht nicht untersucht zu werden. Jedenfalls hat die säkularisierte Humanitätslehre zwar niemals, soweit es nicht auf Gottbezogenheit ankommt, zu sachlichen Wertunterschieden geführt, aber auch niemals die christliche Klarheit erreicht. Auch für die Begriffe „Person“ (Individuum) und „Persönlichkeit“ gilt die Feststellung *Rosenstocks*[23] und *Carl Schmitts*[24], daß alle prägnanten Begriffe der modernen Staatslehre säkularisierte theologische Begriffe sind. Obwohl keiner der beiden Begriffe ohne den anderen erfaßt werden kann, ist „Person“ (Individuum) ein ontologischer Seinsgehalt, „Persönlichkeit“ dagegen ein axiologischer Wertgehalt[25].

Bis zum Nachweis des Gegenteils muß vermutet werden, daß bewußt oder unbewußt der christliche Persönlichkeitsbegriff in das GG rezipiert wurde[26]. Dieser Persönlichkeitsbegriff aber, der vom Christentum (leider meist in zu zurückhaltender Vornehmheit) auch bereit gehalten wurde, als der seit der Aufklärung bedingungslos gewordene Mensch sich bald maßlos als Übermensch fühlte, bald angstvoll in das Kollektiv flüchtete, beinhaltet seit jeher ein Zweifaches:

1. Der Mensch „ist“ Person (Individuum) kraft seines Geistes, der ihn abhebt von der unpersönlichen Natur und ihn aus eigener Entscheidung

---

[20] Vgl. *Messner*, Das Naturrecht, Handbuch der Gesellschaftsethik, Staatsethik und Wirtschaftsethik, 1950, S. 22 ff.

[21] *Schilling*, Christliche Sozialphilosophie, 1950, S. 71, 73; *Nell-Breuning*, Einzelmensch und Gesellschaft, 1950, S. 47, 55.

[22] *Steinbüchl*, Die philosophische Grundlegung der katholischen Sittenlehre, 1947, Bd. 1, S. 337 ff., Bd. 1/II, S. 159 ff.

[23] *Rosenstock*, Vom Industrierecht, 1926, S. 108.

[24] C. *Schmitt*, Politische Theologie, 1934, S. 49.

[25] Zum Beweis dafür, daß wir keinen Augenblick in spekulative Theologie abgleiten, lassen wir *Lütge* als Nationalökonomen sprechen (Referat des dritten Volksheimstättentages 1951, S. 12): „Man hat sich diese Frage (gemeint ist das Verhältnis Individuum und Gemeinschaft) oft leicht gemacht, indem man zwischen Individuum und Persönlichkeit nicht unterschied, und doch sind sie beide nicht das gleiche.“

[26] Dieser Satz wurde gewagt, weil man sich darüber klar sein muß, daß eine Einheit in der letzten theologischen und philosophischen Begründung unerreichbar ist. Wir glauben es jedoch als wissenschaftliche Erkenntnis verwerten zu können, daß die tragende Überzeugung der Mehrheit unseres Volkes noch die (vielleicht unbewußte und un„bekannte“) christliche ist. Juristisch wird diese Erkenntnis erhärtet durch den öffentlichrechtlichen Status der Kirchen, aus dem *J. Heckel* mit Recht eine mittelbare staatliche Anerkennung dafür ersieht, daß die „salus publica nach dem Willen des in jenen Religionsgemeinschaften lebenden größten Teils des Volkes eine salus publica christiana ist“ (*J. Heckel* [Fn. 12], S. 107).

dazu befähigt, sich selbst bewußt zu werden, sich selbst zu bestimmen und sich selbst zu gestalten. Aber:

2. Bereits in dieser Seinsordnung „ist“ die Person nicht nur und erkennt sich nicht nur, wie ein theoretisches Subjekt Objekte erkennt, sondern steht sie wesensmäßig bereits in Beziehung zu Werten. Im Dialog mit dem ewigen „Du“ Gottes, dem „Du“ des Mitmenschen und dem „Wir“ der Gemeinschaft, in deren „Koexistenz“ die Person nur „existiert“, erkennt sie erst, daß sie Person ist. Bejaht die Person aus innerer Freiheit diese Werte und dient sie ihnen, dann reift die Person zur „Persönlichkeit“. Emil Brunner, den man wohl den Begründer einer protestantischen Sozialethik nennen kann, formuliert: „Erst dadurch, daß man von sich selbst loskommt, wird man eine ‚Persönlichkeit‘[27].“ Und auf katholischer Seite lehrt Steinbüchl[28]: „Der freie Dienst an der Gemeinschaft macht die Person zur Persönlichkeit.“

Bei allem verständlichen Affekt gegen die mißbrauchten Worte „Gemeinschaft“, „Dienst“, „Opfer“, „Treue“ usw. wäre es dankenswert, wenn sich auch im öffentlichen Recht große Juristen finden würden, die diese Worte des ihnen derzeit anhaftenden falschen Pathos entkleiden würden und sie für das moderne Rechtsleben „genießbar“ machten. Wie so etwas zu geschehen hat, hat Hueck (Der Treuegedanke im modernen Privatrecht, 1947) souverän aufgezeigt.

Es wird als die Leistung des Christentums gerühmt, den Einzelnen dadurch wirklich frei gemacht zu haben, daß es ihn als Persönlichkeit der innerlich begründeten Gemeinschaftsbindung unterworfen hat[29]. Die Gnade, die gerade unserem Volke zuteil wurde, liegt darin, daß es hier nicht nötig war, den Einzelnen dieser Bindung durch ethische Gebote erst zu unterwerfen, weil „die Germanen eine Gabe vor allen Völkern voraus“[30] hatten, nämlich die Gabe, in ihren Gemeinschaften bereits auch rechtlich die „Freiheitsidee“ in Bindung zur „Einheitsidee“ zu leben. Vielleicht hat *Gierke* tatsächlich etwas „romantisch“ übertrieben (*Hueck*, Treuegedanke, S. 4). In der Schweiz jedenfalls registriert man für die Jetztzeit noch mit Stolz, was *Gierke* für unsere Geschichte feststellte[31].

Denjenigen aber, denen die christliche innere Bindung als zu einseitig ethisch und die deutschrechtliche Bindung als zu romantisch erscheint,

---

[27] *E. Brunner*, Das Gebot und die Ordnungen, Entwurf einer protestantisch-theologischen Ethik, 4. Auflage 1939, S. 174.

[28] *Steinbüchl*, Die philosophische Grundlegung, Bd. 1/II, S. 166.

[29] *Dulckeit*, Philosophie der Rechtsgeschichte, 1950, S. 131.

[30] *Gierke*, Das deutsche Genossenschaftsrecht, Bd. I, 1868, S. 3.

[31] *Ruck*, Freiheit und Rechtsstaat, in: La liberté du citoyen en droit suisse, 1948, S. 87.

um sie positivrechtlich im Persönlichkeitsbegriff zu verwerten, sollte zu denken geben, daß seit *Litt*[32] gerade in der kulturphilosophischen Richtung, die von der *Seins*-Wissenschaft Soziologie herkommt, erkannt wird, daß das „Ich" zu dem, was sein wahres Wesen ausmacht, nur in der „Wechselwirkung" mit dem „Du" und in der „sozialen Verschränkung" mit der Gemeinschaft gelangen kann. So richtig an sich die Feststellung des BayVerfGerichtshofes ist, daß es die Würde des Menschen ausmache, „Träger höchster geistig-sittlicher Werte zu sein und einen Eigenwert zu verkörpern, der unverlierbar und jedem Anspruch der Gemeinschaft und Gesellschaft gegenüber eigenständig und unantastbar"[33] sei, so groß ist hierbei die Gefahr, den Satz von der Würde der menschlichen Persönlichkeit, gerade weil er als Reaktion gegen den Kollektivismus entstanden ist, zur magna charta des Individualismus zu machen. Mitgedacht muß immer die Erkenntnis werden, daß es unlösbar zu dem, was das Wesen des Menschen als Persönlichkeit ausmacht, was seine Würde ausmacht, worin sein sittlicher Eigenwert besteht, gehört, in innerlich begründeter Bindung zur Gemeinschaft zu stehen[34]. Würde haben heißt Persönlichkeit sein. Aber Persönlichkeitsein und in Ganzheitsverbindung stehen, Persönlichkeitsein und Verantwortlichsein, Persönlichkeitsein und dem Gemeinwohl dienen, sind ein und dasselbe.

Während Art. 1 Abs. I GG die Persönlichkeit gewissermaßen statisch zeigt und aussagt, wie sie „ist", daß sie „Würde hat", zeigt Art. 2 Abs. I diese Persönlichkeit, wie sie handelt, wie sie sich „entfaltet". Beide Bestimmungen sind im deutschen VerfR neuartig und nur ihre Zusammenschau ergibt ein vollständiges Bild jenes Menschen, um den es dem GG geht.

Klein[35] hat diesen Zusammenhang von Art. 1 Abs. I und Art. 2 Abs. I bisher am klarsten erkannt. Wenig weiter hilft aber angesichts des Katalogs der negativen Freiheitsrechte seine Berufung auf *von Mangoldts* Hypothese, es sei der „Wille" des Gesetzgebers gewesen, daß nicht mehr die Einzelperson im alten liberalen Sinne im Mittelpunkt stehen sollte. Entscheidend kann nur sein, was *erklärt* ist.

Interpretiert man die Verfassung „aus sich selbst"[36], so erkennt man mit der herrschenden Lehre[37] zunächst einmal, daß es nicht angängig ist,

---

32 *Litt*, Individuum und Gemeinschaft, 1926.

33 BayVGHE (n. F.) Bd. 2, Teil II, S. 91.

34 *Jaspers*, Vom Ursprung und Ziel der Geschichte, 1949, S. 208, nennt einige allgemeine Verhaltensmaximen, die zum Ethos des gemeinschaftlichen Lebens gehören (Sinn für Formen und Gesetze, natürliche humane Umgangsweisen, Rücksicht und Hilfsbereitschaft usw.).

35 VVDStRL 8 (1950), S. 86.

36 *Friesenhahn*, Staatsrechtslehre und Verfassung, 1950, S. 23. (Abgedruckt auch in Recht, Staat, Wirtschaft, Bd. 3, S. 51 ff.).

von dem im Grundgesetz aufgezählten negativen Einzelfragen zurückzuschließen auf die Grundauffassung des GG von der menschlichen Freiheit. Der Art. 2 Abs. I, der zusammen mit Art. 1 Abs. I zu lesen ist, ist nicht das aus den Einzelfreiheiten gefundene Ergebnis, sondern umgekehrt das „allgemeinste und oberste Freiheitsrecht, zu dem sich die anderen Freiheitsrechte lediglich als Anwendungsfälle verhalten“[38].

Daraus folgt aber, daß — trotz des nachfolgenden Kataloges der wesentlichen negativen Rechte — das GG nur im *Phäno*typus zur Verfassungsform des alten liberalen Rechtsstaats zurückgekehrt ist.

Ohne hier schon auf die in Art. 2 Abs. I durch das Sittengesetz, die Rechte anderer und die verfassungsmäßige Ordnung gezogenen Freiheitsschranken einzugehen, deren Bestimmung einer weiteren Untersuchung vorbehalten bleiben muß, ist allein vom Rechtssubjekt her bereits festzustellen, daß Träger *aller* Freiheitsrechte niemals das bindungslos gedachte Individuum, sondern immer die verantwortliche Persönlichkeit ist. So wahr der Satz der allgemeinen Rechtslehre ist, daß man nicht auf eine lex generalis zurückzugreifen braucht, wenn der gleiche Gegenstand in einer lex specialis geregelt ist, so darf die Anwendung einer lex specialis doch niemals dazu führen, daß für ihr Teilgebiet die Gesamtwertvorstellung, die das GG vom Menschen hat, zunichte gemacht wird.

1. So setzten etwa die wohl mit Absicht übersteigerten Exzessbeispiele *Nawiaskys*[39] (sadistische Sektiererei, Nacktkultur als Glaubensprinzip, schamlose Plakatierungen, Verherrlichung des Kampfes gegen Gesetz und Recht, Tierquälerei usw.), deren Realisierungsmöglichkeit *Nawiasky* zur Debatte stellt, weil einerseits im GG eine dem Art. 21 Abs. IV HChEntw.[40] entsprechende generelle Grundrechtsbindung fehlt, andererseits aber bei einigen Grundrechten auch eine Spezialermächtigung zur gesetzlichen Einschränkung nicht vorhanden ist, eben diesen Menschentypus voraus, den das GG als Freiheitsträger gar nicht kennt. Kein Freiheitsrecht des GG schützt den „Untermenschen“[41].

2. Als weitere Erkenntnis ist festzuhalten, daß der Persönlichkeitsbegriff als Rechtsbegriff nun auch von *Rechts* wegen einen Dualismus

---

[37] *Von Mangoldt* (Fn. 3), Vorbem. 4; *Wernicke*, Bonner Komm. Art. 1 II 1 b; *Herb. Krüger*, Grundgesetz und Kartellgesetzgebung, 1950, S. 13; *Jerusalem*, SJZ 1950, Sp. 3. Vgl. auch *Kleins* Lehre vom „Hauptgrundrecht“ (Fn. 16), S. 86.

[38] *Krüger* (Fn. 37), S. 13.

[39] *Nawiasky*, Die Grundgedanken des Grundgesetzes, 1950, S. 24.

[40] Die Herrenchiemseer Generalklausel war offensichtlich Art. 98 der Bayerischen Verfassung nachgebildet.

[41] Zum Ausdruck vgl. *Jahrreiß*, Festschrift für R. Thoma 1950, S. 75 und *Schüle*, Festschrift für R. Smend, 1952, S. 332.

innerhalb der Persönlichkeit, etwa im Sinne zweier Wesen mit entsprechend verschiedenen Handlungsweisen verbietet. Wie die Persönlichkeit unteilbar ist, so ist auch ihr Handeln unteilbar. Was gemeint ist, erkennt man daran, daß z. B. ohne Frage der Ganzheit der Persönlichkeit widerspräche, wenn der Lehrer und Beamte im Dienst verfassungstreu wäre, außerdienstlich diese Verfassung aber bekämpfte. *Friesenhahn*[42] hat gewiß recht, wenn er es im Hinblick auf die Einheit der Persönlichkeit für unmöglich hält, „daß ein Staatsrechtslehrer zwar in seinen Vorlesungen die ihm gezogenen Grenzen wahrt, im übrigen aber ... ein wissenschaftliches Werk veröffentlicht, das z. B. die Demokratie als unsinnig und unsittlich bezeichnet und verwirft".

Viel wichtiger aber ist gerade für die Gestaltung unserer Sozialordnung, daß der Persönlichkeitsbegriff auch die liberalistische (philosophisch schon immer unhaltbare) „Zerlegung" des Menschen in einen *vom* Staat freien „homo oeconomicus"[43] und in einen *zum* Staat hingeordneten „homo politicus" verbietet. Leider hat *Maunz*[44] schon Zweifel angemeldet, „ob sich die Gewähr der freien Entfaltung der Persönlichkeit auf das Wirtschaftsleben beziehen kann und soll". Solche durch nichts begründeten Zweifel[45] verkennen die große Tat eines *Karl Marx,* die neidlos allgemein[46] anerkannt wird und die darin bestand, der modernen Menschheit eingehämmert zu haben, daß Forderungen und Versprechungen an den Menschen billige Phraseologie bleiben, wenn nicht darüber hinaus gleichzeitig die Lebensbedingungen geschaffen werden, um ihre Erfüllung zu ermöglichen[47].

Auch auf christlicher Seite ist man sich darüber klar, daß das Christuswort „der Mensch lebt nicht vom Brot allein" zunächst einmal den Satz enthält „der Mensch lebt vom Brot". Ein Grundrecht mit dem Inhalt, man könne sich zur sittlichen Persönlichkeit entfalten, welches

---

42 *Friesenhahn* (Fn. 36), S. 31.

43 Übrigens muß man es der Nationalökonomie selbst überlassen, ob sie spürt, daß sie eigentlich nicht mehr Kulturwissenschaft treibt, sondern *Natur*gesetzlichkeiten betrachtet, wenn sie z. B. bei der *Thünen*schen Standortlehre oder der Lehre vom Wert mit dem Modell des homo oeconomicus arbeitet.

44 *Maunz,* Staatsrecht, S. 86.

45 Mit Recht nimmt es *Hamann,* BB 1951, S. 342, als selbstverständlich an, daß Art. 2 Abs. I auch auf wirtschaftlichem Gebiet gilt.

46 Von christlicher Seite vergleiche z. B. *Steinbüchl,* in: Koch, Zur sozialen Entscheidung, 1947, S. 36.

47 In neuerer Zeit hat besonders *Arndt* (SJZ 1946, Sp. 169) darauf hingewiesen, daß „politische Rechte, um existent werden zu können, wirtschaftliche Substanz haben müssen". Vorwurfsvoll klagt er: „Während man mit einer unbeschreiblichen Leichtherzigkeit Verfassungen auf das Papier zaubert, ist das Problem der geistigen Freiheit aus wirtschaftlicher Freiheit kaum in Umrissen erkannt."

nicht gleichzeitig auch die ökonomische Entfaltung gewährleistet, wäre eine billige Redensart. Ein derart aufgefaßtes Grundrecht würde ferner, wenn etwas vereinfachend unter Wirtschaften das Befriedigen im wesentlich leiblicher Bedürfnisse verstanden wird, zwischen Körper einerseits und Seele und Geist andererseits in der Menschenauffassung eine Trennungslinie ziehen, wo die speziellen Wissenschaften vom Menschen längst die Ganzheit sehen[48], und müßte in einer so zentralen Frage, wie es die Auffassung vom Menschen ist, eine bedenkliche Isolierung der Jurisprudenz in der universitas literarum zur Folge haben.

Gerade weil also auch das ökonomische Handeln unter dem Schutz des Grundrechts auf freie Entfaltung der Persönlichkeit steht, nimmt es aber auch gleichzeitig an der Sperre des Rechtsbegriffs „Persönlichkeit" teil. Auch auf wirtschaftlichem Gebiet gilt der Satz, daß es keine „Entfaltung der Persönlichkeit", sondern die Vernichtung der Persönlichkeit ist, wenn sich der Mensch aus der Bindung an die Gemeinschaft befreit und in rücksichtslose egoistische Gewinnsucht verfällt.

3. Schließlich folgt bereits aus dem Persönlichkeitsbegriff die ebenfalls für die Gestaltung unserer Sozialordnung wichtige Erkenntnis, daß in diesem Begriff die Verschiedenartigkeit und die Einzigartigkeit der Einzelnen mitgedacht ist. *Egalität* im arithmetischen Sinne gibt es nur im Begriff der Person, und auch hier im strengen Sinne eigentlich nur der Transzendenz gegenüber. Der Persönlichkeitsbegriff behandelt wesensnotwendig die Ungleichheit.

Noch versteht die Rechtswissenschaft unter Gleichheit die „aristotelische, relative Gerechtigkeitsgleichheit, die jedem das Seine gibt"[49] und die erste Hypertrophie, die unter Verkennung der Eigen- und Andersartigkeit jeder Persönlichkeit in körperlicher, seelischer und geistiger Hinsicht, den Sinn des Gleichheitssatzes im Nivellieren und „Gleichmachen" sah, ist abgewehrt.

---

[48] Die Anthropologie erkennt längst, daß der Mensch nicht eine „Summe" aus Körper, Seele und Geist ist, wovon man einen Teil für sich selbst betrachten kann, sondern ein unteilbares Ganzes. Die moderne Medizin, keineswegs etwa nur die Psychiatrie, heilt unter *Weizsäckers* Führung längst durch *einheitliche* Einwirkung auf die „Trychtomie". Die Charakterologie, deren Aussagen besonders wichtig sind, weil sich der Begriff der Persönlichkeit und der Begriff des Charakters ganz nahe berühren (*Schilling*, Rechtsphilosophie, S. 73), lehrt, daß Charakter der ganze Mensch in allen seinen beseelten Handlungen ist. Charakterlos ist der Mensch, bei dem innere Einstellung und äußeres Handeln oder entgegengesetztes äußeres Verhalten auf verschiedenen Lebensgebieten der Ganzheit des Menschen widersprechen. So wäre etwa im Sinne der Charakterkunde ein Mensch, der sich auf ökonomischem Gebiet grundlegend anders verhält, als auf politisch, geistig, seelischem Gebiet, charakterlos. (Vgl. zum Ganzen *von Weizsäcker*, Seelenbehandlung und Seelenführung, 1926, und *Helwig*, Charakterologie, 1936.)

[49] *Leibholz*, DVBl. 1951, S. 195. Ähnlich *Molitor*, AcP 1951, S. 387.

Nach dem Siegeszug jedoch, den die formale Gleichheit auf politischem Gebiet (vor allem im Wahlrecht) genommen hat, wird man sehr wachsam sein müssen, daß ein Funktionierensprinzip nicht zum Inhalt eines materiellen Gerechtigkeitsprinzips gemacht wird. Dieser Einbruch droht vor allem auf ökonomischem Gebiet und auf dem Gebiet des Steuerwesens, wo trotz der Steuerproportion eine steigende Tendenz zur „Typisierung“ der Steuerfälle zu beachten ist.

Der Gleichheitssatz steht im Grundrechtsteil und regelt als Grundrecht das Verhältnis zwischen Individuen und Gemeinschaft. Der Gleichheitssatz als Grundrecht besagt nichts über die Gleichheit der Subjekte im Rahmen der unter Gleichgeordneten bestehenden Verkehrs- und Tauschgerechtigkeit[50]. Er betrifft das Verhältnis der Menschen zueinander im Rahmen der justitia distributiva (Anspruch des Einzelnen auf Anteilnahme am Gemeinwohl) und der justitia legalis (Anspruch des Staates auf Opfer des Einzelnen zu Gunsten des Gemeinwohls).

a) Im Rahmen der justitia distributiva postuliert die Gerechtigkeitsgleichheit folgende Proportion: Was vom Staat, von seiten des Gemeinwohls, dem Menschen A zuzuwenden ist, verhält sich zu dem, was dem Menschen B zuzuwenden ist, so, wie sich die materiellen, physischen und geistigen Eigenschaften und Anlagen des Menschen A zu denen des Menschen B verhalten. (Die mathematische Gleichheit würde in dem Satz enden: Dem Menschen A muß vom Staat dasselbe zugewendet werden wie beim Menschen B.)

b) Umgekehrt lautet im Rahmen der justitia legalis diese Gerechtigkeitsproportion: was vom Staat vom Menschen A für das Gemeinwohl zu verlangen ist, verhält sich zu dem, was vom Menschen B zu fordern ist, so, wie sich die materiellen, physischen und geistigen Eigenschaften und Anlagen des Menschen A zu denen des Menschen B verhalten. Vor allem die Finanzverwaltung wird angesichts ihrer Typisierungspraxis diese Proportion neu durchdenken müssen.

Seit an die Stelle des Fürstenwillens der Volkswille getreten ist, dient dem *Zweck,* diese Gerechtigkeitsproportionen im Staatsleben zu realisieren, das *Mittel* der politischen Gleichheit. Die Interessen und Bedürfnisse des Einzelmenschen ändern sich ständig und ebenso unterliegt das öffentliche Interesse einem ständigen soziologischen Wandel. Wenn man an einem Zeitpunkt (Wahltag) einen „gerechten“ Querschnitt

---

50 Richtig daher *Hueck,* Die Bedeutung des Artikel 3 GG für die Lohn- und Arbeitsbedingungen der Frauen, 1951, S. 20, wo er nachweist, daß durch den Gleichheitssatz nicht die Freiheit berührt wird, vertraglich im Verhältnis zu Dritten Differenzierungen vorzunehmen. Laut Bericht der JZ 1951, S. 734 ist der überwiegende Teil der Teilnehmer der Zivilrechtslehrertagung 1951 *Nipperdey,* der im abweichenden Sinne referierte, nicht gefolgt.

zieht und jedem das Seine gibt, also beispielsweise im Formalverfahren der Willensbildung dem „Unterstützungsempfänger" den Wert „null", dem „Kulturträger" den Wert „drei" und dem „Reichen" den Wert „fünf" beilegt, dann muß das Ergebnis dieses Formalverfahrens wieder dem status quo ante entsprechen. Da nun in der Folge dieser „neue" Volkswille rechtlich darüber entscheidet, ob sich an der bestehenden Sozialstruktur etwas ändern darf, wiederholt sich nach der Erfahrung des 19. Jahrhunderts der gleiche Vorgang immer wieder, so daß das Formalprinzip des privilegierten Stimmrechts (genauer der privilegierten Stimmbewertung) schließlich zu materiell ungerechten Ergebnissen führen muß. Das demokratische Formalprinzip des 20. Jahrhunderts nivelliert daher jeden Menschen auf den Wert „eins". Es hebt die Menschen, denen dieser Wert gerechter Weise nicht zukäme (z. B. Analphabeten) zu ihm hinauf und drückt die Menschen, denen ein höherer Wert zukäme, auf ihn herab. Dieser Formalprozeß kann theoretisch im Ergebnis nie zum status quo führen, sondern muß immer neu die gesellschaftlichen Veränderungen registrieren. Die hier beobachtete „Gleichmacherei" und „Nivellierung" dient also nur dem Zwecke, zu *jeweils* gerechten materiellen Ergebnissen zu verhelfen.

Eine Erweiterung dieses formalen, politischen Gleichheitsprinzips zum materiellen Gerechtigkeitsprinzip wäre jedoch vom Persönlichkeitsbegriff des GG nicht mehr gedeckt. Festzuhalten ist insbesondere, daß auch auf ökonomischem Gebiet die Ordnung der Güter und ihrer Verteilung nicht in „Gleichheit", sondern nur in der „Ausgeglichenheit" gemäß der Verschiedenheit und Einzigartigkeit der Einzelpersönlichkeiten bestehen kann.

„Bedürfnis" und „öffentliches Interesse" als Rechtsbegriffe*

Giese hat vor einiger Zeit in dieser Zeitschrift[1] den Begriffen „Bedürfnis" und „öffentliches Interesse" den Charakter sogenannter „unbestimmter Rechtsbegriffe" abgesprochen und folgerichtig ihre verwaltungsgerichtliche Nachprüfbarkeit — von Ermessensfehlern abgesehen — verneint. Kraft *Gieses* Autorität hat seine Ansicht in der Verwaltungspraxis sensationell gewirkt und in der uralten „quaestio diabolica"[2] des Verwaltungsrechts erneut große Unsicherheit hervorgerufen[3]. Die folgenden Zeilen maßen sich nicht an, Endgültiges auszusagen. Sie wollen lediglich den Eindruck verwischen, als sei *Gieses* Meinung in dieser Frage bereits das *letzte* Wort der Wissenschaft.

I. Das Bedürfnis

1. Eindeutig und keinesfalls, wie *Giese* es hinstellt, nur diskutabel ist zunächst, daß im Gaststättengesetz die Bedürfnisprüfung Rechtsfrage und nicht Ermessensfrage ist. Die positiv-rechtliche Norm des § 18 Nr. 2 GaststG verbietet hier jegliche Diskussion[4].

Daß auch in der britischen Zone, wo durch § 23 III MRVO 165 der § 18 Nr. 2 GaststG beseitigt wurde, nach Inkrafttreten des Grundgesetzes die Bedürfnisprüfung wieder in den Bereich der Rechtskontrolle einzubeziehen ist, ist zumindest seit dem Urteil des *OVG Hamburg* vom 30. 3. 1951 (VerwRspr. 3, 736) unstreitig.

2. Von diesem Ausgangspunkt her liegt an sich der Schluß, daß das Gaststättengesetz als lex posterior ein allgemeines Prinzip des *gesamten* materiellen Gewerberechts positiviert hat, viel näher als der Umkehr-

---

* JZ 1953, S. 535 bis S. 537.

1 „Grenzen der verwaltungsgerichtlichen Ermessensnachprüfung", JZ 1952, S. 585 ff.

2 *Zorn*, VerwArch. 2, S. 82.

3 Diese Unsicherheit wird noch dadurch erhöht, daß *Giese*, nachdem er zunächst ganz klar die Begriffe als nicht überprüfbare Ermessensbegriffe bezeichnet hat, dann die Tatsache, daß sie in den von ihm zitierten Urteilen als unbestimmte Rechtsbegriffe geprüft wurden, doch noch zu billigen scheint und sich seine eigentliche Polemik nur gegen die Praxis der gerichtlichen Administrativentscheidungen bei Spruchreife richtet.

4 Vgl. *Rohmer / Eyermann*, Komm. z. GaststG (1952) § 18 Anm. 4 b; *Forsthoff*, Verwaltungsrecht (2. Aufl. 1951), S. 74.

schluß, daß dort, wo eine dem § 18 entsprechende Vorschrift fehlt, das Bedürfnis Ermessensfrage geblieben sei. Ein schlechtes Argument ist es, wenn man — als Ausnahme vom sonstigen Gewerberecht — für das Gaststättenrecht ein Umschlagen des Bedürfnisses vom Ermessens- zum Rechtsbegriff nur deshalb anerkennt, weil die Reichsregierung von der in § 1 III GaststG vorbehaltenen Ermächtigung Gebrauch gemacht und in § 3 der AVO zum GaststG vom 21. 6. 1930 die Voraussetzungen bestimmt hat, unter denen ein Bedürfnis für die Erlaubniserteilung zur Eröffnung einer Schankwirtschaft anzuerkennen oder zu verneinen sei. Die keinesfalls abschließende Aufzählung (vgl. „insbesondere“) der Umstände, auf die sich die Bedürfnisprüfung zu erstrecken hat, war kaum etwas anderes als die Festlegung einer im *gesamten* Gewerberecht längst geübten Praxis. Auf jeden Fall hat sie in der *Folgezeit* als Modell für die Prüfungsmaßstäbe im *gesamten* Gewerberecht gedient und müßte folglich auch dort die Bedürfnisprüfung rechtlich kontrollierbar machen[5].

3. Ist man gewillt anzuerkennen, daß das Gaststättengesetz in der Entwicklung des Bedürfnisses vom Ermessens- zum Rechtsbegriff einen Wendepunkt brachte[6], dann verlieren alle *früheren* Aussagen (und selbst die der Klassiker *Otto Mayer* und *Fleiner*) weitgehend den ihnen von *Giese* beigemessenen Beweiswert gegen den Bedürfnisbegriff als Rechtsbegriff. Darüber hinaus muß man auch für die spätere Zeit bei allem Respekt vor jedem, der sich in das Kreuzfeuer der quaestio diabolica wagte, generell allen Autoren, die sich bis zum Inkrafttreten des Grundgesetzes einer völlig anders gearteten *verfassungs*rechtlichen Situation gegenüber sahen, die Eignung zum Lehrmeister für die heutige Rechtslage absprechen.

Es ist bisher kaum beachtet worden, daß eine Verfassung, die mit der Aktualisierung der Grundrechte so ernst macht wie das Grundgesetz, auch im System des materiellen Verwaltungsrechts gewaltige Änderungen hervorrufen muß. Das hier zur Frage stehende Problem ist unseres Erachtens im Grundrechtsteil des Grundgesetzes positivrechtlich entschieden worden.

a) Die Aktualisierung der Grundrechte auch gegenüber dem Gesetzgeber (jetzt Gesetze nur im Rahmen der Grundrechte und nicht mehr Grundrechte im Rahmen der Gesetze[7]) hat dem Verwaltungsrecht die

[5] In diesem Sinne wohl auch *Schmidt-Brücken*, DÖV 1949, S. 43.

[6] Seit jeher konsequent für Bedürfnis als Rechtsbegriff: *Bühler*, Die subjektiven öffentlichen Rechte (1914), S. 27, 32, 286; *W. Jellinek*, Verwaltungsrecht, S. 33. Vgl. auch die Rechtsprechungsübersicht von *Plessing*, Z. f. öff. Recht Bd. 6, S. 26, 33.

[7] So die plastische Formulierung *Herb. Krügers*, Grundgesetz und Kartellgesetzgebung (1950), S. 12.

Ebene des Gesetzes im technischen Sinne, in der es früher normativ genügende Deckung fand, weitgehend entzogen. Das Verwaltungsrecht steht *unmittelbar* den von Verfassungs wegen aktualisierten Grundrechten gegenüber[8], und der Grundsatz der „Gesetzmäßigkeit der Verwaltung“ ist dadurch zum Grundsatz der „unmittelbaren Verfassungsmäßigkeit der Verwaltung“ pointiert worden. Gerade das Gewerberecht, wo seit einigen Jahren die bisher im deutschen öffentlichen Recht unbekannte Erscheinung zu beobachten ist, daß fast jeder Gewerberechtsfall zum *Verfassungs*rechtsfall aufläuft, macht es offenkundig, wie *direkt* — und vom Gesetz im technischen Sinne ungeschützt — heute das Verwaltungsrecht dem Gebot der Verfassungsmäßigkeit gegenübersteht. Damit mußte naturgemäß jeder belastende, mit Grundrechten kollidierende Verwaltungsakt zu einer Grundrechtsfrage — also eben zu einer *Rechtsfrage* — selbst dort werden, wo früher ein Gesetz im technischen Sinne der Verwaltung beim Erlaß belastender Verwaltungsakte Ermessen eingeräumt hatte. Die Unterscheidung von Ermessens- und Rechtsfragen in der Ebene des Verwaltungsrechts ist de lege lata jedenfalls dort hinfällig geworden, wo ein belastender Verwaltungsakt sich als *Grundrechtseingriff* darstellt.

b) Schon die auch von *Giese* anerkannte Tatsache, daß das Grundgesetz eine Wandlung des Bedürfnisbegriffes erzwang, indem es in negativer Beziehung seine Deutung als „economic need“ verbietet, zeigt, daß das Grundgesetz die behördliche Bedürfnisprüfung eben *nicht* im Raum der *Mehr*deutigkeit pflichtgemäßer subjektiver Verwaltungsanschauung belassen hat. Denn was ist hier geschehen? Die Verfassung zwang die rechtsanwendenden Organe dazu, durch unmittelbare Verfassungsinterpretation den Inhalt des Begriffes „Bedürfnis“ wenigstens in negativer Beziehung eindeutig zu ermitteln. Ein Verfassungsbefehl aber, der dazu zwingt, einen Begriff in negativer Beziehung durch Gesetzesinterpretation abzustecken, unterwirft rechtslogisch incidenter auch den verbleibenden positiven Begriffsinhalt dem Schicksal, am *Gesetz* und nicht an der Zweckerwägung der anwendenden Behörde gemessen zu werden. Die vom Gesetz gestellte Forderung, durch seine *Aus*legung den Begriffsinhalt eindeutig zu ermitteln, ist aber das Kriterium für das Vorliegen eines *Rechts*begriffes. Unmittelbar am Grundgesetz gemessen gibt es bei jeder Handhabung des Bedürfnisbegriffes jeweils nur *eine* richtige Entscheidung.

---

[8] Man wird ernsthaft erwägen müssen, ob im akademischen Unterricht die Grundrechte nicht im *Verwaltungs*recht zu behandeln sind. Da fast jeder belastende Verwaltungsakt gleichzeitig Grundrechtskollision bedeutet, kann man im Verwaltungsrecht Verbindliches nur aussagen, wenn man zunächst eine Grundrechtslehre entwickelt hat.

c) Bis zum Inkrafttreten des Grundgesetzes war es, wenn auch teilweise arg dogmatisch verbrämt, letztlich immer eine vom Rechts*schutz* her entschiedene Frage, ob man materiell-rechtlich einen Begriff als Ermessens- oder Rechtsbegriff auffaßte, und die Geister schieden sich an der Frage, ob der Rechtsschutz erstreckt oder eingeengt werden sollte. Heute ist eine materiellrechtliche Verfassungsentscheidung gefallen, wonach belastende Verwaltungsakte, die wie die Bedürfnisverneinung gleichzeitig Grundrechtskollision sind, nicht dem Ermessen der Behörde anheimgestellt sind.

Das Grundgesetz errichtet in Art. 19 II auch vor den Grundrechten, die unter Einschränkungsvorbehalten „durch Gesetz“ und unter Eingriffsvorbehalten „auf Grund eines Gesetzes“ stehen, erstmalig eine *Wesensgehalts*sperre. Das Grundgesetz kennt also selbst bei vorbehaltenen Beschränkungsmöglichkeiten keine staatliche *Total*disposition über Grundrechte. Eine Eingriffsmöglichkeit wie die Bedürfnisverneinung, deren Realisierung lediglich von subjektiven Zweckmäßigkeits- und Billigkeitserwägungen, also vom Ermessen der Exekutivorgane abhinge, würde das Grundrecht des Art. 12[9] zur staatlichen Totaldisposition stellen. Wenn man überhaupt das Gebot des Art. 19 II ernst nehmen will, dann muß der Wesensgehalt der zum subjektiven öffentlichen Recht aktualisierten Grundrechte mindestens in ihrer Festigkeit gegenüber Unerkennbarkeit, Unberechenbarkeit und Unmeßbarkeit der staatlichen Eingriffsmöglichkeiten bestehen. Auch wer der aktiven Verwaltung gern ein möglichst großes Recht zum Atmen, das nun einmal jedes „valere“ braucht, lassen möchte, wird sich nicht der Erkenntnis verschließen können, daß Eingriffsmöglichkeiten, die allein in Ermessensbegriffen begründet sind, den Wesensgehalt der Grundrechte antasten, da sie auf dem Wege im übrigen durchaus sachlicher und zweckmäßiger Maßnahmen die staatliche *Gesamt*disposition über das betreffende Grundrecht ermöglichen würden, ohne daß, und das ist entscheidend, eine *Rechts*verletzung erfolgt wäre[10]. Art. 19 II GG machte den belastenden Verwaltungsakt der Bedürfnisverneinung, gleichgültig, ob diese nach früherer Begriffsterminologie aufgrund einer als Rechts- und Ermessensfrage aufgefaßten Bedürfnisprüfung erfolgen konnte, zur

---

[9] Auf den Streit, ob angesichts der sehr subtilen *(Ipsen)* Regelung der Spezialvorbehalte im Grundgesetz die zwischen Berufs*wahl* und Berufs*ausübung* liegende Berufs*aufnahme* überhaupt von Art. 12 I erfaßt wird, oder ob für sie nicht sofort auf Art. 2 I zu rekurrieren ist, braucht hier nicht eingegangen zu werden.

[10] Billigenswert daher: Württ.-Bad. VGH (DVBl. 1950, S. 755): „Ein Grundrecht, das nicht nur nach Maßgabe von Normativbestimmungen, sondern durch behördliche Ermessensentscheidungen beschränkbar wäre, wäre überhaupt kein Grundrecht mehr.“ Etwas vorsichtiger: OVG Hamburg (VerwRspr. 3, S. 736): „Ein Grundrecht, das nicht der gerichtlichen Kontrolle zugänglich ist, verliert dadurch in der Regel seinen Wesensgehalt.“

(auch von den Verwaltungsgerichten) unmittelbar nach Verfassungsrecht auf einen Grundrechtsverstoß hin zu beurteilenden *Rechts*frage.

II. Das öffentliche Interesse

1. Zunächst ist es selbstverständlich, daß es nicht um das öffentliche Interesse als „salus publica“ im Sinne des Staatszweckes[11] geht. Insoweit geschieht jede Staatstätigkeit im öffentlichen Interesse, und Verwaltung und öffentliches Interesse sind hier geradezu identisch. Wir meinen nur den in Einzelgesetzen als terminus technicus verwendeten Begriff des öffentlichen Interesses, dem es dann in der grundsätzlichen rechtlichen Beurteilung keinen Eintrag tut, wenn er als „Gemeinwohl“, „öffentliches Wohl“, „Wohl der Allgemeinheit“, „public necessity“, „gemeiner Nutzen“ usw. erscheint.

2. Für diesen Begriff im technischen Sinne gelten alle unsere bisherigen Feststellungen. Soweit also das „öffentliche Interesse“ Ermächtigung zum Erlaß belastender Verwaltungsakte ist, die sich als Grundrechtseingriff darstellen[12], ist es als Rechtsbegriff aufzufassen und gerichtlich überprüfbar. Nun ist aber der Begriff „öffentliches Interesse“ als Ermächtigungsnorm nicht so speziell immer gegen ein bestimmtes Grundrecht gerichtet, wie die Bedürfnisprüfung gegen das Grundrecht des Art. 12, so daß nicht allein vom verfassungsrechtlichen Standpunkt aus eine Entscheidung getroffen werden kann, daß das „öffentliche Interesse“ schlechthin *Rechts*begriff (geworden) sei.

3. Da es sich nur in einer größeren Studie nachweisen ließe[13], daß der Begriffsinhalt des öffentlichen Interesses immer nach objektiven Maßstäben „frei von subjektivem Ermessen“[14] feststellbar ist, so daß auch *materiell*rechtlich sein Charakter als „unbestimmter Rechtsbegriff“ bewiesen werden kann, soll hier nur darauf hingewiesen werden, daß diese Frage bereits von der formalen Rechtsschutzseite her entschieden ist[15].

---

[11] Dort ist das öffentliche Interesse natürlich eine Frage politischer, legislativer und administrativer Opportunität.

[12] Vor allem also im Rahmen des Art. 14 GG. Vgl. dazu Hess. VGH, Urt. v. 13. 9. 1951, ESVGH 1, S. 244.

[13] Der Verf. hat einen solchen Versuch in seiner Dissertation „Die konstanten Voraussetzungen des Begriffes ‚öffentliches Interesse‘“ (ungedr., München 1949) unternommen.

[14] *W. Jellinek*, Verwaltungsrecht (1948), S. 33.

[15] Für das „öffentliche Interesse“ als Rechtsbegriff: *Tezner*, Zur Lehre vom freien Ermessen (1908), S. 29, 30, 32, 35; *Bühler*, Die subjektiven öffentlichen Rechte, S. 27; *Scheuner*, VerwArch. 33, S. 69; *Ruck*, Schweizerisches Verwaltungsrecht (1934), S. 135. — *Schmidt-Brücken* anerkennt nur das „*überwiegende* öffentliche Interesse“ als Rechtsfrage. Dem ist entgegenzuhalten, daß

a) Man sollte in der Theorie endlich zugeben, daß sich auch hier der Siegeszug der Verwaltungsgerichtsbarkeit als unaufhaltsam erwiesen, und daß er die Lehre vom öffentlichen Interesse als Ermessensbegriff überwältigt hat. Die Entwicklung begann laut *Bühler*[16] unter *Tezners* Einfluß beim österreichischen Verwaltungsgerichtshof, der als erster das öffentliche Interesse als Rechtsbegriff anerkannte und damit begann, es auf seine richtige Anwendung nachzuprüfen. Im Reich ist es nach *Bühler* zuerst das sächsische Oberverwaltungsgericht gewesen, das nach anfänglichem Schwanken konsequent die Kontrolle des öffentlichen Interesses als seine Aufgabe betrachtete. Für Preußen fällt selbst bei nur flüchtiger Entscheidungsdurchsicht auf, daß das Oberverwaltungsgericht das öffentliche Interesse überprüfte in PrOVGE 3, S. 146; 9, S. 347; 13, S. 61; 37, S. 7; 52, S. 51; 54, S. 52; 76, S. 43; 78, S. 115; 80, S. 440. Das Reichsverwaltungsgericht prüfte während seiner zweijährigen Spruchtätigkeit das öffentliche Interesse in RVerwGE 1, S. 180; 1, S. 250[17]; 1, S. 252; 2, S. 47; 2, S. 87.

b) Alle diese Entscheidungen ergingen, obwohl der Ausschluß der Ermessensfrage seit jeher als Spezifikum der Verwaltungsrechtspflege galt und auch positivrechtlich in den Rechtspflegegesetzen normiert war[18]. Unter den beiden Möglichkeiten, entweder den Begriff des öffentlichen Interesses als Rechtsbegriff anzuerkennen oder den Verwaltungsgerichten jahrzehntelange Gesetzesuntreue und Gesetzesunkenntnis zu unterstellen, kann auch die wertfreie Wissenschaft nur die erste ergreifen.

c) Rechtshistorisch gesehen, besteht durchaus die Möglichkeit, daß sich die Verwaltungsgerichtsbarkeit die Nachprüfung des öffentlichen Interesses ursprünglich usurpiert hat. Aber der entscheidende Wandel zur positivrechtlichen Legalität der Nachprüfung erfolgte spätestens in dem

---

das öffentliche Interesse *immer* überwiegendes öffentliches Interesse ist. Es gibt *keinen* Verwaltungsfall ohne *Kollision* nicht nur des öffentlichen Interesses mit Privatinteressen, sondern auch des öffentlichen Interesses mit einem anderen öffentlichen Interesse (Musterfall: RVerwGE 1, S. 182).

16 *Bühler* (Fn. 15), S. 39.

17 Der Leitsatz S. 246 ist irreführend, da er den Eindruck eines freien Ermessensbegriffes hervorruft, obwohl das öffentliche Interesse dann in den Gründen sehr wohl geprüft wird.

18 Vgl. § 127 III PrLVG, Art. 13 I 3 Bayer. G v. 8. 8. 1878 und im übrigen *W. Jellinek*, Verwaltungsrecht, S. 302 ff. Demgegenüber war es z. B. für die *Finanz*gerichtsbarkeit geradezu typisch, daß die Gerichte im Rechtsmittelverfahren gegen Steuerbescheide ihr Ermessen an die Stelle des Ermessens der Finanzämter setzten. *Naumann*, JZ 1953, S. 102, meldet schon de lege lata gegen diese Praxis Bedenken an. De lege ferenda tritt er mit Recht entschieden dafür ein, den Finanzgerichten den Charakter der Rechtsmittel*behörde* (auch in der verkleideten Form der Rekursinstanz im Sinne des § 79 IV VGG) völlig zu nehmen und sie damit auf reine *Rechts*kontrolle zu beschränken.

Augenblick, in dem die jeweiligen *Verfahrens*gesetze den Begriff verwendeten.

Wenn beispielsweise nach § 74 III PrLVG ein Kommissar zur Wahrnehmung des „öffentlichen Interesses“ bestellt werden konnte, der unstreitig „Partei mit allen Rechten einer solchen“[19] wurde, dann *mußte* damit sein prozessuales Parteivorbringen auch materiellrechtlich als nachprüfbares *Rechts*vorbringen relevant werden. Wenn heute z. B. nach § 101 VGG der „Vertreter des öffentlichen Interesses“ Berufung einlegen kann, dann ist das ein klarer Beweis dafür, daß das, was er zum Nutzen des „Gemeinwohles“ (§ 18 II VGG) in den Prozeß einführt, auch *Rechts*frage ist. Des weiteren bestätigt sich heute eine nicht nur auf Grundrechtsverstoß beschränkte grundsätzliche Nachprüfbarkeit des Begriffes durch die prozessualen Normen der §§ 51 VGG und 51 VO 165, die voraussetzen, daß bei der im „öffentlichen Interesse“ ergangenen behördlichen Anordnung der sofortigen Vollziehung das öffentliche Interesse als *Rechts*frage vom Gericht nachgeprüft wird, und die auf jeden Fall also mit der Mär aufgeräumt haben, daß das öffentliche Interesse wegen der Unmöglichkeit, seinen Inhalt nach objektiven Maßstäben festzustellen, gar nicht zum Rechtsbegriff erstarken *könne*[20].

III. Die gerichtliche Anweisung an die Genehmigungsbehörde

Wenn die Zeichen der Zeit nicht trügen, und in diesem Sinne muß auch *Gieses* Abhandlung gewertet werden, dann neigen sich die Sympathien der Wissenschaft, die in den letzten Jahren vorwiegend der Verwaltungs*rechtspflege* gehörten, wieder mehr der *aktiven* Verwaltung zu. Die Verwaltungsgerichtsbarkeit, die sich sicher schon klar darüber ist, daß ihr von der Generalklausel her bestimmtes Charisma die eigentlich entscheidende Belastungsprobe mit dem Anlaufen des Lastenausgleichs erfahren wird, sollte diese Zeichen nicht übersehen[21]. Man

---

[19] PrOVG 80, S. 439.

[20] Vgl. dazu *Eyermann / Fröhler*, Komm. z. VGG § 51 1 c bb und 4 e. Im übrigen verdanken wir gerade einer solchen Entscheidung (BayVGHE (n. F.) Bd. 1, Teil I, S. 5) die bisher kürzeste und beste Definition des öffentlichen Interesses als des Interesses „einer unbestimmten Allgemeinheit von Personen“ (gemeint ist natürlich: eines unbestimmten Teiles der Allgemeinheit, also eines nicht geschlossenen, jedermann jederzeit ohne Schwierigkeiten zugänglichen Personenkreises). Für „öffentliches Interesse“ als Rechtsbegriff auch *van Husen*, DVBl. 1953, S. 72. Dort auch Entscheidungsübersicht über die ständige Spruchpraxis, „Unterbelegung“, „Eignung“ und „Bedürfnis“ als Rechtsbegriffe zu überprüfen. *Van Husen* setzt sich bedauerlicherweise mit *Giese* nicht auseinander.

[21] Daß die Verwaltungsgerichtsbarkeit gegenüber dieser rückläufigen Tendenz nicht blind ist und die Notwendigkeit erkannt hat, reine Administrativentscheidungen dorthin zurückzuverlagern, wohin sie gehören, zeigt sich darin, daß in der neuen Bundesverwaltungsgerichtsordnung *Rekursentschei-*

kommt damit zu *Gieses* eigentlichem Anliegen, das darin besteht, den Gerichten auch bei Spruchreife die positiv an die Verwaltung gerichtete Entscheidung zu verwehren. Nach den hier vertretenen Ergebnissen, wonach „Bedürfnis“ und „öffentliches Interesse“ Rechtsbegriffe sind, können wir zwar in der mit der kassatorischen Entscheidung gemäß § 79 III VGG und § 75 III VO 165 verbundenen Anweisung an die Genehmigungsbehörde keine administrative Ermessensentscheidung, sondern eine echte, d. h. allein an Rechtsbegriffen gemessene Rechtsentscheidung sehen. Aber es bleibt, abgesehen von dem dogmatischen Bedenken aus dem Gewaltenteilungsprinzip (das der Gesetzgeber allerdings, wie die §§ 79 III VGG und 75 III VO 165 zeigen, nicht geteilt hat) ein Rest zu tragen, der eine Frage des richterlichen *Taktes* gegenüber der ohnehin vom „Rechtswegstaat“[22] eingeschnürten aktiven Verwaltung ist. Bei unbestimmten Rechtsbegriffen sollten sich die Verwaltungsgerichte trotz formalrechtlicher Deckung tatsächlich mit der kassatorischen Entscheidung begnügen. Sie werden sonst immer wieder mit dem — bereits der Verfassungsgerichtsbarkeit angedichteten — Odium behaftet werden, nur *ihr* „Ermessen“ an die Stelle des „Ermessens“ *anderer* Staatsorgane zu setzen.

---

dungen (mit der ihnen eigenen Ersetzung des Verwaltungsermessens durch gerichtliches Ermessen) nicht mehr vorgesehen sind.

[22] *Jahrreiß*, Recht, Staat, Wirtschaft, Bd. 2, S. 203 ff. Hier am Rechtsweg- und Instanzenzug, nicht aber an den materiellen Rechtsbegriffen, hätte eine berechtigte Polemik einzusetzen. Infolge der oben (I 3 a) geschilderten Situation wird bereits jeder belastende Verwaltungsakt in allen verwaltungsgerichtlichen Instanzen auch auf einem unmittelbar an der Verfassung gemessenen Grundrechtsverstoß hin überprüft, so daß man in der Verfassungsbeschwerde die Beschwerde zu einer *Super*instanz erkennen sollte, ehe das höchste deutsche Gericht in Verfassungsbeschwerden erstickt ist. Vgl. dazu die herbe, aber berechtigte Kritik von *Ule*, DVBl. 1953, S. 12 ff.

Das Eigentum als Menschenrecht*

I.

Abgesehen von einigen Verirrungen während der letzten Jahre, die das Ende des subjektiven öffentlichen Rechts verkündeten, hat im deutschen Staatsrecht niemals Zweifel darüber bestanden, daß, wenn das objektive Verfassungsrecht materiell die Radizierung des Eigentums auf den Einzelnen vorschreibt, diese Radizierung formal nur in Gestalt des subjektiven Rechtes geschehen kann. Das Eigentum blieb immer von der Rechtsschutzproblematik um die Dreiteilung „Recht", „Rechtsreflex" und „Interesse" verschont[1]. Als konsequentes Endresultat der Tatsache, daß Grundrechte überhaupt zum Bestandteil der positiven Verfassungsrechtsordnung gemacht wurden[2], erschien es dabei bisher als juristisches Dogma, daß jedes subjektive Recht *mittelbar* d. h. über den Umweg der objektiven staatlichen Rechtsordnung auf seinen Träger zu radizieren sei[3]. Nach dieser Auffassung „gewährt" d. h. schafft der Staat konstitutiv das subjektive Recht, wobei dann nur die Konstruktionsfrage offen bleibt, ob die Verfassung dieses Recht direkt gewährt oder ob es erst als Ausfluß des Normenkomplexes einer aus der vorhandenen Rechtsordnung in die Verfassung

---

* ZgesStW 109 (1953), S. 326 bis S. 350.

[1] Im übrigen ist das subjektive öffentliche Recht als Formalbegriff ebenso unsterblich, wie das Problem Individuum und Gemeinschaft ein Ewigkeitsproblem ist. Wer diesen Dualismus nicht wahrhaben will, betreibt politische Romantik.

[2] Einen guten Überblick über den „Kreislauf" von den außerhalb staatlicher Disposition stehenden Grundrechten zu ihrem Einbau in die Verfassung und der damit verbundenen Unterwerfung unter staatliches Recht bis zu ihrer jetzigen auch gegenüber dem Gesetzgeber normierten „Unantastbarkeit" gibt *Nawiasky,* Grundgedanken des Grundgesetzes, 1950, S. 18 ff.

[3] Konsequent seit jeher anderer Meinung die christliche Theologie. Vgl. *Pius XI.,* Enzyklika „Quadragesimo anno" vom 15. Mai 1931: „... einmütig lehren sie (die Theologen), das Sondereigentumsrecht sei von der Natur, ja vom Schöpfer selbst den Menschen verliehen" (zit. nach der amtlichen vatikan. Übersetzung, Münster 1946, S. 29). *Emil Brunner,* der wohl als der maßgeblichste protestantische Sozialethiker bezeichnet werden kann, lehrt: „Aber nicht nur die Verfügungsgewalt über Leib und Glieder ist dem Menschen ursprünglich, von Schöpfungs wegen zugeteilt, sondern auch das Eigentum" (Gerechtigkeit, Zürich 1943, S. 70). Im Gegensatz zu *E. Kaufmann* (VVDStRL 3 [1927], S. 20) blieb sich *Carl Schmitt,* der noch in seiner Verfassungslehre (S. 163/4) das Eigentumsrecht als vorstaatliches Recht verstand, auch hier nicht treu (vgl. HdbStR II, S. 590).

übernommenen oder von der Verfassung erst geschaffenen „Einrichtung" zutage tritt.

Mit dieser Dogmatik muß gebrochen werden, wenn man nicht den Art. 1 Abs. II, in dem sich das Grundgesetz zu „unverletzlichen und unveräußerlichen Menschenrechten" bekennt, als ungeschrieben und die Bekenntnisse für „vorstaatliche" und „vorverfassungsmäßige" Rechte während der Entstehungsgeschichte[4] als ungesprochen behandeln will. Nach der Konstruktion des Grundgesetzes ist die Normierung der Grundrechte, soweit sie Menschenrechte sind, lediglich ein affirmativer und kein konstitutiver Akt gewesen. Sie werden nicht von einem autonomen Verfassungsgeber „gewährt", sondern werden nur als vorgegeben „gewährleistet".

II.

Auch diejenigen, denen, wie dem Verfasser, die Existenz einer überpositiven Rechtsordnung religiös-geistige Gewißheit ist, sind weit entfernt davon, diesen „Griff nach den Sternen" als juristischen „Sieg" zu feiern. Dafür hat das Grundgesetz die positivrechtlichen Konsequenzen, die sich aus der vorverfassungsmäßigen Natur der Menschenrechte begrifflich ergeben, viel zu unzulänglich gezogen.

Von der Eigentumsregelung, wo die Schwierigkeiten noch viel größer sind, zunächst abgesehen, stößt der Dogmatiker auf zwei Hauptwidersprüche, die, wenn ihre befriedigende Auflösung nicht gelänge, so grundlegender Art wären, daß sie die Entscheidung für vorstaatliche Menschenrechte wieder absorbieren würden.

1. Der erste Widerspruch ergibt sich aus Art. 18[5]. Wenn das Menschenrecht „unveräußerlich" ist, dann kann man sich dieses Rechtes auch nicht durch Erfüllung eines Verwirkungstatbestandes, wobei dann der Ausspruch des Bundesverfassungsgerichts nur deklaratorische Bedeutung hätte, entäußern. Ein „unverletzliches" Menschenrecht wiederum kann aber auch kein Gericht mit konstitutiv wirkendem Ausspruch aberkennen. Der Weg, in den in Art. 18 aufgezählten Grundrechten eben *keine* Menschenrechte zu sehen, ist gerade für denjenigen nicht gangbar, der von der Vorstaatlichkeit wenigstens des Eigentums und der Freiheit der Meinungsäußerung überzeugt ist.

Der Widerspruch erweist sich jedoch als lösbar. Wenn man richtigerweise dem Ausspruch des Bundesverfassungsgerichts konstitutive Wir-

---

[4] Zur Entstehungsgeschichte vgl. *von Mangoldt,* Komm., Vorbemerkung vor Art. 1, S. 35; *Wernicke,* Bonner Komm., Art. 1 I; JÖR (n. F.) 1 (1951), S 42, S. 48 ff. Vgl. auch *Jerusalem,* SJZ 1950, Sp. 4.

[5] Vgl. *Nawiasky,* Grundgedanken, S. 21; *Apelt,* JZ 1951, S. 354.

kung beimißt[6], dann kann dieser Ausspruch niemals ein Grundrecht, welches Menschenrecht ist, als *solches* aberkennen. Eine solche Vollaberkennung im Sinne eines „Nichts-Übrig-Bleiben"[7], gibt es hier nicht. Die positivrechtliche Norm, die dem BVerfG diese Differenzierung erst ermöglicht, findet sich im Satz 2 des Art. 18, der vom „Ausmaß" der Verwirkung spricht. Bei Menschenrechten ist *nur* diese im Ausmaß auf konkrete Rechtsausübungsminderung beschränkte, über das Recht als solches gar nicht entscheidende Tenorierung in Form der Teilverwirkung möglich.

Ähnlich verhält es sich übrigens bei der hierher gehörenden Frage des Verzichtes auf Grundrechte mit Menschenrechtsgehalt. Wer freiwillig in ein besonderes Gewaltverhältnis eintritt, kann gar nicht auf das Grundrecht als solches verzichten. Er begibt sich lediglich in einem durch die Natur des Gewaltverhältnisses bestimmten Umfang der Möglichkeit des Gebrauchs des Grundrechts.

2. Der zweite Hauptwiderspruch kulminiert in der Frage, wieso vorstaatliches Recht der Dispositionsbefugnis des staatlichen Gesetzgebers unterliegen kann. Der Art. 21 Abs. I des HCHEntw. „die Grundrechte dürfen nicht beseitigt werden. Auf ein solches Ziel gerichtete Anträge sind unzulässig", ist leider nicht in das Grundgesetz eingegangen. Dieser Satz hätte, indem er die Grundrechte „ewig" macht, der Idee der Menschenrechte völlig unpathetisch besser gedient, als das heutige Bekenntnis, dem eine anscheinend unbeschränkte Dispositionsbefugnis der verfassungsändernden Mehrheit kraft positiven Rechtes gegenübersteht[8].

Gegenüber der nun einmal nicht hinwegzudiskutierenden Tatsache, daß das GG in Art. 79 nicht die Art. 1 „bis" 20, sondern die Art. 1 „und" 20 als unabänderlich bezeichnet[9], vermag auch *Wernickes* Theorie der

[6] Vgl. *Wernicke*, Bonner Komm., Art. 18 II 2 b; *Maunz*, Deutsches Staatsrecht, 1951, S. 95. Für die konstitutive Wirkung lassen sich 4 Gründe anführen: 1. Der *Wortlaut* spricht nicht von „Feststellen", sondern von „Aussprechen" der Verwirkung *(Maunz)*. 2. *Historisch* ist man in der Entstehungsgeschichte von der Fassung des Art. 20 HCHEntw., der das BVerfG erst „auf Beschwerde hin" einschaltete und folglich von der ipso jure eintretenden Verwirkungsfolge ausging, abgewichen *(Wernicke)*. 3. *Konstruktiv* ergäbe sich, daß man alle gegen den Mißbrauchenden in der Zeit zwischen Mißbrauch (gleich Verwirkung) und Ausspruch ergehenden Staatsakte in ihrer Rechtmäßigkeit als durch die Entscheidung des BVerfG auflösend bedingt ansprechen müßte *(Maunz)*. 4. Der *Gesamttendenz* des GG gegen in *sachlicher* Hinsicht mögliche justizfreie Räume entspricht es nicht, wenn man in *zeitlicher* Hinsicht den Rechtsträger zwischen der Erfüllung des Mißbrauchstatbestandes und dem verfassungsgerichtlichen Ausspruch zunächst einmal zum „odd man out" macht. Vgl. zu Art. 18 *Dürig*, JZ 1952, S. 513 ff.

[7] *Wernicke*, Bonner Komm., Art. 18 II 2 d.

[8] Vgl. die besorgte Kritik *Nawiaskys*, Grundgedanken, S. 21.

[9] Vgl. *Abendroth*, VVDStRL 8 (1950), S. 161.

„Kettenreaktion“[10], die über Art. 1 Abs. III in Verbindung mit Art. 79 Abs. III für die Grundrechte ohne Gesetzesvorbehalt zur Unantastbarkeit von seiten der verfassungsändernden Mehrheit gelangen will, nicht zu überzeugen. An sich ist diese Theorie bestechend, weil man mit ihr getreu dem Willen des HCHEntw. zum Verbot der Grundrechtsbeseitigung käme. *Zeidler*[11] hat diese Theorie auch keineswegs schlüssig widerlegt, wie *von Mangoldt* behauptet. *Zeidlers* ganze Argumentation mit der Parallele zu Art. 20 Abs. III zieht nicht, da in Art. 20 Abs. III jeglicher Hinweis auf eine Normenerstreckung, wie sie sich in Art. 1 Abs. III in den Worten „die nachfolgenden Grundrechte ...“ findet, fehlt. Setzt man z. B. den fiktiven Fall, daß Art. 140 in Art. 79 Abs. III aufgeführt werde, dann fielen zweifellos in Form einer „Kettenreaktion“ auch die in Art. 140 aufgezählten Bestimmungen der WRV unter die Sperre des Art. 79 Abs. III. Gesetzgebungstechnisch könnte man tatsächlich auch in den in Art. 1 Abs. III enthaltenen Worten „die nachfolgenden ...“ eine solche weiterverweisende Normenerstreckung erblicken. Gegen *Wernickes* Theorie spricht aber neben dem klaren Wortlaut, der das Hauptargument darstellt, daß sie konsequenterweise („berühren“) der verfassungsändernden Mehrheit auch äußere Formulierungsänderungen verbieten müßte. Ferner ist es irrig, wenn *Wernicke* seine Theorie darauf stützt, daß sonst Art. 19 Abs. II eine „überflüssige Wiederholung“ wäre, da es Grundrechte gibt, die keinen Menschenrechtsgehalt haben, während aber jedem Grundrecht ein Wesensgehalt zukommt[12].

Obwohl „gesetzliche Einschränkung“ und „gesetzliche Ausgestaltung“ von Grundrechten[13] scharf zu scheiden ist von deren „Änderung“ und „Aufhebung“, läßt sich jedoch der Widerspruch zwischen Menschenrechtscharakter und anscheinend unbegrenzter staatlicher Dispositionsbefugnis durch ein aus Art. 19 Abs. II zu gewinnendes materielles Wertschutzprinzip befriedigend lösen. Formell kann man zwar trotz der kategorischen Fassung des Art. 19 Abs. II („in keinem Falle ...“) hierin kein gegen die verfassungsändernde Mehrheit gerichtetes Verbot ersehen.

Aber dieses im deutschen Staatsrecht erstmalige, gegen den einfachen Gesetzgeber gerichtete verfahrensrechtliche Verbot wird nur sinnvoll, wenn man es als positivrechtlichen Niederschlag der im deutschen Staatsrecht ebenso erstmaligen *materiellen* Entscheidung für

---

[10] Bonner Komm., Art. 1 II 5 b.

[11] DVBl. 1950, S. 598 ff.

[12] Auch *Richard Thoma*, Recht, Staat, Wirtschaft, Bd. 3, 1951, S. 11, 12, 15, 17 wendet sich energisch gegen die Theorie der Kettenreaktion, ohne sie allerdings im einzelnen zu widerlegen.

[13] Vgl. Art. 21 Abs. IV Satz 2 HCHEntw. und Art. 63 Abs. I HessVerf.

den Menschenrechtsgehalt der Grundrechte wertet. Jene „Substanz", jener „Wesensgehalt" und „unantastbare Kern", die nach Art. 19 Abs. II verbleiben müssen, sind nur synonym gebrauchte Ausdrücke für den Menschenrechtsgehalt der Grundrechte[14]. Die in Art. 1 Abs. II für den Menschenrechtsgehalt der Grundrechte gefallene materielle Entscheidung würde für das positive Recht ohne die verfahrensrechtliche Substanzgarantie des Art. 19 Abs. II ebenso wertlos erscheinen, wie umgekehrt eine Substanzgarantie für den in positivistischen Kategorien Denkenden eine in ihrer Erstmaligkeit im letzten Grunde unverständliche Selbstbeschränkung der staatlichen Dispositionsbefugnis sein müßte, wenn er Art. 19 Abs. II nicht aus der Entscheidung des Art. 1 Abs. II verstünde.

Wenn aber die (positivrechtlich neue) Sperre des Art. 19 Abs. II nur eine verfahrensrechtliche Zuständigkeitsregelung zum Schutze eines (positivrechtlich ebenso neuen) materiellen Wertgehaltes ist, dann läßt sich diese Sperre, die nach Wegfall des noch in Art. 21 Abs. I HCHEntw. gegen die verfassungsändernde Mehrheit gerichteten Verbotes der Grundrechtsbeseitigung unzulänglich geworden ist, nicht von der Zuständigkeit her in Form eines argumentum e contrario zu Gunsten der verfassungsändernden Mehrheit deuten, sondern lediglich vom *materiellen* Gehalt her in Form eines argumentum a minore ad maius. Wenn nach dem Willen des Grundgesetzes der Wesensgehalt eines Grundrechtes ein gegenüber gesetzlichen Einschränkungen und Ausgestaltungen gefeiter Wert ist, dann ist er es erst recht gegenüber Änderung und Beseitigung des Grundrechts als solchen. Obwohl also Art. 79 Abs. III scheinbar die Grundrechte der Art. 2 bis 17 zur völligen Disposition der verfassungsändernden Mehrheit beläßt, muß mit *Maunz*[15] als Ergebnis festgehalten werden, „daß die einzelnen Formulierungen der Art. 2 bis 19 GG gewissen Änderungen durch Gesetze mit vorgeschriebenen qualifizierten Mehrheiten nicht unzugänglich sind, ohne daß jedoch damit gegen die Überstaatlichkeit mancher in ihnen genannten Grundrechte etwas ausgesagt würde".

III.

Bei der Eigentumsregelung des GG scheint sich der Widerspruch zwischen dem vom GG anerkannten Menschenrechtscharakter der Grundrechte und der trotzdem bestehenden staatlichen Dispositionsbefugnis vollends zu einem unerträglichen Widerspruch zu verdichten.

---

[14] Daß alle Grundrechte zwar einen Wesensgehalt, aber nicht alle Menschenrechtsgehalt haben, wurde bereits betont.

[15] *Maunz,* Staatsrecht, S. 74.

Die Tatsache, daß *Laun*[16], *Giese*[17] und *von Mangoldt*[18] das Eigentum als Menschenrecht ansprechen, läßt sich für das vorliegende Problem nicht als Ansicht einer herrschenden Lehre ausnutzen, weil der Verfassungsgeber kraft seiner Autonomie selbstverständlich auch von ihm geschaffene Bürgerrechte durch Erstreckung auf „Jeden" zu Menschenrechten „machen" kann. In diesem Sinne ist etwa das dem Bürger zustehende Petitionsrecht, welches Art. 126 WRV folgerichtig nur jedem „Deutschen" zuerkannte, in Art. 17 GG durch Erstreckung auf „Jedermann" zum „Menschenrecht" erweitert worden. Das Problem besteht jedoch gerade darin, ob der Staat hinsichtlich des Eigentums eben jene Autonomie hat, es konstitutiv zu gewähren.

Unergiebig sind auch die modernen internationalen Menschenrechtsdeklarationen, deren Aussagen zum Eigentum für das Grundgesetz im Hinblick auf Art. 25 GG relevant werden könnten. Aber die „Declaration on Human Rights" der UN gewährleistet das Eigentum: „in conformity with the laws of the state in which such property is located — conformément aux lois du pays où ses biens sont situés." Diese Entscheidung der Nichtentscheidung hat der Deklaration von Schweizer Seite[19] bereits das harte Urteil eingetragen, daß „eine Rechtserklärung, die zum Privateigentum nicht Stellung zu nehmen wagt, wertlos ist". Diese Rüge muß noch mehr für die Straßburger „Charte de la liberté de l'Europe" vom 4. 11. 1951, in der das Eigentum überhaupt nicht erwähnt wird, gelten.

Soweit ersichtlich, hat bisher für das Grundgesetz nur *Maunz*[20] expressis verbis dem Eigentum den überstaatlichen Charakter abgesprochen, weil gem. Art. 14 Abs. I Satz 2 Eigentumsinhalt und Eigentumsschranken erst durch die Gesetze bestimmt würden, so daß es folglich ein zur Verfügung des staatlichen Gesetzgebers stehendes Recht sein müsse.

Maunz geht jedoch von einer falschen Prämisse aus. Unter Verkennung der in Art. 19 Abs. II gefallenen Wertschutzentscheidung, die, ebenso wie die von Art. 1 Abs. III geforderte Bindung auch des Gesetzgebers an die Grundrechte, letztlich nur aus Art. 1 Abs. II verständlich wird, setzt er „Inhalt" und „Wesensgehalt" gleich[21]. Danach allerdings

---

[16] *Laun,* Die Menschenrechte, 1948, S. 16, 17.

[17] *Giese,* Deutsche Richterzeitung, 1951, S. 192.

[18] *Von Mangoldt,* Komm., Art. 14 Anm. 2.

[19] *Hans Huber,* in: Festgabe zur Hundertjahrfeier der Bundesverfassung, Zürich, 1948, S. 154.

[20] Staatsrecht, S. 73.

[21] Staatsrecht, S. 108. *Maunz* spürt übrigens selbst, daß die Gleichsetzung von Inhalt und Wesensgehalt des Eigentums brüchig ist und versucht dem Art. 19 Abs. II doch noch einen Sinn zu geben.

wäre die Sperre des Art. 19 Abs. II für Art. 14 gegenstandslos, weil ein den Inhalt „bestimmendes" Gesetz nicht gleichzeitig den Inhalt „antasten" kann. Der Wesensgehalt wäre jeweils das, was die positivrechtliche Eigentumsordnung als Inhalt befiehlt. Dann freilich wäre es der Staat, der das Eigentum durch Inhalts- gleich Wesensgehaltsbestimmung zur völligen Disposition hätte.

Die Lawine, die durch eine Gleichsetzung von Inhalt und Wesensgehalt des Eigentums ausgelöst würde, müßte mehr zermalmen als bloß die Sperre des Art. 19 Abs. II. Sie würde unter sich auch den Art. 1 Abs. III, soweit er auch den Gesetzgeber an die Grundrechte bindet, begraben. Wenn nämlich Art. 14 Abs. 1 Satz 2 dem Gesetzgeber unbeschränkte Disposition über das Eigentum zugestände, dann wäre jene umwälzende Neukonstruktion des Grundgesetzes, die *Krüger*[22] recht plastisch mit den Sätzen: „Früher Grundrechte nur im Rahmen der Gesetze" und „Jetzt Gesetze nur im Rahmen der Grundrechte" gekennzeichnet hat, beim Eigentumsgrundrecht durchbrochen, ohne daß irgendwelche Anhaltspunkte vorhanden sind, wonach hier mit der aus Art. 153 WRV ziemlich kritiklos übernommenen Formulierung[23] des Art. 14 Abs. I Satz 2 GG jenes Grundprinzip der *über* dem Gesetz stehenden Grundrechte aufgegeben werden sollte.

Die in Art. 14 neben der Einrichtungsgarantie enthaltene Gewährleistung des konkreten Einzeleigentums[24] wäre wiederum die bloße Gewährleistung des Grundsatzes der Gesetzmäßigkeit der Verwaltung und wieder würde, entgegen der von Art. 1 Abs. III erstrebten Aktualisierung, ein Grundrecht „leerlaufen". Die letzte Sperre vor der gesetzlichen Aushöhlung des Privateigentums wäre wieder die in Art. 14 enthaltene, von *Martin Wolff*[25] aus Art. 153 WRV erstmalig herausgelesene Einrichtungsgarantie des objektiven Privateigentums.

Aber ist diese Institutsgarantie des Privateigentums juristisch wirklich so sicher konstruiert, wie wir, die wir in dieser Frage alle freudige

---

[22] *Krüger*, Grundgesetz und Kartellgesetzgebung, 1950, S. 12.

[23] Zur Entstehungsgeschichte vgl. JÖR (n. F.) 1 (1951), S. 145 ff.

[24] Daß Art. 14 Abs. I *beides* gewährleistet, ist heute allgemein anerkannt. Vgl. *von Mangoldt*, Art. 14 Anm. 2; *Abraham*, Bonner Komm., Art. 14 II 1; *Maunz*, Staatsrecht, S. 107; *Giese*, Enteignung und Entschädigung, 1950, S. 27 und DNotZ 1951, S. 391; *Ipsen*, Enteignung und Sozialisierung, Referat auf der Göttinger Tagung der Vereinigung der Deutschen Staatsrechtslehrer v. 19. 10. 1951, VVDStRL 10 (1952), im folgenden als „Referat" zitiert, S. 80. Gegenteilige Ansicht bisher nur *Müller-Engelhardt*, JR 1950, S. 137. Für die Bayerische Verfassung hat der Bayerische VerfGH in ständiger Rechtsprechung die Meinung vertreten, daß Art. 103 BV sowohl die Rechtseinrichtung als auch das konkrete Eigentum schützt. Vgl. BayVGHE (n. F.) Bd. 1, Teil II, S. 82 (VRspr. 1, S. 125), Bd. 2, Teil II, S. 1 (VRspr. 1, S. 387), Bd. 2, Teil II, S. 77 (VRspr. 2, S. 7).

[25] Reichsverfassung und Eigentum, in: Festgabe für Kahl, 1923, S. 5.

Epigonen *Martin Wolffs* sind, es wahrhaben möchten? Wenn man bedenkt, daß bei *Wolff* die ganze Konstruktion der im damaligen Art. 153 WRV enthaltenen Institutsgarantie auf der vagen differenzierenden Bewertung der Begriffe „gewährleistet“ und „unverletzlich“ beruht[26], dann muß man in der Leistung des großen Zivilisten nicht so sehr eine juristische als vielmehr eine eminent politische Tat erblicken, weil er, um mit seinen Worten[27] zu sprechen, „gegenüber linksradikalen Ideen ... ein Privatrecht möglich bleiben“ ließ, „das den Namen Eigentum verdient“.

Kirchheimer[28] hat später behauptet, es ergäbe sich *logischer*weise aus Satz 2 Abs. I Art. 153, daß eine Institution übrig bleiben müsse, die den Namen Eigentum verdient, „denn von Inhalt und Schranken kann nur dann gesprochen werden, wenn etwas vorhanden ist, dem ein Inhalt gegeben und dem Schranken gesetzt werden können“. Aber die Verfassung sagt klar, daß sich der Inhalt aus den Gesetzen ergibt. Und es geht ja gerade um die Gesetze, die den Inhalt nehmen. Gerade nach der Logik könnte der Inhalt auf ein nudum jus reduziert, oder ein aliud (z. B. bloße Verwaltungszuständigkeit) als Inhalt gesetzt werden. Vom Standpunkt der Logik aus kann man für das Rechtsinstitut beim besten Willen nichts anderes feststellen, als daß es nach Maßgabe der positiven Gesetze besteht und sein Inhalt mit der Gesetzgebung steht und fällt[29].

Man hat auch seit jeher in der Lehre von der Rechtsinstitutsgarantie gespürt, daß man das Institut vor dem logisch möglichen gesetzgeberischen Vernichtungswerk nur bewahren kann, wenn man ihm einen vom Gesetz nicht erreichbaren Wertkern beilegt. Obwohl man es nie-

---

[26] Wie vage diese Differenzierung ist, zeigt beispielsweise Art. 129 Abs. IV WRV, wo es heißt: „die Unverletzlichkeit ... werden ... gewährleistet“.

[27] (Fn. 25), S. 6 —gewissermaßen spürbar erleichtert hat sich, soweit ersichtlich, sofort die ganze Lehre *Martin Wolff* angeschlossen. Als erster Publizist vertrat sie (leider kommentarlos wie die meisten der nachfolgenden) *Triepel* in seinem Rechtsgutachten über „Goldbilanzverordnung und Vorzugsaktien“, S. 25. Eine sorgfältige Übersicht für die Weimarer Zeit gibt *Klein*, Institutionelle Garantien und Rechtsinstitutsgarantien, 1934, S. 81 ff. Eine großartige, bereits von *Klein*, ebd., S. 109 als solche gewürdigte Leistung, vollbrachte *G. Boehmer*, Art. 154 WeimRV, in: Nipperdey (Hrsg.), Grundrechte und Grundpflichten der Reichsverfassung III, S. 250 ff., mit seiner Zusammenschau der fünf fundamentalen Privatrechtsinstitute (Einehe, Elterliche Gewalt, Vertragsfreiheit, Eigentum, Erbrecht), mit deren Anerkennung sich die Verfassung zu einer „politischen Weltanschauung“ (!) bekannt habe, die auch für die künftige Gesetzgebung richtungweisend sei (ebd., S. 256).

[28] *Kirchheimer*, Die Grenzen der Enteignung, 1930, S. 36. Die kluge Schrift *Kirchheimers*, die viele Jahre als „sozialistisch“ totgeschwiegen wurde, fand auf der Göttinger Tagung der Vereinigung der Deutschen Staatsrechtslehrer durch *Ipsens* Referat wieder die verdiente Beachtung.

[29] Vgl. *Renner*, Die Rechtsinstitute des Privatrechts und ihre soziale Funktion, 1929, S. 9: „Der wahre Inhalt des Rechtsinstituts sind eben die Normen, die es bilden, und einen anderen Inhalt gibt es nicht.“

mals ausdrücklich eingestand, hat man zur Gewinnung dieses Wertkerns schon immer das strenge positive Recht verlassen und Zuflucht zur Tradition[30] und zur politischen Weltanschauung[31] genommen[32]. Wenn *E. R. Huber*[33] gar feststellt, daß die gesetzliche Normierung immer nur soweit gehen dürfe, daß der „immanente Sinn" des Instituts nicht aufgehoben wird, dann hat er sich, wenn er unter „Sinn" nicht nur „Zweck" verstehen will[34], bereits für ein an und für sich und nicht erst durch das positive Recht gerechtfertigtes geistiges Faktum entschieden. Wenn er übrigens an gleicher Stelle erklärt: „das Wesen des Instituts ist *unverletzlich*", dann endet er eigentlich wieder bei der Unverletzlichkeitsdoktrin der konstitutionellen Verfassungen, die man angeblich durch die Weimarer Gewährleistungsformel relativieren wollte[35].

Wir vermögen daher nicht einzusehen, warum man diesen von keinem Gesetz erreichbaren Kern des Eigentums nicht auch gegenüber der in Art. 14 Abs. I Satz 2 zugelassenen Inhaltsbestimmung durch getreue Befolgung des positivrechtlichen Verbots des Art. 19 Abs. II gewinnen soll. Unterstellt man aber die Befugnis des Art. 14 Abs. I Satz 2, wie es heute die herrschende Lehre tut[36], der Sperre des Art. 19 Abs. II, dann verliert in demselben Augenblick die Vorschrift des Art. 14 Abs. I

---

30 *Carl Schmitt,* HdbDStR, Bd. 2, S. 596: „typische, *traditionell* feststehende Normenkomplexe".

31 *Boehmer,* Art. 154 WeimRV, in: Nipperdey (Hrsg.), Grundrechte und Grundpflichten der Reichsverfassung III, S. 256: „Bekenntnis zu einer politischen Weltanschauung, die auch für die Gesetzgebung richtungweisend ist."

32 Im gleichen Jahr, in dem *Boehmers* obige Abhandlung erschien (1930), beklagt *Kirchheimer* die durch falsche Verfassungsinterpretation hervorgerufene „Bindung des Gesetzgebers an den Willen ihm fremd gewordener Jahrhunderte". Die beiden Autoren zeigen wie unsicher der Boden wird, wenn man wie *Nawiasky,* Allgemeine Rechtslehre, 1948, S. 21 es vertritt, die Sinnerfassung der Rechtssätze auf die maßgebende „herrschende politische Grundanschauung" abstellen will. Die dem Weimarer Kompromiß folgende Auslegungswelle hat permanent bestätigt, was *Nawiasky* (ebd., S. 5) befürchtet, daß nämlich jeder Rechtsbetrachter und Rechtsanwender *die* Zwecke von außen her hineingetragen hat, die er erreicht sehen wollte.

33 *E. R. Huber,* AöR (n. F.) 23, S. 38.

34 *Büchert,* JR 1951, S. 103: „Sinn ... das, was ein Gegebenes unabhängig von persönlichen Zwecksetzungen schlechthin rechtfertigt."

35 Noch Art. 26 des Hugo Preuss-Entw. und Art. 37 des Regierungsentwurfes formulierten: „das Eigentum ist unverletzlich". Erst im Verfassungsausschuß erschien die Gewährleistungsformel. *Stödter,* Öffentlich-rechtliche Entschädigung, 1932, S. 142 bewertete die Neuredaktion mit der Feststellung: „das Eigentum ist nicht mehr unverletzlich im Sinne eines vorstaatlichen Rechts. Es wird von der Verfassung gewährleistet, ist vom Staat zugestandenes Recht."

36 Am eindeutigsten bisher *Ipsen,* Referat, S. 94: „Art. 19 Abs. II begrenzt auch die Tiefenwirkung der Inhaltsbestimmung. Der Wesensgehalt des Eigentums darf auch durch seine gesetzliche Inhaltsbestimmung nicht angetastet werden." Vgl. ferner *von Mangoldt,* Art. 14 Anm. 4; *Haas,* MDR 1951, S. 650; *Krüger,* DVBl. 1950, S. 627.

Satz 2 auch den ihr von *Maunz*[37] beigemessenen Wert eines Beweismittels gegen die Überstaatlichkeit des Eigentums.

IV.

Nachdem das gewichtigste, aus Art. 14 Abs. I Satz 2 herzuleitende Bedenken gegen den Menschenrechtscharakter des Eigentums ausgeräumt ist, gilt es zu untersuchen, ob sich sonst positivrechtliche Aussagen finden, die darauf schließen lassen, daß der pouvoir constituant bei der Eigentumsregelung als Ausnahme[38] von Art. 1 Abs. II und gewissermaßen im Widerspruch mit sich selbst das Eigentum als staatlich konstitutiv geschaffene Einrichtung aufgefaßt hat.

Bis zur Weimarer Zeit wäre niemand auf den Gedanken gekommen, daß eine Verfassung ihre Eigentumsauffassung aus der allgemeinen Freiheitsauffassung habe ausklammern wollen. Aus der selbstverständlichen Gewißheit heraus, daß das Eigentum nur eine, wenn auch die wichtigste Erscheinungsform der Freiheit ist, normierten die Verfassungen rein optisch Freiheit und Eigentum meist in einem Satz[39], und der Jurist, der von der menschenrechtlichen Vorstaatlichkeit der persönlichen Freiheit überzeugt war, war es auch von der des Eigentums und der es umgekehrt bei der Freiheit nicht war, war es auch beim Eigentum nicht.

Das Auseinanderreißen von Freiheits- und Eigentumsauffassung wegen positivrechtlicher Bedenken, die gegen die Gleichbehandlung zu sprechen schienen, läßt sich am klarsten bei *Carl Schmitt* diagnostizieren, weil er zunächst[40] vom Menschenrechtscharakter des Eigentums

---

[37] Staatsrecht, S. 73.

[38] Für diejenigen, die a priori von dem vorstaatlichen Menschenrechtscharakter des Eigentums überzeugt sind, *konnte* der pouvoir constituant diese Ausnahme nicht treffen, weil er sich nur dort mit sich selbst in Widerspruch setzen kann, wo er autonom handelt.

[39] Vgl. Verf.Urk. f. d. Königreich Bayern v. 26. Mai 1818, Titel IV, § 8: „Der Staat gewährt jedem Einwohner Sicherheit seiner Person, seines Eigenthums und seiner Rechte." Verf.Urk. f. d. Großherzogtum Baden v. 22. Aug. 1818, § 13: „Eigenthum und persönliche Freiheit der Badener ...". Verf.Urk. f. d. Kurfürstentum Kurhessen v. 5. Jan. 1831, § 31: „Die Freiheit der Person und des Eigenthums ...". Verf.Urk. f. d. Königreich Sachsen v. 4. Sept. 1831, § 27: „Die Freiheit der Person und Gebahrung mit dem Eigenthum." Nach diesen frühkonstitutionellen Verfassungen verliert man immer mehr diesen Zusammenhang, und im Grundgesetz schließlich sind das allgemeine Freiheitsrecht (Art. 2) und das Eigentum vollends in nicht mehr zu überbietender Weise durch heterogene Artikel voneinander getrennt worden.

[40] Verfassungslehre, S. 163 ff. Vor allem speziell zum Eigentum S. 171: „Daß die Weimarer Verfassung das Privateigentum als Institution garantiert, kann aber nicht bedeuten, daß sie es nicht mehr als ein Grundrecht behandeln, sondern relativieren wollte." Grundrechte sind aber für *Carl Schmitt*, S. 163, vor- und überstaatliche Rechte, die der Staat nicht „verleiht, sondern als vor ihm gegeben anerkennt".

überzeugt war und erst später[41] eben wegen jener in ihrer Stichhaltigkeit auch für das Grundgesetz zu prüfenden positivrechtlichen Bedenken seine Meinung aufgab.

1. Der Grund, den *Carl Schmitt* darin erblickte, daß Art. 153 WRV in „einen völlig anders gearteten Abschnitt ‚Wirtschaftsleben' verlegt" sei[42], kann für das Grundgesetz, das sich nur auf wenige Sätze über Wirtschaft beschränkt und auch diese wenigen Sätze zusammenhanglos (Art. 9 Abs. III, Art. 11, Art. 12, Art. 14 und 15) im Grundrechtskatalog verstreut hat, nicht mehr durchgreifen. Er dürfte aber auch schon für die WRV kein geeignetes Argument gewesen sein, weil das Eigentum, ebenso wie übrigens die Vertragsfreiheit, als elementare Rechtsfigur des Gesamtrechts weit über die Wirtschaft hinaus für jeden Menschen Bedeutung hat, so daß seine Eingliederung im Wirtschaftsteil keinesfalls als Aussage gegen den Menschenrechtscharakter gewertet werden kann. In bemerkenswerter Klarheit hat sodann auch die Bayerische Verfassung vom 2. 12. 1946 die in der einseitigen Verbannung des Eigentums in den Wirtschaftsteil liegende Systemwidrigkeit erkannt und demgemäß die elementare Eigentumsregelung bereits im Grundrechtsteil, sofort hinter der Freiheit der Person, getroffen, während sie im vierten Hauptteil „Wirtschaft und Arbeit" dann die spezielleren Eigentumsfragen „präzisiert"[43].

2. Auch die „Möglichkeit einer reichsgesetzlichen Beseitigung des Entschädigungsanspruches", die *Carl Schmitt* als weiteres Argument anführt, entfällt für das Grundgesetz. Richtig ist, daß allein die zu Ende gedachte theoretische Möglichkeit der entschädigungslosen Enteignung dem Menschenrechtscharakter des Eigentums zuwiderliefe, weil im Wege staatlicher Totaldisposition von der Eigentumsgarantie nicht einmal mehr das verbliebe, was *Martin Wolff*[44] treffend „Eigentums*werts*garantie" genannt hat. In Art. 14 GG jedoch ist das Verbot enthalten, die Enteignungsentschädigung gesetzlich auszuschließen. Ohne hier zu der Frage Stellung zu nehmen, ob nicht die „gerechte Abwägung der Interessen" nach Art. 14 Abs. III Satz 2 zur „Nominalentschädigung"[45] und damit zur praktischen Umgehung des obigen Verbots führen kann, muß festgestellt werden, daß sich das Grundgesetz mit seinem Entschädigungsausschlußverbot durchaus selbst treu geblieben ist. Eine Verfassung, die sich wie das GG in Art. 1 Abs. II zum vorstaatlichen Menschenrechtscharakter der Grundrechte bekennt und

---

[41] HdbDStR, Bd. 2, S. 590.

[42] Fn. 41, S. 590.

[43] *Nawiasky / Leusser,* Handkommentar, 1948, S. 186.

[44] Reichsverfassung und Eigentum, S. 13.

[45] *Ipsen,* Referat, S. 79.

folgerichtig demgemäß dann auch den Gesetzgeber an die Grundrechte bindet (Art. 1 Abs. III und Art. 19 Abs. II), mußte auch beim Eigentum die weitere Konsequenz ziehen und mußte die letzte Bastion einer Eigentumswertsgarantie auch gegenüber dem Gesetzgeber halten. Erkennt man diesen Zusammenhang, dann wird das in Art. 14 enthaltene Entschädigungsausschlußverbot sogar zum positiven Indiz *für* den vom Grundgesetz auch dem Eigentum beigemessenen Menschenrechtscharakter.

3. Die letzte Frage ist, ob die im Eigentumsartikel enthaltene Wendung „Eigentum verpflichtet“ wirklich ein einem Freiheitsrecht „heterogener Zusatz“[46] ist, der dem Menschenrechtscharakter des Eigentums widerspricht. *C. Schmitt* bedient sich für die Freiheitsrechte des Modells des „isoliert gedachten Individuums“. Mit diesem Denkmodell und dieser unwirklichen Abstraktion muß er folgerichtig zur entsprechenden Abstraktion der „Nur-Freiheit“ gelangen, denn wer das „Du“ hinwegabstrahiert, kennt keine „Antwort“ und demgemäß keine „Ver-Antwortung“. Wenn aber die vorstaatliche Freiheit eine Nur-Freiheit ist, dann ist selbstverständlich jede staatliche Bindung dieser vorstaatlichen Freiheit heterogen.

Wie unhaltbar das Denkmodell des Robinsonmenschen ist, zeigt die Frage nach dem Objekt dieser Freiheit. Diese Freiheit ist objektlos. Sie ist im buchstäblichen Sinne „gegenstandslos“, weil etwas fehlt, was „gegenüber-steht“ und was „Gegen-stand“ ist[47]. Von der hier nicht interessierenden Willensfreiheit abgesehen, verweigert es die Freiheit begrifflich, ihren Träger isoliert zu betrachten. Da es Freiheit nur *anderen* gegenüber geben kann, gibt es in der gleichen logischen Sekunde, in der die Freiheit anerkannt wird, auch die Bindung, einerseits die Bindung der anderen durch meinen Willen und andererseits die meines Willens durch den der anderen. Für das positive Recht, als einer Gegenseitigkeitsordnung, erscheint dies selbstverständlich. Aber auch wenn man das Freiheitsrecht aus einem Apriori herleitet, man mag es Naturrecht, Vernunftrecht oder sonst irgendwie nennen, so leitet man es doch immer aus einer (vorgegebenen) *Ordnung* her. Für keine Ordnung aber kann die Freiheit ohne die gleichzeitige Bindung gedacht werden. Gerade wer in der Kategorie der *allen* zustehenden Menschenrechte denkt, gelangt zuerst zu dem logischen Schluß, daß der eigenen Freiheit die Pflicht immanent ist, die Rechte der anderen nicht zu verletzen, gelangt also mindestens zu einer der Freiheit innewohnenden Pflicht zum Unterlassen. Infolge der Immanenz ist mindestens diese Minimalpflicht jeweils in *der* Ebene beheimatet, aus der man das

---

[46] *C. Schmitt* (Fn. 41).

[47] *Schindler,* Verfassungsrecht und soziale Struktur, Zürich, 1938, S. 27.

Freiheits*recht* herleitet, so daß, wenn man den Ausgangspunkt vor dem Staate sieht, eine Rezeption auch der Pflicht zusammen mit dem Recht herüber in das positive Recht durchaus nicht heterogen ist. Wenn aber die Pflichtnormierung als solche nicht dem vorstaatlichen Menschenrechtscharakter zuwiderläuft, dann tut sie es auch nicht, wenn das positive Recht über die Unterlassungspflicht hinaus eine Verpflichtung zu aktivem Tun aufstellt. Ebenso wie etwa die in Art. 6 Abs. II GG normierte den Eltern „obliegende Pflicht" kein Argument gegen das „natürliche" vorstaatliche Elternrecht ist, so besagt auch der Zusatz „Eigentum verpflichtet" nichts gegen den Menschenrechtscharakter des Eigentums.

Entgegen dem gequälten Bemühen der Weimarer Literatur, die souveräne Institutsbeherrschungsmöglichkeit durch Traditionsgehalt, politischen Wertgehalt, Sinngehalt usw. doch letzten Endes an einen Kern, der inviolable et sacré ist, zu binden, sind wir Heutigen in der Lage, den vom Grundgesetz positivrechtlich vorgezeichneten Weg zu befolgen[48]. Dieser Weg führt, da die Hauptbedenken ausgeräumt werden konnten und sich auch sonst in Art. 14 positivrechtlich keine gegenteilige Aussage befindet (etwa Beschränkung des Rechts nur auf Staatsbürger), konsequenterweise über die positivrechtliche, gewissermaßen vor die Klammer der Einzelrechte gezogene Aussage des Art. 1 Abs. II zum Menschenrechtscharakter des Eigentums.

V.

Die Erkenntnis, daß nach dem Willen des Grundgesetzes auch das Eigentum als Menschenrecht aufzufassen ist, deckt sich mit der Eigentumsauffassung eines großen Teiles der Landesverfassungen.

1. Die Verfassung für Rheinland-Pfalz vom 18. 5. 47 bekennt in Art. 60 klar: „Das Eigentum ist ein Naturrecht und wird vom Staat gewährleistet . . .".

2. Für Bayern hat der Bayerische Verfassungsgerichtshof bisher wie folgt Stellung genommen: „Das in Art. 103 BV gewährleistete Grund-

[48] Von diesem Weg glauben wir, daß er wegen seiner Exaktheit, obwohl er in überpositives Recht einmündet, auch jenen, die mit Recht jeglicher Schwarmgeisterei abhold sind, schließlich mehr zusagen muß, als obige metajuristische Wertungen. Auch wir enden bei Wertungen. Wir gelangen zu ihnen aber über positivrechtliche, einer juristischen Interpretation zugängliche Aussagen. Oben dagegen werden Wertungen behauptet, aus denen man die positivrechtliche Aussage gewinnt. Um unserer Methode treu zu bleiben, haben wir auch ganz bewußt von der naheliegenden Apriori-Behauptung Abstand genommen, dem pouvoir constituant habe die Autonomie zur Schaffung einer bloß gesetzlichen Einrichtung gefehlt, weil das Eigentum ein Menschenrecht *ist*.

recht des Eigentums steht wie jedes Grundrecht unter dem Schutz des Art. 98 Satz 1—3 BV. Die Bayerische Verfassung faßt die Grundrechte als dem Gesetzgeber vorausliegende und vorgegebene Menschenrechte auf" (BayVGHE [n. F.] Bd. 1 Teil II, S. 65 [VRspr. 1, S. 253]). Deutlicher noch: „Es entspricht der von der Verfassung anerkannten Natur des Eigentumsrechts als eines natürlichen (vorstaatlichen) Rechts ..." (Bay VGHE [n. F.] Bd. 2 Teil II, S. 2 [VRspr. 1, S. 387]).

3. Auch der Badische Staatsgerichtshof hielt in ständiger Rechtsprechung am vorstaatlichen Charakter des Eigentums fest. Allerdings war in seiner Rechtsprechung eine gewisse Hypertrophie zu beobachten. Im Urteil vom 15. 1. 1949 (VRspr. 1, S. 373) führt er aus: „Enteignungen dürfen nur auf gesetzlicher Grundlage im öffentlichen Interesse und gegen gerechte Entschädigung erfolgen. *Dieses* (Betonung durch Verf.) unantastbare und unveräußerliche Grundrecht wird durch eine geschriebene Verfassung nicht erst neu geschaffen, sondern nur in seiner Geltung bestätigt." In der Entsch. vom 31. 8. 1949 (VRspr. 2, S. 129) heißt es: „Das Grundrecht des Eigentums gilt nicht erst seit der Bad. Verf. vom 19. 5. 1947 wieder. Vielmehr blieb es auch in der Zeit, in der es keine geschriebene Verfassung gab, als ungeschriebenes überstaatliches Grundrecht bestehen. Es wurde durch die Bad. Verf. nicht neu aufgestellt, sondern nur in seiner Geltung bestätigt." In der Besprechung dieser Entscheidung scheint *Maunz* den Leitsatz zu billigen. Völlig berechtigt ist aber seine Kritik, daß man nicht „Modalitäten des Eigentumsschutzes" mit der „Weihe des Naturrechts" umkleiden dürfe.

VI.

Der Einzelne hat nach der Konstruktion des Grundgesetzes ein vorstaatliches, vom Staate nur anerkanntes Recht auf Eigentum. Dieses Recht ist in einem bestimmten Kern, dessen nähere Bestimmung einer eigenen Untersuchung vorbehalten bleiben muß, (weil die formalen Kategorien — Menschenrecht, Grundrecht, subjektives öffentliches Recht —, in denen wir uns hier bewegen, ohne Untersuchung der Wertaussagen „Persönlichkeit", „Freiheit", „Sozialität" ungeeignet sind, den Wesens*gehalt* zu erfassen) „inviolable et sacré".

Wenn es in Art. 14 Abs. 1 Satz 1 heißt: „*Das* Eigentum und das Erbrecht werden gewährleistet", dann ist daher in diesem Satz zunächst einmal der Satz enthalten: „Das Eigentum und das Erbrecht des *Einzelnen* werden gewährleistet". Damit ist in Zukunft aus der Polemik um Art. 14 von vornherein die Meinung herauszuhalten, daß sich die Bedeutung der Eigentumsgarantie in der Einrichtungsgarantie erschöpfe und daß die verfassungsrechtliche Wendung „das Eigentum“ überhaupt keine unmittelbaren Eigenrechte gewährleiste[49].

VII.

Wenn dieses Recht des Einzelnen ein Menschenrecht ist, dann fragt es begrifflich nicht nach Richtungen, d. h. es besteht sowohl anderen Gleichberechtigten als auch dem Staat gegenüber. Damit aber wird angesichts des in unserer Rechtsordnung bestehenden Dualismus zwischen öffentlichem Recht und Privatrecht sofort die Frage akut, ob und wie sich die verfassungsrechtliche Entscheidung für den Menschenrechtscharakter in der Gesamtrechtssystematik auswirkt.

Es wäre ein Trugschluß, wenn man folgern würde, daß mit der Gewährleistung des konkreten Einzeleigentumes sowohl das konkrete anderen gegenüber bestehende subjektive Privatrecht, als auch das dem Staat gegenüber bestehende subjektive öffentliche Recht unmittelbar verfassungsrechtlich gesichert wird. Soweit ersichtlich ist, erlag diesem Trugschluß früher lediglich *Schelcher*[50]. Nach ihm schützte Art. 153 WRV auch gegen Störungen und Eingriffe von Privatpersonen. Erfreulicherweise kam jedoch niemand daraufhin auf den Gedanken, eine rei vindicatio oder eine actio negatoria auf Art. 153 zu stützen, obwohl dies hätte die Konsequenz der Lehre *Schelchers* sein müssen.

Das Grundgesetz gewährleistet unmittelbar nur das konkrete subjektive öffentliche Recht, d. h. das Grundrecht im echten Sinne und nimmt zu den gegenüber anderen bestehenden subjektiven Privatrechten nur insofern Stellung, als es die abstrakte Zusammenfassung dieser konkreten Einzelrechte in Form des im Privatrecht vorgefundenen Rechtsinstituts mit verfassungsrechtlicher Garantie versieht.

Die daraus resultierende Feststellung, daß ein Privater, der das konkrete Eigentum eines anderen verletzt[51], nicht verfassungswidrig handelt, wäre überflüssig, wenn nicht die vom Grundgesetz in Art. 1 Abs. III vorgenommene Grundrechtsaktualisierung ihre überschäumenden Wellen bis hinein in die zwischen Einzelnen bestehende Verkehrs- und Tauschgerechtigkeit geschlagen hätte.

---

[49] Der ebenso nimmermüde wie aggressive Wortführer dieser Ansicht war in der Weimarer Epoche *Hofacker* (vgl. Grundrechte und Grundpflichten, 1926, S. 37. Die Auslegung der Grundrechte, 1931, S. 23. Für seine Art zu polemisieren vgl. Die Verkehrssicherungspflicht, 1929, S. 21). Unter der Geltung des Grundgesetzes hat sich bisher *Müller-Engelhardt*, JR 1950, S. 137 zu ihr bekannt.

[50] AöR (n. F.) 18, S. 344.

[51] Der Einzelne kann selbstverständlich niemals „das“ Eigentum verletzen, sondern immer nur das konkrete Eigentum eines anderen. Der Staat dagegen kann „das“ Eigentum und das konkrete Einzeleigentum verletzen. Gegen ersteres schützt die Institutsgarantie, gegen letzteres das Grundrecht.

1. Die an der Frage der Lohngleichheit von Mann und Frau entzündete Kontroverse[52], ob die aktuelle Wirkung auch für die Beziehungen der einzelnen zueinander gilt, hat durch *Hueck* mit einem eindeutigen Sieg derjenigen geendet, die auch für das Grundgesetz als Regel dessen Indifferenz gegenüber den unter Privaten bestehenden Rechtsbeziehungen ansehen[53].

2. Vor einem Gedankengang aber muß, obwohl er durch *Hueck*[54] bereits hinreichend widerlegt ist, vom verfassungsrechtlichen Standpunkt aus noch einmal dringend gewarnt werden, weil auch das öffentliche Recht nicht tatenlos zusehen darf, wie das Zivilrecht zum Selbstmord schreitet. *Nipperdey*[55] hat einmal zur Aktualisierungsnorm des Art. 1 Abs. III festgestellt: „Ist sogar die Staatsgewalt gebunden, so können erst recht Private gebunden sein." Wie die vorsichtige Formulierung zeigt, wollte *Nipperdey* hier wohl kein allgemeingültiges Prinzip eines argumentum a majore ad minus aufstellen. Trotzdem birgt dieser Satz Sprengstoff in sich. Wenn man nämlich aus dem Verhaltensollen des Staates auf das Verhaltensollen der Einzelnen schließt, dann legt man den Freiheitsträgern genau mit dem Mittel, das der Stärkung ihrer Position dienen sollte (aktuelle Bindung des Staates an die Grundrechte), in Wirklichkeit Bindungen auf, die ohne die Aktualisierung der Grundrechte nicht bestanden hätten. Man biegt eine Waffe, deren Stoßrichtung klar ist, in einen Bumerang um.

3. Während es bisher schon immer klar war, daß sich die subjektiven öffentlichen Rechte nicht nur gegen den Staat, Gemeinden usw. richten, sondern auch gegen private Rechtssubjekte, wenn diese durch Gesetz oder durch Verleihung mit öffentlichen Aufgaben betraut und mit

---

[52] Vgl. vor allem *Nipperdey*, Gleicher Lohn der Frau für gleiche Leistung, Rechtsgutachten 1951; *Hueck*, Die Bedeutung des Art. 3 des Bonner Grundgesetzes für die Lohn- und Arbeitsbedingungen der Frauen, 1951, dort S. 3 weitere Literaturnachweise. Während öffentlich-rechtliche Stimmen, die mit *Hueck* im Grundsätzlichen divergieren, ohnehin niemals erkennbar waren, ist lt. Bericht der JZ 1951, S. 734 auch der überwiegende Teil der Teilnehmer der Zivilrechtslehrertagung von *Nipperdey* abgerückt.

[53] Daß Ausnahmen von dieser Regel bestehen können, wird allgemein anerkannt. So beeinflußt z. B. Art. 9 Abs. III Satz 2 unmittelbar jeden privaten Arbeitsvertrag und jeden Tarifvertrag. Den Wandel, der bereits hierin liegt, erkennt man durch einen Vergleich mit den seinerzeitigen Ausführungen *Martin Wolffs* (Fn. 25), S. 6, Fn. 2: „Wenn Art. 152 Abs. II Satz 2 den Satz des BGB § 138 Abs. I, daß Rechtsgeschäfte, die gegen die guten Sitten verstoßen, nichtig sind, aufnimmt, so wird damit nicht die Norm des § 138 zum Verfassungsinhalt. Würde ein Reichsgesetz den § 138 Abs. 1 aufheben und statt dessen z. B. bestimmen, daß das sittenwidrige Geschäft in den Grenzen des Zulässigen gültig sei ..., so würde das dem Art. 152 der Reichsverfassung nicht zuwiderlaufen."

[54] *Hueck* (Fn. 52), S. 14.

[55] *Nipperdey*, Recht der Arbeit, 1950, S. 125.

öffentlicher Gewalt ausgestattet sind[56], ist in der Beschäftigung mit dem Aktualisierungsproblem bisher eine Frage immer offen geblieben, die den Verwaltungsrechtler ebenso angehen muß, wie den Zivilrechtler. In einer von *Apelt* gestellten Praktikumsarbeit, nach deren Sachverhalt eine Gemeinde ein ihr gehöriges Haus einer Frau nicht vermietete mit der Begründung, es käme nur ein männlicher Mieter in Frage, sah die Mehrzahl der Bearbeiter hierin intuitiv von seiten der Gemeinde einen Verstoß gegen Art. 3 Abs. II GG.

Das Experiment sollte zu denken geben und zur Beantwortung der Frage veranlassen, ob nicht die in Art. 1 Abs. III gewollte Aktualisierung den Staat in *allen* seinen Erscheinungsformen, also auch auf dem Gebiet der *fiskalischen* Verwaltung, binden sollte. Das fiskalische Tätigwerden ist immerhin Verwaltung und zwar *öffentliche* Verwaltung[57]. Die herrschende Meinung[58], die keine Grundrechte gegenüber der fiskalischen Verwaltung anerkennt, führt zu dem eigenartigen Ergebnis, daß für die Einheit, die Staat und Fiskus doch bilden, etwas bestehen kann, was man als „doppelte Moral“ bezeichnen könnte. Trotzdem wird man auch unter der Geltung des Grundgesetzes an der bisher herrschenden Meinung festhalten müssen. Hierfür spricht vor allem, daß Art. 19 Abs. IV, der doch unter „Rechten“ auf jeden Fall *mindestens* die Grundrechte verstanden wissen will[59], offensichtlich davon ausgeht, daß diese nur von der „öffentlichen *Gewalt*“, eben weil nur ihr gegenüber überhaupt bestehend, verletzt werden können[60].

Auf jeden Fall wird aber der gegen den hoheitlich handelnden Staat gerichteten Grundrechtsaktualisierung auch im Fiskalprozeß mit Hilfe der §§ 138, 242, 826 BGB mehr als bisher Rechnung getragen werden müssen. Die Gerichte müssen sich auch einmal an das Problem heranwagen, ob nicht bei einem fiskalischen Tätigwerden der Verwaltung, welches in der getroffenen Art und Weise dem hoheitlich handelnden Staat auf Grund eigener Normen verboten wäre, ein „agere contra factum *proprium*“ vorliegen kann. Wir möchten ohne Bedenken das

---

[56] Vgl. *Ruck*, Freiheit und Rechtsstaat, in Festgabe zur Hundertjahrfeier der Bundesverfassung, Zürich 1948, S. 81.

[57] Vgl. *Fleiner*, Institutionen, 1928, S. 5; *Nebinger*, Verw.Recht, 1949, S. 4; *Forsthoff*, Verw.Recht, 1950, S. 374.

[58] Vgl. *W. Jellinek*, Verw.Recht, 1948, S. 25.

[59] *Wernicke*, Bonner Komm., Art. 19 II 4 b: „daß die GR. hierher rechnen, ist selbstverständlich.“ *Klein*, VVDStRL 8 (1950), S. 112; *Jerusalem*, SJZ 1950, Sp. 4.

[60] Zu dem gleichen Ergebnis kommt für das Grundrecht der Kirchen (Art. 140 GG mit Art. 138 Abs. II WRV) auch *Johannes Heckel* in: Festgabe für R. Smend, 1952, S. 136. Nach *Heckel* besagt auch dieses Grundrecht nichts über die Beziehung der Kirchen zu Privaten und zum Staat als Privateigentümer, sondern schützt nur gegenüber der weltlichen Gewalt als *Hoheitsträger*.

„proprium" bejahen, weil, trotz der rechtstechnischen Spaltung, Staat und Fiskus eine Einheit bilden. Ferner werden, gerade auf dem weiten Gebiet der fiskalischen Daseinsvorsorge, oft die zum Mißbrauch einer Monopolstellung entwickelten Grundsätze helfen können.

4. So werden sich in Zukunft noch viele Fragen ergeben, inwieweit der Aktualisierung des Grundrechtsteils im Zivilrecht Rechnung zu tragen ist. Beispielsweise kann es wohl nicht mehr zweifelhaft sein, daß nunmehr in der Koalitionsfreiheit des Art. 9 Abs. III ein Schutzgesetz im Sinne des § 823 Abs. II BGB zu erblicken ist[61]. Ebenso kann man erwägen, ob nicht Art. 2 Abs. I GG dazu zwingt, auch im Zivilrecht ein *allgemeines* Persönlichkeitsrecht[62] anzuerkennen. Es wäre tatsächlich eine untragbare Friktion in der Gesamtrechtsordnung, wenn ein von der Verfassung gewährleistetes Menschenrecht von der Privatrechtsordnung gar nicht zur Kenntnis genommen würde. So ist es jedoch nicht. Ob aber das Privatrecht nur ein Bündel von Einzelrechten oder ein allgemeines Recht anerkennt, ist der Verfassung gleichgültig. Ebenso würde keine Notwendigkeit bestehen, im Zivilrecht ein subjektives Privatrecht am „Vermögen" (etwa für § 823 Abs. 1 BGB als „sonstiges Recht") anzuerkennen, wenn sich ergeben sollte, daß das Grundrecht des Art. 14 Abs. I GG ein Grundrecht auf „Vermögen" ist.

Als Grundsatz jedoch ist aufzustellen, daß auch das Grundgesetz trotz der Aktualisierung der Grundrechte nur den öffentlichen Status[63] des Einzelnen, d. h. dessen Verhältnis zum Staat normiert und entsprechend aktualisiert hat. Im übrigen setzt das Grundgesetz *voraus*, daß die Menschenrechte im Verhältnis der Einzelnen untereinander bereits in der Privatrechtsordnung aktualisiert sind. Daher hat das Grundgesetz auch durchaus folgerichtig bei Anerkennung des allgemeinen Freiheitsrechtes (Art. 2 Abs. I) die Rechte der „anderen", als bereits in der Zivilrechtsordnung normiert, hingenommen und ein Grundrecht (subjektives öffentliches Recht) dem Staat gegenüber nur insoweit anerkannt, als es nicht die „Rechte anderer verletzt"[64]. Wie es nach seiner Menschenrechtsentscheidung dogmatisch nicht anders möglich war, denkt das Grundgesetz also das Grundrecht von vornherein vermindert um das den anderen gegenüber bestehende subjektive private Recht.

---

[61] Vgl. noch die vorsichtige Entscheidung RGZ 113, 33.

[62] Vgl. RGZ 69, 403; 79, 398; 113, 414.

[63] Der von *Nipperdey* (Fn. 52, S. 18) verwendete Begriff „status positivus socialis" bezeichnet ebenfalls einen *öffentlichen* Status (richtig *Hueck*, Gutachten, S. 19). Im aristotelisch-scholastischen Sinne gehört der Begriff nicht in die Austauschgerechtigkeit, sondern in die justitia distributiva (Anspruch des Einzelnen auf Anteilnahme am Gemeinwohl).

[64] Vgl. § 903 BGB „Rechte Dritter".

Logischerweise kann bei dieser Subtraktion also auch kein Privater, der das Eigentum eines Privaten verletzt, das Grundrecht Eigentum verletzen.

5. Dieser Dualismus zwischen subjektivem öffentlichen und subjektivem privaten Recht und die grundsätzliche Indifferenz der Verfassung gegenüber letzterem besteht auch auf der *Pflicht*seite. Die Aktualisierung der Grundpflichten (Art. 14 Abs. II GG) bedeutet bei weitem nicht, daß nun alle Gemeinwohlpflichten aktuelle zivilrechtliche Rechtspflichten im Verhältnis anderen gegenüber sind. Gewiß wird sich die Gemeinwohlpflichtigkeit des Eigentums sehr oft günstig für den einzelnen Anderen auswirken und sie kann sich für den Dritten, wie das Beispiel der an sich der Allgemeinheit gegenüber bestehenden „Verkehrssicherungspflicht“[65] zeigt, sogar bis zu einem Privatrecht auf Erfüllung dieser Pflicht verdichten. Im allgemeinen jedoch wirkt sich die Gemeinwohlpflichtigkeit des Eigentums für den privaten Dritten nur reflexartig aus[66].

---

[65] RGZ 89, S. 121: „Der gefährdeten Allgemeinheit gegenüber ...“

[66] Es ist nicht richtig, wenn der Badische VGH (Urt. v. 5. 7. 1951, DVBl. 1951, S. 635) erklärt: „Zu den Rechten Anderer i. S. des Art. 2 GG gehören nicht nur die Rechte einzelner Anderer ..., sondern auch die kollektiven Rechte der Anderen, d. h. der Gemeinschaft. Rechte Anderer sind daher auch die Rechte der Allgemeinheit auf den Schutz der der vollziehenden Gewalt anvertrauten öffentlichen Rechtsgüter durch Abwehr von Gefahren. Unter Art. 2 GG fallen daher auch die Rechte der Allgemeinheit auf öffentliche Sicherheit, öffentliche Ordnung, auf Erhaltung der öffentlichen Gesundheit usw.“

Hier wird in unglücklicher Vermengung das „Recht anderer“ Gleichberechtigter, wozu selbstverständlich auch der Fiskus gehört, mit dem Recht des hoheitlich handelnden Staates gleichgesetzt. Der Schluß von den Einzelrechten Anderer auf die „Kollektivrechte der Gemeinschaft“ wäre nur dann möglich, wenn der einzelne Andere ein solches Recht auf Rechtsdurchsetzung der Gemeinschaftsrechte hätte, d. h. von der Pflichtseite her gesehen, wenn die Gemeinwohlpflicht eine Rechtspflicht Dritten gegenüber wäre. Bekanntlich gibt es aber kein subjektes Recht auf Erhaltung der öffentlichen Sicherheit und Ordnung und auf Tätigwerden der Polizei. Dementsprechend erfüllt jemand, der sein Eigentum in polizeigemäßem Zustand erhält, auch keine Rechtspflicht, weil sie Dritten gegenüber besteht, sondern weil sie eine Gemeinwohlpflicht ist.

Auch wenn man die „Rechte“ in Art. 2 GG zu „Interessen“ degradiert, muß man erkennen, daß der Staat die öffentliche Sicherheit und Ordnung nicht wahrt, weil „andere“ ein Interesse daran haben, sondern weil ein von den Einzelinteressen trotz häufig weitgehender Parallelität wesensmäßig verschiedenes öffentliches Interesse besteht. Er müßte dieses öffentliche Interesse auch wahren, wenn keine Parallelität zu den Einzelinteressen bestünde.

Es rächt sich hier, daß Art. 21 Abs. IV HCHEntw.: „eine Einschränkung der Grundrechte ist nur durch Gesetz und unter der Voraussetzung zulässig, daß es die öffentliche Sicherheit, Sittlichkeit oder Gesundheit zwingend erfordert“ nicht geltendes Recht geworden ist. Aber die hier aufgezählten Werte, die übrigens nur eine Umschreibung der im Begriff „öffentliches Interesse“ enthaltenen Hauptwerte sind, stellen die Minimalvoraussetzung *jeder* „Ordnung“, erst recht natürlich der „Verfassungsmäßigen Ordnung“

6. Nur die dargelegte Haltung des Grundgesetzes zu den Rechtsbeziehungen unter Privaten macht auch die Möglichkeit verständlich, daß das Grundrecht „Eigentum“ ein Grundrecht auf jedes vermögenswerte Gut sein kann, obwohl das Rechtsinstitut „Eigentum“ trotz gleichlautender Bezeichnung im technischen Sinne als Sacheigentum zu verstehen ist. Im Verhältnis des Einzelnen zum Staat anerkennt die Verfassung das Grundrecht auf Eigentum *unmittelbar*. Bei dieser unmittelbaren Anerkennung ist die Verfassung an kein in der Rechtsordnung bereits vorhandenes Modell und Vorbild gebunden. Es kann daher sehr wohl der Wille der Verfassung gewesen sein, das subjektive öffentliche Recht Eigentum auf jedes geldwerte Gut zu erstrecken. Wenn danach im Verhältnis des Einzelnen zum Staat Eigentum gleich Vermögen zu lesen wäre, dann wäre eine von seiten des Staates vorgenommene „Ent-eignung“ bei jedem Vermögensgegenstand möglich.

Für das Verhältnis der Einzelnen untereinander stellten wir jedoch fest, daß das Grundgesetz hier nur ausnahmsweise selbst normieren will, während es in der Regel diese Rechtsbeziehungen als bereits in der Privatrechtsordnung normiert ansieht. Nur um das Privatrecht der Einzelnen geht es aber bei der in Art. 14 GG enthaltenen Institutsgarantie, denn es wäre eine überflüssige und deshalb sinnlose Wiederholung, wenn, nachdem bereits die konkreten subjektiven öffentlichen Rechte der einzelnen Eigentümer gewährleistet sind, diese noch einmal abstrakt in Form eines Inbegriffes (Rechtsinstituts) garantiert würden. Wenn aber das Grundgesetz private Rechtsbeziehungen abstrakt zusammenfaßt und als Rechtsinstitut gewährleistet, dann besteht die Vermutung, daß es dieses Rechtsinstitut auch nur aus dem Zivilrecht im dort verwendeten Sinne rezipiert hat.

Die Vermutung wird dadurch erhärtet, daß es weder im geltenden Recht noch in der Wissenschaft eine abstrakte Zusammenfassung aller privaten Vermögensrechte in Form einer Rechtseinrichtung gibt. Es gibt als Normenzusammenfassungen zwar „das“ Eigentum, „das“ Erbbaurecht, „das“ Urheberrecht usw., aber es gibt nicht „das“ Vermögen. Ohne auf den Vermögensbegriff, zu dem das BGB bekanntlich schweigt, näher einzugehen, muß festgestellt werden, daß er sich einer Institutionalisierung im obigen abstrakten Sinne schon deswegen entzieht, weil nur von Fall zu Fall entschieden werden kann, ob er nur das Aktivvermögen beinhaltet (so für § 419 BGB, RGZ 139, 201) oder ob

---

im Sinne des Art. 2 GG dar. Auf *diese* Weise beinhaltet der Begriff der verfassungsmäßigen Ordnung, als selbstverständlich weggelassen, alle jene Ordnungswerte, zu deren Schutz nach alter rechtsstaatlicher Tradition (Pr.ALR Teil II, Titel 17, § 10) die Polizei tätig werden darf.

Zum Ganzen vgl. meine Dissertation: Die konstanten Voraussetzungen des Begriffes öffentliches Interesse, 1949.

auch die Schulden hinzugehören (so z. B. für § 1922 BGB, RGZ 95, 114). Hinzu kommt, daß es, wie man auch immer dieses Rechtsinstitut konstruieren mag, ob als bloße Summe der einzelnen Vermögensrechtsinstitute oder als aus ihnen gebildete neue Einheit, nicht der Sinn des Art. 14 sein kann, „daß auch jedes einzelne der heute vorhandenen Vermögensrechtsinstitute, vor allem jeder Typus begrenzter Sachenrechte (etwa das Erbbaurecht, die Rentenschuld!) erhalten bleibe“[67]. Mit der Gewährleistung des Rechtsinstituts Sacheigentum sind allerdings incidenter eine Reihe anderer Rechtsinstitute gewährleistet. Es sind dies jene Rechtsinstitute, bei deren Fehlen nichts übrig bliebe, was den Namen Eigentum verdient. Eine Verfassung, die das Rechtsinstitut Sacheigentum gewährleistet, gewährleistet, obwohl als selbstverständlich weggelassen, allermindestens auch die Privatrechtsinstitute Kauf, Miete und Pfandvertrag. Auf diese Weise gewährleistet, wie *Huber*[68], der an sich gegen *M. Wolff* Stellung nimmt, bereits für Art. 153 WRV feststellte, tatsächlich auch Art. 14 GG die wesentlichen Elemente des *objektiven* privaten Vermögensrechtes.

VIII.

Die Tatsache, daß Art. 14 Abs. I GG ein vorstaatliches Grundrecht auf konkretes Einzeleigentum als subjektives öffentliches Recht anerkennt und daß die gleiche Vorschrift die konkreten Eigentumsrechte der Einzelnen untereinander in einer abstrakten Zusammenfassung als Einrichtung, welche nur der *Umbau* der Privatrechte und nicht deren *Quelle* ist, gewährleistet, zwingt, man mag die Menschenrechtsentscheidung des GG begrüßen oder nicht, auf jeden Fall zu der Erkenntnis, daß unsere heutige Eigentumsordnung zu allererst auf dem *Recht der Person* aufgebaut ist. Nur eine vom Gesamtwertsystem des Grundgesetzes isolierende Betrachtungsweise der Eigentumsregelung könnte wieder zu Feststellungen führen, wie sie teilweise für die Weimarer Verfassung getroffen wurden.

So behauptete z. B. *Bredt*[69]: „Tatsache ist es, daß nicht mehr das Eigentum radiziert wird auf das Individuum ..., sondern daß nunmehr das Eigentum radiziert wird auf die Volksgemeinschaft, welche nur bestimmte Rechte des Individuums anerkennt.“ Und *Stödter*[70] formulierte ähnlich: „Das Eigentum wird nicht mehr auf das Individuum bezogen.

[67] *Martin Wolff*, Reichsverfassung und Eigentum, S. 6. Dagegen *E. R. Huber*, AöR (n. F.) 23, S. 45.

[68] *Huber*, Fn. 67.

[69] *Bredt*, Der Geist der Deutschen Reichsverfassung, 1924, S. 344.

[70] *Stödter*, Öffentlich-rechtliche Entschädigung, 1933, S. 144.

Im Mittelpunkt der Eigentumsordnung steht die Volksgemeinschaft, die subjektive Einzelrechte nur in begrenztem Umfang anerkennt".

Für das Grundgesetz ist festzuhalten, daß Ausgangs- und Mittelpunkt der Eigentumsordnung das Recht des Einzelmenschen ist. Keine Exegese der Eigentumsartikel darf diese, bereits in Art. 1 und nicht erst in Art. 14 gefallene Grundentscheidung übersehen. Es ist keinesfalls anzunehmen, daß *Ipsen,* dessen großes Verdienst es bleiben wird, in seiner glänzenden Exegese der Art. 14 und 15[71] die Entscheidung des Grundgesetzes für den Sozialstaat endlich der bisher üblichen Bagatellisierung[72] entrissen zu haben, die hier dargelegte Grundentscheidung nicht gesehen hat. Aber was bei *Ipsen* noch bewußte Überakzentuierung des Rhetors war, der mit seinen „Blitzlichten" eine Diskussion zu entzünden hatte, kann bei Epigonen leicht dazu führen, die dogmatische Ausgangsstellung, die das Grundgesetz zum Eigentum bezogen hat, überhaupt nicht mehr zu sehen.

IX.

Wer den Menschenrechtscharakter des Eigentums hervorhebt, der setzt sich mit Gewißheit dem Verdacht aus, er wolle mit antiquierten Gedankengängen des liberalistischen Naturrechts eine Lanze für den status quo der Habenden brechen. In Wirklichkeit jedoch ist es nur von diesem Ausgangspunkt her möglich, auch rechtslogisch an die dem Eigentum immanente Pflicht- und Bindungsseite heranzukommen. Man muß sich darüber klar sein, daß die Lehre der Pflichtimmanenz

---

[71] Referat auf der Göttinger Tagung der Vereinigung der Deutschen Staatsrechtslehrer am 19. 10. 1951.

[72] Die beiden Kommentare zum GG (vgl. Bonner Komm., *Wernicke,* Art. 2 II 1 d und *Herrfahrdt,* Art. 79 II 3; *von Mangoldt,* Komm., Art. 20 I Anm. 2 b) messen zwar dem Adjektiv „demokratisch" in Art. 20 Abs. I höchste aktuelle Werthaftigkeit bei, bagatellisieren aber das mit ihm durch das Wörtchen „und" verbundene und dem gleichen Subjekt zugeordnete Adjektiv „sozial" bis zu einer blutleeren Programmfloskel. Beide Kommentare versäumen auch nicht, den Zusammenhang zwischen dem in Art. 20 abgegebenen Bekenntnis zum Sozialstaat und der nach Art. 15 möglichen Sozialisierung in Abrede zu stellen, ohne jedoch darzutun, wieso eine Verfassung, welche den stärksten Tatbestand der Sozialgestaltung kennt, gerade über den Begriff „sozial" keine rechtlichen einer „juristischen Auslegung zugänglichen" (*Herrfahrdt,* ebd.) Vorstellungen haben soll. Dieser auch bei *Krüger* (DVBl. 1951, S. 361) zu beobachtenden Tendenz, der Entscheidung für den Sozialstaat die Rechtsnormqualität zu verwehren (es grenzt fast an Zynismus, wenn *Krüger* die Sozialentscheidung des GG auf den Liebesparagraphen 330 c RStGB reduziert), muß mit *Bachof* (Verfassungswidrige Verfassungsnormen?, 1951, S. 25) entgegengehalten werden, daß Rechtsnormen auch die Aussagen der Verfassung über die konkreten politischen Entscheidungen sind. Hierunter fällt auch der Satz (bei *Bachof* falsch zitiert): „Die Bundesrepublik Deutschland ist ein demokratischer und *sozialer* Bundesstaat." Damit gilt auch für das Wort „sozial" der lapidare juristische Grundsatz, daß jede Rechtsnorm der Auslegung fähig und bedürftig ist.

bisher immer Hypothese des Sozialethikers oder Empirie des Deutschrechtlers geblieben ist. Die Pflichtigkeit des Eigentums erscheint logisch nach wie vor als von außen an das Recht herangetragen.

Wir halten die Konstruktion von der Elastizität des Eigentums, wonach dieses sofort wieder zum Vollrecht auflebt, wenn die Beschränkungen fallen, nach wie vor für das Großartigste, was in der Eigentumslehre jemals gedacht wurde. Das darf aber nicht darüber hinwegtäuschen, daß immer und zu jeder Zeit dem Eigentum die *Bereitschaft* (Schwäche) inhärent ist, Pflichten und Bindungen zu tragen.

Gerade die Auffassung vom Eigentum als Menschenrecht bildet die Grundlage dafür, diese Pflichtimmanenz konstruktiv zu erfassen. Die Menschenrechtsauffassung verbietet rechtslogisch jede Materialisierung und Entpersonalisierung des Eigentums zugunsten der Sache und zwar sowohl hinsichtlich des Subjekts als auch des Objekts des Rechts.

1. Es scheint uns kein Zufall zu sein, daß die Blütezeit des weltanschaulichen Materialismus zeitlich mit der Blütezeit der modernen Pandektistik zusammenfällt. *Brinz*[73] spricht von „rechtlicher Verbindung einer körperlichen Sache mit einer Person". Man beachte den Ausgangspunkt. In den gleichen Zeitgeist gehört seine Lehre vom „subjektlosen Vermögen"[74]. Der ganze damalige Kampf um die Rechtsnatur der juristischen Person ist letztlich nichts anderes als ein Mühen, für das „Ding", das mehreren im Verband „zugehört", ein Rechtssubjekt zu finden oder, wie es *Savigny* tat, zu *erfinden.* Auch hier geht man nicht von der „Verbandsperson" aus, sondern von der Materie, der man ein Subjekt hinzukonstruiert.

Weiter kommt es nicht von ungefähr, wenn in der jüngst verflossenen menschenrechtsfeindlichen Zeit *Wieacker*[75] die Sätze wagen konnte: „Das Grundstück ist vor dem Rechte ewig ...". „Nicht eine Rechtsperson hat das Grundstück ... das Grundstück hat vielmehr einen Eigentümer." „Es wird nicht in Besitz genommen. Vielmehr nimmt es selbst einen neuen Eigentümer auf."

---

[73] *Brinz*, Pand., 2. Aufl. 1873, § 130, S. 470. Er stützt sich hierbei auf *Wirth*, Beiträge zur Systematik des Römischen Civilrechts, 1856, S. 31: „Das Wesen des Eigenthums besteht im rechtlichen Pertinenzverhältnisse der Sache, nicht in einzelnen Befugnissen, auch nicht in der Herrschaft über die Sache."

[74] *Brinz* (Fn. 73), S. 197.

[75] Wandlungen der Eigentumsverfassung, 1935, S. 46. Auf Seite 61 reduziert *Wieacker* das Eigentum am Boden auf eine „treuhänderische Verwaltungsbefugnis". Man sollte nie den mutigen Kampf vergessen, den Gelehrte wie *Karl Blomeyer* damals gegen die „Blut- und Boden"-Jurisprudenz gekämpft haben (vgl. Hat der Bauer Eigentum am Erbhof?, in: Festschrift für R. Hübner, 1935, S. 93 ff.).

2. Beim Rechts*objekt* vollends hat die materialistische Betrachtungsweise eindeutig gesiegt. Es gilt seit langer Zeit „als ein über jeden Zweifel erhabenes Dogma“[76], daß das als Korrelat zum Subjekt des Rechts notwendige Objekt beim Eigentum in der Sache zu finden ist. Gegen diese eindeutig herrschende Lehre ist immer wieder angekämpft worden[77]. In neuerer Zeit hat *Nawiasky*[78] zwingend nachgewiesen, daß das, was dem Inhaber der Berechtigung zugehört, also der Gegenstand, das Objekt des Rechts immer nur die Verpflichtung eines anderen sein kann. Bei (relativen) Forderungsrechten ist es auch seit jeher anerkannt, daß ihr Gegenstand das Verhaltensollen, die Leistungspflicht des Schuldners ist. Aber auch beim (absoluten) dinglichen Recht ist das Objekt des Rechts die Verhaltenspflicht anderer, hier nämlich die Pflicht aller, dieses Recht nicht zu stören. Auch beim subjektiven öffentlichen Recht auf Eigentum ist das Objekt des Rechts die Verhaltenspflicht des Staates. Die Sache selbst ist also nur „Tatbestandselement“[79] der Verhaltenspflicht der Normadressaten. Sie ist nur „Beziehungsgegenstand“[80]. Was gemeinhin Recht an der Sache genannt wird, ist eigentlich das gegenüber anderen bestehende Recht „in bezug auf die Sache“.

Die herrschende Meinung sollte mindestens zugeben, daß sie einen Kunstgriff anwendet. Dieses Zugeständnis macht auch *Goldschmidt*[81], wenn er sagt: „*Logisch* sind Objekte des Rechts häufig Personen, mit welchen der Berechtigte in keinerlei Beziehungen steht. So richten sich die absoluten Rechte gegen alle Personen. Da ist es nur *natürlich,* daß nach einem näherliegenden Objekt *gesucht* wird. Objekt in diesem Sinne ist gleich dem Beziehungsgegenstand.“

3. Es geht hier nicht um die „in-elegantia juris“[82] und nicht um die „Anschaulichkeit der Begriffe“[83]. Auch wir sind der Meinung, daß nach natürlicher Auffassung das Recht des Eigentümers vor allem im *Sach*genuß besteht. Unbedingt Wert legen möchten wir jedoch auf die weitgehend verlorengegangene logische Erkenntnis, daß das Objekt des subjektiven privaten Rechts zunächst nichts anderes ist als „beherrsch-

---

[76] *Oertmann,* Der Dinglichkeitsbegriff, Iherings Jahrb. 31, S. 415.

[77] Über den Stand der Polemik z. Z. des BGB-Entwurfes unterrichtet *Oertmann* (Fn. 76), S. 416 ff. Vgl. auch *von Thur,* Der allgemeine Teil des BGB, 1910, S. 134 u. S. 204 N. 2.

[78] *Nawiasky,* Allgemeine Rechtslehre, 2. Aufl. 1948, S. 202 ff.

[79] *Nawiasky* (Fn. 78), S. 205.

[80] Der Begriff stammt von *Gierke,* Deutsches Privatrecht, 1895, Bd. 1, S. 258 und wird vor allem von *Goldschmidt,* Eigentum und Eigentumsteilrechte in ihrem Verhältnis zur Sozialisierung, 1920, S. 18 wiederverwendet.

[81] *Goldschmidt* (Fn. 80), S. 20. Die Kursivsetzungen im Zitat sind vom Verf.

[82] *Oertmann* (Fn. 76), S. 466.

[83] *von Thur* (Fn. 77), S. 93.

ter freier Wille“[84] anderer Rechtsgenossen und daß das Objekt des subjektiven öffentlichen Rechts zunächst nichts anderes ist als beherrschter Wille des Staates.

Diese Erkenntnis, bei der man sich übrigens auf keinen Geringeren als *Kant*[85] berufen kann, führt zu einer wichtigen Folgerung.

Wenn ich als Objekt meines Rechtes *Sachen* ansehe, dann setzen diese Sachen, da sie rechtlos sind, meiner „Willensmacht“ (meinem „Interesse“[86]) logischerweise keinerlei Schranken. Solche Bindungen ergäben sich dann lediglich aus dem, was man „Liebe zur Sache“[87] nennt.

Was als bloße inelegantia juris erschien, rührt damit in Wirklichkeit an eine Grundfrage des Menschseins. Wie wir es bereits für das Denkmodell des isolierten Menschen taten, müssen wir auch hier feststellen, daß es beim „Ding“, beim „Es“ keine „Antwort“ und damit keine „Verantwortung“ geben kann. Die Pflicht wird damit aus dem Begriff des subjektiven Rechts als von vornherein heterogen verbannt. Sie wird es erfahrungsgemäß getreu dieser Konstruktion aus der menschlichen Freiheit schlechthin, wenn der Mensch auch das „Du“ Gottes nicht mehr anerkennt.

Sehe ich dagegen richtigerweise das Objekt meines Rechts im Verhaltensollen anderer Personen, dann stehen die Anderen, gerade, wenn ich vom allen zustehenden Menschenrecht ausgehe, nur *beschränkt* unter meiner Rechtsmacht, denn dann muß ich in Konsequenz der

---

[84] *Gierke* (Fn. 80), S. 257. Wegen des „Vorstellungsinhalts des geschichtlich gewordenen Rechtsbewußtseins“ setzt dann auch Gierke mit der herrschenden Lehre Beziehungsgegenstand gleich Objekt.

[85] *Kant*, Metaphysik der Sitten, herausg. von Hartenstein, 1868, S. 38. Bei der „Eintheilung nach dem subjektiven Verhältnis der Verpflichtenden und Verpflichteten“ gibt es („adest“) für *Kant* nur ein „Verhältnis von Menschen zu Menschen“. Auf S. 43 definiert er: „Das Rechtlich-Meine (meum juris) ist dasjenige, womit ich so verbunden bin, daß der Gebrauch, den ein anderer ohne meine Einwilligung von ihm machen würde, mich lädieren würde.“

[86] Auf eine Definition des subjektiven Rechts kommt es hier nicht an. Zur Problematik vgl. *Nawiasky*, Allgemeine Rechtslehre, S. 158.

[87] *Radbruch*, Rechtsphilosophie, 1950, S. 238. Man darf diese Liebe zur Sache, die Liebe zur „Gottesgabe“ (vgl. Märchen und Sagen, in denen das Kind zu Stein wird, weil es sich am Brot „versündigt“), die Liebe zum Haustier, zum Hof, zu Sammlungen und Büchern nicht leichtfertig abtun. Vgl. dazu die schönen Ausführungen *Brunstäds*, Das Eigentum und seine Ordnung, Festgabe für J. Binder, 1930, S. 128 („die Sache bindet den Eigentümer durch ihren Wertcharakter“). Wenn man aber die moderne Wirtschaftswelt nicht idealisieren will, dann muß man *Brunstäds* ethische Höhenlage verlassen. Nur wenige Sachen sind heute noch diesem Gemütsverhältnis zugänglich. *Der* moderne Typus der Sache ist heute die „Ware“, die man möglichst schnell in Geld umsetzt. Und Geld ist ja eigentlich nur eine Potenz, die Sacherwerb *ermöglicht*.

Menschenrechtsauffassung alle meine Mitmenschen als wenigstens im Prinzip frei und gleichberechtigt ansehen.

In dem gleichen Augenblick, in dem bei der Erkenntnis des Rechtsobjekts die Logik siegt, also die Erkenntnis, daß Gegenstand des subjektiven Rechts das Verhaltensollen im Prinzip ebenfalls freier und gleichberechtigter Mitmenschen ist, wird die Vorstellung von einem der Idee nach absoluten, unbeschränkten Eigentum unlogisch. Jeder absolute Eigentumsbegriff muß bereits *hier* relativiert werden. Diese Relativierung erreicht *Martin Wolff*[88] dadurch, daß er in seiner Eigentumsdefinition: „umfassendstes Herrschaftsrecht, das man an einer Sache haben kann" den Superlativ verwendet.

Diese Relativierung, die für jedes Eigentum gilt, läßt sich am augenfälligsten im Grundstücksrecht beobachten, weil hier die Grenze des jeweiligen Eigentums gleichzeitig immer auch die Grenze des Eigentums eines anderen ist. Gerade vom Grenz- und Nachbarrecht herkommend gelangte man zur „herrschenden Ansicht, daß die Unbeschränktheit nicht zum Begriff des Eigentums gehört"[89].

Es geht hier noch keineswegs um die Sozialgebundenheit des Eigentums dem Allgemeinwohl gegenüber. Wir betrachten den Eigentümer immer noch völlig wertungsfrei, nicht als Glied der Gemeinschaft, sondern als reines Subjekt im Sinne der Logik, das in rein äußeren, sozialethisch völlig indifferenten Beziehungen zu ebenso beschaffenen Subjekten steht. Es ist eine logische Erkenntnis und keine sozialethische Wertung, daß die jedem Grundeigentum durch das Nachbarrecht gesetzten Schranken zum Begriff des Eigentums gehören und ihm immanent sind[90]. Jedes Eigentum, auch das vermeintlich „absolute" römisch-rechtliche Eigentum, kennt diese Bereitschaft zu Beschränkungen. „Die Geschichte zeigt uns keine Zeit, in welcher dieses nicht der Fall gewesen wäre"[91].

---

[88] *M. Wolff*, Sachenrecht, 9. Aufl. 1932, S. 143. Ähnlich schon *Crome*, System des Deutschen bürgerlichen Rechtes, 1905, S. 254: „das vollkommenste dingliche Recht." Noch früher von öffentlich-rechtlicher Seite her *Stier-Somlo*, VerwArch. Bd. VI (1898), S. 309, 311, der den Pandektendefinitionen von der „absoluten Ausschließlichkeit" entgegenhielt, daß es sich dabei nur um eine „oberste" (also relative) Sachherrschaft handeln könne.

[89] *Raape*, Iherings Jahrb. 71, S. 124. Vgl. ferner *Schlossmann*, Iherings Jahrb. 45, S. 289 ff., besonders S. 319. Zum Nachbarrecht vgl. *Mosich*, Iherings Jahrb. 80, S. 25 ff.; *Wieacker*, Wandlungen der Eigentumsverfassung, S. 72 f.; *Eichler*, Wandlungen des Eigentumsbegriffes, 1938, S. 309 ff.

[90] *Raape* (Fn. 89), S. 125: „Es gibt kein immissionsfreies Grundeigentum. Wie kann also die Zulässigkeit der Immission nach § 906 ... nicht den Inhalt des Eigentums betreffen? Sie tritt nicht von außen an das Recht heran ..."

[91] *Dernburg*, System des römischen Rechts, 8. Aufl. 1911, S. 320. Auch *K. Blomayer* (Fn. 75), S.97 widerlegte bereits die Meinung, daß das römische Recht im Eigentum die unumschränkte Herrschaft gesehen habe.

Gesetzliche Aussprüche über diese immanenten Schranken und über das Bestehen der damit verbundenen Pflichten der beteiligten Eigentümer sind nicht von konstitutiver, sondern von deklaratorischer Bedeutung[92]. Die Parallele zum nur deklaratorisch anerkannten Recht ist offensichtlich. Soweit wir sehen, ist diese logische Kommunikation von Recht- und Pflichtnormierung auch noch nicht in Umrissen erkannt. Wie sollte man es auch begründen, daß die Pflichtnormierung des Eigentums eine deklaratorische Festlegung immanenter Pflichten sei, wenn man das Recht als etwas konstitutiv Gewährtes auffaßt! Ein konstitutiv mit Pflichtvorbehalt gewährtes Vollrecht bliebe letzten Endes doch immer nur eine Modalität einer heteronom von außen herangetragenen Pflicht. Nur die dargelegte Auffassung des Grundgesetzes vom Eigentum als eines nur deklaratorisch anerkannten Menschenrechtes ermöglicht es, ohne logischen Bruch auch die Pflichtbindung als nicht geschaffen, sondern als gegeben und die Pflichtnormierung als rein deklaratorische Festlegung der Bindung zu konstruieren.

Was sich rein formal und wertungsfrei als richtig erwies, wird sich zugunsten der *Sozial*bindung des Eigentums, die übrigens schon im Nachbarrecht stellenweise nachweisbar ist, erst recht bewähren, wenn dargetan ist, daß der Träger des Menschenrechts nicht das Subjekt im Sinne der Logik, sondern die *wert*-volle „Persönlichkeit"[93] des Art. 1 mit Art. 2 Abs. I GG ist und wenn der Wertbegriff des Gemeinwohls geklärt ist[94].

---

[92] Richtig *Schelcher,* AöR (n. F.) 18, S. 322.

[93] Vgl. *Lütge,* Die Funktion des Grundeigentums in der Rechts- und Sozialordnung unserer Zeit, Schriftenreihe des Deutschen Volksheimstättenwerkes, Nr. 4, 1951, S. 12; *Dürig,* JR 1952, S. 259 ff.

[94] Wer sich nicht erst um den Dienst am Gemeinwohlbegriff gemüht hat, erscheint nicht legitimiert, den statischen Eigentumsbegriff anzutasten. Schlagworte vom Eigentum als bloßer „Funktion" oder vom „dynamischen" Eigentum führen sonst zum Begriffschaos.

Art. 2 des Grundgesetzes und die Generalermächtigung zu allgemeinpolizeirechtlichen Maßnahmen*

I.

1. Mit der herzerfrischenden Selbstverständlichkeit des Wissenschaftlers, dem es naturgemäß zuwider sein muß, etwa über die Berechtigung von Brückengeländern oder der Feuerwehr große juristische Überlegungen anzustellen, formuliert *W. Jellinek* noch in der letzten Auflage seines Lehrbuches: „Es gibt gewisse Befugnisse, ohne die man sich einen Staat überhaupt nicht denken kann, dazu gehört die Polizeigewalt. Das mindeste, was wir vom Staat verlangen, ist, daß er Ordnung in seinem Innern hält. Man muß daher ein Auge zudrücken, wenn sich in einigen deutschen Ländern das Polizeiverfügungsrecht entgegen rechtsstaatlicher Forderung nicht auf förmliche Texte gründen läßt[1]."

Während der Bürger des Rechtsstaates nun tatsächlich bereit war, dieses eine Auge bis zu einer seit jeher erwünschten gesetzlichen Positivierung des materiellen Polizeirechts zuzudrücken, denkt bekanntlich der Bürger unseres „Rechts*weg*staates *(Jahrreiß)* kaum mehr daran, dies zu tun[2]. Der immerhin verständlichen Erscheinung, daß der Staatsbürger nunmehr keinen Rechtsvorteil, den ihm die Grundrechte gewähren, unausgenutzt lassen will, steht eine unverständliche Lethargie der staatlichen Instanzen gegenüber, wenigstens für die in jedem Staat essentielle Polizeitätigkeit eine genügende Normendeckung zu schaffen. Seit dem Inkrafttreten des Grundgesetzes erleben wir in allen deutschen Ländern eine permanente Krise des Polizeirechts. Diese Krise besteht nicht so sehr in organisatorischen Schwierigkeiten, etwa in der von den Besatzungsmächten infizierten Modekrankheit der

---

* AöR 79 (1953/54), S. 57 bis S. 86.

[1] Verwaltungsrecht (3. Aufl. 1948), S. 427.

[2] Mit allzu einseitiger Betonung der bürgerlichen Freiheiten hat man es erreicht, die Präventivpolizei als Prügelknaben einzuschüchtern und stellenweise fast lahm zu legen. Dem Verfasser ist die groteske Polizeipraxis einer süddeutschen Großstadt bekannt, die darin besteht, daß es bei Volksfesten die Beamten nicht wagen, betrunkene Kraftfahrer am Besteigen des Fahrzeugs zu hindern, sondern daß sie warten, bis angefahren wird, weil dann der erfüllte Tatbestand des § 1 StVO das repressive Einschreiten gestattet. Erfreulich einsichtig ist die Gesamttendenz der im Rahmen der Gesellschaft für bürgerliche Freiheiten in München unter Oberleitung von *E. Kaufmann* entstandenen Gemeinschaftsarbeit von *Blomeyer-Bartenstein, Närger, Olzog, Ruprecht,* Der polizeiliche Eingriff in Freiheiten und Rechte (1951).

organisatorischen Zerlegung der Polizei in „Sicherheitspolizei" und „Ordnungsverwaltung", als vielmehr im ungelösten Spannungsverhältnis zwischen Grundrechten und Polizei. Beispielsweise ignoriert das Landesrecht nach wie vor unglaublich großzügig den Grundgesetzbefehl des Art. 19 I Satz 2.

Im süddeutschen Raum aber stehen wir auf polizeilichem Gebiet effektiv im Rechtschaos. Das neueste polizeirechtliche Werk von *Drews / Wacke*[3], dessen Wert für den Geltungsbereich des § 14 PVG außer jeden Zweifels steht, bagatellisiert die süddeutschen Schwierigkeiten. Für Württemberg müht es sich überhaupt nicht um eine generelle Polizeiermächtigung; für Bayern wird der längst außer Kraft gesetzte § 24 I der Bayer.AnglVO zur DGO, der im übrigen immer nur für die gemeindliche Polizei galt, zitiert. Es fehlt jede Auseinandersetzung mit dem „süddeutschen System". Am problematischsten ist derzeit die Lage des Polizeirechts in Bayern, weil hier (im Gegensatz etwa zu Württemberg[4]) sogar die gewohnheitsrechtliche Grundlage für allgemeinpolizeiliche Maßnahmen lebhaft umstritten ist[5].

2. Zwei Gründe sind es vor allem, die heute das Verhältnis „Grundrechte und Polizei" in allen Ländern so problematisch machen:

a) Den *materiellen Grund* sehen wir in der unglücklichen Methode des Grundgesetzes, die Grundrechte zu begrenzen. Man unterschied nicht zwischen den allen Grundrechten immanenten *Schranken* und den speziellen, durch Gesetz von außen herangetragenen *Einschränkungen*, denen dann der verwaltungsrechtliche *„Eingriff"* entspricht. Wie

---

[3] Allgemeines Polizeirecht (1952).

[4] Grundlegend Urt. d. Württ.-Bad. VGH v. 18. 2. 1952, DÖV 1952, S. 280.

[5] Wohl nicht so sehr aus exakter Erkenntnis, die auch nur nach Durchforschen von 150 Jahren Rechtsgeschichte zu gewinnen wäre, als vielmehr aus dem Bestreben heraus, zu helfen und der Polizeipraxis jene Generalermächtigung zu geben, ohne die bisher kein Land ausgekommen ist, und ohne die man auch in Bayern nicht auskommt, bejahen *Blomeyer-Bartenstein* u. a. (Fn. 2), S. 210 ff. in Übereinstimmung mit der vom Institut zur Förderung öffentlicher Angelegenheiten herausgegebenen „Übersicht über das geltende Polizeirecht" (Stand 31. 10. 1951), S. 20, mit *Laforet,* Deutsches Verwaltungsrecht (1937), S. 130 ff. und mit der Lehrmeinung von *Apelt* und *Maunz* die gewohnheitsrechtliche Geltung der generellen Polizeiermächtigung. Das Anliegen der Wissenschaftler ist leider gerade von den Praktikern der Ministerialbürokratie nicht erkannt worden. *Berner,* in: Mang, Verwaltungsrecht in Bayern, Bd. II (1952), S. 85, leugnet die gewohnheitsrechtliche Geltung der preußischen Generalklausel und behauptet damit schlicht eigentlich nichts Geringeres, als daß alles, was die Präventivpolizei seit Jahren getan hat und täglich tut, soweit Art. 102 AGStPO nicht hilft, ungesetzmäßig ist. Titel 9—400 der Militärregierung in der Fassung vom 22. 5. 1947 hilft auch nicht, da er die Verantwortlichkeit der Polizei für die Aufrechterhaltung von Ruhe und Ordnung nur „im Rahmen ihrer Zuständigkeit" festlegt, die aber von *Berner* (ebd.) in ihrer generellen Form gerade bestritten wird. Eine gerichtliche Entscheidung in dieser Frage liegt noch nicht vor.

Nawiasky[6] mit Recht hervorhebt, hatte der Herrenchiemseer Entwurf (HChEntw.) diesen Dualismus exakter erkannt. Die immanenten, allen Grundrechten innewohnenden Schranken legte Art. 21 III durch seine Formulierung klar: „Die Grundrechte sind ... im Rahmen der allgemeinen Rechtsordnung zu verstehen.“ Damit war die Freiheit des Einzelnen von vornherein mindestens durch die tragenden Grundsätze des Zivilrechts[7], durch das Kriminalstrafrecht und das Sicherheitspolizeirecht relativiert. Für darüber hinausgehende gesetzliche Einschränkungen und damit für Eingriffe auf Grund dieser Gesetze in die bereits durch obigen Satz relativierte Freiheit fand sich dann in Art. 21 IV HChEntw. die Generalklausel: „Eine Einschränkung der Grundrechte ist nur durch Gesetz und unter der Voraussetzung zulässig, daß es die öffentliche Sicherheit, Sittlichkeit oder Gesundheit zwingend erfordert[8].“

Demgegenüber normiert das Grundgesetz in Art. 2 I zwar Schranken in Form der „Rechte anderer“, des „Sittengesetzes“ und der „verfassungsmäßigen Ordnung“. Es macht aber nicht evident, daß hiermit *alle* Grundrechte durch diese immanenten Schranken relativiert sind. Noch im gleichen Artikel folgen im Absatz II sofort die speziellen Aussagen über das Recht auf Leben, die körperliche Unversehrtheit und die Freiheit der Person. Damit wird leider dem *ganzen* Artikel der Charakter einer Spezialnorm aufgedrückt, obwohl in Absatz I die oberste und allgemeine Freiheitsnorm enthalten ist und der ganze folgende Katalog der Freiheitsrechte, also auch schon der Absatz II des Art. 2[9] nur Anwendungsfälle dieses Hauptgrundrechts bringt[10].

---

[6] Die Grundgedanken des Grundgesetzes (1950), S. 22 ff.

[7] Also vor allem durch die dort normierten Grundsätze von Treu und Glauben und den guten Sitten.

[8] Als Modell für Art. 21 IV HChEntw. hat ohne Zweifel Art. 98 Satz 2 der Bayer. Verf. gedient. Dort taucht zusätzlich noch der Begriff der „Wohlfahrt“ auf.

[9] Es ist bisher noch zu wenig erkannt (typisch etwa *Wernicke*, Bonner Komm., Art. 2 II 2 d), daß zwischen Abs. I und Abs. II des Art. 2 eine scharfe Trennungslinie zu ziehen ist. Wenn es in Abs. II Satz 2 heißt: „Die Freiheit der Person ist unverletzlich“, dann kann das schon deshalb nicht identisch mit der „freien Entfaltung der Persönlichkeit“ nach Abs. I sein, weil dann der Satz: „In diese Rechte darf nur auf Grund eines Gesetzes eingegriffen werden“ für die Freiheit von staatlichem Zwang im *allgemeinen* gelten würde und damit das ganze System der Spezialermächtigungen im folgenden Grundrechtskatalog illusorisch wäre. Der Abs. II des Art. 2 ist vielmehr als *selbständiger Artikel* zu lesen, mit dem (leider noch einmal unterbrochen durch das andere Hauptgrundrecht der Gleichheit in Art. 3) der Spezialkatalog der Freiheiten beginnt. Die „Freiheit der Person“ in Abs. II Satz 2 meint die Bewegungsfreiheit im technischen, *räumlichen* Sinne und soweit der Satz 3 des Abs. II auch dieses Recht anspricht, ist er seinerseits wieder durch die Spezialnorm des Art. 104 ersetzt.

[10] Vgl. *Dürig*, JR 1952, S. 261 mit Literaturnachweisen. Wie *Scheuner* dem Verfasser in dankenswerter kritischer Offenheit mitteilte, hält er die Konstruktion eines in Art. 2 I enthaltenen „Hauptgrundrechts“ für in der Wur-

Da nun das Grundgesetz im folgenden Katalog der Freiheitsrechte auch die Herrenchiemseer Generalklausel für Grundrechtseinschränkungen vermeidet und statt dessen bei den jeweiligen Rechten differenzierte Spezialermächtigungen bringt, mußte es naturgemäß den Eindruck hervorrufen, daß getreu dem Grundsatz der allgemeinen Rechtslehre, wonach eine lex specialis der lex generalis vorzugehen hat, diesen Grundrechten auch die immanente *Schranke,* die *allen* Grundrechten innewohnt, fehlt. Was liegt in der Tat näher als der Schluß, das Grundgesetz habe (beispielsweise) in Art. 11 II „um strafbaren Handlungen vorzubeugen“ und in Art. 13 „zur Abwehr einer gemeinen Gefahr“ Spezialvorbehalte gemacht; da es dies aber bei anderen Grundrechten nicht getan habe, seien diese Grundrechte sogar in diesen herkömmlichen Fällen des Polizeihandelns absolut „polizeifest“? So ist es verständlich, wenn ein Systematiker wie *Nawiasky*[11] verwundert fragt, ob die Grundrechte, bei denen eine ausdrückliche verfassungsmäßige Ermächtigung zur gesetzlichen Einschränkung *überhaupt* fehlt, tatsächlich ein hemmungsloses Sichaustoben des Grundrechtsträgers gestatten sollen.

b) Neben dieser unzulänglichen Technik des Grundgesetzes, seine materielle Freiheitsauffassung klar zu umschreiben, krankt das Verhältnis von Grundrechten und Polizei vor allem am Formalismus[12] des Art. 19 I. Wenn man sich weiter von der dem Grundgesetz eigentümlichen unterschiedslosen Verschwommenheit zwischen den allen Grundrechten immanenten Schranken und den speziellen von außen herangetragenen Einschränkungen düpieren läßt, dann muß die generelle Ermächtigung zu allgemein polizeilichen Maßnahmen nicht, wie es in Wirklichkeit der Fall ist, als Norm erscheinen, die nur in „Schranken zurückverweist“, sondern als eine Norm, die die Grundrechte im Sinne des Art. 19 I „einschränkt“. Mit dieser irrigen Unterstellung muß aber

---

zel verfehlt. Die Grundrechte seien Entfaltungen der menschlichen Position gegenüber spezifischen Gefährdungen und Problemen historischer Lagen, daher wechselnd in ihren Akzenten und ihrer Zahl. Sie seien aber nicht konstruktive Folgerungen eines logischen Obersatzes. Das ist gewiß richtig. Aber es geht doch nicht um ein *logisches* System, sondern um ein *Wert*system. Und da möchte der Verfasser doch auf seiner Meinung verharren, daß sich aus Art. 1 I die Wertvorstellung des Grundgesetzes vom „seienden“ Menschen und aus Art. 2 I die vom „handelnden“ Menschen ergibt. Friktionen der nachfolgenden Grundrechte mit dieser Gesamtvorstellung sind erst in zweiter Linie ein rechts*logischer* Bruch. Sie sind vor allem eine Verzerrung jenes Menschenbildes, dessen man als Gesamtmaßstab trotz aller Spezialinterpretation der einzelnen Grundrechte nicht entraten kann.

[11] Grundgedanken, S. 24. Vom Persönlichkeitsbegriff des Grundgesetzes ausgehend hat der Verfasser darzutun versucht (JR 1952, S. 261), daß die Realisierung der von *Nawiasky* genannten Exzeßbeispiele (sadistische Sektiererei usw.) unter Grundrechtsschutz nicht möglich ist. Kein Freiheitsrecht des Grundgesetzes schützt den „Untermenschen“.

[12] Vgl. die berechtigte Kritik *von Mangoldts,* Komm., Art. 19 Anm. 3.

die polizeiliche Generalklausel selbst fallen. Eine Ermächtigung, die einerseits die einschränkbaren Grundrechte „unter Angabe des Artikels nennen“ soll[13] und die andererseits gegenüber Grundrechten ohne Gesetzesvorbehalt überhaupt versagt, ist keine Generalermächtigung mehr. Ganz ausgeschlossen wäre es im Hinblick auf Art. 19 I Satz 2 jedenfalls, an einer *gewohnheitsrechtlichen* Geltung der Ermächtigung zu allgemeinpolizeilichen Maßnahmen festzuhalten, weil nur förmliche Gesetze etwas „angeben“ und „nennen“ können.

Mit diesem formalen Problem ist auch die bisher grundsätzlichste Entscheidung, die über die Rechtsgrundlage für allgemeinpolizeiliche Maßnahmen zum Schutze der öffentlichen Sicherheit und Ordnung ergangen ist, nicht fertig geworden. In seinem Urteil vom 18. 2. 1952[14] kommt der Württ.-Bad. VGH (Senat Stuttgart) für den Landesteil Württemberg[15] zu dem Ergebnis, daß über Art. 123 GG der in Württemberg gewohnheitsrechtlich geltende Polizeibegriff und die in ihm liegende Ermächtigung zu Eingriffen auch in Grundrechte weiterhin anwendbar seien. Die schwache Stelle der Entscheidungsgründe liegt in der Hypothese, es ergebe sich aus dem Wortlaut des Art. 19 I, daß er nur regeln wolle, wie in *Zukunft* Eingriffe in Grundrechte zu ermöglichen seien. Diese Behauptung geht fehl, denn die in Art. 19 I niedergelegten formalen Anforderungen an das Gesetz stehen seit Art. 21 IV HChEntw. in einem untrennbaren Junctim mit der dem Gesetz gezogenen ebenso neuen Wesensgehaltsschranke des Art. 19 II[16]. Von keiner Seite wird aber bestritten werden können, daß bisher geltende Gesetze, die den Wesensgehalt antasten, nach Art. 19 II in Verbindung mit Art. 123 I nichtig *„sind“*.

---

[13] Dem Polizeiverwaltungsgesetz, das die Generalklausel enthielte, bliebe nichts anderes übrig, als alle Grundrechte mit Einschränkungsvorbehalt einfach hintereinander aufzuzählen, wobei dann, wie dargelegt, noch immer die Frage offen bliebe, ob die Grundrechte mit *fehlender* verfassungsmäßiger Ermächtigung selbst für den Störer polizeifest sein sollen. Was sich hier das Grundgesetz an formalistischer Hypertrophie geleistet hat, erkennt man vielleicht noch klarer durch die Überlegung, daß nach Art. 19 I eigentlich auch die Strafprozeßordnung alle Grundrechte hypothetisch aufzählen müßte, in deren Genuß der Täter durch die Strafe „eingeschränkt“ werden könnte. Vgl. dazu *Krüger*, DVBl. 1950, S. 629.

[14] DÖV 1952, S. 280 mit Anm. von *Breuninger;* Neues Polizeiarchiv, Leitzahl 112 mit Anm. von *Kienle*. Die Methode der beiden Referenten, ihre Urteilsbesprechung *wörtlich* (!) aufeinander abzustimmen, ist in der deutschen Verwaltungsrechtswissenschaft immerhin neu.

[15] Für den Landesteil Baden wendet das Gericht nach wie vor Art. 30 I Bad. PolStGB an.

[16] Dieses Junctim wurde während der ganzen Entstehungsgeschichte nicht aus den Augen verloren. Vgl. dazu die in JÖR (n. F.) 1 (1951), S. 178 ff. wiedergegebenen Fassungen des Allgemeinen Redaktionsausschusses, der die Zusammengehörigkeit beider Bestimmungen am klarsten erkannte.

II.

Wer sich heute um das Problem „Grundrechte und Polizei" müht, muß genau den umgekehrten Weg einschlagen wie das überkommene Verwaltungsrecht, das die Polizei als selbstverständliche Gegebenheit im Staat voraussetzt[17] und nun sekundär fragt, wie die Polizei durch die Grundrechte beschränkt wird. Dieser Ausgangspunkt war so lange richtig, als man in den Grundrechten staatlich *gewährte* Freiheiten und in der Grundrechtspositivierung staatliche *Selbst*beschränkung sah. Heute begründet die Entscheidung des Grundgesetzes für vorstaatliche, vorverfassungsmäßige Menschenrechte[18] eine Rechtsvermutung für die individuelle Freiheit, und der Staat sieht sich durch diese Umkehrung der Beweislast in dem zeitlosen Spannungsverhältnis Individuum und Staat erstmalig gezwungen, nicht nur wie bisher, sein exekutives polizeiliches Handeln, sondern sein gesamtes Polizeirecht vor der Freiheit des Einzelnen zu rechtfertigen. „Richtiges", d. h. „gerechtfertigtes" Polizeirecht hatte man früher vor sich, wenn das Polizeihandeln „gesetzmäßig" war und da Grundrechte nur nach „Maßgabe der Gesetze" bestanden, war dies eine Rechtfertigung des Staates vor den von ihm gewährten Grundrechten und war also letztlich eine Rechtfertigung des Staates vor sich selbst. Heute gewinnt man „richtiges" Polizeirecht nur, wenn sich sowohl die staatliche Gesetzgebung als auch *unmittelbar*[19] jedes Polizeihandeln vor den Menschenrechten, also gegenüber *vor* dem Staat liegenden Werten, rechtfertigen lassen. Infolge dieser Wertentscheidung ist es dogmatisch nicht möglich, von der Polizei ausgehend auf induktivem Wege ein Bild der Grundrechte zu gewinnen,

---

[17] Die kurzen Zusätze zur Begründung dieser Selbstverständlichkeit lauten seit Preuß OVG 8, 330 etwa: „ohne die eine geordnete menschliche Gemeinschaft überhaupt nicht bestehen kann", oder: „ohne die man sich einen Staat überhaupt nicht denken kann" (*W. Jellinek*).

[18] Vgl. *Dürig*, JZ 1952, S. 517 mit Literaturnachweisen. Vgl. neuerdings BGHZ 6, 275. Der Verfasser hat ferner in einer Untersuchung über das „Eigentum als Menschenrecht" (ZgesStW Bd. 109, Heft 2) den Nachweis versucht, daß selbst beim Eigentum die Menschenrechtsauffassung des Grundgesetzes konsequent durchführbar ist, obwohl Art. 14 I Satz 2 das Eigentumsrecht zur völligen Disposition des staatlichen Gesetzgebers zu stellen scheint.

[19] Jeder Fall des Verwaltungsrechts ist heute *immer* zugleich *Verfassungs*rechtsfall. Die Aktualisierung der Grundrechte auch gegenüber dem Gesetzgeber mußte die noch viel zu wenig beachtete Bedeutung haben, daß der Verwaltung die Ebene des Gesetzes im *technischen* Sinne, in der sie früher gegenüber der Verfassung Deckung fand, weitgehend entzogen wurde. Nur eine der vielen Konsequenzen, die hieraus gezogen werden müßten, darf kurz erwähnt werden. Infolge der angedeuteten Verlagerungen zum „Grundsatz der *unmittelbaren* Verfassungsmäßigkeit der Verwaltung" ist die Überprüfung eines jeden Verwaltungsaktes auch auf einen an der Verfassung gemessenen Grundrechtsverstoß hin bereits Streitgegenstand von drei Instanzen Verwaltungsgerichtsbarkeit. Man sollte die Folgerungen hieraus ziehen, ehe das höchste deutsche Gericht in Verfassungsbeschwerden, die wahrhaftig Beschwerden zu einer *Super*instanz sind, „ertrunken" ist.

sondern man muß, um das Verhältnis von Grundrechten und Polizei zu klären, von den Grundrechten her deduzieren. Das Problem lautet: „Grundrechte und Polizei" und nicht mehr „Polizei und Grundrechte".

1. Die Deduktion hat bei Art. 2 I einzusetzen, wo das Grundgesetz seine generelle Freiheitsauffassung (im Wege einer deklaratorischen Anerkennung) erkennbar gemacht hat. Hier normiert das Grundgesetz drei der Freiheit immanente Schranken, außerhalb deren es bei allen Grundrechten keine Freiheit gibt.

Während die durch das „Sittengesetz" gezogene Schranke, die im Sinne einer durch die lang bewährten Rechtsbegriffe „gute Sitten" und „Treu und Glauben" gezogenen Schranke zu lesen ist[20], für unser Problem unerheblich ist, könnte man zunächst daran denken, die das Polizeihandeln zulassende Freiheitsschranke in den „Rechten anderer" zu erblicken. Diesen Irrweg beschritt auch der Badische VGH[21], indem er zu dem Ergebnis kommt: „Zu den Rechten Anderer i. S. Art. 2 BGG gehören nicht nur die Rechte einzelner Anderer, sondern auch die kollektiven Rechte der Anderen, d. h. der Gemeinschaft. Rechte Anderer sind daher auch die Rechte der Allgemeinheit auf den Schutz der der vollziehenden Gewalt anvertrauten öffentlichen Rechtsgüter durch Abwehr von Gefahren. Unter Art. 2 BGG fallen daher auch die Rechte der Allgemeinheit auf öffentliche Sicherheit, öffentliche Ordnung, Erhaltung der öffentlichen Gesundheit usw."

Obwohl, soweit ersichtlich, der Bad. VGH mit seiner Ansicht neuerdings ohne Gefolgschaft bleibt, muß sie in Kürze widerlegt werden, weil es hierbei um Erkenntnisse der Grundlagenforschung geht[22]. So wahr der Satz „das Ganze ist gleich der Summe seiner Teile" in der Mathe-

---

[20] Damit allerdings ist das in dem schweren Ausdruck „Sittengesetz" liegende Pathos des Grundgesetzes wieder auf das rechtlich realisierbare „ethische Minimum" *(G. Jellinek)* reduziert. Wir fühlten uns dazu berechtigt, nachdem wir feststellten, daß die *Theologen* den Wunschtraum einer Gleichsetzung von Moral und Recht nie mitgeträumt haben und daß sie seit dem Aquinaten in der Frage, inwieweit das Recht ethische Tugenden realisieren kann und soll, viel nüchterner denken als manche Juristen. Vgl. *Thomas v. Aquin,* Summa theol. 1, II, q. 96, a. 1: „lex humana ponitur multidini hominum, in qua maior pars est hominum non perfectorum virtute. Et ideo lege humana non prohibentur omnia vitia, a quibus virtuosi abstinent, sed solum graviora, a quibus possibile est maiorem partem multidinis abstinere."

[21] Urteil v. 5. 7. 1951, DVBl. 1951, S. 635; vorher in diesem Sinne, aber ohne jegliche Begründung: LVG Oldenburg, Urt. v. 14. 11. 1950, NJW 1951, S. 248, unter Berufung auf *Herb. Krüger,* DVBl. 1950, S. 626; Hamb. OVG, Urt. v. 10. 6. 1950, MDR 1950, S. 695.

[22] Der Verfasser glaubt, Kürze und dennoch grundsätzliche Aussage deshalb vereinigen zu können, weil er bei *Apelt* und *Kaufmann* mit einer Untersuchung über „Die konstanten Voraussetzungen des Begriffes ‚Öffentliches Interesse'" promoviert hat (München 1949).

matik sein mag, so unrichtig ist er im kulturwissenschaftlichen Bereich. Das Kapital einer Gesellschaft ist ein „Mehr" und ein „aliud" gegenüber den addierten eingebrachten Anteilen der Gesellschafter. Ein Bundesstaat und seine Staatsgewalt sind ein „Mehr" und ein „aliud" gegenüber einer Häufung von Einzelstaaten und deren Gewalten. Das Gleiche gilt für die „Gemeinschaft", für die „volonté générale" und für alle „Ganzheiten". Ebenso ist das öffentliche Interesse als Ermächtigung eines jeden Staatshandelns nicht bloße Summierung parallel laufender oder sich deckender Einzelinteressen[23]. Richtig ist, daß die Privatinteressen und das öffentliche Interesse häufig zusammenfallen. Aber man braucht nur an Steuer und Kriegsdienst zu denken, um zu erkennen, daß das öffentliche Interesse ein „Mehr" und ein „aliud" gegenüber den summierten Einzelinteressen ist; sonst gäbe es diese typischen Zwangseinrichtungen, die dem privaten Interesse durchaus feindlich gegenüberstehen, nicht.

Das Polizeihandeln hat seine causa allein im öffentlichen Interesse und niemals, auch nicht in summierter Form, im Privatinteresse[24]. Niemals hat es daher ein subjektives Recht des Einzelnen auf Tätigwerden der Polizei gegeben[25], und immer war die dem Einzelnen drohende Gefahr nur dann polizeiwidrig, wenn die Öffentlichkeit berührt wird. Umgekehrt muß der Staat im öffentlichen Interesse auch einschreiten, wenn keine Parallelität zu den Einzelinteressen besteht und muß es sogar dann, wenn sich einmal (extremes Schulbeispiel: Revolution) das öffentliche Interesse und die Interessen der Einzelnen völlig feindlich gegenüberstehen sollten.

Zwischen dem Recht gleichberechtigter Anderer und dem Recht der hoheitlich handelnden Gemeinschaft (Staat) auf Schutz der öffentlichen Ordnung und Sicherheit, die der Bad. VGH hier so vorschnell gleich-

---

[23] Das ist seit *Neumann,* Die Steuer und das öffentliche Interesse (1887), S. 187 ff., und spätestens seit *G. Jellinek,* System der subjektiven öffentlichen Rechte (1905), S. 68, juristisches Allgemeingut. Die Lehre der „Interessenharmonie", die bei *Krüger,* Grundgesetz und Kartellgesetzgebung (1950), S. 17, wieder Auferstehung feiert, entstammt der Wirtschaftslehre. Am besten macht man sich das schwierige Verhältnis zwischen Einzelinteresse und öffentlichem Interesse, das von *Uber,* Freiheit des Berufs (1952), S. 72 bei weitem zu leicht genommen wird, am Verhältnis von „Einzelwille" und „volonté générale" klar. Willen bilden kann nur der Einzelmensch. Der Gemeinwille muß also entstehen aus den Einzelwillen. Es gibt daher keinen abstrakten, zum Individuum beziehungslosen Gemeinwillen (Volks-Staatswillen). Trotzdem ist der Gemeinwille aber anderswertig und ein „Mehr" als die bloße Summe der Einzelwillen, denn er verkörpert den Willen der ganzen Gemeinschaft, zu der auch die Minderheit trotz entgegenstehenden Willens gehört.

[24] Was nicht ausschließt, daß in der Regel *reflexartig* jedes Polizeihandeln auch Einzel-(Nachbar)interessen zugute kommen wird.

[25] Letzte Entscheidung: BGH, Urt. v. 11. 6. 1952, VerwRspr. 5, S. 78.

setzt, klafft die gleiche große Schlucht, wie zwischen den „Rechten Dritter“[26], denen sich der Eigentümer gemäß § 903 BGB gegenübersieht und dem Recht des Staates, den Eigentümer zur Erhaltung des Eigentums in polizeigemäßem Zustand zu zwingen. Noch nie ist jemand auf den Gedanken gekommen, mit dem Kurzschluß: „Zu den Rechten Dritter gehören nicht nur die Rechte einzelner Dritter, sondern auch die kollektiven Rechte der Dritten, d. h. der Gemeinschaft“ vom Gemeinwohl gebotene, öffentlichrechtliche Eigentumsbeeinträchtigungen zu rechtfertigen.

2. Zu einer Lösung des Problems „Grundrecht und Polizei“ gelangt man nur über die Erfassung des Begriffes der „verfassungsmäßigen Ordnung“ i. S. des Art. 2 I. Überschaut man, soweit dies überhaupt noch möglich ist, die große Kontroverse um diesen Begriff[27], dann meint man, immer noch in einer Zeit zu leben, in der man in optimistischer Überzeugung von der Lückenlosigkeit der Rechtsordnung glaubte, man müsse und könne eine Norm des positiven Rechts nur immer aus der positiven Normenordnung erfassen[28].

Zwar scheint der circulus vitiosus *von Mangoldts*[29], der in der verfassungsmäßigen Ordnung jedes „nach den Vorschriften der Verfassung ergangene Gesetz“ sieht und damit die Grundrechte trotz ihrer Aktualisierung dennoch wieder unter dem bloßen Grundsatz der Gesetzmäßigkeit der Verwaltung „leerlaufen“ läßt, überwunden zu sein. Aber auch die herrschende Lehre, die an sich richtig unter dem Begriff nur die tragenden elementaren Verfassungsgrundsätze versteht, konnte noch nicht über ihren positivistischen Schatten springen.

Verleitet durch das eine spezifisch rechtliche Eigenschaftsaussage enthaltende, auf die Verfassung selbst weiter verweisende Adjektiv „verfassungsmäßig“, glaubt man die tragenden Grundsätze unserer „Ordnung“, an denen die Freiheit ihre Schranke findet, ausschließlich wieder aus anderweitigen Rechtsaussagen der Verfassung gewinnen zu müssen. Wo die Verfassung „Staatsfundamentalnormen“ (*Nawiasky*) erkennbar

---

[26] Daß der Ausdruck „Rechte anderer“ gleichbedeutend ist mit der bisher üblichen Formulierung „Rechte Dritter“ ist ganz unbestritten. Vgl. *Haußleiter*, DÖV 1952, S. 497. A. A. anscheinend *Scholtisseck*, NJW 1952, S. 562.

[27] Ohne Anspruch auf Vollständigkeit seien nur erwähnt: *Krüger*, Grundgesetz und Kartellgesetzgebung, S. 23; *Bachof*, Verfassungswidrige Verfassungsnormen? (1951), S. 46; *Uber*, Freiheit des Berufs, S. 51; *Wernicke*, Bonner Komm., bleibt bei Art. 2 unklar, entscheidet sich aber an der versteckten Stelle des Art. 9 II 2 c auch für Art. 2 im Sinne der herrschenden Lehre („nur staatliche Grundordnung“); *von Mangoldt*, Komm., Art. 2 Anm. 2 (jedes „nach den Vorschriften der Verfassung ergangene Gesetz“).

[28] Vgl. dazu *Forsthoff*, Lehrbuch des Verwaltungsrechts, Bd. I (2. Aufl. 1951), S. 131.

[29] Komm., Art. 2 Anm. 2.

zum tragenden („ewigen“) Bestandteil unserer Ordnung gemacht hat (Art. 79 III mit Art. 1 und 20), ist diese Methode selbstverständlich richtig. Will man aber durch Auslegung des Begriffes „verfassungsmäßige Ordnung“ die generelle Freiheitsschranke finden, dann wird die induktiv-positivistische Methode absolut unlogisch und führt wiederum zum circulus vitiosus, wenn man sie *innerhalb* des Grundrechtsteiles anwendet, wenn man also zur Gewinnung dieser generellen Freiheitsschranke die positiv-rechtlichen Verfassungsaussagen bei den jeweiligen leges speciales benutzt.

Als symptomatisch erscheint uns hier die bisher gründliche Auseinandersetzung mit dem Begriff der verfassungsmäßigen Ordnung in *Ubers* kürzlich erschienenem Werk über die „Freiheit des Berufs“[30]. *Uber*, der in vorbildlicher Weise erkannt hat, daß man heute von der Freiheit her deduzieren muß und daß die generelle Freiheitsabgrenzung in Art. 2 I erfolgt ist, spürt den rechtslogischen Bruch nicht, der dort beginnt, wo er in seiner *Deduktion* die Werte für die Abgrenzung der Freiheit nun doch wieder *induktiv* aus den *Einzel*grundrechten gewinnen will. Er argumentiert[31], Art. 5 II schütze die Gesundheit und Moral der Jugend: Art. 6 III sei durch die Gesundheit und Sitte der Gemeinschaft, Art. 8 II durch die Gemeinschaftswerte der Sicherheit und Ordnung gerechtfertigt usw. Auf diesem induktiven Wege paralysiert er das ganze System der Spezialermächtigungen und kommt im Ergebnis zur Herrenchiemseer Generalklausel.

Da somit, wie dargelegt, die durch die verfassungsmäßige Ordnung gezogene generelle Schranke der Freiheit nicht in jedem verfassungsmäßig zustandegekommenen Gesetz bestehen kann, da andererseits tragende Grundsätze im Grundgesetz nur vereinzelt (Art. 1 und 20) explicite als solche erkennbar gemacht sind, da drittens infolge des Systems der Spezialvorbehalte die generelle Freiheitsschranke auch nicht durch induktive Summierung derjenigen Gemeinschaftswerte, zu deren Gunsten spezielle Einschränkungsmöglichkeiten vorgesehen sind, gefunden werden kann, sehen wir keine andere Möglichkeit, als zur näheren Auslegung des Begriffs der „verfassungsmäßigen Ordnung“ die normativ unzulängliche Ebene des positiven Verfassungsrechts zu verlassen und, da keine übergeordnete positive Normenordnung hilft,

---

[30] Hamburg, 1952.

[31] Fn. 30, S. 70. Wollte *Uber* seiner Methode treu bleiben, dann durfte er das Eigentum als den gegenständlichen Kristallisationspunkt der Freiheit nicht übergehen. Er hätte dann über Art. 14 II auch das „Gemeinwohl“ als generellen Gemeinschaftswert anerkennen müssen und hätte sich sein Mühen um die „speziellen Gemeinschaftsforderungen“ ersparen können. Er wäre dann nicht nur zur Herrenchiemseer Generalklausel gelangt, sondern zu der apodiktischen Feststellung: „Der Gesetzgeber kann bei allen Grundrechten tätig werden, wenn es das Gemeinwohl erfordert.“

Zuflucht zur soziologischen Wirklichkeit und zur vorrechtlichen Wertordnung zu nehmen[32].

III.

Unser Vorhaben verlangt zunächst einmal, sich von der Überschätzung der spezifischen rechtlichen (aber nicht weiter helfenden) Aussage des Adjektivs „verfassungsmäßig" freizumachen und den bereits im Substantiv „Ordnung" enthaltenen rechtlichen Wert festzustellen. Wir beschränken uns dabei auf die polizeiliche Betrachtung, obwohl alle folgenden Erkenntnisse auch auf das Kriminalstrafrecht anwendbar sind, weil die strafbare Handlung nur eine Erscheinungsform der Ordnungsstörung und demnach die Strafrechtspflege nur ein Spezialfall staatlicher Gefahrenabwehr ist[33].

„Ordnung" (ordo, Kosmos) heißt rein philologisch soviel wie „Regelmäßigkeit". Im hier allein interessierenden kulturwissenschaftlichen Bereich bedeutet dies also „Regel-mäßigkeit" im menschlichen Zusammenleben. Unser heutiges Recht ist nicht mehr so selbstgefällig, sich bei der Positivierung dieser Regelmäßigkeit indeterminiert von Wirklich-

---

[32] Es ist heute im öffentlichen Recht nicht mehr nötig, sich für diese Methode zu entschuldigen und für sie um Nachsicht zu bitten. Sie wird sich gerade im Verfassungsrecht immer mehr als unerläßlich erweisen. Es ist vor allem *Forsthoffs* Verdienst (VerwR, S. 135 ff.), dem sich *Dahm*, Deutsches Recht (1951), S. 81 ff., anzuschließen scheint, besonders stark für eine Rechtsanwendungsmethode eingetreten zu sein, die sich über die Interpretation der positiven Norm hinaus in gleicher Weise der Wirklichkeit und der Rechtsidee („tragende Grundgedanken des Rechts") eröffnet. Allerdings meinen wir, daß *Forsthoffs* „institutionelle Methode" als *Denk*form das menschliche Denken überfordert. Wenn *Forsthoff* sein Versprechen, näheren Aufschluß über sie zu geben, einlösen wird, dann wird er die „logische Operation" schildern müssen, mit der er jeweils zu „gestalthaften Rechtsgebilden, die je ein Sinnganzes sind" gelangt. Es wird sich erweisen, daß er, um zur Synthesis zu gelangen, doch im dialektischen Dreitakt (Thesis, Antithesis, Synthesis = Sein, Sollen, rechtliche Sinneinheit = Erkennen, Werten, sinndeutendes Verstehen) denken muß und daß er die beiden ersten Takte nur nicht erwähnt. Diese Methode, die an die „Wesensschau" der allgemeinen Philosophie erinnert, birgt dann die Gefahr in sich, daß zeitlose dialektische Spannungsverhältnisse hinwegidealisiert werden. Gerade im Polizeirecht sehen wir keine Möglichkeit, das Rechtsgebilde Polizei (*Forsthoff*, S. 136) als Sinnganzes „intuitiv zu verstehen" *(Dahm)*, ohne ganz mühsam dialektisch vorgegangen zu sein. Hier prallen auch noch Freiheit und Zwang antithetisch aufeinander, und dieser Zwang wird eben stärker denn je nicht „verstanden" und ist daher sehr mühsam von den antithetischen Polen „Wirklichkeit" und „Rechtsidee" her zu rechtfertigen.

[33] Das ist seit *Graf zu Dohna*, Beziehungen und Begrenzungen von Strafrecht und Verwaltungsrecht, VerwArch. 30, S. 233 ff., kaum noch bestritten. *Dohna* gebührt auch das Verdienst, nachgewiesen zu haben, daß das Wesen des „Strafrechts" nicht in der Rechtsfolge der Strafe, sondern im Verbrechen besteht. Nur für dieses *Kriminal*recht im Sinne *Dohnas* und nicht etwa für alle Normen, die Strafdrohungen enthalten, gelten unsere folgenden Ergebnisse.

keit und Wert[34] zu wähnen, eine Erkenntnis, die konsequenterweise zur Folge haben mußte, daß auch Rechtsanwendung und Rechtsauslegung, falls die reinrechtliche positive Aussage unzulänglich ist, zur Soziologie und zum überpositiven Recht hinüber blicken müssen, wenn sie zu richtigem Recht gelangen wollen.

Uns Heutigen ist wieder die doppelte „Abhängigkeit" des Rechts evident. Wir sehen einerseits wieder, daß das Recht nicht „reiner" Normeninbegriff, sondern eine im Sein gegründete (nicht begründete) „*Lebensordnung*"[35] ist und wissen (oder glauben) andererseits wieder, daß hinter der positiven Rechtsordnung die Realität einer „überpositiven Ordnung"[36] steht[37].

---

[34] Allein die Verfassungsentscheidung, in den Grundrechten vorstaatliche, nur deklaratorisch anerkannte Menschenrechte zu sehen, zeigt, daß der Satz: „Das souveräne Volk kann alles" der Verfassungsgeschichte angehört. Nur von dieser Ausgangsentscheidung her wird Art. 79 III (die interessanteste Norm des Grundgesetzes) einigermaßen verständlich. Als man Menschenrechte erstmalig in die positiven Verfassungen einbaute und damit naturgemäß zur staatlichen Disposition stellte, da konnte *diesem* kühnen Unterfangen nur der stolze Satz entsprechen: „La nation a le droit imprèscriptible de changer sa constitution" (titre VII Art. 1 der von Rousseau beeinflußten franz. Verf. von 1791). Umgekehrt wurde eine Sperrnorm gegenüber dem pouvoir constituant sofort zur rechtslogischen Notwendigkeit, wenn man bescheiden wie das Grundgesetz eingestand, daß die Grundrechte vorstaatliche, nur deklaratorisch anerkannte Rechte sind. Wer von „ewigen" Rechten ausgeht, der muß sie auch „für ewig" der staatlichen Disposition entziehen. Soweit Art. 79 III die Menschenrechtsentscheidung des Art. 1 II unabänderlich macht, ist *Loewensteins* herbe Kritik (AöR 77, S. 420 „unbegreifliche Illusion") keinesfalls begründet. *Jerusalem* (NJW 1952, S. 1007) hat neuerdings versucht, die ganze Menschenrechtsentscheidung des Grundgesetzes mit dem Hinweis aus den Angeln zu heben, daß ja Art. 79 III seinerseits durch die verfassungsändernde Mehrheit aufgehoben werden könne. Es gibt gewisse Punkte, an denen sich das juristische Denken überschlägt und Wohltat Plage wird. Wir konzedieren *Jerusalem* gern, daß die verfassungsändernde Mehrheit beispielsweise auch Tiere mit Rechtsfähigkeit beleihen kann. Die Frage ist nur, ob gewisse Dezisionen des souveränen Volkes noch „Recht" sind. Ein Volk, das ein vorgegebenes „Wertsystem" *(Apelt)* verläßt, richtet sich auf jeden Fall *faktisch*. Art. 79 III macht es darüber hinaus aber *schuldig*, da er es in das Bewußtsein der Wertwidrigkeit versetzt. Streiten kann man allerdings mit gutem Recht darüber, ob die wesensnotwendig immer relativistisch funktionierende Demokratie mit Normen wie Art. 79 III *organisatorische* Verfassungsbestimmungen (z. B. das Föderativsystem) verabsolutieren darf.

[35] *Vierkandt*, Gesellschaftslehre (1949), S. 97; *Jerusalem*, Kritik der Rechtswissenschaft (1948) durchgehend.

[36] *E. Kaufmann*, VVDStRL 3 (1927), S. 3.

[37] Man soll ein halbes Jahrhundert Geistesgeschichte nicht simplifizieren, aber es sei dennoch die Feststellung gewagt, daß die juristischen Soziologen *Smend* und *Jerusalem* und der juristische Ethiker (Naturrechtler) *Kaufmann* über den „reinen" Juristen *Kelsen* gesiegt haben. Soweit wir sehen, ist bisher noch von keiner Seite gewürdigt, daß die endgültige Überwindung *Kelsens* vor allem der in den letzten Jahren aus Amerika rezipierten und oft auch aufoktroyierten „*political science*" zu danken ist. Der amerikanische Rechtskreis hat die tiefe Schlucht zwischen Sein (Soziologie) und Sollen

Wenn heute die Soziologie vorrechtliche Ordnungen mit den ihnen innewohnenden Gesetzlichkeiten nachweist (soziologisches Schulbeispiel ist die Familie) und wenn das Naturrecht lehrt, daß das wahrhaft Seiende eine Ordnung mit Eigengesetzlichkeit ist, welche nicht auf einen *Hammurabi* oder *Solon* warten mußte, um vom Chaos zur Ordnung zu werden und daß der Anruf Gottes und der ratio an den Menschen lautet: Dieses Sein *soll* sein und *soll* verwirklicht werden, dann steht man überrascht vor einer Bundesgenossenschaft von moderner Soziologie und modernem Naturrecht[38]. Diese Bundesgenossenschaft könnte Leichtfertige zu dem lockenden Versuch verführen, jene naturrechtliche, kosmische Ordnung, die schlechthin anerkannt werden muß, mit soziologischer Empirie (gewissermaßen naturwissenschaftlich) zu begründen. Dieser und alle ähnlichen Versuche, die Tat *Kants* zu ignorieren und Sein und Sollen *gleichzusetzen*, werden scheitern. Tatsachen und Wirklichkeit[39] sind niemals Recht und konstituieren niemals Recht. Das Sollen hat zwar im Sein zu „gründen", aber es ist niemals aus dem Sein und mit soziologischen Methoden zu „begründen". Trotz aller Soziologie des Rechts darf es das Recht nie wagen, *Kelsens* klares Gedankengebäude, in dem jedes Sollen aus einem höheren Sollen delegiert ist, zu zerstören[40].

So wenig die Soziologie dazu geeignet ist, das Naturrechtsproblem zu lösen[41], also verbindliche, eindeutige, von Zeit und Raum unabhängige

(Recht) niemals ohne die verbindenden Brücken gelassen, die unsere Neukantianer abbrechen zu müssen glaubten. Vielleicht waren wir Zeitgenossen einer Bewegung, die uns für diesen Problemkreis in unserer von *Kaufmann*, Kritik der neukantischen Rechtsphilosophie (1921), S. 93, beklagten „geistesgeschichtlichen Isolierung" wieder den Anschluß gebracht hat. Zur Abhängigkeit des Rechts einerseits vom Wert, andererseits von der „situationsgebundenen Wirklichkeit" vgl. *Wintrich*, Festschr. f. Laforet (1952), S. 229.

[38] Unter modernem Naturrecht verstehen wir hier ganz allgemein das *nach*kantische Naturrecht, das sich dem Kantschen Dualismus von Sein und Sollen gegenübersieht.

[39] *W. Jellinek*, Gesetz, Gesetzesanwendung und Zweckmäßigkeitserwägung (1913), S. 13 ff., hat sich mit seiner Lehre von der „Rechtssatzwirkung der Wirklichkeit" von seiten *Kaufmanns* (Kritik, S. 32) dem Vorwurf ausgesetzt, „abstruse" Philosophie zu treiben. Wir meinen jedoch, daß *Kaufmann Jellineks* Anliegen überschätzt hat. *W. Jellinek* hat hier mit unglücklichen Formulierungen („Tatsachen mit abgeleiteter Rechtssatzwirkung") nur die „Realien des Verwaltungsrechts" dartun wollen, wie etwa wenig später *Eugen Huber* die „Realien der Gesetzgebung" nachgewiesen hat (Z. f. Rechtsphilosophie, Bd. 1, S. 39 ff.).

[40] Die Entscheidung, deren heute das Recht auf der Suche nach dem zeitlosen Urgesetz bedarf, muß darin bestehen, den Delegationsgedanken dort zu Ende zu denken, wo auf der Höhe der Völkerrechtsordnung der große Skeptiker *Kelsen* plötzlich in erschütternder Blöße doch noch dem Sollensgebot des „pacta sunt servanda" gegenüberstand.

[41] Hierauf hat in neuester Zeit *Fechner*, in: Soziologie und Leben (1952), S. 102 ff., nachdrücklich hingewiesen. Von ihm ist auch der Gedankengang der teilweisen „Determiniertheit des Rechts" entlehnt.

Richtnormen zu begründen, so groß ist dennoch ihr Wert für die Erkenntnis des gemeinsamen Problems, nämlich des Verhältnisses von Sein und Sollen.

Die Soziologie weist empirisch nach, wo die Menschen den vorgegebenen Fakten bei der positiven Rechtsgestaltung Rechnung tragen müssen, wenn sie nicht ihrerseits dem Mechanismus der „Dinge“ ausgeliefert sein wollen. Für unser Anliegen ist wichtig, daß zu den von der Soziologie nachgewiesenen vorgegebenen Fakten nicht nur die selbstverständlichen *Natur*gegebenheiten (Raum, Zeit usw.), sondern auch *Kultur*gegebenheiten gehören, die man mit *Kaufmann* und *Vierkandt* „Grundeigenschaften der Gruppe“ oder „soziologische Grundgesetze“ nennen kann[42]. Ebenso wie die Soziologie seit *Tönnies* diese Grundeigenschaften letztlich auf den dem Menschen eigenen „Wesenwillen“ und „Kürwillen“ zurückführt, sind diese Grundeigenschaften für jede Naturrechtslehre bereits im existentiellen Sein des Menschen als eines „ens sociale“ oder, wie das rationale Naturrecht sagen würde, in der „Natur des Menschen“ *vor*gegeben[43] und sind damit dem Menschen von Gott oder der ratio zur positivrechtlichen Verwirklichung *auf*gegeben.

Und an dieser Stelle scheint uns doch der Hinweis nötig zu sein, daß das Rad der Geistesgeschichte, unbemerkt von den Spezialisten, hier in eine neue Epoche hinüber gerückt ist. Wir erleben erstmalig nichts Geringeres, als daß die Empirie einer Seinswissenschaft im gesellschaftlichen Bereich bestätigt, was im anthropologischen Bereich bisher vielen als kühne optimistische Hypothese von seiten des Naturrechts erschien, daß nämlich die Natur des Menschen im letzten Kern „gut“ sei[44], daß

---

[42] *E. Kaufmann,* Kritik, S. 89; *Vierkandt,* Gesellschaftslehre, S. 53 ff.

[43] Vgl. z. B. *Mezger,* Sein und Sollen im Recht (1920), S. 104: „Von der ‚gegebenen‘ Menschennatur hängt das ‚richtige‘ Recht ab.“

[44] — nach katholischer Auffassung trotz Erbsünde letztlich „gut“ *geblieben* sei. Der lutherische Protestantismus kommt trotz der natura-delata-Lehre neuerdings zum gleichen Ergebnis. Der Pessimismus von *Walz,* der im extremen Rechtspositivismus endet, weil „uns Menschen der Maßstab der Gerechtigkeit nicht zur Verfügung steht“ (Gerechte Ordnung, 1948, S. 39) ist überwunden. Die neuen Impulse zur Gewinnung eines protestantischen Standortes zum Naturrecht gehen überraschenderweise aus der Münchener Diaspora und von Juristen aus. Vgl. *Mezger,* Gerechtigkeit und soziale Ordnung in evangelischer Sicht, in: „Zur politischen Predigt“ (1952), S. 18 ff. und ebenda S. 35 ff.; *Joh. Heckel,* Naturrecht und christliche Verantwortung im öffentlichen Leben nach der Lehre Martin Luthers. Ob die Theologen *Heckel* in allem (vor allem in der Ansicht, daß der Dekalog nur „durch ungeistliche Interpretation des göttlichen Naturgesetzes gewonnenes menschliches Recht obersten Ranges im Reiche der Welt“ sei) folgen werden, bleibt abzuwarten. Nach den persönlichen Eindrücken des Verfassers bei einer Juristentagung in der Ev. Akademie Tutzing, wo *Heckel* erstmalig seine Thesen entwickelte, zeigten sich die anwesenden Juristen durch zwingende Schlüssigkeit überzeugt, während die Theologen angesichts der Lehre *Heckels* weit skeptischer waren. Der Verfasser fragte sich, warum im Protestantismus eine Revolutionierung so oft auf den Affekt der „Katholisierung“ stößt.

„ens“ und „bonum“ insoweit vertauschbar seien. Es gibt heute keinen Soziologen mehr, der in den *Störungen* eine Grundeigenschaft der Gruppe sähe. Die gesunde und „gute“ Ordnung der Gruppe ist soziologisch als Regel und die „Störung“ als Ausnahme erwiesen[45].

IV.

Eine der elementarsten soziologischen Grundeigenschaften[46] der Gruppe ist die Eliminierung (Beseitigung) eingetretener und die Rektifizierung (Abwehr) drohender Störungen des Gruppenlebens. Diese „Tendenz zur Selbstheilung“ *(Vierkandt)* gegenüber Störungen ist durchaus noch in dem dem Staat vorgegebenen Bereich beheimatet, was historisch schon dadurch erhärtet wird, daß bis zur Entstehung des modernen Staates diese Tendenz zur Selbstheilung von den mittelalterlichen *soziologischen* Gemeinschaften getragen und realisiert wurde[47] und daß sich auch heute noch die Regulierung des Verhaltens zur Aufrechterhaltung der Lebensordnung weitgehend im außerstaatlichen und vorrechtlichen gesellschaftlichen Bereich vollzieht[48].

Diese dem Gruppenleben immanente Zielhaftigkeit zur elementaren Regelmäßigkeit, d. h. zur Regulierung des Verhaltens zur Aufrechterhaltung der Lebensordnung durch Eliminierung und Rektifizierung von Störungen, welche jede positive Rechtsordnung „vor-findet“, *muß* vom Recht normiert werden, wenn es nicht, was ein Widerspruch in sich ist, Anarchismus und Chaos als „Ordnung“ setzen will. Die Rechtsordnung steht hier vor einem Normieren*müssen* eines bereits im gesellschaftlichen „Zusammensein“[49] vorgeprägten menschlichen Wollenmüssens[50].

---

[45] Vgl. *Vierkandt,* Gesellschaftslehre, S. 103, 106; *Jerusalem,* Soziologie des Rechts (1925), Drang des Menschen zur „Gesetzmäßigkeit“ (S. 31 ff.) und Drang des Kollektivs zur „Bereinigung“ (S. 360 ff.).

[46] Der Begriff „soziologisches Grund*gesetz*“ wird besser vermieden, da die Soziologen selbst nur von „Tendenz“ sprechen. Zu den Begriffen „Gesetz“ und „Tendenz“ vgl. *Mezger,* Sein und Sollen, S. 82.

[47] *Jerusalem,* Der Staat (1935), S. 193. Aus diesem Werk und aus *Jerusalem,* Soziologie des Rechts, sind auch die Begriffe „Eliminierung“ und „Rektifizierung“ entnommen.

[48] Vgl. *Vierkandt,* Gesellschaftslehre, S. 78 ff., vor allem über die „Keimformen der Strafe“, S. 99 ff.

[49] Zum Begriff vgl. *Mezger,* Sein und Sollen, S. 90.

[50] Selbstverständlich geht es hier nicht um das anthropologisch-philosophische Problem der Willensfreiheit, sondern nur um die *soziologische* Kausalgesetzlichkeit, wonach es ohne den Willen zur repressiven und präventiven Störungsabwehr kein gesellschaftliches Zusammensein gibt und umgekehrt. Anders ausgedrückt, es handelt sich, wenn wir von „müssen“ sprechen, nicht um unbedingtes naturgesetzliches Müssen, sondern um ein „Müssen, *wenn nicht* Anarchismus herrschen soll“, also um ein bedingtes Müssen.

Die von der Soziologie offenbar gemachte Determiniertheit des Rechts auf diesem Gebiet und damit der zunächst so erregende Satz, daß etwas Recht sein *muß*, weil es „ist“, verlieren für den Juristen weitgehend den Beigeschmack des „Ausgeliefertseins“, wenn er sich einige Erkenntnisse der Rechtsphilosophie aus den letzten Jahrzehnten über das Verhältnis von Faktizität und Normativität, soweit sie für unser Problem von Bedeutung sind, wieder vergegenwärtigt.

1. Bereits im Jahre 1914 hat *Eugen Huber*[51] in seiner Abhandlung „über die Realien der Gesetzgebung“ nachgewiesen, daß es Momente gibt, mit denen sich die Gesetzgebung „jederzeit abfinden *muß*, die also für die Gesetzgebung so notwendig sind wie die Idee des Rechts“. In unserem Zusammenhang kommt es nur darauf an, daß *Eugen Huber* hier bereits die immanente Reaktionstendenz gegen störende Angriffe als dem in der Gemeinschaft lebenden Menschen von der Natur „gegeben“ und als ein von der Rechtsordnung schlechthin anzuerkennendes Reale angesprochen hat. Schon im gesellschaftlichen Miteinander ist die Reaktion gegen den Störer „instinktiv motiviert“[52]. Ob nun diese Motivierung noch völlig im außerrechtlichen Bereich durch soziologische Gruppen verwirklicht wird oder ob sie bereits in einer vorgefundenen Rechtsordnung realisiert war, ist unerheblich. Keine Rechtsgestaltung *kann* an diesem Reale vorübergehen. Nimmt sie nicht ausdrücklich davon Kenntnis, dann tut sie es stillschweigend, indem sie den status quo ante anerkennt. Ihr Schweigen ist dann nur *scheinbares* Schweigen.

2. Es muß ferner daran erinnert werden, daß sich bereits bei *Dernburg*[53] die Sätze finden: „Die Lebensverhältnisse tragen, wenn auch mehr oder weniger entwickelt, ihr Maß und ihre Ordnung in sich. Diese den Dingen innewohnende Ordnung nennt man Natur der Sache. Auf sie muß der denkende Jurist zurückgehen, wenn es an einer positiven Norm fehlt oder wenn dieselbe unvollständig oder unklar ist.“ *Radbruch*[54] hat die Lehre von der Natur der Sache erneuert und ist bisher, soweit ersichtlich, auf keinen Widerspruch gestoßen. Ihm kommt auch das Verdienst zu, die Wendung „Natur der Sache“, die im allgemeinen Sprachgebrauch eine Selbstverständlichkeit bezeichnet, über die man

---

[51] Z. für Rechtsphilosophie, Bd. 1, S. 39 ff.

[52] Fn. 51, S. 85 ff. *Huber* weist hier auch nach, daß der „instinktiven Motivierung“ oft die „primitive Formulierung“ und die „intuitive Realisierung“ entsprechen. In der Tat scheint uns gerade der zur Störungsbeseitigung und zur Störungsabwehr angewendete autoritative Zwang das Musterbeispiel für eine intuitive Rechtsverwirklichung zu sein. Selbst im höchstentwickelten Normensystem ist er eigentlich niemals spekulativ-intellektuelle Aktion geworden, sondern letztlich immer primitiv-intuitive Reaktion geblieben.

[53] Pand., Bd. I (4. Aufl. 1894), S. 87.

[54] Die Natur der Sache als juristische Denkform, in: Festschrift für R. Laun (1948), S. 157 ff.

eigentlich gar nicht zu sprechen braucht, mit der sich dann allerdings in dieser allgemeinen Form vieles allzu billig begründen läßt[55], rechtstheoretisch analysiert zu haben. Selbstverständlich versteht auch *Radbruch* unter „Sache" als Material und vom Recht zu formenden Stoff nicht nur Naturtatsachen, sondern bereits auch die „Vorformen der Rechtsverhältnisse"[56]. Hierzu rechnet er „antisoziale Handlungen, die schon das Volksgewissen verwirft und für die es Verbot und Strafe verlangt". Dieselbe gesellschaftliche Faktizität der Störungsreaktion, die bei *Eugen Huber* als „primitive Motivierung" zur rechtlichen Realisierung drängte, kehrt bei *Radbruch* also als schon im „Volksgewissen" existent wieder und „bestimmt" als vorrechtlicher Stoff Rechtsgestaltung und Rechtsauslegung[57].

V.

Auf drei Wegen kann nun der Nachweis geführt werden, daß der polizeiliche Begriff der „öffentlichen Ordnung und Sicherheit" vom Begriff der „verfassungsmäßigen Ordnung" des Art. 2 I umspannt wird.

1. Der *soziologische* Weg verläuft wie folgt: Die Rechtsgestaltung ist durch die soziologischen Grundeigenschaften der Gruppe determiniert. Eine spezifisch rechtliche, ihrerseits auf Rechtsnormen verweisende Eigenschaftsaussage, wie sie sich in dem Wort „verfassungsmäßig" findet, muß dort, wo eine Determiniertheit des Rechts durch soziologische Grundeigenschaften besteht, logischerweise mindestens auch die Aussagen über diese vor dem Recht liegenden soziologischen Grundeigenschaften beinhalten. Der Aufdruck „verfassungsmäßige Ordnung" umspannt demnach als soziologischen Unterbau der Seinswelt auch die in der Reaktion gegen Störungen zur Aufrechterhaltung der Lebensordnung bestehende Grundeigenschaft der Gruppe. Die „verfassungsmäßige Ordnung" ist demnach allermindestens auch ein Zustand des Gemeinwesens, in dem Störungen beseitigt und Gefahren abgewehrt werden. Wie so oft, erfolgte auch hier der Einbruch der Soziologie in das Recht in Form einer Generalklausel, da auf diesem Wege das Recht am besten an der Beweglichkeit und Elastizität des Lebens Anteil nehmen kann. Jener störungsfreie gesellschaftliche Zustand ist genau das, was die französische Rechtssprache einstmals „la police"[58] nannte, was bei

---

[55] Typisch hierfür etwa das Urteil des OLG Köln v. 19. 11. 1951, DÖV 1952, S. 284 ff.

[56] Fn. 54, S. 160: „Das unentwickelte Gewohnheitsrecht".

[57] Selbstverständlich begnügt sich der Philosoph *Radbruch* nicht bloß damit, die Abhängigkeit des positiven Rechts vom Realen darzulegen. Das Kernstück der Abhandlungen ist seine Lehre von der „Stoffbestimmtheit der *Idee*", die er dem strengen Dualismus von Sein und Sollen entgegensetzt. „Ein jedes Sollen ist für einen bestimmten Stoff und deshalb auch durch diesen Stoff bestimmt."

Otto Mayer „gute Ordnung des Gemeinwesens“[59] heißt und was heute in den polizeirechtlichen Generalklauseln als „öffentliche Ordnung und Sicherheit“ wiederkehrt. Der Begriff „verfassungsmäßige Ordnung“ in Art. 2 I umfaßt auf jeden Fall auch den Begriff „öffentliche Ordnung und Sicherheit“, und ohne die „öffentliche Ordnung und Sicherheit“ im polizeirechtlichen Sinne gibt es keine „verfassungsmäßige Ordnung“.

2. Wenn die Reaktionstendenz der Gesellschaft gegen Störungen ihrer Lebensordnung ein *Reale der Rechtsgestaltung* ist, dann *konnte* das Grundgesetz dieses Reale nicht ignorieren. Selbst wenn das Grundgesetz überhaupt nicht von „Ordnung“ gesprochen hätte, wäre dies nur ein *scheinbares* Schweigen und in Wirklichkeit eine Entscheidung *für* den vorgefundenen Zustand gewesen, also für ein soziologisch, gewohnheitsrechtlich oder vom überkommenen positiven Recht gedecktes autoritatives Reagieren gegen Störungen. Wie dargelegt, schweigt aber das Grundgesetz nicht, da Störungsbeseitigung und Störungsverhütung zur Aufrechterhaltung der öffentlichen Ordnung im Begriff der verfassungsmäßigen Ordnung umschlossen sind.

3. Gerade weil aber die positivrechtliche Norm unklar und unzulänglich ist, liegt ein Fall vor, in dem sich die Lehre von der *Natur der Sache* bewähren kann, weil es jetzt gilt, auf den vorrechtlichen Stoff des Rechts zur Ergänzung der positivrechtlichen Norm zurückzugreifen. Im Anschluß an *Radbruch* ergibt sich folgende Konstruktion: Der vorrechtliche Stoff (die „Sache“) besteht in der Reaktionstendenz der Gesellschaft gegen Störungen. Der objektive Sinn (die „Natur“) dieses Faktums ist die Aufrechterhaltung der Lebensordnung der Gesellschaft. Die Rechtsidee, die durch diesen Sinn verwirklicht wird, ist die „gute“ Ordnung, d. h. die rechtlich geschützte Sicherheit der Gemeinschaft vor Störung und Gefahr. Die Positivierung dieser Rechtsidee ist unzulänglich erfolgt, da durch das Adjektiv „verfassungsmäßig“ sofort ein speziellrechtlicher Zustand des Gemeinwesens geschildert und der die Sicherheit gegen Störungen bezeichnende polizeiliche Zustand der „guten“ Ordnung somit scheinbar übergangen wird. Wie die Rechtsidee als Ganzes stoffbestimmt ist, so ist sie es als spezifische Ordnungsidee auch in dem Teil, in dem diese Idee der Ordnung unvollständig normiert ist. Die unzulängliche verfassungsrechtliche Aussage über die Ordnung ist, soweit es nicht der in der positiven Aussage zum Ausdruck gekommenen rechtlichen Ordnungsidee widerstreitet, durch den Rechtsstoff der *Lebensordnung* zu vervollständigen. Eine Auslegung der spezifisch rechtlichen Ordnungsaussage „verfassungsmäßig“ ergibt somit, daß mit

---

[58] Vgl. dazu *Fleiner,* Institutionen des deutschen Verwaltungsrechts (8. Aufl. 1928), S. 386.

[59] Deutsches Verwaltungsrecht (3. Aufl. 1924), S. 212.

ihr bereits ein Ordnungszustand des gesellschaftlichen Zusammenlebens als „gegeben" *vor*ausgesetzt wird, zu dessen Erhaltung auf Störungen repressiv und präventiv reagiert wird. Da aber jener Zustand des gesellschaftlichen Zusammenlebens nichts anderes ist als der im polizeirechtlichen Gewand erscheinende Zustand der „öffentlichen Ordnung und Sicherheit", umschließt der Begriff der „verfassungsmäßigen Ordnung" incidenter auch den Begriff der „öffentlichen Ordnung und Sicherheit".

VI.

Mit dem Nachweis des „Vorhanden-*Seins*" des Zwanges zur Störungsbeseitigung und Störungsabwehr in der soziologischen Wirklichkeit und den sich daraus ergebenden Feststellungen, daß hier die Rechtsgestaltung durch die Lebensordnung determiniert ist, daß sie hier gar nicht schweigen konnte und daß, soweit die Formulierung unzulänglich ist, die Natur der Sache spricht, ist noch keineswegs das *Rechtfertigungsproblem* gelöst. Mit soziologischen Methoden, zu denen man wohl auch noch die Lehre von der Natur der Sache rechnen muß, obwohl sich in ihr bereits Wirklichkeit und Rechtsidee verzahnen, kann man es auch nicht lösen. Daraus, daß in der Wirklichkeit etwas so „ist", folgt zwar, daß man gehorchen (normieren) „muß", „wenn" nicht Anarchismus eintreten soll, aber dieses bedingte Müssen bedeutet noch kein rechtliches Sollen, das kategorisch verpflichtet[60].

Etwas „rechtfertigen" heißt den Nachweis führen, daß etwas, gemessen an einem *höheren* Wert, richtig ist. Kraft positiver Verfassungsentscheidung (Art. 1 I) sind die Menschenrechte als höherwertig im Verhältnis zu jedem Staatshandeln und dementsprechend auch zum Polizeihandeln aufzufassen. Ebenso klar positiviert das Grundgesetz im Art. 1 II seine Entscheidung, daß diese Menschenrechte einem *vor*staatlichen Bereich angehören. Niemand wird aber den logischen Schluß widerlegen können, daß damit auch die Rechtfertigung des Polizeihandelns in jenem vorstaatlichen Bereich erfolgen muß. So naiv es wäre, nun etwa die Polizeiermächtigung mit der Weihe des Naturrechts[61] zu umkleiden, so notwendig ist es, den dogmatischen Nachweis zu führen, daß sie von einer überpositiven Norm, die nur in *derselben* Ebene gefunden werden kann, in der die Menschenrechte beheimatet sind, gedeckt wird.

1. Es ist nun keineswegs so, daß erst seit der Menschenrechtsentscheidung des Grundgesetzes ein Bedürfnis nach vorrechtlicher (sittlicher), normativer Deckung der Polizeiermächtigung besteht. Immer

---

[60] Vgl. dazu *Laun*, Allgemeine Staatslehre (4. Aufl. 1947), S. 17.

[61] Auf einen Streit um Worte (Naturrecht, Vernunftrecht, Rechtsidee usw.) kommt es hier wie im folgenden nicht an.

zeigten sich Verwaltungsrechtler von bloßen Faktizitätstheorien, welche das Polizeihandeln trotz unzulänglich positivierter Norm aus seinsbedingter Selbstverständlichkeit rechtfertigen wollen, unbefriedigt und suchten nach der vorrechtlichen Deckungsnorm.

In neuester Zeit ist hier vor allem *Nebingers* Grundnormenlehre[62] hervorzuheben. *Nebinger* gerät jedoch auf Irrwege, wenn er die Grundnorm benutzt, um *unmittelbar* aus ihr die Polizeiermächtigung herzuleiten. Er fragt: „Warum soll ein Grundrecht nur den Gewaltunterworfenen und nicht auch der öffentl. Gewalt selbst zukommen?“ Man mag über die Frage, ob staatliche Funktionsorgane überhaupt Normadressat anderer als rein staatlicher Ermächtigungsnormen sein können, denken wie man will; die Wertentscheidung des Grundgesetzes, wonach der Staat um des Menschen willen, nicht aber der Mensch um des Staates willen da ist[63], zwingt in *jedem* Fall dazu, das Staatshandeln gegenüber der menschlichen Freiheit als dem *höheren* Wert zu rechtfertigen. Letzter Normadressat jeder Grundnorm muß also immer der Mensch sein, und nur wenn sich eine Grundnorm findet, die den Menschen trotz seiner Freiheit verpflichtet, etwas zu dulden, was sich staatlich gesehen als Polizeiaufgabe darstellt, ist die Polizeiermächtigung *mittelbar* von dieser an den Menschen gerichteten Grundnorm gedeckt. Anders ausgedrückt: Es kann sich nur etwas als zu Eingriffen ermächtigendes „Grundrecht des Staates“ erweisen, was sich für den Menschen als Grund*pflicht* darstellt.

2. Und an dieser Stelle zeigt sich, daß uns allen wieder einmal nichts anderes übrigbleibt, als bescheiden in *Otto Mayers* Schule zu gehen. Der wohl über jeden Vorwurf der Schwarmgeisterei erhabene Meister hat in seiner klassischen Einleitung zum Polizeirecht immer daran festgehalten, daß das „alte Naturrecht“ für unser positives Recht mehr bedeute „als eine bloße geschichtliche Vergangenheit, zu der man es macht“[64]. Das Naturrecht hatte nämlich in seiner christlichen Erscheinungsform immer[65] und in seiner rationalen Form spätestens wieder seit *Christian Wolff*[66] die absolute Gewißheit, daß dem angeborenen Menschen*recht*

---

[62] Verwaltungsrecht, Allgem. Teil (2. Aufl. 1949), S. 61 ff.

[63] So noch Art. 1 I Herrenchiemseer Entwurf.

[64] Deutsches Verwaltungsrecht (3. Aufl. 1924), Bd. I, S. 208.

[65] Vgl. etwa *Linhardt,* Die Sozial-Prinzipien des hl. Thomas von Aquin (1932), S. 151 ff.; *Arnold,* Die Staatslehre des Kardinals Bellarmin (1934), S. 229 ff.

[66] „Kein Recht ohne eine moralische Verpflichtung, die vorhergeht, in der es wurzelt und aus der es entspringt. Es gibt angeborene Menschenrechte, weil es angeborene Menschenpflichten gibt.“ (Zitiert nach *Bluntschli,* Geschichte des Allgemeinen Staatsrechts und der Politik, 1864, S. 215. Vgl. ebenda, S. 199, das schon von *Thomasius* erkannte Gebot zum Unterlassen von Störungen des Gesellschaftszweckes.)

die angeborene Menschen*pflicht* immanent ist. Diese Gewißheit erlosch keineswegs bereits in der jakobinischen Ära, als man zwar die Menschenrechte, nicht aber mit ihnen die Menschenpflichten positivierte und zu staatlichem Recht säkularisierte. So konnte auf dem hier interessierenden polizeilichen Gebiet das Preußische Allgemeine Landrecht, das unbestritten nur in Worte faßte, was seit der französischen Revolution an Ideengut in der Luft lag und Europa geistig erfaßt hatte, mit seiner berühmten Formulierung in Teil II Titel 17 § 10 nach wie vor die Pflichten gegenüber der Gesellschaft *voraussetzen.* Daß diese Gewißheit von der jedem Recht *immanenten* Pflicht später versank und man nur ausdrücklich positivierte, von außen her dem Recht gegenübergestellte Pflichten anerkannte, dürfte erst die Folge eines Kunstgriffes des liberal-*ökonomischen* Zeitalters gewesen sein[67]. Daß dieser Kunstgriff auf polizeilichem Gebiet nie gelang, ist nicht zuletzt das Verdienst *Otto Mayers.* Er hielt den „naturrechtlichen Gedanken, daß für die Abwehr von Gefahren für die Sicherheitspolizei ... der Zwang etwas Selbstverständliches sei", wach, obwohl er in seiner Zeit mit Gewißheit annehmen mußte, daß ihm allein das Wort „Naturrecht" übel genommen werden würde[68]. In bisher unübertroffener Klarheit führte er den Gedankengang folgendermaßen zu Ende: „Es gehört von vornherein nicht zur Freiheit des Einzelnen, daß er auch die gute Ordnung des Gemeinwesens, in das er hineingestellt ist, durch sein Verhalten stören dürfe; jeder hat vielmehr die gesellschaftliche Pflicht, solche Störungen zu unterlassen" (S. 207).

---

[67] Im Anschluß an seine Vorarbeit über den Begriff des öffentlichen Interesses glaubt der Verfasser, hier den geistesgeschichtlichen Zusammenhang kurz folgendermaßen andeuten zu können: Da es noch niemals eine Gesellschaftslehre wagen konnte, auf Rechtfertigung ihrer Thesen vor dem Gemeinwohl zu verzichten, benötigte man zunächst eine liberale Gemeinwohllehre. Aus der Wirtschaftslehre übernahm man den seit den Physiokraten bekannten Satz „l'interêt de tous est le même que l'interêt de chacun" auch in den rechtlichen Bereich *(Leuthold, Thon, Rehm).* Mit diesem (prästabilierten) Harmonismus zwischen Einzelwohl und Gemeinwohl konnte nun folgerichtig ein (prästabilierter) absoluter Freiheitsbegriff gerechtfertigt werden. Denn danach ist die Erringung des Einzelwohles auch *automatisch* immer zugleich Förderung des Gesamtwohles. Dieser absolute Freiheitsbegriff konnte selbstverständlich nicht schon Schranken in sich tragen. Daher existieren nur solche Einschränkungen, die von außen her (positivrechtlich) an ihn herangetragen werden. Da aber die Verfassungen des 19. Jahrhunderts von Grund*pflichten* nicht ausdrücklich sprachen, verlor man immer mehr den Blick für diese Pflichten, die noch von den ersten Grundrechtspositivierungen als im Recht enthalten vorausgesetzt worden waren. So erklärt sich die eigenartige Erscheinung des liberalen Zeitalters, daß die Grundrechte positives Recht waren, während die Grundpflichten angeblich im rechtlich nicht unmittelbar interessierenden Bereich der Sozial*ethik* beheimatet blieben.

[68] Vgl. die Kritik *Jellineks,* VerwArch. 5, S. 309 und *R. Thomas,* Der Polizeibefehl im Badischen Recht (1906), S. 50.

Da diese „gesellschaftliche Pflicht" der Freiheit immanent ist, erscheint es wenig sinnvoll, darüber zu streiten, ob diese Pflicht bereits eine durch Gewohnheit geltende Grundnorm des positiven Rechts oder noch eine Grundnorm der Sozialethik ist. Diese Pflicht gehört auf jeden Fall in die gleiche Wert- und Normebene wie die Freiheit. Sie *kann* gar kein anderes Rechtsschicksal erfahren als die Freiheit. Sieht man die Freiheit als vorstaatliches Menschenrecht an, dann ist auch diese Pflicht dort beheimatet und ist vorstaatliche Menschenpflicht. Rezipiert man die Freiheit in die staatliche Verfassung und deklariert sie als Grundrecht, dann rezipiert man auch diese Pflicht in die Verfassung, selbst wenn man sie nicht ausdrücklich als Grundpflicht positiviert. Aktualisiert man schließlich das Grundrecht der Freiheit zum subjektiven öffentlichen Recht, dann hat man auch eine aktuell geltende öffentliche Pflicht geschaffen.

An einer sehr entscheidenden Stelle des Grundrechtskataloges finden wir unser Ergebnis bestätigt. Beim Eigentum, welches letztlich nichts anderes als objektivierte, im buchstäblichen Sinne gegenständliche Freiheit ist, normiert das Grundgesetz in Art. 14 I Satz 2 lapidar: „Eigentum verpflichtet." Obwohl Art. 1 III nur von Rechten spricht und sich dem Wortlaut nach nur an Staatsorgane richtet, ist hier rein gefühlsmäßig noch von keiner Seite in Frage gestellt worden, was wir gerade dogmatisch generell nachzuweisen versuchten, daß nämlich zusammen mit den Grundrechten auch die Grundpflicht aktualisiert ist. Was sollte das wohl aber für eine aktuelle Pflichtnorm sein, die die elementare Frage nach dem „Wozu?" offen läßt! Hier setzt also, wie man sieht, das Grundgesetz selbst etwas als selbstverständlich für jedermann erkennbar und befolgbar *voraus*. Es ist dies wiederum die in jedem Grundrecht enthaltene Pflicht, die öffentliche Ordnung und Sicherheit nicht zu stören. Ob der Satz „Eigentum verpflichtet" darüber hinaus soziale Handlungspflichten des Eigentümers mit *unmittelbarer* Wirkung enthält, interessiert in unserem Zusammenhang nicht[69]. Auf jeden Fall ergibt sich aber bereits unmittelbar aus ihm die Pflicht des Eigentümers, sein Eigentum im polizeigemäßen Zustand zu halten[70], d. h. die Pflicht, durch sein Eigentum die öffentliche Ordnung und Sicherheit nicht zu stören.

---

[69] Keinesfalls kann man aus dem Satz einen *generellen* Mißbrauchstatbestand herleiten. Mißbrauchstatbestände des öffentlichen Rechts (vgl. z. B. Art. 18) sind strafähnliche Tatbestände und verlangen wie Strafgesetze die Konkretisierung klarer Tatbestandsmerkmale. Vgl. dazu *Dürig*, JZ 1952, S. 513 ff.

[70] So mit Recht *von Mangoldt*, Komm., Art. 14 Anm. 2. Vgl. HessVGH, Urt. v. 20. 6. 1952, ESVGH 1, S. 231.

VII.

Nun können in schneller Folge thesenartig die für das Verhältnis „Grundrechte und Polizei" gewonnenen Ergebnisse aneinandergereiht werden:

1. Zur „verfassungsmäßigen Ordnung" im Sinne des Art. 2 I gehört die „öffentliche Ordnung und Sicherheit".
2. Da Art. 2 I die generelle Freiheitsnorm des Grundgesetzes ist, zu der sich alle folgenden Freiheitsrechte nur als Anwendungsfälle verhalten, sind *alle* Freiheitsrechte des nachfolgenden Kataloges von vornherein zugunsten der Polizeigüter öffentliche Ordnung und Sicherheit beschränkt.
3. Es gehört von vornherein nicht zur Freiheit des Einzelnen, die öffentliche Ordnung und Sicherheit zu stören.
4. Gesetze, die Staatsorgane ermächtigen, gegen Störungen der öffentlichen Ordnung und Sicherheit vorzugehen, sind nur (deklaratorische) Festlegungen der immanenten Freiheitsschranke.
5. Diese Gesetze sind daher keine (konstitutiven) „Einschränkungen" im Sinne des Art. 19 I. Diese Norm ist bei der gesetzlichen Ermächtigung zur Abwehr von Gefahren für die öffentliche Ordnung und Sicherheit überhaupt außer Betracht zu lassen.
6. Da die formalen Kautelen des Art. 19 I für die nur in bestehende Schranken zurückverweisende Polizeiermächtigung nicht gelten, kann diese Ermächtigung auch eine Generalklausel sein[71] und kann mit einer Ausnahme[72] auch im Gewohnheitsrecht begründet sein.

---

[71] Ohne Generalklausel wird die Präventivpolizei nie auskommen. Die Begriffe „Prävention" und „Enumeration" schließen sich so lange aus, als der Gesetzgeber kein Hellseher ist. Der Affekt *Blomeyer-Bartensteins* u. a., Fn. 2, S. 302, gegen die Generalklausel ist, wie die vorbildliche Rechtsprechung des Preußischen OVG zu § 10 II 17 PrALR bewiesen hat, unbegründet. In unserem Sinne *Bachof,* JR 1952, S. 325.

[72] Diese Ausnahme bildet Art. 104, der, wie dargelegt (Anm. 9), für die in Art. 2 II Satz 2 normierte „Freiheit der Person" im Sinne der *räumlichen Bewegungsfreiheit* gilt. „Festnahmen" und „Unterbringungen" müssen demnach durch *förmliche* Texte gedeckt sein. Die Anordnungsvoraussetzungen hierfür, die diese Gesetze dem Richter zu geben haben, können aber auch in einer Generalklausel (allgemeine Gefahrenklausel im polizeilichen Sinne) bestehen. Praktisch bedeutet Art. 104 letztlich nur, daß der richterliche Haft- und Unterbringungsbefehl Einzug in das Recht der Präventivpolizei gehalten hat. Wichtig ist, daß die präventivpolizeiliche Funktion des Richters nur bei Freiheits*entziehungen* vorgesehen ist. Von dem Begriff der Freiheitsentziehung, der das Moment der *Dauer* beinhaltet, ist scharf der Polizei*gewahrsam* zu unterscheiden. Dieser Polizeigewahrsam, der im täglichen Leben vor allem in Form der „Mitnahme zur Wache" zwecks Ausschlafen des Rausches, zwecks Personalienfeststellung usw. vorkommt, wird von Art. 104 nur insoweit berührt, als er nach Abs. II nur bis zum Ende des nächsten Tages dau-

7. Da es von vornherein nicht zur Freiheit gehört, die öffentliche Ordnung und Sicherheit zu stören, kann Abwehr dieser Störungen niemals in den „Wesensgehalt" der Freiheit eingreifen, so daß auch Art. 19 II für die Ermächtigung zur polizeilichen Gefahrenabwehr gegenstandslos ist.

8. Einzelmaßnahmen (Verwaltungsakte), die auf Grund der allgemeinen Polizeiermächtigung zur Störungsbeseitigung und Gefahrenabwehr ergehen, sind keine „Eingriffe" in die Freiheit, sondern lediglich „Zurückweisung" in bestehende Schranken.

9. Alle dargelegten Grundsätze gelten ohne Rücksicht auf organisatorische Zuständigkeitsfragen für *jeden* Verwaltungszweig. Die Ermächtigung zur Abwehr von der öffentlichen Ordnung und Sicherheit drohenden Gefahren wird durch das Grundgesetz keinesfalls auf die eigentliche Sicherheitspolizei beschränkt. Die organisatorische Unterscheidung in Sicherheitspolizei und sog. Ordnungsverwaltung ist verfassungsrechtlich unerheblich und wird jedenfalls vom Grundgesetz nicht gefordert.

VIII.

Unser Ergebnis, daß *alle* Grundrechte von vornherein unter dem immanenten Vorbehalt stehen, die öffentliche Ordnung und Sicherheit nicht zu stören, ist ein Ergebnis, das materiellrechtlich die auf dem Gebiete der polizeilichen Gefahrenabwehr seit 150 Jahren bestehende Kontinuität wahrt und gleichzeitig alle formalen Unzuträglichkeiten des Grundgesetzes vermeidet. Dieses Ergebnis muß aber jedem, der dem Grundgesetzgeber nicht Zufallstautologien unterstellen will, die Frage aufdrängen, was dann eigentlich die Spezialvorbehalte bei den jeweiligen Grundrechten überhaupt noch für einen Sinn haben.

1. Tatsächlich ist auch die Bedeutung der Spezialvorbehalte auf dem Gebiet der polizeilichen Gefahrenabwehr sehr gering. Es finden sich bei einzelnen Grundrechten Spezialvorbehalte zugunsten bestimmter Gefahrenlagen, die ohnehin schon von der allgemeinen Polizeiaufgabe erfaßt werden (Art. 11: „Bekämpfung von Seuchengefahr", „um strafbaren Handlungen vorzubeugen"; Art. 13: „Abwehr einer gemeinen Gefahr"[73], „Verhütung dringender Gefahren für die öffentliche Sicher-

---

ern darf. Im übrigen ist er nach wie vor im Rahmen der allgemeinen Polizeiermächtigung und auch bei deren gewohnheitsrechtlicher Geltung zulässig. Insbesondere hindert Art. 104 auch nicht polizeiliche Razzien mit anschließender kurzfristiger Einlieferung der Verdächtigen ins Polizeigefängnis.

[73] Interessant, aber noch nicht ausgewertet, ist, daß in Art. 13 III die Abwehr einer „Lebensgefahr für *einzelne* Personen" im gleichen Atemzuge mit der „Abwehr einer *gemeinen Gefahr*" genannt wird. Man wird kaum mit der Behauptung fehl gehen, daß hier eine Grundsatzentscheidung des Grund-

heit und Ordnung" usw.). Soweit hierdurch der „Störer" (Handlungs- oder Zustandsstörer) selbst als Grundrechtsträger angesprochen wird, enthalten diese Spezialvorbehalte tatsächlich nur affirmative Wiederholungen. Wie dargelegt, gehört es von vornherein nicht zur Freiheit des Einzelnen, die öffentliche Ordnung und Sicherheit zu stören, so daß ein staatliches Vorgehen gegen den Störer niemals Beeinträchtigung des Freiheitsrechtes ist, gleichgültig, ob dieses Staatshandeln nochmals bei den einzelnen Grundrechten ausdrücklich zugelassen ist oder nicht.

Trotzdem sind diese speziellen Vorbehalte aber auch polizeirechtlich nicht bedeutungslos. Gerade für das Polizeirecht ist es typisch, daß die Beseitigung der Störung und die Abwehr der drohenden Gefahr auch vor dem Nichtstörer nicht haltmachen können. Neben den sehr seltenen Fällen, in denen die Polizeiaufgabe nur erfüllt werden kann, wenn gegen den vom Störer *Bedrohten*[74] vorgegangen wird, kommen hier vor allem die Fälle des sog. „polizeilichen Notstands"[75] in Betracht, also die Fälle, in denen die Störung nur beseitigt werden kann, wenn *unbeteiligte Dritte* zur Mitwirkung (die in aktivem Tun und passivem Dulden bestehen kann) herangezogen werden.

Ein generelles, auch ohne förmliche Texte geltendes Notstandsrecht der Polizei gegenüber nichtbeteiligten Dritten kann es nach unseren obigen Feststellungen nur insoweit geben, als es eine der Freiheit von vornherein immanente Menschen*pflicht* des Einzelnen zur Hilfeleistung gibt. Daß es eine elementare Pflicht zum Helfen gibt, wird von keiner Seite angezweifelt. In der Soziologie ist die „Notsolidarität"[76] als Grundeigenschaft der Gruppe seinsmäßig nachgewiesen. Normativ begründet ist sie im vorrechtlichen sittlichen Bewußtsein der Allgemeinheit. Im Bereich des positiven Rechts erscheint diese Menschenpflicht als vorausgesetzter Maßstab im „Liebesparagraphen" 330 c StGB[77]. Das Gesetz geht hier mit dem Recht davon aus, daß es subjektiv und objektiv feststellbar ist, wann bei „Unglücksfällen", „gemeiner Gefahr" und „gemeiner Not" ein Nichthilfeleisten nicht mehr zur menschlichen Freiheit gehört, sondern daß Hilfeleisten Pflicht ist. Aber das Recht des

---

gesetzes zum Ausdruck gekommen ist, nach der eine Gefahr für ein Einzelleben *immer* die Öffentlichkeit berührt. Folgt man dieser Ansicht, dann kann der berühmte akademische Streit, ob Selbstmord und Selbstverstümmelung wider die öffentliche Ordnung sind und damit von der Polizei verhindert werden dürfen, zu den Akten gelegt werden.

[74] Musterfall: PreußOVG 78, S. 279.

[75] Dazu am eingehendsen *Drews / Wacke* (Fn. 3), S. 94 ff.

[76] *Vierkandt,* Gesellschaftslehre, S. 64 ff.

[77] *Drews / Wacke* (Fn. 3), S. 95; *Schönke,* Komm. zum StGB (6. Aufl. 1952), Vorbem. zu 330 c, lesen im Anschluß an *Kohlrausch* an Stelle der Gesetzeswendung „nach gesundem Volksempfinden" mit Recht „obwohl dies Menschenpflicht wäre". Vgl. auch die Grundpflicht in Art. 122 der Bayerischen Verfassung.

polizeilichen Notstands geht in seiner traditionellen Form weit über diese Unglücksfälle und Katastrophentatbestände hinaus, da es die Polizei bei *jeder* Störung der öffentlichen Ordnung und Sicherheit und zur Abwehr *jeder* polizeilichen Gefahr für sich in Anspruch nimmt, auch gegen unbeteiligte Dritte vorzugehen[78].

Man kann aber keinesfalls eine generelle Menschenpflicht konstruieren, der Polizei bei Erfüllung jeder Polizeiaufgabe zu helfen. Einzelmaßnahmen gegen unbeteiligte Dritte sind daher „Eingriffe“ in das Freiheitsrecht[79]. Gesetzliche Ermächtigungen an die Polizei zum Vorgehen gegen unbeteiligte Dritte sind „Einschränkungen“ der Grundrechte im Sinne des Art. 19. Sie sind erstens nur dort möglich, wo sich besondere Spezialermächtigungen finden, sind zweitens nicht gewohnheitsrechtlich möglich und müssen drittens die einschränkbaren Grundrechtsartikel nennen. In dieser Beziehung ist also selbst die vorbildliche Normierung des Notstandrechtes in § 21 PrPVG reformbedürftig.

2. Die wirkliche Bedeutung der Spezialvorbehalte bei den jeweiligen Grundrechten zeigt sich aber nicht im Verhältnis zum ordnungs*erhaltenden* (gefahrenabwehrenden) Staat, sondern im Verhältnis zum ordnungs*gestaltenden* (sozialschöpferischen) Staat. Seit *Ipsens* Göttinger Referat[80] wird niemand mehr bezweifeln wollen, daß sich allein aus der Sozialentscheidung des Grundgesetzes in Art. 20, 28, 79 III die Zuständigkeit und Verantwortlichkeit des Staates zur Gestaltung der Sozialordnung ergibt. Man mag es vom sozialen Standpunkt aus bedauern, aber dieser sozialgestaltende Wohlfahrtsstaat stößt auf eine Barriere von Grundrechten, die infolge des Systems der Spezialvorbehalte ungleich stärker ist als zu einer Zeit, da alle Grundrechte unter dem generellen Gesetzesvorbehalt standen.

a) Wo sich überhaupt keine Spezialvorbehalte finden (Art. 4 I und II, Art. 5 III, Art. 17), ist der Staat auf reine Störungsabwehr beschränkt.

b) Wo sich über die reinen Gefahrenvorbehalte hinaus Vorbehalte zugunsten ganz bestimmter Gemeinwohlgüter finden (Art. 5 II: Schutz

---

[78] Selbstverständlich unter den engen Voraussetzungen, wie sie etwa in § 21 PrPVG ihren gesetzlichen Niederschlag gefunden haben.

[79] Dementsprechend wird in diesen Fällen auch seit jeher Entschädigung gewährt. Vgl. dazu *Stödter,* Öffentlich-rechtliche Entschädigung (1933), S. 41 ff.; *Drews / Wacke* (Fn. 3), S. 206 ff.

[80] Enteignung und Sozialisierung, Referat auf der Göttinger Tagung der Vereinigung der Deutschen Staatsrechtslehrer am 19. 10. 1951, VVDStRL 10 (1952). Auch das Bundesverfassungsgericht hat inzwischen mit Beschl. vom 19. 12. 1951 (BVerfGE 1, 97 ff.) aus dem „Bekenntnis zum Sozialstaat“ in Art. 20 eine verfassungsrechtliche Verpflichtung „zu sozialer Aktivität“ (S. 105) hergeleitet. Unseres Erachtens ist der Ausdruck „Bekenntnis“ zu schwach. Es handelt sich um eine echte „Entscheidung“ mit aktueller Rechtsnormqualität.

der Jugend, Art. 6 III: Pflege und Erziehung der Kinder bei Versagen der Eltern, Art. 11 II: Sicherung der ausreichenden Lebensgrundlage durch Freizügigkeitsbeschränkung[81], Art. 12 II: Arbeitszwang im Rahmen öffentlicher Dienstleistungspflicht, Art. 13: Behebung der Raumnot, Schutz gefährdeter Jugendlicher), ist der Staat außer zur reinen Gefahrenabwehr auch zur Erreichung dieser speziellen Gemeinwohlzwecke im Wege der Sozial*gestaltung* zuständig.

c) Übrig bleiben die Grundrechte, die generell durch jedes dem Gemeinwohl dienende Gesetz eingeschränkt werden können (vor allem Art. 12: Recht der Berufsausübung, Art. 14: Eigentum). Hier endet die staatliche Kompetenz zur Sozialgestaltung erst an der Wesensgehaltssperre des Art. 19 II.

Erkennt man diese Systematik des Grundgesetzes, wonach alle Grundrechte dem Störer keinen Schutz vor *Reaktionen* des Staates gegen eingetretene oder zu erwartende Störungen bieten, jedes Grundrecht dagegen eine spezifische Festigkeit gegenüber sozialgestaltenden *Aktionen* des Staates hat, dann kommt weitgehend Ordnung und Übersicht in unseren Grundrechtsteil, und viele Probleme lösen sich überraschend einfach[82].

IX.

Wir können unseren Versuch nicht abschließen, ohne vor einer Verallgemeinerung zu warnen. Auf keinen Fall kann man unsere Ergebnisse für das Verhältnis von „Grundrechten und Polizei“ auf das Verhältnis „Grundrechte und Staatsgewalt“ schlechthin ausdehnen.

Die Versuchung hierzu ist außerordentlich groß. Es liegt beispielsweise sehr nahe, daß man argumentiert, unsere soziale Not sei ein Reale der Verfassungsgebung gewesen, die das Grundgesetz gar nicht

[81] In Art. 11 ist übrigens das Wörtchen „und“ hinter „entstehen würden“ ohne Frage alternativ als „oder“ zu lesen. Ein ähnliches Versehen unterlief seinerzeit dem Bayerischen Verfassungsgeber in Art. 98 Satz 2 Bayer. Verf.

[82] Beispielsweise normiert das Grundgesetz in Art. 12 das Recht zur „Berufswahl“, ohne einen generellen Gesetzesvorbehalt zu machen. Folge: In diesem Stadium besteht keine staatliche Möglichkeit der Berufslenkung, aber es gehört nicht zur Freiheit des Einzelnen, einen die Ordnung störenden Beruf (z. B. Verbrecherberuf) zu wählen. Dagegen unterstellt das Grundgesetz das Recht zur „Berufsausübung“ der allgemeinen Regelung durch Gesetz. Folge: Das Recht der Berufsausübung kann über die rein gefahrenabwehrenden Gesetze hinaus auch durch volkswirtschaftlich motivierte Gesetze ausgestaltet werden. Zwischen dem Recht zur Berufswahl und zur Berufsausübung liegt das Recht zur „Berufsaufnahme“. Hierzu schweigt das Grundgesetz völlig. Folge: Da das Recht zur Berufsaufnahme wie jedes Freiheitsrecht von vornherein kein Recht zur Störung gibt, darf die Berufsaufnahme aus Gründen der Abwehr von Gefahren für die öffentliche Ordnung und Sicherheit versagt werden. Niemals aber dürfen volkswirtschaftliche Motive ausschlaggebend sein.

ignorieren konnte; daher stünden alle Grundrechte unter dem generellen Vorbehalt, daß der Staat diese Not auch ohne besondere Normendeckung auf Kosten der individuellen Freiheit beheben dürfe.

Unser Grundgesetz ist, vielleicht bedauerlicherweise, alles andere als revolutionierend. Zwar ist an der Zuständigkeit des Staates zur Sozialgestaltung nicht zu zweifeln. Aber im Letzten stößt alle Sozialgestaltung immer wieder auf einen Sperrgürtel um den status quo der individuellen Freiheit. Soweit diese Freiheit nicht von vornherein durch die soziale regula aurea: „Du sollst die öffentliche Ordnung nicht stören“ relativiert ist, sind die sozialgestaltenden Gesetze „Einschränkungen“ dieser Freiheit. Sie sind nur unter den in der Verfassung normierten Voraussetzungen (Spezialvorbehalte) und unter Beachtung der formalen Kautelen des Artikel 19 I möglich. Sie dürfen ferner nach Art. 19 II nicht den Wesensgehalt der Grundrechte antasten[83].

Das Kernstück unserer Ausführungen besteht in dem Satz, daß es gewisse elementare Pflichten des Einzelnen gibt, die seine Freiheit von vornherein relativieren. Da die Freiheit vor dem Staate liegt, können ihr nur solche Elementarpflichten immanent sein, die auch der Staat bereits *vor*findet. Alle anderen Pflichten sind vom Staat positivrechtlich und unter Beachtung aller Formalvorschriften von außen her an die Freiheit heranzutragen.

Ein Blick auf das Strafrecht, der zugleich alles Gesagte einer Gegenprobe unterzieht, mag dies verdeutlichen. Die Strafrechtspflege ist nur ein Unterfall der Abwehr von Gefahren für die öffentliche Ordnung. Sie ist, um ein graphisches Bild *Dohnas*[84] zu verwenden, ein Kreis, der von dem größeren Kreis der polizeilichen Gefahrenabwehr umschlossen wird. Da die strafbare Handlung nur ein Unterfall der Störung der öffentlichen Ordnung und Sicherheit ist, kann man in Abwandlung der obigen Feststellungen formulieren: Es gehört von vornherein nicht zur Freiheit des Einzelnen, strafbare Handlungen zu begehen; vielmehr hat jeder die Pflicht, dieselben zu unterlassen. Daraus folgt, daß Strafgesetze keine „Einschränkungen“ der Grundrechte im Sinne des

[83] Man darf aber überzeugt sein, daß die soziologische Wirklichkeit unserer Not stärker sein wird als das allzu starre rechtsstaatliche Normengerüst des Grundgesetzes. Die Verfassungswandlung, die wir erleben werden, so kann man schon jetzt prophezeien, wird sich im Begriff der „Störung“ vollziehen. Seit der *Kreuzberg*entscheidung erleben wir eine rückläufige Tendenz. So wird das große Gebiet der „Volksgesundheit“ bereits allgemein wieder als Polizeigut angesehen und Obdachlosenfürsorge, Irrenfürsorge, Geschlechtskrankenfürsorge, Impfzwang, Anschlußzwang usw. sind eindeutig wieder polizeiliche Aufgaben der *Gefahren*abwehr. Unsere soziale Not wird bewirken, daß vieles als elementare Reaktion gegen störende Gefahren angesehen wird, was eine saturierte Zeit der gestaltenden Wohlfahrtsförderung zugerechnet hätte.

[84] VerwArch. 30, S. 241.

Art. 19 I sind. Es kann keine Rede davon sein, daß die Strafprozeßordnung hypothetisch die Grundrechte nennen müßte, in denen der Täter durch die Strafe eingeschränkt werden könnte[85]. Der Täter „wird" nicht, wie es Art. 19 I verlangt, eingeschränkt, sondern er war es von vornherein und wird nur in bestehende Schranken zurückverwiesen. Ebenso ist auch Art. 19 II für das Strafrecht unerheblich.

Und dennoch kann man dies alles, so selbstverständlich es klingt, nicht verallgemeinern. Es ist keineswegs so, daß alle Gesetze, die Strafsanktionen androhen, nur in bestehende Freiheitsschranken zurückverweisen, und es ist dementsprechend keineswegs so, daß die Gesamtheit aller Gesetze mit Strafsanktion zur „verfassungsmäßigen Ordnung" im Sinne des Art. 2 I gehört. Die Straf*folge*, also ein formales Kriterium, kann überhaupt nicht maßgebend dafür sein, was der (vorstaatlichen) Freiheit an Ge- und Verboten immanent ist, sonst bestünde über den Umweg der staatlichen Poenalisierung aller Lebensgebiete die Möglichkeit der staatlichen Totaldisposition über die Freiheit. Im Anschluß an *Graf zu Dohna*[86] muß festgestellt werden, daß der Freiheit immanent nur diejenigen durch Strafdrohung verstärkten Ge- und Verbote sind, die „dem ungeschriebenen Recht angehören", die der Gesetzgeber „nicht erst zu erlassen braucht", die er „*vor*findet" und die „den Gemeinschaftsgliedern bekannt" waren, „längst ehe die Staatsgewalt sich konstituiert hatte". Es kann hier nur das „echte Kriminalrecht" in Frage kommen, „dessen Normen im Grunde schon im sittlichen Bewußtsein lebendig sind und dessen Strafsanktionen dem Schutz der Daseinsbedingungen der Gesellschaft überhaupt dienen"[87]. Ob unser auf mittelbarem Wege durch Strafsanktionen der Sozial*gestaltung* dienendes Wirtschaftsstrafrecht diese elementare Gefahrenabwehr- und Schutzfunktion hat, läßt sich nur einzeln für jeden Tatbestand feststellen. Ganz gewiß fehlt sie aber, um nur ein Beispiel zu nennen, bei den strafrechtlichen Rudimenten der Kulturkampfgesetzgebung[88].

---

[85] Vgl. Fn. 13.

[86] Fn. 84, S. 242.

[87] *R. Thoma*, Grundrechte und Polizeigewalt, in: Festgabe zur Feier des fünfzigjährigen Bestehens des PreußOVG (1925), S. 202.

[88] Eine jener „Extravaganzen" (*Dohna* [Fn. 84], S. 241) findet sich heute noch in § 67 des Personenstandsgesetzes. Diese Norm dürfte wegen Verstoßes gegen Art. 4 verfassungswidrig sein. Art. 4 kennt keinen generellen Gesetzesvorbehalt mehr, wie ihn noch Art. 135 Satz 3 WRV aufwies. Maßgebend ist also die Schranke der „verfassungsmäßigen Ordnung" gemäß Art. 2 I. Zur verfassungsmäßigen Ordnung gehört aber, wie dargelegt, nicht jedes Gesetz, das eine Strafdrohung enthält, sondern nur das, was sich im sittlichen Bewußtsein des Volkes als „crimen" darstellt.

Zurück zum klassischen Enteignungsbegriff!*

Die Leidensgeschichte der Auflösung (Erweiterung) des Enteignungsbegriffes und der damit aufgetauchten Frage, wie die Enteignung von der normativen entschädigungslosen Eigentumsbeschränkung abzugrenzen sei, ist bekannt[1]. Obwohl die zahlreichen Abgrenzungstheorien in Wirklichkeit auch von der Entschädigung her den primären Begriff bestimmen, würden wir es nie wagen, allein mit dem Hinweis auf eine *„Entschädigungshypertrophie"* die Rückkehr zum klassischen Enteignungsbegriff zu postulieren. Es würde uns kaum jemand den unsere Rechtsdogmatik desillusionierenden Satz zugeben, daß das, was rückschauend betrachtet, nur als provisorisches (!) Kampfmittel gegen konfiskationslüsterne Revolutionsgesetze gedacht gewesen war (Verstärkung der Eigentumsgarantie durch Erweiterung des Enteignungsbegriffes und daraus folgende Erstreckung der Entschädigungspflicht), durch ständige Anwendung ein Mittel wurde, mit dem man sich gegen Einschränkungen des Eigentums zur Wehr setzen konnte, die selbst in der Blütezeit des Liberalismus hingenommen worden waren[2], und daß es heute an der Zeit sei, diese von der Weimarer Verfassung doch ganz gewiß nicht gewollte individualistische Fehlentwicklung rückgängig zu machen. Alle Hinweise auf unsere Notlage, auf unsere soziale Wirklichkeit und die Sozialentscheidung des Grundgesetzes würden abprallen an dem seit *Anschütz*[3] nicht einleuchtender gewordenen Dogma, zu dem sich nach dem Bad. StGH[4] nun auch der BGH[5] bekannt hat: daß, eben

* JZ 1954, S. 4 bis S. 12. — Dieser Versuch ist Herrn Staatsminister a. D. Geh.Rat Prof. Dr. *Willibalt Apelt,* dessen Lehranliegen eine Rückkehr zu einem formalklaren Enteignungsbegriff stets war, anläßlich seines fünfzigjährigen Doktorjubiläums zugeeignet. Der Verfasser.

[1] Vgl. statt vieler *Forsthoff,* VerwR (2. Aufl 1951), S. 253, Fn. 1.

[2] Dazu sehr eindringlich *Apelt,* Geschichte der Weimarer Verfassung (1946), S. 342 ff. — Die Exekutive merkte übrigens zuerst, daß hier etwas nicht stimmen konnte (vgl. 2. VO d. Reichspräs. zur Sicherung von Wirtschaft und Finanzen v. 5. 6. 1931, RGBl. I S. 309). Ehe aber auch die Rechtsprechung zur Besinnung kam, verbrannte mit dem Reichstag auch der Art. 153, wenigstens als Verfassungsnorm (VO d. Reichspräs. zum Schutze von Volk und Staat v. 28. 2. 1933, RGBl. I S. 183).

[3] Komm. z. WeimVerf., Art. 153 Fn. 8.

[4] Entsch. v. 31. 8. 1949, VerwRspr. 2, S. 129 (131 unten).

[5] Beschl. v. 10. 6. 1952, BGHZ 6, 270 (278) = JZ 1952, S. 622 mit Anm. v. *Forsthoff.* Vgl. dazu vor allem auch *Stödter,* DÖV 1953, S. 97 u. 137. Die Sätze des BGH: „Wenn die staatliche Enteignung nach dem ganzen Vermögen der Bürger greift, muß die Eigentumsgarantie und der Enteignungs-

weil wegen der heutigen Gesamtnotlage der Staat mehr in die Individualsphäre eingreifen müsse, demzufolge auch der Vermögensschutz des Bürgers (durch Erweiterung des Enteignungsbegriffes) *vermehrt* werden müsse — obwohl doch seit jeher der *umgekehrte Schluß*, wenn vielleicht positivrechtlich auch nicht exakter nachweisbar, so doch jedenfalls ebenso gut möglich gewesen wäre. Es ist bei der Begriffserfassung auch gar nicht nötig, die Richtigkeit des zu einer Verminderung der individuellen Vermögensgarantie führenden Umkehrschlusses nachzuweisen und sich dabei mit Gewißheit nur unter umgekehrten Vorzeichen dem Vorwurf auszusetzen, den man dem RG oft machte, indem man ihm „individualistische Rechts*politik*" unterstellte. Für den durch keinen Theorienstreit voreingenommenen Rechtsausleger ist heute die Rückkehr zu einem — freilich modifizierten — klassischen Enteignungsbegriff klares Gebot des positiven Verfassungsrechts.

I. Der im „Gleichheitssatz" enthaltene „Opferausgleichssatz"

1. Es gibt heute nur noch Gesetze im Rahmen der Grundrechte. Dabei stößt jedes Gesetz, das die Freiheit (konstitutiv) „einschränkt"[6], auf das zweite Hauptgrundrecht der Gleichheit. Dieses Gleichheitsgebot ist durch Art. 19 I erstmalig auch auf formalem Gebiete insofern positiviert, als danach Individualgesetze, d. h. Gesetze, die sich gegen die Freiheit eines Einzelnen oder eines konkret bestimmbaren Personenkreises richten, untersagt sind. Das ist ein Verbot, das sich aus dem materiellen Gleichheitssatz noch nicht ergeben würde[7]. Der Gleichheitssatz würde erst das zweite Individualgesetz, das ohne sachlichen Grund einen gleichgelagerten Sachverhalt verschieden behandelt, verbieten. Freiheitsbeschränkungen *durch* Gesetz sind nach Art. 19 I also nur abstrakt-generell möglich. Das Moment der Allgemeinheit ist positiv-verfassungsrechtlich ein Essentiale des grundrechtseinschränkenden Gesetzes. Da Gesetze, die nicht abstrakt-generell sind, wegen Verstoßes gegen

---

schutz auch das ganze Vermögen der Bürger decken. Sie müssen daher folgerichtig auf jedes vermögenswerte Recht bezogen werden, gleichgültig, ob es dem bürgerlichen oder dem öffentlichen Recht angehört", enthalten insofern eine petitio principii, als gerade nicht feststeht, daß alles, was nach dem ganzen Vermögen greift, auch „Enteignung" ist. Im übrigen kann man nicht, worauf *Stödter* (DÖV 1953, S. 98) mit Recht hinweist, von der nurstaatlichen Enteignungsbefugnis zurückschließen auf den Umfang des vorstaatlichen Eigentumsschutzes.

[6] Zur Terminologie und zur Unterscheidung von Gesetzen, die nur (deklaratorisch) in von vornherein bestehende „Schranken zurückweisen", vgl. *Dürig*, AöR 79, S. 57 ff.; z. B. können Gesetze, die zum vermögensrechtlichen Vorgehen gegen den „Störer" ermächtigen (Einziehung, Beschlagnahme, Unbrauchbarmachung), von diesem Ausgangspunkt her niemals Enteignungscharakter haben.

[7] So mit Recht *Herb. Krüger*, DVBl. 1950, S. 226.

Art. 19 I verfassungswidrig sind, kann bei Eingriffen unmittelbar durch Gesetz die Frage, ob jemand durch das Gesetz mit einem besonderen — also ungleichen — Opfer belegt wird, nicht auftauchen. Ein abstrakt-generelles Gesetz, das selbst Opfer herbeiführt, kann begrifflich keine „*besonderen*" Opferlagen im Sinne „*ungleicher*" Opferlagen schaffen[8].

Anders dagegen, wenn das Gesetz mit allgemeiner Wirkung vorsieht, daß in Grundrechte auf Grund des Gesetzes eingegriffen werden kann, wenn ein bestimmter Tatbestand vorliegt, und dieser Eingriff auch dann vom Gesetz gewollt wird, wenn dieser Tatbestand schon eine besondere Opferlage schafft oder der Eingriff eine besondere Opferlage im Gefolge hat. Jeder vom Gesetz *trotz* dieser erkannten oder in Rechnung gestellten besonderen Opferlage gewollte Eingriff in Grundrechte wäre ein Verstoß gegen den Gleichheitssatz und somit rechtswidrig, wenn nicht der das „ungleiche" Opfer durchsetzende oder im Gefolge habende Eingriff den Willen zum „Opferausgleich" in sich trüge. Der Gleichheitssatz verbietet die Auferlegung ungleicher Opfer ohne einen von vornherein bestehenden Staatswillen zum Opferausgleich. Der — gewollt besondere Opfer fordernde oder in Rechnung stellende — Eingriff ist nicht allein durch das überwiegende öffentliche Interesse gerechtfertigt, sondern er ist vor allem nur deshalb rechtmäßig, weil er von *vornherein* „geheilt" ist durch die Lastenausgleichsbereitschaft des staatlichen Eingriffs — die übrigens beim *schuldlos-rechtswidrigen* Eingriff fehlt, weil der Staat dort das Opfer *nicht will*[9].

---

[8] Durch Art. 19 I hat die „Einzelaktstheorie", die ja gerade im Hinblick auf spezielle Legalenteignungen entwickelt worden ist, einen — viel zu wenig beachteten — schweren Stoß erhalten, denn (darauf wird zurückzukommen sein) wenn die *Legal*enteignung „Enteignung" ist, dann kann das Kriterium des Enteignungsbegriffes nicht der *spezielle* (ungleiche) Eingriff sein. Dem Einwand, daß die Legalenteignung heute nur eine rein theoretische Konstruktion sei, mit der sich bei der Klärung des dem juristischen *Alltag* angehörenden Enteignungsbegriffes nicht argumentieren lasse, versuchen wir unten (Fn. 31) zu begegnen.

[9] Hierin sehen wir in Übereinstimmung mit *Bachof*, Die verwaltungsgerichtliche Klage auf Vornahme einer Amtshandlung (1951), S. 118, das entscheidende Argument, das verbietet, von der Tatsache, daß der durch *rechtmäßigen* Eingriff Geschädigte Ersatz verlangen kann, auf einen *allgemeinen Obersatz* zu schließen, wonach auch der durch *schuldlos-rechtswidrigen* Eingriff zu Schaden Gekommene immer zu entschädigen sei. Bei diesem üblich gewordenen Schluß wird übersehen, daß kein Staat, auch der Rechtsstaat nicht, auf das Privileg verzichtet, durch seine Organe schuldlos irren zu dürfen, ohne unbedingt auch vermögensrechtlich liquidieren zu müssen. Positivrechtliche Argumente: 1. Selbst beim intensiv mißbilligten *schuldhaft-rechtswidrigen* Staatshandeln kann sich der Staat im Normalfall (durch Risikoverlagerung auf den ersatzverpflichteten Dritten gem. § 839 I S. 2 BGB) freistellen. Soll dies bei dem Weniger des *schuldlosen* Irrens nur für den entgangenen Gewinn (den eigentlichen „Schadensersatz") gelten und soll eine Risikoverlagerung für die „Entschädigung" niemals möglich sein? — 2. Auch schuldlos-rechtswidrige Verwaltungsakte werden formell rechtskräftig. Die durch den Ablauf der Ausschlußfristen eintretende Unanfecht-

2. Aus dem Hauptgrundrecht der Freiheit, in Verbindung mit dem der Gleichheit, ergibt sich folgender Obersatz: Will der Staat im überwiegenden öffentlichen Interesse einen Eingriff in die Freiheit, obwohl dieser Eingriff ein besonderes, anderen nicht obliegendes Opfer fordert, dann handelt er rechtmäßig, weil er — und nur deshalb, weil er — gezwungen durch das Gleichheitsgebot von vornherein ebenso will, daß das ungleiche Opfer ausgeglichen wird. Anders ausgedrückt: *Der „Gleichheitssatz" wird zum „Ausgleichssatz", wenn er aus Gründen des überwiegenden öffentlichen Interesses durch Auferlegung besonderer, also ungleicher Opfer durchbrochen werden muß.*

Zur Verdeutlichung des Gesagten verweisen wir auf die klassische Ausformung des „Ausgleichssatzes", die sich in den §§ 74, 75 EinlALR findet. Die gesetzestechnische Trennung in dem zum „Dulden" verpflichtenden § 74 und den zum „Liquidieren" berechtigenden § 75 meint *einen* einzigen Vorgang. Der § 74 ist in untrennbarem Zusammenhang mit § 75 zu lesen. Es gibt keine Realisierung des § 74 ohne die Realisierung des § 75, und nur weil § 75 mit § 74 untrennbar verbunden ist, ist

---

barkeit macht den Verwaltungsakt und seine vermögensrechtlichen Nachteile irreparabel, ohne daß eine Heilung durch nachträglichen Vermögensausgleich eintreten könnte. Vor Fristablauf ist die *Kassation* des fehlerhaften (schuldlos rechtswidrigen) Verwaltungsaktes die *Entschädigung* (d. h. die Wiederherstellung des früheren Zustandes), zu der der Rechtsstaat allein bereit ist. (Mit *Bachof* möchten wir einen „Folgenbeseitigungsanspruch" nur dort anerkennen, wo der Verwaltungsakt trotz der Warnungsfunktion eingelegter Rechtsbehelfe sofort vollzogen wurde. Hier nimmt der Staat letzten Endes den möglicherweise nötigwerdenden Schadensausgleich *bewußt* in Kauf.) — 3. Die §§ 95 II mit 79 BVerfGG mit ihrer eigenwilligen Folgenbeseitigungsregelung (Vermögensverschiebungen, die auf Grund eines später für verfassungswidrig erklärten Gesetzes erfolgten, sind irreparabel) zeigen, daß der moderne Gesetzgeber keinen allgemeinen Obersatz, wonach jeder schuldlos-rechtswidrige Staatseingriff vermögensrechtlich auszugleichen sei, anerkennt. Für schuldhaft-rechtswidrige und schuldlos-rechtswidrige Eingriffe des *„Gesetzgebers"* vgl. neuestens *Schack*, MDR 1953, S. 514 ff., mit billigenswerten Ergebnissen. U. E. mußte aber das von *Schack* am Schluß nur angedeutete Argument, daß es bei der Verfassungsbeschwerde keine vermögensrechtliche Folgenbeseitigung gibt, durch einen Schluß a maiore ad minus zum *entscheidenden* positivrechtlichen Obersatz eines *Entschädigungs*ausschlusses bei legislativem Unrecht verstärkt werden, so daß von vornherein nur eine *Schadens*ersatzpflicht für schuldhaftes Handeln der Gesetzgebungsorgane, die dann von *Schack* zu Recht verneint wird, diskutabel gewesen wäre. — 4. Seit der Modellentscheidung RGSt 72, 311 ist unstreitig, daß das Einschreiten eines Beamten auf Grund pflichtgemäßen Ermessens auch dann rechtmäßig ist, wenn das Ergebnis seiner Prüfung sachlich (objektiv) falsch ist. Der Staat nimmt hier seit jeher das Recht für sich in Anspruch, den Widerstand gegen seinen solcherweise schuldlos irrenden Beamten zu bestrafen, und war nie gewillt, sich dieses Recht vermögensrechtlich zu erkaufen. Hier, bei *Verwaltungsakten tatsächlicher Art*, wird also die Rechtsfigur des schuldlos-rechtswidrigen Eingriffs überhaupt nicht anerkannt. (Dieser Konstruktion zufolge würden wir entgegen *Forsthoff*, VerwR, S. 271 ff., seinen Impfschadenfall nicht in das System der schuld*los*-rechtswidrigen Eingriffe verweisen. Der Eingriff war entweder schuld*haft*-rechtswidrig oder recht*mäßig*.)

die Durchführung des § 74 rechtmäßig. Dulden und Liquidieren erfolgen zwar praktisch in Form eines Nacheinander, begrifflich aber bilden sie ein Junktim.

3. Dieser *Opferausgleichssatz* fragt nicht nach der Art des Grundrechts, in das eingegriffen wird, und ist *keinesfalls nur auf das Vermögensrecht im Sinne des Art. 14 GG beschränkt.* Ihm unterfallen auch die Grundrechte auf „Leben", „körperliche Unversehrtheit" usw.[10]. Das Enteignungsentschädigungsrecht ebenso wie das Entschädigungsrecht beim sogen. polizeilichen Notstand (vgl. §§ 21, 70 ff. PrPVG) sind nun nichts anderes als ausdrücklich positivierte Unterfälle des Obersatzes, daß vom Staat bewußt gewollte besondere Opfer auszugleichen sind, also Unterfälle des im Gleichheitssatz enthaltenen Opferausgleichssatzes.

4. Daß der BGH in seinem Grundsatzbeschluß vom 10. 6. 1952 (mit Recht) daran festhält, daß dem Opferausgleichssatz gegenüber dem Enteignungsrecht noch eine durchaus selbständige Bedeutung zukommt, ist nicht überraschend[11], obwohl sich das Gericht angesichts seines weiten

---

[10] Dies dürfte nach dem begrüßenswerten Impfschadenurteil des BGH v. 19. 2. 1953, BGHZ 9, 83 = JZ 1953, S. 463 mit zustimmender Anm. v. *W. Jellinek* jetzt juristisches Allgemeingut sein. — Dagegen erscheinen zu den *§§ 74, 75 EinlALR,* in denen der heute aus der Verfassung herzuleitende Ausgleichssatz vorgeformt ist, nach wie vor folgende Hinweise nötig: 1. Die beiden Bestimmungen erwecken den Anschein, als stimmten der Begriff „besondere Rechte" und der Begriff „besondere Vorteile" inhaltlich nicht überein. Seit RG, Gruchot 56 (Beiheft), S. 1118 steht jedoch fest: „... unter ‚besonderen Vorteilen' ist nichts anderes zu verstehen als ‚besondere Rechte', aus denen sich Vorteile ergeben; das Wort ‚Vorteile' ist nur zur weiteren Verdeutlichung desjenigen, das aufgeopfert sein muß, hinzugefügt ... Einzelne Vorteile, die aus einem tatsächlichen Zustand erwachsen, auf dessen Fortdauer kein Recht besteht, sind nicht ‚besondere Rechte und Vorteile'." (Am Erfordernis des „Rechtes" hält auch noch BGHZ 8, 273 [275] fest; die zur Entscheidung nicht nötigen anschließenden Erörterungen des BGH, in denen er Entschädigung auch „erheblicher Beeinträchtigungen" des Gemeingebrauchs in Aussicht stellt, wären allerdings besser unterblieben.) — 2. Es dürfen sich in das Aufopferungsrecht nie wieder Bereicherungserwägungen einschleichen, wie sie plötzlich in RGZ 122, 302 auftauchen, wo der Unfall eines Pflichtfeuerwehrmannes u. a. deshalb nicht entschädigt wurde, weil der „vermögensrechtliche Gewinn für das Gemeinwesen" fehle. — 3. Der Opferausgleichssatz gilt als Bundesverfassungsrecht im ganzen Geltungsbereich des Grundgesetzes (vgl. demgegenüber die Zweifel des Württ.-Bad. VGH, JZ 1951, S. 86, und die allzu schnelle Verneinung des Bay. VerfGH, VerwRspr. 1, S. 300, die übrigens in Bayern selbst auf Widerspruch stieß; vgl. *Wintrich,* Festschr. f. Laforet, S. 243, Fn. 40). Er ist aber territorial dort in die Subsidiarität gedrängt, wo er ausdrücklich normiert ist, und gilt auch gegenständlich nur subsidiär.

[11] Die von *Stödter,* Öffentlich-rechtliche Entschädigung (1933), S. 190, 237, 239, zunächst vertretene, aber später selbst nicht mehr ernsthaft verteidigte Meinung (DV 1948, S. 22), daß Art. 153 WRV seinerzeit die landesrechtlichen Bestimmungen über den Aufopferungsanspruch, insbesondere die §§ 74, 75 EinlALR gedeckt und aufgehoben habe, hat sich nicht durchgesetzt. Trotz

Enteignungsbegriffes wird mühen müssen, auf *vermögensrechtlichem* Gebiet überhaupt noch einen Anwendungsraum für den Opferausgleichssatz zu finden[12]. Neu in der Geschichte unseres Problems ist jedoch, daß der BGH erstmalig expressis verbis die Enteignung auf den Gleichheitssatz als die gemeinsame Wurzel zurückführt[13]. Die Sätze: „Der Verstoß gegen den Gleichheitssatz kennzeichnet die Enteignung. Gerade um ihn wieder auszugleichen, fordert die Enteignung eine diesen Ausgleich gewährleistende Entschädigung" sind zutreffend, aber nach dem oben Gesagten etwas irreführend. Ein *„Verstoß"* gegen den Gleichheitssatz würde die Enteignung rechtswidrig machen, obwohl sie der Musterfall des rechtmäßigen Staatseingriffes ist. Die Entschädigung kann selbstverständlich den Verstoß gegen den Gleichheitssatz ebensowenig heilen, wie etwa eine Enteignung, die nicht im öffentlichen Interesse, sondern nur im fiskalischen Interesse erfolgt wäre, in ihrer Rechtswidrigkeit durch die nachträgliche Entschädigung konvaleszieren würde. Die Enteignung ist ein *rechtmäßiger* Eingriff, weil sich der Staat bei dem im öffentlichen Interesse gewollten ungleichen Eingriff von vornherein durch seine Entschädigungsbereitschaft dem aus dem Gleichheitssatz fließenden Opferausgleichssatz unterwirft.

---

der Auflösung des Enteignungsbegriffes hat das RG in ständiger Rechtsprechung (vgl. z. B. RGZ 112, 98; 113, 304; 118, 26; 156, 209) daran festgehalten, daß die Bestimmungen der §§ 74, 75 EinlALR auch neben Art. 153 WRV noch Gültigkeit besäßen. Umgekehrt ist auch niemals behauptet worden, daß der allgemeine Aufopferungsanspruch im Eigentumsartikel der Verfassung seine positivrechtliche Stütze hat, so daß man gezwungen wäre, in Art. 153 WRV und Art. 14 GG abschließende Regelungen des vermögensrechtlichen Ausgleichsrechts zu sehen.

[12] Die in Fn. 10 erwähnte Entscheidung BGHZ 8, 273 legt den Verdacht nahe, daß der BGH plant, auf vermögensrechtlichem Gebiet für den Grundgedanken aus §§ 74, 75 EinlALR einen verbleibenden Anwendungsraum zu *erfinden*. Die „erheblichen Beeinträchtigungen", deren Entschädigung der BGH in Aussicht stellt, können nach seinen eigenen einleitenden (richtigen) Ausführungen doch nur Beeinträchtigungen eines *„Rechts"* sein. Das Gericht wird uns nie beantworten können, was nun an „Vorteilen", „tatsächlichen Möglichkeiten" und „Interessen" — entgegen der bisherigen Meinung, die in der Stellung des Anliegers eine tatsächliche Position sieht und nur Teilrechte des Anliegers anerkennt, wenn unmittelbar das Eigentumsobjekt selbst teilrechtsvernichtend angegriffen wird (Recht auf Zugang, auf Licht und Luft, auf Zuleitung von Wasser und Strom) — plötzlich zum „Recht" erstarkt sein soll. Die Lage des Grundstücks in der sozialen Umwelt hat niemals die Qualität eines subjektiven öffentlichen Rechts.

[13] In der autoritativen Erstmaligkeit des Ausspruchs liegt das klärende Verdienst des BGH-Beschlusses. Daß das Enteignungsentschädigungsrecht seine Wurzel im materiellen Gleichheitsgebot hat, hat man seit jeher gespürt und spätestens seit der Einzeleingriffstheorie auch gewußt.

II. Die verfassungsrechtlichen Argumente gegen die herrschenden Theorien zum Enteignungsbegriff

Durch die ausdrückliche Zurückführung des Enteignungsbegriffes auf den Gleichheitssatz haben selbstverständlich jene Abgrenzungstheorien neuen Auftrieb erhalten, die seit jeher in der Enteignung ein „besonderes“ (also „ungleiches“) „Opfer“ sahen. Es erweckt heute den Anschein, als seien überhaupt nur noch die vom BGH nachdrücklich vertretene Einzeleingriffstheorie und *W. Jellineks* Schutzwürdigkeitstheorie, der wohl *Stödters* Zumutbarkeitslehre und *Forsthoffs* Aufopferungslehre gleichzusetzen sind, übrig geblieben. Mit dem Ausschließlichkeitsanspruch des Siegers verkünden diese Lehren, daß eine entschädigungspflichtige Enteignung nur — dann aber auch immer — gegeben sei, wenn die auferlegte Beschränkung nach ihrer Schwere und Tragweite unter Verletzung des Gleichheitssatzes ein besonderes Opfer bedeute. Die Nuancen liegen darin, daß die Einzelaktstheorie dieses „besondere Opfer“ noch in etwa formal bestimmt (der allgemeine Eingriff ist danach niemals „besonderer“ Eingriff, der spezielle Eingriff ist immer ein „besonderer“, also ungleicher, eine „Enteignung“ darstellender Eingriff), während die übrigen drei genannten Theorien nur noch nach materiellen Gesichtspunkten auf die Intensität des Eingriffs abstellen. Das gemeinsame Kriterium aber ist das „besondere Opfer“, und anscheinend wagt niemand mehr *die Frage, ob die Gleichung: „Enteignung immer besonderes Opfer“ nach positivem Verfassungsrecht wirklich den Umkehrschluß: „Besonderes (vermögensrechtliches) Opfer immer Enteignung“ zuläßt.* Man kann schon von einer Art unkritischen Siegerstolzes sprechen, mit dem sich diese Lehren über die sofort zu schildernden verfassungsrechtlichen Widerstände hinwegsetzen, und mit dem sie beispielsweise *Ipsens* Göttinger Referat, das in *diesem* Punkt von ehrlicher (den Referenten ehrender) Unsicherheit über die Lösung gekennzeichnet war[14], sofort für sich buchten[15].

1. Man darf doch nicht permanent übersehen[16], daß *Art. 14 von Art. 19 I umspannt* wird und ihm unterworfen ist. Diese neuartige Bestimmung, für die es mit Ausnahme von Art. 63 HessVerf. kein Gegenstück gibt, muß sich naturgemäß auch bei der Auslegung des Art. 14 auswirken. Art. 19 I S. 1 verweist den Gesetzgeber wieder in seinen

---

[14] VVDStRL 10 (1952), S. 94.

[15] Ipsen hat sich, wie die Diskussionsprotokolle (VVDStRL 10 [1952], S. 171) zeigen, unter den „Sonnenstrahlen“ des Lobes von seiten dieser Theorien durchaus nicht wohlgefühlt. Das konnte auch nicht anders sein, denn es hat sich, seit der klassische Enteignungsbegriff aufgegeben wurde, *kein* Öffentlichrechtler mehr beim Abgrenzungsthema wohlgefühlt.

[16] Vorbildlich bisher *Krüger,* DVBl. 1950, S. 626, und *Haas,* MDR 1951, S. 651.

ureigensten Aufgabenbereich der generellen und abstrakten Normierung und verbietet eine Verwaltung durch Gesetz, wenn es sich um Grundrechtskollisionen handelt. Die berühmte Streitfrage des deutschen Staatsrechts, ob Individualgesetze möglich sind, ist — wenigstens bei grundrechtseinschränkenden Gesetzen — positivrechtlich klar verneint[17]. Vor allem sind nach Art. 19 I S. 1 also auch Individualenteignungen durch Gesetz verboten[18]. Individualgesetze sind nichtig, gleichgültig, ob sie nach Art. 14 I S. 2 Eigentumsbeschränkungsgesetze oder nach Art. 14 III Enteignungsgesetze sind.

Nun ist aber die ganze Einzeleingriffstheorie gerade im Hinblick auf spezielle Legalenteignungen entwickelt worden. Hätte die WRV eine dem Art. 19 I S. 1 GG entsprechende Bestimmung gekannt, so wäre gar kein Grund für das Auftreten der Einzelaktstheorie vorhanden gewesen. Die Frage, ob ein gesetzlicher Einzeleingriff vorgelegen hätte, wäre allein eine Frage der Gültigkeit oder Nichtigkeit des Gesetzes gewesen, ohne daß es nötig gewesen wäre, das Gesetz auf seinen angeblichen Enteignungscharakter hin nachzuprüfen. Die Einzeleingriffstheorie „setzt voraus, daß ein solches Einzelgesetz an sich verfassungsmäßig sei, aber als Enteignung in Form des Gesetzes die Entschädigungspflicht auslöse"[19]. Heute aber ist ein solches Einzelgesetz nichtig, und *der von der Einzeleingriffstheorie angesprochene Tatbestand ist als Enteignungstatbestand von vornherein unmöglich.* Wenn unser positives Verfassungsrecht dennoch „Legalenteignungen" durch Gesetz vorsieht, dann kann es sich hierbei nur um generelle Gesetze handeln. Die Gleichung der Einzeleingriffstheorie: spezieller Eingriff = ungleicher Eingriff (Enteignung) und: genereller Eingriff = gleicher Eingriff (normative Eigentumsbeschränkung) stimmt nicht mehr, denn die Legalenteignung ist genereller Eingriff und dennoch Enteignung, wird also vom positiven Recht trotz generellen Eingriffs als „besonderes Opfer" angesehen. Die Einzeleingriffstheorie kann, wie *Krüger* als erster erkannte, nicht mehr gehalten werden, obwohl neuerdings die ganze Autorität des BGH hinter ihr steht. Das Grundgesetz selbst sieht auf keinen Fall mehr in der *speziellen Form des Eingriffs* das Kriterium für das möglicherweise als Enteignung anzusprechende „besondere Opfer".

Nun wäre es aber auch verfehlt, wenn die verbleibenden materiellen Theorien schließen würden, daß folglich nach dem Willen des Grundgesetzes auch bei generellen gesetzlichen Bestimmungen die *Intensität*

---

[17] Das ist ein später, aber klarer Sieg *Carl Schmitts* (vgl. seine Verfassungslehre, S. 138 ff.).

[18] Vgl. Abg. *Dehler*, Stenoprot. HA, S. 592. Mit Recht unterstellt *von Mangoldt*, GG-Komm., Art. 19 Anm. 3, auch Sozialisierungsgesetze diesem Verbot.

[19] *Krüger*, DVBl. 1950, S. 626.

des Eingriffs das entscheidende Kriterium des „besonderen Opfers" sei. So richtig das Argument dieser Lehren ist, daß durch das Moment der Individualisierung allein der Tatbestand der ungleichen Belastung noch nicht erfüllt ist[20], so wenig können sie es der Einzelaktstheorie widerlegen, daß eine generelle Belastung als solche sicherlich keine ungleiche Belastung ist, denn sonst wären alle Steuergesetze Enteignungsgesetze. Wenn individuelle Beschränkungen verboten sind (Art. 19 I S. 1), dann können die allein noch möglichen generellen Eingriffe keine „besonderen" Opferlagen *schaffen,* sondern nur im konkreten Fall zur Folge haben. Wenn sich die materiellen Theorien nicht mit der These zufrieden geben, daß die generelle *Richtung* des Gesetzes auch die gleiche *Wirkung* im Gefolge hat, dann müssen sie, gleichgültig, ob es sich um ein Eigentum entziehendes oder beschränkendes Gesetz handelt, auf die *konkrete* Wirkung bei jedem einzelnen gesetzesunterworfenen Eigentümer abstellen. Wenn die Intensität für das Vorliegen einer Enteignung maßgeblich ist, dann wäre diese Intensität selbst bei der abstraktesten und generellsten Eigentumsbeschränkung für jeden Gesetzesunterworfenen verschieden, und derselbe Eingriff würde — je nach Zumutbarkeit oder Schutzwürdigkeit — im konkreten Fall bald Enteignung, bald Auferlegung einer normativen Eigentumsbeschränkung sein. Daß damit der rechtsanwendende Richter letztlich zu entscheiden hat, was im konkreten Fall Enteignung ist, wäre an sich noch nicht schlimm, wenn nicht dieser Richter damit sofort in den unheimlichen circulus vitiosus hineingeriete, auch die Verfassungsmäßigkeit der *generellen* Regelung, die den Enteignungscharakter vermissen läßt, in Frage stellen zu müssen.

2. Es konnte ferner nicht bedeutungslos bleiben, wenn unser Verfassungsrecht unstreitig nur noch Enteignungen durch *förmliches* Gesetz oder auf Grund eines *förmlichen* Gesetzes zuläßt, das auch den Art. 14 ausdrücklich nennen muß (Art. 19 I S. 2). Das Enteignungsgesetz muß also von den gesetzgebenden Körperschaften des Bundes oder der Länder im ordentlichen Gesetzgebungsverfahren beschlossen sein. Wenn man dem Grundgesetz nicht unterstellen will, daß es überhaupt eine Staatstätigkeit durch ortsnahes, sachlich differenzierendes Verordnungs- und Satzungsrecht unmöglich machen wollte, dann muß man hierin eine verfassungsrechtliche Entscheidung sehen, daß der förmliche Gesetzgeber und allenfalls noch der das förmliche Gesetz überprüfende Verfassungsrichter, niemals aber der rechtsanwendende Richter den alleinigen Maßstab dafür liefert, was als Enteignungsgesetz gewollt und was folglich bei seiner Anwendung als „Enteignung" anzusehen ist. Unter dem Rang des Gesetzes stehende Normen können schon aus formellen

---

[20] *Stödter,* DÖV 1953, S. 99; *Forsthoff,* JZ 1952, S. 628.

Gründen nicht enteignen. Und hier scheitert die materielle Abgrenzungslehre zum zweiten Male. Setzt man den Fall, daß ein auf Grund einer allgemeinen Bauordnung erlassenes Bauverbot wegen Unzumutbarkeit als „Enteignung" des Betroffenen angesprochen wird, dann muß der Richter auch die entsprechende ermächtigende Verordnung als „Enteignungsgesetz" ansprechen. Diese Bauordnung hat mit Recht natürlich nicht an das Entschädigungsjunktim des Art. 14 III S. 2 gedacht. Selbst wenn nun der Richter mit der rechtsirrigen (noch zu besprechenden) Erwägung helfen wollte, die allgemeine Entschädigungsregelung sei bereits in der Verfassung erfolgt und überlagere gewissermaßen von vornherein die verfassungswidrige Nichtregelung der Entschädigung, dann stünde er immer noch vor der Tatsache, daß nach geltendem Recht nur ein förmliches Gesetz enteignen oder zur Enteignung ermächtigen kann. Die Zumutbarkeitstheorie stellt jeden Rechtsanwender vor Problemlagen, deren Lösung ihm — man entschuldige das Wortspiel — nicht zuzumuten ist.

3. Außerdem stehen wir erstmalig im deutschen Verfassungsrecht vor einem Phänomen, mit dem die materiellen Abgrenzungstheorien nie fertig werden *können.* Der ausschließlich zuständige *Enteignungsgesetzgeber ist durch das Entschädigungsjunktim des Art. 14 III S. 2 gezwungen, im Gesetz Art und Ausmaß der Entschädigung zu regeln.* (Man beachte das Wort *„regeln"*.) Von Theorie und Praxis zunächst kaum beachtet, vollzog sich mit diesem Verfassungsbefehl wohl die weitesttragende Umwälzung im Enteignungsrecht. Wir geben zu, daß sich offensichtlich der Verfassungsgeber selbst nicht über die Tragweite dieser Norm im klaren gewesen zu sein scheint. Aber sie steht nun einmal glasklar als Verfassungssatz vor uns. Sie hat auch die Verfechter der materiellen Enteignungstheorien bereits zu ganz eigenartigen Rückzugsgefechten gezwungen.

W. Jellinek[21] spricht von einem ungeschriebenen Rechtssatz, nach dem jeder erhebliche Eingriff in die vermögensrechtliche Rechtssphäre als Enteignung aufzufassen sei und zu einer angemessenen Entschädigung verpflichte. „Dieser ungeschriebene Rechtssatz hat sich so sehr dem Rechtsbewußtsein eingeprägt, daß er die Weimarer Verfassung überlebt hat und als ungeschriebener Rechtssatz auch heute noch gilt. Erkennt man diese Ansicht als richtig an, dann fällt es auch nicht schwer, diesen ungeschriebenen Rechtssatz als das im Grundgesetz Art. 14 III S. 2 vorgesehene ‚Gesetz' anzusehen, das Art und Ausmaß der Entschädigung regelt." Aber abgesehen davon, daß nun seit Jahrzehnten ein permanenter Krieg aller gegen alle um die Frage geführt wird, ob nun tatsächlich auch *jeder* erhebliche Eingriff in die vermögensrechtliche Rechtssphäre als entschädigungspflichtige Enteignung aufzufassen sei, so daß schon hierbei von Gewohnheitsrecht keine Rede sein kann[22], kann man doch wohl kaum davon sprechen, daß angesichts des ebenso

---

[21] DVBl. 1951, S. 283 f.

heftigen Streites über den früheren Begriff „angemessen“ ein klarer gewohnheitsrechtlicher Satz existiert, der einmal der jetzigen eigenwilligen Interessenabwägungsklausel des Art. 14 III S. 3 entspricht und zum anderen eine dem Art. 14 III S. 2 genügende „Regelung von Art und Ausmaß der Entschädigung“ darstellt.

Forsthoff[23] verdammt Art. 14 III S. 2 ebenfalls zur Überflüssigkeit. Nach ihm kann bei über die Entschädigung nicht befindenden Gesetzen die fehlende Entschädigungsregelung dem mit Verfassungsvorrang geltenden Art. 14 GG entnommen werden. So leicht geht es aber nicht. Man kann nicht die in Art. 14 III S. 2 enthaltene Verfassungsnorm, die den Gesetzgeber zur Regelung von Art und Ausmaß der Entschädigung zwingt, negieren und allein dem Satz 3 Verfassungsvorrang beimessen. Verfassungsrang und damit „Verfassungsvorrang“ gegenüber dem einfachen Gesetz haben *beide* Sätze. Selbst wenn man den Verfassungsbefehl, die „Art“ der Entschädigung zu regeln, worüber Satz 3 ganz gewiß nichts aussagt, unbeachtet ließe, dann kann man nicht unterstellen, daß es bedeutungslos sei, wenn Satz 2 die Regelung des „Ausmaßes“ der Entschädigung befiehlt, obwohl nach *Forsthoff* dieses Ausmaß bereits im folgenden Satz 3 hinreichend deutlich festgelegt ist.

Der Gesetzgeber ist nicht nur gehindert, gewissermaßen stillschweigend auf Art. 14 III Satz 3 zu verweisen, sondern ist durch Satz 2 eindeutig auch gezwungen, sich eingehend mit der Entschädigungsregelung zu befassen und nähere Bestimmungen, als sie in Satz 3 enthalten sind, zu treffen[24]. Wenn es überhaupt zwingende Formvorschriften gibt, dann ist *Art. 14 III Satz 2* eine solche *zwingende Norm, deren Nichtbeachtung das Gesetz nichtig macht.*

Es kann auch nicht zweifelhaft sein, daß die Warnungsfunktion dieser Formvorschrift gegen den Gesetzgeber gerichtet ist und ihre Beachtung nicht der vollziehenden Verwaltung überbürdet werden kann. Ein nicht über die Entschädigung befindendes Gesetz muß von der Exekutive als Nichtenteignungsgesetz gewertet werden können. Man überfordert die Vollzieherrolle der Verwaltung, wenn man von ihr verlangt, jeden auf Grund eines nicht als Enteignungsgesetz erkennbaren Gesetzes ergehenden Verwaltungsakt, sofern er nach der subjektiven, noch mehr-

---

[22] Es gibt nach geltendem Recht gerade *keine* gewohnheitsrechtlich zulässigen Enteignungen. Das Gewohnheitsrecht kann dann aber auch nicht den erheblichen Eingriff in die Vermögenssphäre zur Enteignung stempeln.

[23] VerwR, S. 260. *Forsthoff* kann zwar nicht auf Grund seines Lehrbuchs, wohl aber doch auf Grund seiner Mitarbeit am *Weinheimer Gutachten* (Schriftenreihe des Bundesministers für Wohnungsbau, Heft 1, 1952) als entschiedener Anhänger der materiellen Abgrenzungstheorien bezeichnet werden. Im Lehrbuch, S. 275 ff., müht er sich (mit Recht) noch um einen festen Begriff der Enteignung und hält vor allem noch am Erfordernis des „konkreten Unternehmens“ fest.

[24] Vgl. *Abraham*, Bonner Komm., Art. 14 II 9; *Nawiasky*, Grundgedanken, S. 31; *v. Mangoldt*, Art. 14, Fn. 5. *Ehrenforth*, der Spezialist in Fragen der Entschädigungsmodalitäten, bestreitet dem Gesetzgeber nachdrücklich das Recht, sich auf bloße Wiedergabe des Inhalts des Art. 14 III S. 3 zu beschränken (DVBl. 1950, S. 629).

fach überprüfbaren Anschauung der Behörde Enteignungscharakter hat, zunächst einmal hypothetisch mit der Entschädigungsklausel zu versehen, um den Verwaltungsakt vor Nichtigkeit zu bewahren. Wenn man den konkreten Verwaltungsakt an die Beachtung des verfassungsrechtlichen Entschädigungsjunktims bände, dann ergäbe sich die bizarre Lage, daß der gebundene Vollzug eines Gesetzes, der nicht gleichzeitig die verfassungsrechtliche Entschädigungsklausel beachtet, plötzlich wegen Verfassungswidrigkeit fehlerhaft ist, obwohl das den Vollzug anordnende Gesetz angeblich trotz Nichtbeachtung des Art. 14 III S. 2 wirksam sein soll. Es ist doch ganz einfach so: Entweder ist das den Vollzug anordnende Gesetz, wie wir es annehmen, wegen Verstoßes gegen Art. 14 III S. 2 nichtig — dann darf es von der Verwaltung überhaupt nicht vollzogen werden und es muß also von der Maßnahme selbst Abstand genommen werden. Oder aber das Gesetz ist wirksam, jedoch verfassungsgerichtlich aufhebbar, dann kann es bis zur Aufhebung *rechtmäßig* selbstverständlich *so* vollzogen werden, wie es ist, also im konkreten Fall ohne formelle Beachtung des Entschädigungsjunktims. Anders ausgedrückt: *Das Risiko der Nichtigkeit bei Nichtbeachtung des Entschädigungsjunktims trägt allein der Gesetzgeber.*

4. Gälte in unserem Verfassungsrecht wirklich die Zumutbarkeitstheorie (Schutzwürdigkeits-, Aufopferungstheorie), dann lebten wir in *folgender verfassungsrechtlicher Situation,* die allein zu schildern schon die Ablehnung der materiellen Abgrenzungstheorien bedeutet.

Alle Gesetze, die irgendwie die Vermögenssphäre tangieren (und welches Gesetz auf dem Gebiet des Bau-, Wirtschafts- und Preisrechts täte dies nicht), können im konkreten Anwendungsfall, selbst wenn sie noch so abstrakt-generell sind, zu einem vom Gesetzgeber weder beabsichtigten noch vorausgesehenen unzumutbaren Eingriff in die Vermögenssphäre des Einzelnen führen. Anhand dieses konkreten Falles wird dann nicht nur der Eingriff in die Vermögenssphäre selbst zur erkennbar vom Gesetz nicht gewollten „Enteignung“ gestempelt, sondern auch die Frage nach der Qualifikation des Gesetzes als eines „Enteignungsgesetzes“ aufgeworfen. Möglicherweise nach Jahren und nach einem langwierigen Prozeß „erkennt“ irgendein Rechtsanwender das längst überall praktizierte Gesetz als „Enteignungsgesetz“. Von nachträglichen, weitgehend subjektiven Erwägungen über die Zumutbarkeit des konkreten Vermögensrechtseingriffes hängt dann die Frage ab, ob das Gesetz vor der Verfassung gilt. Man kann sich im Wohlfahrtsstaat, selbst wenn man ihn neuerdings zu Unrecht auf nur „marktkonforme“ Gesetze festlegen will und ihm auch den lenkenden „Dirigismus“ verwehren will, kaum noch Gesetze vorstellen, die frei von dieser Gefahr sind, eines Tages als verfassungswidrige Enteignungsgesetze erkannt (?)

zu werden. Jedes förmliche Gesetz, das die Vermögensrechtssphäre berührt, ist angesichts der Junktimklausel des Art. 14 III gewissermaßen in seiner Gültigkeit auflösend bedingt durch eine bei seinem Vollzug auftauchende besondere unzumutbare Opferlage. Verordnungen, die plötzlich als enteignende Normen erkannt (?) würden, wären als Enteignungsnormen überdies schon wegen Verstoßes gegen Art. 19 I nichtig. Daß im übrigen beim normalen Typ der Lenkungsgesetze der Gesetzgeber die Entschädigung in einer der Verfassung genügenden Form gar nicht regeln *kann*, wird niemand bestreiten.

5. Angesichts dieser durch die neuen Normen des Art. 19 I S. 1 und 2 und des Art. 14 III S. 2 eingetretenen verfassungsrechtlichen Lage, muß heute von den materiellen Abgrenzungstheorien die Widerlegung folgender juristischer Erkenntnis verlangt werden:

Die Bindung der eine Enteignung darstellenden Vorgänge an die Formvorschriften des Art. 19 I und die von der Verfassung geforderte Koppelung von Enteignung und Entschädigungsregelung nach Art. 14 III S. 2 ist verfassungsrechtlich nur möglich, wenn der Gesetzgeber klare Vorstellungen von dem eine Enteignung darstellenden Vorgang hat, also wenn er *enteignen will.*

Die materiellen Abgrenzungstheorien werden uns die Widerlegung der juristischen Tatsache schuldig bleiben, *daß die Verfassung davon ausgeht, daß nur ein ganz bestimmter, jederzeit objektiv und abstrakt feststellbarer Vorgang eine Enteignung ist.* Die Verfassung, so wie sie sich — gelöst vom subjektiven Willen ihrer Väter — dem durch keine Theorien voreingenommenen Rechtsausleger und Rechtsanwender darstellt, geht von einem (— wie wir sehen werden — allerdings modifizierten) klassischen Enteignungsbegriff aus, eine Erkenntnis, der sich selbst der Begründer der Schutzwürdigkeitstheorie, *W. Jellinek*[25], nicht ganz verschließen konnte.

III. Umkehr zu einem modifizierten klassischen Enteignungsbegriff

Selbstverständlich ist aber die Verfassungsentwicklung auch am klassischen Enteignungsbegriff nicht spurlos vorübergegangen.

1. *Es gibt keine Rückkehr mehr zu einem nur auf Sachen beschränkten Enteignungsbegriff*[26].

[25] DVBl. 1951, S. 284: „Gedacht hat der Gesetzgeber sicher in erster Linie an die klassische Enteignung ...“ Vgl. auch im Landesstaatsrecht Art. 45 II HessVerf. und Art. 8 Württ.-BadVerf., in denen förmliche „Verfahren“ vorgeschrieben sind, die es doch nur bei der klassischen Enteignung geben kann, aber nicht bei an sich generellen Eigentumsbeschränkungen, die nur im konkreten Fall zum unzumutbaren besonderen Opfer auflaufen.

Die rechtslogische Konstruktion aus dem Gesamtsystem der Grundrechte, die dies verbietet, verläuft wie folgt:

Obersatz: Aus der grundgesetzlichen Ausgangsentscheidung für die Würde des Menschen und dem in Art. 2 I anerkannten Hauptfreiheitsrecht zur Entfaltung der menschlichen Vollexistenz folgt, daß der Mensch ein elementares Recht auf den Bestand auch an materiellen Gütern hat, deren er für sich und die ihm anvertraute Familie zur Sicherung eines menschenwürdigen Daseins bedarf. (Dieser hier etwas hypothetisch klingende Satz wird unten zu Ziffer 3 noch begründet.) Für dieses Elementarrecht ist es begrifflich gleichgültig, ob diese Sicherung durch Immobilien (als die beständigsten Sicherungsmittel), oder aber durch Mobilien, private Forderungs- und Mitgliedschaftsrechte erreicht wird[27]. Es müssen nur Sicherungen, d. h. (redlich erworbene, rechts-

---

[26] Diese Rückkehr ist unter Geltung des Grundgesetzes auch nicht mehr ernsthaft gefordert worden. — *Textinterpretation:* Das stärkste Argument bildete in der Weimarer Zeit Art. 138 II WRV, der neben dem Eigentum noch ausdrücklich „die anderen Rechte" erwähnte. Diese Bestimmung ist zwar über Art. 140 Bestandteil des GG geworden, aber mit redaktionellen Unexaktheiten kann man kaum argumentieren. — *Historische Interpretation:* Im Parl. Rat erfolgte keine Auseinandersetzung über den Umfang des „Eigentums" im Sinne der Verfassung, die aber unvermeidlich gewesen wäre, wenn der Parl. Rat, abweichend von dem ihm vorgelegenen *Thoma-Gutachten* („Privatvermögensrechte"), das Eigentum im technischen Sinne aufgefaßt wissen wollte. — *Zweckinterpretation:* Der sachenrechtlich aufgefaßte Eigentumsbegriff konnte auch zu sehr unerfreulichen Ergebnissen führen. *Quecke / Bußmann,* Reichsenteignungsrecht (2. Aufl. 1939), S. 3, schildern einen Fall, in dem die Stadt Berlin für einen Untergrundbahnbau zwar die Grundstücke freihändig erwerben konnte, aber nicht die Möglichkeit hatte, die bestehenden Mietverträge zu lösen. *Dingliche* Wohnrechte hätten nach dem PrEnteignG v. 1874 enteignet werden können. Sollten schuldrechtliche Mietrechte stärkeren Schutz genießen?

[27] Von diesem Ausgangspunkt her erscheint es grundsätzlich richtig, wenn der BGH (6, 270), freilich allzu apodiktisch, auch *subjektive öffentliche Rechte* der Vermögensgarantie des Art. 14 unterstellt (gebilligt von *Giese,* DRiZ 1953, S. 61; *Stödter,* DÖV 1953, S. 98; *Maunz,* Rechtsgutachten über das Bundesrundfunkgesetz, 1953, S. 16). A. M. das BVerfG in BVerfGE 1, 265 (277), aber nicht so entschieden, daß eine Korrektur seiner Ansicht ausgeschlossen erscheint. Vgl. neuestens das ebenfalls vorsichtige Urteil v. 1. 7. 1953, BVerfGE 2, 380 = JZ 1953, S. 662 mit ebenso behutsamer Anm. v. *Ipsen.* Man wird nur weiterkommen, wenn man im Sammelbegriff des subj. öffentl. Rechts Graduierungen schafft. Ausscheiden möchten wir aus Art. 14 zunächst einmal die subj. öffentl. Rechte, bei denen der Rechts*träger* seinerseits in *öffentlich*-rechtlicher Eigenschaft berechtigt ist. Demnach sind RGZ 129, 246 (Unterhaltsansprüche von Schulgemeinden an den preußischen Staat) und BayVerfGH, DÖV 1952, S. 278 (Ansprüche der Landkreise auf Staatszuschüsse) in Übereinstimmung mit *Ipsen* voll zu billigen. (U. E. ist Art. 19 III GG auf juristische Personen des öffentlichen Rechts als Herrschaftspersonen überhaupt nicht anwendbar, und wir möchten sogar in Art. 14 nicht die geeignete Waffe anerkennen, mit der sich *Fiskalate* — d. h. juristische Personen des öffentlichen Rechts in ihrer Eigenschaft als Privatrechtssubjekt — gegen Vermögensverlagerungen innerhalb des Gesamtstaatsaufbaues wehren können. Diese Abwehr hat im Raum der institutionellen Garantien, nicht aber im Raum der echten Grundrechte zu erfolgen, und im GG fehlt nicht umsonst eine dem Art. 153 II S. 4 WRV entsprechende Regelung.) Es verbleiben die subj. öffentl. Rechte der einzelnen Privaten. Hier würden wir bedenkenlos jene (landesrechtlichen) Bodennutzungsrechte, bei denen es rückschauend betrachtet als *historischer Zufall* erscheint, wenn die Berechtigten ihr Recht

beständige) Rechte und nicht bloß Chancen, Interessen, Vorteile und faktische Machtpositionen sein[28].

Untersatz: Was von diesen Gütern zur Sicherung eines menschenwürdigen Lebens notwendig ist, ist insofern unantastbar, als staatliche Zugriffe darauf nur unter voller Wertauswechselung, d. h. voller Entschädigung erfolgen dürfen, weil sonst der Wesensgehalt des Rechtes auf Bestand der für ein menschenwürdiges Leben nötigen Güter verletzt würde.

Schluß: Zwang zu voller Entschädigung des staatlichen Zugriffs aber ist Bestätigung, d. h. „Garantie" für die dem Zugriff unterliegende Gütersubstanz. Alles was in diesem Sinne bei staatlichen Zugriffen an Gütern ausgewechselt werden *muß*, ist garantiert. Das verfassungsrechtliche Gebot, die zur Sicherung des menschenwürdigen Lebens für die Persönlichkeit notwendigen Güter unter Substanzgarantie zu stellen, kann nur von einer Erscheinungsform eines Freiheitsrechts erfüllt werden, in dem die Persönlichkeit in der äußeren Güterwelt ihre Widerspiegelung findet. Die typische Widerspiegelung der menschlichen Freiheit in der äußeren Güterwelt aber ist das Eigentum, und wenn Spezialrechte zum Schutz dieser für die Persönlichkeit essentiellen Außenweltsgüter fehlen, kann nur der Eigentumsartikel der Verfassung diese Schutzfunktion erfüllen.

Endergebnis: Art. 14 I S. 1, soweit er Grundrecht und nicht nur Institutionsgarantie[29] ist, fragt nicht nach der Art der vermögenswerten Güter. *Eigentumsgarantie* ist nach dem Willen des Grundgesetzes *Garantie aller* (redlich erworbenen) *subjektiven vermögenswerten Rechte.*

Wenn es aber hinsichtlich der enteignungsfähigen Gegenstände keine Rückkehr mehr in die Zeit vor *Martin Wolff*[30] gibt, dann folgt u. E.

aus öffentlich-rechtlichen Titeln herleiten, der Vermögensgarantie des Art. 14 zuordnen. Im übrigen wird man nach der aufgewendeten Privatmühe des Erwerbs graduieren müssen. So möchten wir sicherlich diejenigen subj. öffentl. Rechte dem Art. 14 unterstellen, die sich der Einzelne zur Sicherung seines Lebens(abends) *„erdient"* („wohlerworben") hat (z. B. Sozialversicherungsansprüche, Ruhegehaltsansprüche usw. — dann aber wohl auch das Recht der Bezirksschornsteinfeger auf eine bestimmte Form der Altersversorgung, um die es doch eigentlich in BVerfGE 1, 264 ging). Umgekehrt wohnt der reinen, d. h. unerdienten Wohlfahrtsspendung durch den Staat tatsächlich von vornherein ein Widerrufsvorbehalt in Form der entschädigungslosen Entziehung inne. (Der Verfasser gesteht offen, daß das *subj. öffentl. Recht als Enteignungsobjekt* eine der ihm noch nicht ganz klaren Fragen ist, die ihn bisher hinderten, seine einschlägige Habilitationsschrift zu veröffentlichen.)

[28] Es scheiden also vor allem Marktchancen und Marktbeziehungen aus, soweit sie nicht zu Firmen- oder Warenzeichenrechten erstarkt sind. Das „Unternehmen" als solches aber kann wohl bedenkenlos dem Eigentum i. S. des Art. 14 unterstellt werden, obwohl es Rechts- und Sachgesamtheit ist. So bereits *Ballerstedt,* JZ 1951, S. 488, und für den „Gewerbebetrieb" BVerfGE 1, 277.

[29] Dazu, daß die Institutsgarantie im technischen Sinne des bürgerlichen Rechts als Sacheigentum aufzufassen ist, womit allerdings zumindest auch die Rechtsinstitute des *objektiven* Vermögensrechts Kauf, Miete, Pfandrecht gewährleistet sind, vgl. *Dürig,* ZgesStW 109, S. 343 f.

[30] Reichsverfassung und Eigentum, Festg. für Kahl (1923), S. 3. Vorher

schon daraus, daß man das Kriterium der Enteignung nicht mehr in der Auswechselung der Rechtsinhaberschaft, d. h. nicht mehr in der Rechtsübertragung oder wenigstens der wirtschaftlichen Überführung in das Vermögen eines Begünstigten, sehen kann. Gerade die nach Art. 14 ebenfalls geschützten (Forderungs-)Rechte sind auch dann „enteignet", wenn sie nur „aufgehoben" werden, ohne daß ein begünstigtes Unternehmen erkennbar ist und ohne daß auch nur zugunsten des Allgemeinwohls ein Vermögenszuwachs eintritt.

Zumindest bei Rechten kann also *nicht der Rechtserwerb oder der Vermögenszuwachs, sondern allein der Rechtsverlust das wesentliche Kennzeichen der Enteignung* sein[31].

2. Sieht man von der Aufhebung von Rechten ab, dann wird sich natürlich die verbleibende *Sachenteignung* in der Regel als *„Rechtsinhaberwechsel"*[32] im Sinne der Übertragungs- oder Überführungstheorie darstellen. Es wird sich ferner in der Regel um einen *„Güterbeschaffungsvorgang"* im Sinne *W. Webers* handeln[33], und es wird das von *Forsthoff*[34] geforderte *„konkrete Unternehmen"* vorliegen. Trotzdem können wir in allen diesen Kriterien nicht das entscheidende Wesensmerkmal der Enteignung sehen. Es wird das Verdienst der Einzelaktstheorie und der materiellen Abgrenzungstheorien bleiben, daß sie in das

---

allerdings bereits RGZ 103, 200 („lippische Rente"). Am interessantesten aus der Entwicklung: *Schelchers* Gang nach Canossa in AöR (n. F.) 18, S. 325, Fn. 4 u. 5.

[31] Hier bei Rechten hat die Legalenteignung durch Gesetz noch ihre Daseinsberechtigung. Bei Sachen ist sie in der Tat (vgl. Fn. 8) nur sehr mühsam konstruierbar (Schulbeispiele: Enteignung unmittelbar durch Gesetz bei einer bestimmten Art von Medikamenten oder Transportmitteln in Katastrophenfällen). Selbst Kriegsgesetze (z. B. ReichsLeistG) schalteten immer die Verwaltung als eingreifende Instanz ein, sahen also nur Enteignungen auf Grund eines Gesetzes vor. Die Legalenteignung ist jedoch auch heute noch als „Ablösung" wohlerworbener Rechte denkbar, die als überholt und veraltet angesehen werden. Solche überlebten Rechtskategorien finden sich vor allem im landesrechtlichen Bodenrecht.

[32] Vgl. LG Dortmund, DVBl. 1950, S. 764, wo das Gericht unter Berufung auf *Martin Wolff* am Merkmal der Überführung festhält.

[33] NJW 1950, S. 401 ff. Leitsatz: „Ausgangspunkt ist die Tatsache, daß für konkrete Vorhaben des öffentlichen Wohls bestimmte Güter benötigt werden, die durch freihändigen Erwerb gar nicht oder nur unter besonderen Schwierigkeiten zu erlangen sind."

[34] VerwR, S. 257. (Interessant ist, daß *Forsthoff* noch in der 1. Auflage die Überführung des entzogenen Rechts auf einen Dritten verlangte, dessen Begünstigung von vornherein beabsichtigt ist.) Der Bay. VerfGH hat ebenfalls wiederholt von einem „bestimmten besonderen Zweck" gesprochen (VerwRspr. 1, S. 130 und vor allem 393). Da er sich auf die frühere bayerische Gesetzgebung beruft, diese aber bekanntlich im heute noch geltenden Zwangsabtretungsgesetz von 1837 die Unternehmen enumeriert hat, wird man dem Bay. VerfGH eine „erweiterte Unternehmenstheorie" unterstellen dürfen.

klassische Enteignungsrecht, welches uninteressiert an der Person des Eigentümers (*Kirchheimer:* „diffus und occasionell") die besondere Opferlage gerade für den betroffenen Eigentümer nicht im Begriff, sondern allenfalls bei der Entschädigungshöhe berücksichtigte, das entscheidende personale Element hineingebracht zu haben. Unserer Ausgangsentscheidung getreu[35], möchten wir auch hier den Menschen als Maß der Dinge ansehen. Und man wird zugeben müssen, daß es diesem Menschen doch völlig gleichgültig ist, was nach dem Rechtsverlust mit dem entzogenen Vermögensgegenstand geschieht, ob eine anderweitige Zuweisung erfolgt, ob ein Begünstigter vorhanden ist und wer der Begünstigte ist. Maßgeblich kann nur der Verlust auf der Seite des Expropriierten sein. Auch die Finalität des Entziehungsvorgangs ist nur insofern relevant, als der gegen den *Störer* vorgehende, gefahrenabwehrende Staat, der Sachen entzieht, nicht darum „enteignet", weil er den Störer nur in die Eigentumsschranken zurückverweist.

3. Diese allein auf den Verlust abstellende Argumentation zur Bestimmung des Enteignungskriteriums wird sich dem Vorwurf aussetzen, noch individualistischer zu sein als der klassische Enteignungsbegriff, der doch immerhin den *öffentlichen Zweck* als Begriffsmerkmal ansah. Selbstverständlich ist das öffentliche Interesse (verwaltungsgerichtlich überprüfbare) *Zulässigkeitsvoraussetzung* der Enteignung. Aber die Enteignung selbst ist begrifflich Entzug — und nur Entzug. Zur Erhärtung diene folgende Überlegung: Die Vermögensgarantie des Art. 14 ist, soweit sie in Verbindung mit Art. 19 II absolute Garantie persönlichkeitsessentieller Güter ist, reinster Individualschutz.

Zum *„Wesensgehalt" des Eigentums* gehört selbstverständlich zunächst einmal ein „Wesen", eine Rechtsperson[36]. *Was* diesem Rechtsträger „wesentlich" ist, also *unangreifbar* zu freiem Ver- und Gebrauch zugehört, läßt sich nur umschreiben als: Alles, was an Gütern der Außenwelt für den Menschen notwendig ist, um das vorrechtlich konstituierte, vom Grundgesetz als Ausgangsentscheidung und als oberster Rechtswert anerkannte Leitbild vom Menschen auch *leben* zu können. In starker Verkürzung des Gedankenganges kommt man dann zu dem Ergebnis: Der unantastbare Wesensgehalt (Menschenrechtsgehalt) des Eigentums besteht in der absoluten Freiheit über jene Konsumtions- und Produktionsgüter, die für (a) die *„Persönlichkeit"* notwendig sind, um sich und (b) der *„anvertrauten Familie"* ein (c) *„menschenwürdiges Leben"* (d) zu *„sichern"*. Man muß daher die Außenweltsgüter, wenn man dem positiven Verfassungsrecht (mit seiner möglichen Graduierung der Entschädigungshöhe) gerecht werden will, in eine *Skala ihrer Wesentlich-*

---

[35] Der Verfasser muß hier auf seinen Versuch über „Das Eigentum als Menschenrecht", ZgesStW 109, S. 326 ff., verweisen.

[36] Dazu *Dürig,* Zum hessischen Sozialisierungsproblem (demnächst in DÖV; s. DÖV 1954, S. 129 ff.). Zum Gesamtproblem des Wesensgehalts des Eigentums hofft sich der Verfasser in Kürze äußern zu können.

keit für den Menschen bringen, die dann etwa von den persönlichkeitsessentiellen Gütern bis zum persönlichkeitsentfremdeten „organisierten" Eigentum reicht. Zwar ist kein Eigentum der staatlichen Eigentumsgestaltung entzogen, aber dieser Güterskala um den Menschen als Mittelpunkt entspricht dann die Stärke der jeweiligen „Vermögensgarantie" bei hoheitlichen Eigentums*verlagerungen*. Nach ihr richtet sich also die staatliche Pflicht zur Vermögens*wert*auswechselung. Bei persönlichkeitsessentiellen Gütern ist diese Vermögenswertgarantie absolut, weil hier Art. 19 II unabdingbar zur Vollentschädigung zwingt. (Den gleichen Gedankengang benutzen wir oben — III 1 — bereits, um nachzuweisen, daß es in der Vermögensgarantie des Art. 14 nicht auf die *Art* des Gegenstandes ankommt. Entscheidend ist der *Ort* des Gegenstandes, also seine Persönlichkeitsnähe. *Hieraus* ergeben sich die verfassungsrechtlichen *Abstufungen* der Vermögensgarantie und deren *Umfang überhaupt.)*

Hier, wo die Vermögensgarantie *absolute* Vermögenswertgarantie bei Enteignungen ist, ist also nur auf den Verlust des Eigentümers abzustellen, und nicht darauf, ob jemand — und sei es das gemeinnützigste Unternehmen — Vermögenszuwachs erhält und wer ihn erhält. Wenn dann auch bei der Enteignung nicht persönlichkeitsessentieller Güter gemäß Art. 14 III S. 3 die Interessen des Enteignungsunternehmers und des Gemeinwohls zu beachten sind, so haben wir jedoch das Problem wieder auf den rechtsdogmatischen Ausgangspunkt unserer ganzen Eigentumsordnung zurückgeführt. Und wenn sich an *diesem* Punkt zeigte, daß eigentliche causa des Vermögensausgleichs der Verlust auf Seiten des Expropriierten und nicht der Vermögenszuwachs oder Verwendungszweck auf der begünstigten Seite ist, so folgt daraus, daß unsere Verfassung eben in diesem Verlust — und nur darin — die den Ausgleich fordernde Opferlage des Enteignungsbegriffs sieht.

4. Wesensmerkmal des heutigen Enteignungsbegriffes ist der *Rechtsverlust* — aber auch nur der *Rechtsverlust*. Das Recht muß entzogen werden, und zwar formal entzogen und nicht nur beschränkt werden. „Ent-eignung" ist „Ex-propriation", ist „Aus-dem-Eigentum-setzen". Von Verfassungs wegen ist nur dieser Rechtsentzug des Vollrechts oder des konkreten Teilrechts ein besonderes Opfer, das als „Enteignung" zu behandeln ist, weil nur dieser Formalvorgang überhaupt sinnvoll die von der Verfassung geforderte, von vornherein erfolgende Koppelung von Enteignung und Entschädigungsregelung gestattet. Alle anderen Beeinträchtigungsvorgänge sind niemals abstrakt meßbar und sind von Verfassungs wegen keine Enteignungen, sondern eben — wie das Wort schon sagt — Eigentumsbeschränkungen.

Unsere These lautet:

Der Staatsbürger muß einerseits „Enteignungen" und andererseits „Eigentumsbeschränkungen" dulden.

Enteignungen sind dabei nicht nur nach dem Sprachgebrauch, sondern vor allem nach dem in Art. 19 I und Art. 14 III erkennbar gemachten Willen der Verfassung solche Eingriffe, die zum formalen Verlust des Rechtes führen, wobei es — von der Störungsabwehr abgesehen — gleichgültig ist, warum aus sonstigen Gründen des öffentlichen Interesses dieser Verlust eintritt, und ob und wem dieser Verlust auf der anderen Seite zugute kommt.

Eigentumsbeschränkungen sind nach Wortlaut und Willen der Verfassung alle Eingriffe, die das Recht bestehen lassen und nur die Verfügungsmacht beeinträchtigen und die, wenn sie wegfallen, das Vollrecht wieder aufleben lassen.

IV. Die möglichen Einwendungen gegen die verfassungsrechtlich gebotene Umkehr

1. Dieser These wird entgegengehalten werden, daß sie den Kreis der eine Enteignung darstellenden Eingriffe noch enger zieht als der klassische Enteignungsbegriff, der auch *dingliche Belastungen* umfaßte[37]. Aber dieser klassische Enteignungsbegriff war induktiv aus der Vielzahl der vorhandenen Landesenteignungsgesetze gewonnen. Wir haben nur den Enteignungsbegriff umrissen, wie ihn das geltende *Verfassungs*recht sieht. Die Verfassung hindert selbstverständlich nicht den Gesetzgeber, bestimmte klar meßbare Vorgänge, wie z. B. dingliche Belastungen, ebenfalls als Enteignungsvorgänge zu behandeln und dem Enteignungsentschädigungsrecht zu unterstellen. Rechtsentziehungen *muß* der einfache Gesetzgeber von Verfassungs wegen als Enteignung behandeln, Belastungen *kann* er als Enteignungen behandeln. Es steht dem Bundes- und dem Landesgesetzgeber jederzeit frei, nach seiner Ansicht durch Belastungen eintretende besondere Opferlagen generell als Enteignungsvorgänge zu deklarieren und dem ius strictum des Enteignungsrechts zu unterstellen.

2. Ein weiteres Gegenargument kann darin bestehen, daß nach unserem Ergebnis *auch die Entziehung des unbedeutendsten Gegenstandes immer Enteignung* ist. So *ist* es auch[38]. Aber ob die Entziehung des

[37] Vgl. z. B. § 1 Preuß. EnteignG vom 11. 8. 1874 („beschränkt").

[38] Entgegen der Meinung des OVG Hamburg, VerwRspr. 3, S. 461 und der daran anknüpfenden Ansicht des *Weinheimer Gutachtens*, S. 30, daß mit Rücksicht auf die Sozialgebundenheit des Eigentums geringfügige Abtretungen (Grenzausgleich, Begradigungen) keine Enteignungen zu sein brauchen, möchten wir also selbst hier den Tatbestand der klassischen Enteignung nicht angetastet wissen. Die Berücksichtigung des sozialen Moments kann ohne dogmatische Verwässerung des Formalbegriffs der klassischen Enteignung dann ohne weiteres im Entschädigungsrecht erfolgen, das durch die Interessenabwägungsklausel des Art. 14 III S. 3 hierfür genug Spielraum bietet. Gerade dies dürften Fälle sein, in denen die Entschädigung, wenn wirklich

Hausmülls oder eine Grenzbegradigung dann zu *entschädigen* ist, ist erst eine im Rahmen der Interessenabwägungsklausel auftauchende Frage und wird in diesen Fällen meist eine rein rechnerische Frage der Vorteilsausgleichung sein.

3. Dagegen wird man beim durch hoheitlichen Eingriff bewirkten *tatsächlichen Untergang einer Sache* ein Zugeständnis machen müssen: Wer sich im derzeitigen verschwommenen Enteignungsrecht noch das rechtsdogmatische Gespür des Sachenrechtlers bewahren konnte, der wird erkennen, daß *der wirkliche Unterscheidungsgrund* für die begriffliche Trennung von „Enteignung" einerseits und „Eigentumsbeschränkung" andererseits darin liegt, daß nach dem *Grundsatz der Elastizität des Eigentums* bei Beschränkungen nach ihrem Fortfall das Vollrecht wieder aufleben kann. Diese Chance besteht begrifflich z. B. selbst noch bei einer in ihrer Dauer gar nicht abzusehenden Bausperre. Diese Chance besteht aber nicht mehr, wenn die Sache zerstört ist, also zwar kein formaler Rechtsentzug erfolgt ist, die Sache aber durch hoheitlichen Eingriff tatsächlich untergegangen ist.

Diese Frage ist zwar normalerweise nur theoretisch von Interesse. Denn zerstören und unbrauchbarmachen will der Staat in der Regel nur bei der Gefahrenabwehr, während im übrigen gerade ein öffentliches Interesse an der besseren Verwendung dieser Sache besteht und der Eingriff um der Sache selbst willen erfolgt. Zerstörungen der Sache hat der Zustands- oder Handlungsstörer an sich entschädigungslos zu dulden, weil sie keine „Eingriffe" in den rechtlich anerkannten Vermögenskreis sind und dem Störer nichts von seiner ursprünglichen Rechtsmacht nehmen. Wenn in solchen Fällen[39] dennoch Entschädigung gewährt wird, so ist dies keine *Enteignungs*entschädigung.

Es bleiben aber die Fälle, wo anläßlich von polizeilichen Notstandsmaßnahmen *die Sache eines unbeteiligten Dritten zerstört* wird. Diese Zerstörungen sind verfassungsrechtlich „Enteignungen". Ob man sie technisch als solche bezeichnet, ist dort unerheblich, wo förmliche Texte eine Entschädigung bereits vorsehen (z. B. § 70 PVG). Alle in Arbeit befindlichen Polizeigesetze müssen sich aber darüber klar sein, daß sie diesen Fall in einer dem Art. 19 I und dem Art. 14 III S. 2 genügenden Form regeln müssen. Ein (a) förmliches Gesetz hat (b) den Art. 14 zu nennen und muß (c) Art und Ausmaß der Entschädigung näher erläutern.

---

keine die Entschädigungspflicht erledigende „Vorteilsausgleichung" vorliegen sollte, zu der von *Ipsen* (VVDStRL 10 [1952], S. 98) gefürchteten „Nominalentschädigung" werden kann.

[39] Musterfall: die Entschädigung für Tierverluste nach § 66 ff. des ViehseuchenG vom 26. 6. 1909.

4. *Alles, was nicht formale Entziehung des Rechts und tatsächliche Zerstörung der Sache ist, ist Eigentumsbeschränkung.* Zwar sind auch hier Individualgesetze verboten, die Verfassung läßt jedoch hier ohne weiteres unter dem Rang des förmlichen Gesetzes stehende Normen zu. Alle diese normativen Eigentumsbeschränkungen müssen von Verfassungs wegen nicht über die Entschädigung befinden. Sie dürfen nur aus noch zu erörternden Gründen diese Entschädigung nicht ausdrücklich ausschließen.

Was ist erreicht? Alle heute nicht mehr aufzählbaren, die Vermöggensrechtssphäre berührenden Beschränkungs- und Lenkungsnormen sind aus der Gewitterschwüle der drohenden Verfassungswidrigkeit (wegen des später anhand eines unzumutbaren konkreten Falles erkennbar gewordenen „Enteignungscharakters" der Norm) herausgehoben in die klare Welt der Formalbegriffe.

V. Keine Entschädigungslücke bei wirklich besonderem unzumutbarem Opfer

Und jetzt greift der Opferausgleichssatz ein. Hierfür war die Lehre vom besonderen Opfer seit jeher gedacht, und hier hat sie ihren ureigensten Anwendungsbereich. Das Gefühl, daß sie nur hierher gehört, ist niemals verloren gegangen. Denn mit Ausnahme von *Stödter* hat man diesem Opferausgleichssatz immer *neben* dem Enteignungsrecht eine eigenständige Bedeutung auch auf vermögensrechtlichem Gebiete beigemessen, obwohl — und insofern ist *Stödter* der durchaus Konsequentere — alle diese Fälle des unzumutbaren Vermögensopfers mit den Enteignungsbestimmungen der Verfassungen hätten gelöst werden können, wenn man — und das ist der wahre Grund — wirklich von der Ausschließlichkeitsbedeutung und der absoluten Richtigkeit des erweiterten Enteignungsbegriffes überzeugt gewesen wäre[40].

Wenn durch eine normative Eigentumsbeschränkung oder auf Grund einer solchen eine „besondere unzumutbare Opferlage" auftritt, dann ist das aufgeopferte Recht (nicht weniger und nicht mehr) zu entschädigen. Und hier bekennen wir uns nachdrücklich zu den materiellen Eingriffstheorien, ohne einer einen besonderen Vorrang zu geben. Schon das Wort „Opfer", dessen Bedeutung man rein sprachlich zunächst einmal auf sich wirken lassen sollte, ehe man sich auch innerhalb des Opferausgleichssatzes noch einmal in einen Theorienstreit begibt, zeigt, daß

---

[40] Es wäre nur noch rechtshistorisch interessant, wenn man heute noch den leichten Nachweis führte, daß das RG beispielsweise, ohne daß irgendein System erkennbar ist, wahllos bald den Aufopferungsanspruch, bald den erweiterten Enteignungsbegriff benutzte.

hier *nur* materielle Maßstäbe gelten können. Der formal ungleich treffende Eingriff ist noch längst kein „Opfer". Wir würden einen Kampf der materiellen Theorien gegen die — wie dargestellt — verfassungsrechtlich gebotene Umkehr zu einem modifizierten klassischen Enteignungsbegriff nicht verstehen. Kein Gedanke von *W. Jellineks* Schutzwürdigkeitstheorie und *Stödters* Zumutbarkeitslehre ist umsonst gedacht worden, sie sind nur aus dem *Enteignungsrecht* zu verweisen.

Die durch oder auf Grund einer normativen Eigentumsbeschränkung auftretenden besonderen Opferlagen sind nach der Intensität des Eingriffs zu beurteilen. Diese unzumutbaren besonderen Opferlagen werden in der Regel dann vorliegen, wenn die Beschränkung so andauernd wirkt, daß sie dem Entzug des Gegenstandes gleichkommt[41]. Selbstverständlich ist bei der Prüfung der Unzumutbarkeit des Opfers, wie es jetzt schon (vor allem in der in dieser Hinsicht vorbildlichen Hamburger Rechtsprechung[42]) geschieht, die Unzumutbarkeit an der erhöhten Sozialpflichtigkeit aller privaten Vermögensrechte zu messen und bei der Frage nach der Schutzwürdigkeit die soziale Stellung des Gegenstands in der Güterordnung zu beachten, also im Sinne *Wieackers*[43] der „Sozialwert" des Gegenstandes zu beurteilen. Die Form des Eingriffs, der die besondere Opferlage herbeiführt oder im Gefolge hat, ist gleichgültig. Niemals bringt ein solches „Opfer" der Störer oder derjenige, der den Anschein eines solchen erweckt, wenn in seine Vermögensrechtssphäre eingegriffen wird. Niemals bringt auch ein Opfer derjenige, den der Staatsakt gerade speziell schützen soll. Im übrigen sehen wir in allen Fragen der Zumutbarkeit und Unzumutbarkeit für die ortsnahen Gerichte im Anschluß an *W. Jellinek* und *Stödter* keine größeren Schwierigkeiten, als sie sich sonst aus den landläufigen wertausfüllungsbedürftigen Generalklauseln des juristischen Alltags ergeben. Die Hamburger Gerichte haben bewiesen, daß damit fertig zu werden ist.

---

41 Das kann z. B. bei Bebauung eines Grundstücks mit großen Bunkern der Fall sein. Vgl. OLG Hamburg, MDR 1951, S. 178; LG Trier, NJW 1953, S. 703. Hier brachte der Eigentümer ein unzumutbares besonderes Opfer, aber enteignet wurde nichts.

42 Am Beginn steht das Urteil OVG Hamburg vom 17. 11. 1949, MDR 1950, S. 181. U. E. ist es ihm zu danken, daß die unrühmliche Entscheidung OGHZ 1, 199, die so tut, als sei in Deutschland nichts geschehen, nicht „leading case" *(Ipsen)* wurde. Alle folgenden Urteile (vgl. Urt. v. 30. 6. 1950, MDR 1950, S. 568; vom 16. 10. 1950, MDR 1950, S. 760; vom 9. 11. 1950, MDR 1951, S. 248; vom 30. 8. 1951, MDR 1952, S. 60, vgl. im übrigen die Zitate aus der Hamburger Rechtsprechung bei *Stödter,* DÖV 1953, S. 136 ff.) sind von der Erkenntnis getragen, daß die vergangene Entschädigungshypertrophie in der Rechtsprechung nicht fortgesetzt werden kann.

43 Wandlungen der Eigentumsverfassung (1935), S. 48 ff.

VI. Der Schatten des Mißtrauens gegenüber dem Gesetzgeber und seine dogmatische Beseitigung

Die hier vertretene Meinung wird ihren eigentlichen Widerspruch nicht von seiten der Rechtsdogmatik erfahren. Man wird nicht fehlgehen in der Annahme, daß die nach unserer Ansicht kraft positiven Verfassungsrechts gebotene Umkehr zu einem modifizierten klassischen Enteignungsbegriff nicht auf den geringsten Widerstand stoßen würde, wenn nicht auch über diesem Problemkreis der *rechtspolitische Schatten des Mißtrauens gegenüber dem Gesetzgeber* lagerte. Man fürchtet, daß der vom zwingenden Verfassungsgebot des Art. 14 III entbundene Gesetzgeber auch bei sich aus normativen Eigentumsbeschränkungen im konkreten Fall ergebenden besonderen Opfern, die nach dem Opferausgleichssatz an sich entschädigungspflichtig wären, die Entschädigung generell ausschließen könnte. Die Überlegung, daß selbst der totalitäre Staat diesen radikalen Schritt nicht wagte, und folglich dieses permanente Mißtrauen gegen unseren demokratischen — auch bei normativen Eigentumsbeschränkungen immer noch an Art. 19 II gebundenen — Gesetzgeber allmählich „monomanisch" erscheinen muß, wird die ständig gesetzgeberische „Willkür" Ahnenden erfahrungsgemäß nicht ihrer Sorge entheben.

Aber der Gesetzgeber kann, und hiermit schließen wir den Ring zu unserem systematischen Ausgangspunkt, *den Opferausgleichssatz nicht ausschließen.* Dieser Satz entspringt dem Gleichheitssatz und ist eigentlich die einzige Form, in der das auch gegen den Gesetzgeber gerichtete Willkürverbot wirksam werden kann. Eine durch generellen ausdrücklichen Entschädigungsausschluß erfolgende Ignorierung besonderer Opferlagen, die aus dem beschränkenden Gesetz im individuellen Fall entstehen können, wäre willkürlich und durch kein vernünftiges Motiv mehr zu rechtfertigen. Auch unser Sozialstaat, der an sich von Verfassungs wegen einen opferbereiten Staatsbürger voraussetzen darf[44], verlangt keine *„besonderen unzumutbaren"* Opfer. Der Opferausgleichssatz ist Verfassungsrecht und zwingt den Gesetzgeber, wenn dieser, wie im Normalfall der Eigentumsbeschränkungen, nicht entschädigen will, zur Nichtregelung der Entschädigung. Sind in einem solchen Gesetz besondere Opferlagen als entschädigungspflichtig anerkannt, so wird der Rechtsanwender im Regelfall annehmen können, daß die anderen Belastungen als zumutbar angesehen werden können. Dies ist aber nur ein *Indiz.* Das Schweigen des Gesetzes über die übrigen Fälle ist nie genereller Entschädigungsausschluß bei besonderen unzumutbaren Opferlagen, sondern lediglich gesetzliche Nichtregelung der Entschädigung.

---

[44] Vgl. dazu in neuerer Zeit *Dürig,* JZ 1953, S. 196 f. und vor allem *Fechner,* Freiheit und Zwang im sozialen Rechtsstaat (1953), durchgehend.

Deduktionen werden in der positivistisch orientierten Rechtswissenschaft oft als Hypothesen abgetan. Daher sei noch eine *Gegenprobe* vorgenommen. Wenn unser Schluß, daß das Enteignungsrecht des Art. 14 III ein Unterfall und im Letzten durch die Koppelung des Eingriffs mit der opferausgleichenden Entschädigung eine Bestätigung des Gleichheitssatzes ist, zutrifft, dann muß sich hier positivrechtlich auch der Satz bestätigen, den wir aus dem Gleichheitssatz deduzierten, daß nämlich der Gesetzgeber nicht die Macht hat, die Entschädigung besonderer Opferlagen auszuschließen. Eben dieses Entschädigungsausschlußverbot kehrt aber (in durchaus konsequenter Abweichung von Art. 153 WRV[45]) in Art. 14 III GG wieder und bestätigt induktiv und positivrechtlich das deduzierte Ergebnis.

[45] Unter einer Verfassung, die schon bei der Enteignung einen Entschädigungsausschuß zuließ (Art. 153 II S. 2 letzter Halbsatz), konnte selbstverständlich auch die *Unabdingbarkeit eines generellen Opferausgleichssatzes* nicht positivrechtlich nachgewiesen werden.

Der Grundrechtssatz von der Menschenwürde

Entwurf eines praktikablen Wertsystems der Grundrechte aus Art. 1 Abs. I in Verbindung mit Art. 19 Abs. II des Grundgesetzes*

I. Die unantastbare Menschenwürde als Grundlage eines Wertsystems

1. In der Erkenntnis, daß die Verbindlichkeit und die verpflichtende Kraft auch einer Verfassung letztlich nur in objektiven *Werten* begründet sein kann, hat sich der Grundgesetzgeber, nachdem ein Hinweis auf Gott als den Urgrund alles Geschaffenen nicht durchgesetzt werden konnte, zum sittlichen Wert der Menschenwürde bekannt. Durch die Übernahme des sittlichen Wertes der Menschenwürde in das positive Verfassungswerk ist er (gerade vom Standpunkt des positiven Rechts aus) gleichzeitig *Rechts*wert geworden, so daß seine (anerkannt schwierige, weil noch ungewohnte) rechtliche Erfassung positivrechtliches Gebot ist. Diese positivrechtliche Erfassung kann nur in Formalkategorien erfolgen, die dem Recht als Verhaltensordnung adäquat sind.

2. a) Ein Wert läßt sich im rechtlichen Zusammenleben der Menschen nur verwirklichen, d. h. in der Ebene des rechtlichen Sollens realisieren, wenn er als auf ein Verhaltensollen Außenstehender gerichteter Wert*anspruch* des Wertträgers erscheint. Wie schon die Formulierung: „Die Würde des Menschen ist unantastbar" zeigt, ist dieser Eigenwert als etwas immer Seiendes, als etwas unverlierbar und unverzichtbar immer *Vorhandenes* gedacht, so daß von vornherein der Wertanspruch des Wertträgers *nicht* darauf gerichtet sein kann, ihm durch positives Tun diesen Wert zu *verschaffen*. Dieser Wertanspruch ist begrifflich zunächst reiner Unterlassungsanspruch und geht auf *„Nichtantasten"*, also auf *„Achten"* der Menschenwürde[1].

b) Dieser Anspruch *fragt* als sittlicher, rechtlich nur rezipierter Anspruch *nicht nach Richtungen*. Er ist bereits im Ich-Du-Verhältnis als *individual*ethischer Achtungsanspruch und im Verhältnis zu Dritten und

---

* AöR 81 (1956), S. 117 bis S. 157.

[1] Vgl. BVerfGE 1, 97 (104): „Wenn Art. 1 Abs. 1 GG sagt, ‚die Würde des Menschen ist unantastbar', so will er sie nur negativ gegen Angriffe abschirmen."

Bernstorff, JZ 13, 905 (910)

zur Gesellschaft als *sozial*ethischer Achtungsanspruch vorhanden gewesen, ehe er durch Art. 1 Abs. I GG auch gegenüber *staatlichem* Handeln als eigenständig verrechtlicht wurde. *Geistesgeschichtlich* bedeutet Art. 1 Abs. I einen durch den Anschauungsunterricht einer Zeit, in der der Staat permanent diesen Achtungsanspruch verletzte, zu erklärenden Bruch mit dem liberalistischen Optimismus, daß — entsprechend der Trennung von Staat und Gesellschaft — der Staat gar keine Veranlassung haben werde und nehmen könne, den Menschen dieses individual- und sozialethischen Achtungsanspruchs zu berauben. Unzweifelhaft durch Art. 100 BayVerf. beeinflußt[2], bricht Art. 1 GG damit auch mit der dem liberalistischen Optimismus entstammenden Doktrin, daß den Staat die Würde des Menschen nichts angehe[3].

c) Der sittliche Anspruch auf Achtung der Menschenwürde ist damit einmal — wie die in Satz 2 festgelegte staatliche *Achtungs*pflicht verdeutlicht — gegenüber politischen und rechtlichen Eingriffen des *Staates* als eigenständig anerkannt, gleichzeitig aber auch im bisherigen *individual-* und *sozialethischen* Bereich verrechtlicht worden. Daher muß folgerichtig in dem gegen den Staat gerichteten Achtungsanspruch auch ein gegen den Staat gerichteter Anspruch auf das *positive Tun des Abwehrens* enthalten sein für Fälle, in denen der Achtungsanspruch aus der *außer*staatlichen Sphäre heraus (sei es durch einzelne Private, sei es durch gesellschaftliche Kollektive, sei es durch *fremde* Staaten) angegriffen wird. So ist die in Satz 2 außer der staatlichen Achtungspflicht anerkannte *Schutz*verpflichtung der staatlichen Gewalt nichts anderes als die Bestätigung dafür, daß die Menschenwürde einen *absoluten,* d. h. gegen alle möglichen Angreifer gerichteten Achtungsanspruch darstellt. Dabei ist nochmals zu betonen, daß auch das positive Tun des „Schützens" *abwehrende* Staatstätigkeit und nicht positive *Gestaltung* ist[4].

3. Wenn das objektive Verfassungsrecht am Beginn der Charta „dem Menschen" einen Wertanspruch auf Würde zuerkennt, so ist damit noch nicht gesagt, daß schon deswegen auch jedem konkreten Einzelnen ein Grundrecht im Sinne eines unmittelbar vollziehbaren und durchsetzbaren subjektiven öffentlichen Rechts zustehen soll. Die herrschende Meinung *leugnet die aktuelle Grundrechtsqualität des Art. 1 Abs. I* und sieht erst in Abs. III die entscheidende Aktualisierungsnorm[5]. Der entschiedenste Gegner dieser Ansicht ist *Nipperdey*[6], der in Art. 1 I GG

[2] Vgl. *Dürig,* JR 1952, S. 259.

[3] Vgl. *Jerusalem,* SJZ 1950, S. 1.

[4] Vgl. BVerfGE 1, 97 (104).

[5] Vgl. *Apelt,* JZ 1951, S. 253; *Münch,* Die Menschenwürde (o. J.), S. 3; *Dürig,* JR 1952, S. 260; *Klein,* StW 1954, S. 29; *v. Mangoldt / Klein,* S. 148.

[6] In: Die Grundrechte, hrsg. v. Neumann / Nipperdey / Scheuner, Bd. II (1954) (im folgenden zit.: „GR II"), S. 11 ff.

bereits ein absolutes subjektives Recht (mit ganz konkreten Auswirkungen bis ins Privatrecht hinein) erblickt. Die Interpretation im Sinne *Nipperdeys* wäre zutreffend, wenn Art. 1 I GG noch jene Bedeutung hätte, wie sie entstehungsgeschichtlich der für Art. 1 I GG beispielhaften Ausgangsnorm des Art. 100 BayVerf. zugedacht war. Der Art. 100 BayVerf. sollte nämlich nach dem subjektiven Willen seiner Väter nur eines unter den vielen anderen Grundrechten darstellen, das zusätzliche Bereiche dort schützt, wo andere Grundrechte nicht hinreichen. Jedoch hat sich der Satz von der Menschenwürde völlig vom subjektiven Willen seiner Väter gelöst[7]. Schon innerhalb der bayerischen Rechtsentwicklung erfolgte eine weitgehende Isolierung des Anspruchsinhalts vom konkreten Rechtsträger. Der BayVerfGH fordert in ständiger Rechtsprechung, „daß über die Auswirkung für den Betroffenen selbst hinaus die menschliche Würde *als solche* ohne Berücksichtigung der Einzelperson getroffen erscheint"[8]. Bereits die in Bayern gängige Auslegung kommt also im Ergebnis einer Abstrahierung vom einzelnen Rechtsträger und der Setzung einer zentralen Norm des nur objektiven Rechtes gleich. Vollends hat im Grundgesetz nach Wortlaut und Systematik der Art. 1 I GG den Charakter eines *obersten Konstitutionsprinzips allen objektiven Rechts* erhalten, welches dann *schrittweise* zu Gunsten des einzelnen Rechtsträgers realisiert wird.

4. Dieser Bedeutungswandel brachte zwar den Verlust einer für sich selbst bestehenden Klagestütze und Anspruchsgrundlage mit sich. Gewonnen aber wurde eine Basis für ein ganzes Wertsystem, das sich weitgehend zugleich als ein rechtslogisches Anspruchssystem erweist, in dem sich der Hauptwert zu den Teilwerten wie der rechtliche Obersatz zu den Teilrechtssätzen verhält.

Dieses *Wert- und Anspruchssystem unseres Grundrechtsteils* stellt sich wie folgt dar:

a) Durch Abs. II des Art. 1 wird zunächst (in der Erkenntnis, daß ein genereller, auf Achtung der Menschenwürde gerichteter Anspruch kaum vollziehbar ist) dieser Gesamtanspruch in *einzelne* „Menschenrechte" aufgelöst. Das ist zunächst ein rein gesetzestechnischer Formalvorgang ohne materielle Auswirkungen. Sowohl die Formalaussage, daß diese Menschenrechte nur deklaratorisch (als vorgegeben) anerkannt werden, als auch die damit eng zusammenhängende Formalaussage, daß diese Menschenrechte „unverletzlich und unveräußerlich" sind, erhalten ihren

[7] Vgl. *Nawiasky / Lechner,* ErgBd., S. 110.

[8] BayVGHE (n. F.) 2, 85; vgl. auch *Wintrich* in: Recht, Staat, Wirtschaft, Bd. 4, S. 148; für Art. 3 HessVerf. im Sinne der bayerischen Interpretation *Zinn / Stein,* Komm., S. 114 f.; gegen die bayerische Interpretation folgerichtig *Nipperdey,* GR II, S. 3.

materiellen Gehalt erst durch die in dem Wort „darum" verdeutlichte Zurückführung auf die in Abs. I als unantastbar anerkannte Menschenwürde. Das an Abs. I anknüpfende Wort „darum" gibt die Ursache an, warum diese Menschenrechte einmal nur deklaratorisch, und zum anderen als unverletzlich und unveräußerlich anerkannt werden. Der Ursachenaussage: „darum" korrespondiert rechtslogisch die Wirkungsaussage: „soweit". Nur soweit der materielle Gehalt der Menschenwürde reicht, sind die einzelnen Rechte, von denen Abs. II spricht, wirklich Menschenrechte, d. h. vorgegebene, staatlich nur deklaratorisch anerkannte Rechte mit unverletzlichem und unveräußerlichem Inhalt. Es wäre deshalb ein Fehlschluß, wollte man alle folgenden Rechte des Grundrechtskatalogs über Art. 1 II als Menschenrechte in diesem Sinne auffassen. Ebenso unrichtig wäre es aber, wenn man die Menschenrechtsqualität der einzelnen Grundrechte danach bestimmen würde, ob sie positivrechtlich als „den Deutschen" zuerkannte Bürgerrechte oder als „allen" zustehende Rechte ausgestaltet sind. Wo nach Art. 1 Abs. I und II die Menschenwürde als unverletzlich und unveräußerlich anzuerkennen ist, hatte der Verfassungsgeber nach eigener Auffassung eben nicht die Autonomie, sich bei einem Spezialrecht durch positivrechtliche Beschränkung auf Staatsbürger mit seinem deklaratorisch anerkannten obersten Konstitutionsprinzip der Verfassung in Widerspruch zu setzen.

b) In Abs. III des Art. 1 bestimmt das Grundgesetz dann den verfassungsrechtlichen Anspruchsgegner der Einzelrechte (Gesetzgebung, vollziehende Gewalt und Rechtsprechung) und aktualisiert diese Menschenrechte unter der herkömmlichen Bezeichnung „Grundrechte" auf der staatlichen Ebene zu subjektiven öffentlichen Rechten, ohne ihnen allerdings damit ihren vorverfassungsmäßigen Gehalt zu nehmen. Hierin liegt etwas grundlegend Neues, da nach überkommener Anschauung eine solche Aktualisierung zu staatlichen Grundrechten bedeutet hätte, daß sie auch zur staatlichen Disposition gestellt werden. Daß das Grundgesetz durch diesen Aktualisierungsvorgang nicht den aus der Menschenwürde fließenden unverletzlichen und unveräußerlichen Menschenrechtsgehalt zur staatlichen Disposition stellt, macht es (positivrechtlich durchaus konsequent) in doppelter Hinsicht unbezweifelbar:

aa) Die eine gesetzestechnische Schlußklammer zu Art. 1 I und II wird durch die *Wesensgehaltssperre* des Art. 19 II gebildet. In ihr werden die dem Art. 1 „nachfolgenden Grundrechte" (auch wenn sie hinter dem Art. 19 ihren Standort haben) vor einer staatlichen Totaldisposition mittels der jeweils zulässigen Gesetzesvorbehalte geschützt. In ihr wird der Menschenrechtsgehalt jedes Einzelgrundrechts abgeschirmt.

bb) Ebenso positivrechtlich konsequent ist die Absicherung der in Art. 1 I und II erfolgten Wertentscheidung sogar gegenüber der verfassungsändernden Mehrheit durch Art. 79 III in Verbindung mit Art. 1. In Form einer „Staatsfundamentalnorm“ *(Nawiasky)* fällt hier das Grundgesetz eine *axiomatische Ewigkeitsentscheidung* zu Gunsten des der Verfassung vorgegebenen Wertgehaltes der Grundrechte.

c) Nach dieser summarischen positivrechtlichen Abschirmung des „ewigen“ Menschenrechtsgehalts folgt — bei Art. 2 beginnend — die konkrete positivrechtliche Ausgestaltung der dem situationsgebundenen, in der Zeit und in der Gemeinschaft existierenden Menschen zur Verfügung stehenden Grundrechte. Dabei wird der Wertanspruch auf Menschenwürde gemäß Art. 1 I, der in Art. 1 II rein formal in Einzelrechte aufgelöst und in Art. 1 III ebenso formal adressiert wurde, nun *inhaltlich* näher präzisiert in die *Teilrechte auf Freiheit* (Art. 2 I) *und auf* Gleichheit (Art. 3), die — wiederum positivrechtlich konsequent — auch formal als „jedem“ (Art. 2 I) und „allen“ (Art. 3 I) zustehende Rechte anerkannt sind.

d) Das *Hauptfreiheitsrecht* des Art. 2 I, das durch seinen „soweit“-Satz gleichzeitig auch Menschen*pflichten* enthält, wird seinerseits wiederum zum Schutze vor spezifischen, historischen Gefährdungen der Freiheit in verschiedenartige und verschiedenwertige positivrechtliche *Einzelfreiheitsrechte* aufgelöst, die sich zu Art. 2 I nur als Anwendungsfälle verhalten[9]. Daß die im Grundrechtskatalog (mit Art. 2 Abs. II beginnend, mehrfach aber unsystematisch durch heterogene Artikel unterbrochen) folgenden Spezialfreiheitsrechte nur Erscheinungsformen des allgemeinen Freiheitsrechts sind, darf nicht im Sinne einer Ableitung von einem logischen Obersatz verstanden werden, der dazu zwänge, auch alle Einzelfreiheitsrechte entsprechend Art. 2 I als Menschenrechte aufzufassen. Man wird jedoch erkennen, daß das positivrechtliche System der Freiheitsrechte jedenfalls insoweit auch rechtslogisches System ist, als das Grundgesetz gemäß Art. 1 in Verbindung mit Art. 19 II und 79 III ein unantastbares Wertsystem errichtet. Es kann dann bei keinem Einzelfreiheitsrecht trotz scheinbarer positivrechtlicher Deckung (etwa durch Beschränkung nur auf Staatsbürger, oder durch weitgehende Gesetzesvorbehalte) eine Grundrechtsauslegung geben, die dem in Art. 1 I anerkannten und in Art. 19 II und 79 III zusätzlich gesicherten obersten Konstitutionsprinzip unserer Verfassung (unantastbarer Ach-

[9] a. A. BGH, Gutachten vom 28. 4. 1952, DVBl. 1953, S. 472, wonach sich Art. 2 I nicht dazu eigne, „Mutter der übrigen personbezogenen Grundrechte des GG zu sein“. Demgegenüber sieht der Verf. in Art. 2 I durchaus jenes („mütterliche“) *Auffangrecht* zum Wertschutz unbenannter Freiheiten, um deren Absicherung man sich im ausländischen Staatsrecht viel Sorge machen muß, damit nicht der Eigenwert der Person durch Lückenhaftigkeit seines Wertschutzes als teilbar erscheine (vgl. *Giacometti,* Aktuelle Verfassungsprobleme, Z. f. Schw. R. 74, S. 149 ff.).

tungsanspruch auf Menschenwürde) zuwiderläuft. Umgekehrt kann aber rechtslogisch nichts ein Teilfreiheitsrecht verletzen, was im Hauptfreiheitsrecht des Art. 2 I („soweit"-Satz) als die dem unantastbaren Achtungsanspruch des Menschen immanente menschliche Achtungs-*pflicht* erscheint.

5. Dieses Wert- und Anspruchssystem erweist sich als so lückenlos, daß die Ausgestaltung des Art. 1 I zu einem subjektiven öffentlichen Recht auch entbehrlich erscheint. Es ist kein Fall denkbar, in dem ein staatlicher Angriff auf die Menschenwürde nicht bereits durch ein spezielles Grundrecht (und sei es auch nur durch die allgemeinen Rechte der Freiheit und Gleichheit) aufgefangen würde, wenn man nur Art. 1 I, wie es von Verfassungs wegen nötig ist, als Wertmaßstab in die Spezialinterpretation des jeweiligen Grundrechts einbezieht. Selbst wo das Grundgesetz im Spezialkatalog lückenhaft geblieben ist, würde ein staatlicher Verstoß gegen den Rechtswert des Art. 1 I mindestens bereits durch das Hauptfreiheitsrecht des Art. 2 I abgewehrt, ohne daß die Konstruktion des Art. 1 I als eines subjektiven öffentlichen Rechts bemüht zu werden braucht.

6. Es ist bislang der verfassungsrechtlichen Dogmatik nicht gelungen, für Art. 1 I eine *gültige Bezeichnung* zu finden, die seinen Standort in der Normenhierarchie des objektiven Rechts zutreffend und umfassend bestimmt. Es ist z. B. klar, daß die „Staatsfundamentalnormen" des Art. 79 III unter sich selbst wieder verschiedenrangig sind und Art. 1 etwa mit dem föderativen Prinzip schlechthin nicht zu vergleichen ist[10]. Und selbst wenn man die mühsam und subtil von *v. Mangoldt / Klein* herausgearbeiteten Kategorien[11] *zusammenzieht,* wird das *Präponderanz*verhältnis des Art. 1 I zu Normen gleicher Kategorien immer noch nicht deutlich. Man sollte sich in der Systematik vorerst mit dem von *Wintrich* eingeführten umfassenden Ausdruck „oberstes Konstitutionsprinzip" begnügen und in erster Linie den positivrechtlichen Auswirkungen des Art. 1 I Beachtung schenken.

7. Die *positivrechtliche Bedeutung des Art. 1 I* als einer höchstrangigen aktuellen Norm des objektiven Rechts liegt vor allem in Folgendem:

a) In der *Staatsrichtung* liefert er den wertausfüllenden Maßstab für alles staatliche Handeln; denn er bestimmt und beschränkt Staatszweck und Staatsaufgabe, und er bestimmt und beschränkt die Legitimität von Staat und Recht aus den Werten personaler Ethik.

---

[10] Vgl. *Maunz,* Festschr. f. Laforet (1952), S. 152.

[11] S. 146 f.: „Grundsatznorm für die gesamte Rechtsordnung", „elementarer Verfassungsgrundsatz", „Auslegungsregel".

Das heißt für die *Grundrechtsanwendung:*

aa) Art. 1 I begründet im zeitlosen Spannungsverhältnis Individium-Staat eine *Ausgangsvermutung* zu Gunsten des Menschen.

bb) Er entwirft die *Grundvorstellung von diesem Menschen,* um dessen willen der Staat da ist (vgl. noch Art. 1 I des HerrenCHE).

cc) Er macht damit die *Formalbegriffe „Wesensgehalt"* und *„Menschenrechtsgehalt"*, an denen jegliche staatliche Verfügungsmacht ihr Ende findet, *werterfüllt* und eröffnet so überhaupt erst die Möglichkeit, dem positivrechtlichen Gebot der Art. 19 II und 79 III sinnvoll zu genügen.

b) Art. 1 I bringt aber nicht nur in das System der gegen den Staat gerichteten subjektiven öffentlichen Rechte eine „ethische Unruhe", die ebenso neuartig wie begrüßenswert ist, sondern er zwingt den Staat auch dazu, seine *Gesamtrechtsordnung* (vor allem also das Privatrecht) so auszugestalten, daß auch von *außerstaatlichen* Kräften eine Verletzung der Menschenwürde nicht möglich ist. Zwar gibt Art. 1 I auch angesichts dieser staatlichen Schutzpflicht dem Einzelnen kein subjektives öffentliches Recht auf Erlaß neuer und zusätzlicher Schutznormen. Aber das vorhandene Normensystem ist von den Rechtsanwendern stets auch dann nach Art. 1 I GG zu interpretieren, wenn am Verletzungsvorgang selbst der *Staat in keiner seiner Funktionen* beteiligt ist.

Die Verwirklichung dieser staatlichen Schutzpflicht, die natürlich vor allem der Privatrechtsprechung anvertraut ist, wirft die grundlegende Frage auf, wie dem Wertsystem der Verfassung im Privatrecht Rechnung zu tragen ist[12]. Angesichts der Härte dieser wissenschaftlichen Kontroverse[13] könnten leicht die *Gemeinsamkeiten* übersehen werden. Es ist daher vorweg zu betonen, daß alle Schriftsteller darüber einig sind, *daß* dem Art. 1 I GG Eingang auch in das Privatrecht zu verschaffen ist.

aa) Unbefriedigend ist die Ansicht *Nipperdeys*[14], der in Art. 1 I in jeder Beziehung zwingendes Recht sieht und ihm privatrechtlich etwa über den Nichtigkeitsgrund des § 134 BGB Geltung verschafft. Hierbei wird übersehen, daß eben der Menschenwürde *wegen* dem Menschen als

---

[12] Darüber eingehend *Dürig*, Festschr. f. Nawiasky (1956), S. 157 ff. Vgl. neuerdings *H. Huber*, in: Aktuelle Verfassungsprobleme, Z. f. Schw. R. 74, S. 173 ff. Insgesamt ist die Feststellung angezeigt, daß der Ausdruck „Drittwirkung" (wiederum) von *Ipsen* geprägt wurde.

[13] Vgl. etwa einerseits *Nipperdey,* GR II, S. 18 ff., andererseits *Dürig,* Festschr. f. Nawiasky (1956), S. 157 ff.

[14] GR II, S. 35 ff.

solchem unter seinesgleichen (d. h. als Privatrechtssubjekt) das Recht zukommt, selbst dort noch über seine Menschenwürde rechtlich zulässig zu disponieren, wo der Staat als Angreifer dies nicht mehr dürfte. Die Schutzintensität des Art. 1 I in der Staatsrichtung und in der Drittrichtung decken sich nicht. Es macht nicht zuletzt die Menschenwürde aus, diese zu Gunsten ihrer anderen gleichzuachtenden Inhaber im Privatrechtsverkehr „unterschreiten" zu dürfen, ohne vom Staat durch die Anwendung absolut zwingenden Rechts gehindert zu werden. Im Privatrecht endet dieses autonome Recht zur Selbstbestimmung regelmäßig erst beim Ausschluß der Korrekturmöglichkeit, also bei der Knebelung, während dem Staat bereits der okkasionelle Angriff auf die Würde des Menschen verwehrt ist.

bb) Billigenswerter erscheint daher die Realisierung des Art. 1 I im Privatrechtsverkehr durch Einbeziehung seines Wertgehalts in die überkommenen wertausfüllungsfähigen und -bedürftigen Begriffe und Klauseln des Privatrechts. Hierbei besteht allerdings die Gefahr, daß die überkommenen Begriffe des Privatrechts inhaltlich überfordert werden und aus dieser Scheu vor Überforderung heraus Art. 1 I letztlich doch unverwirklicht bleibt[15].

cc) Am besten erscheint die Anerkennung einer neuen Generalklausel des Privatrechts namens „Menschenwürde". Sie schlösse im Sinne der Verfassung noch vorhandene Schutzlücken des Privatrechts, ohne den Art. 1 I GG noch zusätzlich in die kasuistisch doch sehr verhärteten überkommenen wertausfüllungsfähigen Begriffe des Privatrechts hineinzuzwängen.

dd) Wie man aber Art. 1 I im Privatrecht auch realisiert, eines ist wichtig: Art. 1 I ist keine „kleine Münze", — etwa im Sinne eines erweiterten Ehrenschutzes oder einer Abwehr von Geschmacklosigkeiten. Genau so schlimm wie seine Nichtbeachtung wäre seine „Abnutzung". Der bisher umfassendste Versuch zur Realisierung des Art. 1 I im Privatrecht von *Nipperdey* zeigt an manchen Stellen schon diese Tendenz, „Heiligtümer in Vorhöfe zu ziehen" *(Ridder)*. Z. B. ist entgegen *Nipperdey*[16] nicht ersichtlich, wieso ein entgeltlicher Vertrag, gerichtet auf Nichtbeteiligung an sportlichen Wettkämpfen, gegen den in Art. 1 I GG geschützten Personenwert der Menschenwürde verstoßen soll.

---

[15] Typisch für eine vermeintliche Beziehungslosigkeit zwischen Art. 1 I GG und § 138 BGB etwa LAG Stuttgart, RdA 1950, S. 274; dagegen *Mallmann*, JZ 1951, S. 27.

[16] GR II, S. 36

II. Die Menschenwürde als solche

1. Die *normative* Aussage des objektiven Verfassungsrechts, daß die Würde des Menschen unantastbar ist, beinhaltet eine Wertaussage, der ihrerseits aber eine Aussage über eine *Seins*gegebenheit zugrundeliegt. Diese Seinsgegebenheit, die unabhängig von Zeit und Raum „ist" und rechtlich verwirklicht werden „soll", besteht in folgendem: *Jeder Mensch ist Mensch kraft seines Geistes, der ihn abhebt von der unpersönlichen Natur und ihn aus eigener Entscheidung dazu befähigt, seiner selbst bewußt zu werden, sich selbst zu bestimmen und sich und die Umwelt zu gestalten.* Diese Menschenauffassung, auf die sich die Verfassungsgeber geeinigt haben, weil sie für die Rechtsanwender aller geistigen und weltanschaulichen Richtungen gedanklich vollziehbar ist, enthält in sich wiederum zwei weitere seinsmäßig voneinander nicht zu trennende Teilgegebenheiten, denen dann normativ in Art. 2 I und 3 GG durch „Hauptgrundrechte" Rechnung getragen wird. Das ist einmal die Gegebenheit, daß der Mensch *frei* ist (sich und die Umwelt zu gestalten); zum anderen die Gegebenheit, daß *jeder* Mensch diese Freiheit hat, insoweit also *gleich* ist.

2. Ehe man sich müht, den in der Freiheit des Menschen bestehenden Eigenwert inhaltlich zu erfassen, muß man erkennen, daß eine Freiheit „des" Menschen zur Selbst- und Umweltgestaltung, die für alle *gleich* gedacht ist, denknotwendig nur eine abstrakte Freiheit, d. h. eine *Freiheit als solche* sein kann, die „dem Menschen an sich" eigen ist. Der *allgemein* menschliche Eigenwert der Würde kann somit von vornherein nicht in der jederzeitigen gleichen *Verwirklichung* beim konkreten Menschen bestehen, sondern in der gleichen abstrakten *Möglichkeit* (potenziellen Fähigkeit) zur Verwirklichung.

Das bedeutet im einzelnen:

a) Der allgemein menschliche Eigenwert der Würde ist auch als vorhanden zu denken, wenn ein *konkreter* Mensch (etwa der Geisteskranke) die Fähigkeit zur freien Selbst- und Lebensgestaltung *von vornherein nicht hat*.

b) Der allgemein menschliche Eigenwert der Würde ist auch vorhanden, wenn der konkrete Mensch (etwa der Verbrecher) die Möglichkeit der Freiheit zur Selbsterniedrigung *mißbraucht* (und gerade diese freie Möglichkeit zur Selbsterniedrigung — ein Vorgang, der etwa in der Tierwelt undenkbar ist — beweist diese dem Menschen eigene, seine Würde ausmachende Möglichkeit zur freien Selbstgestaltung).

c) Da der allgemein menschliche Eigenwert der Würde unabhängig von der Verwirklichung beim konkreten Menschen ist, kann ein staatlicher Angriff die Menschenwürde als solche auch verletzen, selbst wenn der konkrete Mensch mit einem Angriff auf seine Fähigkeit, sich frei zu entscheiden, *einverstanden* ist. (Z. B. ändert daher auch das Einverständnis des Angeklagten, an sich „Wahrheitsdrogen" anwenden zu lassen, nichts am Verfassungsunrecht dieser Wahrheitsermittlung, vgl. unten 3 b aa.)

d) Da der allgemein menschliche Eigenwert der Würde unabhängig von der Realisierung beim konkret existierenden Menschen ist, kann ein Angriff die Menschenwürde als solche auch verletzen, wenn der konkrete Mensch *noch nicht geboren oder bereits tot ist.* Es ist eine unrichtige Fragestellung zivilrechtlichen Anspruchsdenkens, wenn man danach fragt, von wann ab und bis wann der konkrete Mensch im juristischen Sinne als Träger eigenen Rechts am Wertschutz des Art. 1 I teilhat. Wer von Menschen gezeugt wurde und wer Mensch war, nimmt an der Würde „des Menschen" teil. Auch die Beschränkung auf die konkrete „Fähigkeit zum geistig-seelischen Werterlebnis"[17] verkennt die existentielle Geworfenheit des Menschen in den irrationalen Strom des Menschengeschlechts.

aa) Auch dem *nasciturus* und[18] dem *monstrum* kommt — schon der Mutter wegen — Menschenwürde zu[19]. Das vom Staat geduldete oder gar legalisierte Töten des Kindes im Mutterleib ist ebenso Verfassungsunrecht wie die Vernichtung von Monstren als „lebensunwert".

bb) Auch auf den *menschlichen Leichnam* wirkt demnach die Würde des Menschen zurück[20]. Das industrielle Verwerten des menschlichen Leichnams verletzt nach hier vertretener Auffassung die Menschenwürde ebenso wie die Auffüllung der anatomisch sezierten Leiche mit Meerschweinchen. Gerade die Sektionsproblematik harrt im übrigen noch einer modernen Untersuchung. Wenn die Modalitäten „menschenwürdig" sind, wird man dem tiefen Grundsatz: „Der Lebende hat recht" folgen müssen, wird also die völlige Integrität des menschlichen Leichnams dem medizinischen Forschungsbedürfnis zum Heil der Lebenden opfern müssen.

e) Da der Angriff auf die Menschenwürde als solche nicht im Angriff auf die Würde des konkreten Menschen selbst zu bestehen braucht, in der Regel nur am konkreten Menschen erkennbar (und damit rechtlich abwehrbar) wird, ist die *konkrete Form* (das „Tierische" und „Un-

---

[17] *v. Mangoldt / Klein,* S. 150.

[18] Entgegen *v. Mangoldt / Klein,* S. 151.

[19] Für den nasciturus wie hier: *Nipperdey,* GR II, S. 4.

[20] Zum Teil abweichend *Nipperdey,* GR II, S. 4, infolge seiner Auffassung des Art. 1 I als eines subjektiven Rechts; dort auch Übersicht zum herkömmlichen Totenrecht.

menschliche") des Angriffs nur ein (allerdings kaum trügendes) Indiz für die abstrakte Verletzung der Menschenwürde. Insbesondere ist nicht entscheidend, ob das Opfer „leidet". Auch die schmerzloseste Tötung Geisteskranker ist selbstverständlich Mißachtung der Menschenwürde als solcher.

3. *Die Menschenwürde als solche ist getroffen, wenn der konkrete Mensch zum Objekt, zu einem bloßen Mittel, zur vertretbaren Größe herabgewürdigt wird.* Am besten zeigt vielleicht der entsetzlich an technische Vorstellungen angelehnte Wortschatz unserer materialisierten Zeit, worum es in Art. 1 I geht. Es geht um die Degradierung des Menschen zum Ding, das total „erfaßt", „abgeschossen", „registriert", „im Gehirn gewaschen", „ersetzt", „eingesetzt" und „ausgesetzt" (d. h. vertrieben) werden kann.

Die *Verletzungsvorgänge*, die den modernen Menschen seiner Umwelt, den anderen, den Gruppen und dem Staat wie eine Sache *„ausliefern"*, lassen sich freilich nur beispielhaft umschreiben. Aber die Beispiele werden deutlich machen, daß Art. 1 I viel wichtigere und dringendere Aufgaben hat, als den persönlichen Ehrenschutz über das Strafrecht hinaus zu erweitern oder Sitte und Anstand zu wahren[21].

a) Es ist nicht tief genug angesetzt, wenn man nur an so eklatante Mißachtungen der Menschenwürde denkt, bei denen der Mensch wie etwa durch *Massenaustreibung* und *Genocidium* (d. h. Ausrottung nationaler, ethnischer, rassischer oder religiöser Gruppen durch Tötung, körperliche Verletzung, Geburtenverhinderung, Kinderverschleppung oder Herbeiführung von Lebensbedingungen, die auf physische Vernichtung abzielen) offenkundig auf die *Ebene des Tieres* erniedrigt wird. Die Perversion der Wertordnung beginnt heimlich überall bereits dort, wo der *Mensch als Rechtssubjekt entmachtet* wird und etwa bei ganzen Güterkategorien (also systematisch) das „Ding", das „Es", die Materie zum „Rechtssubjekt" erhoben werden soll (Schulfall: Vorrangstellung des „Bodens" über den Eigentümer in der NS-Zeit). Die in der Zivilistik — freilich unter anderen verfassungsrechtlichen Situationen — oft erwogene Anerkennung ganzer Kategorien sog. *subjektloser Rechte* ohne personales Substrat bedeutet gedanklich eine ebenso systematische Mißachtung des über der unpersönlichen Natur stehenden Menschen, wie eine offene, den Menschen zur „Sache" machende Versklavung.

b) Es verstößt gegen die Menschenwürde als solche, wenn der konkrete Mensch zum *Objekt eines staatlichen Verfahrens* gemacht wird.

---

[21] Zu weitgehend etwa die Berufungen auf Art. 1 I in Württ.-Bad. VGH vom 27. 11. 1952, VerwRspr. 5, S. 427 (430), und in den meisten Beispielen von *Münch* (Fn. 5), S. 9 f.

aa) Der Schulfall ist hier die *Wahrheitsermittlung* der Strafjustiz (aber auch bereits der Polizei) durch physischen Zwang und vor allem durch die Anwendung chemischer oder psychotechnischer Mittel, die den Menschen in den Zustand ausgeschlossener oder beeinträchtigter Willensfreiheit versetzen und ihn als „Registriermaschine" seiner Wahrnehmungen verwenden. Der bisher einhelligen Ablehnung dieser Vernehmungstechniken[22] ist hinzuzufügen, daß auch die Einwilligung des Beschuldigten (oder des Zeugen oder Sachverständigen) nichts an dem Verstoß gegen die Menschenwürde ändert (vgl. oben II 2 c). Verfassungsrechtlich ist es unschädlich, wenn man erst Art. 2 II Satz 1 und 2 zur grundrechtlichen Abwehr dieser Vernehmungspraktiken benutzt, da kaum Fälle denkbar sind, wo sie nicht gleichzeitig die körperliche Integrität oder die Freiheit der Person verletzen[23]. Man muß dann nur beachten, daß der generelle Gesetzesvorbehalt des Art. 2 II Satz 3 über Art. 19 II an Art. 1 I GG seine unüberwindliche Grenze findet. Die §§ 136 a, 69 III, 72, 161 II, 163 II StPO bilden diese durch das Vereinheitlichungsgesetz eingeführte positivrechtliche Begrenzung, die dem Verfassungsrecht entspricht. Fraglich ist jedoch, ob die bisherige, einhellig allein auf die Würde des *Vernommenen* abstellende Interpretation des Art. 1 I durch Gesetzgebung und Rechtsanwendung schon das letzte Wort darstellt[24]. Hier besteht von den beteiligten Menschen her gesehen eine Güterkollision (Art. 1 I Satz 1) und vom Staat her gesehen eine Pflichtenkollision einerseits zur Achtung und andererseits zum Schutz (Art. 1 I Satz 2). Insgesamt würde Art. 1 I jedenfalls nicht entgegenstehen, wenn de lege ferenda bei aussichtslosen normalen Wahrheitsermittlungen (etwa bei Gewohnheitsverbrechern, bei wegen Meineides Vorbestraften) *weiter*gehende Methoden der Wahrheitserforschung zu Gunsten des schuldlosen Opfers ausgeschöpft würden.

bb) Eine Auslieferung des Menschen an ein staatliches Verfahren und eine Degradierung zum Objekt dieses Verfahrens wäre die *Verweigerung des rechtlichen Gehörs.* Für *Gerichts*verfahren ist es in Art. 103 I ausdrücklich vorgeschrieben (vgl. auch § 185 GVG für den Unterfall der Unkenntnis der Verfahrenssprache). Insgesamt hat jedoch der Grundsatz des rechtlichen Gehörs seinen Standort letztlich in Art. 1 I. Das ist vor allem bedeutsam für das *Verwaltungsrecht.* Für die Eingriffsverwaltung mit dem Recht und der Pflicht zum ersten gefahrenabwehrenden Angriff geht die Verfassung (im beispielhaften Art. 104 GG) zwar selbst davon aus, daß der Grundsatz beim ersten Zugriff nicht unabdingbar gilt. Im übrigen aber wird das Verwaltungsrecht als allgemeine

---

[22] Vgl. zum „Lügendetektor" die Grundsatzentscheidung BGHSt 5, 322.

[23] Vgl. dazu *Kern,* in GR II, S. 51 ff.

[24] Vgl. *v. Mangoldt / Klein,* S. 152 f., wo zutreffend geltend gemacht wird, daß auch das *Opfer* eine vom Staat zu schützende Menschenwürde hat.

Lehren aufzustellen haben: Der Grundsatz des rechtlichen Gehörs gilt in jedem *Rechtsmittel*verfahren innerhalb der aktiven Verwaltung unabdingbar. Der Grundsatz gilt ferner unabdingbar bereits dort, wo Verwaltungsgesetze seine Beachtung vor Erlaß des *ersten* Verwaltungsaktes vorsehen. Seine Nichtbeachtung führt in diesen Fällen zur *Nichtigkeit* (nicht nur zur Vernichtbarkeit) des Verwaltungsaktes[25].

c) Art. 1 I anerkennt für den Menschen ferner eine *ureigenste Intimsphäre,* die sich allen staatlichen totalen Inquisitionen, Registrierungen und Testen wirksam entgegenstellt. Nun wäre es zwar durchaus lebensfremd, wollte man verkennen, daß je größer im modernen Staat die Aufgaben der „Daseinsvorsorge" *(Forsthoff),* desto kleiner die letzten menschlichen Bereiche werden, die nicht aus Gründen der Koordinierung von Leistung und Bedürfnis ermittelt („getestet") werden müssen. Aber an einem Beispiel der primitivsten, die Menschen unterscheidenden biologischen Originalität mag verdeutlicht werden, daß es auch für den modernen Staat letzte Sperren vor der verwaltungstechnischen — im übrigen durchaus gutgemeinten und keineswegs diskriminierend gedachten — „Ent-persönlichung" gibt. So stieß etwa — in einer erfreulich sauberen Wertreaktion — die Beibehaltung der Fingerabdrücke auf Personalausweisen auf einhellige Ablehnung, obwohl sie (für die Polizei) durchaus „zweckmäßig" gewesen wäre. Ebenso mag etwa, um im ureigensten biologischen Bereich zu bleiben, eine generelle Wassermannuntersuchung als staatliche Ehefähigkeitsvoraussetzung sehr „zweckmäßig" sein. Aber im Zeichen des Art. 1 I hat an der ureigensten biologischen und geistig-seelischen Intimsphäre des Menschen auch das Staatlich-Zweckmäßige und -Rationelle, es mag noch so gut gemeint sein, seine Grenze. Wo sich Angriffe des Staates auf diese ureigenste Privatsphäre nicht durch die *Spezialnormen* der Grundrechte (vgl. etwa Art. 2 II Satz 1: Achtung der körperlichen Integrität; Art. 10: Achtung des Brief-, Post- und Fernmeldegeheimnisses; Art. 13: Achtung des Heims; Art. 6: Achtung des ehelichen Lebensraumes) abwehren lassen, stellt Art. 1 I die Generalklausel dar, die solche Angriffe verhindert. Wo beim Schutz der ureigensten Intimsphäre Spezialgrundrechte thematisch versagen, ist infolge der gebotenen Einbeziehung des Wertgehaltes von Art. 1 I in das Hauptfreiheitsrecht des Art. 2 I ein aktuelles *Grundrecht* (subjektives öffentliches Recht) *auf Achtung der ureigensten Privatsphäre* anzuerkennen.

Der *Achtungspflicht* des Staates entspricht laut Satz 2 des Art. 1 I eine *Schutz*pflicht, wenn die Intimsphäre durch Angriffe *Privater* oder Angriffe gesellschaftlicher Gruppen verletzt wird. Dieser Schutzpflicht im

---

[25] Derzeit noch streitig, aber nur weil das Verwaltungsrecht den Grundsatz *verfassungs*rechtlich noch nicht exakt genug in Art. 1 I lokalisiert.

Sinne der Verfassung genügt die staatliche Privatrechtsprechung neuerdings überwiegend durch Anerkennung eines sog. *„allgemeinen Persönlichkeitsrechts“*, das überall dort eingreift, wo das bisher lose Bündel der einzelnen Persönlichkeitsrechte des Bürgerlichen Rechts versagt[26]. Die Anerkennung dieses „allgemeinen Persönlichkeitsrechtes“ ist fraglos der kühnste und im Prinzip gelungenste Wurf des Privatrechts während der letzten Jahre[27]. Zwar muß man bezweifeln, ob die zivilrechtliche Konstruktion eines an die Verfassung angelehnten *„allgemeinen“* Persönlichkeitsrechtes auch dort richtig ist, wo im Grundrechtsteil eben dieser Verfassung Lebensbereiche *speziell* geschützt werden. Entscheidend ist jedoch, daß mit Hilfe dieser Konstruktion nun auch letzte privatrechtliche Lücken beim Schutz der ureigensten Intimsphäre im Sinne der Verfassung geschlossen werden können.

d) Als ein zur Wachsamkeit (zur „ethischen Unruhe“) mahnendes Beispiel für einen Entpersönlichkeitsvorgang, der den Menschen zum Objekt entwürdigt, diene ferner die neuerdings auch bei uns in steigendem Umfang diskutierte *künstliche Insemination*. Die *heterologe* Insemination (durch fremden Samenspender) verstößt ohne Zweifel gegen die Menschenwürde als solche. Durch eine Naturwidrigkeit als System werden das Kind zum „Retortenkind“, zum „Homunculus“, und der Vater zu einer „vertretbaren Größe“ degradiert. Von der Mutter wird vorausgesetzt, daß sie den Liebes- und Zeugungsakt für ersetzbar erachtet und den Gatten als „austauschbar“ hinnimmt. Der Samenspender gar als anonymer Samenproduzent kann überhaupt nur schaudernd gedacht werden. Es kann nicht zweifelhaft sein, daß den Staat hier gemäß Satz 2 des Art. 1 I nicht nur die Pflicht zur Nichtlegalisierung, sondern darüber hinaus eine echte Schutz- und Abwehrpflicht (notfalls durch Pönalisierung) trifft. — Die *homologe* Insemination darf zumindest von der staatlichen Rechtsordnung nicht zur Kenntnis genommen werden.

Ähnlich wie bei der heterologen künstlichen Insemination verhält es sich mit *Transplantationen von Geschlechtsteilen und -drüsen von Tieren* auf Menschen. Im übrigen aber setzt Art. 1 I dem unmittelbaren ärztlichen Heileingriff keine Schranken, wenn die Modalitäten „menschenwürdig“ sind. Bei Eingriffen in Leichen zu Gunsten Lebender gilt dies unbedingt, während bei Eingriffen in *fremdes* Menschenleben zur Heilung anderer zu beachten ist, daß für den Hilfsbereiten das Grundrecht der körperlichen Unversehrtheit nach Art. 2 II Satz 1 zu Heil-

[26] Vgl. etwa BGHZ 13, 334 = JZ 1954, S. 698 m. Anm. v. *Coing:* Schutz privater Aufzeichnungen trotz versagenden Urheberrechtsschutzes.

[27] Vgl. vor allem *Coing,* SJZ 1947, S. 642; *ders.,* in: Staudinger (11. Aufl. 1954), Vorbem. S. 17 ff.; *Hubmann,* Das Persönlichkeitsrecht, 1953; *Nipperdey,* GR II, S. 40 ff.; *Dürig,* Festschr. f. Nawiasky (1956), S. 180 f. m. Fn. 53 und 54.

zwecken zwar grundsätzlich, aber nicht schlechthin (etwa bis zum Verlust des eigenen Lebens oder bis zum Verlust der eigenen Zeugungsfähigkeit) verzichtbar ist.

e) Die Menschenwürde als solche ist auch getroffen, wenn der Mensch gezwungen ist, *ökonomisch unter Lebensbedingungen* zu existieren, die ihn zum Objekt erniedrigen.

Gerade weil im allgemeinen die Gefahr gesehen wird, daß Art. 1 I als „kleine Münze“ abgenutzt wird, besteht die umgekehrte Gefahr, daß sich das Verfassungsrecht bei seiner Interpretation in ethischen Höhenlagen verliert. Die Scheu, „ein Heiligtum nicht in Vorhöfe zu zerren“, kann dann nicht gebilligt werden, wenn mit ihr der ethische Wertgehalt der Menschenwürde von der ökonomischen Substanz, die für jede Wertverwirklichung notwendig ist, isoliert werden soll, wie es beispielsweise bereits in BVerfGE 1, 104 anklingt, wo das Gericht erklärt, das positive staatliche Tun des Schützens beziehe sich nicht auf Schutz vor *„materieller* Not“.

Der Mensch wird heute in allen Wissenschaften, die vom Menschen handeln, als Leib-Seele-Geist-Einheit aufgefaßt und in einer Ganzheit verstanden, die man nicht in voneinander isolierte „Schichten“ zerlegen kann. Ohne ein Minimum an äußeren materiellen Leibes- und Lebensbedingungen hat der Mensch als solcher nicht das, was seine Würde ausmacht, nämlich die Fähigkeit, sich in freier Entscheidung über die unpersönliche Umwelt zu erheben. Er lebt nicht, er vegetiert[28]. Gewiß kann der konkrete Mensch den höchsten Grad der sittlichen Vervollkommnung erreichen, indem er (und vielleicht gerade weil er) ohne materielle Gütersubstanz auskommt; der Mensch als solcher aber ist ohne diese äußere Gütersubstanz, die seine *Vollexistenz* ermöglicht, nicht denkbar, und die Freiheit zur Daseins*entfaltung* wird zur Phrase, wenn sie nicht auf der Möglichkeit der ökonomischen Daseins*erhaltung* aufbaut. (*Schiller:* „Habt ihr die Blöße bedeckt, gibt sich die Würde von selbst.“)

Das bedeutet verfassungsrechtlich:

aa) Der Einzelne hat zwar nach wie vor (vgl. oben I 2 a) aus Art. 1 I *allein* kein subjektives öffentliches Recht auf Verschaffung der zu einem menschenwürdigen Leben nötigen materiellen Güter. Ein solcher auf positives Leisten des Staates gerichteter Anspruch kann sich jedoch un-

---

[28] Vgl. *Dürig,* JR 1952, S. 262; AöR 79, S. 256: Das Christuswort: „Der Mensch lebt nicht vom Brot allein“ beinhaltet zunächst einmal den Satz: „Der Mensch lebt vom Brot.“ Mit Recht weist *Bachof,* VVDStRL 12 (1954), S. 42, darauf hin, daß mit dem Fortfall der materiellen Grundlagen eines menschenwürdigen Daseins auch die Menschenwürde selbst verloren geht. Zutr. auch *Nipperdey,* GR II, S. 5 ff.

mittelbar von Verfassungs wegen dort ergeben, wo die in Art. 1 I Satz 2 festgelegte staatliche Schutzpflicht durch *andere* Verfassungsnormen zu einer positiven Sozialgestaltungspflicht erhöht wird. So leitet man etwa neuerdings mit Recht aus der Sozialstaatsentscheidung des Grundgesetzes (Art. 20, 28, 79 III) in Verbindung mit Art. 1 I eine solche aktuelle Staatspflicht auf Verschaffung mindestens des Existenzminimums her und gewährt insoweit dem unverschuldet Hilfsbedürftigen ein *einklagbares subjektives öffentliches Recht auf Fürsorge*[29]. Die Entscheidung BVerfGE 1, 105 steht der Anerkennung eines subjektiven öffentlichen Rechts auf Fürsorge nicht entgegen. Dort bleibt ausdrücklich offen, ob der „Einzelne überhaupt kein verfassungsmäßiges Recht auf Fürsorge" hat und es wird nur — im Ergebnis zu Recht — verneint, daß sich aus Art. 1 und 2 ein Recht auf „Zuteilung bestimmter, das allgemeine Maß öffentlicher Fürsorge übersteigender Renten" herleiten läßt.

bb) Unzweifelhaft hat jedoch der Einzelne ein durch die folgenden Freiheitsrechte aktualisiertes und durch Art. 1 I mit 19 II unantastbar und unabdingbar ausgestaltetes Elementarrecht auf *Belassen* des Bestandes an für ein menschenwürdiges Leben nötigen Außenweltsgütern. Dieses Elementarrecht setzt sich über Art. 1 I und II in Verbindung mit Art. 19 II GG selbst dort durch, wo — wie in Art. 14 I — ein güterweltbezogenes Grundrecht scheinbar zur staatlichen Totaldisposition steht und erscheint z. B. nach staatlichen Eigentumsdispositionen (Enteignungen) als absoluter *Wert*auswechslungsanspruch für den Entzug persönlichkeitsessentieller Außenweltsgüter[30].

cc) Der elementaren Achtungs- und Unterlassungspflicht des Staates entspricht eine elementare Schutzpflicht, wenn der Bestand an für eine menschenwürdige Existenz nötigen Gütern aus der *außer*staatlichen Sphäre angegriffen wird. Das geltende Zivilrecht beispielsweise kommt dieser Pflicht materiellrechtlich u. a. durch Hinweise auf „notdürftigen Unterhalt" (z. B. § 1611 BGB), auf „standesgemäßen Unterhalt" (z. B. §§ 1603, 1610, 1963 BGB), verfahrensrechtlich durch die Erklärung lebensnotwendiger Sachen für pfändungsfrei (§ 811 ZPO) und durch Pfändungsschutz für Arbeitseinkommen (§§ 850 ff. ZPO) nach[31].

---

[29] Vgl. dazu zuletzt *Nipperdey*, GR II, S. 5 ff. mit Literaturübersicht in Fn. 12; zur Gesamtentwicklung vgl. *Knoll*, ZgesStW 111, S. 148 ff.; letzte höchstrichterliche Grundsatzentscheidung: BVerwG vom 24. 6. 1954, JZ 1954, S. 757 = DÖV 1954, S. 620 = DVBl. 1954, S. 704; vgl. aber auch den bedauerlichen Rückschlag zur rein seuchen*polizeilichen* Begründung der Tbc-Hilfe, auf die angeblich der Kranke keinen Rechtsanspruch habe, in BVerwG vom 15. 9. 1955, DÖV 1956, S. 244 m. Anm. von *Bachof*.

[30] Vgl. *Dürig*, JZ 1954, S. 10.

[31] Die alte zivilprozessuale Streitfrage, ob insoweit die Zustimmung des Schuldners zur Pfändung gegenüber staatlichen Vollstreckungsorganen relevant ist, ist also von Verfassungs wegen zu verneinen.

III. Nutzanwendung für Art. 19 II GG

Vorstehend wurden beispielhaft einige Verletzungsvorgänge geschildert, die den Eigenwert des Menschen als solchen antasten. Bei konsequenter Fortführung dieser induktiven Methode erhält auch die bisher konturloseste Norm des Grundgesetzes klarere und objektiv feststellbare Umrisse. Die Verletzung des Art. 19 II wird zur Zeit wahllos in jedem Grundrechtsstreit gerügt. Manche Angreifer wollten mit seiner Hilfe gar den Gesetzgeber auf eine einzige ihnen interessengemäße Modalität bei der Normierung einer Materie festlegen.

1. Wissenschaft und Praxis können sich bislang nicht rühmen, die Frage nach dem „Wesensgehalt“ der Grundrechte anders als mit ziemlich inhaltslosen Wendungen beantwortet zu haben[32].

a) Im Schrifttum hat sich, soweit ersichtlich, bisher nur *Herbert Krüger*[33] an eine spezielle Untersuchung des Art. 19 II herangewagt. Von den *positiven* Ergebnissen dieser Untersuchung, zu denen *Krüger* nach seiner — keine vorgefundene Grundrechtslehre verschonenden — Kritik gelangt, wird auch er nicht sagen wollen, daß sie griffig genug seien, um etwa Studenten näher gebracht werden zu können[34].

b) Das Bundesverfassungsgericht hat sich — freilich in Parenthese — nur einmal ausdrücklich zu Art. 19 II geäußert[35]. Dabei handelt es sich unglücklicherweise gerade um die Stelle der im übrigen billigens-

---

[32] Der Verfasser nimmt sich von diesem Vorwurf keineswegs aus. Er hat sich jedoch in einschlägigen Arbeiten immer um dieses Grundproblem gemüht. Vgl. den Versuch, die Wertschutzentscheidung des Art. 19 II auch gegenüber dem weiten Gesetzesvorbehalt des Art. 14 I Satz 2 zu retten, in ZgesStW 109, S. 326 ff. (329); den Versuch, mit Art. 19 II das personale Substrat des Rechtsinstituts Eigentum zu bewahren, in DÖV 1954, S. 129 (131); den Versuch, den Wesensgehalt des Freizügigkeitsrechts auch im Notaufnahmeverfahren relevant zu erhalten, in GR II, S. 507 (521); den Versuch, aus Art. 19 II nachzuweisen, daß grundrechtseinschränkende Begriffe gerichtlich kontrollierbare Rechtsbegriffe sind, in JZ 1953, S. 536; den Versuch, den Wesensgehalt des Eigentumsgrundrechts zu umreißen, in JZ 1954, S. 10; den Versuch, aus Art. 19 II rückwirkende Gesetze abzuwehren, in NJW 1955, S. 730 m. Fn. 21.

[33] DÖV 1955, S. 597 ff.

[34] Dies aber ist nicht zuletzt ein Anliegen des vorliegenden Versuchs. Der Verfasser darf dazu bemerken: 1. Der Versuch ist geschrieben als Antwort auf studentische und ratlose Bitten, man wolle einmal ein im Kern absolutes und gültiges Wertsystem unserer Verfassung sehen, das a) phrasenfrei sei, b) für alle nachvollziehbar sei und das c) dennoch genug Magnetismus besitze, um der Dynamik fremder Ideologien entgegengesetzt werden zu können. 2. Er ist in Kolleg, Übung und Seminardiskussion erprobt. 3. Er „kommt an“ — und nicht nur bei den „happy few“ unserer Studenten, die ohnehin von der Rechtsphilosophie angesprochen werden und die Universität mit Wertvorstellungen über unseren Rechtsstaat verlassen.

[35] BVerfGE 2, 266 (285) = JZ 1953, S. 459 mit Anm. von *Dürig* = DVBl. 1953, S. 501.

werten Entscheidung, wo Beiläufigkeit durchaus nicht am Platze war. In der Frage, ob das Bundesaufnahmegesetz gegen den Wesensgehalt des Art. 11 verstößt, hätte das Gericht zum Wesensgehalt des Art. 11 Position beziehen müssen. Es war ein Ausweichen vor der unabdingbaren Härte des Art. 19 II, wenn das Gericht aus der Entstehungsgeschichte schloß, daß im Hinblick auf Art. 19 II keine „Unstimmigkeit innerhalb des Grundgesetzes selbst" gewollt sein könne, weil man im Parlamentarischen Rat an Freizügigkeitsbeschränkungen für die Deutschen in der sowjetischen Besatzungszone gedacht habe. Art. 19 II bringt *immer und ganz bewußt* „Unstimmigkeiten" in das Verhältnis von verfassungsrechtlich unantastbarem Wesensgehalt einerseits und verfassungsrechtlichen Gesetzesvorbehalten und darauf gründenden technischen Gesetzen andererseits. Immerhin läßt sich das BVerfG an dieser Stelle über die Formulierung „Antastung des Wesensgehalts" aus und meint, daß dafür „gegebenenfalls das zu regelnde Lebensverhältnis, die tatsächlich getroffene Regelung und die gesellschaftlichen Anschauungen hierüber sowie das rechtlich geläuterte Urteil über die Bedeutung maßgebend sein dürften, die das Grundrecht nach der getroffenen Einschränkung noch für das soziale Leben im ganzen besitzt".

c) Am bekanntesten ist aus der Judikatur die Definition des Bundesgerichtshofs[36]: „Ein Grundrecht wird durch einen gesetzlichen Eingriff dann in seinem Wesensgehalt angetastet, wenn durch den Eingriff die wesensgemäße Geltung und Entfaltung des Grundrechts stärker eingeschränkt würde, als dies der sachliche Anlaß und Grund, der zu dem Eingriff geführt hat, unbedingt und zwingend gebietet. Der Eingriff darf also nur bei zwingender Notwendigkeit und in dem nach Lage der Sache geringstmöglichen Umfang vorgenommen werden und muß zugleich von dem Bestreben geleitet sein, dem Grundrecht gleichwohl und im weitestmöglichen Umfang Raum zu lassen." Diese auf Intensität, Zweck und Grund des Eingriffs abstellende BGH-Definition kann man auf die These verkürzen: *Art. 19 II als Übermaßverbot* (Grundsatz der Verhältnismäßigkeit).

d) Das Bundesverwaltungsgericht müht sich nicht um Intensität und Telos des Eingriffs*vorgangs*, sondern mißt nur dessen *Ergebnis*[37]. Der Wesensgehalt eines Grundrechts ist nach der Diktion des BVerwG verletzt, wenn von dem Grundrecht *„so gut wie nichts übrig bleibt"*[38].

---

[36] Gutachten vom 25. 1. 1953, DVBl. 1953, S. 370 = VerwRspr. 5, S. 642 = DÖV 1953, S. 343. Der BGH beschäftigte sich noch einmal eingehend im Beschl. vom 17. 10. 1955, DÖV 1955, S. 729 (730 f.), mit Art. 19 II und erneuerte die These der „zwingenden Erforderlichkeit".

[37] Erstmalig in der bekannten „Bedürfnis-Entscheidung" vom 15. 12. 1953, BVerwGE 1, 48 (51 unten) = JZ 1954, S. 573 = DVBl. 1954, S. 258 = DÖV 1954, S. 277.

Diese wegen ihrer bemerkenswerten Kürze immerhin imponierende Interpretation des BVerwG wird verdunkelt durch eine spätere Fehlinterpretation des Art. 19 II in systematisch-dogmatischer Hinsicht. Im „Prozeßagenten-Urteil“ vom 10. 5. 1955[39] wird zunächst die Verletzung des Wesensgehalts des Art. 12 I *bejaht,* dann aber nachträglich mit Hilfe der vom Gericht übrigens noch nicht einmal begründeten Gemeinschaftsklausel die *Verfassungswidrigkeit* dieser Verletzung des Wesensgehalts doch *verneint.* So geht es gewiß nicht[40]. Staatliches Handeln, das Art. 19 II *verletzt,* ist nicht zu retten. Die Frage ist, ob gewisse Grundrechtsbetätigungen überhaupt am Schutz des Art. 19 II teilhaben, so daß die staatliche Reaktion nicht Art. 19 II verletzt, weil dem Grundrechtsträger nichts genommen wird, was ihm an ursprünglicher Rechtsmacht zugestanden hätte[41].

2. Worum geht es in Art. 19 II?

Gesetzestechnisch ist diese Vorschrift nichts anderes als die positivrechtliche Abschirmung des Menschenrechtsgehalts der einzelnen Grundrechte gegenüber den an sich jeweils zulässigen Einschränkungsmöglichkeiten. Inhaltlich sichert der im deutschen Staatsrecht neue Art. 19 II[42] als „inviolable et sacré“ — verstanden durchaus im wörtlichen Pathos — ab, was der ebenso neue Art. 1 I als Konstitutionsprinzip unserer Rechtsordnung erklärt, die Menschenwürde. Der oben (II 3) induktiv belegte Kernsatz lautet auch für Art. 19 II: *Der Grundrechtsträger darf nicht zum Objekt des staatlichen Geschehens gemacht werden.* Führt eine Grundrechtseinschränkung zu einem solchen „Ausgeliefertsein“, dann ist der Wesensgehalt dieses Grundrechts verletzt — eben weil jedes Grundrecht seinen (Wert-)*„Gehalt“*, der für den Menschen als solchen nach dem Willen der Verfassung *„wesentlich“* ist, aus Art. 1 I bezieht.

---

[38] BVerwGE 1, 269 (274 oben).

[39] GewArch. 1955, S. 61 f.

[40] Vgl. die gute Kritik *Ubers,* GewArch. 1955, S. 58.

[41] Vgl. in diesem Sinne für den „Störer“ der Rechte anderer, des Sittengesetzes und der verfassungsmäßigen Ordnung *Dürig,* AöR 79, S. 57 ff. Der unverzeihliche dogmatische Fehler des BVerwG trotz *Verletzung* des Art. 19 II zur *Verfassungsmäßigkeit* des Eingriffs zu gelangen, wird sich übrigens wiederholen, wenn das Gericht sich (eigentlich grundlos) weiterhin weigert, eine Beschränkung aller speziellen Grundrechte durch den „Soweit-Satz“ des Hauptfreiheitsrechts Art. 2 I anzuerkennen. Das Gutachten von *Scheuner* über „Handwerksordnung und Berufsfreiheit“, 1956, baut hier mehrfach Brücken auch für diejenigen, die in positiver Hinsicht nicht in unserem Sinne in den Spezialfreiheitsrechten nur Anwendungsfälle des Art. 2 I sehen. Zur Grundkonzeption des Verfassers zu Art. 2 I vgl. Festschr. für Nawiasky (1956), S. 158, Fn. 3.

[42] Der Verfasser hat auch im ausländischen Staatsrecht keine Entsprechung gefunden.

Jedoch handelt es sich bei dieser positivrechtlich durch Art. 19 II gebotenen Absicherung des unantastbaren Eigenwertes des Menschen keineswegs um philologische Wortanalysen oder um philosophische Spekulationen im Sinne einer „Wesensschau“ oder um subjektive Wertungen. Es geht um ganz praktische und reale Feststellungen, die von jedermann nach objektiven Maßstäben getroffen werden können. Einige Beispiele mögen dies zeigen. Sie werden an beliebig herausgegriffenen Punkten des Grundrechtsteils den roten Faden aufdecken, der sich von der Ausgangswertentscheidung des Art. 1 I zur rechtssystematisch gebotenen positivrechtlichen Absicherung dieser Wertentscheidung in Art. 19 II hinzieht.

3. Der Grundrechtsträger ist beispielsweise dem staatlichen Geschehen als Objekt ausgeliefert, wenn ihm das Gebrauchmachen von einem Grundrecht *durch Voraussetzungen verwehrt wird, auf deren Erfüllung er bei allem Mühen keinen Einfluß hat.*

a) Es war daher zutreffend und verfassungsrechtlich instinktsicher, wenn im *Berufszulassungsrecht* mit eben diesem *„Einflußlosigkeitsargument“*[43] die *Bedürfnisprüfung* über Art. 19 II zu Fall gebracht wurde. Insoweit macht es keinen Unterschied, ob man den zulassungspflichtigen mittleren Akt der Berufsaufnahme unmittelbar dem Art. 2 I unterstellt, oder ihn der Berufswahl nach Art. 12 I Satz 1 anhängt, oder ihn zur Berufsausübung des Art. 12 I Satz 2 zieht. Die Sperre des Art. 19 II wirkt sich in jedem Grundrecht aus. Nur mußte beachtet werden, daß es von vornherein nicht zum Eigenwert des Menschen und demgemäß zum Wesensgehalt der Grundrechte gehört, die Rechte anderer, das Sittengesetz und die elementare gefahrenfreie öffentliche Ordnung zu stören[44]. Diese Verantwortlichkeit zur primitiven Nichtstörung liegt immer *innerhalb* der Einflußmöglichkeit des einzelnen das Grundrecht Ausübenden. Und wenn etwa im Gaststättenrecht (erzwungen durch Art. 19 II) die der individuellen Verfügungsmacht entzogene

---

[43] Vgl. dazu *Oppermann,* AöR 80 (1955), S. 475.

[44] Vgl. *Dürig,* AöR 79 (1953/54), S. 57 ff. (80). Vgl. demgegenüber *Herb. Krüger,* DÖV 1955, S. 599: „Wenn er (der Berechtigte) sich mit der Ausübung des Grundrechtes in den Grenzen des Wesensgehaltes hält, darf er die Rechte anderer verletzen oder gegen die verfassungsmäßige Ordnung oder das Sittengesetz verstoßen, ohne daß ... der Gesetzgeber und erst recht die Gesetzanwender hiergegen etwas unternehmen könnten.“ *Krüger* gelangt zu dieser These, indem er (ebd., S. 600) dem „liberal-freiheitlichen Gemeinwesen“ einen Wertrelativismus gegenüber „jedem Maßstab der Richtigkeit, Gerechtigkeit und Rechtmäßigkeit“ unterstellt, der furchterregend ist. Seiner These, daß man die Grundrechte streichen könne, wenn man nur ihren „richtigen Gebrauch“ zulasse, kann man genau so überspitzt entgegnen, daß man nach seiner Auffassung eigentlich im Zeichen der Grundrechte das im letzten irrationale, schuld- und sühnebezogene Strafrecht streichen könnte. Es ist doch einfach nicht wahr, daß es für die Verfassungssphäre im Recht als

objektive Zulassungsvoraussetzung des Bedürfnisses weggefallen ist, so bedeutet das nicht, daß der Antragsteller auch *in* der Tankstelle, *gegenüber* dem Entwöhnungsheim, *neben* dem Zechentor ungehindert zugelassen werden muß[45]. Dem *Störer* kann nach wie vor — freilich mit Behördenbeweislast — entgegengehalten werden, daß für seinen Betrieb gerade hier und gerade unter den von ihm verursachten konkreten Gefahrenmomenten *kein* Bedürfnis bestehe. Abgesehen von dieser konkreten Gefahrenabwehr ist die Bedürfnisprüfung bei *per se „gefährlichen Berufen“*[46] ein zulässiges Mittel der präventiven und *generellen* Mißbrauchs- und Gefahrenabwehr geblieben. Art. 19 II wirkt sich aber auch hier sehr entscheidend aus. Eine *unwiderlegliche* Vermutung, Störer zu sein mit der Folge, durch eine individuell unbeeinflußbare Bedürfnislage vom Grundrechtsgebrauch ausgeschlossen werden zu können, würde wiederum den Menschen zum Objekt des staatlichen Geschehens machen. Der Antragsteller hat daher ein subjektives öffentliches Recht (eben das materiellrechtlich letztlich doch siegende Grundrecht) auf Zulassung, wenn er nachweist, daß in concreto die Bejahung des Bedürfnisses keine unmittelbare Gefährdungs- oder Mißbrauchslage verursacht. (Darüber, daß mit Hilfe des Art. 19 II das Freiheitsrecht auch gegenüber generellen Verboten mit Erlaubnisvorbehalt doch wieder zum Zuge kommt, vgl. unten III 9.)

b) Dieses Einflußlosigkeitsargument, das sich aus Art. 19 II ergibt, ist wert, zu einem generellen Prinzip unseres öffentlichen Rechts erhoben zu werden. Es greift im geschilderten Sinne überall ein, wo der Grundrechtsbetätigung objektive[47], der individuellen Verfügungsmacht

---

Gegenseitigkeitsordnung keine rechtslogisch gültigen Maßstäbe für die Störung der Rechte anderer gebe; daß es im Recht als ethisch fundierter Ordnung keine ethisch gültigen Maßstäbe für die Störung des Sittengesetzes gebe; daß es im Recht als öffentlicher Ordnung keine gesellschaftlich gültigen Maßstäbe für die Störung der öffentlichen Ordnung gebe. Das hat mit „naturrechtlichen Unterströmungen“ (ebd., S. 597) nichts zu tun, sondern läßt sich seinswissenschaftlich belegen. *Krügers* Relativismus in der staatlichen Störungs- und Mißbrauchsabwehr ist an sich berechtigt für die Grenzsituation des spezifisch politischen Verfassungsschutzes. Gerade hier aber erkennt ihn bekanntlich das Grundgesetz nicht mehr an.

45 Vgl. zwar § 2 I Ziff. 3 und 4 GaststG. Aber auch sie konnten nicht verhindern, daß im Zeichen der angeblich restlos weggefallenen Bedürfnisprüfung schon ganze friedliche Dörfer zu Amüsiervierteln, und die meisten Unterkünfte der alliierten Truppen mit einem Kranz von Animierkneipen umschlossen wurden. Es war für die Frage der objektiven Geeignetheit der Bedürfnisprüfung zur Alkoholmißbrauchsabwehr überhaupt schade, daß der erste Fall des BVerwG gerade das Idyll eines Konditoreibetriebes betraf.

46 Pfandleiher, Wandergewerbe der Ausländer, Handel mit Betäubungsmitteln, mit unedlen Metallen usw.

47 Es kann auch bei *subjektiven* Zulassungsvoraussetzungen eingreifen (Prüfungsbedingungen, die dem „normalen Menschen“ unerfüllbar sind, Kapitalnachweis — etwa nach § 34 a GewO — der nur von „Millionären“ erbracht werden kann, usw.).

entzogene Voraussetzungen vorgeschaltet werden. Es hilft etwa beim *numerus clausus*[48], bei *Berufskontingentierungen* usw. Aber es wirkt, wie gesagt, weit über das Berufszulassungsrecht hinaus. Dafür zwei Beispiele:

aa) Art. 19 II verbietet allen Staatsfunktionen, die Grundrechtsbetätigung von *sozialen* Voraussetzungen abhängig zu machen, auf die man keinen Einfluß hat (Schulfall: Stand des Vaters). Insoweit verhindert Art. 19 II, um die anschaulichste Wirkung zu nennen, nichts Geringeres als eine „Klassengesetzgebung", „Klassenjustiz" usw.

bb) Art. 19 II verbietet allen Staatsfunktionen, die Grundrechtsbetätigung von unbeeinflußbarem *Drittverhalten* abhängig zu machen (z. B. von der politischen Betätigung eines der Sorgepflicht entzogenen Verwandten), und verhindert so, um auch hier wieder die wichtigste Folge zu zeigen, alle Ansätze einer *„Sippenhaftung"* und Kollektivverantwortlichkeit des Grundrechtsträgers.

4. Der Grundrechtsträger ist z. B. dem staatlichen Geschehen als Objekt ausgeliefert, wenn ihn *staatliches Verhaltensrecht rückwirkend belastet und verpflichtet, ohne daß er die Möglichkeit hatte, vorher sein Verhalten darauf einzustellen.* Mit Recht fragt niemand mehr in einer rechtsstaatlichen Verfassung nach der Wertfundierung des positivierten strafrechtlichen Rückwirkungsverbots in Art. 103 II. Aber stünde es nicht ausdrücklich im Gesetz, müßte es jeder Verfassungsinterpret aus Art. 1 I in Verbindung mit Art. 2 I und 19 II herausschälen.

Und so tief und so allgemein muß auch die Problematik von *sonstigen belastenden Rückwirkungsnormen* ansetzen. Art. 19 II verhindert in Verbindung mit dem jeweiligen Spezialgrundrecht, daß der Bürger durch rückwirkende *Überraschungsgesetze* im betreffenden Lebensbereich des Spezialgrundrechts zum Spielball (Objekt) des gesetzgeberischen Geschehens gemacht wird. Das bedeutet nicht, daß Art. 19 II die stets helfende grundrechtliche Waffe ist, um belastende Rückwirkungsgesetze *schlechthin abzuwehren*[49]. Auf jeden Fall aber verwehrt Art. 19 II eine Rückwirkung vor *den* Zeitpunkt hinaus, von dem ab der Bürger mit der belastenden Norm rechnen und sein Verhalten danach disponieren konnte[50]. Als Zeitpunkt bietet sich etwa die 1. Lesung an. Wo Spezialgrundrechte thematisch versagen, hat auch Art. 2 I in Ver-

---

[48] Selbstverständlich bewirkt auch Art. 19 II kein Recht auf *Schaffung* neuer Möglichkeiten (neue Arbeitsplätze im chemischen Universitätslabor usw.).

[49] Vgl. die umfassende Untersuchung aller in Frage kommenden Gesichtspunkte bei *Klein,* StW 1954, S. 2 ff.

[50] So offensichtlich auch die Meinung von BVerfGE 2, 237 (266) mit Hinweis auf *Meyer-Cording* und *Köster.*

bindung mit Art. 19 II (vor allem auch auf ökonomischem Gebiet[51]) gegenüber der Rechtssetzung diese sperrende Kraft.

5. Bei *jedem einzelnen Grundrecht* läßt sich exakt die materiellrechtliche Grenze feststellen, deren Überschreitung den Grundrechtsträger zum Objekt degradiert, also gemäß Art. 19 II unabdingbar verboten ist.

a) Man betrachte etwa das neue *Grundrecht auf Information* in Art. 5 I Satz 1, letzter Halbsatz. Wo liegt die Wesensgehaltsgrenze dieses Rechts, das an sich unter generellem Gesetzesvorbehalt steht, weil sich die Allgemeinzugänglichkeit der Orientierungsquellen aus den bestehenden Vorschriften des öffentlichen und bürgerlichen Rechts ergibt? Antwort: Generell dort, wo der Mensch ohne Ausweichmöglichkeit einer Informationsquelle ausgeliefert wird. Konkrete Folge: Art. 5 I Satz 1 in Verbindung mit Art. 19 II verbietet jegliche „*Gleichschaltung*" der Informationsquellen. Es würde etwa gegen Art. 5 I Satz 1 in Verbindung mit Art. 19 II verstoßen, wenn dem Bürger verboten wird, zu seiner Information auf Auslandspresse und Auslandsfunk auszuweichen; wenn die Einrichtungen der Meinungsbildung und Nachrichtenverbreitung verpflichtet werden, ihr Nachrichtenmaterial ausschließlich von einer (womöglich sogar staatlichen) Nachrichtenstelle zu beziehen; wenn der Funk so vereinheitlicht wird, daß ein Ausweichen auf innerstaatliche Stationen unmöglich wird (wobei es gleichgültig ist, ob diese Gleichschaltung im Programmteil, in der Organisation oder durch technisch vermeidbare Wellenbeschneidung erfolgt) usw.

b) Oder man nehme das *Grundrecht der Eltern* auf das Primat bei der Kindererziehung gemäß Art. 6 II. Die Grundrechtsträger Eltern wären dem staatlichen Geschehen als Objekt ausgeliefert, wenn der Staat für sich in Anspruch nimmt, unter mehreren vorhandenen Schulzweigen von sich aus die dem Kind angeblich gemäße zu bestimmen. Mit Recht hat das Urteil des OVG Hamburg vom 16. 4. 1953[52] das „*positive Ausleseverfahren*" zur Bestimmung der dem Kind angeblich gemäßen Schulform mit Hilfe eben des Art. 19 II abgewehrt. Diese billigenswerte Abwehr einer über die Köpfe der Eltern hinweggehenden staatlichen Bildungslenkung ist auch aus einem anderen Grunde lehrreich. Es bestätigt sich hier die obige Feststellung (II 3 c), daß auch durchaus *gutgemeinte* staatliche Maßnahmen am Persönlichkeitswert und dementsprechend am Menschenrechtsgehalt = Wesensgehalt der Grund-

---

[51] *E. R. Huber*, DÖV 1956, S. 135: „Daß die Gewähr der freien persönlichen Entfaltung (Art. 2 Abs. I GG) die Garantie der wirtschaftlichen Entfaltungsfreiheit umschließt, ist kein Gegenstand einer ernsthaften Kontroverse mehr."

[52] VerwRspr. 6, S. 654 = DVBl. 1953, S. 506. Es handelt sich hierbei um eine der besten Grundrechtsentscheidungen der Judikatur überhaupt.

rechte ihre unübersteigbare Grenze finden. Man muß erkennen, daß selbst der Staat in seiner Wohltäterrolle im Zeichen des Art. 19 II dem Menschen letztlich das *Risiko* des Scheiterns und einer im objektiven Ergebnis falschen Entscheidung belassen muß, sofern diese Entscheidung nicht die Rechte anderer, das Sittengesetz und die öffentliche Ordnung stört.

c) Oder man schaue auf ein an sich so unproblematisches Grundrecht wie das *Petitionsrecht* des Art. 17. In dem von diesem Grundrecht geschützten Lebensvorgang des außergerichtlichen Hilfesuchens wäre der Petent ein Spielball des Geschehens und folglich Art. 17 in seinem Wesensgehalt getroffen, wenn Art. 17 nicht auch das Recht auf *sachliche Bescheidung* des Begehrens enthalten würde[53].

d) Immer in dem Bestreben, an irgendwelchen Punkten des Grundrechtskataloges die kontrollierende Sonde anzusetzen, werfe man einen Blick auf das *Grundrecht des freien Zuges*[54] in Art. 11. Der aufnahmebegehrende Mensch bliebe dem staatlichen Geschehen (jetzt des Aufnahmestaates) als Objekt ausgeliefert und Art. 11 wäre folglich in seinem Wesensgehalt verletzt, wenn dem (wie ein Tier aus Angst) *fliehenden Menschen* der Zuzug (das ist mehr als „Asyl" i. S. des Art. 16 II Satz 2) verweigert würde[55]. Der § 1 II des Bundesnotaufnahmegesetzes realisiert für die Ost-West-Wanderung diesen elementaren Wertschutz gegenüber den Gesetzesvorbehalten des Art. 11 II und genügt so dem Art. 19 II[56].

6. Gesondert sei ein nachprüfender Blick auf das *Grundrecht am Eigentum* (Art. 14) geworfen. Der zum Überdruß wiederholte Satz, daß Eigentum und Vermögen von vornherein nicht mehr hergeben, als die gesetzlich ausgeformte Sozialordnung eben zulasse, ist nur richtig, wenn man die auch gegenüber dem denkbar weiten Gesetzesvorbehalt des Art. 14 I Satz 2 durchgreifende Sperrwirkung des Art. 19 II anerkennt[57].

---

[53] Vgl. das billigenswerte Ergebnis in BVerfGE 1, 225. Trotz dieser Entscheidung ist in der Jahrzehnte am Lehrbuch *W. Jellineks* (vgl. 3. Aufl., S. 292) geschulten Praxis die Vorstellung von der Beschwerde, die man „einfach zu den Akten legen" könne, noch nicht überwunden. „Papierkorbbeschwerden" sind lediglich anonyme, beleidigende, erpresserische und wiederholte querulatorische Beschwerden.

[54] Vgl. dazu bereits *Dürig*, GR II, S. 521 ff.

[55] Entgegen *v. Mangoldt / Klein*, S. 344, hält der Verfasser daran fest, daß insoweit Art. 11 trotz der formalen Beschränkung auf „Deutsche" Menschenrechtsqualität hat und insoweit nicht nach Staatsangehörigkeit gefragt werden darf.

[56] Insoweit zutreffend BVerfGE 2, 266 (285 unten). Diese Entscheidung ist auch für den *neugefaßten* § 1 des NotaufnG (vgl. BGBl. I 1953, S. 468) zutreffend.

[57] Unser ganzer Versuch hat es nicht mit dem Wesensgehalt der *„Rechtsinstitutsgarantien"* zu tun, sondern mit dem Wesensgehalt der *subjektiven*

Art. 19 II sichert einen *Güterbestand,* der dem Menschen unangreifbar zu freiem Ge- und Verbrauch zugehört. Dieser Güterbestand ist nach positivrechtlicher Entscheidung des Grundgesetzes „inviolable et sacré“ durchaus im wörtlichen Sinne des klassischen Pathos. Zeitlos wie die Tatsache der Begrenztheit des Gütervorrats auf der Welt ist das Problem, daß in gewissen historischen Lagen das Eigentumsrecht zum „fürchterlichen Recht“ *(Beccaria)* werden kann, wenn es als Ausschlußrecht die Eigentumslosen daran hindert, sich mit Hilfe von Eigentum ihrerseits zur vollmenschlichen Existenz zu entfalten. Man mag es bedauern oder begrüßen, aber selbst für diese Grenzsituation, in der das Eigentum der Habenden von dem Eigentumslosen durchaus als legalisiertes „privare“ empfunden wird, entscheidet sich das Grundgesetz im Letzten für ein absolutes Privatrecht Eigentum, an dem jede Sozialgestaltung und Eigentumsverlagerung ihr Ende findet.

Dieser im Letzten absolute Schutz des status quo, der *außerrechtlich* immer dadurch gefährdet ist, daß nur Eigentümer das „habeas quod habeo“ zu sprechen gewillt sind, verläuft gemäß Art. 1 I in Verbindung mit Art. 14 und 19 II wie folgt:

a) Geschützt sind jene Konsumtions- und Produktionsgüter der Außenwelt, deren der Mensch für seine *voll*menschliche Existenz bedarf, also nicht nur die zur Erhaltung des körperlichen Daseins nötigen Güter, sondern auch jene, ohne die ein kulturell-sittliches und religiöses Ausleben der Menschennatur unmöglich ist.

b) Die in Art. 19 II auch gegenüber Art. 14 I Satz 2 abgesicherte Menschenwürde setzt Existenz*sicherheit* voraus, und menschenwürdig lebt nur derjenige, dem durch Güter der Außenwelt „das *Leben*“ gesichert ist und nicht derjenige, dem durch Umweltsgüter nur der „*Augenblick* des Daseins“ ermöglicht wird. Der Menschenrechtsgehalt = Wesensgehalt des Art. 14 schützt demgemäß alle Konsumtions- und Produktionsgüter, ohne die der Mensch sein Leben (bis zum Lebensabend) nicht sichern kann.

c) Die in Art. 19 II auch gegenüber Art. 14 I Satz 2 abgesicherte Menschenwürde besteht nicht zuletzt darin, für von Natur aus anvertraute Menschen Verantwortung tragen zu können. Art. 19 II schützt demgemäß auch alle Konsumtions- und Produktionsgüter, die der Mensch

---

Grundrechte. Das Rechtsinstitut Eigentum, also das Eigentum als solches, wäre etwa getroffen, wenn in ganzen Güterkategorien (Boden, Produktionsmittel) eigentümerloses Eigentum anerkannt wird und die den Menschen umgebende Güterwelt dem Menschen übergeordnet wird. Einen Wesensgehalt ohne ein Wesen, also ein Rechtssubjekt, gibt es nicht. Vgl. *Dürig,* DÖV 1954, S. 131.

braucht, um nicht nur sich, sondern auch seiner Familie ein menschenwürdiges Dasein zu sichern[58].

d) Der Verfasser muß es sich versagen, eine Eigentumskonzeption folgen zu lassen, die nach der Persönlichkeitsnähe der Außenweltsgüter — beginnend beim geschilderten persönlichkeitsessentiellen Eigentum, endend beim organisierten und persönlichkeitsentfremdeten Eigentum — verfassungsrechtliche Intensitätsgrade des Vermögensschutzes (vor allem des Wertauswechselungsschutzes nach Art. 14 III) aufstellt. Eines sei jedoch betont: Wenn Art. 1 I auch im ökonomischen Lebensbereich gebietet, daß unantastbar alle Güter sind, die der Mensch braucht, um das vorrechtlich konstituierte, vom Grundgesetz als Ausgangsentscheidung und als oberster Rechtswert anerkannte Leitbild vom Menschen leben zu können, und wenn Art. 19 II in seiner Relation zu Art. 14 besagt, daß der unantastbare Wesensgehalt des Eigentumsgrundrechts in der Verfügungsmacht über jene Güter besteht, die notwendig sind, um sich und der anvertrauten Familie ein menschenwürdiges Leben zu sichern, dann kann die Schutzaufgabe des Art. 14 nicht nach der *Art der Güter* fragen. Es kann keine Verfassungsinterpretation geben, die Art. 1 I widerspricht. Und wenn für irgendwelche Vermögensarten kein Spezialgrundrecht eingreift, dann kann nur Art. 14 der ratio des Art. 1 I gerecht werden. Das bedeutet praktisch, daß die Einbeziehung auch *subjektiver öffentlicher vermögenswerter Rechte* in Art. 14 geboten erscheint. Wenn in der bekannten Kontroverse[59] eine Annäherung der Meinungen insofern eingetreten ist, als auch das BVerfG neuerdings zugesteht[60], daß ein subjektives öffentliches Recht dann Eigentum im Sinne des Art. 14 sein kann, wenn es dem Inhaber „eine Rechtsposition verschafft, die derjenigen eines Eigentümers entspricht“, so sind dies, von Art. 1 I, 14 und 19 II her gesehen, zumindest auch jene subjektiven *öffentlichen* Berechtigungen, die der Sicherung der eigenen Existenz des Inhabers und der seiner Familie dienen. Eine andere Interpretation würde auch in einer Zeit, wo für die Mehrzahl des Volkes verdiente öffentliche Ansprüche auf Versorgung lebenswichtiger sind als die seltene Möglichkeit, aus der Vorratskammer echten Privatvermögens zu leben, wirklichkeitsfremd sein. Es wäre etwa ein Vermögensschutz nach Art. 14, der nicht auch Sozialversicherungsansprüche umfaßt, ein reines Idyll vergangener Zeiten.

---

[58] Wem der Begriff „menschenwürdiges Dasein“ zu nichtssagend ist, der sei daran erinnert, daß er bereits in Art. 151 der Weimarer Verfassung als Rechtsbegriff auftaucht und an den Erfahrungsunterricht darüber, wie auf ökonomischem Gebiet ein menschenwürdiges Dasein *nicht* aussieht.

[59] Vgl. einerseits BGHZ 6, 270, andererseits BVerfGE 1, 278.

[60] Vgl. Beschl. v. 21. 7. 1955, BVerfGE 4, 219 = JZ 1955, S. 541, Leitsatz 3.

7. Ein Versuch, auch den *Gleichheitssatz* des Art. 3 in die von der Verfassung gebotene Beziehung zu Art. 19 II zu setzen, ist bisher nicht einmal im Ansatz erfolgt. Die Gleichheit als relative Gerechtigkeitsgleichheit, die im Sinne von „aequus" jedem das Seine gibt, und die ohne ihren Komplementärbegriff der Ungleichheit nicht zu denken ist[61], ist in ihrem Wesensgehalt durchaus unterschiedslos und egalitär. Jede Relativierung der Gleichheit durch Anerkennung von Unterschiedlichkeiten endet zugunsten einer unbedingten Egalität dort, wo eine innere Beziehung des Rechtsverhältnisses zur gleichen Menschenwürde besteht. Die Würde des Menschen als solchen ist das absolut gesetzte tertium comparationis jedes rechtlichen Gleichbewertens, das erkennbar macht, was als wesentlich Gleiches anzuerkennen und folglich absolut gleich zu behandeln ist. Da in diesem Schluß von der wesentlichen Übereinstimmung zur rechtlich als vollständig anzusehenden Übereinstimmung seinerseits wieder ein hohes Maß (ungleich wertender) Subjektivität enthalten ist, mußte man bekanntlich seit jeher den Gleichheitssatz abstrahieren und als generelles Willkürverbot auffassen[62]. Diese überkommene Deutung des Gleichheitssatzes als Willkürverbot ist zutreffend und bestätigt sich gerade im Hinblick auf Art. 1 I neu. Von staatlicher Seite geduldete oder selbst ausgeübte „Willkür" bedeutet auf Seiten des Menschen, daß er staatlichem Tun oder Unterlassen als Objekt ausgeliefert ist[63].

Eine Untersuchung des an Art. 1 I orientierten Willkürbegriffs, die über die Wendungen: „vernünftige Gründe", „Natur der Sache", „einleuchtende Gründe", „sachgerechte Gesichtspunkte", „sachliche Erwägungen" usw. hinausführt, liegt nicht vor. Ein erster Überblick ergibt, daß etwa folgende Vorgänge den Menschen zum Objekt des Geschehens machen, daher niemals „vernünftig", „sachgemäß" usw., sondern im Sinne des Art. 3 I „willkürlich" sind[64]:

a) Dem Menschen wird die *persönliche Rechtsgleichheit* in seiner formalen Stellung in der Rechtsordnung vorenthalten. Das bedeutet, daß es keine relevanten Unterschiede gibt, die es ermöglichen, die *gleiche Rechtsfähigkeit* auszuschließen. Eine weitere unabdingbare Unterform der persönlichen Rechtsgleichheit ist die *Rechtsschutzgleichheit*. Jeder

---

[61] Vgl. *Leibholz,* DVBl. 1951, S. 195.

[62] *Leibholz,* Gleichheit vor dem Gesetz (1925), S. 72 ff.; *ders.,* DVBl. 1951, S. 195; *Wintrich,* Festschr. f. Laforet (1952), S. 231, 237 ff.; *ders.,* Recht, Staat, Wirtschaft, Bd. 4, S. 143; BVerfGE 1, 52; 2, 340; 3, 4; BGHZ 11, 27 (Anfang); BayVerfGH, VerwRspr. 1, 2; 1, 276; 1, 396; 2, 400 und ständig.

[63] Die „Willkür" verlangt selbstverständlich keine *subjektive* Vorwerfbarkeit. Diese ist nur Willkür*indiz.*

[64] Auf die *benannten* Willkürgründe der Verfassung (z. B. in Art. 3 III) braucht hier nicht eingegangen zu werden.

hat ohne Rücksicht auf Unterschiede das *Recht auf Verfahren* und Rechtsgewährung, und Art. 3 verbietet demzufolge jegliche „Rechtsverweigerung“. Damit hängt eng das absolute gleiche Recht auf eine *Durchführung* jedes Verfahrens zusammen, das den Menschen nicht zum Objekt degradiert, vor allem das Verfahrensgebot, daß ihm *rechtliches Gehör* (vgl. Art. 103 I und oben II 3 b) gewährt wird. Aus der persönlichen Rechtsgleichheit folgt ferner das Recht auf *Rechtsanwendungsgleichheit* im eigentlichen Sinn. Dieses Recht ist in dreifacher Weise egalitär, d. h. unterschiedslos: Jeder hat ein Recht darauf, daß der staatliche Rechtsanwender nicht von einer Rechtsnorm *abweicht.* Jeder hat ein Recht darauf, daß der staatliche Rechtsanwender eine vorhandene Rechtsnorm nicht *unangewendet läßt*[65]. Jeder hat ein Recht darauf, daß der Rechtsanwender das zu seiner Disposition stehende Ermessen nicht *mißbraucht*[66].

b) Dem Menschen wird die rechtliche Möglichkeit vorenthalten, gewisse *elementare Grundrechte* (Menschenrechte im wörtlichen Sinne) *auszuüben.* Indizien für Rechte, deren Ausübungsmöglichkeit rechtlich unterschiedslos nicht ausgeschlossen werden darf, sind nach geltendem Verfassungsrecht das Fehlen jeglichen Gesetzesvorbehaltes und die Bestimmung der Rechtsträger über den Kreis der „Deutschen“ hinaus. Es sind dies vor allem das Recht auf Gewissens-, Bekenntnis- und Religionsfreiheit (Art. 4), das Recht zur Ehe (Art. 6)[67], das Recht zur Familie, also auf Weitergabe von Leben (Art. 6)[67]. Diese Rechte sind auch im unfreiwilligen besonderen Gewaltverhältnis (etwa im Militärdienstverhältnis) nicht antastbar, und auf ihre Ausübung kann im freiwilligen besonderen Gewaltverhältnis allenfalls *vorübergehend* rechtlich relevant verzichtet werden[68]. Absolute rechtliche Gleichheit gilt auch auf ökonomischem Gebiet, freilich nur am *ökonomischen Ausgangspunkt* und der rechtlichen Möglichkeit nach (Freiheit der Berufswahl, der Ausbildungsstätte Art. 12 I Satz 1). Es handelt sich um die Gleichheit der rechtlichen *Chance,* die keineswegs Nivellierung solcher tatsächlichen Unterschiede, die in concreto die Wahrnehmung der Chance verhindern, Egalität im Wirtschaftsablauf und Egalität in der Güterverteil-

---

[65] Das kann auch dadurch geschehen, daß Gebundenheit angenommen wird, wo das Gesetz Ermessensfreiheit gewährt; vgl. OVG Münster, VerwRspr. 5, S. 116.

[66] Speziell für den Verwaltungsprozeß führt das zur Anerkennung eines formellen subjektiven öffentlichen Rechts auf nichtmißbräuchliche Ermessensausübung, vgl. statt vieler: LVG Minden, VerwRspr. 4, S. 49 unter Hinweis auf *Bachof.*

[67] Vgl. auch Art. 12 der Europ. Konvention zum Schutze der Menschenrechte (BGBl. II 1952, S. 686).

[68] Schulfall: Heiratserlaubnispflicht kasernierter Polizeibeamter für einige Jahre. Vgl. dazu zuletzt OVG Koblenz vom 19. 4. 1955, DVBl. 1956, S. 27; *Henrichs,* FamRZ 1956, S. 175.

lung bedeutet. Will man aber nicht in eine Friktion mit Art. 1 I geraten, dann muß man auch ein unterschiedsloses Elementarrecht des Menschen am *ökonomischen Endpunkt* anerkennen; d. h. man muß dem Menschen, der von seiner ökonomischen Freiheit keinen Gebrauch mehr machen kann, bei Versagen von Dritthilfe und Hilfe engerer Verbände ein subjektives öffentliches Recht auf das menschenwürdige Existenzminimum zuerkennen[69].

c) Dem Menschen werden besondere *unzumutbare* (anderen nicht zugemutete) *Opfer* ohne vermögensrechtlichen Ausgleich auferlegt. Der Mensch wäre dem Staat trotz aller ihm verfassungsrechtlich zustehenden Freiheit als Objekt und selbst als „Opfer" ausgeliefert, wenn der Staat unter alleiniger Berufung auf das öffentliche Interesse Eingriffe in Grundfreiheiten vornehmen könnte, die ein besonderes, anderen nicht zugemutetes Opfer fordern, sofern er nicht gehalten wäre, dieses ungleiche, unzumutbare Opfer wieder vermögensrechtlich *auszugleichen*. Der Gleichheitssatz wird zum *Opferausgleichssatz*, wenn er aus Gründen des überwiegenden öffentlichen Interesses durch Auferlegung besonderer unzumutbarer, also ungleicher Opfer durchbrochen werden muß[70]. Dieser Opferausgleichssatz (allgemeiner Aufopferungsanspruch) kann auch bei *generellen* Freiheits- und Eigentumsbeschränkungen nicht für besondere Opferlagen ausgeschlossen werden, die durch die Norm oder im Vollzug der Norm im individuellen Fall auftreten. Ein totaler Entschädigungsausschluß, der es auch bei besonderen Opfern dem verletzten Gleichheitssatz verwehrt, materiellrechtlich doch wieder im Wege der vermögensrechtlichen Reparatur der Verletzung zum Siege zu gelangen, wäre „willkürlich" i. S. des Art. 3.

8. Einer besonderen Betrachtung bedarf die Frage, ob sich aus Art. 19 II in Verbindung mit dem jeweiligen Grundrecht das *Prinzip der Verhältnismäßigkeit* herleiten läßt, zumal die Definition des BGH (oben III 1 c) auf diesen Weg weist. Wenn der BGH der Meinung sein sollte, daß sich Art. 19 II im Grundsatz der Verhältnismäßigkeit *erschöpfe*, daß beides *identisch* sei, daß also Art. 19 II von ihm *abschließend* definiert sei, dann wäre das, wie bereits nach dem bisherigen einleuchten wird, eine unrichtige Verengung des Art. 19 II. Entgegen *Herbert Krüger*[71] ist aber (wenigstens für den Grundrechtsteil) der Art. 19 II in der Tat der richtige verfassungsrechtliche Standort dieses

---

[69] Vgl. *K. Hesse*, AöR 77, S. 220 f., und bereits eingehend oben II 3 e aa mit Fn. 29.

[70] Vgl. *Dürig*, JZ 1954, S. 5; 1955, S. 522. *Ipsen*, GR II, S. 195: „Prinzip der Kompensation für Verletzung des Gleichheitssatzes."

[71] DÖV 1955, S. 598. Im wesentlichen zutreffend dagegen *Zippelius*, DVBl. 1956, S. 353 ff.

im Prinzip auch allgemein anerkannten Grundsatzes, den man bisher nur noch niemals exakt lokalisieren konnte. Es ist eine Degradierung des Menschen zum Objekt, wenn man ihn mit härteren Mitteln belegt, als sie vom zu erreichenden Gemeinwohlzweck gefordert werden. Jedes Mehr an staatlichen Mitteln entpersönlicht im gleichen Umfang den Menschen selbst zum Mittel staatlicher Zwecke. Eine unserer bisherigen Methode getreue Rückführung des Art. 19 II auf Art. 1 I, aus dem sich übrigens auch das längst befolgte Gebot herleiten läßt, im herkömmlichen *Notwehrrecht* des Strafrechts und des Privatrechts den Grundsatz der Verhältnismäßigkeit der Abwehrmittel anzuerkennen, zeigt somit, daß die Lokalisierung des öffentlichrechtlichen Übermaßverbotes in Art. 19 II richtig ist. Und dennoch ist Art. 19 II nicht jene Norm (als die sie manche gern wahrhaben möchten), mit deren Hilfe man den Staat angeblich stets auf nur *ein* zulässiges Eingriffsmittel festlegen könnte. Insbesondere gerät derjenige auf Irrwege, der die Definition des BGH benutzt, um sie als Kampfthese gegen die bekannte und weise Zurückhaltung des BVerfG bei der Gesetzeskontrolle in das Feld zu führen.

Art. 19 II ist Abwehrnorm für übermäßige, im übrigen aber sachlich durch Gesetzesvorbehalte gedeckte grundrechtseinschränkende Maßnahmen. Wenn die verfassungsrechtliche Ermächtigung eines Gesetzesvorbehaltes von vornherein nicht trägt, so fällt die staatliche Maßnahme bereits an dieser Stelle, und man gelangt gar nicht bis zu ihrer Überprüfung an Art. 19 II. Wenn z. B. eine ortspolizeiliche Vorschrift alle Versammlungen erlaubnispflichtig macht, so ist diese Verordnung schon wegen Verstoßes gegen Art. 8 I nichtig, ohne daß Art. 19 II und damit hier interessierende Übermaßprobleme akut werden.

Art. 19 II schreibt als Abwehrnorm und als (letzte und unübersteigbare) Schutzbastion vor dem in Art. 1 I anerkannten obersten Rechtswert der Menschenwürde dem Staat nicht *positiv* die jeweiligen Mittel vor, die er zur Erreichung von im übrigen durch Gesetzesvorbehalte gedeckten Gemeinwohlzwecken einzusetzen hat. Vielmehr wehrt er *Mißverhältnisse* von Mittel und Zweck ab.

Dabei wird jeder, der im öffentlichen Recht erzogen wurde, folgendes erkennen und einsehen:

In der staatlichen Gefahren- und Mißbrauchsabwehr, also in der präventiven oder repressiven *Reaktion* des Staates auf Störungen lassen sich die Grade der Erforderlichkeit des Eingriffs ziemlich genau normativ — also objektiv bestimmbar, berechenbar, voraussehbar — festlegen. Der staatliche Eingriff ist hier ein dialektischer *Gegenzug,* dessen Intensität ausgelöst und bestimmt wird durch die Intensität des *Angriffs.* Man kann etwa bei der Anwendung unmittelbaren Polizeizwanges gegen Personen je nach der abzuwehrenden Störungslage so subtile Intensitätsgrade der Einsatzmittel (vom Handauflegen bis zum Schußwaffengebrauch) aufstellen, daß der Staat im konkreten Fall (etwa einer waffenlosen Massendemonstration) in der Tat auf ein allein *noch* zulässiges Mittel (hier etwa den Wasserwerfer) festlegbar ist.

Wo aber der Staat in sozialgestaltender (vor allem wirtschaftslenkender) *Aktion* handelt, da treffen seine Gestaltungsmaßnahmen — vor allem seine Lenkungsgesetze — automatisch auf einen so großen Irrgarten in sich entgegengesetzter und unter sich verfilzter Interessen, daß im Zuge dieses dem Staat nun obliegenden Interessen*ausgleichs* „gewisse Bevorzugungen und Benachteiligungen ein normales Element“[72] seiner Maßnahmen sind. Damit wird naturgemäß — und in *jedem* Falle auf Kosten *bestimmter* Interessen — die Übermaßgrenze des Art. 19 II in einem weiteren Rahmen des noch Zulässigen versetzbar, ohne freilich die Eigenschaft zu verlieren, überhaupt als Rechtsfrage eindeutig festlegbar zu sein.

9. In der *Rechtsanwendung* hat Art. 19 II weitgehend das Verhältnis von Grundrechten und formell zulässigen Grundrechtsbeschränkungen verändert. Der Art. 19 II zwingt dazu, dem materiellen Menschenrechtsgehalt der Grundrechte auch gegenüber dem naturgemäßen Formalismus der abstrakten und generellen Grundrechtsbeschränkungsnorm im Einzelfall letztlich doch zum Siege zu verhelfen. Im Hinblick darauf wird insbesondere das Verwaltungsrecht seine allgemeinen Lehren neu durchdenken müssen.

a) Die *ausnahmslose* Anwendung genereller Ge- und Verbotsnormen kann, obwohl sie in ihrer absoluten und unterschiedslosen Form an sich durch Gesetzesvorbehalte gedeckt und darum verfassungsmäßig sind, in concreto zu Härten führen, die den Menschen zum Objekt des staatlichen Geschehens machen. Die erste These lautet also: Im Zeichen des Art. 19 II tauchen heute auch bei formal ausnahmslosen Ge- und Verbotsnormen im Vollziehungsfall Dispensprobleme auf. Wir haben keinen Grund, vor dieser These zu erschrecken. Sie postuliert letztlich nichts anderes für das Verwaltungsrecht als das, was im Strafrecht mit Hilfe der Lehre vom übergesetzlichen Notstand seit langem an Wertkorrektur über den formalen Wortlaut des Gesetzes hinaus erfolgt. Die Grundrechtsbetätigung, die den äußeren Tatbestand des Gesetzesverstoßes erfüllt, ist dennoch rechtmäßig und von der Verwaltung im Dispenswege zu gestatten, wenn im Einzelfall die Anwendung des Beschränkungsgesetzes zum Konflikt mit höherwertigen Grundrechten führt. Bereits auf der Ebene der Verfassung liefert das Grundgesetz

[72] *Scheuner*, VVDStRL 11 (1953), S. 65.

selbst einen Schulfall für ein solches subjektives Recht auf Ausnahme von einem generellen Gebot in Gestalt des Art. 4 III. Wenn etwa Verwaltungsgesetze, die — an sich gedeckt von Art. 2 II Satz 3 — die körperliche Integrität einschränken (wie Impfgesetze, Röntgenpflichtgesetze u. dgl.), im konkreten Anwendungsfall zur Gefährdung des Lebens (*erste* Alternation des Art. 2 II Satz 1) führen, so hat der Betroffene ein Recht auf Dispens und die Verwaltung eine Pflicht zur Dispensierung von diesen Geboten[73]. Oder wenn etwa Gesetze, die die Schlagkraft der Polizei erhalten sollen, an sich zulässig zeitlich begrenzte Heiratsverbote aufstellen, so ist zu dispensieren, wenn z. B. der Beamte durch Heirat schon vorhandene Kinder legitimieren will. Die Beispiele ließen sich beliebig vermehren. Es kommt nur auf die Erkenntnis an, daß es im Zeichen des Art. 19 II keinen sturen und wertblinden Gesetzesvollzug gibt. Das ist nicht Mißachtung der Gesetze, sondern ihre Überhöhung durch das ius cogens der verfassungsrechtlichen Wertaussagen. Selbstverständlich hat in diesen Fällen der aus dem Gesetz an sich Verpflichtete die Beweislast für das Vorliegen des konkreten Güter- und Pflichtenkonflikts, der ihn zur Freistellung vom Gesetzesge- oder -verbot berechtigt.

b) Dem Verfasser wird[74] niemand den Vorwurf machen wollen, er sei uneinsichtig gegenüber dem Recht der Polizei zur Gefahrenabwehr. Er ist, wie oben dargelegt, nach wie vor der Meinung, daß dem Störer nichts an Rechtsmacht genommen wird, was ihm ursprünglich zugestanden wäre. Wenn etwa beim Täter Werkzeuge eingezogen, pornographische Photographien vernichtet werden, wird er in die Schranken des Eigentums *zurückverwiesen*. Und da ihm nichts genommen wird, was ihm an ursprünglicher Rechtsmacht zugestanden ist, tauchen folgerichtig auch Entschädigungsprobleme nicht auf. Diese Gesamtkonzeption des Verfassers zur polizeilichen Gefahrenabwehr war voranzustellen, um eine vielleicht revolutionär erscheinende These nicht von vornherein am Verdacht eines Anti-Polizei-Affekts scheitern zu lassen. Bekanntlich lehrt unser Verwaltungsrecht bisher kritiklos, daß sich bei sogenannten unselbständigen Verfügungen, die im Gegensatz zu den selbständigen lediglich die Ausführung einer geltenden Rechtsnorm anordnen, der Betroffene nicht darauf berufen könne, in seinem Fall bestehe keine polizeiliche Gefahr. Diese These hält vor Art. 19 II nicht mehr stand. Ein auf Art. 1 I wertbezogener Art. 19 II verbietet, daß der Mensch dem staatlichen Geschehen als Objekt ausgeliefert wird. Eine polizeiliche Norm, die (an sich zulässig) präventiv und abstrakt Gefahren ver-

---

[73] § 2 des Impfgesetzes trägt dem beispielhaft Rechnung. Leider tun das aber nicht alle Gesetze im Bereich der Gesundheitsverwaltung.

[74] Nach AöR 79 (1953/54), S. 57 ff.

hindern will, die aber für den Einzelnen *unwiderleglich* die Störereigenschaft dessen begründet, der diese Norm, ohne in der Wirklichkeit Gefahren zu setzen, übertritt, macht den Menschen zum Objekt der Präventivpolizei. Solche grundrechtseinschränkenden Polizeinormen für Abwehr abstrakter Gefahren können zwar rechtlich zulässig die *Beweislast verlagern.* Weist aber der Betroffene im konkreten Fall gegenüber der auf diese Norm gestützten sogenannten unselbständigen Polizeiverfügung nach, daß er keine Gefahren setzt, so ist diese Verfügung trotz rechtmäßiger Verordnung aufzuheben. Der wirkliche Störer — und *nur* er — überschreitet Grundrechtsschranken mit der Folge, daß die staatliche Abwehr als Schrankenzurückweisung vor dem jeweiligen Grundrecht gerechtfertigt ist. Hypothetische und unwiderlegliche Vermutungen, Störer zu sein und Grundrechtsschranken zu überschreiten, haben nicht die Kraft, das letztliche und materiellrechtliche *Durchbrechen* des Grundrechts durch Führung des Gegenbeweises für den konkreten Fall zu verhindern.

c) Ähnlich ist im Hinblick auf Art. 19 II die Rechtslage überhaupt bei Gesetzen, die ein generelles Verbot mit Erlaubnisvorbehalt aus bestimmten gesetzgeberischen Motiven aufstellen. Der Gesetzesunterworfene wäre dem Staat als Objekt ausgeliefert, wenn ihm nicht der Nachweis verbliebe, daß im konkreten Anwendungsfall das Verbotsmotiv nicht durchgreift. Bei Führung dieses Nachweises hat der Betroffene ein subjektives öffentliches Recht — eben das durch das generelle Verbot nur überlagerte Grundrecht — auf die Erlaubnis. Wenn etwa der Handwerker den Nachweis erbringt, daß er die notwendigen Kenntnisse besitzt, so *ist* er — was letztlich durch Art. 12 I erzwungen wird — in die Handwerkerrolle *einzutragen*[75]. Wenn in einem Erlaubnisverfahren nach § 5 StVO der Veranstalter einer Prozession, eines Aufzuges nachweist, daß Verkehrsstörungen nicht auftreten oder durch Umleitungen vermeidbar sind, so setzen sich die Art. 4 II, 8 GG wieder materiellrechtlich durch. Letztlich gezwungen durch Art. 4 II und 8, *hat* die Straßenverkehrsbehörde die Prozession, den Aufzug nach § 46 II Satz 2 StVO *zu genehmigen.* Wenn der Veranstalter einer friedlichen und waffenlosen Versammlung im befriedeten Bannkreis nachweist, daß der Parlamentsfrieden nicht gestört wird, so *ist* nach § 3 des Bannmeilengesetzes die Erlaubnis *zu erteilen.* Gemeinsam ist dieser Fallgruppe, daß scheinbar „freie" Erlaubnisvorbehalte vom generellen Verbot zu „gebundenen" (eben grundrechtsgebundenen) geworden sind, wenn der Betroffene den Nachweis führt, daß er in concreto bei der Grundrechtsausübung das generelle gesetzliche Einschränkungsmotiv nicht verletzt.

---

[75] Vgl. § 7 II HandwerksO. Im Ergebnis wie oben *H. J. Becker,* DÖV 1955, S. 210.

d) Ganz eindeutig haben alle jene Erlaubnisse den Charakter von gebundenen Erlaubnissen, wo der vom generellen Verbot Betroffene nachweist, daß im konkreten Anwendungsfall das *Verfassungs*motiv der generellen Einschränkungsnorm nicht zutrifft. Die Erlaubnis hat hier materiellrechtlich lediglich den Rechtswert eines deklaratorischen „nihil obstat“, und am subjektiven öffentlichen Recht — eben am Grundrecht — auf Erklärung des „nihil obstat“ ist nicht zu zweifeln. Ein Schulfall ist bereits vom Bundesverfassungsgericht[76] zutreffend entschieden worden. Er ist für diese Fallgruppe beispielhaft. Das Bundesnotaufnahmegesetz realisiert den Einschränkungsvorbehalt des Art. 11 II erste Alternative und ist insgesamt nach zutreffender Ansicht des BVerfG von ihr gedeckt. Gesetzestechnisch ist die Rechtsfigur des generellen (Zuzugs-)Verbotes mit konkretem (Aufnahme-)Erlaubnisvorbehalt gewählt. Auch an der dadurch naturgemäß bedingten Beweislastverlagerung wird man nichts aussetzen können (denn wo die Verfassung diese Rechtsfigur des generellen Verbots mit konstitutiv wirkendem Erlaubnisvorbehalt verhindern will, hat sie es, wie in Art. 5 I Satz 3, gesagt). Entscheidend ist, daß der Antragsteller (über § 1 NotaufnahmeG hinaus) ein *Recht* auf Zulassung hat, und daß die Aufnahmestelle zulassen *muß*, wenn der Antragsteller nachweist, daß er (etwa durch gesicherte Aufnahme bei Verwandten) „eine ausreichende Lebensgrundlage“ vorfinden und der Allgemeinheit nicht zur Last fallen wird. Dieses Problem wird noch einmal sehr akut werden, wenn sich der Gesetzgeber entschließen sollte, im Kartellrecht (Art. 9)[77] die Rechtsfigur des generellen Verbots mit konkretem Erlaubnisvorbehalt zu wählen. Der Verfasser ist der Ansicht, daß dann zugelassen werden *müßte*, wenn verfassungsrechtliche Mißbrauchsgründe im konkreten Fall nicht vorliegen. Man kann, gedeckt durch verfassungsrechtliche Gesetzesvorbehalte, im Zeichen des Art. 19 II aus Präventivgründen (so im ganzen Baurecht, weitgehend im Gewerberecht usw.) *die Beweislast verlagern*, man kann aber *nicht den Gegenbeweis* für den konkreten verfassungsmäßigen Fall *ausschließen*. Art. 19 II verbietet diese generelle Entmachtung des Grundrechtsträgers zum Objekt, das Gesetzen auch gehorchen muß, die im konkreten Anwendungsfall eine verfassungsmäßige Grundrechtsbetätigung verwehren.

e) Als so gut wie gesichert kann im Verhältnis von Grundrechtseinschränkungsnorm und konkreter Anwendung der Norm die Erkenntnis gelten, daß Art. 19 II von Verfassungs wegen die zum Grundrechtseingriff ermächtigenden Begriffe zu Rechtsbegriffen gemacht hat[78]. Ein-

[76] BVerfGE 2, S. 266 ff. = JZ 1953, S. 459 mit Anm. von *Dürig*.

[77] Vgl. *Dürig*, NJW 1955, S. 730.

[78] Vgl. *Herbert Krüger*, DÖV 1955, S. 599 mit Nachweisen in Fn. 18. Vgl. auch *Dürig*, GR II, S. 532 f.

griffsmöglichkeiten, die allein in Ermessensbegriffen begründet sind, könnten auf dem Wege im übrigen durchaus nicht ermessensmißbräuchlicher Maßnahmen die staatliche Totaldisposition über ein Grundrecht bewirken, ohne daß — und das ist entscheidend — eine Rechtsverletzung erfolgt wäre.

f) Wenn die zum Grundrechtseingriff ermächtigenden Begriffe (unbestimmte) Rechtsbegriffe sind, so ergibt sich hieraus als *Folge* ihre gerichtliche Kontrollierbarkeit, soweit diese Kontrolle in bestehende Gerichtszuständigkeiten fällt. Dagegen kann man in Art. 19 II kein Gebot sehen, das dazu zwingt, den Grundrechtsschutz ausschließlich im *Gerichts*schutz zu sehen, wie es in einem Urteil des OVG Hamburg[79] einmal anklang. Art. 19 II verhindert gewiß das Ausgeliefertsein des Menschen an staatliches Verhalten durch Rechtsschutzlosigkeit. Er besagt aber als solcher nicht, daß wirksamer Rechtsschutz nur Gerichtsschutz sei.

10. Nach Art. 19 II darf der Wesensgehalt der Grundrechte auch im *besonderen Gewaltverhältnis* nicht angetastet werden[80].

a) Dogmatisch wäre es nicht angreifbar, wenn man zwischen dem Grundrecht *an sich* und den daraus fließenden *Ausübungsbefugnissen* unterschiede. Man könnte dann etwa argumentieren, daß im freiwilligen besonderen Gewaltverhältnis der Grundrechtsträger nur auf bestimmte Ausübungsbefugnisse verzichte und daß im unfreiwilligen Gewaltverhältnis der Staat nur in diese Ausübungsbefugnisse eingreife. Aber Art. 19 II dürfte diese dogmatisch mögliche Aufspaltung als unzulässigen Kunstgriff entlarven. Ein subjektives Recht, das zwar als solches bestehen bleibt, aber als durchsetzbares Ausübungsrecht entfällt, ist in seinem materiellen Ergebnis ein nudum ius, also eben ein Recht ohne Wesensgehalt. Art. 19 II zwingt uns zu materiellrechtlicher Ehrlichkeit.

b) Im *freiwilligen besonderen Gewaltverhältnis* (besser: Pflichtenverhältnis) liegen aber die Dinge einfacher, als oft angenommen wird. Mit *Forsthoff*[81] ist davon auszugehen, daß die *Einwilligungstheorie* („volenti non fit iniuria") im Prinzip richtig ist. Die Relevanz des Einverständnisses ergibt sich gerade von Verfassungs wegen. Wenn man, wie es geboten ist, alle Grundrechtsfragen von Art. 1 I her deduziert, vor allem aus der darin enthaltenen persönlichen Freiheit, so muß man

---

[79] Vom 30. 3. 1951, VerwRspr. 3, S. 736.

[80] Vgl. OVG Hamburg vom 16. 4. 1953, DVBl. 1953, S. 506, Leitsatz 6. Im Schrifttum sind auf Grundrechtsprobleme im besonderen Gewaltverhältnis näher bisher nur *Forsthoff* (VerwR I, 6. Aufl. 1956, S. 115 ff.) und *Herbert Krüger* (NJW 1953, S. 1372 f.) eingegangen. Das Thema wird die nächste Tagung der Vereinigung der Deutschen Staatsrechtslehrer beschäftigen.

[81] VerwR I, 6. Aufl. 1956, S. 115.

rechtlich auch jene individuelle Freiheit anerkennen, von bestimmten Erscheinungsformen der Freiheit *keinen* Gebrauch machen zu wollen. Im Grundsatz ist jeder durch freiwilligen Eintritt in ein besonderes Gewaltverhältnis bewirkte Verzicht auf bestimmte Grundrechtsbetätigungen (z. B. auf Freizügigkeit, bewirkt durch dienstrechtliche Residenzpflichten) eben der Freiheit *wegen* als rechtserheblich anzusehen. In der Terminologie des vorstehenden Versuchs gesprochen, gibt es aber auch im freiwilligen Gewaltverhältnis fraglos Situationen, in denen der Gewaltunterworfene dem Gewalthaber als Objekt ausgeliefert wäre, also Situationen, in denen Art. 19 II gebietet, den Verzicht des Grundrechtsträgers als irrelevant anzusehen. Ein gewisses Indiz liefert hierfür das Fehlen jeglicher Gesetzesvorbehalte bei den Einzelgrundrechten[82]. Im übrigen sperrt aber Art. 19 II gerade bei Grundrechten, die mit gesetzlichen Einschränkungsmöglichkeiten versehen sind. Art. 19 II bewirkt im freiwilligen besonderen Gewaltverhältnis ein Doppeltes:

aa) Der freiwillige Verzicht ist irrelevant, wenn er *zeitlich absolut* ist, wenn also die Grundrechtsbeschränkung nicht von vornherein befristet[83] oder das Gewaltverhältnis nicht vom Gewaltunterworfenen, der der Grundrechtsbetätigung den Vorrang geben will, auflösbar ist.

bb) Der freiwillige Verzicht ist irrelevant, wenn er *gegenständlich absolut* ist, wenn sich also der Gewaltunterworfene dem Gewalthaber total und vor allem auch auf Lebensbereichen ausliefert, die mit dem notwendigen Zweck des Gewaltverhältnisses nichts[84] oder nichts mehr[85] zu tun haben.

Die beiden Thesen vom irrelevanten Verzicht bei ausgeschlossener zeitlicher Korrekturmöglichkeit und bei zweckwidriger oder zweckübersteigender Grundrechtseinschränkung *klingen* nur so abstrakt. Nach

---

[82] Jedoch möchte der Verfasser nicht so weit wie *Forsthoff* (Fn. 80, S. 115) gehen, der hier „unter allen Umständen" Grundrechtssperren errichtet. Warum soll etwa der Verzicht eines Theologieprofessors auf absolut freie Betätigung des Art. 4 und seine freiwillige Festlegung von Leben und Lehre auf Dogmen, deren Vertretung einer bestimmten Fakultät anvertraut ist, dienstrechtlich irrelevant sein? Der Dienstherr konnte diese konkludente Selbstbeschränkung beim Dienstantritt rechtserheblich entgegennehmen und kann demzufolge auch etwa auf einen Religionswechsel dienstrechtlich reagieren, ohne von Art. 4 gehindert zu sein.

[83] Als Schulfall diene die Heiratsbeschränkung für kasernierte Polizeibeamte. Beispielsweise befristet sie § 5 II des Bad.-Württ. Polizeibeamtengesetzes vom 21. 11. 1955 (GBl., S. 245) — in einem nach Ansicht des Verfassers noch zulässigen Rahmen — auf vierjährige Dienstzeit oder Erreichung des 24. Lebensjahres.

[84] Schulfall: Erstreckung der Schulzucht auch in den intern häuslichen Bereich, der dem Elternrecht vorbehalten ist.

[85] Schulfall: Heiratsverbote für alle, also auch für nicht kasernierte Einsatzbeamte. Im übrigen entsteht hier eine klare Querverbindung zum oben (III 8) behandelten Übermaßverbot.

Ansicht des Verfassers ist zur Verdeutlichung der abstrakt gezogenen Grenzen nichts anderes mehr nötig, als auf induktivem Wege die Ergebnisse anzuwenden, die unsere weisere, weil erfahrenere Schwester, das Privatrecht, bei der Abwehr von Knebelungsverträgen herausgearbeitet hat. Die Normsituation ist die gleiche. Beide Disziplinen sind gehalten, von der Relevanz der individuellen Verzichtserklärung auszugehen, und beide müssen vermeiden, daß der rechtlich autonome Mensch seine Freiheit benutzt, um sich unkorrigierbar zum heteronom bestimmten Objekt zu entwürdigen. Man muß dabei nur beachten, daß heute (letztlich wegen der staatlichen *Schutz*pflicht nach Art. 1 I Satz 2) das Privatrecht seinerseits gehalten ist, seine Abwehr am Wertgehalt der Grundrechte zu orientieren[86].

c) Der Unrechtsausschließungsgrund des Einverständnisses, der zu Gunsten des Staates im Prinzip auch gegenüber Grundrechten durchgreift, entfällt im *unfreiwilligen* besonderen Gewaltverhältnis. Diese Zeilen haben nicht das Ziel, eine bislang noch nicht gelungene *Rechtfertigung* der unfreiwilligen Gewaltverhältnisse vor den Grundrechten zu versuchen[87]. Sie gehen vielmehr von der Eigengesetzlichkeit der unfreiwilligen Gewaltverhältnisse als gegeben aus. Sie gestehen ein, daß es ein Widersinn in sich wäre, wenn sich der Strafgefangene auf die Freizügigkeit (Art. 11), der Dienstpflichtige als Geheimnisträger auf die Freiheit der Meinungsäußerung (Art. 5 I Satz 1), der Schulpflichtige auf die Freiheit der Ausbildungsstättenwahl (Art. 12 I Satz 1), der Soldat auf die Bewegungsfreiheit der Person (Art. 2 II Satz 2) berufen könnten. Es soll auch hier nur der durch Art. 19 II generell geschützte Bereich abgesteckt werden. Dabei sollen zur Verdeutlichung einige Blicke auf das *Wehrdienstverhältnis* geworfen werden. Bei ihm ist die Eigengesetzlichkeit am deutlichsten. Um seinen Zweck (Bildung eines Kampfinstruments) zu erreichen, bringt es (in allen Armeen der Welt) eine Instrumentalität der Mannschaft mit sich, die für den einzelnen bedeutet, daß er in der Tat weitgehend Objekt in der Hand des Truppenführers ist.

Art. 19 II bewirkt für unfreiwillige Gewaltverhältnisse folgendes:

aa) Die Unterwerfung ist *zeitlich beschränkt.* Unfreiwillige Gewaltverhältnisse müssen als Durchgangsstadium angelegt sein, bei dem „ein Ende abzusehen ist“[88]. Im Wehrdienstverhältnis bedeutet dies, daß die

---

[86] Vgl. dazu *Dürig*, Festschr. für Nawiasky (1956), S. 177 ff.

[87] Ein solcher Versuch sollte Gedanken verwenden, wie sie der Verfasser (vgl. AöR 79 [1953/54], S. 68—74) zur Rechtfertigung der polizeilichen Gefahrenabwehr vor den Grundrechten angestellt hat. Insbesondere kann die Lehre von der „Natur der Sache“ entscheidend fruchtbar gemacht werden. In ihr dürfte die Lösung des Problems liegen.

totale Unterworfenheit des Soldaten nicht unbefristeter Selbstzweck ist, sondern eine Ausbildungs*epoche*, die zu Ende ist, wenn der frei verantwortliche Einzelkämpfer oder Unterführer herangebildet ist.

bb) Die Unterwerfung ist *zweckbegrenzt*[89]. Unfreiwillige Gewaltverhältnisse müssen eine finale Begrenzung aufweisen auf das, „was wirklich dazugehört“. Für das Wehrdienstverhältnis bedeutet dies — und das dürfte die Lösung des Problems des vielberufenen „inneren Gefüges“ sein —: Die restlose Unterwerfung des Soldaten ist von vornherein beschränkt auf das Waffen- und Geländetraining. Im sog. „inneren Dienst“ ist diese Unterworfenheit niemals nötig. Und gerade hier ist die Einbruchstelle einer *systematischen* Mißachtung der Menschenwürde in Form der „Schikane“, als die übrigens — und das ist ein Indiz — der Soldat selbst den härtesten Dienst im Gelände und an der Waffe kaum aufgefaßt hat.

cc) Die Unterwerfung ist *wertbegrenzt*. Sie tastet von vornherein nicht Werte an, die das Grundgesetz vorbehaltlos sichert (z. B. in Art. 4[90]). Im übrigen gibt es in keinem unfreiwilligen Gewaltverhältnis und auch nicht im Wehrdienstverhältnis einen sog. „blinden“ (nämlich wertblinden) Gehorsam. Nun wäre es nicht nur ein militärisches Unding, sondern vor allem nach allgemeinen Lehren des öffentlichen Rechts falsch, wenn man den Gehorsam bereits dann enden ließe, wenn der Befehl irgendwie rechtswidrig ist. Man mag es bedauern, aber die Rechtsfigur „rechtswirksamer rechtswidriger Hoheitsakte“ läßt sich in ihrer Widerspruchshaftigkeit letztlich nur über die Aufhebbarkeit durch erneuten Hoheitsakt auflösen. Die unabdingbare Geltungsgrenze des Befehls kann hier nur angedeutet werden. Sie verläuft etwa auf der Linie des echten Kriminalunrechts. Dabei sollte nach Ansicht und Erfahrung des Verfassers die strafrechtliche Verantwortlichkeit zumindest der Befehlenden unbedingt auch *völker*strafrechtlich erweitert werden.

---

[88] Die einzige, aber weitgehend irreale Ausnahme bildet die lebenslange Zuchthausstrafe.

[89] Diese Zweckbegrenztheit des Eingriffs wahrt übrigens auch den Wesensgehalt der Grundrechte in Aberkennungsverfahren nach Art. 18. Wenn z. B. das Grundrecht des Art. 5 aberkannt wurde, so bedeutet dies lediglich eine Entpolitisierung, und selbstverständlich bleibt es bei der Meinungsfreiheit etwa auf künstlerischem Gebiet (vgl. *Ridder*, GR II, S. 290).

[90] Nach Ansicht des Verfassers setzt sich auch Art. 4 III noch *innerhalb* des Militärdienstes und für die *konkrete* Gewissensnot durch. Allerdings wird derjenige, der seinerzeit den *Waffen*dienst antrat, selten den ihm insgesamt nach Art. 4 III obliegenden Nachweis führen können, daß er jetzt plötzlich in Gewissensnot sei. Aber eine reservatio mentalis für situationsbedingte Gewissensnot wird man nach Art. 4 III nicht generell ausschließen können. Im übrigen kann hier (gewissermaßen bloß anmerkungsweise) nicht auf die aktuellste und vordringlichste Frage des deutschen Staatsrechts eingegangen werden, wie sich § 25 des Wehrpflichtgesetzes v. 21. 7. 1956 (BGBl. I, S. 651) zu Art. 4 III GG verhält.

dd) Die Unterwerfung ist durch *Rechtsschutz begrenzt.* Daß die Verfassungsbeschwerde auch im besonderen Gewaltverhältnis offensteht, wird kaum bestritten[91]. Inwieweit ihr ein sonstiger Gerichtsweg vorgeschaltet werden muß, ist ein Sonderproblem[92]. Aber viel wichtiger als das Streben nach lückenlosem Gerichtsschutz ist nach Ansicht und Erfahrung des Verfassers, daß die Beschwerdemöglichkeiten innerhalb der Truppe für den Soldaten faktisch ergreifbar gemacht werden, ohne daß er Repressalien befürchten muß[93].

11. Die vorliegenden Zeilen wollten einige Markierungen setzen, um jenen Grundrechtsbereich, der nach Art. 1 I in Verbindung mit Art. 19 II der Disposition aller staatlichen Gewalten entzogen ist. Damit sollte gleichzeitig dem positivrechtlichen Gebot genügt werden, das sich aus der Verweisung auf Art. 1 in Art. 79 III heute dem Verfassungsrechtler stellt. An den (ausbaubedürftig) abgesteckten Grenzen scheitert nach Art. 79 III in Verbindung mit Art. 1 auch der Verfassungsrevisor. Insbesondere erstreckte sich die Deutung des Art. 19 II im vorstehenden nur auf den Menschenrechtsgehalt der Grundrechte.

An dieser Stelle aber müßte eine Deutung des Art. 19 II einsetzen, die dieser Norm über den geschilderten Minimalgehalt (eben den Menschenrechtsgehalt) hinaus einen *zusätzlichen* Gehalt gibt. Dieser zusätzliche Inhalt des Art. 19 II ergibt sich nicht wie das Bisherige schon aus Art. 1 I, sondern aus dem *historisch-politisch-soziologischen Anschauungen der Rechtsgemeinschaft über das Wesen bestimmter Einrichtungen und Normenkomplexe.* Dies ist die Deutung des Art. 19 II, die offenbar dem BVerfG[94] vorschwebte, als es auf die „gesellschaftlichen Anschauungen" und auf das „rechtlich geläuterte Urteil über die Bedeutung der einzelnen Grundrechte für das soziale Leben im ganzen" abhob. Und diese zusätzliche Deutung des Art. 19 II meint *Herbert Krüger*[95], wenn er auf den „verfassungspolitischen Sinn der Grundrechte" abstellt, der sich „aus den Gegenständen, die den ‚Stoff' der einzelnen Grundrechte bilden", erfülle. Für diese Bedeutung des Art. 19 II bringt *Herbert Krüger* zwei zutreffende Beispiele. Es kann durchaus zum

[91] Vgl. *Geiger,* Komm. z. BVerfGG, S. 280; *Zweigert,* JZ 1952, S. 324.

[92] Am Umfassendsten speziell für das Wehrdienstverhältnis: *Lerche,* DVBl. 1954, S. 626.

[93] Eine *Pflicht* zur Beschwerde ist grundrechtlich gesehen ein Unding. *Zwang* zur Freiheit paralysiert sie. Als Prewitt (*James Jones,* „Verdammt in alle Ewigkeit") von Kameraden geraten wurde, er solle sich doch einfach über die Schikanen beschweren, entgegnete er: „Diesen Gefallen tue ich den Schweinen nicht." Das war *seine* rechtlich relevante Auffassung von Menschenwürde.

[94] Vgl. BVerfGE 2, 285 und oben III 1 b mit Fn. 35.

[95] DÖV 1955, S. 601 unter b.

„Wesen" der „Versammlung" (oder gar zum Begriff?) „im Sinne" des Art. 8 gerechnet werden, daß auch thematische Freiheit für diese kollektive Erscheinungsform der individuellen Meinungsfreiheit besteht. Es kann durchaus zum Wesen des Privateigentums als buchstäblich vergegenständlichter Freiheit gehören, daß die Gegenstände die Mannigfaltigkeit und Verschiedenartigkeit der menschlichen Persönlichkeit widerspiegeln (mit der Folge, daß etwa eine staatliche Uniformierung im Baugestaltungsrecht gegebenenfalls den Wesensgehalt des Rechtsinstituts Privateigentum antasten kann). Die Beispiele lassen sich beliebig vermehren. Wenn etwa zum historisch-soziologischen Wesen der Koalition im Sinne des Art. 9 III die Tarifautonomie gerechnet werden kann, so führt das verfassungsrechtlich zu einer Anwendung des Art. 9 III auch auf die wesensmäßigen Koalitionsmittel[96]. So könnte etwa[97] zum Wesen der Wohnung im Sinne des Art. 13 auch das Büro, zum Wesen der Presse im Sinne des Art. 5 I Satz 2 auch das Anzeigenwesen, zum Wesen des freien Berufs die private Altersversorgung, zum Wesen der Lehre die sachliche Kritik trotz Treueklausel, zum Wesen des Asyls auch die Aufnahme religiös Verfolgter, zum Wesen des freien Zuges auch die Auswanderung, usw. gerechnet werden. Hier tut sich also im Hinblick auf Art. 19 II ein weites Arbeitsfeld auf. Vor allem lohnte es sich, die einzelnen institutionellen Garantien und Institutsgarantien der Verfassung in diese gebotene Beziehung zu Art. 19 II zu bringen.

---

[96] Dieser zutreffende Schluß von Art. 9 III auf den in ihm auch geschützten „Kernbereich des Tarifvertragssystems" ist von BVerfGE 4, 96 bereits gezogen worden. Interessant an diesem Schluß ist, daß man mit ihm eigentlich auch zur institutionellen Gewährleistung des Arbeits*kampf*rechts gelangt. Historisch-soziologisch gehört etwa die Streikbereitschaft als ultima ratio zum Wesen der Gewerkschaft (nach *Hueck / Nipperdey,* Komm. zum TVG, 1955, S. 97, sogar zum Gewerkschafts*begriff*).

[97] Es handelt sich um Beispiele für die Auslegungsmethode, nicht um Entscheidungen des Verfassers in der Sache.

Die Bundeswehrverwaltung in verfassungsrechtlicher Sicht*

Der Aufbau der Bundeswehrverwaltung hat verfassungsrechtliche und verwaltungsrechtliche Probleme in großer Zahl hervorgerufen. Da die neue Bundesverwaltung tief eingreift auch in die Verwaltung der Länder und Gemeinden, sind diese Probleme weit über den Bereich der Bundeswehr hinaus von aktueller Bedeutung. Einen Beitrag zur Lösung einiger dieser Probleme sollen die nachfolgenden Ausführungen liefern:

I. Die Stellung des Art. 87 b im System des Grundgesetzes

Nachdem im Wege der Grundgesetzänderung dem Bund die ausschließliche Gesetzgebungskompetenz über die gesamte Verteidigung zugesprochen worden ist (Art. 73 Ziff. 1), stellt sich die Frage, wer die Kompetenz zum Vollzug der Verteidigungsgesetze und zur Verteidigungsverwaltung erhalten hat. Diese Frage ist in Art. 87 a und vor allem in Art. 87 b entschieden. In diesen beiden Verfassungsartikeln wird die Vollzugs- und Verwaltungszuständigkeit zwischen Bund und Ländern geteilt und ferner der jeweilige Verwaltungstyp bestimmt.

Hierbei sind — nach der Systematik des Grundgesetzes — drei Komplexe zu unterscheiden:

1. die Aufstellung der Streitkräfte,
2. die Bundeswehrverwaltung,
3. der Vollzug der Verteidigungsgesetze im übrigen.

1. Die Aufstellung der Streitkräfte ist bereits in Art. 87 a geregelt. Dort ist — allerdings nur mittelbar — festgestellt, daß die Aufstellung der Streitkräfte ausschließlich Bundessache ist. Dieser Bereich interessiert hier nicht weiter. Der Oberbefehl über die Streitkräfte ist in Art. 65 a dem Bundesminister für Verteidigung (nicht wie in der Weimarer Verfassung dem Staatsoberhaupt) zuerkannt. Mit der Verkündung des Verteidigungsfalles geht er auf den Bundeskanzler über. In beiden Fällen ist damit die parlamentarische Verantwortlichkeit gesichert, die bei einem Oberbefehl des Bundespräsidenten nicht bestehen würde.

---

* BayVBl. 1963, S. 129 bis S. 133.

2. Die Bundeswehrverwaltung, die nach der Legaldefinition den Aufgaben des Personalwesens und der unmittelbaren Deckung des Sachbedarfs der Streitkräfte dient, ist in Abs. 1 des Art. 87 b geregelt. Sie wird vom Bund obligatorisch in unmittelbarer Verwaltung mit eigenem Verwaltungsunterbau geführt. Aufgaben der Beschädigtenversorgung und des Bauwesens können der Bundeswehrverwaltung durch Bundesgesetz, das der Zustimmung des Bundesrates bedarf, übertragen werden.

3. Für den Vollzug der Verteidigungsgesetze im übrigen, also soweit Art. 87 a und Abs. 1 des Art. 87 b nicht eingreifen, gilt der Abs. 2 des Art. 87 b. Diese Vorschrift enthält Fakultativregelungen. Durch Bundesgesetz, das der Zustimmung des Bundesrates bedarf, kann bestimmt werden, daß diese Verteidigungsgesetze ganz oder teilweise in bundeseigener Verwaltung mit eigenem Verwaltungsunterbau oder von den Ländern im Auftrage des Bundes ausgeführt werden. Die von Art. 87 b Abs. 2 erfaßten Verteidigungsgesetze können demnach in landeseigener Verwaltung, Auftragsverwaltung oder in bundeseigener Verwaltung durchgeführt werden.

Wenn Art. 87 b nicht erlassen worden wäre, dann wäre nach der generellen Zuständigkeitsregelung des Art. 83 die gesamte Verteidigungsverwaltung Ländersache geworden, und zwar hätten die Länder die Verteidigungsgesetze als eigene Angelegenheiten durchführen müssen. Der Bund hätte allenfalls unter den Voraussetzungen des Art. 87 Abs. 3 Satz 2 bundeseigene Mittel- und Unterbehörden zur Durchführung der Verteidigungsaufgaben schaffen können. Die Frage wäre dann jeweils gewesen, ob die Voraussetzungen hierfür vorliegen, insbesondere ob ein dringendes Bedürfnis gegeben ist.

Der Art. 87 b bringt nun für den gesamten Bereich der Verteidigung eine Sonderregelung. Teilweise wird die allgemeine Bestimmung des Art. 83 durch Art. 87 b selbst ausgeschlossen (Art. 87 b Abs. 1), teilweise wird der Gesetzgeber ermächtigt, von der allgemeinen Bestimmung des Art. 83 abzuweichen (Art. 87 b Abs. 2).

Neben Art. 87 b Abs. 2 (bundeseigene Verwaltung *oder* Auftragsverwaltung) kommt der Regelung des Art. 87 b Abs. 3 Satz 2 (bundeseigene Mittel- und Unterbehörden) keine Bedeutung zu; sie wird durch Art. 87 b Abs. 2 Satz 1 als Spezialvorschrift verdrängt und ersetzt. Dagegen bleibt die Möglichkeit, auch im Bereich der Verteidigung selbständige Bundesoberbehörden und neue bundesunmittelbare Körperschaften und Anstalten des öffentlichen Rechts gem. Art. 87 Abs. 3 Satz 1 durch Gesetz zu errichten. Art. 87 Abs. 3 Satz 1 wird durch Art. 87 b nicht berührt und deshalb auch nicht verdrängt. Art. 87 b Abs. 1, der die Bundeswehrverwaltung betrifft, ergänzt in sachlicher Hinsicht den Art. 87 Abs. 1 Satz 1, der in abschließender Aufzählung die Materien nennt, die in bundeseigener Verwaltung mit eigenem Verwaltungsunterbau auszuführen sind. Über Art. 87 b Abs. 2 kann der Sachbereich, der der bundesunmittelbaren Verwaltung unterliegt, noch mehr ausgeweitet werden, wenn und soweit der Gesetzgeber von der in Art. 87 b Abs. 2 enthaltenen Ermächtigung zur Errichtung einer bundeseigenen Verwaltung Gebrauch macht.

Andererseits erweitert Art. 87 b Abs. 2 auch den geschlossenen Kreis der Materien, die den Ländern zur Verwaltung im Auftrage des Bundes übertragen werden können, also den Bereich der fakultativen Auftragsverwaltung. Er erinnert vor allem an den durch das Ergänzungsgesetz vom 14. 8. 1952 in das Grundgesetz aufgenommenen Art. 120 a, wonach durch Gesetz bestimmt werden kann, daß der Lastenausgleich teils durch den Bund, teils durch die Länder im Auftrage des Bundes durchgeführt wird. Offensichtlich hat der Art. 120 a bei der Fassung des Art. 87 b Abs. 2 Pate gestanden. Es ist überhaupt bemerkenswert, daß bei der Zuweisung von Verwaltungskompetenzen, die durch die Erweiterung der Gesetzgebungskompetenz des Bundes aktuell wurde, die fakultative Auftragsverwaltung im Vordergrund steht (vgl. dazu die noch später in das Grundgesetz eingefügten Art. 87 c und 87 d Abs. 2). Daß diese Erweiterung des Bereichs der Auftragsverwaltung dem Bürger gegenüber dann aber auch die Länder haftbar macht, wird zu bejahen sein.

Art. 87 b ist das Ergebnis eines Kompromisses. Das zeigt nicht nur die inhaltlich komplizierte und zunächst verwirrende Regelung dieses Artikels, sondern auch seine Entstehungsgeschichte. Nach dem ersten Entwurf sollte die Wehrverwaltung und das Wehrersatzwesen in bundeseigener Verwaltung mit eigenem Verwaltungsunterbau geführt werden, ferner sollten diese beiden Bereiche sowie der Vollzug der übrigen Verteidigungsgesetze durch Gesetz den Ländern zur Auftragsverwaltung übertragen werden können. Die Länder befürchteten vor allem, daß durch die Verteidigungsverwaltung ein breiter Bereich bundeseigener Verwaltung entstehen könnte und damit in ihre Domäne, den Gesetzesvollzug, wesentlich eingebrochen werde. Manche neu anfallenden Aufgaben hatten Ähnlichkeit mit solchen, die bereits von den Ländern erfüllt wurden (z. B. Kriegsopferversorgung und Versorgung der Bundeswehrbeschädigten). Solche Aufgaben sollten nach Möglichkeit den schon bestehenden Behörden übertragen werden. Schließlich einigte man sich auf den jetzigen Wortlaut des Art. 87 b. Die Länderinteressen wurden insbesondere durch das Erfordernis der Zustimmung des Bundesrates berücksichtigt. Dem Wunsch der Bundesratsvertreter nach einem generellen Zustimmungserfordernis wurde allerdings nicht entsprochen. Die einzelnen Bereiche sind vielmehr ausdrücklich festgelegt (nicht weniger als fünfmal wird in Art. 87 b die Zustimmung des Bundesrates gefordert).

Wenn man von der Bundeswehrverwaltung im engeren Sinn absieht, dann hat der Grundgesetzgeber keine endgültige Entscheidung über die Vollzugszuständigkeit getroffen, sondern nur die Möglichkeit für sie offen gehalten. Der Kompromiß des Art. 87 b besteht sonach vor allem darin, daß die endgültige Entscheidung über Zuständigkeit und Verwaltungstyp dem Bundestag und dem Bundesrat übertragen wird. Durch die verfassungsrechtliche Ermächtigung des Art. 87 b haben diese beiden Organe die Wahl zwischen den verschiedenen Verwaltungsvarianten des Grundgesetzes. In Art. 87 b Abs. 2 ist also nichts abschließend geregelt, sondern alles noch offengelassen. Bei jedem Gesetz, das die Verteidigung betrifft (mit Ausnahme der Wehrverwaltung), muß daher erneut über Vollzugszuständigkeit und Verwaltungstyp entschieden werden. Dies hat den Vorteil, daß der Einzelfall den konkreten Erfordernissen und Gegebenheiten angepaßt werden kann. Andererseits führt dies aber zu einer Vielfalt von Zuständigkeiten und Verfahrensarten, die die Verwaltung recht unübersichtlich machen.

Insgesamt fällt die Beurteilung des Abs. 2 nicht positiv aus. Die Verfassung entscheidet bei Licht besehen nichts, sondern überläßt alles und stets dem einfachen Gesetzgeber. Ob diese Großzügigkeit gerade in Sachen Verteidigung, wo glasklare Hierarchieverhältnisse offenkundig sein müssen, angebracht ist, muß bezweifelt werden. Bei den viel „harmloseren" Materien der Wasserstraßen (Art. 89) und Straßen (Art. 90) etwa war die Verfassung jedenfalls organisatorisch nicht so entgegenkommend.

II. Die Bundeswehrverwaltung

Die Bundeswehrverwaltung wird in bundeseigener Verwaltung mit eigenem Verwaltungsunterbau geführt, Bundeswehrverwaltung ist hier in organisatorischem Sinne zu verstehen. Es sind also vom Bund eigene Behörden — und zwar mindestens Ober- und Unterbehörden — einzurichten, die die Aufgaben der Wehrverwaltung wahrnehmen können. Damit bezieht der Art. 87 b Abs. 1 eine doppelte Frontstellung. Einmal wird damit die Errichtung landeseigener Wehrverwaltungsbehörden ausgeschlossen. Die Behörden der Wehrverwaltung können nur Bundesbehörden und nicht Landesbehörden sein. Zum anderen wird damit festgestellt, daß die Bundeswehrverwaltung nicht ein Teil oder ein Annex der Streitkräfte ist, sondern daß die Bundeswehrverwaltung einen eigenständigen, zivilen Verwaltungszweig darstellt. Das Grundgesetz hat bewußt die frühere Intendanturverwaltung und die frühere Militärverwaltung aufgegeben, die abgesehen von dem unterschiedlichen Aufgabenbereich vor allem dadurch gekennzeichnet war, daß sie der militärischen Kommandogewalt unterstellt war. Nach der Konzeption des Grundgesetzes steht nun selbständig neben dem hierarchischen Aufbau der Streitkräfte die einheitlich organisierte Bundeswehrverwaltung. Die militärischen Kommandostellen haben keine Befehls- und Weisungsrechte gegenüber der Wehrverwaltung. Erst in der Spitze, im Bundesverteidigungsminister und seinem Staatssekretär, werden die Streitkräfte und die Bundeswehrverwaltung unter einheitlicher Leitung zusammengefaßt.

Diese klare Trennung von Kommandogewalt und Verwaltung ist für beide Seiten vorteilhaft. Die Truppe und ihre Führung ist damit von Verwaltungsaufgaben befreit und kann sich auf ihre eigentliche Aufgabe, die ständige Bereitschaft zum militärisch-wirksamen Einsatz, konzentrieren. Die Verwaltung anderseits ist auf diese Weise der Bevormundung militärischer Kommandostellen entzogen und kann die Verwaltung nach den ihr immanenten, sachgerechten Formen und Grundsätzen erledigen. Die Verwaltung ist heute umfangreicher und schwieriger als früher. Die Bundeswehrverwaltung kann deshalb mit fachlich vorgebildeten Beamten, die wiederum nur der Weisung von sachkundigen Vorgesetzten unterworfen sind, sachlich besser und rationeller arbeiten. Allerdings kann nicht verkannt werden, daß dieser Dualismus auch Gefahren birgt. Reibereien und gelegentliche Zuständigkeitsstreitigkeiten werden nicht ganz auszuräumen sein. Diese Gefahren werden aber auf ein Mindestmaß beschränkt sein, wenn sich die Bundeswehrverwaltung bewußt ist, daß ihr ausschließlich eine dienende Funktion, eine Hilfszuständigkeit, zukommt. Sie „dient", wie es in Art. 87 b Abs. 1 Satz 2 ausdrücklich heißt, (nur) den Aufgaben des Personalwesens und der Sachbedarfsdeckung der Streitkräfte. Diese dienende Funktion bedeutet keine Abwertung gegenüber den Streitkräften. Dieses Moment ist letztlich jeder Vollzugstätigkeit immanent; auch die Bundeswehr ist nicht ihrer selbst wegen da, sondern „dient" den nationalen Aufgaben der Verteidigung. Wenn die Bundeswehrverwaltung nur für die Streitkräfte da ist, so wird sie doch in diesem zweckbestimmten Tätigkeitsbereich eigenverantwortlich tätig.

Über den organisatorischen Aufbau der Bundeswehrverwaltung macht Art. 87 b Abs. 1 kaum Angaben. Es läßt sich nur entnehmen, daß die Verwaltung als unmittelbare Bundesverwaltung mit eigenem Unterbau zu führen ist. Ferner muß die Bundeswehrverwaltung eine organisatorische Einheit darstellen. Eigene Verwaltungsorganisationen für die drei Wehrmachtsteile (Heer, Marine, Luftwaffe), wie sie früher bestanden, sind nicht vorgesehen und nicht zulässig. Im übrigen ist aber der Aufbau der Bundeswehrverwaltung der Regelung durch die Organisationsgewalt des Bundesverteidigungsministers überlassen, soweit nicht das von § 66 SoldG in Aussicht genommene Organisationsgesetz Abweichendes regelt.

Unter dem Bundesverteidigungsministerium stehen derzeit als Bundesmittelbehörden die Wehrbereichsverwaltungen und darunter als Behörden und Dienststellen der unteren Verwaltungsstufe die Wehrbereichsgebührnisämter, das Zentralkleidungsamt der Bundeswehr, Wehrbereichsbekleidungsämter, Wehrbereichsverpflegungsämter, Standortverwaltungen im Inland, der Berufsförderungsdienst bei Standortverwaltungen für zusammengefaßte Standortbereiche, Verwaltungsstellen im Ausland, Stellen für maschinelles Berichtswesen, die Bundeswehrverwaltungsschule, Bundeswehrfachschulen, die Sprachenschule der Bundeswehr, der Übersetzungsdienst der Bundeswehr, die Musterprüfstelle der Bundeswehr für Luftfahrtgerät.

Der Präsident der Wehrbereichsverwaltung steht gleichrangig neben dem militärischen Befehlshaber des Wehrbereichs. Alle Verwaltungsaufgaben des Wehrbereichs werden von der Wehrbereichsverwaltung erledigt ohne Rücksicht auf Waffengattung, Truppenart usw.

Die Aufgaben der Wehrverwaltung, die Wehrverwaltung im funktionellen Sinne, werden in Art. 87 b Abs. 1 Satz 2 umschrieben. Nach der in dieser Bestimmung gegebenen Legaldefinition gehören zur Bundeswehrverwaltung im funktionellen Sinn „die Aufgaben des Personalwesens und der unmittelbaren Deckung des Sachbedarfs der Streitkräfte“. Diese Begriffsbestimmung ist sehr allgemein gehalten; es wird im einzelnen nicht immer sicher sein, welche Angelegenheiten dazu zu rechnen sind. Der Versuch, den Sachbereich der Bundeswehrverwaltung begrifflich eindeutig zu erfassen oder durch abschließende Aufzählung zu bestimmen, ist nicht geglückt und deshalb aufgegeben worden. Auf jeden Fall ergibt sich aber aus dieser Umschreibung, daß es sich hierbei nur um solche Verwaltungsaufgaben handelt, die sich unmittelbar auf die Institution der Bundeswehr beziehen. Es muß ein direkter Zusammenhang zwischen den Wehrverwaltungsaufgaben und den eigentlichen (militärischen) Bedürfnissen der Bundeswehr bestehen. Es sind dies die Verwaltungsangelegenheiten der Streitkräfte, die nur nicht von diesen selbst, sondern von dem selbständigen Apparat der Bundeswehrverwaltung wahrgenommen werden.

Es ist demnach zwischen Verteidigungsverwaltung und Wehrverwaltung zu unterscheiden. Verteidigungsverwaltung ist der weitere Begriff; er umfaßt alle in Art. 87 b angesprochenen Aufgaben. Die Bundeswehrverwaltung ist ein Teil, ein Ausschnitt, dieser umfassenden Verteidigungsverwaltung.

Zu den Angelegenheiten der Bundeswehrverwaltung gehören nicht die Aufgaben der Beschädigtenversorgung und des Bauwesens (so ausdrücklich Art. 87 b Abs. 1 Satz 3) sowie das Wehrersatzwesen (so ausdrücklich Art. 87 b Abs. 2 Satz 1). Ob und wieweit es sich hier um echte Ausnahmen von der in Abs. 1 Satz 2 gegebenen Legaldefinition handelt, braucht nicht weiter erörtert zu werden. Die Beschädigtenversorgung wurde ausgegrenzt wegen ihrer Parallelität zur Kriegsopferversorgung, die auf Grund des Bundesversorgungsgesetzes von den Ländern als eigene Angelegenheit erledigt wird. Die Bauverwaltung ist ausgenommen, weil verhindert werden sollte, daß neben den bestehenden weitere Bundesbaubehörden errichtet werden. Beide Ausnahmen gehen auf Länderinteressen zurück. Allerdings können diese drei Sachgebiete der Bundeswehrverwaltung durch Gesetz, das der Zustimmung des Bundesrates bedarf, übertragen werden. Für die Beschädigtenversorgung und das Bauwesen ist das ausdrücklich gesagt, für das Wehrersatzwesen ergibt sich das aus allgemeinen Erwägungen. Es muß demnach unterschieden werden zwischen den ursprünglichen, kraft der Verfassung (Art. 87 b Abs. 1) zugewiesenen Angelegenheiten der Bundeswehrverwaltung und den durch Gesetz übertragenen Angelegenheiten der Bundeswehrverwaltung. Man kann auch, wenn man so will, von „geborenen" und „gekorenen" Aufgaben der Bundeswehrverwaltung reden.

Zu den ursprünglichen Aufgaben der Bundeswehrverwaltung gehören etwa die Verwaltung der Personalangelegenheiten, das Haushalts-, Rechnungs- und Kassenwesen, die Besoldung der Soldaten, die Beschaffung und Verwaltung der Liegenschaften und Unterkünfte, die Versorgung der Truppen mit Verpflegung, Bekleidung, Waffen und Geräten, das fiskalische Rechtswesen einschließlich der Vertretung vor den Gerichten usw.

Indem das Grundgesetz den so umschriebenen Sachbereich der Bundeswehrverwaltung der bundesunmittelbaren Verwaltungsorganisation Bundeswehrverwaltung zuweist, bringt es zugleich zum Ausdruck, daß es sich hier um Verwaltungsangelegenheiten handelt, die ausschließlich dem Bund zustehen. Die Bundeswehrverwaltung fällt also in den Bereich der Verwaltungszuständigkeiten des Bundes. Die Länder haben insoweit keine Verwaltungszuständigkeit.

Die Bundeswehrverwaltung ist, wie sich aus ihren Aufgaben ergibt, hauptsächlich „interne Verwaltung". Sie wird für eine andere öffentliche Einrichtung tätig, indem sie für deren Bedürfnisse sorgt und deren Verwaltungsgeschäfte erledigt. Als solche braucht sie in der

Regel nicht mit hoheitlichen, den Bürger belastenden Maßnahmen einzugreifen. Den notwendigen unmittelbaren Sachbedarf hat sie sich in der Regel im Wege fiskalischer, also privatrechtlicher, Rechtsgeschäfte zu beschaffen. Wenn und soweit die Bundeswehrverwaltung im internen Bereich wirkt, braucht sie für ihre Tätigkeit keine besondere gesetzliche Ermächtigung. Die Zuständigkeit und Rechtsgrundlage für ihr Handeln ergibt sich insoweit bereits unmittelbar aus Art. 87 b Abs. 1.

Anders ist es dagegen, wenn die Bundeswehrverwaltung ausnahmsweise mit hoheitlichen Mitteln gegenüber Dritten tätig werden und in deren Rechte eingreifen soll. In diesem Fall müssen zwei Erfordernisse gegeben sein: Der Eingriff bedarf der spezialgesetzlichen Grundlage. Das ergibt sich bereits aus dem in Art. 20 Abs. 3 verankerten Grundsatz der Gesetzmäßigkeit der Verwaltung. Nach Art. 87 b Abs. 1 Satz 4 ist aber weiterhin erforderlich, daß Gesetze, soweit sie die Bundeswehrverwaltung zu Eingriffen in Rechte Dritter ermächtigen, der Zustimmung des Bundesrates bedürfen.

III. Der Vollzug der Verteidigungsgesetze im übrigen

Art. 87 b Abs. 2 regelt den Vollzug derjenigen Verteidigungsgesetze, deren Vollzug nicht schon durch Abs. 1 des Art. 87 b bestimmt ist. Während Abs. 2 nur den Gesetzesvollzug regelt (vgl. „ausgeführt"), befaßt sich Abs. 1 mit der Bundeswehrverwaltung. Diese ist aber, wie dargelegt wurde, nicht nur Gesetzesvollzug, sondern kann als „interne" Verwaltung weitgehend gesetzesfrei (gesetzesnichtakzessorisch) durchgeführt werden. Insoweit geht Abs. 1 sachlich weiter als Abs. 2. Der Ergänzungscharakter des Abs. 2 erstreckt sich nur auf den Bereich des Abs. 1, der Gesetzesvollzug ist.

Art. 87 b Abs. 2 bezieht sich auf alle Verteidigungsgesetze, soweit sie nicht vom Abs. 1 erfaßt werden. Dies gilt nicht nur für die Gesetze, die die militärische Verteidigung betreffen, sondern für alle Gesetze, die mit der durch einen äußeren militärischen Angriff bedingten besonderen Lage in direktem Zusammenhang stehen. Art. 87 b Abs. 2 Satz 1 nennt selbst die Gesetze zum Schutze der Zivilbevölkerung. Es gehören hierzu etwa Gesetze über den Luftschutz, über Evakuierung usw. Ferner sind hierher zu rechnen das Bundesleistungsgesetz in der Fassung vom 27. 9. 1961 (BGBl. I S. 1769), das Schutzbereichsgesetz vom 11. 12. 1956 (BGBl. I S. 899), das Landbeschaffungsgesetz vom 23. 2. 1957 (BGBl. I S. 134). Der Begriff der Verteidigung im Sinne des Art. 87 b Abs. 2 deckt sich mit dem in Art. 73 Ziff. 1 und 17 a Abs. 2 genannten Verteidigungsbegriff. Es ist dies die „Verteidigung" im weiteren Sinne im Gegensatz zu dem in Art. 45 a und 45 b verwendeten engeren Verteidigungsbegriff.

Durch Art. 87 b Abs. 2 werden Vollzugszuständigkeit und Verwaltungstyp nicht festgelegt, sondern nur verfassungsrechtliche Ermächtigungen für eine gesetzliche Bestimmung von Zuständigkeit und Verwaltungstyp gegeben. Der Vollzug der „übrigen" Verteidigungsgesetze obliegt demnach gemäß Art. 83 zunächst den Ländern, die diese Verteidigungsgesetze als eigene Angelegenheiten gemäß Art. 84 auszuführen haben. Von diesem Grundsatz können nun auf Grund der verfassungrechtlichen Ermächtigung des Art. 87 b Abs. 2 Satz 1 durch Bundesgesetz, das der Zustimmung des Bundesrates bedarf, Ausnahmen gemacht werden. Durch Zustimmungsgesetz kann bestimmt werden, daß die Verteidigungsgesetze in bundeseigener Verwaltung mit eigenem Verwaltungsunterbau auszuführen sind. Es ist auf diese Weise vor allem möglich, daß der bestehenden Verwaltungsorganisation Bundeswehrverwaltung die Ausführung solcher Verteidigungsgesetze übertragen wird. Durch Art. 87 b wird das nicht ausgeschlossen; Art. 87 b Abs. 1 bestimmt nämlich nur die der Bundeswehrverwaltung kraft der Verfassung zukommenden Aufgaben (ursprüngliche Aufgaben), schließt aber nicht aus, daß der Bundeswehrverwaltung über die Angelegenheiten der Beschädigtenversorgung und des Bauwesens (Art. 87 b Abs. 1 Satz 3) hinaus in den Formen des Art. 87 b Abs. 2 Satz 1 weitere Aufgaben übertragen werden (übertragene Aufgaben).

Der Gesetzgeber kann aber auch neben der Bundeswehrverwaltung eine neue Verwaltungsorganisation schaffen und dieser den Vollzug bestimmter Verteidigungsgesetze übertragen. Als Beispiel für die Ausführung von Gesetzen durch bundeseigene Verwaltung mit eigenem Verwaltungsunterbau gemäß Art. 87 b Abs. 2 Satz 1 dient das Wehrersatzwesen. Dieses wird — mit Ausnahme der Erfassung, die als Aufgabe der Länder durch die kommunalen Meldebehörden durchzuführen ist — gegenwärtig vom Bundeswehrersatzamt als Bundesoberbehörde, von den Bereichswehrersatzämtern (als Abteilungen der Wehrbereichsverwaltungen) und den Bezirkswehrersatzämtern als Bundesmittelbehörden und von Kreiswehrersatzämtern als Bundesunterbehörden wahrgenommen.

Durch Zustimmungsgesetz kann ferner die Ausführung von Verteidigungsgesetzen den Ländern als Auftragsangelegenheit übertragen werden. Neben Art. 87 b Abs. 2 kann hier aber auch noch Art. 87 Abs. 3 Satz 1 zum Zuge kommen, der durch Art. 87 b Abs. 2 nicht ausgeschlossen wird. Danach können zum Vollzug von Verteidigungsgesetzen selbständige Bundesoberbehörden und neue bundesunmittelbare Körperschaften und Anstalten des öffentlichen Rechts errichtet werden. Hierzu bedarf es sogar nur eines einfachen Gesetzes. Darüber hinaus gibt Art. 87 b Abs. 1 Satz 1 die Grundlage für weitere Variationsmöglichkeiten. Die Ausführung der Verteidigungsgesetze kann nämlich auf die soeben dargestellten vier Verwaltungstypen verteilt werden, indem ein Verteidigungsgesetz teilweise nach dem einen, teilweise nach dem anderen Vollzugsmodus durchzuführen ist. Art. 87 b Abs. 1 Satz 1 bestimmt ausdrücklich, daß der Gesetzesvollzug ganz oder teilweise dem Bund in eigener Verwaltung oder den Ländern in Auftragsverwaltung übertragen werden kann. Teilweise kann die Ausführung aber auch den Ländern als eigene Angelegenheit verbleiben. Ferner wird es zulässig sein, daß die etwa zu schaffenden Bundesoberbehörden gemäß Art. 87 Abs. 3 Satz 1 nur für einen Teilbereich zuständig sein sollen.

Die Teilung des Vollzugs erlaubt aber nur eine Verteilung der Materien auf die verschiedenen Verwaltungstypen, nicht aber eine Verteilung auf verschiedene Behörden im Instanzenzug. Es wäre nicht zulässig, wenn eine Angelegenheit von Landesbehörden in der Unterstufe, von Bundesbehörden in der Mittel- und Oberstufe verwaltet würde. Art. 87 b Abs. 1 läßt also keine sog. Mischverwaltung zu. Die Vertreter des Bundesrates haben sich bei den Ausschußberatungen entschieden gegen alle Vorschläge, die zu einer solchen Mischverwaltung hingeführt hätten, gewandt. Sie wollten aus Sorge um die Unabhängigkeit ihrer Verwaltungen eine klare Trennung der Aufgaben und der Verantwortlichkeiten. Eine solche materielle Aufgabenverteilung findet sich derzeit in den meisten Verteidigungsgesetzen. Eine Teilung bringt z. B. das Schutzbereichgesetz: Die einzelnen Gebiete werden vom Bundesminister für Verteidigung zu Schutzbereichen erklärt; die unteren Behörden der Bundeswehrverwaltung treffen als Schutzbereichbehörden die im einzelnen notwendigen Maßnahmen, die Feststellung der Entschädigung erfolgt dagegen durch die von den Landesregierungen bestimmten (Landes-)Festsetzungsbehörden. Das Erste Gesetz über Maßnahmen zum Schutz der Zivilbevölkerung als weiteres Beispiel bestimmt in § 2, daß der zivile Luftschutz Aufgabe des Bundes sei, und daß die behördlichen Luftschutzmaßnahmen, soweit sie nicht dem Bund vorbehalten seien, von den Ländern im Auftrag des Bundes, von den Gemeinden im Auftrag des Landes durchgeführt werden würden. Die dem Bund vorbehaltenen Aufgaben werden durch das Bundesamt für zivilen Bevölkerungsschutz, das eine Bundesoberbehörde ist, wahrgenommen. Diesem Amt wurde auch im Rahmen seiner Zuständigkeit die an sich dem Bundesinnenminister zustehende Aufsichts- und Weisungsbefugnis übertragen. Bereits erwähnt wurde, daß die Wehrersatzverwaltung von Bundesbehörden wahrgenommen wird, mit Ausnahme der Erfassung, die Aufgabe der kommunalen Meldebehörden ist.

Die Bundeswehrverwaltung bringt also neuartige Formen des Ineinandergreifens von Bundestätigkeit und Landestätigkeit hervor und bereichert damit in bemerkenswerter Weise das Organisationsrecht der öffentlichen Verwaltung.

Art. 103 III GG und die „Zeugen Jehovas"

Zur Mehrfachbestrafung der Ersatzdienstverweigerer aus Gewissensgründen*

I. Um ganz offen zu sein, mir geht es im Moment — seit die Nachricht einer Drittbestrafung eingetroffen ist — nicht (nur) um die Gewissensentscheidung der Zeugen Jehovas, gegen die bisher ausschließlich alle Strafverfahren wegen Verweigerung des Ersatzdienstes aus Gewissensgründen eingeleitet worden sind. Ich vermag nun einmal trotz redlichen Mühens intellektuell, moralisch und theologisch bislang nicht nachzuvollziehen, was im Gewissensbereich jemanden hindern könnte, für einige Zeit etwa in Bethel dem Nächsten zu dienen. Mir geht es jetzt unmittelbar und als „Nahziel" um die mir geistig zugängliche Gewissensnot unserer Staatsanwälte und Richter im Zweit- und Drittverfahren. Man muß es erlebt haben, wenn ein hochgeachteter Amtsrichter der Verkündung des Freispruches leise und mit gebrochener Stimme hinzufügt, zum erstenmal in seinem Richterleben habe er ein Urteil gefällt, von dem er genau wisse, daß es aufgehoben werde. So geht das nicht weiter.

Lassen wir die rein juristischen Fehlleistungen einmal außer acht; als da sind:

1. die Verschanzung hinter BVerfGE 19, 135 ff. = JZ 1965, S. 716, obwohl dieser Beschluß zur Mehrfachbestrafung kein Wort sagt (ebensowenig wie übrigens das Urteil des BVerwG, NJW 1966, S. 1474).

2. Die Verkennung der Tatsache, daß auch das BVerfG niemals sagen darf (und auch niemals gesagt hat), dem Tatrichter sei im konkreten Verfahren die Schuldprüfung gänzlich verwehrt. Die Schuld-Sühne-Relation hat in Art. 1 I GG ihren Standort, und das BVerfG denkt nicht daran, über § 31 BVerfGG insoweit den Tatrichter zu binden (dazu noch einmal unten Ziff. XIX).

3. Die innere Widersprüchlichkeit einer *Neu*bestrafung im Zweitverfahren, nachdem man soeben im Erstverfahren regelmäßig Strafaussetzung zur Bewährung und bedingte Entlassung gerade *deswegen*

---

* JZ 1967, S. 426 bis S. 431. — In memoriam *Adolf Schüle,* gest. am 4. Mai 1967 in Tübingen.

abgelehnt hat, weil *keinerlei* Aussicht auf ein anderes Verhalten des Ersatzdienstverweigerers aus Gewissensgründen besteht.

Lassen wir auch periphere „Pannen“, die nur in einer „Glosse“ zu geißeln wären, die als Stilform aber dem Thema nicht adäquat sein dürfte. Was soll man etwa dazu sagen, wenn der neue Einberufungsbefehl schon zugestellt wird, während der Ersatzdienstverweigerer noch im Gefängnis seine Erststrafe verbüßt; wenn Anklagevertretungen aus merkwürdiger Rechthaberei den Zweitfall vor eine bestimmte Spruchinstanz manipulieren, deren Auffassung (hier gleichzusetzen blinder Gefolgschaft gegenüber der OLG-Rechtsprechung) in der Frage der Doppelbestrafung konform zu sein scheint.

Wir argumentieren auch nicht mit der Überfüllung der Gefängnisse (es geht um 153 erfolgte Doppelverurteilungen und 137 anhängige Zweit- und Drittverfahren, während — abgesehen von den Zeugen Jehovas — insgesamt die Zahl der Ersatzdienstverweigerer gleich Null ist, was vielleicht alle beruhigt, die für das Gemeinwohl fürchten). Für völlig verfehlt halte ich auch ein Zahlenwerk, mit dem üblicherweise ausgerechnet wird, ob und daß die Summe der Gefängnisstrafen noch unter der normalen Dienstzeit bleibt**, usw.

Hier wird nicht plädiert, und wir decken alles oben Genannte zu. Verzichten wir auch in diesem Zusammenhang auf jede Wertargumentation, der man oft „Hymnik“ vorwirft. Versuchen wir es dagegen einmal (thematisch abweichend von *Karl Peters*[1], *Arndt*[2], *Hannover*[3] u. a.) mit einem „Kolleg“ über die spröde Fragestellung, ob das verfassungsrechtliche (grundrechtliche) Verfahrenshindernis des Art. 103 III Mehrfachbestrafungen dieser Ersatzdienstverweigerer aus Gewissensgründen zuläßt.

II. Die Kontroverse in der hier entscheidenden Frage: Welcher geschichtliche, rechtlich relevante Vorgang ist durch die Erstverurteilung eines Ersatzdienstverweigerers aus Gewissensgründen abgeurteilt und

** Der Ersatzdienst dauert im Normalfall, ebenso wie der Grundwehrdienst, 18 Monate; vgl. §§ 24 I ErsatzdienstG, 5 I WehrpflichtG. In dem unten S. 452 abgedruckten Urteil v. 4. 5. 1966 hat das Schöffengericht Freiburg i. Br. gegen den Angekl. im Zweitverfahren 18 Monate Gefängnis verhängt. Nimmt man die Erstverurteilung zu einem Jahr Gefängnis hinzu, so ist die Normaldauer des Ersatzdienstes ganz beträchtlich überschritten. — D. Red.

1 Bemerkungen zur Rechtsprechung der Oberlandesgerichte zur Wehrersatzdienstverweigerung aus Gewissensgründen, JZ 1966, S. 457.

2 NJW 1965, S. 431 ff., 432 Ziff. 3 und NJW 1965, S. 2195 (Anm. zu BVerfGE 19, 135).

3 Ist die Bestrafung der Ersatzdienstverweigerung der Zeugen Jehovas mit dem Grundrecht der Glaubens- und Gewissensfreiheit vereinbar? GA 1964, S. 33.

im Strafanspruch „verbraucht“, ist meiner Überzeugung nach bisher völlig schiefgelaufen. Und das wird so bleiben, solange man nicht einsieht, daß wir es hier mit einer Systemfrage unseres *Wehrverfassungs*rechts zu tun haben und auch die Lösung nur aus der Systemgerechtigkeit unseres Wehrverfassungsrechts gefunden werden kann.

1. Diese Abstraktion vom Wehrrecht wird ganz vordergründig schon im technischen Organisationsrecht wirksam. Es ist meine wissenschaftliche Meinung, daß uns diese schrecklichen Doppel- und Dreifachverfahren erspart geblieben wären, wenn — und die „*rein* zivilistische“ Konzeption war gut gemeint — die Zuständigkeit auch im Ersatzdienstrecht im Ressort der zivilen Bundes*wehr*verwaltung verblieben wäre. Gewiß sind es pragmatische Gründe, aber entschieden doch Gründe des wehrrechtlichen Sachverstandes, wenn (bei der Truppe selbst und) bei der Bundeswehrverwaltung die Einsicht herrscht, daß Gewissensverweigerer im eigentlichen Wehrdienst eher schaden als nützen. Eine Kette und ein Wehrverband sind so stark wie ihr schwächstes Glied. Aus dieser militärischen Sicht aber sind die Gewissensverweigerer „Versager“, die man zwar nicht versteht, aber mit Respekt toleriert und die man, wenn es nur geht, in Ruhe läßt. Bei den für den Ersatzdienst der Kriegsdienstverweigerer zuständigen wehrfremden Behörden fehlt offenbar die Einsicht, daß es dem Dienstwert nach bei der zivilen Inpflichtnahme für das Gemeinwohl nicht anders sein darf.

Aber die wehrfremde Behörde läßt bei uns keinen Zeugen Jehovas in Ruhe, obwohl in anderen Staaten insoweit ganz lautlose Tolerierungsmethoden entwickelt worden sind, derentwegen dort niemand um die Wehrgerechtigkeit bangt. Übrigens brauchte man bei uns verwaltungsrechtlich — jedenfalls nach verbüßter Erststrafe — nicht einmal auf ausdrückliche Gesetzesdeckung zu verzichten, wenn man etwa (dilatorisch) mit der Härteklausel des § 11 IV ErsatzdienstG oder der Ordnungsklausel des dortigen Abs. V arbeiten würde. (Denn wie stellt man sich eigentlich etwa die „Ordnung“ in einer Klinikdienstgruppe vor mit Leuten, die erklärtermaßen lieber im Gefängnis als auf Befehl einer noch so „entmilitarisierten“ Wehrgesetzgebung am Krankenbett sitzen?) Statt dessen aber bringt man immer wieder unsere Kriminaljustiz in Gang, und es scheint eine bloße Frage der Zeit zu sein, bis es auf diese Weise zu Viert- und Fünftverfahren kommt. (Der § 20 a StGB — „gefährlicher Gewohnheitsverbrecher“ — blieb uns noch erspart.)

2. Die zu ihrem ehrlichen Leidwesen dann nun einmal damit befaßte Strafjustiz aber denkt natürlich in ihren gewohnten Kategorien weiter, etwa des „Dauerdelikts“, des „Zustandsdelikts“, und hatte offenbar noch keine Ruhe und mit Gewißheit noch keine wissenschaftliche Hilfe,

um zu erkennen, daß die Gewissensverweigerung des Ersatzdienstes ein ganz spezieller wehrverfassungsrechtlicher Sondertatbestand ist (besser: durch unser geltendes Wehrrecht im Zusammenhang mit der Rechtsprechung des BVerfG geworden ist).

III. Auszugehen ist von Art. 4 III S. 1 GG: „Niemand darf gegen sein Gewissen zum Kriegsdienst mit der Waffe gezwungen werden." Dieses „Ausgehen von" ist keine sachliche Wertung. Man könnte auch mit der allgemeinen Wehrpflicht beginnen. Historisch gab es den Art. 4 III aber schon vor den Wehrverfassungsnovellen des Jahres 1956, mit denen die allgemeine Wehrpflicht verfassungsrechtlich zur Kenntnis genommen und ermöglicht wurde (Art. 73 Nr. 1 GG, Art. 12 II GG).

1. Art. 4 III S. 1 ist eine Konkretisierung der Gewissensfreiheit des Art. 4 I und keine Beschränkung, die Umkehrschlüsse verträgt (Gewissensschutz nur „im Krieg", nur gegenüber Dienst „mit der Waffe"). Mit Recht hat sich die nach Art. 4 III S. 2 ermöglichte Gesetzesausgestaltung, wie noch zu zeigen sein wird, keineswegs an diesen engen Wortlaut des Abs. III S. 1 gehalten, sondern ganz allgemein — und wie mir scheint, großzügig — die Sachbezüge zwischen „Gewissen" und „Wehrdienst" schlechthin geordnet.

2. Das dogmatische Verhältnis von Art. 4 III zu Abs. I ist vergleichbar mit dem des Art. 3 III zum allgemeinen Gleichheitssatz des Art. 3 I. Es geht um „Konkretisierungen" zum Schutz vor ganz spezifischen, konkreten, historischen, besonderen Gefährdungslagen. Art. 4 III ist ein negatives Freiheitsrecht gegen den erlebten Zwang, mit irgendwelchen Mitteln im Krieg Leben und Sachgüter anderer Menschen verletzen und vernichten zu müssen.

3. Ein solches Freiheitsrecht ist Deklamation und buchstäblich „gegenstandslos", solange nichts „entgegensteht", nämlich keine allgemeine Wehrpflicht. Das Problem der Kriegsdienstverweigerung als subjektives Freiheitsrecht stellt sich zeitlich und örtlich nur, wenn und wo allgemeine Wehrpflicht besteht.

IV. Diese allgemeine Wehrpflicht haben wir seit 1956 in der Verfassung:

1. In Art. 73 Nr. 1 erscheint sie zwar in einer Kompetenzverteilungsnorm (ausschließliche Zuständigkeit des Bundes); es ist jedoch zweifelsfrei, daß hiermit die Einführung der allgemeinen Wehrpflicht *überhaupt,* also der Sache nach, ermöglicht werden sollte.

2. In Art. 12 II i. d. F. von 1956 wird die allgemeine Wehrpflicht logisch vorausgesetzt durch die verfassungsrechtliche Ermächtigung an

den Gesetzgeber *statt* ihrer und als allgemeine Komplementärpflicht zu ihr eine allgemeine Ersatzdienstpflicht zu schaffen. Der Dachbegriff bleibt die „allgemeine für alle gleiche öffentliche Dienstleistungspflicht" im Sinne des Art. 12 II S. 1.

V. Jetzt durfte und mußte der einfache Gesetzgeber sprechen, um das Wann, Wie und Wo der allgemeinen Dienstleistungspflicht und der von der Verfassung zugelassenen oder geforderten Ausnahmen zu konkretisieren. Das geschah in Erfüllung sowohl des jetzt virulent gewordenen Art. 4 Abs. III *als auch* in Erfüllung des neuen Art. 12 II durch das Wehrpflichtgesetz. *Dieses* Gesetz formte die Konturen des geltenden Wehrrechts, während das Ersatzdienstgesetz eigentlich nur Folgerungen zog und Modalitäten des Vollzuges für diese Dienstart brachte.

VI. Das Wehrpflichtgesetz als Ausführungsgesetz *sowohl* zu Art. 4 III S. 1 (formal gedeckt durch Satz 2) *als auch* zu Art. 12 II (formal gedeckt durch Satz 4, der auch das Ersatzdienstgesetz trägt) konnte nur konkretisieren, aber die Grundentscheidungen, die es in der Verfassung vorfand, nicht verändern oder gar denaturieren. *Beiden* Normen (Art. 4 III, Art. 12 II) war zu entsprechen. Es durfte im Vollzug einer normalerweise einheitlichen Verfassung nicht wertende Akzente setzen, Wertprioritäten und Gefällesituationen schaffen. Das hat es auch nicht getan.

1. Das Wehrpflichtgesetz mußte das Freiheitsrecht des Art. 4 III beachten, durfte also von vornherein nicht eine Wehrpflicht mit allgemeiner *Waffen*dienstpflicht einführen. Das Grundrecht der „Kriegsdienstverweigerung" (übrigens als Verfassungssatz einmalig in der Welt) verbot von vornherein, nämlich von Verfassungs wegen, ein Wertigkeitsverhältnis von Regel (Waffendienst) und Ausnahmen (waffenloser Dienst innerhalb oder außerhalb der Streitkräfte). Diese Behauptung, das eine sei rechtlich das „Normale", das andere das „Exzeptionelle", ist nicht totzukriegen und „irrlichtert" bis in falsche „Beweislastvorstellungen" in den Verwaltungsprozeß hinein, wo sie wegen des Untersuchungsgrundsatzes ohnehin kaum etwas zu suchen haben.

2. Das Wehrpflichtgesetz mußte aber ebenso dem Verfassungsgebot des Art. 12 II genügen, dessen Satz 1 stets übersehen wird, obwohl er die Ausgangsnorm jeglichen öffentlichen Dienstpflichtrechtes ist. Hier fällt mit den Worten „allgemein" und „gleich" eine andere elementare Wertentscheidung, die auf Art. 3 GG rückführbar ist. Bekanntlich nimmt etwa *Willi Geiger*[4] vom grundrechtlichen Gewissensschutz nur

---

[4] Gewissen, Ideologie, Widerstand, Nonkonformismus, 1963; Wie frei ist der Katholik? (Freiheit, Gebot, Gewissen), Hochland 1965 (58. Jg.), S. 1 ff.

gezielte Übergriffe in fremde Rechtsgüter aus (eine Meinung, die mir persönlich zu weit geht, ebenso wie bei *Karl Peters* der absolute Gewissensschutz bei Unterlassungsdelikten; ich habe als Verwaltungsrichter zuviel sog. „Impfgegner aus Gewissensgründen“ erlebt). Aber auch bei *Geiger* wird durchgehend das Gleichheitsgrundrecht als solches in derselben Wertebene angesiedelt wie das Gewissensgrundrecht. Das Allgemeinheits- und Gleichheitspostulat, zu dem Art. 12 II S. 1 in Verfolg von Art. 3 zwingt, nennen wir im Wehrverfassungsrecht landläufig „Wehrgerechtigkeit“.

VII. Damit stand das Wehrpflichtgesetz vor der alten Aufgabe jeglicher Grundrechtsverdeutlichung und Grundrechtsinterpretation, die Dialektik von Freiheit einerseits und Gleichheit andererseits in einer Synthese zu versöhnen. Konkreter: Die Freiheit des Gewissensverweigerers mußte gewahrt werden, aber das durfte ihn im Sinne der Wehrgerechtigkeit nicht besser stellen als den Dienstleistenden. Es wird gern übersehen, daß schließlich der Waffendienst- und Ersatzdienstbereite auch Gewissen haben, das sie — vielleicht völlig undramatisch — innerlich dazu zwingt, sich als gemeinschaftsgebunden zu fühlen und Dienst zu tun. Man muß sich doch wohl einmal darüber klar werden, daß es geradezu naturwissenschaftliche Empirie ist, daß die Freiheiten der einen oft nur deshalb rechtliche Effizienz haben, weil andere sich zu ihrem Schutz in Pflicht nehmen lassen.

VIII. Die Lösung, mit der das Wehrpflichtgesetz versucht, der genannten Dialektik von Gewissensverweigerung und Wehrgerechtigkeit Herr zu werden, findet sich in § 3 WehrpflichtG. Hier werden die „Weichen gestellt“, die auch für unser Problem der Doppelbestrafung ganz entscheidend sind. Diese Norm statuiert als Oberbegriff die „Wehrpflicht“ (sc. die allgemeine und für alle gleiche Wehrpflicht). Ich bitte jetzt um Aufmerksamkeit für die Begriffe. Diese Wehrpflicht wird durch zwei gleichwertige Dienstleistungspflichten erfüllt:

1. durch den *„Wehrdienst“*, dessen Einzelheiten das Wehrpflichtgesetz selbst regelt;

2. *oder* durch den *„zivilen Ersatzdienst“*, dessen Modalitäten dann im ErsatzdienstG stehen.

IX. Es besteht also ein „Junktim“ zwischen Wehrdienst und zivilem Ersatzdienst. *Beides* ist Ausübung der „Wehrpflicht“, und durch Ableistung des zivilen Ersatzdienstes *erfüllt* man „seine Wehrpflicht“.

1. Beides ist gleichwertig vor der Verfassung. Es ist alles von Verfassungs wegen Unrecht, was den einen oder den anderen Dienst diskriminiert.

2. Es besteht zeitliche Kongruenz, was Art. 12 II S. 3 GG ja ausdrücklich verlangt.

3. Es bestehen bis zur Wortlautübereinstimmung für Wehrdienst und zivilen Ersatzdienst die gleichen Ausnahmen (wie könnte es anders sein, wenn beides Ausübung der Wehrpflicht ist), die gleichen sozialen Ansprüche, die gleichen Rechts- und Gerichtsschutzmöglichkeiten, usw.

4. Beides (Wehrdienst und ziviler Ersatzdienst) kann in den Dienst im „Verteidigungsfall“ einmünden, worauf die Angeklagten schon beim Erstverfahren mit Recht hinweisen, um ihre *jetzige* Weigerung zu begründen.

X. Dieses untrennbare Junktim, dieses verfassungsrechtlich gleichwertige „Entweder-Oder“ *innerhalb* des gemeinsamen Begriffs Wehrpflicht werden wir noch brauchen; denn dieses Junktim verbindet nicht nur normativ einen einheitlichen Lebensvorgang, sondern verlangt dann auch dessen gleiche Beurteilung, z. B. als „Verurteilung“ im Strafrecht. Hier gibt es dann kein Changieren, kein Manipulieren innerhalb des Systems des Wehrrechts. Die *bona* und die *mala* für Wehrdienst und zivilen Ersatzdienst sind von Verfassungs wegen die gleichen. Ich halte dieses Junktim für verfassungsrechtlich einwandfrei und im System einer allgemeinen Wehrpflicht rechtspolitisch für gut. Man könnte nun natürlich lange darüber streiten, ob es nicht noch besser gewesen wäre, für Wehrpflichtverweigerer (die also sowohl Wehrdienst als auch zivilen Ersatzdienst ablehnen) noch eine dritte Gruppe des Dienstes auf freiwilliger zivilrechtlicher Grundlage einzuführen. Ich verspreche mir nicht viel davon, denn schon beim (auch zivilrechtlich meist unvermeidbaren) Orts- und Arbeitsplatzwechsel käme von dem betroffenen Personenkreis der Zwangseinwand. Denn erfahrungsgemäß kommt er gegen alles, was ein Wehrgesetz auch immer als Form der Wehrpflichtleistung vorschreibt, zuläßt oder anbietet.

XI. *Ob* innerhalb der Wehrpflicht anstelle der Wehrdienstpflicht die zivile Ersatzdienstpflicht tritt, entscheidet sich beim Grundrecht der Kriegsdienstverweigerung des Art. 4 III. Dieser Tatbestand hat zwei Merkmale:

1. die Gewissensentscheidung,
2. die Sachbezogenheit auf den Kriegsdienst mit der Waffe.

Beides ist ein Gesamtvorgang innerhalb der personalen Sphäre; beides bedingt sich. Die Gewissensentscheidung bestimmt sich ihr Objekt. Der Vollzugspolizist vielleicht sieht im Inneneinsatz des Bürgerkrieges keinen „Krieg“, und der Corpsstudent im Schläger keine „Waffe“. Umgekehrt bestimmen zweifellos die äußeren Seinsgegebenheiten „Krieg“ und „Waffe“ die Kategorien „Gut“ und „Böse“ im „forum internum“ des Menschen, also seine „gewissenhafte“ Entscheidung.

XII. Dieser ganze Vorgang des „inneren Ringkampfes“ ist an sich metajuristisch. In dem gleichen Moment, in dem aber das Gewissen Tatbestandsmerkmal einer rechtlichen Norm wird, wird das transpositive Phänomen des Gewissens Rechtsbegriff. Gerade der Positivist wird also gezwungen, mit einem transpositiven Begriff zu arbeiten. Das bedeutet nicht, daß nunmehr das *Recht* den Maßstab dafür liefert, was Gewissen sei. Der Begriff ist uns Juristen „vorgegeben“, nach wie vor. (Es ist selbstverständlich auch nicht so, als habe die sofort zu betrachtende Entscheidung BVerfGE 12, 45 ff. = JZ 1961, S. 491 über „das Gewissen“ disponiert oder auch nur disponieren dürfen. Auch bei „Nichtanerkennung als Kriegsdienstverweigerer“ bleibt das Gewissen im Wehrrecht z. B. für § 22 WehrstrafG selbstverständlich situationsbedingt „anerkannt“). Aber diese „Verrechtlichung“ des Gewissens bedeutet zwangsläufig in der Rechtsordnung, die es mit meßbaren, berechenbaren Sollensweisen zu tun hat: *Offenbarmachung* des konkreten Gewissens zwecks Kontrollmöglichkeit, *ob* überhaupt eine Gewissensentscheidung vorliegt.

XIII. Zu dieser Offenbarmachung ist ein Verfahren nötig: ein Prüfungsverfahren für Kriegsdienstverweigerer. Einzelheiten äußerer Art (Gerichtsförmigkeit, Rechtsmittel usw.) interessieren hier nicht. Jedenfalls steht für mich außer Frage, daß organisatorisch und dem Modell nach dieses Verfahren das Menschenmögliche tut, um die Entscheidung auf Ehrlichkeit zu überprüfen und als Gewissensentscheidung offenbar zu machen (und in diesem Verfahren haben die Zeugen Jehovas auch keine Schwierigkeiten). Es ist verfehlt, wenn man in Art. 4 III GG nur ein zum „Grundrecht“ erhobenes „Antragsrecht“ sieht. Der Anerkennungsbescheid ist stets deklaratorisch, feststellend. Bei dieser Ehrlichkeitskontrolle geht es auch nicht um staatliche Korrektur der Gewissensentscheidung (der Prüfungsausschuß will und darf niemanden eines „Besseren“ überzeugen). Es geht auch nicht um intellektuelle, rationale Nachvollziehbarkeit der getroffenen Entscheidung, sondern einfach um ihre *Evidenz* (die natürlich auch ich bei den Zeugen Jehovas nicht bestreite).

XIV. Und bei dieser Evidenz kommt nun etwas sehr Entscheidendes. Man verlangt wehrrechtlich vom Gewissen eine (sittliche) *Tat*, die zum Kriegsdienst mit der Waffe keine situationsbedingten, punktuellen Mentalreservationen enthält. Man verlangt eine *prinzipielle* (sittliche) Tat.

1. Davon geht § 25 WehrpflichtG aus. In Übereinstimmung mit ähnlichen Regelungen des Auslandes enthält er die sog. „abstrakte Kriegsdienstverweigerung“. Dieser § 25 WehrpflichtG befreit also nicht — es sei wiederholt — von der „Wehrpflicht“, sondern regelt *innerhalb* der bestehenden Wehrpflicht nur die Aufteilung in „Wehrdienst“ und „zivilen Ersatzdienst“. Ganz folgerichtig kommt es gar nicht zu Fragen und Verfahren der Gewissensverweigerung, wenn jemand nicht wehrpflichtig ist (die Frau) oder nicht wehrdienstpflichtig ist. Wer z. B. wehrdienstuntauglich ist oder unter sonstige Wehrdienstausnahmen fällt, braucht und bekommt keine Anerkennung als Kriegsdienstverweigerer, und damit gibt es auch keine zivile *Ersatz*dienstpflicht, die „statt des Wehrdienstes“ einträte.

2. Es war zu erwarten, daß die abstrakte Kriegsdienstverweigerung des § 25 WehrpflichtG wegen Verstoßes gegen Art. 4 III GG vor dem BVerfG gerügt werden würde. (Dies widerfuhr bisher noch jeder Wehrrechtsnorm.) In seiner Entscheidung (BVerfGE 12, S. 45 ff. = JZ 1961, S. 491) v. 20. 12. 1960, die auf Richtervorlage gem. Art. 100 GG erging und daher nach § 31 II BVerfGG Gesetzeskraft hat (vgl. BGBl. 1961 I, S. 57) hat unser höchstes deutsches Gericht hierzu eingehend Stellung genommen. Aus der Entscheidungsbegründung sind folgende Ausführungen in Erinnerung zu rufen (S. 57 f.):

„Hieraus ergibt sich, daß derjenige das Grundrecht nicht in Anspruch nehmen kann, der geltend macht, sein Gewissen verbiete ihm nicht den Kriegsdienst mit der Waffe schlechthin, sondern lediglich die Teilnahme an bestimmten Kriegen, etwa am Kriege gegen bestimmte Gegner, unter bestimmten Bedingungen, in bestimmten historischen Situationen, mit bestimmten Waffen. Dabei ist es gleichgültig, ob er eine solche Erklärung schon bei der Einberufung zum Friedenswehrdienst allgemein für den Fall abgibt, daß er je zur Teilnahme an Kriegen solcher Art gezwungen werden sollte, ober ob er erst im Kriegsfall den Dienst mit der Waffe aus diesem Grunde verweigert.

In all diesen Fällen mögen ernste Gewissensbedenken den Wehrpflichtigen zu seiner Haltung bestimmen. Seine Gewissensentscheidung richtet sich aber nicht eigentlich gegen „den Kriegsdienst mit der Waffe“, sondern gegen die Entschließung der Staatsgewalt, die bewaffnete Macht überhaupt oder mit bestimmten Mitteln zu einem konkreten politischen oder militärischen Zwecke einzusetzen. Da er nicht das Töten im Kriege schlechthin, sondern nur das Töten dieses Gegners, in diesem Kriege oder mit diesen Waffen ablehnt, fehlt auch der innere Grund, der es nach dem oben Gesagten erst verfassungsrechtlich rechtfertigt, ihn von der Pflicht zum Waffendienst zu befreien...

Art. 4 Abs. 3 GG schützt nur die prinzipielle Verweigerung des Kriegsdienstes mit der Waffe auf Grund einer Gewissensentscheidung des einzelnen, der für sich den Dienst mit der Waffe in Frieden und Krieg schlechthin und allgemein ablehnt. Er deckt nicht die „situationsbedingte“ Kriegsdienstverweigerung, die darin besteht, daß jemand die Teilnahme an einem bestimmten Kriege, an einer bestimmten Art von Kriegen, oder die Führung bestimmter Waffen ablehnt...“

3. Das BVerfG unterscheidet (E 12, 45, Leitsatz 3) zwei Typen prinzipieller Kriegsdienstverweigerer — beides, wohlgemerkt, Fälle *prinzipieller* Kriegsdienstverweigerung:

Den sog. *„dogmatischen“ Pazifisten.* Er fragt gar nicht weiter nach konkreten Situationen, er lehnt ohnehin jeden Krieg ab.

Den prinzipiellen Kriegsdienstverweigerer mit „situationsbedingtem“ Motiv. Er lehnt hier und heute — aber *allgemein* — ab, Kriegsdienst mit der Waffe zu leisten, weil ihn Erlebnisse und Überlegungen dazu bestimmen, die nur für die augenblickliche historisch-politische Situation Gültigkeit besitzen, ohne daß sie notwendig zu jeder Zeit und für jeden Krieg gelten müßten.

XV. Nach Ansicht des BVerfG entscheidet sich die Verfassung also in Art. 4 III (für die prinzipielle Kriegsdienstverweigerung und) *gegen* die „situationsbedingte“ — oder wie man auch sagt — „punktuelle“, „okkasionelle“, „relative“, „konkrete“, „partielle“ Kriegsdienstverweigerung. Damit aber setzt die Verfassung eine Gewissensleistung, eine Anspannung und eine Entscheidung des Gewissens, eine (sittliche) Tat voraus, die ebenso prinzipiell und grundsätzlich ist wie ihr Inhalt und ihr Ergebnis. Vorausgesetzt wird eine Letztentscheidung und Lebensentscheidung, der aber auch alles Vorläufige, Vorletzte und Diktatorische und Partielle fehlt.

XVI. Natürlich kann sich in einem inneren Vorgang sogar die radikalste Gewissensentscheidung später wandeln. Aber das ist nicht unser Problem. Wir sind bei jener Schicksalsentscheidung des Wehrpflichtigen *und* des Staates, nach der sich gem. § 25 WehrpflichtG entscheidet, ob Wehrdienstpflicht *oder* „statt dessen“ Ersatzdienstpflicht eintritt. Und in dieser entscheidenden Stunde (auch wenn wir sie zeitlich auf den Schluß der letzten Verhandlung des Anerkennungsverfahrens komprimieren) darf eben *weder* der Wehrpflichtige *noch* der Staat mit Hypothesen werten, „wie es sein würde, könnte, wird, wenn ...“. In unserem Wehrverfassungsrecht beruht die ganze Rechtsfigur der prinzipiellen Gewissensverweigerung geradezu auf der Prämisse und auf der in den Wehrpflichtigen gesetzten Erwartung und Forderung einer Grundsatzentscheidung des Gewissens, die beständig ist, die nichts Vorübergehendes ist, auf die man sich verlassen kann. Andernfalls müßte gerade die generelle und dauernde Anerkennung als prinzipieller Kriegsdienstverweigerer unter einer *„clausula rebus sic stantibus“* stehen.

XVII. Gerade dies tut sie ganz folgerichtig — und hierauf lege ich jetzt besonderen Wert — nicht: nicht einmal in der österreichischen

Form, bei welcher der Verweigerer nach bestimmter Zeit (10 Jahre) *wieder* geprüft wird. Von Fällen der Rücknahme (wegen Erschleichung, Erpressung usw.) abgesehen, gibt es keinen Widerruf des Anerkennungsaktes im Sinne eines *contrarius actus,* weil sich Kriegsführung, Waffen, Zeit, politische Konstellation usw. seit der anerkannten Gewissensverweigerung geändert haben und darauf das Gewissen jetzt anders reagieren müßte. So etwas nennt man *„res judicata"*. Für den Staat ist die Sache aus, und zwar für alle Zukunft: Kein „*Kriegs*dienst mit der Waffe" (wie Art. 4 III sagt); kein *Friedens*dienst mit der Waffe (denn der vom Grundgesetz vorausgesetzte prinzipielle Gewissensverweigerer ändert seine Einstellung eben nicht, auch wenn der Verteidigungsfall eintritt); kein Friedens- und Kriegsdienst *„an* der Waffe" (denn der prinzipielle Gewissensverweigerer des Grundgesetzes entscheidet sich ohnehin endgültig und „final" gegen den Krieg schlechthin und differenziert ohnehin nicht innerhalb der jeweiligen konkreten Kriegsinstrumente); kein waffen*loser* Dienst innerhalb der Streitkräfte, Sanität usw. (denn der vom Grundgesetz vorausgesetzte Gewissensverweigerer ist nicht nur in zeitlicher, sondern in jeder Hinsicht kompromißlos, und nicht bereit, etwa als Sanitäter einen anderen für den Waffendienst frei zu machen). Kurz: überhaupt kein Dienst im Zusammenhang mit den Streitkräften (nicht einmal passiver Luftschutz und Katastrophenschutz), eben ein für allemal kein „Wehrdienst".

XVIII. Die *gleiche* Entscheidung, die im geschilderten Sinne durch Anerkennung als Gewissensverweigerer vom Wehrdienst freistellt, macht nach § 25 WehrpflichtG den Wehrpflichtigen (Dachbegriff) zum Ersatzdienstpflichtigen. Zugrunde liegt seitens des Wehrpflichtigen eine *identische* Gewissensentscheidung und seitens des Staates ein *identischer* Hoheitsakt, der *uno actu* und *ex lege* „statt des Wehrdienstes" (§ 25 WehrpflichtG) jetzt die zivile Ersatzdienstpflicht auslöst.

Nun ist sicher nicht richtig, daß dem Ersatzdienstverweigerer, der überhaupt doch nur „Ersatz-Dienstpflichtiger" ist, *weil* er eben aus Gewissensgründen innerhalb der Wehrpflicht den Wehrdienst verweigern darf, seinerseits nun wiederum vom objektiven Verfassungsrecht ein generelles Freiheitsrecht auf Ersatzdienstverweigerung aus Gewissensgründen gewährt wird. Dies — und nur dies — stellt der Kurzbeschluß des BVerfGE 19, 135 = JZ 1965, S. 716 klar.

1. Ich lehne es ab, insoweit innerhalb des Grundrechtsteils „verfassungswidrige Verfassungsnormen" zu konstruieren und Art. 4 I gegen Art. 12 II ins Feld zu führen, um die Rechtmäßigkeit einer generellen Ersatzdienstverweigerung aus Gewissensgründen zu belegen.

2. Auch innerhalb des Abs. II des Art. 12 kann man Satz 4 (keine Beeinträchtigung der Gewissensentscheidung durch Ersatzdienst) nicht in Widerspruch setzen zu Satz 2, wo die generelle objektivrechtliche Gewissensverweigerung, die den Ersatzdienst überhaupt erst auslöst, anerkannt ist. Abs. II S. 4 ist das negative Korrelat zur Kriegsdienstverweigerung mit der Waffe und erschöpft sich darin, diese Grundentscheidung der *Waffen*dienstverweigerung nicht zu beeinflussen („Himmelfahrtskommandos" im Ersatzdienst, die dann lieber gleich dem Waffendienst den Vorzug geben lassen), und in den Modalitäten der Dienstgestaltung (kein Zwang des Freidenkers, gerade im konfessionellen Krankenhaus Dienst zu tun).

XIX. Dagegen bin ich der Ansicht, daß auch bei konkreten *Erst*verurteilungen wegen Ersatzdienstverweigerung die ganze subjektive Schuldseite durchaus und trotz BVerfGE 19, 135 = JZ 1965, S. 716 nach wie vor maßgeblich vom Grundrechtsschutz des Gewissens her (Art. 4 I) Wertschutzmaßstäbe geliefert bekommt. Z. B. ist nach wie vor kein Strafrichter gezwungen, bei einer Gewissensberufung des Täters auf unmittelbare Gefahr für sein „ewiges Leben" den § 54 StGB einfach zu ignorieren, weil nach objektivem Verfassungsrecht in der Tat kein genereller Gewissensschutz des Ersatzdienstverweigerers besteht. Was dem Strafrichter durch BVerfGE 19, 135 allein verwehrt ist, ist die Konstruktion einer generellen objektivrechtlichen Kategorie der „Ersatzdienstverweigerung aus Gewissensgründen" durch Gegeneinanderausspielen der Verfassungsaussagen in Art. 4 und Art. 12. Insoweit ist der Aussagewert von BVerfGE 19, 135 eigentlich nur der, daß die Ersatzdienstpflicht *als solche* — auch gemessen am Gewissensgrundrecht — nicht verfassungswidrig ist, und das hatte eigentlich auch kein Verfassungsrechtler je behauptet.

XX. Hier geht es — und der Ring schließt sich — darum, daß sich eine prinzipielle Wehrpflichtverweigerung (also eingeschlossen die Verweigerung des Ersatzdienstes) auf eine prinzipielle Gewissensentscheidung stützt („nie zwangsweise zu dienen auf Grund von Wehrrecht im weitesten Sinne"). Der Staat *hat* den prinzipiellen Sachbezug und die prinzipielle „Lebens-Einrichtung" (nicht einmal öffentlicher Dienst für Mildtätigkeit und zwischenmenschliche Caritas) vor den hier interessierenden Zweit- und Drittverfahren bereits mißbilligt und die Verweigerung dieser Zielverwirklichung bereits im Erstverfahren bestraft.

XXI. In unserem Schuldstrafrecht konzentriert sich nun alles auf die Schlußfrage, ob jetzt auch die Vorwerfbarkeit eines „gewissenhaften" Verhaltens und Verharrens wieder *neu* zu stellen ist, obwohl die Verfassung mit Art. 103 III kurz und bündig eine Doppelbestrafung verbietet.

1. Ich halte es innerhalb des geschilderten geschlossenen Systems des Wehrverfassungsrechts für abwegig, daß man im gleichwertigen Komplementärrecht des Ersatzdienstes den rechtlichen Charakter der Gewissensentscheidung anders bestimmt als im Korrelat des Waffendienstrechtes (Wehrdienstrechtes).

2. Beides hängt wehrsystematisch und rechtslogisch zusammen durch den Dachbegriff der Wehrpflicht.

3. Es ist *dieselbe* individuelle Gewissensentscheidung des *Bürgers* in seiner Einstellung zur Wehrpflicht und dieselbe Entscheidung des *Staates über* diese Gewissensentscheidung des Bürgers, die dann die Wehrpflicht in die beiden gleichwertigen Teilpflichten Wehrdienst oder Ersatzdienst zerlegt. Die *causa* ist identisch.

4. Die abstrakte Kriegsdienstverweigerung des Grundgesetzes beruht auf einer dazu führenden Gewissensentscheidung, die Okkasionelles und Stückwerkhaftes überwinden muß und überwunden hat, denn deswegen wurde sie „anerkannt“. Es ist ein Bruch im Wehrverfassungsrecht, wenn man dann im korrespondierenden Ersatzdienstverweigerungsrecht diese Gewissensentscheidung in jedem Fall zerstückelt in situationsbedingte, konkrete, okkasionelle, punktuelle, relative, jeweils *„neue“* Handlungen im Sinne des Art. 103 III GG.

5. Bei Gewissensverweigerungen im Wehrverfassungsrecht sind für die Bestimmung der Tatidentität die gewohnten strafrechtsdogmatischen Kategorien des „Dauerdelikts“ und der „fortgesetzten Handlung“ unbrauchbar geworden, und m. E. wird spätestens das BVerfG ziemlich leicht insoweit diese strafrechtsdogmatischen Kunstschöpfungen über Bord gehen lassen. Selbst bei der traditionellen Modellfigur der Fahnenflucht (dem entsprechend die Dienstflucht) kann heute die prinzipielle Art der Gewissensentscheidung von Verfassungs wegen *eine* „Tat“ darstellen, und es ist verlorene Zeit, von wehrstrafrechtlichen Entscheidungen auszugehen, die nicht mit *dieser* Verfassungslage konfrontiert waren.

6. Der anerkannte prinzipielle Wehrpflichtverweigerer nach prinzipieller Gewissensentscheidung handelt zwar objektiv rechtswidrig, soweit er auch jeglichen *Ersatz*dienst verweigert. Unter Zurückstellung der Schuldfrage auch bei der Erstverurteilung des Ersatzdienstverweigerers aus Gewissensgründen verbieten sich jedenfalls Mehrfachverfahren wegen Art. 103 III dann, wenn er nichts anderes tut, als auf der prinzipiellen Ausgangsentscheidung seines Gewissens (hier bezogen auf den Ersatzdienst) zu verharren.

7. Was vom Staat bei der Wehrdienstverweigerung als zeitlich und gegenständlich „totaler“ Gewissensvorgang hinzunehmen ist, ohne daß staatliche Zwangskorrekturen möglich sind, ist genauso bei der Ersatzdienstverweigerung aus Gewissensgründen, als gleichsam der anderen Seite der selben Münze (prinzipielle Wehrpflichtverweigerung), hinzunehmen. Auch hier kann man eine evidente Totalität der Gewissensentscheidung nicht in Halbheiten, zeitliche Begrenztheiten und Vorläufigkeiten zerlegen und durch die Forderung, sittliche Ratenleistungen zu erbringen, das konkrete Gewissen verfälschen. Dies liefe auf den Versuch hinaus, eben jene unteilbare Gewissensentscheidung, die im Anerkennungsverfahren Grundsätzlichkeit *verlangte*, nun plötzlich durch zeitliche Limitierung nicht mehr wahrhaben zu wollen, sofern sie sich innerhalb der Wehrpflicht auch auf den Ersatzdienst erstreckt. Im Ergebnis ist die Mehrfachbestrafung der unzulässige Angriff auf diese Totalität der Gewissensentscheidung, die durch wiederholte Strafen zerbrochen werden soll, und an deren Stelle der „Gebesserte“ eine Konträrentscheidung setzen soll, die dann folgerichtig von seinem Gewissen als nicht mehr „gewissenhaft“ erkannt wird.

XXII. Mein wehrrechtssystematisches Ergebnis, daß es beim prinzipiellen Ersatzdienstverweigerer derselbe Gewissensvorgang ist, der entgegen Art. 103 III mehrfach zum Strafverfahren führt, ist induktiv belegbar. In den mir bekannten Fällen haben die Zeugen Jehovas schon im Anerkennungsverfahren vor dem Ausschuß erklärt, sie müßten und würden auch den Ersatzdienst verweigern. Wie erwähnt, versagt man ihnen dann im ersten Strafverfahren gerade wegen der Aussichtslosigkeit einer Änderung der „gewissenhaften“ Haltung fast durchweg Strafaussetzung zur Bewährung oder bedingte vorzeitige Haftentlassung. Die beiden einzigen Fälle, in denen bislang Zeugen Jehovas nach verbüßter Erststrafe den Ersatzdienst antraten, dürften der Sache nach einen Selbstausschluß aus dieser Religionsgesellschaft bedeutet haben (obwohl „zentrale Dogmen“ insoweit nicht zu ermitteln sind). Auch in den Zweitverfahren erklären die Betroffenen noch, daß sie auch bei künftigen Strafen auf ihrer Gewissensentscheidung beharren müßten und würden. Es sind immer dieselben (zunächst klischeehaft wirkenden) Sätze, die wiederkehren, sobald ein an den ganzen Verfahren Beteiligter einen „Dialog“ versucht. Das alles, gesamt genommen, ist ein geradezu typischer Vorgang einer „Lebens-Einrichtung“ auf Grund einer bruchlosen und nicht brechbaren Gewissensentscheidung von Alpha bis Omega, getragen von konsequenter Leidensbereitschaft.

XXIII. Auf eine Gefahr meiner Deduktion, die natürlich primär auf sofortige Einstellung der Mehrfachverfahren wegen des Verfahrenshindernisses des Art. 103 III GG zielt, muß freilich hingewiesen werden: Die Versuchung, daß dann bereits im *Erst*verfahren im Vergleich zu der bisherigen Strafpraxis überhöhte Strafen gegen die Zeugen Jehovas ausgeworfen werden. Aber sobald man den Angehörigen unserer Bundeswehr und unseres Ersatzdienstes seitens der Justiz den Tort antut, die Dienst*zeiten* quantitativ und qualitativ mit Gefängnistagen zu vergleichen, zu kompensieren, „abzugelten“, beginnt eine „neue Runde“ im Kampf gegen Unvernunft im Wehrpflichtrecht. Denn die in Bundeswehr und Ersatzdienst stehenden Menschen haben geradezu einen staatsethischen Anspruch darauf, daß man ihren Dienst nicht als bloß banal selbstverständliches Wohlverhalten auffaßt, während man einer bestimmten Gruppe von Dienstverweigerern mit wiederholten oder übersetzten Gefängnisstrafen gleichsam von Staats wegen das Podium stellt, in der charismatischen Rolle des Märtyrers zu erscheinen. Was die Wehrgerechtigkeit wirklich von der Strafjustiz verlangt, ist *Abbau* des Aufwandes und der Dramatik um die Zeugen Jehovas, und zwar möglichst schnell und lautlos.

Ein Orwellsches Experiment*

Die nunmehr in Kraft getretene Notstandsverfassung weist in Art. 10 Abs. 2 GG eine Vorschrift aus, nach der das als Grundrecht geschützte Brief- und Telefongeheimnis durch einfaches Gesetz einer Beschränkung unterworfen werden kann, die „dem Betroffenen nicht mitgeteilt wird".

Zugleich soll es möglich sein, bei einer Überwachungsmaßnahme eine Nachprüfung durch „Organe und Hilfsorgane" der Volksvertretung an die Stelle der richterlichen Kontrolle zu setzen.

Selbst nach erreichtem Überwachungszweck sollen also rechtliches Gehör und Gerichtsschutz auszuschließen sein. Der damit für den Wegfall der „alliierten Vorbehaltsrechte" gezahlte Preis ist rechtsstaatlich unerträglich. Dieser doppelte Ausschluß wird einer Nachprüfung durch das Bundesverfassungsgericht kaum standhalten. Die Notstandsgesetzgebung ist an dieser Stelle zu perfektionistisch geraten.

Jeden Briefschreiber und Telefonteilnehmer wird es interessieren, daß ein die Freiheitssphäre des Bürgers verkürzender und ohne vorherige Anhörung des Betroffenen verfügter Eingriff staatlicher Instanzen vom Bundesverfassungsgericht allein durch die „Einschaltung des Richters für tragbar" erklärt worden ist (BVerfGE 9, 98).

Es mag zutreffen, daß der Zweck einer Überwachungsmaßnahme nur erreichbar ist, wenn ein vorheriges Gehör nicht gewährt wird. In einem solchen Fall aber muß die Möglichkeit gesichert sein, sich gegen die angeordnete Maßnahme wenigstens nachträglich zur Wehr zu setzen. Das Bundesverfassungsgericht (E 9, 98) leitet dies aus dem „Rechtsstaatsgedanken" ab, der in Art. 20 seinen Standort hat und damit nach Art. 79 Abs. 3 unantastbar ist. Ich möchte angesichts der rechtlichen und politischen Konsequenzen der *Selbstängstigung,* die auf der fortdauernden Ungewißheit darüber beruht, ob man abgehört wird, die Frage der „verfassungswidrigen Verfassungsnorm", zu deren Entscheidung das Bundesverfassungsgericht zuständig ist (vgl. BVerfGE 3, 235), noch tiefer ansetzen.

In keinem Fall darf der Bürger zu einem bloßen Objekt des staatlichen Verfahrens degradiert werden. Ich habe dargelegt (vgl. *Maunz /*

---

* ZRP 1968, S. 11.

Dürig, Rdnr. 36 zu Art. 1), daß dieser Grundsatz aus der dem Menschen nach Art. 1 GG zukommenden Würde resultiert. Der Zusammenhang mit Art. 79 Abs. 3 GG gibt Klarheit darüber, daß der Verfassungsgesetzgeber in diesem Bereich Orwellsche Experimente, die die Selbstbewußtheit des Individuums an der Wurzel treffen, schlechthin nicht vornehmen darf. Denn man muß sich darüber klar sein, daß die *generelle und fortdauernde Ungewißheit* der Überwachung politisch zwar zunächst nur Schrift und Sprache, aber auf die Dauer auch das Denken dem Wünschen und Wollen der potentiellen Kontrolleure anzupassen nötigt.

II. Kommentierungen

Kommentierung des Art. 19 Abs. IV Grundgesetz*[1] (Auszug)

I. Die Bedeutung des Art. 19 IV im Wert- und Anspruchssystem der Grundrechte

1. Die *Stellung* des Art. 19 IV im GG ist *überragend*. Sie ist nur zu vergleichen mit der des Art. 2 I. Dort erklärt sich das Grundgesetz für einen *materiell*rechtlich lückenlosen Individualrechtsschutz. Mit Art. 19 IV fällt die ebenso wichtige Entscheidung für einen *verfahrensrechtlich lückenlosen Individualrechtsschutz.*

a) Den hohen Verfassungsrang, den Art. 19 IV einnimmt, zeigen die Formulierungen, mit denen diese Vorschrift gefeiert wurde: Ein „königlicher Artikel" (*W. Jellinek,* VVDStRL 8 [1950], S. 3); ein „Schlußstein" im „Gewölbe des Rechtsstaates" (*R. Thoma,* Recht — Staat — Wirtschaft, Bd. 3, S. 9); die „Krönung des Rechtsstaates" (*Ebers,* Festschr. f. Laforet, S. 271); ähnlich *Klein* (VVDStRL 8 [1950], S. 78). Seine *prinzipielle* Bedeutung geht über die z. Z. nur beschränkte *praktische* Bedeutung weit hinaus. Er enthält eine *„verfassungsgestaltende Grundentscheidung"* i. S. *H. J. Wolffs* (GedSchr. f. W. Jellinek, S. 47 ff.), in der sich das ganze der Verfassung der Bundesrepublik zugrunde liegende Verhältnis des Bürgers zum Staat verfahrensrechtlich widerspiegelt und durch die ferner das ganze Prinzip der Gewaltenteilung zu einer besonderen Art der justizförmigen Gewaltenkontrolle überhöht wird.

b) Die Vorschrift des Art. 19 IV hat nach überwiegender Meinung[2] *Grundrechtscharakter i. S. eines subjektiven öffentlichen Rechts. Klein* hat ursprünglich den Art. 19 IV zu Recht als das *„formelle Hauptgrundrecht"* bezeichnet (VVDStRL 8 [1950], S. 85 ff., 123). Dieser Qualifizierung ist auch die überwiegende Meinung beigetreten. Neuerdings vertritt *Klein* freilich die Ansicht, daß Art. 19 IV kein Grundrecht enthalte, sondern eine „Grundsatznorm für die gesamte Rechtsordnung" *(v. Man-*

---

* *Maunz / Dürig,* Grundgesetz, Kommentar, Band I (1958).

[1] An dieser Stelle ist Herrn Assessor Dr. *Dietrich Jesch,* Tübingen, für seine wertvolle Mitarbeit bei der Erläuterung des Art. 19 IV zu danken. D. Verf.

[2] *Friesenhahn,* DV 1949, S. 481; *Bachof,* Die Klage auf Vornahme einer Amtshandlung, 1951 (im folgenden zit.: „Klage") S. 13, Fn. 6 und S. 84; *ders.,* GedSchr. f. W. Jellinek, S. 301 („Grundrecht, nicht Prozeßrechtsnorm"); *Loening,* DÖV 1949, S. 325; *Maunz,* StaatsR, 8. Aufl., S. 111; *Menger,* GR III/2, S. 733; *Bettermann,* GR III/2, S. 783).

goldt / Klein, S. 542). Diese neue Ansicht *Kleins* erscheint der ratio constitutionis nach als nicht begründet. Zu eng ist auch die Formulierung in BVerfGE 1, 280, wo für den ganzen Art. 19 ausgesagt wird, er enthalte kein materielles Grundrecht, „sondern eine Reihe von Vorschriften, die dem Schutz der Grundrechte dienen". Denn Art. 19 IV dient nicht *nur* dem Grundrechtsschutz, sondern dem Schutz der gesamten Individualsphäre und damit *aller* durch die öffentliche Gewalt gefährdeten Rechte.

Sinn und Wesen der Grundrechte liegt vornehmlich in der Absicherung und Erhaltung der Individualsphäre gegenüber dem Staat. Den Schutz dieser Individualsphäre vor rechtswidrigen Eingriffen *formell* (verfahrensrechtlich) zu garantieren, ist der Sinn des Art. 19 IV. Im Streit zwischen Individuum einerseits und Staat (d. h. hier Exekutive und Legislative) andererseits haben die *Gerichte* die Funktion eines *unparteiischen Dritten*. Das Recht, diese unparteiischen Gerichte anzurufen, ist ein *subjektives*, freilich *„formelles" Grundrecht gegenüber dem Staat*. Eine Beeinträchtigung dieses Rechts auf „Justizgewährung" *(Rosenberg)* stellt somit ihrerseits eine Grundrechtsverletzung dar. Sie betrifft nur nicht — wie gemeinhin — den status negativus, sondern den status positivus des Grundrechtsträgers.

c) Eine *institutionelle Garantie gerade der Verwaltungsgerichtsbarkeit* enthält Art. 19 IV nicht[3]. Er enthält jedoch eine institutionelle Garantie *irgendeiner Gerichtsbarkeit*, die zur Entscheidung über die Rechtmäßigkeit von Maßnahmen der öffentlichen Gewalt gegenüber dem einzelnen berufen ist[4].

d) Art. 19 IV kann im *Wege der Verfassungsänderung* eingeschränkt oder ganz beseitigt werden. Art. 79 III schützt nach seinem eindeutigen Wortlaut nicht vor derartigen Änderungen der Rechtsschutzgarantie des Art. 19 IV[5]. Ebenso gehört es nicht zum materiellen unantastbaren „Wesensgehalt" der einzelnen Grundrechte i. S. des Art. 19 II, daß die Rechtskontrolle des Grundrechtseingriffs in formeller Hinsicht gerade *„Gerichtsschutz"* sein müsse. Allerdings würde eine etwaige Streichung

---

[3] *Bachof*, ZZP 1965, S. 12; *Lerche*, Ordentlicher Rechtsweg und Verwaltungsrechtsweg, 1953, S. 29; a. M. *Klein*, VVDStRL 8 (1950), S. 99 f. (aus dem Wort „soweit" in Art. 19 IV S. 2 folge, daß „eine rein justizstaatliche Gestaltung des Rechtsschutzes in Verwaltungssachen" unzulässig sei).

[4] Vgl. *Bachof*, ZZP 1965, S. 12; im gleichen Sinne wohl OLG Hamburg, DVBl. 1955, S. 62; *Eschenburg*, Staat und Gesellschaft in Deutschland, 1956, S. 476; *Giese*, Komm. z. GG, 3. Aufl., II 4 zu Art. 19; so ist es dogmatisch vertretbar, wenn in GR III/2, S. 782 ff. der Art. 19 IV von *Bettermann* beim Grundrechtsschutz durch die *ordentliche* Gerichtsbarkeit behandelt wird.

[5] a. M. *Friedländer*, StuW 1954, S. 214; *Ule*, VVDStRL 15 (1957), S. 150 und ursprünglich *Klein*, VVDStRL 8 (1950), S. 92 f.; inzwischen wohl nicht aufrechterhalten, vgl. *v. Mangoldt / Klein*, S. 580; dort auch weitere Nachweise.

des Art. 19 IV die Grundstruktur des GG wesentlich umformen; das gilt aber auch für andere Verfassungsnormen.

e) Art. 19 IV gilt auch in *Berlin,* VG Berlin, JR 1953, S. 350; KG, NJW 1957, S. 1406.

2. *Art. 19 IV hat für die Gesamtkonzeption des GG folgende Bedeutung:*

a) Er ist ein „rocher de bronce" der staatsbürgerlichen Freiheit[6]. Durch ihn hat „die *allgemeine Rechtsstellung des einzelnen* gegenüber der Verwaltung ... eine durchgreifende *Änderung* erfahren. ... In seiner gesamten Rechtsstellung ... tritt der einzelne dem Staat im Genuß fester rechtlicher Sicherungen gegenüber" *(Forsthoff,* VerwR I, 5. Aufl., S. 162). BVerwGE 1, 159 hat daher mit Recht u. a. auch auf Art. 19 IV die verfassungsrechtliche Leitidee gegründet: „Der einzelne ist zwar der öffentlichen Gewalt unterworfen, aber nicht Untertan, sondern Bürger. Darum darf er in der Regel nicht lediglich Gegenstand staatlichen Handelns sein."

b) Das dem GG zugrunde liegende Prinzip der Gewaltenteilung (Art. 20 II Satz 2) ist zur *Gewaltenkontrolle* entwickelt worden, und zwar — wie Art. 93, 100 und vor allem 19 IV zeigen — zu einer vornehmlich durch die *Rechtsprechung ausgeübten Gewaltenkontrolle*[7]. Infolge dieser ungeahnten Überhöhung der „dritten Gewalt" über die anderen Staatsfunktionen ist die Bundesrepublik daher von *Jahrreiß* als „Rechtswegstaat"[8] und als „Rechtsprechungsstaat"[9] bezeichnet worden. In der Tat ist das derzeitige Gestrüpp der Rechtswege besorgniserregend und führt manchmal eher zu einer Justizverweigerung als zu einer Justizgewährung.

3. *Die Hauptbedeutung des Art. 19 IV liegt auf dem Gebiet des Verwaltungsprozesses.*

a) Die für den Streitgegenstand im *Verwaltungsprozeß* zu entscheidende Frage: Dient der Verwaltungsprozeß dem *Individualrechtsschutz* oder der *Verwaltungskontrolle?* erweist sich unter dem Aspekt des

---

[6] So *Bachof,* DRZ 1950, S. 246 im Anschluß an *Klein,* VVDStRL 8 (1950), S. 88; BFinH 55, S. 278.

[7] *Forsthoff,* VerwR I, 6. Aufl., S. 450 ff.; *Jesch,* Die Bindung des Zivilrichters an Verwaltungsakte, 1956, S. 115 ff. (119) m. Nachw.; (im folgenden zit.: „Bindung").

[8] Verh. d. 37. DJT (1949), S. 33; Recht — Staat — Wirtschaft, Bd. 2 S. 213 ff. Krit. zu dieser Entwicklung: *W. Weber,* Spannungen und Kräfte im westdeutschen Verfassungssystem, S. 31 (hiergegen z. B. *Ule,* Bonner GG und Verwaltungsgerichtsbarkeit, S. 35 ff.); *Wolff,* VerwR I, 2. Aufl., S. 44.

[9] Recht — Staat — Wirtschaft, Bd. 2, S. 213; kritisch zur Vielfalt der Rechtswege, *Becker,* VVDStRL 14 (1956), S. 117 f.

Art. 19 IV als falsch gestellt. Art. 19 IV enthält sowohl ein Grundrecht des einzelnen auf Rechtsschutz und prägt damit das Grundverhältnis Staat—Bürger, als auch eine Grundentscheidung über die Stellung der Rechtsprechung zur Verwaltung (vgl. *Jesch*, AöR 82 [1957], S. 236). Die Gerichte haben die Rechtsanwendung der Verwaltungsbehörden zu kontrollieren. Der Verwaltungsprozeß dient daher beiden Zwecken: Individualrechtsschutz und Verwaltungskontrolle[10].

b) Im verwaltungsgerichtlichen Verfahren ist die praktische Bedeutung des Art. 19 IV im Hinblick auf die dort in den verschiedenen Verwaltungsprozeßordnungen verankerte *Generalklausel* (vgl. §§ 15—17 BVerwGG, § 22 VGG, §§ 22 ff. MRVO 165) gering; etwas anderes gilt z. B. für das Verfahren vor den Finanzgerichten. Nach dem Prinzip der „verfassungskonformen" Interpretation (BVerfGE 2, 282; 2, 341; BayVerfGHE [n. F.] 5, 53; 7, 46) wirkt jedoch die Auslegung des Art. 19 IV auf die Generalklausel zurück, sofern man Art. 19 IV weiter faßt als ursprünglich die Generalklausel (so z. B. *Bachof*, Klage, S. 15, 84; *Pabst*, DÖV 1951, S. 284 ff. [286]). Damit garantiert Art. 19 IV eine einheitliche Auslegung der verschiedenen Generalklauseln (*Schoen*, DÖV 1951, S. 522; vgl. auch *Naumann*, Verh. d. 38. DJT [1950], D 18 ff.). Die nach dem Text des Art. 19 IV Satz 2 naheliegende Folgerung, eine engere Interpretation der verwaltungsgerichtlichen Generalklausel beizubehalten und in die dadurch entstehende Rechtsschutzlücke die ordentlichen Gerichte eintreten zu lassen, wäre nicht nur unpraktikabel, sondern würde auch dem Sinn des Satzes 2 als einer Auffangnorm widersprechen, die dann in Wirkung treten soll, wenn eine andere „Zuständigkeit" fehlt. — Da bei Ausschluß oder Beschränkung des Verwaltungsrechtsweges der ordentliche Rechtsweg nach Art. 19 IV Satz 2 beschritten werden könnte, wirkt sich Art. 19 IV *praktisch* als Garantie der verwaltungsgerichtlichen Generalklausel aus (vgl. *Ule*, Bonner GG und Verwaltungsgerichtsbarkeit, S. 32 mit Nachweisen).

4. *Für Art. 19 IV sind folgende allgemeine Auslegungsgrundsätze* zu beachten:

---

[10] Vgl. zu diesem Problem (und zum Streitgegenstand) aus der reichhaltigen Literatur: *Bachof*, JZ 1953, S. 411; 1954, S. 421; VVDStRL 14 (1956), S. 177; *Bettermann*, DVBl. 1953, S. 163 ff., 202 ff.; MDR 1954, S. 7 ff.; *Forsthoff*, VerwR I, 6. Aufl., S. 438 ff.; *Gehring*, DÖV 1954, S. 331; *Jesch*, Bindung, S. 43 Fn. 13; *Lerche*, BayVBl. 1956, S. 295 ff.; *Meiss*, Die gesetzliche Abgrenzung der Kompetenz der Zivil- und Verwaltungsgerichtsbarkeit, 1953, S. 34; *Menger*, System des verwaltungsgerichtlichen Rechtsschutzes, 1954, S. 158 ff.; *Naumann*, DVBl. 1952, S. 695 f.; Die gesetzliche Abgrenzung der Kompetenz der Zivil- und Verwaltungsgerichtsbarkeit, S. 20; *Niese*, JZ 1952, S. 353 ff.; *Rumpf*, VVDStRL 14 (1956), S. 159; *Schmidt*, DÖV 1957, S. 103 ff.; *Ule*, DVBl. 1954, S. 137 ff. (143); *Wacke*, AöR 79 (1953/54), S. 158; *Warncke*, Festschr. f. Lehmann, 1956, S. 869 ff.; BSozG v. 10. 12. 1957; vgl. dazu *Menger*, VerwArch. Bd. 49 (1958), S. 184.

a) Nach allgemeiner Meinung ist Art. 19 IV aus dem *Zweck* heraus auszulegen, dem er zu dienen bestimmt ist (BGHZ 10, 297). Damit ist nach dem Prinzip *teleologischer Interpretation* zu verfahren. Art. 19 IV hat verschiedene Funktionen zu erfüllen. Um eine Basis für die Interpretation zu gewinnen, genügt es jedoch, wenn man auf die *Rechtsschutzfunktion,* also auf die Qualifizierung des Art. 19 IV als formelles Grundrecht, abstellt; damit wird im Ergebnis auch der *Kontroll*funktion Rechnung getragen.

Der Zweck des Art. 19 IV ist es, *lückenlosen, umfassenden Rechtsschutz* zu gewähren (BGHZ 10, 297; BFinH 55, 277 = BStBl. III 1951, S. 107 = JZ 1951, S. 599). Deshalb muß Art. 19 IV extensiv ausgelegt werden (allgem. Meinung, vgl. *v. Mangoldt / Klein,* S. 569).

b) Geht man von diesen Grundsätzen aus, so ergibt sich folgendes: Art. 19 IV knüpft *nicht* an einen überkommenen Begriff des „Verwaltungsaktes“[11] an, sondern stellt ab auf das Vorliegen einer Rechtsverletzung *„durch die öffentliche Gewalt“*. Daher kann die Frage des Rechtsschutzes z. B. nicht an überkommenen Unterscheidungen wie „Verwaltungsakt“ oder „Regierungsakt“, „Verwaltungsakt“ oder „innerdienstliche Weisung“ u. dgl. geklärt werden. Nicht die begriffliche Erfassung einer Maßnahme der öffentlichen Gewalt entscheidet über Rechtsschutzgewährung oder -verweigerung, sondern primär die Tatsache, daß die öffentliche Gewalt gehandelt hat. *Angelpunkt der Interpretation* sind daher nicht die herkömmlichen Probleme der Qualifizierung der verschiedenen Staatsakte, sondern — und das ist auch allein konsequent, wenn man in Art. 19 IV ein Grundrecht auf Rechtsschutz sieht —, die *Trias der Begriffe: „Verletzung“ — „eigener“ — „Rechte“.*

Nur wenn man *Abschied* nimmt von den diffizilen Untersuchungen über den Begriff des Verwaltungsaktes, wird uneingeschränkt der Weg zu der Prüfung eröffnet, die Art. 19 IV fordert: Ist der Kläger durch die öffentliche Gewalt in seinen Rechten verletzt oder nicht. In jedem Fall, in dem eine Maßnahme der öffentlichen Gewalt sich gegen den einzelnen (und die unter den Begriff „jemand“ fallenden Personengruppen) richtet, muß geprüft werden, ob eine *Rechtsverletzung* vorliegt (d. h. eine Verletzung des objektiven Rechts), ob dadurch *subjektive Rechte* betroffen sind und ob es sich um eigene Rechte[12] des Klägers

---

[11] Art. 19 IV schützt außerdem auch gegen unmittelbare Verletzung eigener Rechte durch Rechtsnormen.

[12] Stellt das Gericht fest, daß der Kläger nicht in *seinen Rechten verletzt* ist, so ist die Klage als unbegründet abzuweisen. Damit ist (entgegen *Warncke* [Fn. 10], S. 892) nicht festgestellt, daß der angefochtene Verwaltungsakt rechtmäßig war. Nur bei erfolgreicher Klage, also bei Aufhebung des angefochtenen Aktes, wird rechtskräftig über die Rechtmäßigkeit des

handelt. Um dem Gericht eine solche umfassende Prüfungsmöglichkeit zu eröffnen, muß *jede Einzelmaßnahme* eines Trägers der öffentlichen Gewalt als „Verwaltungsakt“ qualifiziert werden. Nur so kann der durch Art. 19 IV gewährte Rechtsschutz rechtstechnisch mit den Fassungen der Verwaltungsprozeßordnungen in Übereinstimmung gebracht werden. Jede Klage, die sich gegen eine Maßnahme der öffentlichen Gewalt richtet und in der substantiiert behauptet wird, daß eine Verletzung eigener Rechte „in Betracht kommt“ (vgl. *Bachof,* JZ 1956, S. 342 f.), ist *daher zulässig*[13].

c) Art. 19 IV garantiert einen *„effektiven Rechtsschutz“ (Bachof,* DRZ 1950, S. 246; BFinH 55, 278). Die Auslegung muß daher eine möglichst wirkungsvolle Abschirmung der Individualsphäre zu erreichen suchen.

aa) Da dieser effektive Rechtsschutz ohne praktische Durchsetzung gerichtlicher Entscheidungen nicht gegeben wäre, folgt aus Art. 19 IV auch ein Recht und eine Pflicht der Gerichte zur *Vollstreckung* ihrer Entscheidungen *(Bachof,* Klage, S. 164 ff.; *Hans,* DVBl. 1956, S. 856 ff.; LVG Arnsberg, NJW 1958, S. 116).

bb) Ebenso ist aus Art. 19 IV zur vorläufigen Sicherung umstrittener Rechte die Zulässigkeit *einstweiliger Anordnungen* (einstweiliger Verfügungen) herzuleiten (vgl. aus letzter Zeit: OVG Lüneburg, DÖV 1958, S. 231; OVG Münster, DÖV 1958, S. 235; OVG Münster, VerwRspr. 10, S. 72; LVG Düsseldorf, MDR 1957, S. 574). Hierbei handelt sich sich für die Vornahmeklage um das notwendige Korrelat zu der aufschiebenden Wirkung der Anfechtungsklage. — Zur vorbeugenden Unterlassungsklage im Verwaltungsprozeß vgl. *Naumann,* GedSchr. f. W. Jellinek, S. 391 ff.; OVG Münster, NJW 1957, S. 1251; *Rupp,* DVBl. 1958, S. 113. Zur vorbeugenden Leistungsklage vgl. OVG Münster, DVBl. 1958, S. 66 und *Menger,* VerwArch. Bd. 49 (1958), S. 279.

d) Art. 19 IV schließt jedoch eine *Befristung der Anfechtungsklage* nicht aus und steht auch dem Erfordernis eines verwaltungsbehördlichen *Vorverfahrens* vor Klageerhebung nicht entgegen.

Aktes mitentschieden, nämlich seine Rechtswidrigkeit festgestellt, BGHZ 9, 329; 10, 220; vgl. auch *Jesch,* Bindung, S. 43, Fn. 13.

[13] An sich ist also auch die „Schlüssigkeitstheorie“ des OVG Hamburg (vgl. zuletzt VerwRspr. 10, S. 10 ff.) zutreffend, die die *„Möglichkeit“* einer Rechtsbeeinträchtigung für die Zulässigkeit der Klage genügen läßt. Im Ergebnis wird aber vom OVG diese rechtliche Möglichkeit zu eng gedeutet. z. B. war es im Fall v. 31. 5. 1957, VerwRspr. 10, S. 10 in diesem Sinne durchaus „möglich“, daß die Strafvollzugsordnung nicht eingehalten war, daß der Kläger unrichtig eingestuft war, daß der Gleichheitsgrundsatz verletzt war, daß unsachliche Motive zur Versagung des Kopfhörers führten, daß die Nebenpflicht der Fürsorge verletzt wurde usw. Ob dies alles in Ordnung war, ist eine Frage der *Begründetheit* der Klage. Zutreffend hatte die Vorinstanz die Klage daher auch als unbegründet abgewiesen.

Mit gewissen Einschränkungen ist auch eine *Wahlklage* zulässig (vgl. hierzu *Bettermann,* DÖV 1958, S. 165 ff. mit Nachweisen). Eine Wahlklage sehen vor: § 450 RAbgO; §§ 34, 41, 42 PostG; §§ 18, 19 VGG Rheinland-Pfalz; §§ 17, 20 der WehrbeschwerdeO v. 23. 12. 1956. Wählt der Betroffene das Beschwerdeverfahren an Stelle des Gerichtsverfahrens, so gilt für eine Anfechtung der Beschwerdeentscheidung folgendes: Der Beschwerdeführer muß darüber belehrt worden sein, daß die Wahl des Beschwerdeweges die Frist zur Erhebung der Anfechtungsklage nicht hemmt (kein Suspensiveffekt). Soweit gesetzliche Bestimmungen den Rechtsweg unabhängig von den sonstigen Fristvorschriften schon mit der Wahl des Beschwerdeweges ausschließen wollen, sind sie verfassungswidrig, weil sie damit eine zusätzliche Einschränkung des Rechtsschutzes bewirken würden. Innerhalb der verwaltungsgerichtlichen Anfechtungsfristen ist also auch dann eine Klage zulässig, wenn der Beschwerdeweg beschritten worden ist. Enthält die Beschwerdeentscheidung keine neue selbständige Beschwerde, so ist eine Klage nicht zulässig. Damit ist der durch Art. 19 IV garantierte Rechtsschutz nicht beeinträchtigt. Denn die Beschreitung des Rechtsweges war dem Betroffenen nicht verwehrt; die bewußte Fristversäumnis geht zu seinen Lasten. Die durch die Wahlklageregelung gewährte alternative und gleichzeitig zusätzliche Möglichkeit der Beschreitung des Beschwerdeweges steht daher nicht in Widerspruch mit Art. 19 IV. Denn auch sonst ist die isolierte Anfechtung der Beschwerdeentscheidung mangels Rechtsschutzbedürfnisses dann unzulässig, wenn durch sie der Betroffene nicht selbständig beschwert wird (vgl. *Bettermann,* NJW 1958, S. 81; DÖV 1958, S. 166 f. mit Nachweisen). Wenn jedoch die Beschwerdeentscheidung eine neue Beschwer enthält, so ist gegen diese Beschwerdeentscheidung auf Grund des Art. 19 IV eine Klage zulässig; eine gesetzliche Rechtsschutzeinschränkung wäre insoweit verfassungswidrig.

. . .

IV. Die Rechtsverletzung

1. Der Erfolg einer Klage hängt davon ab, daß eine Rechtsverletzung durch die öffentliche Gewalt festgestellt werden kann, daß diese Rechtsverletzung ein subjektives Recht beeinträchtigt und daß es sich um eigene Rechte des Klägers handelt.

Der Begriff der *Rechtsverletzung* setzt voraus, daß der Kläger eine *Verletzung des objektiven Rechts* (vgl. *Wernicke,* Bonner Komm., II 4 d zu Art. 19) rügen kann. Eine Rechtsverletzung liegt auch in der Belastung mit einer dem Kläger nicht obliegenden Pflicht oder Verbindlichkeit (vgl. § 23 VGG) und in der rechtswidrigen Nichtvornahme einer beantragten Amtshandlung (vgl. § 15 III BVerwGG, § 35 II VGG, § 24 MRVO 165; vgl. ferner *Wernicke,* Bonner Komm., II 4 d; *v. Mangoldt / Klein,* S. 573. Zu den diesbezüglichen *subjektiven* öffentlichen Rechten vgl. unten S. 209, bb). Die Nichtbeachtung reiner *Verwaltungsvorschriften* genügt nach h. M. nicht[14]. Nicht zu den Verwaltungsvorschriften gehören jedoch abstrakt-generelle Anordnungen im besonderen Gewaltverhältnis, soweit sie allgemein die Rechte und Pflichten der in einem besonderen Gewaltverhältnis stehenden Bürger regeln. Diese (von *Wolff,* VerwR I, 2. Aufl., S. 98 als „Sonderverordnungen" bezeichneten) Anordnungen sind Gesetze im materiellen Sinn; so z. B. die Anstaltsordnungen (Schulordnungen, Friedhofsordnungen, Eisenbahnbetriebsordnungen usw.) und die Dienstordnungen, soweit sie Regelungen enthalten, die nicht nur die Erledigung der Dienstgeschäfte betreffen, sondern (auch) den Beamten oder Angestellten in seinem persönlichen Rechtskreis treffen (wie Bestimmungen über Besoldung, Dienstalter, Beihilfen). Auch die Nichtanwendung reiner Verwaltungsvorschriften zum Nachteil des einzelnen kann jedoch dann eine Rechtsverletzung darstellen und ein Klagerecht auslösen, wenn die Verwaltungsvorschrift als *„verbindliche Ermessensrichtlinie"* (BVerwGE 2, 163 [167] = JZ 1956, S. 33 m. Anm. v. *Bachof*) anzusehen ist. Das folgt aus dem Gleichheitssatz; denn „auch bloße Verwaltungsanweisungen, die zur allgemeinen Anwendung bestimmt sind, gewähren ... einen Anspruch auf gleichmäßige und unterschiedslose Anwendung" (VG Stuttgart, DRZ 1950, S. 571; im Ergebnis ebenso VGH Stuttgart, DÖV 1957, S. 509; BVerwG, JZ 1958, S. 357; a. M. BFinH 61, 179 [182] = BStBl. III 1955, S. 267 [268]: Kein Verstoß gegen den Grundsatz der Gleichmäßigkeit der Besteuerung, wenn das Finanzamt bisher alle Fälle nach Steuerrichtlinien behandelt hat, jedoch im Einzelfall von ihnen zuungunsten des Steuerpflichtigen abweicht).

2. Diese Bindung an den Gleichheitssatz gilt generell für alle Ermessensnormen. Wenn aber die Ermessensnorm die Behörde gerade in ihren Entschlüssen frei stellen soll und die Vorschrift keine Ermächtigung zu Eingriffen in Freiheit oder Eigentum enthält, kann nur die willkürliche Ungleichbehandlung einen Anspruch auslösen. Immer besteht jedoch ein Anspruch auf fehlerfreien Ermessensgebrauch (heute fast unstreitig; vgl. unten S. 209, bb).

---

[14] Zur Abgrenzung von Rechts- und „Verwaltungsverordnungen" vgl. BVerwGE 2, 163; VerfGH Rheinl.-Pfalz, AS 2, 257; BayVGHE (n. F.) 5, 19; 5, 224; Württ.-BadVGH, DÖV 1950, S. 314; DÖV 1954, S. 59; OVG Münster, OVGE 5, 28; BFinH 55, 68; 56, 24; 60, 16; 60, 265. — *Bachof,* Festschr. f. Laforet, S. 285 ff.; *Forsthoff,* VerwR I, 6. Aufl., S. 126 ff.; *Schmidt,* NJW 1955, S. 401; *Herb. Krüger,* Festschr. f. Smend, S. 211 ff.; *Wolff,* VerwR I, 2. Aufl., S. 94 ff.

3. Eine Rechtsverletzung kann auch durch eine falsche Auslegung und Anwendung sog. *unbestimmter Rechtsbegriffe* bewirkt werden. Nur soweit die Behörde im Rahmen eines „Beurteilungsspielraums" handelt, ist ihre Rechtsanwendung gerichtlich nicht überprüfbar (vgl. *Bachof,* JZ 1955, S. 97 ff.; *Ule,* GedSchr. f. W. Jellinek, S. 309 ff.; *Jesch,* AöR 82 [1957], S. 163 ff. m. Nachweisen).

V. Das „Recht" i. S. des Art. 19 IV

1. a) Es ist heute einhellige Meinung, daß Art. 19 IV nicht nur *Grundrechts*verletzungen, sondern *jede Rechts*verletzung betrifft. Nicht geklärt ist jedoch, wie weit der Kreis der „Rechte" zu ziehen ist (vgl. zu den verschiedenen Meinungen die Zusammenstellungen von *Wernicke,* Bonner Komm., II 4 b zu Art. 19; *v. Mangoldt / Klein,* S. 572). Die Formulierung „in seinen Rechten" verletzt bzw. beeinträchtigt, findet sich auch in den Verwaltungsgerichtsgesetzen (§ 15 BVerwGG, § 35 I VGG, § 23 MRVO 165). Da diese Bestimmungen nach dem Prinzip verfassungskonformer Interpretation nicht enger als Art. 19 IV ausgelegt werden dürfen, für eine weitere Auslegung jedoch kein Anlaß besteht, ist die Rechtsprechung und Literatur zu den Prozeßordnungen auch für die Interpretation des Art. 19 IV verwertbar.

b) Bei der Frage nach dem Inhalt des Begriffs „Rechte" in Art. 19 IV ist die terminologische von der sachlichen Kontroverse zu unterscheiden. Die terminologische ist von geringer Bedeutung (vgl. *v. Mangoldt / Klein,* S. 572). Sie hat ihren Ursprung im wesentlichen darin, daß der Begriff des subjektiven öffentlichen Rechts weithin allein als ein historischer verwendet wurde (vgl. zur historischen Entwicklung *E. R. Huber,* Wirtschaftsverwaltungsrecht I, S. 677 ff.). Neben jene überlieferten subjektiven Rechte wurde, da eine Erweiterung des Kreises der geschützten Rechte angebracht und notwendig erschien[15], eine neue Gruppe gestellt, die man als „rechtlich geschützte Interessen" bezeichnete[16]. Da somit Begünstigungen, die früher nur Reflexwirkungen des

---

[15] Die Beschränkung auf „subjektiv-öffentliche" Rechte im überlieferten Sinn wird jetzt nicht mehr vertreten. Aber auch früher war dies nicht durchweg der Fall. Vgl. *Brauchitsch,* Komm. z. Preuß. LandesverwaltungsG (Pr. Verw. Gesetze, Bd. I, 23. Aufl. 1925, Anm. 4 b zu § 127 LVGes.: „Die Worte ‚in seinen Rechten verletzt' bedeuten nicht Verletzung von ‚subjektiven' oder gar ‚wohlerworbenen' Rechten, sondern nur, daß irgendwie gerade in den vom Rechte anerkannten Lebenskreis des klagenden Individuums eingegriffen worden sei."

[16] Vgl. (für die meist gleichlautenden Formulierungen der Verwaltungsprozeßgesetze) z. B. BVerwG, VerwRspr. 6, S. 886 ff.; OVG Münster, OVGE 1, 127; OVG Hamburg, MDR 1954, S. 505; *Eyermann / Fröhler,* Verwaltungsgerichtsgesetz, 2. Aufl., Anm. 1 b zu § 23; *Schunck / de Clerck,* Gesetz über das

objektiven Rechts auslösten, nunmehr zu subjektiven Rechten erstarkt waren, rechnete man teilweise auch sog. „Reflexrechte" zu den „Rechten" i. S. des Art. 19 IV[17].

Sachlich ist es an sich gleich, ob man *neben* den historischen subjektiv-öffentlichen Rechten die *rechtlich* geschützten Interessen unter den Begriff der „Rechte" fallen läßt, oder ob man alle durch Art. 19 IV geschützten Rechte als subjektive öffentliche Rechte bezeichnet. Terminologisch ist die letztere Auffassung vorzuziehen[18]. Denn der Begriff des subjektiven Rechts ist rechtstheoretischer Natur. Er besagt, daß durch einen Satz des objektiven Rechts ein Rechtssubjekt berechtigt wird. Das berechtigte Rechtssubjekt hat ein subjektives Recht. Es besteht kein Grund, den Bereich der subjektiven Rechte dann auf einen Ausschnitt aus diesem Bereich zu beschränken, wenn es sich um Berechtigungen handelt, die aus einer öffentlich-rechtlichen Norm abgeleitet sind. Vielmehr handelt es sich dann immer um subjektive öffentliche Rechte.

c) Damit erweist sich auch die Fragestellung, ob nur subjektive Rechte oder auch rechtlich geschützte Interessen zu den „Rechten" in Art. 19 IV gehören, als ein Scheinproblem. Mit dem Ausdruck „rechtlich geschützte Interessen" sollte ursprünglich nur *erklärt* werden, warum manche Interessen als subjektive Rechte durchsetzbar sind, andere dagegen nicht (vgl. *Jhering,* Geist des römischen Rechts, 6. Aufl. III, S. 351 und 399;

Bundesverwaltungsgericht, 1953, Anm. 2 c zu § 15. — Daneben finden sich ähnliche Formulierungen: BGHZ 14, 231 („geschützte Freiheiten und Rechte"); — Württ.-BadVGH, DRZ 1947, S. 345; *Witten,* DV 1949, S. 339 ff. („Rechtssphäre"); — Bedenklich dagegen die Ausdehnung auf rechtsschutz*würdige* Interessen (*van Husen,* Komm. z. VGG, Anm. 2 zu § 23: „jedes vernünftigerweise einen Rechtsschutz verdienende Individualinteresse"; HessVGH, ESVGH 1, 101; „jede schutz*würdige* persönliche Rechtsposition"); denn die Beurteilung der Schutz*würdigkeit* ist in erster Linie Aufgabe des Gesetzgebers, *Bachof,* GedSchr. f. W. Jellinek, S. 296. Möglich ist aber, von der Schutzwürdigkeit darauf zu schließen, daß das Interesse tatsächlich auch geschützt ist, *Bachof,* ebd.

[17] So z. B. *Bühler,* GedSchr. f. W. Jellinek, S. 279; *Forsthoff,* VerwR I, 5. Aufl., S. 161 (anders jetzt 6. Aufl., S. 170); *Giese,* Komm., 3. Aufl., Anm. 8 zu Art. 19; *Klein,* VVDStRL 8 (1950), 115; *Loening,* SJZ 1950, S. 261; *v. Mangoldt,* Komm., 1. Aufl., S. 123; *Pabst,* DÖV 1951, S. 286 f.; *Wernicke,* Bonner Komm., Erl. II 4 b zu Art. 19.

[18] *Bachof,* GedSchr. f. W. Jellinek, S. 291 ff.; *Forsthoff,* VerwR I, 6. Aufl., S. 170; *Huber,* WirtschVerwR I, S. 686; *Jellinek,* Verh. d. 38. DJT (1950), D 11; *Naumann,* Verh. d. 38. DJT (1950), D 18 ff.; *Wolff,* VerwR I, 2. Aufl., S. 196 (S.198 ff. unterscheidet *Wolff* zwischen einem weiteren und einem engeren Begriff des subjektiven öffentlichen Rechts. Der engere ist der historisch überkommene Begriff, der weitere entspricht dem hier verwendeten). — *Menger,* System des verwaltungsgerichtlichen Rechtsschutzes, S. 119, will den Begriff des subjektiven öffentlichen Rechts den Fällen vorbehalten, „daß ein Rechtssatz dem Bürger ein Recht darauf gibt, ein positives Tun vom Staate (d. h. einem Staatsorgan) zu verlangen".

Bachof, GedSchr. f. W. Jellinek, S. 288 ff.). Diese Identifikation von rechtlich geschützten Interessen und subjektiven Rechten ist auch heute noch zutreffend, sofern man den Begriff des rechtlich geschützten Interesses näher erläutert. „Rechtlich geschützt" können nämlich Interessen auch dann sein, wenn der Bürger kein subjektives Recht auf Einhaltung der Schutznorm hat. Es handelt sich in diesen Fällen dann um einen Rechtsreflex. Wenn aber aus dem großen Kreis der menschlichen Interessen ein Teil in der Form geschützt wird, daß eine Verletzung des Interesses einen Rechtsanspruch auf Beseitigung der Verletzung auslöst, dann ist dieses Interesse in dem hier gemeinten Sinn „rechtlich geschützt" und damit zu einem subjektiven Recht erstarkt. Damit erweist sich die übliche Definition des subjektiven Rechts als zutreffend: Eine dem einzelnen durch das objektive Recht zuerkannte Rechtsmacht (schlechter: Willensmacht) zum Zweck der Befriedigung von Interessen des Inhabers jener Rechtsmacht[19].

Für den Begriff des subjektiven Rechtes ist es grundsätzlich unerheblich, ob Rechtsschutz durch Gerichte gewährt wird; auch ein nicht einklagbarer Anspruch gegenüber der Verwaltung auf Handeln oder Unterlassen wäre ein subjektives Recht. Die Bedeutung des Art. 19 IV liegt aber u. a. gerade darin, daß nunmehr alle subjektiven öffentlichen Rechte (zu den Privatrechten vgl. unten) auch gerichtlich geschützt sind. Das Vorliegen eines subjektiven Rechts ist *Voraussetzung* einer verwaltungsgerichtlichen Klage[20], nicht umgekehrt die Klagemöglichkeit ein Kriterium des subjektiven öffentlichen Rechtes (*Bachof,* GedSchr. f. W. Jellinek, S. 300; *Huber,* WirtschVerwR I, S. 686; *Wolff,* VerwR I, 2. Aufl., S. 197 f.). Soweit freilich ausdrücklich die Klagbarkeit anerkannt ist, kann an der Qualifikation als subjektives Recht kein Zweifel mehr bestehen.

d) Ein praktikables *Indiz* für das Vorhandensein eines subjektiven öffentlichen Rechts i. S. des Art. 19 IV bildet meist auch die förmliche „Beteiligung" Dritter im Verwaltungsverfahren, das zum Verwaltungsakt führt. Wo Beteiligten etwa im Verwaltungsverfahren förmliche „Einwendungen" gesetzlich zugestanden werden, besteht die kaum widerlegbare Vermutung, daß diese Einwendungen auch *klageweise* (weiter) verfolgt und durchgesetzt werden können.

---

[19] Vgl. auch die bei *Bachof,* GedSchr. f. W. Jellinek, S. 291, Fn. 16, und bei *Forsthoff,* VerwR I, 6. Aufl., S. 167, nachgewiesene Literatur.

[20] Der Begriff des subjektiven Rechts ist *materiell*-rechtlicher Natur. Daher gehört die Rechtsmacht zur *(klageweisen)* Geltendmachung von *Fremd*interessen nicht zu den subjektiven Rechten (vgl. *Bachof,* GedSchr. f. W. Jellinek, S. 293), wenigstens nicht im Verhältnis zu Dritten. Gegenüber demjenigen, dessen Rechte wahrgenommen werden, kann ein subjektives Recht auf Wahrnehmung seiner Rechte bestehen.

e) Wenn durch eine Rechtsnorm zwar der Staat verpflichtet wird, Interessen des Bürgers zu schützen, der einzelne aber nicht durch diese Norm gleichzeitig berechtigt wird, dann handelt es sich um eine Reflexwirkung des objektiven Rechts, einen *Rechtsreflex*. Der vielfach gebrauchte Ausdruck „Reflexrecht“ ist mißverständlich, da es sich gerade nicht um ein „Recht“ handelt (*Bachof*, GedSchr. f. W. Jellinek, S. 291; *Huber*, WirtschVerwR I, S. 683; *Forsthoff*, VerwR I, 6. Aufl., S. 171). — Mit *Bachof* wird man zwei Arten solcher Reflexwirkungen auseinanderhalten müssen (GedSchr. f. W. Jellinek, S. 299; Vornahmeklage, S. 85; VVDStRL 12 [1954], S. 75): Reflexe objektiven Rechts, die eine *gewollte* Begünstigung, eine gewollte Befriedigung eines Individualinteresses darstellen und Reflexe, die mehr *zufällig-tatsächlich* den einzelnen begünstigen, ohne daß dies von der Rechtsordnung vorgesehen und bezweckt war. Die letzteren, ungewollten Begünstigungen werfen für die Frage des Rechtsschutzes keine Probleme auf; solche Begünstigungen lösen keine subjektiven Rechte aus. Bei den gewollten Begünstigungen ist es dagegen fraglich, ob und gegebenenfalls in welchem Umfang der Gesetzgeber sich auf eine bloße Reflexwirkung beschränken darf. Die wohl h. M. geht dahin, daß gewollte Begünstigungen unter der Herrschaft des GG auch dann zu subjektiven Rechten erstarkt sind, wenn ihnen bisher nur eine Reflexwirkung beigelegt wurde.

f) Ob man auch subjektive *Privatrechte* durch Art. 19 IV als geschützt ansieht, oder nur subjektiv-öffentliche Rechte, ist im Grundsätzlichen nur eine terminologische Frage. Art. 19 IV eröffnet auch den Rechtsweg gegen rechtswidrige Eingriffe des Staates in Privatrechte[21]. Der Anspruch gegenüber dem Staat, von solchen unerlaubten Eingriffen frei zu bleiben, ist jedoch ein öffentlich-rechtlicher Abwehranspruch und regelmäßig ohnehin sogar ein „Grundrecht“ i. S. eines subjektiv-öffentlichen Rechts. Ob man diese öffentlich-rechtliche Seite des Privatrechts als das in Art. 19 IV angeführte „Recht“ bezeichnet, oder das verletzte Privatrecht unmittelbar, ist eine Frage der Konstruktion, die jedenfalls für den Umfang des verfassungsrechtlich garantierten Rechtsschutzes ohne Bedeutung ist.

2. a) Die sachliche *Grenzziehung* zwischen subjektiven (öffentlichen) Rechten und Rechtsreflexen[22] muß weitgehend von der Rechtsprechung am konkreten Fall erarbeitet und vorgenommen werden. Ein absolut zuverlässiges Kriterium gibt es nicht (*Huber*, WirtschVerwR I, S. 683).

---

[21] z. B. das Eigentum. Vgl. BGHZ 14, 231; *Huber* (Fn. 18), S. 686; *Klinger*, Verwaltungsgerichtsbarkeit in der brit. Zone, 3. Aufl., S. 153.

[22] Vgl. *Huber* (Fn. 18), S. 683 ff. und grundlegend *Bachof*, GedSchr. f. W. Jellinek, S. 287 ff. mit weit. Nachw.

Folgende allgemeine Abgrenzungsregeln können jedoch aufgestellt werden:

aa) Es müssen „Rechte“ verletzt sein, d. h. der Kläger muß sich auf eine Norm des *objektiven Rechts* berufen können. Die Beeinträchtigung von *nur* wirtschaftlichen Interessen genügt z. B. nicht. Die Interessensphäre ist nur insoweit geschützt, als sie sich mit der Rechtssphäre deckt (vgl. *Eyermann / Fröhler,* Komm., 2. Aufl., 1 b zu § 23).

bb) Wo die Erfüllung einer *Chance* in das Ermessen der Behörde gestellt ist, fehlt ein subjektives Recht (*Huber,* WirtschVerwR I, S. 684). Hiervon ist jedoch der — jetzt überwiegend anerkannte[23] — *Anspruch auf fehlerfreien Ermessensgebrauch* zu unterscheiden (vgl. *Bachof,* Vornahmeklage, S. 69; *ders.,* GedSchr. f. W. Jellinek, S. 295 mit Nachweisen), der von *Wolff,* VerwR I, 2. Aufl., S. 201 als *„Abwendungsanspruch“* bezeichnet wird. Der einzelne hat daher nach BVerwGE 2, 288 auch „einen öffentlich-rechtlichen Anspruch gegen die zuständige Behörde, daß diese bei Vorliegen der Voraussetzungen in die Prüfung der Ermessenshandlung überhaupt eintritt“ (Prüfungsanspruch). Ohne Rücksicht darauf, ob das jeweilige objektive Recht eine materiell-rechtliche causa für ein subjektives Recht abgibt, anerkennt man also ein *„formelles“* subjektives Recht schlechthin auf fehlerfreien Ermessensgebrauch. In Wirklichkeit handelt es sich dabei aber in der Grundrechtssystematik durchaus um einen Rückgriff auf *materielles* Recht, nämlich auf das Hauptgleichheitsrecht des Art. 3 I.

---

[23] Vgl. VGH Freiburg, VerwRspr. 8, S. 223; OVG Münster, DVBl. 1955, S. 437 (dort weitere Zitate); *Forsthoff,* VerwR I, 6. Aufl., S. 169 f.; *Haueisen,* DVBl. 1952, S. 521 ff.; NJW 1954, S. 418 f.; abgelehnt von Württ.-BadVGH, DVBl. 1952, S. 404 mit Anm. v. *Naumann* (nicht jedoch — entgegen *Wolff* (Fn. 18), S. 201 — vom OVG Lüneburg, DVBl. 1954, S. 754). Der Württ.-Bad-VGH hat jedoch neuerdings ebenfalls dieses Recht anerkannt (Urt. 2, S 177/57 v. 27. 2. 1958). Die letzte Polemik gegen die Anerkennung eines formellen Anspruchs auf fehlerfreien Ermessensgebrauch findet sich bei *Hans Schneider,* Z. f. ausl. ö. R. und VölkerR. 1958/3. Er argumentiert sehr geschickt von der Einbürgerung her, auf die in der Tat kein Anspruch besteht. Die Parallele zu Gnadenakten ist offenkundig. Das „angeblich subjektive Recht auf sachgerechte Behandlung“, das *H. Schneider,* ebd., S. 459 verneint, ergibt sich aber auch für Ausländer aus Art. 3 i. Verb. mit Art. 19 IV. Dabei ist ihm zuzugeben, daß bei Einbürgerungen kaum Gesichtspunkte so sachfremd sein können, daß sie zur *Begründetheit* der Klage führen. z. B. ist trotz Art. 3 III *H. Schneiders* Neger-Beispiel (ebd., S. 463) völlig zutreffend. Wie bei Gnadenakten besteht aber auch bei Einbürgerungen allermindest ein subjektives Recht darauf, daß der Antrag überhaupt *geprüft* und nicht aus *subjektiv*-willkürlichen Motiven (Rassenhaß, Rache usw.) abgelehnt wird. Die Existenz und die Existenzberechtigung des formellen Prüfungsanspruchs und Anspruchs auf willkürfreie Entscheidung sind *insgesamt* durch H. *Schneider* nicht erschüttert worden. Über die *Zweckmäßigkeit* dieser „einzigartigen Privilegierung der fremden Staatsangehörigen“ speziell im Einbürgerungsrecht läßt sich mit *H. Schneider* zwar streiten, aber de lege lata nicht rechten.

In bisher kaum gesehener Folgerichtigkeit hat aber auch das Hauptfreiheitsrecht des Art. 2 I ein weiteres derartiges „formelles" subjektives Recht unbezweifelbar gemacht. Auch hier besteht ohne Rücksicht darauf, ob der Eingriff eine der (im übrigen selbstverständlich nicht aufzählbaren) einzelnen materiellrechtlichen Berechtigungen verletzt, das subjektive öffentliche Recht schlechthin auf *Freiheit vor allen gesetzlich nicht gerechtfertigten Belastungen* (Pflichten, Verbindlichkeiten) *und Vorenthaltungen.* Merkwürdigerweise wird prozessual *dieses* formelle und generelle subjektive öffentliche Recht oft nicht gesehen, obwohl traditionsreiche Verwaltungsgerichtsordnungen stets auf seine ausdrückliche und zusätzliche Normierung Wert legten (vgl. *Maunz / Dürig,* Grundgesetz, Kommentar, Art. 2 I, Rdnr. 26 mit Belegen aus der Württ. Verwaltungsrechtspflege).

cc) Im übrigen wird die Grenze zwischen subjektiven öffentlichen Rechten und Rechtsreflexen überwiegend so gezogen, daß Rechtssätze, in denen der einzelne *nur* aus *Gründen* des *Interesses der Allgemeinheit* begünstigt wird, reine Reflexwirkung haben. Wenn aber die Rechtsnorm" — zwar nicht ausschließlich, aber *auch* — konkret bestimmbaren Individualinteressen zu dienen bestimmt ist" (*Bachof,* GedSchr. f. W. Jellinek, S. 296 f.); wenn sie „auch oder nur dem Schutz des Klägers" und nicht „ausschließlich dem Gemeinwohl zu dienen bestimmt ist" und die „Rechtsstellung" des Klägers beeinträchtigt ist (BVerwGE 3, 362; vgl. auch 2, 290; ferner BayVGHE [n. F.] 5, 119 ff.), dann hat der einzelne ein subjektiv-öffentliches Recht auf Einhaltung der Norm (vgl. auch *Forsthoff,* VerwR I, 6. Aufl., S. 169; *Huber,* WirtschVerwR I, S. 684; *Wolff,* VerwR I, 2. Aufl., S. 196). Die Struktur der Rechtssätze unterscheidet sich in jenen beiden Fällen insofern, als zwar immer die staatlichen Behörden zur Einhaltung und Durchführung der Rechtssätze *verpflichtet* sind, der Bürger aber nicht immer *berechtigt* ist. Nur wenn der Verpflichtung „des Staates" die Berechtigung des *Bürgers* gegenübersteht, hat der Bürger ein subjektives (öffentliches) Recht. Sofern jener Verpflichtung nur *„die Allgemeinheit"*, die Gesamtheit der Staatsbürger, als Berechtigte gegenübersteht, fällt auf den einzelnen nur ein (nicht klagbarer) *Rechtsreflex.*

dd) *Ungewollte, zufällige Begünstigungen* des einzelnen, die eintreten, ohne daß der Rechtssatz das Individualinteresse erkennbar berücksichtigen wollte, haben meist nur Reflexcharakter. Soweit eine Norm dagegen erkennbar Individualinteressen (auch) begünstigen *will,* gewährt sie jetzt grundsätzlich ein subjektives Recht, selbst wenn ihr bisher nur eine Reflexwirkung objektiven Rechts entnommen wurde (Prinzip der verfassungskonformen Auslegung). Dieser Bedeutungswandel *gewollter Begünstigungen* (d. h. bislang nur objektivrechtlich geschützter Individualinteressen) folgt „zwar nicht aus Art. 19 IV allein, wohl aber aus der Gesamtkonzeption des GG mit seinem Bekenntnis zum Primat der menschlichen Persönlichkeit und der menschlichen Freiheit, zu ihrem Vorrang vor den Staatsinteressen, mit seiner Sozialstaatserklärung, sowie schließlich mit seiner Tendenz einer durchgängigen Beschränkung und Kontrolle staatlicher Machtäußerung" (*Bachof*, GedSchr. f. W. Jellinek, S. 301; VVDStRL 12 [1954], S. 73 ff.; vgl. auch die Begründung in BVerwGE 1, 159 und bei OVG Münster, OVGE 1, 127 für die Bejahung eines Anspruches auf Fürsorgeunterstützung). Im Ergebnis ebenso die herrschende Meinung: *Menger*, System, S. 118; *Wolff*, VerwR I, 2. Aufl., S. 199 ff.; *v. Mangoldt / Klein*, S. 573; und alle, die „Reflexrechte" zu den „Rechten" zählen.

ee) Soweit der Gesetzestext eine *eindeutige* Zuordnung eines in praxi begünstigten Individualinteresses zu einer der beiden Gruppen (subjektives Recht oder Rechtsreflex) nicht erkennen läßt, ist diejenige Interpretation *vorzuziehen*, die dem Bürger ein subjektives Recht einräumt; vgl. *Forsthoff*, VerwR I, 6. Aufl., S. 169; *Bachof*, GedSchr. f. W. Jellinek, S. 303 (Vermutung für das Bestehen eines subjektiven Rechts); *Huber*, WirtschVerwR I, S. 684 (im Zweifel subjektives Recht).

b) *Aus der Rechtsprechung:* Das BVerwG (BVerwGE 1, 159) gewährt mit der h. M. einen Anspruch auf *Fürsorgeunterstützung*, verneint jedoch (BVerwGE 2, 203) einen Anspruch auf *Tbc-Hilfe* (ebenso bei Tbc-Hilfe, OVG Lüneburg, DVBl. 1953, S. 150; a. M. LVG Rheinl.-Pfalz, DVBl. 1953, S. 151). Anspruch auf *Regelbeihilfe:* BGHZ 10, 295. Anspruch des Widerrufsbeamten auf *Umwandlung des Beamtenverhältnisses* in ein solches auf Lebenszeit nach § 30 II DBG: OVG Hamburg, DVBl. 1953, S. 410. Anspruch des *Strafgefangenen auf Fürsorge:* OVG Hamburg, JZ 1955, S. 290. — Vgl. ferner die Beispiele bei *Klinger* (Fn. 21), S. 147 ff.

VI. Die Verletzung eigener Rechte

Durch Art. 19 IV ist nur die Verletzung *eigener* Rechte geschützt. Dieser Gedanke wird noch dadurch unterstrichen, daß nur „ihm", d. h. dem Kläger, der die Verletzung „seiner" Rechte rügt, der Rechtsweg offen steht. Damit sind — vorbehaltlich spezieller Regelungen (Prozeßstandschaft!) — *Popularklagen* ausgeschlossen, also Klagen, bei denen jemand „nicht seine eigenen Rechte verfolgen, sondern als Sachwalter eines Dritten oder der Allgemeinheit als solcher auftreten will" (*Eyermann / Fröhler*, Komm. 1 zu § 23; vgl. ferner *Naumann*, 38. DJT [1950], D 20 ff.; *Wernicke*, Bonner Komm. Erl. II 4 d).

Eine Verletzung der eigenen Rechte setzt aber *nicht* voraus, daß der *Kläger Adressat* eines VA oder überhaupt in diesem Akt erwähnt ist; entscheidend ist allein, ob durch den Akt in seine geschützte Rechtssphäre eingegriffen wird. — Das entspricht der überlieferten verwaltungsgerichtlichen Rechtsprechung. Vgl. PreußOVG 1, 327 (Anfechtungsrecht des Trunkenbolds gegen das an den Wirt gerichtete Verbot, ihm Branntwein auszuschenken). Vgl. auch die Nachweise bei *Schunck / de Clerk,* Komm. zum Landesgesetz über die Verwaltungsgerichtsbarkeit für Rheinland-Pfalz, 1952, S. 69. Ferner: BVerwGE 3, 237 (Klage gegen eine Anordnung, die einem Dritten gewisse Geschäftsverbindungen mit dem Kl. untersagt; zustimmend *Bachof,* JZ 1957, S. 434; ablehnend *Obermayer,* DÖV 1956, S. 536); Württ.-Bad. VGH, DRZ 1950, S. 500 f. (Klage des Unternehmers gegen ein an den Bauherrn gerichtetes Verbot, Baumaterial des Unternehmers zu verwenden[24]; Württ.-Bad. VGH, VerwRspr. 6, S. 609 (nicht erforderlich, daß sich die behördliche Maßnahme unmittelbar gegen den Kläger richtet, sie muß nur unmittelbar gegen ihn wirken); *W. Jellinek,* Festschr. f. Thoma, 1950, S. 94 f.; *Bachof,* Festschr. f. Laforet, 1952, S. 309. Abgelehnt wurde das Klagerecht, da die eigene Rechtssphäre nicht verletzt sei, z. B. von BVerwGE 2, 290 (Klage der Krankenkasse gegen Genehmigung zur Erhöhung der Krankenhauspflegesätze) und E 3, 249 (Kein Anfechtungsrecht des Wunschmieters nach § 14 I S. 1 WBewG). BayVGHE [n. F.] 5, 119 ff.: Wenn der Bauherr den Nachbarn in seinen Privatrechten verletzt und die Behörde die Bauführung genehmigt, besteht kein Klagerecht gegen die Behörde; soweit jedoch das Baurecht Regelungen enthält, die zugleich mit den öffentlichen Interessen *auch* die Belange des Nachbarn wahrnehmen, hat dieser die Klagebefugnis; eine bloße Verletzung der Interessen der Öffentlichkeit berechtigt nicht zur Klage. Diese letzte Entscheidung zeigt, daß die Frage, ob eine Verletzung *eigener* Rechte geltend gemacht wird, zum Teil auf Grund der obigen Abgrenzung zwischen Allgemein- und Individualinteressen, d. h. zwischen Rechtsreflexen und subjektiven Rechten, beantwortet werden muß. Ein induktiv-praktisches *Indiz* liefert oft auch hier die jeweilige Feststellung, ob und in welcher Stärke Dritte gesetzlich am *Verwaltungsverfahren förmlich beteiligt* werden.

---

[24] Anders nach BVerwGE 5, 325, wenn es sich um eine *Auftragssperre* im privatrechtlichen (fiskalischen) Bereich handelt; zust. *Stern,* NJW 1958, S. 683; Krit. *Menger,* VerwArch. 49 (1958), S. 274, der mit BGHZ 14, 222 Auftragssperren dem öffentlichen Recht zuordnet. Es handelt sich sicherlich dann um öffentliches Recht, wenn sich die Auftragsvergebung als ein Mittel staatlicher *Subventionen* darstellt.

III. Beiträge in Festschriften und Sammelbänden

Grundrechte und Zivilrechtsprechung*

Zunächst muß man m. E. den Gesamtkomplex des Problems in *zwei gesonderte Teilfragen* zerlegen, die bisher nicht deutlich genug voneinander geschieden werden. Die *eine* Frage lautet: Wie hat das Grundrechtssystem des Grundgesetzes die Rechtsordnung *gleichberechtigter Privater untereinander* beeinflußt? Die *andere:* Wie wirkt sich das Grundrechtssystem im *fiskalischen Tätigkeitsbereich* aus? Auch die fiskalische Tätigkeit ist zweifelsfrei Verwaltung — und zwar überwiegend öffentliche Verwaltung. Sie gehört also an sich zu einer der drei in Art. 1 III GG genannten *Staats*funktionen und könnte daher, rein formal gesehen, von der Aktualisierungsnorm des Art. 1 III *unmittelbar* angesprochen sein. Bereits von Art. 1 III her betrachtet, ist also die Problemlage für den fiskalischen Tätigkeitsbereich der Verwaltung von vornherein anders als im Rechtsverkehr gleichberechtigter Privater untereinander, die expressis verbis als Grundrechtsadressaten nur vereinzelt (vgl. Art. 9 III Satz 2) genannt sind.

I. Grundrechte im Rechtsverkehr Privater untereinander

1. Der Ausgangspunkt

a) Offensichtlich verfehlt wäre es, wenn man von der Tatsache, daß auch die *Zivilrechtsprechung* (weil staatliche Tätigkeit) *als solche* nach Art. 1 III grundrechtsgebunden ist, irgendwie zurückschließen würde auf das *materielle Zivilrecht,* das der Zivilrechtsprechung zur Entscheidung anvertraut ist[1]. Zwar unterstellt Art. 1 III zweifelsfrei *Art und Weise* der Zivilrechtsprechung auch dort einer unmittelbaren Grundrechtsbindung, wo Grundrechte nicht (wie etwa in den Art. 101 bis 104) *spezifisch* gegen die „dritte Gewalt" gerichtet sind (und verbietet z. B. mit unmittelbarer Wirkung bei Verfahrensgestaltung, Urteilsfindung usw. Benachteiligungen oder Bevorzugungen wegen der in Art. 3 II und III genannten Unterscheidungsmerkmale). Die *inhaltliche*

* In: Maunz (Hrsg.), Festschrift zum 75. Geburtstag von Hans Nawiasky (1956), S. 157 bis S. 190.

[1] Dieser Schluß ist zwar in den letzten Jahren nirgends mehr wiedergekehrt, ist aber zunächst (vor allem in der Kontroverse um die Auswirkungen des Art. 3 II auf die Lohn- und Arbeitsbedingungen der Frauen) wiederholt gezogen worden.

Reichweite der zivilgerichtlichen Bindung aber ergibt sich trotz Art. 1 III naturgemäß erst aus der gegebenenfalls bestehenden Grundrechtsbindung des anzuwendenden *materiellen* Zivilrechts[2].

b) Als überwunden kann auch die einmal von bedeutender zivilistischer Seite geäußerte (für das Zivilrecht ungemein gefährliche) *These* angesehen werden, daß, wenn nach Art. 1 III *sogar die Staatsgewalt* gebunden ist, *erst recht Private* gebunden sein können. Wenn man dergestalt vom Verhaltensollen des Staates auf das Verhaltensollen Privater schließt, dann legt man den Grundrechtsträgern genau mit dem Mittel, das der *Stärkung* ihrer Position dienen sollte (aktuelle Bindung aller Staatsfunktionen an die Grundrechte), Beschränkungen auf, die ohne diese Grundrechtsaktualisierung *nicht* bestanden hätten.

c) Unser Zivilrecht würde einen *nicht wieder gutzumachenden schweren Schaden erleiden,* wenn folgende *Ausgangserkenntnis* jemals in Frage gestellt würde: Die primäre Entscheidung des Grundgesetzes für ein gegen den Staat gerichtetes generelles Freiheitsrecht (Art. 2 I)[3], das

---

[2] Die Zivilrechtsprechung ist der Grundrechtsbindung in materieller Hinsicht nur *mittelbar* unterworfen, da ihre Bindung davon abhängt, wie weit die zur Entscheidung stehenden Privatrechtsverhältnisse ihrerseits unter Grundrechtsbindung stehen. Dagegen kann man sagen, daß auch in materieller Hinsicht Art. 1 III unmittelbar gegenüber der Rechtsprechung wirkt, wo diese über *staatliches Handeln* erkennen muß. Hier ist eine Nichtbeachtung der Grundrechte in der Entscheidung letztlich nichts anderes, als die Perpetuierung und Bestätigung der bereits von seiten anderer Staatsfunktionen erfolgten Grundrechtsverletzung und ist selbst erneute Grundrechtsverletzung durch die öffentliche (jetzt richterliche) Gewalt. (Vgl. auch unten Fn. 37).

[3] Art. 2 I beginnt zu einer „crux" unseres Verfassungsrechts zu werden. Während die einen Autoren immer intensiver seine Bedeutungslosigkeit als selbständiges Recht betonen (typisch etwa: *Haas,* DÖV 1954, S. 71 und wohl auch *Klein,* StW 1954, S. 32), unternehmen andere nichts Geringeres, als hierin „die Magna Charta der Markt- und Wettbewerbswirtschaft" zu sehen (*Nipperdey,* Die soziale Marktwirtschaft in der Verfassung der Bundesrepublik, 1954, S. 16; vgl. aber demgegenüber BVerfG v. 20. 7. 1954, E 4, 1 (18) = JZ 1954, S. 758 = NJW 1954, S. 1235; „Die gegenwärtige Wirtschafts- und Sozialordnung ist zwar eine nach dem GG mögliche Ordnung, keineswegs aber die allein mögliche"). In der Erkenntnis, daß jede rechtliche Freiheit begriffsnotwendig relativierte Freiheit („des rechtlichen Dürfens") ist, hat sich der Verf. (vgl. *Dürig,* AöR 79 [1953/54], S. 57 ff.) zunächst um eine Erfassung des „Soweit"-Satzes gemüht. Aus dem Versuch, den (bleibenden) positiven Gehalt des Art. 2 I zu bestimmen, der demnächst vorgelegt werden soll, sei hier stichwortartig vorweggenommen:

— *Formal* gewährt der unmittelbar auf Art. 1 III folgende Art. 2 I (übrigens auch auf ökonomischem Gebiet) ein echtes subjektives öffentliches Recht. Dieses Recht ist aber dort wieder entaktualisiert, wo spezielle Freiheitsrechte aktuelle subjektive öffentliche Rechte gewähren.

— Art. 2 I behält daher überall dort einen echten *materiellen* Freiheitsrechtsgehalt und eine eigenständige Bedeutung als subjektives öffentliches Recht mit den sich hieraus ergebenden Folgen des Art. 19 II und des § 90 BVerfGG, wo dieser materielle Gehalt nicht durch Spezialfreiheiten *„verbraucht"* ist.

auch Vorrang gegenüber Art. 3 hat[4], umschließt begrifflich auch die *Freiheit dem Staat gegenüber, von ihm ungehindert in der unter gleichgeordneten Privaten bestehenden Verkehrs- und Tauschgerechtigkeit des Zivilrechts von Grundrechtssätzen, die für staatliches Handeln unabdingbar sind, abweichen zu können.* Daraus folgt im Grundsatz die Pflicht der öffentlichen Gewalt — und damit auch der richterlichen Gewalt —, Verträge, einseitige Rechtsgeschäfte, Handlungen und Unterlassungen Privater untereinander als rechtmäßig anzuerkennen, auch wenn sie Grundrechtssätzen der Verfassung widerstreiten, die für den Staat, wenn er als Handelnder aufträte, bindend wären. Im Ausgangspunkt macht das Grundgesetz also eben gerade durch seine „Aufwertung" der aus der Menschenwürde fließenden Freiheit und durch seine primäre Entscheidung zugunsten dieser persönlichen Freiheit unbezweifelbar, daß mit dieser Freiheit auch jene Freiheit als rechtlich zulässig sanktioniert ist, unter seinesgleichen von Gleichheitsforderung und speziellen Erscheinungsformen der Freiheit *keinen* Gebrauch machen zu müssen, und das rechtliche Miteinander auch gestalten zu können *ohne Rücksicht* auf Ge- und Verbote, die den dem Individuum gegenüber handelnden Staat träfen.

d) Diese grundsätzliche individuelle Freiheit zur Gestaltung des rechtlichen Miteinander, an deren verfassungsrechtlicher Verankerung nicht zu zweifeln ist, besteht *für das Privatrechtssubjekt als solches* (in abstracto), also im konkreten Fall der Gestaltung eines Rechtsverhältnisses sowohl für den rechtliche *Nachteile Hinnehmenden,* als auch für den rechtliche *Vorteile Wahrnehmenden.* Das bedeutet im einzelnen:

aa) Es gibt nach wie vor eine zivilrechtlich rechtmäßige Freiheit, sich *ungleich behandeln zu lassen,* ohne daß Art. 3 GG entgegensteht (Schulfall: das den einen Gatten benachteiligende Gütervertragsrecht — trotz Art. 3 II).

bb) Es gibt nach wie vor eine zivilrechtlich rechtmäßige Freiheit, von *Einzelfreiheiten keinen Gebrauch machen* zu wollen (Schulfall: Einzelarbeitsverhältnisse in „Tendenzbetrieben" mit der Verpflichtung, nur eine bestimmte Meinung zu vertreten — trotz Art. 5).

— Dennoch ist trotz der Möglichkeit der Rückführung auch aller nichtgeregelten wirtschaftlichen Teilmaterien auf das Hauptfreiheitsrecht des Art. 2 I diese Norm keineswegs das Allheilmittel, das sich dem seinen Sozialauftrag erfüllenden Staat schlechthin wirksam entgegensetzen läßt. Da unbezweifelbar auch die Sozialität zum Begriff der „verfassungsmäßigen Ordnung" gehört, ist Art. 2 I insgesamt viel anfälliger gegenüber staatlicher Sozialgestaltung, als es die speziellen Freiheitsrechte mit ihrem System subtil geregelter Gesetzesvorbehalte sind.

[4] Vgl. *H. Peters,* Präponderanz der Freiheit, in: Festschr. f. Laun, 1953, S. 672; *Dürig,* FamRZ 1954, S. 5.

cc) Es gibt nach wie vor eine zivilrechtlich rechtmäßige Freiheit, *andere ungleich behandeln zu dürfen* (Schulfall: Schenkungen und letztwillige Verfügungen nur zugunsten von Glaubensgenossen, nur zugunsten von männlichen Abkömmlingen usw. — trotz Art. 3 II und III)[5].

dd) Es gibt nach wie vor eine zivilrechtlich rechtmäßige Freiheit, von anderen vertragliche Verzichte auf Grundfreiheiten *anzunehmen* und von anderen die Erfüllung der Verträge trotz dabei auftauchender Freiheitsbeschränkungen zu *verlangen* (Schulfall: Vertragsabschluß und Festhalten des Kontrahenten am Vertrage, obwohl der Vertrag Beschränkungen etwa der Meinungsfreiheit, der Freizügigkeit usw. — möglicherweise sogar der Gewissensfreiheit[6] — von vornherein zum Inhalt oder bei seiner Erfüllung im Gefolge hat — trotz Art. 5, 11 usw.).

---

[5] Demgegenüber hält es *Boehmer*, Erbrecht, in: Neumann / Nipperdey / Scheuner, Die Grundrechte, Bd. II (im folgenden zit.: GR II), S. 422 für unzweifelhaft, daß Art. 3 III, der auch private Akte betreffe, für konkrete Verfügungen von Todes wegen eine unmittelbare Verbotsschranke errichte. Er stellt fest: „Daher ist eine letztwillige Bestimmung nichtig, die jemand wegen seines Geschlechts, seiner Abstammung, seiner Rasse, seiner Sprache, seiner Heimat und Herkunft, seines Glaubens, seiner religiösen oder politischen Anschauungen benachteiligt oder bevorzugt." So geht es keineswegs. Auch *Boehmer* wird nicht behaupten wollen, daß eine letztwillige Vermögenszuwendung ausschließlich an Glaubens-, Rasse-, Gesinnungs- und Geschlechtsgenossen, obwohl sie *wegen* des Glaubens, der Rasse, der politischen Anschauung, des Geschlechts usw. erfolgt, lediglich kraft des Art. 3 II und III nichtig sei. Gerade sein zur Erhärtung der These beigezogenes Beispiel (testamentarische Enterbung einer Tochter für den Fall ihrer Verheiratung mit einem Juden) zeigt schon den noch zu besprechenden Weg, der allein gangbar ist. Die Verfassung schafft (mit Ausnahme des Art. 9 III und vielleicht noch des Art. 1 I Satz 1 — vgl. Fn. 8) nicht selbst neue privatrechtliche Nichtigkeitsgründe. Sie verlangt aber, daß ihr Wertgehalt in die wertausfüllungsfähigen und -bedürftigen Generalklauseln des Zivilrechts einbezogen wird. Das von *Boehmer* genannte Testament wäre *deshalb* als nichtig zu behandeln, weil es nach heutiger und gerade an der Verfassung geschärfter Wertauffassung gegen § 138 BGB verstößt. Vgl. wie hier für den ähnlichen Fall einer Vereinbarung von Hausbesitzern, keine Wohnung an Juden zu vermieten, *Hueck*, Die Bedeutung des Art. 3 für die Lohn- und Arbeitsbedingungen der Frauen, Rechtsgutachten, 1951, S. 25. Bereits hier ist als Grundsatz festzuhalten, daß Art. 3 unmittelbar keinesfalls das Schenkungs-, Vertrags- und Testierprivileg Privater beseitigt hat, wie es beim Schenkungsprivileg aus der *Staats*richtung fraglos der Fall ist. Art. 3 liefert — allerdings unabdingbare — Wertmaßstäbe für die wertausfüllungsbedürftigen Generalklauseln und konstituiert auf diesem Umweg gegebenenfalls neue konkrete Nichtigkeitsgründe.

[6] Über die Frage der Gewissenskonflikte im Vertragsrecht ist dankenswerterweise bereits eine lebhafte Diskussion im Gange (vgl. *Bosch / Habscheid*, JZ 1954, S. 213; *A. Blomeyer*, JZ 1954, S. 309; *Wieacker*, JZ 1954, S. 466; *Hildeg. Krüger*, RdA 1954, S. 365). Trotz der Polemik über Verwirklichungsmodalitäten sollte man nicht die Einigkeit der genannten Autoren darin übersehen, daß Art. 4 GG auf das Zivilrecht eingewirkt hat. (Das gibt auch *Wieacker*, der mit zivilrechtlichen Folgerungen am zurückhaltendsten ist, in Anm. 6 zu). In verfassungsrechtlicher Hinsicht ruft bei *Hildeg. Krüger* bereits ihr Ausgangspunkt Bedenken hervor. Nach ihr unterscheiden

e) An dieser Stelle läßt sich bereits ein *praktisches Ergebnis für die Zivilrechtsprechung* erkennen. Man kann im Privatrechtsverkehr wegen „Verstoßes gegen Grundrechte" von vornherein nur dort mit dem

---

sich Gewissensentscheidungen „von anderen Entscheidungen, die eine Person trifft, nur durch die Unmittelbarkeit, mit der sie getroffen, und die Intensität, mit der sie als verpflichtend empfunden werden" (S. 372). Daher könnten Gewissensentscheidungen alle Gebiete umfassen, „die Homöopathie ebenso wie das Vegetariertum" (S. 273). Wie dann die Beispiele *Hildeg. Krügers* zeigen, wird folgerichtig die Gewissensfreiheit verallgemeinert zu einer Art „genereller Unzumutbarkeitsklausel" oder „Verantwortlichkeitsklausel" für alle Bereiche. Damit dürfte jedenfalls *Art. 4 GG in seiner Bedeutung* verkannt sein. Ebensowenig wie „Glauben" in Art. 4 allgemeinpsychologisch als gefühlsmäßige, von Beweisen unabhängige Überzeugung jeglicher Art gedeutet werden kann (und der „Glaube" etwa an die Homöopathie allenfalls zum Glauben im Sinne des Art. 4 wird, wenn er durch gottbezogene Momente zum „Aberglauben" wird), ebensowenig ist jede Entscheidung aus der Tiefenschicht der Person bereits eine Gewissensentscheidung im Sinne des Art. 4. Es geht in Art. 4 insgesamt (übrigens auch in Abs. III) um das subjektive Gottverhältnis und die subjektive Bindung an das ewige Sittengesetz, die dann in der Außenwelt entweder im subjektiven religiösen oder weltanschaulichen „Bekennntnis" (Art. 4 I) oder objektiviert als Religion, als Kult, als Lehre, als Weltanschauungsgemeinschaft usw. zu Tage treten. Nur Entscheidungen in derartigen Bekenntnisdingen (religiöser oder moralbezogener weltanschaulicher Art) sind auch Gewissensentscheidungen im Sinne des Art. 4. Von dieser zutreffenden Prämisse gehen daher auch die anderen Autoren aus, ohne (mit Recht) deswegen übrigens zu einem „theistischen" Gewissensbegriff zu gelangen. Als *weitere Prämisse* sollte das Verfassungsrecht festhalten, daß sich (und das folgt eigentlich schon aus dem Gewissensbegriff selbst) der einzelne bewußt und gewollt noch mit zivilrechtlich anzuerkennender Autonomie in Gewissenskonflikte begeben darf, in die ihn der Staat seinerseits nie versetzen dürfte, um nicht an Art. 4 zu scheitern. Auch der die Leistung annehmende Gläubiger kann grundsätzlich dem Vertragsversprechen trauen, ohne sich seinerseits zu einer Art „Schuldnergewissen" aufwerfen zu müssen. Die Grenze vertraglich noch relevanter Gewissensbindung liegt von Verfassungs wegen über Art. 1 I, 4 GG in Verbindung mit § 138 BGB dort, wo für einen objektiven Betrachter die Menschenwürde als solche durch den Gewissenskonflikt getroffen ist, wo also der Mensch zum „Objekt", zur „Sache", zur „vertretbaren Größe" entwürdigt wird. Das ist im Rahmen des Art. 4 gewiß dann der Fall, wenn das Gewissen durch Koppelung von Geldzuwendungen an die Gewissensentscheidung nach Inhalt, Beweggrund und Zweck des Rechtsgeschäfts gewissermaßen „gekauft" oder „verkauft" wird. Für den stärksten Fall solcher ökonomischen Bindung wichtigster Gewissensentscheidungen, nämlich für die vermögensrechtliche Beeinflussung der Entscheidung über die Religionszugehörigkeit, hilft hier die zivilrechtliche Judikatur schon seit langem (z. B. erging RGZ 21, 279 noch unter Geltung des PrALR; vgl. auch: RG JW 1913, S. 1100 Nr. 1; RG HRR 1933 Nr. 1830). Man wird aber in der Tat — und zwar geboten durch Art. 4 in Verbindung mit Art. 1 I — einen allgemeinen Grundsatz aufstellen müssen, daß jedes Rechtsgeschäft, welches nach Inhalt, Beweggrund und Zweck eine Entscheidung über letzte ethische Prinzipien durch ökonomische Gesichtspunkte bindet, heute zumindest an § 138 BGB scheitert. (Über den Vorschlag, in der Menschenwürde des Art. 1 I Satz 1 eine neue zivilrechtliche Generalklausel sui generis zu sehen, die jene des § 138 BGB wertmäßig differenziert, vgl. unten Fn. 8). Man kann m. E. auch nicht länger bezweifeln — und darauf erstmalig hingewiesen zu haben, wird das Verdienst von *Bosch / Habscheid* bleiben —, daß echte Gewissensnot im dargelegten engen Sinne, die nachträglich beim Schuldner auftritt (be-

Nichtigkeitsgrund des § 134 BGB arbeiten, wo ihn die Verfassung (wie in Art. 9 III Satz 2) *selbst* benutzt. Denn was sich für den Staat als (verfassungs-)gesetzliches Verbot darstellt (etwa im Hinblick auf Art. 3 III die einseitige Subventionierung wegen der Glaubenszugehörigkeit, wegen der politischen Anschauung usw.), braucht für Private untereinander noch längst kein solches zu sein. Wer etwa nach dem Satz handelt: „Lasset uns allen Gutes tun, allermeist aber an des Glaubens Genossen", verstößt selbstverständlich nicht gegen ein „gesetzliches Verbot" im Sinne des Art. 3 III in Verbindung mit § 134 BGB. Diese Erscheinung, daß dem Staat durch Grundrechtsbindung schon verboten wäre, was in der Drittrichtung für Private untereinander noch zulässig („sozialadäquat") ist, macht die Heranziehung des § 134 BGB als Nichtigkeitsgrund wegen Verletzung in der Verfassung enthaltener Rechtssätze insgesamt unmöglich, da die Anwendung des formellen § 134 BGB jeweils schon dort zu einem Zwang zur Freiheit führen muß, wo es die Verfassung noch in das Belieben Privater stellt, ob und wie sie diese Freiheit gebrauchen wollen. Das muß m. E. sogar für die zivilrechtlich fraglos nötige Beachtung des Art. 1 I als des obersten Konstitutionsprinzips unserer Rechtsordnung gelten[7].

Wenn *Nipperdey*[8] bei Verstößen gegen die Menschenwürde mit § 134 BGB hilft, so sieht auch er sich der gleichen Schwierigkeit gegenüber,

---

deutsam vor allem für Dauerschuldverhältnisse), über § 242 BGB beseitigt werden muß. (Moraltheologisch gesprochen ist übrigens das, was *Bosch / Habscheid* hinsichtlich des Grundrechts der Gewissensfreiheit eingeleitet haben, sog. *„Situationsethik"*). Die Einlassung auf Modalitäten der zivilrechtlichen Verwirklichung des Art. 4 im Recht bestehender Verträge wäre eine öffentlich-rechtliche *Grenzüberschreitung*. Nur so viel sei gestattet: Abweichend von *Bosch / Habscheid* und weitergehend als *Wieacker* dürfte m. E. hierbei *Blomeyers* Lösung zutreffend sein (wenn keine gleichwertige Ersatzleistung ohne Gewissensnot möglich, dann zwar keine Leistungserzwingung gegen das Schuldnergewissen, aber keine Schuldnerbefreiung von der Schadenshaftung für die Vertragsverletzung). Die Bereitschaft des Schuldners, für die Vertragsverletzung auch *einzustehen*, dürfte das einzig sichere (eine gefährliche neue clausula rebus sic stantibus namens „Gewissenskonflikt" verhindernde) Indiz sein für die Ernsthaftigkeit der Gewissensgründe einer *Erfüllungsverweigerung* (genau so wie die Bereitschaft zu möglicherweise ebenfalls gefährlichen Ersatzdiensten das einzig sichere Kriterium für die Ernsthaftigkeit der *Kriegsdienstverweigerung* aus Gewissensgründen gem. Abs. III des Art. 4 ist).

[7] Auf einen eklatanten Fall der Nichtbeachtung des Art. 1 I hat zuerst *Mallmann* hingewiesen (JZ 1951, S. 27). Vgl. auch die folgende Fn. 8.

[8] GR II S. 36. Die von *Nipperdey* angeführten Beispiele aus der Reichsgerichtspraxis, für deren Lösung er nunmehr Art. 1 I GG in Verbindung mit § 134 BGB vorschlägt, sind seinerzeit durchweg nach § 138 BGB beurteilt worden. Nun ist *Mallmann* (JZ 1951, S. 27), auf den *Nipperdey* Bezug nimmt, ganz gewiß zuzugeben, daß es in dem von ihm glossierten Fall völlig verfehlt war, wenn das Gericht offenbar von der Vorstellung ausging, als seien Art. 1 I GG und § 138 BGB völlig verschiedene Dinge und es führe von Art. 1 I als einer Verfassungsnorm kein Weg zu § 138 BGB. Das min-

daß eben gerade der Menschenwürde *wegen* im Zivilrecht eine viel weitere Dispositionsmöglichkeit besteht und vom Staat als zulässig angesehen werden muß, als es in der Staatsrichtung bei Art. 1 I der Fall ist. Beispielsweise ist man sich heute mit Recht darüber einig[9], daß zur Menschenwürde gewisse elementare materielle Leibes- und Lebensbedingungen gehören und daß der *Staat* demzufolge diesen menschenwürdig existierenden Menschen voraussetzen muß. Der konkrete Private erstrebt dagegen vielleicht gerade durch Verzicht auf jegliche Gütersubstanz und äußere Daseinsbedingungen (etwa durch Eintritt in einen Bettelorden) den höchsten Grad seiner sittlichen Vervollkommnung und darf in diesem Streben staatlicherseits nicht — auch nicht über privatrechtliche Nichtigkeitsgründe — behindert werden. Die Problemlage ist also hinsichtlich der Anwendbarkeit des § 134 BGB selbst bei Art. 1 I genau so wie bei allen Einzelgrundrechten.

f) Diese dargelegte Unanwendbarkeit des § 134 BGB bei Rechtsverletzungen, welche im Verhältnis Staats- und Grundrechtsträger Grundrechtsverletzungen wären, im Rechtsverkehr Privater untereinander ist freilich nur eine — wenn auch besonders instruktive — Folge aus einem *prinzipiellen rechtsdogmatischen Leitsatz:* Wer getreu dem Willen des Grundgesetzes von der Menschenwürde und deren primärer Erscheinungsform, der Freiheit, her deduziert und unsere Rechtsordnung betrachtet, muß auch (und vielleicht gerade) unter Geltung des Grundgesetzes an der grundsätzlichen *Eigenständigkeit und Eigengesetzlichkeit des Zivilrechts gegenüber dem verfassungsrechtlichen Grundrechtssystem* festhalten. Jede, wie es geboten ist, bei Art. 1 I mit Art. 2 I einsetzende Betrachtung zwingt nach wie vor von Verfassungs wegen zur Anerkennung des Menschen als eines Privatrechtssubjekts, das unter

---

deste, was Art. 1 I Satz 1 von der Zivilrechtsprechung fordert, ist die Pflicht, auch seinen Wertgehalt noch in die Generalklausel des § 138 BGB einzubeziehen. Dieser Weg wäre dann zwar verfassungsrechtlich bedenkenfrei, erscheint aber noch nicht als die wirklich von der Verfassung geforderte Lösung. *Denn Mallmann hat auch recht,* wenn er von Art. 1 I Satz 1 feststellt, daß er „den § 138 zwar nicht in dessen ganzem Wirkungsbereich, aber eben überall da, wo es um die Würde des Menschen geht, überdeckt und beherrscht". In der Tat dürfte in Gestalt des Art. 1 I Satz 1 GG eine neue zivilrechtliche, im Verhältnis zu § 138 BGB spezielle Generalklausel entstanden sein. Auf jeden Fall ist sie dann aber eine Wertklausel innerhalb der zivilrechtlichen „Autarkie" und keine unbesehen aus der Verfassung in den § 134 BGB einzubeziehende formelle Verbotsklausel, weil im Recht gegen den Staat und in Rechtsbeziehungen unter Privaten die Schutzintensität des Art. 1 I Satz 1 in materieller Hinsicht nicht dieselbe ist. Unter Privaten bestimmt wenigstens teilweise immer noch der konkrete Private selbst die Wertmaßstäbe für seine Menschenwürde, während die Menschenwürde dem handelnden Staat gegenüber immer als in *abstracto feststehend* und dem Menschen als *solchen* zustehend anzusehen ist.

[9] Vgl. etwa *Dürig,* JR 1952, S. 262; *ders.,* AöR 79, S. 256; *Bachof,* VVDStRL 12 (1954), S. 72; *Nipperdey,* GR II, S. 5 f.

seinesgleichen grundsätzlich ohne Rücksicht auf den Staat treffende Grundrechtsge- und -verbote frei über das Ob und Wie des Gebrauchmachens von Freiheit und Gleichheit entscheiden darf. Von diesem Ausgangspunkt her gesehen, hat somit nach wie vor die überwiegende Meinung[10] recht, wenn sie *dualistisch konstruiert*, indem sie in den Grundrechten im Allgemeinen gegen den Staat gerichtete subjektive öffentliche Rechte[11] sieht und in der Drittrichtung zivilrechtlich eigenständige Privatrechte wirken läßt.

2. Die neue Lehre

Es kann nicht verkannt werden, daß unter der Führung *Nipperdeys*[12] gegenüber dieser überkommenen Grundrechtsauffassung immer mehr eine Lehre an Boden gewinnt und neuerdings auch ihren ersten Niederschlag in der höchstrichterlichen Rechtsprechung[13] gefunden hat, die wegen ihrer Tendenz zur Verwirklichung der „absoluten" Grundrechtswerte ebenso begrüßenswert, wie wegen ihres Zerstörungswerks in systematischer Hinsicht bedenklich ist.

---

[10] Vgl. lediglich unter Geltung des *Grundgesetzes: Schmidt-Rimpler / Gieseke / Friesenhahn / Knur*, AöR 76, S. 169 ff.; *Schätzel*, RdA 1950, S. 284 ff.; *W. Jellinek*, BB 1950, S. 425 ff.; *Hueck*, Die Bedeutung des Art. 3 des Bonner Grundgesetzes für die Lohn- u. Arbeitsbedingungen der Frauen, 1951, S. 11 ff.; *Nawiasky*, Die Grundgedanken des Grundgesetzes, 1950, S. 32; *Apelt*, JZ 1951, S. 353 ff. mit Fn. 30; *Wernicke*, Bonner Komm., Art. 1/II 4 b; *Maunz*, Staatsrecht, 3. Aufl. 1954, S. 74, 81 ff., S. 93 für Art. 3; *Geiger*, KommBVerfGG, 1952, S. 276 mit kleinem Vorbehalt; *J. Heckel*, in: Festschrift f. Smend (für das Grundrecht der Kirchen), 1952, S. 136; *Köttgen*, DÖV 1953, S. 322; *Dürig*, JR 1952, S. 262 mit Fn. 50 (für Art. 3); *ders.*, ZgesStW 109, S. 339 ff.; *ders.*, GR II, S. 525 (für Art. 11); *Ipsen*, GR II, S. 144 (die Anwendbarkeit des Art. 3 für den „schuldrechtlichen Leistungsaustausch" im Ergebnis verneinend); *Stein*, in: Zinn / Stein, KommHessVerf., 1954, S. 94; *H. Schneider*, NJW 1954, S. 937 (941); *Haas*, Entschädigungssystem, 1955, S. 32.

[11] In unserem Zusammenhang ist eine nähere Grundrechtsdifferenzierung in „institutionelle Garantien" und „Rechtsinstitutsgarantien" nicht nötig. Bei ihnen ist möglicher Angreifer und daher Adressat der Normenzusammenfassung *immer* nur der Staat. Der Einzelne kann z. B. niemals „das" Eigentum (als Rechtsinstitut „Privateigentum") verletzen, sondern immer nur das konkrete Eigentum eines anderen. Der Staat dagegen kann „das" Eigentum und das konkrete Einzeleigentum verletzen. Gegen ersteres schützt die Institutsgarantie, gegen letzteres das Grundrecht als subjektives öffentliches Recht.

[12] Vgl. RdA 1950, S. 125 ff.; Gleicher Lohn der Frau bei gleicher Leistung, Rechtsgutachten, 1951; *Enneccerus / Nipperdey*, Allg. Teil des bgl. Rechts, 1. Halbbd., 14. Aufl. 1952, S. 57 f.; GR II, S. 18 ff. — Auf *Nipperdey* berufen sich u. a.: *Hildeg. Krüger*, RdA 1954, S. 366; *Wieacker*, JZ 1954, S. 467, Fn. 6; *Beitzke*, GR II, S. 212 mit Fn. 82 und vor allem das (in Fn. 13 zit.) Urt. des BAG v. 3. 12. 1954.

[13] Urt. BAG v. 3. 12. 1954, JZ 1955, S. 117 Leits. 2: „Das Grundrecht der freien Meinungsäußerung und das Verbot, jemanden wegen seiner politischen Anschauungen zu benachteiligen, sind Ordnungssätze für das soziale Leben, die unmittelbare Bedeutung auch für den Rechtsverkehr der Bürger untereinander haben."

a) *Nipperdeys Lehre* in ihrer letzten Ausprägung (GR II, S. 18 ff.), die dann im Urt. des BAG vom 3. 12. 1954 fast wörtlich wiederkehrt, stellt keineswegs in Frage, daß auch heute eine Reihe von Grundrechten (genannt werden: Art. 8, 11, 13, 14 I, III, 16, 17) nur „die öffentliche Gewalt im engeren Sinne des Wortes binden". Es gebe aber Grundrechtssätze, die es nicht nur mit einer vor dem Staat zu schützenden Freiheitssphäre zu tun haben, die vielmehr auch dem einzelnen Menschen oder Bürger in seinen Rechtsbeziehungen zum anderen durch Rechtssatz einen *„status socialis"* garantieren (*Sinzheimer:* Grundrechte gegen die „sozialen Gewalten"). Der verfassungsrechtliche Satz gewähre in diesen Fällen dem einzelnen *„mit zwingender Wirkung" (Nipperdey)* eine bestimmte Rechtsposition im Verkehr mit den Rechtsgenossen. Das BAG spricht hier von Ordnungsgrundsätzen für das soziale Leben, die *„unmittelbare Bedeutung"* auch für den Rechtsverkehr der Bürger untereinander haben (JZ 1955, S. 119). In diesem Sinne entschied das BAG expressis verbis für das Grundrecht der freien Meinungsäußerung und das Verbot, jemanden wegen seiner politischen Anschauung zu benachteiligen. Nach *Nipperdey* gilt das u. a. „für den aus Art. 3 herzuleitenden Grundsatz der Lohngleichheit der Frauen bei gleicher Arbeit und Leistung, für das Recht der freien Meinungsäußerung in den Grenzen des Art. 5, für die Diskriminierungsverbote des Art. 3 Abs. 3, für Art. 6, für die Wettbewerbsfreiheit des Art. 2 Abs. 1, für den Grundsatz des Art. 14 Abs. II". *Hildeg. Krüger* (RdA 1954, S. 368) erklärt überdies: „Nicht nur gegen den Staat, sondern gegen jeden Dritten ist auch das Recht zur freien Entfaltung der Persönlichkeit gerichtet, was allein schon aus seiner Schranke, den Rechten ‚anderer', zu folgern ist", um dann im nächsten Satz überzuleiten zu der (vorwurfsvollen, aber völlig zutreffenden) Feststellung, daß die *„absolute Wirkung der Grundrechte"* nicht in erster Linie von *Verfassungsrechtlern, sondern von Privatrechtlern* vertreten werde.

b) Wie erklärt sich nun die *Reserviertheit fast aller Verfassungsrechtler* gegenüber den neuen Thesen von der „zwingenden Wirkung verfassungsrechtlicher Sätze im Verkehr mit den Rechtsgenossen", von der „unmittelbaren Bedeutung der Grundrechte der Verfassung auch für den Rechtsverkehr der Bürger untereinander", von der „absoluten Geltung der Grundrechte" — eine Reserviertheit, die wohlgemerkt besteht *trotz* der Erkenntnisse:

aa) *„Daß es oberhalb und unterhalb der eigenen Staatshoheit Gruppen, Mächte und Verhältnisse* gibt, die heute die individuelle Freiheit viel stärker und prinzipieller antasten, als dies einer öffentlichen Behörde in den Sinn kommt"[14];

---

[14] *H. Schneider,* NJW 1954, S. 941. Vgl. auch *Hildeg. Krügers* interessanten

bb) daß unsere Verfassungstexte (wirklichkeitsfern und deshalb oft beklagt) im Wesentlichen auf der überkommenen *individualistischen Antithese „Individuum—Staat" verharren* und daher auch unsere Grundrechtssätze die Fülle überindividueller Gebilde ignorieren und das Verhaltensrecht der Verfassung auf eine Verhältnisordnung Individuum—Staat vereinfachen[15];

cc) daß die Aufnahme von *Verfassungsrechten* des *status socialis* zwar der Methodenreinheit der klassischen Freiheitsrechte widerstreitet[16], aber an sich verfassungstheoretisch möglich und praktisch vielfach üblich ist[17];

dd) daß die *Sozialentscheidung* des Grundgesetzes (Art. 20, 28) den negativen klassischen Freiheitsbegriff zu einer von vornherein *„sozialgebundenen Freiheit"*[18] umgestaltet hat.

Hinweis darauf, daß es nicht eigentlich der Staat, sondern die Partei war, die die Weimarer Grundrechte denaturierte (Fn. 12, S. 369).

[15] Vgl. dazu: *Kägi,* Die Verfassung als rechtliche Grundordnung des Staates, 1945, S. 47; *Dürig,* JR 1952, S. 259; *ders.,* JZ 1953, S. 194 (Ziff. 5).

[16] Zur Frage: „Soziale Verfassungsrechte?" vgl. *Hans Huber,* in: Festschrift zur Hundertjahrfeier der Bundesverfassung, Zürich 1948, S. 149 ff.

[17] Vgl. dazu *Scheuner,* Recht-Staat-Wirtschaft, Bd. III (1951), S. 158 f.; *ders.,* ebd., Bd. IV, S. 96 ff. Seine Feststellung: „Das Grundgesetz kennt solche Grundrechtsbestimmungen nicht" ist vielleicht bereits im Hinblick auf Art. 6 IV GG zu apodiktisch. Vgl. neuerdings zum subjektiven öffentl. Recht des unverschuldet Hilfsbedürftigen auf Fürsorge: Urt. des BVerwG v. 24. 6. 1954, JZ 1954, S. 757 (mit Literatur- und Rechtsprechungshinweis der Redaktion). Im übrigen aber dürfte angesichts *Nipperdeys* ständiger Verwendung des Begriffes *„status socialis"* der Hinweis nötig sein, daß es sich — jedenfalls nach herkömmlicher öffentlich-rechtlicher Auffassung — auch bei ihm zunächst um einen *öffentlichen* Status handelt (*status positivus,* gerichtet auf *staatliches* Handeln oder Leisten, vgl. *Thoma,* HbDStR II, S. 621). Im aristotelisch-scholastischen Sinne gehört der Begriff als solcher zunächst nicht in die Austauschgerechtigkeit, sondern in die justitia distributiva (Anspruch des Einzelnen auf Anteilnahme am Gemeinwohl). Selbst dieser *öffentliche* status positivus bedarf aber in der Regel noch der Durchformung auf der Gesetzesebene, ehe er zum subjektiven öffentlichen Recht wird. (Vgl. dazu eingehend *Forsthoff,* VVDStRL 12 [1954], S. 20). In der *Dritt*richtung komplizieren sich die Vollziehbarkeitsprobleme erneut, da hier auf Grund desselben „formellen" öffentlichen status positivus (des Gerichtsschutzanspruches) dem Staat ein sich auf seinen „materiellen" status positivus berufender Bürger (etwa als Arbeitnehmer) und ein sich gerade *deswegen* auf den status negativus berufender Bürger (etwa als Arbeitgeber) gegenüberstehen. Die hier nötige normative Synthese kann die Verfassung selbst regelmäßig nicht aufstellen (wobei die durch Fristversäumnis des Gesetzgebers gem. Art. 117 I mit Art. 3 II entstandene Ausnahmesituation kein Gegenargument liefert).

[18] *Dürig,* JZ 1953, S. 197. Gegen die übliche einseitige Deutung des Wesens des Sozialstaates als eines Staates, in dem der Einzelne Ansprüche gegenüber der Gesamtheit stellt, vgl. zutreffend *Fechner,* Freiheit und Zwang im sozialen Rechtsstaat, 1953, S. 14: „Es handelt sich um den Anspruch der Gesamtheit gegenüber dem einzelnen." Eine besonders geglückte Fruchtbarmachung der Sozialstaatsentscheidung scheinen mir die drei Urteile des BAG v. 14. 7. 1954 zum Hausarbeitstag zu sein (BAG 1, 51 ff. = JZ 1954, S. 568 ff. m. Anm. v. *Galperin*).

Man kann die *Antwort* vielleicht in einem Satz, wie folgt, zusammenfassen: Das Verfassungsrecht steht permanent Situationen gegenüber, in denen, obwohl an sich der gleiche Lebensvorgang zu subsumieren ist, *Rechtmäßigkeit und Rechtswidrigkeit auseinanderklaffen* und verfassungsrechtlich auch auseinanderklaffen *müssen,* je nachdem, ob der Staat oder ein anderer Privater als Beeinträchtiger der Individualsphäre auftritt.

c) Da sind zunächst jene Fälle, in denen ein Vorgang in der Drittrichtung *zivilrechtlich rechtmäßig* ist, obwohl er, wenn der Staat als Angreifer aufträte, *verfassungswidrig* wäre. Das *Verfassungsgebot,* das zu dieser Erscheinung führt, ist bereits dargelegt worden. Es besteht in der sich aus Menschenwürde (Art. 1 I) und Freiheit der Persönlichkeitsentfaltung (Art. 2 I) ergebenden, gegen den Staat gerichteten Dispositionsfreiheit über die Rechtsbeziehungen zu ebenso ausgestatteten anderen Individuen. Insofern steht der das Grundgesetz interpretierende Verfassungsrechtler von vornherein konstitutionell gegen Beschränkungen von Privatrechtsautonomie, Vertragsfreiheit[19] und Testierfreiheit mit Hilfe eben *jener* verfassungsrechtlichen Normen, die längst als bloße spezielle positivrechtliche *Erscheinungsformen* gerade der obersten Konstitutionsprinzipien unserer Rechtsordnung erkannt sind[20]. Jede formale Übertragung von Verfassungsrechtssätzen, die gerade dem Individuum eine staatsfreie Sphäre sichern sollen, auf das Recht gleichgeordneter Privater untereinander „mit zwingender Wirkung" *(Nipperdey),* mit „unmittelbarer Bedeutung" (BAG), mit „absoluter Geltung" *(Hildeg. Krüger)* schlägt mit eherner Folgerichtigkeit zurück und *trifft eben jene individuellen Grundwerte.* Obwohl dies ohne weiteres einleuchtend ist, wird es noch deutlicher werden, wenn man im einzelnen die bisher von der neuen Lehre als Beispiele genannten Grundrechtssätze daraufhin überprüft.

aa) Wenn man z. B. aus *Art. 2 I* für den Privatrechtsverkehr eine Wettbewerbsfreiheit als verfassungsrechtliches Gebot mit zwingender Wirkung herausliest, dann führt das in derselben rechtslogischen Sekunde zu einem *Zwang* zur Freiheit, zu einem Gebrauchen*müssen* der Freiheit, zu einer Beschränkung der Vertragsfreiheit, auch Wettbewerbs*bindungen* eingehen zu dürfen[21].

[19] Sehr klar *E. R. Huber,* WirtschVerwR, Bd. I, S. 388: „Jedoch umfaßt Art. 2 Abs. 1 GG, der das Recht zur freien Entfaltung der Persönlichkeit garantiert, auch eine Verbürgung der Vertragsfreiheit, da das Recht zur vertraglichen Ordnung der individuellen Lebensbeziehungen ein wesensnotwendiges Element der Persönlichkeitsentfaltung ist".

[20] Vgl. dazu *Dürig,* AöR 79, S. 60 m. Fn. 60, näher präzisiert in: GR II, S. 522.

[21] Spezielle Kartellprobleme müssen hier außer acht bleiben. Zum allgemeinen Problem des Zwanges zur Freiheit vgl. etwa: *Maunz,* Staatsrecht,

bb) Wenn man in *Art. 3 II* ein auch in der Drittrichtung zwingend wirkendes Verfassungsgebot sieht, dann hört z. B. die Lohngestaltung weitgehend auf, Schuldrecht und Austauschrecht zu sein[22], das eheliche Gütervertragsrecht müßte verfassungsrechtlich fragwürdig werden u. dgl.

cc) Wenn man die Differenzierung wegen der Unterscheidungsmerkmale des *Art. 3 III* auch im Privatrecht mit absoluter Geltung verbietet, dann beseitigt man z. B. — um die anschaulichste Wirkung zu nennen — das Schenkungs- und Testierprivileg Privater, ein Privileg, das m. E. besteht, auch wenn die Schenkung (die letztwillige Zuwendung) „*wegen*"[23] eines der in Art. 3 III genannten Unterscheidungsmerkmale erfolgt, und wenn die Schenkung (die letztwillige Verfügung) — soweit nicht gerade Sittenwidrigkeit vorliegt — „jedes verständigen und zu billigenden Sinnes"[24] entbehrt. Die auch von Art. 3 III nicht unmittelbar

---

S. 112: „Die Koalitionsfreiheit ist *keine* Pflicht zur Marktfreiheit oder zum freien Wettbewerb. Auch sonst enthalten die Freiheiten des Grundrechtskatalogs keine Pflicht des Staatsbürgers, von diesen Freiheiten wirklich Gebrauch zu machen. Er kann vielmehr davon Abstand nehmen, ohne das GG zu verletzen." *Herb. Krüger,* Grundgesetz und Kartellgesetzgebung, 1950, S. 18: „Die Freiheit wird nicht zuletzt zu dem Zwecke gewährt, dem Individuum die Eingehung einer autonomen Bindung möglich zu machen."

[22] Vgl. *Ipsen,* GR II, S. 144: „Nur wo der einzelne — wie im Staat, in der Gemeinde — Glied genossenschaftlicher Verbandszugehörigkeit ist, kann er sich dem Verband und seinen Normen gegenüber auf den Gleichheitssatz berufen. Seine schuldrechtlich geregelten Rechtsbeziehungen zu Dritten sind einer inhaltlichen Gleichgestaltung im Verhältnis zu anderen unter Berufung auf den Gleichheitssatz der Verfassungen schwerlich zugänglich, soweit das positive Recht ... ihm nicht effektiv die Gleichbehandlung sichert." (Ich vermag nicht zuzugeben, daß *Ipsen,* wie *Herb. Krüger,* DVBl. 1955, S. 384 meint, als Anhänger der These von der Drittrichtung der Grundrechte anzusprechen sei). Daß Art. 3 dann seinerseits die Handhabung z. B. der arbeitsrechtlich gesicherten Gleichbehandlung beeinflussen kann, ist eine andere Frage, die erst bei der Schilderung des Weges, auf dem das Privatrecht dem Wertsystem der Grundrechte genügen muß, zu erörtern ist. Vgl. unten III. — Besonders erwähnenswert im Zusammenhang der Lohngleichheit ist, daß *Zinn-Stein,* Komm., S. 194, *nicht einmal Art. 33 Satz 2 HessVerf.:* „Die Frau und der Jugendliche haben für gleiche Tätigkeit und gleiche Leistung Anspruch auf gleichen Lohn" unmittelbare Wirkung für die Lohnregelungen in Einzelarbeitsverträgen beilegen. Dabei dürfte jedoch das Problem der „*Drittrichtung*" mit dem Problem der „*Vollziehbarkeit*" (vgl. oben Fn. 17) vermengt sein, so daß zwar das Ergebnis zutrifft, die Prämisse m. E. *hier* (bei Art. 33 HessVerf.) jedoch auf Drittrichtung lauten müßte.

[23] *Der kausale Zusammenhang* wird von *Nipperdey,* GR II, S. 20 und vom BAG (Fn. 18, Leits. 4) mit Recht gefordert. Vgl. auch BVerfGE 2, 266 (286); *Dürig,* FamRZ 1954, S. 3 f.; *ders.,* GR II, S. 531 f. Im konkreten zur Entscheidung stehenden Fall hat das BAG wegen dieses fehlenden Kausalzusammenhangs zwischen politischer Anschauung und Kündigung die Anwendbarkeit des Art. 3 III verneint.

[24] Neben dem Kausalzusammenhang fordern *Nipperdey* und das BAG diese „*rule of reason aus der Natur der Sache*". Damit relativieren sie m. E. doch wieder ihre These der „zwingenden Wirkung" und der „unmittelbaren Be-

mit zwingender Wirkung berührte Eigengesetzlichkeit des Privatrechts ließ sich an beliebig vielen Beispielen nachweisen. Sie zeigt sich wohl aber auch deutlich genug gerade bei dem nach der These des BAG unmittelbar privatrechtlich wirkenden Verbot der Benachteiligung „wegen seiner politischen Anschauung". Diese angeblich in der Drittrichtung verbotene Benachteiligung in kausalem Zusammenhang mit der politischen Anschauung ist doch geradezu *das* Kriterium der privaten parteiorientierten Tendenzbetriebe (z. B. der Parteipresse), wie es überhaupt das Spezifikum zahlloser Betriebe ist, gerade *wegen* des Glaubens, der religiösen oder politischen Anschauungen Arbeitnehmer einzustellen, nicht einzustellen und zu entlassen[25]. Hieran ist durch Art. 3 III selbstverständlich nichts geändert worden, und von absoluter Wirkung und unmittelbarer Geltung des Art. 3 III im Privatrecht kann hier, wie sonst, keine Rede sein. Das BAG macht mit seiner These auch gar nicht ernst, da die von ihm in Anschluß an *Nipperdey* geforderte *„rule of reason aus der Natur der Sache" immer* zur Beachtung spezifisch zivilrechtlicher Sonderlagen führen muß und die zivilrechtliche Eigenständigkeit gegenüber Art. 3 III wahrt.

dd) Beim Grundrecht der freien Meinungsäußerung *(Art. 5)* ist die These *Nipperdeys* und des BAG von der Drittrichtung insofern fundierter, als es in der Tat wohl nur ein entstehungsgeschichtlicher Zufall ist, wenn bei Art. 5 ein dem Art. 118 I Satz 2 WRV entsprechender Satz fehlt. Aber gerade die damals hierzu getroffenen Feststellungen, daß nämlich „der Satz dringend einer einschränkenden Auslegung" bedürfe, „denn weite Auslegung führt zu unannehmbaren Ergebnissen"[26] hätten die neue Lehre warnen müssen. Trotz des an sich klaren Wortlauts, war bei Art. 118 I Satz 2 WRV kaum etwas von seiner zwingenden Wirkung als neues, *neben* die schon vorhandenen zivilrechtlichen Abwehrmöglichkeiten tretendes Verfassungsverbot zu spüren. Man reduzierte diese

---

deutung" der Grundrechte im Privatrecht. Diese *„rule of reason"* ergibt sich letztlich *doch* dann aus der Eigengesetzlichkeit des Privatrechts, der zufolge etwa eine Schenkung wegen der in Art. 3 III enthaltenen Unterscheidungsmerkmale keineswegs willkürlich ist (und es wohl sogar *begrifflich* nicht sein kann), während der Staat als freiwillig Wohltaten Gewährender an Art. 3 III scheitert, wenn er wegen der dortigen Merkmale differenziert.

[25] Auch hiermit ist nicht gesagt, daß Art. 3 III seinen Wertgehalt überhaupt nicht im Privatrecht zur Geltung bringen kann (vgl. oben Fn. 5 und unten 3).

[26] *Anschütz,* 14. Aufl., S. 556. *Hellwig,* in Nipperdey, Grundrechte, Bd. II (1930), stellte für das allgemeine Benachteiligungsverbot fest (S. 58): „Vielmehr geht sein Sinn dahin, daß es die Knebelung der Freiheit der Meinungsäußerung durch unsittliche (!) Ausnutzung der wirtschaftlichen Überlegenheit tunlichst (!) verhindern will"; für das spezifisch arbeitsrechtliche Verbot des Art. 118 I Satz 2 (ebd., S. 65): „... es soll nur ein Mißbrauch (!) der Machtstellung des Arbeitgebers zur unbilligen und unsachlichen Knebelung (!) der Meinungsfreiheit ... verhindert werden".

Norm — genau so wie es jetzt mit Recht BAG tut — auf ein Verbot des Mißbrauchs seitens des Arbeitgebers zu unbilliger und unsachlicher Knebelung der Meinungsfreiheit und wehrte „Maßregelungen", „Willkürakte" und „Mißbrauch" mit seiner Hilfe ab. Das war und ist genau das, was das Privatrecht schon immer mit seinen elastischen Generalklauseln erreichen konnte, obwohl Art. 118 I Satz 2 WRV dem Wortlaut nach geradezu zur Anwendung des starren § 134 BGB gezwungen hätte. Im übrigen verläuft im Urteil des BAG die ganze These von Art. 5 als eines Ordnungsgrundsatzes für das soziale Leben, der unmittelbare Bedeutung auch für den Rechtsverkehr der Bürger untereinander habe, im Sande eines Kunstgriffs. Zu den das Grundrecht gem. Art. 5 II beschränkenden „allgemeinen Gesetzen" werden nämlich dann (JZ 1955, S. 120 li. oben) „im Verhältnis der einzelnen Bürger zueinander auch die Grundregeln für die Arbeitsverhältnisse" gerechnet. Dies mündet m. E. in dem Kurzschluß: Zwar Geltung unmittelbar für das Privatrecht, aber was vom Grundrecht gilt, ergibt sich eben aus dem Privatrecht. Man fragt sich, wozu dann die mit einem gewissen Pathos der Neuerung vorgetragenen These der Drittwirkung nötig war, denn man wird zugeben müssen, daß man die hier behauptete Eigengesetzlichkeit des Privatrechts gegenüber gegen den Staat gerichteten Verfassungssätzen nicht klarer eingestehen kann, als dadurch, daß man die materielle Reichweite der angeblichen Drittwirkung wiederum dem bis zur Zumutbarkeitsklausel dispositiven Recht der konkreten Einzelarbeitsverhältnisse entnimmt[27].

ee) *Nipperdey* nennt ferner, obwohl es sich um einen der komplexesten Grundrechtsartikel handelt, kurz und bündig den *Art. 6 GG* als solchen[28]. Aber selbst wenn man nur auf Abs. I abstellt, hier wiederum

---

[27] So mußte man freilich bereits in der Weimarer Zeit (vgl. *Hellwig*, Fn. 26, S. 65 f.) mit Art. 118 I Satz 2 WRV verfahren. Damals aber gab man seinen im Rahmen der Grundrechtssystematik heterogenen Charakter offen zu und tat daher genau das *Umgekehrte*, wie heute die neue Lehre. Man relativierte, um zu vernünftigen Ergebnissen zu kommen, diese Norm, die sich formal als *zwingendes Verfassungsgebot* darstellte, zugunsten gerade der Eigengesetzlichkeit der dispositiven Privatrechtsverhältnisse und dachte nicht daran, von dieser Ausnahmevorschrift aus generell auf zwingende Wirkung der Grundrechte im Privatrechtssystem zu schließen.

[28] Es enthalten: *Abs. I:* ein subj. öffentl. Recht zur Eingehung der Ehe, zur Weitergabe von Leben, auf Nichtantasten der bestehenden ehelichen Gemeinschaft und eine Institutsgarantie der Einehe, der natürlichen Eigengesetzlichkeit von Ehe und Familie, der Ehe als allein rechtmäßiger Form einer fortdauernden Lebensgemeinschaft von Mann und Frau; *Abs. II:* ein subj. öffentl. Recht (vgl. BVerfG v. 20. 10. 1954, E 4, 52 = JZ 1955, S. 114) und eine Rechtsinstitutsgarantie (was übrigens mehr ist als „Richtlinie"); *Abs. III:* den Gesetzesvorbehalt zu Abs. II; *Abs. IV:* ein subj. Recht des status positivus, das mindestens insoweit unmittelbar vollziehbar ist, als es im Sinne des BVerwG v. 24. 6. 1954, JZ 1954, S. 757 zugleich allgemeiner Fürsorgeanspruch ist; *Art V:* eine rechtliche Weisung an den Gesetzgeber und selbst-

seinen Charakter als Rechtsinstitutsgarantie außer acht läßt und nur das in Abs. I enthaltene stärkste und anschaulichste subjektive öffentliche Freiheitsrecht herausgreift, nämlich das Recht *zur* (Eingehung der) *Ehe,* läßt sich die Behauptung einer zwingenden Wirkung auch in der Drittrichtung nicht halten. Aus der Staatsrichtung ist ohne Frage jeder unmittelbare oder mittelbare Zwang zur Ehelosigkeit (mit Ausnahme von Ehehindernissen der Geschlechtsunreife, der fehlenden Erkenntnisfreiheit, der Blutsverwandtschaft, der noch bestehenden Ehe) verboten. Im Privatrecht sind rechtmäßige Verträge etwa mit der Verheiratung als auflösender Bedingung und als Kündigungsgrund durchaus denkbar (im Mietrecht: der möbliert wohnende Zimmerherr heiratet; im Arbeitsrecht: die Hausangestellte heiratet; usw.). Auch hier möge, der apodiktisch hingestellten These entsprechend, dieses beliebig zu vermehrende Gegenargument des privatrechtlichen Alltags genügen[29].

ff) Auch für den Satz: „Eigentum verpflichtet" *(Art. 14 II),* den *Nipperdey* schließlich als Grundsatz mit zwingender Privatrechtswirkung nennt, gelten die bisherigen Feststellungen, obwohl hier selbstverständlich das Vorzeichen insofern umgekehrt ist, als der Bürger als *Pflichtensubjekt* angesprochen wird. Art. 14 II bedeutet keineswegs, daß nun alle Gemeinwohlpflichten aktuelle zivilrechtliche Rechtspflichten im Verhältnis anderen gegenüber sind[30]. Grundrechtsschranken im

---

verständlich — wie *jedes* Grundrecht — eine Auslegungsregel zur Ausfüllung der privatrechtlichen Generalklauseln.

[29] Mit obigen Feststellungen wird keineswegs bestritten, daß, wie der Fall des Eindringens der Ehebrecherin in die Familienwohnung zeigt (Urt. BGHZ v. 26. 6. 1952, JZ 1952, S. 688 m. Anm. v. *Coing* = NJW 1952, S. 975), das Privatrecht im Hinblick auf Art. 6 vor Lücken seiner bisherigen Schutzmöglichkeiten gestellt werden kann, und daß es, wie es der BGH mustergültig getan hat, Wege finden muß, den Wertgehalt des Art. 6 vollständig zu realisieren. (Vom Standpunkt der Verfassung aus begrüßenswert auch: LG Wuppertal, MDR 1955, S. 165; OLG Celle, FamRZ 1955, S. 46; verfehlt dagegen LG M.-Gladbach, FamRZ 1955, S. 48). Nach allem bisher Gesagten dürfte aber die *„unmittelbare Anwendung"* des Art. 6 GG auch als subjektives Privatrecht *kein* geeigneter Weg sein. Diese unmittelbare Anwendung wird vom BGH auch nur *erwogen* und nicht, wie es bei *Nipperdey* den Anschein erweckt, entschieden. Es darf hier vorweggenommen werden, daß jedes Grundrecht, dessen von Art. 1 I her bestimmter Wertgehalt zivilrechtlich noch schutzlos sein sollte, das Bündel der „sonstigen Rechte" i. S. des § 823 I BGB erweitern kann. Es sind dies dann aber Privatrechte, die in formaler Richtung und materieller Reichweite mit dem Grundrecht, dessen Wertreflex sie sind, keinesweg identisch sind.

[30] Vgl. *Dürig,* ZgesStW 109, S. 342 f. Gewiß wird sich die Gemeinwohlpflichtigkeit des Eigentums reflexartig sehr oft günstig für den einzelnen Dritten auswirken. Sie kann sich, wo sich öffentliches und privates Interesse decken (z. B. bei der an sich der gefährdeten Allgemeinheit gegenüber bestehenden „Verkehrssicherungspflicht"), bis zu einer echten privatrechtlichen Pflicht verdichten. Aber trotz solcher häufiger Parallelität sind Gemeinwohl und Einzelwohl wesensmäßig verschieden (vgl. *Dürig,* AöR 79, S. 64 f.), so daß man umgekehrt z. B. auch aus den „Rechten anderer" i. S. des Art. 2 I keine

öffentlichen Interesse sind noch längst nicht immer auch zwingende Schranken in der Drittrichtung. So sind etwa, um nur einige Schulfälle zu nennen, Rechtsgeschäfte trotz Verstoßes gegen Feiertagsgesetze, Ladenschlußregelungen usw. nach wie vor zivilrechtlich wirksam. Die „Doppelspurigkeit" des öffentlichen Sachenrechts ist durch Art. 14 II keineswegs beseitigt und selbst die gewidmete öffentliche Sache ist privatrechtlichen Verfügungen nicht unzugänglich. Und das pointierteste Beispiel ist wohl die Erscheinung, daß ein tatsächliches Verfügen über eine Sache „nach Belieben" (§ 903 BGB), soweit das Verfahren mit der Sache nicht gerade andere schädigt, keinerlei privatrechtliche Verpflichtung in sich trägt. Wer, um die berühmten Fälle zu nennen, seinen Weinbestand vertrinkt, sein Geld vergeudet, usw., handelt bei diesem tatsächlichen *„abusus"* vielleicht nicht ausdrücklich rechtmäßig, aber jedenfalls in einem trotz Art. 14 II nach wie vor irrelevantem Bereich, der eines bürgerlichrechtlichen Gehaltes entbehrt[31]. Es ist übrigens, wenn man auch hier das von *Nipperdey* zur Stützung herangezogene Zitat überprüft, keineswegs so, als habe das Urt. des BGH v. 15. 6. 1951[32] den Art. 14 II GG benutzt, um mit seiner Hilfe neue, bisher zivilrechtlich unbekannte Pflichten zu begründen. Das Gericht verweist, völlig zutreffend, auf die bisherige genügende Auslegung des § 242 BGB und stellt für Art. 14 II GG fest, daß er es „in seiner knappen Fassung" nicht gestatte, „darüber hinausreichende Pflichten aus ihm abzuleiten".

d) Der Erscheinung, daß Vorgänge in der Drittrichtung als rechtmäßig zu behandeln sind, obwohl sie aus der Staatsrichtung verfassungswidrig wären, entspricht die Erscheinung, daß Lebensvorgänge dem Staat gegenüber *verfassungsmäßig* sind, obwohl sie in der Drittrichtung *rechtswidrig* sind. Diese dem Verfassungsrechtler ebenso geläufige Erscheinung, die nur die *Kehr*seite des Gesamtprinzips ist, daß Zivilrecht und Verfassungsrecht hinsichtlich der Rechts- und Unrechtsfolgen grundsätzlich eigenständig sind, folgt aus dem durch Art. 2 I unbezweifelbar gemachten *Verfassungsgebot*, das der *Verfasser* früher bereits präzisiert hat[33]. Das Grundgesetz hat bei Anerkennung des allgemeinen Freiheitsrechts die Rechte der „anderen" (wie § 903 BGB sagt: die Rechte „Dritter"), als bereits in der Privatrechtsordnung normiert hingenommen, und Grundrechte (subjektive öffentliche Rechte) dem Staat gegenüber nur insoweit anerkannt, als sie nicht die „Rechte

---

Gemeinwohlpflichten herleiten kann. Gegen eine Subsumtion der Gemeinschaftsbelange unter die „Rechte anderer" zuletzt auch *Herb. Krüger*, NJW 1955, S. 202 f.

[31] Vgl. dazu: *Jung*, Arch. f. Rechts- u. Wirtschphil. 19, S. 533; *Friedrichs*, AöR 40, S. 287.

[32] MDR 1951, S. 726 f. (vor allem Schlußabsatz).

[33] *Dürig*, ZgesStW 109, S. 342.

anderer" verletzen. Das Grundgesetz denkt also die Grundrechte von vornherein *vermindert* um die den anderen gegenüber bestehenden subjektiven privaten Rechte und *setzt voraus,* daß die Menschenrechte im Verhältnis der einzelnen untereinander bereits in der Privatrechtsordnung aktualisiert sind[34]. Man kann daher vom Standpunkt der Verfassung aus gesehen von einer Art *privatrechtlichem Innenverhältnis* sprechen, dessen Eigenständigkeit sich auf den ersten Blick etwa in folgendem zeigt:

aa) Der Bürger kann *privatrechtlich vertragsbrüchig* werden und auf Schadensersatz aus Vertragsverletzung haften, wenn er dem Staat gegenüber rechtmäßig von einem Grundrecht Gebrauch macht. *Beispiele:* Der Arbeitnehmer wird bei Streikbeteiligung ohne vorherige Kündigung des Einzelarbeitsvertrages vertragsbrüchig[35]. Der Angehörige eines Tendenzbetriebes wird vertragsbrüchig, wenn er später von Art. 5 Gebrauch machen will[36].

bb) Der Bürger hat dem anderen gegenüber kein Privatrecht darauf, ihm das im Verhältnis zum Staat rechtmäßige *Gebrauchmachen von Grundrechten zu ermöglichen. Beispiele:* Art. 4 II gewährt kein Recht, zu Veranstaltungen einer Religionsgesellschaft zugelassen zu werden.

---

[34] Es ist unerfindlich, wie *Hildeg. Krüger,* RdA 1954, S. 368 gerade von der Schranke der „Rechte anderer" auf Drittrichtung des Art. 2 I und der Grundrechte folgern kann. Es handelt sich doch offenkundig um eine *Subtraktion:* Allgemeine menschliche Freiheit *minus* Bindungen durch Privatrechte anderer ergibt rechtlich anerkanntes subjektives *öffentliches* Recht in der Staatsrichtung.

[35] Ob das Grundgesetz selbst ein „Streik*recht*" oder nur eine „Streik*freiheit*" als Ausfluß der natürlichen Handlungsfreiheit anerkennt, kann hier dahingestellt bleiben. Hier interessiert nur die Erscheinung, die in beiden Lösungen dieselbe bleibt, daß sich Verfassungsmäßigkeit und zivilrechtliche Rechtmäßigkeit nicht decken. Dieser Ausgangspunkt ist bei *Zinn / Stein,* Komm. S. 188 klar gesehen. Nach Abschluß dieser Zeilen hat das BAG im Beschl. des Großen Senats vom 28. 1. 1955, JZ 1955, S. 386 ausgesprochen, daß auch die die Arbeit ohne Kündigung niederlegenden Arbeitnehmer nicht vertragswidrig und nicht rechtswidrig handeln. Zu diesem Ergebnis (gegen die h. M.) gelangt das BAG aber nicht, wie man nach seiner Grundrechtsrechtsprechung an sich hätte erwarten müssen, über die These der Grundrechtsgeltung auch im Privatrechtsverkehr, sondern durch die Akzentverschiebung auf die kollektivrechtliche Seite des Streiks. (Frage: *Muß* denn der Einzelne am Streik teilnehmen, so daß seine Einzelhandlung in der Kollektivhandlung „aufgeht" und deren Rechtsschicksal automatisch teilt?)

[36] In allen diesen Fällen des Grundrechtsgebrauchs trotz inhaltlich entgegenstehender Vertragsverpflichtung (vgl. auch bereits oben Fn. 6) führen zivilgerichtliche Verurteilungen zwar nicht zur *Leistungserzwingung,* aber in jedem Fall zur *Schadenshaftung* für die Vertragsverletzung. In der Regel ergibt sich das gegen den Staat gerichtete Verbot der Leistungserzwingung in derartigen Fällen jetzt schon aus § 888 II ZPO. M. E. muß man aber dieses Verbot *vorverlagern in die erkennende Instanz.* Die zivilprozessuale — und darum öffentlich-rechtliche — Behandlung dieses Problems steht noch aus.

Das Informationsrecht des Art. 5 I Satz 1 bewirkt keinerlei Kontrahierungszwang im Privatrecht (Pflicht zur Lieferung der Zeitung, zur Vermietung von Quellenmaterial, zur Zulassung zu geschlossenen Veranstaltungen usw.). Art. 8 läßt alle Beeinträchtigungen des privatrechtlichen Hausrechts rechtswidrig bleiben.

cc) Die *Rechtsverletzung einem anderen gegenüber* verletzt lediglich das Privatrecht und nicht das (gleichnamige) Grundrecht. *Beispiele:* Wer das Eigentum eines anderen verletzt, verstößt deshalb nicht gegen Art. 14 GG[37] (und es wäre m. E. ein „schwarzer Tag" der Zivilrechtsprechung, wenn der ersten actio negatoria oder rei vindicatio *gestützt auf Art. 14 GG* stattgegeben würde[38]). Die zivilrechtlich unzulässige Kündigung einer Wohnung verletzt nicht Art. 13. Ein ungerechtfertigtes Filmaufführungsverbot durch die FSK verletzt nicht Art. 5 I Satz 3.

dd) Der Bürger als Glied einer freiwilligen Verbandszugehörigkeit kann sich, solange er Angehöriger des Verbandes bleiben will, *nicht im Innenverhältnis dem Verband gegenüber* auf Grundrechte berufen, und kann, wenn er es tut, grundsätzlich mit vom Staat als rechtmäßig anzuerkennender Wirkung ausgeschlossen werden. *Beispiele:* Art. 4 II bezieht sich nicht auf das Innenverhältnis von Einzelmensch und seiner Religions- oder Weltanschauungsgemeinschaft. Ein autoritativ amtierender Vereinsvorstand, Versammlungsleiter usw. kann nicht mit Hilfe der Grundrechte zur Toleranz (zur Meinungsanhörung, zum Eintritt in die Diskussion usw.) gezwungen werden. Trotz Art. 5 III kann der Forscher als Angehöriger einer Forschungsgesellschaft zivilrechtlich wirksam auf bestimmte Forschungsaufträge festgelegt werden.

ee) Der Bürger, dem Grundrechte gem. Art. 18 GG in Verbindung mit §§ 36 ff. BVerfGG *„aberkannt"*[39] sind, bleibt selbstverständlich *zivilrechtlich anderen Dritten gegenüber in seiner vollen Rechtsposition.*

---

[37] Vgl. *Dürig,* ZgesStW 109, S. 339.

[38] Vgl. dazu *Stein,* in Zinn / Stein, Komm. S. 166; Zutreffend auch im Ergebnis Beschl. HessStGH v. 14. 4. 1949, P.St 20 (unveröffentlicht). Unklar: *Geiger,* Komm. z. BVerfGG, S. 282. M. E. kann nur die objektiv unrichtige Anwendung oder Nichtanwendung von *Verfassungs*recht ein Zivilurteil zu einem gegen Art. 14 GG verstoßenden Fehlurteil machen. In vermögensrechtlichen Streitigkeiten kommen m. E. dafür nur nach *Art und Weise* grundrechtswidrig zustandegekommene Zivilurteile in Betracht und möglicherweise solche, die bei der Inzidenzprüfung *Hoheitsakte,* die die Eigentumslage gestalten, objektiv unrichtig gewertet haben. Vgl. auch oben Fn. 2. Das ganze Problem der Verfassungsverletzung durch Zivilurteile harrt dringend einer Spezialuntersuchung. Am bedeutsamsten m. E. bisher: *Stein,* in: Zinn / Stein, Komm., S. 165 ff., wie überhaupt der ganze Kommentar eine voll gelungene Leistung wäre, wenn er nicht hoffnungslose „Rettungsversuche" zur Aufrechterhaltung höchst eigenwilligen hessischen Landesverfassungsrechts unternähme (man vgl. etwa die Erläuterung zu Art. 29 V HessVerf und demgegenüber *E. R. Huber,* WirtschVerwR, Bd. II, S. 415).

[39] Vgl. zu diesem Begriff *Dürig,* JZ 1952, S. 514; *W. Weber,* GR II, S. 367.

Beispiel: Wer sich am Eigentum eines anderen vergreift, dem nach Art. 18 GG mit § 39 BVerfGG das Recht aberkannt ist, sich (in der Staatsrichtung) auf dieses Grundrecht zu berufen, handelt nach wie vor rechtswidrig[40].

3. Die Lösung

a) Die Einzelgrundrechte sind Erscheinungsformen eines in Art. 1 I und 2 I GG deklaratorisch anerkannten, der Verfassung vorgegebenen *Wertsystems*, das gegen spezifische Gefährdungen aus der Staatsrichtung durch verschiedenwertige positivrechtliche Grundrechte geschützt wird. Dem Wertsystem entspricht dabei ein durch Art. 1 III unbezweifelbar gemachtes, gegen den Staat gerichtetes *Anspruchssystem*. Das hier Wesentliche ist nun, daß zu diesem Anspruchssystem, eben um den obersten Konstitutionsprinzipien unseres Gesamtrechts zu genügen, gerade auch das Recht gehört, über individuelle Lebensbeziehungen zu anderen rechtlich autonom disponieren zu dürfen. Das aber bedeutet rechtslogisch, daß in der *Dritt*richtung die „absolute Wirkung" der Grundrechte durch ein Grundrecht zugunsten der Individualautonomie und der Eigenverantwortung relativiert ist. Der Rechtsverkehr Privater untereinander unterliegt daher gerade von Verfassungs wegen[41] Sonderrecht (eben „Privatrecht") — und zwar auch im Recht der Abwehr von Angriffen Privater auf Rechte anderer (soweit nicht überhaupt das Strafrecht eingreift). Die normativen *Mittel* zur Abwehr von Angriffen aus der Drittrichtung, mit deren Hilfe bei Fehlen spezieller zivilrechtlicher Schutznormen das objektive Privatrecht seinen *Schutzauftrag* (vgl. Art. 1 I Satz 2 GG) erfüllt, sind seine *wertausfüllungsfähigen und wertausfüllungsbedürftigen Generalklauseln*. Der Weg über ihre Anwendung wahrt einerseits die nach grundrechtlicher Anerkennung der privaten Dispositionsfreiheit im Drittrechtsverkehr *rechtslogisch* und *rechtssystematisch* notwendig gewordene *Eigenständigkeit des Privatrechts*, und wahrt andererseits die selbstverständlich nötige *Einheit des Gesamtrechts in der Rechtsmoral.*

---

[40] Die Richtigkeit der dualistischen Grundrechtsauffassung ließe sich noch vielfach näher erhärten. Nur ein Beispiel: Art. 9 GG insgesamt — also eben jene Norm, die in ihrem Abs. III Satz 2 den positivrechtlichen Musterfall einer Grundrechtsdrittwirkung liefert — zeigt, daß sich nicht einmal so elementare Begriffe wie *„allgemeine Rechtsfähigkeit"* und *„Grundrechtsfähigkeit"* zu decken brauchen. Art. 9 Abs. I schützt auch die Vereinigung *als solche* und Abs. III schützt auch die Koalition *als solche* (BVerfGE 4, 96 = JZ 1955, S. 203 m. Anm. v. *Nikisch*, VerwRspr. 7, S. 148), ohne daß diese zu Rechtssubjekten im Sinne der BGB-Begriffswelt erstarkt zu sein brauchen. Außergewöhnlich ist das freilich nicht, wie der bekannte Dualismus von Rechts- und Tariffähigkeit zeigt.

[41] „Denn das Privatrecht ist der Ausdruck der Persönlichkeit als Rechtsinstitution", *Hallstein*, SJZ 1946, S. 3.

aa) Nun sollte man es niemals so hinstellen, als habe unser Privatrecht bisher oberste menschliche Werte schutzlos gelassen, und als habe es gewissermaßen erst auf den Anruf des Grundgesetzes warten müssen, um wirklich werthaftig zu werden. Der Öffentlichrechtler kann nur neidvoll auf das im Privatrecht mit Hilfe der Generalklauseln entwickelte System der Abwehrmöglichkeiten schauen[42]. Vor allem, wenn sich das öffentliche Recht einmal an das ganz verwandte Problem der Grundrechtswirkung im freiwilligen besonderen Gewaltverhältnis heranwagen wird, wird sich erweisen, *wie* wertvoll dieses System elastischer Wertschutzmöglichkeiten in einer Materie ist, deren Eigenarten grundsätzliche Freiheit zum Rechtsverzicht und grundsätzliche Eigenständigkeit gegenüber dem verfassungsrechtlichen jus cogens sind.

bb) Es muß ferner angesichts des jetzt schon wiederholt angeklungenen Vorwurfs, die überkommene dualistische Grundrechtsauffassung nehme die „Aufwertung" der Grundrechte rückständigerweise nicht ernst genug, auch betont werden, daß diese Ausfüllungsfähigkeit und Ausfüllungsbedürftigkeit der privatrechtlichen Generalklauseln durch die in den Grundrechten dem Staat gegenüber aktualisierten Werte *längst unbestrittene* Lehrmeinung ist[43].

b) Bei dieser Ausfüllung der privatrechtlichen Begriffe und Generalklauseln mit den in den Grundrechten ausgeformten Wertgehalten lassen sich *drei Intensitätsgrade* unterscheiden:

aa) In der Regel wird es sich angesichts des vorhandenen durchgebildeten privatrechtlichen Schutzsystems um *bloße Verdeutlichung* der nun einmal überhaupt erst durch Kasuistik plastisch werdenden Begriffe handeln. Bei jedem Fall der herkömmlichen privatrechtlichen Knebelungs-Mißbrauchs-Willkürabwehr bekommt die Anwendung der Abwehrnorm eine ganz andere Farbe und, vom Bürger her gesehen, Verständlichkeit, wenn der Richter Wertgehalte der Verfassung zur Begründung ihrer Anwendung benutzt. Wenn der Richter z. B. ein ver-

---

[42] Man vgl. nur einmal die von *Coing*, NJW 1947/1948, S. 213 herausgearbeiteten Rechtsgrundsätze in der Rechtsprechung des Reichsgerichts zum Begriff der „guten Sitten".

[43] Schon bei *Herb. Krüger*, NJW 1949, S. 163, findet sich der Leitsatz: „Für das Zivilrecht ist die Verfassung die vornehmste Quelle, aus der es seine wertausfüllungsbedürftigen Begriffe und Generalklauseln auszufüllen hat"; vgl. ferner *W. Jellinek*, BB 1950, S. 426; *Hueck*, Rechtsgutachten zu Art. 3 II, durchgehend; *Dürig*, JZ 1953, S. 199 und ZgesStW 109, S. 341 (beide Male zwar für den fiskalischen Bereich, damit aber incidenter erst recht für den reinen Privatrechtsverkehr bejahend); *Dürig*, GR II, S. 525: „Die Einbruchsstellen der Grundrechte in das Zivilrecht sind dessen wertausfüllungsfähige und wertausfüllungsbedürftige Normen." Bereits bei *Hildeg. Krüger*, NJW 1955, S. 549 ff., sind Anzeichen dafür vorhanden, daß sie in Wirklichkeit auch nur diesen Weg der privatrechtlichen Grundrechtsaktualisierung meint.

tragliches zeitlich unbegrenztes Verbot zur Rückkehr nach einem bestimmten Ort an § 138 BGB scheitern läßt[44], dann sollte er (er muß es keineswegs), in den Entscheidungsgründen erkennbar werden lassen, daß hier ein menschlicher Grundwert in seinem Wesensgehalt angegriffen wurde, den die Verfassung dem Staat gegenüber durch das Freizügigkeitsgrundrecht des Art. 11 (mit Art. 19 II) schützt. Wenn BGHZ 3, 248 (251) im Privatrecht das Prinzip des Verbots willkürlicher Ungleichbehandlung anwendet, dann wäre ein Hinweis auf den Wertschutz im Verfassungsrecht durch Art. 3 tunlich gewesen[45]. Wenn die Arbeitsgerichte mißbräuchliche Kündigungen (etwa nach § 1 II KSchG als „sozial ungerechtfertigt") abwehren, dann sollten sie den Beteiligten sagen, um welche auch in der Verfassung dem Staat gegenüber geschützten Werte es geht. *Jedes* Grundrecht ist in dieser Weise geeignet, die Anwendung einer oft doch recht floskelhaften zivilrechtlichen Wendung durch Heranziehung von aus der Verfassungsterminologie jedermann bekannten Wertvorstellungen plastischer und lebensnäher zu machen.

bb) Seltener (hier aber wichtiger) sind die Fälle, in denen zwar die bereits vorhandenen privatrechtlichen Abwehrnormen völlig ausreichen und an sich keine Wertschutzlücken aufweisen, aber infolge eines in der Verfassung erkennbar gewordenen Auffassungswandels einer *wertgeschärften Auslegung* bedürfen. Es ist noch *niemals* in Frage gestellt worden, daß unsere neuen Verfassungen, die nach einem schlimmen Anschauungsunterricht die jüngsten umfassendsten Plebiszite über wertgeschärfte Auffassungen der Rechtsgemeinschaft darstellen, maßgebliche *Auslegungsrichtlinien* auch für die privatrechtlichen Wert-

---

[44] Vgl. RG v. 16. 10. 1914, Warn. 1915, S. 19 = Reger Bd. 35, S. 245; dazu *Dürig*, GR II, S. 525.

[45] Das Gericht spricht allerdings von einem „das *ganze* Recht beherrschenden Grundsatz", denkt also offensichtlich vor allem auch an Art. 3 GG. Dabei ist der Hinweis *Baurs*, JZ 1952, S. 496 „auf die notwendige Beschränkung dieses Satzes gerade im Privatrecht bedeutsam, weil er ganz im hier vertretenen Sinne eine Warnung vor unbesehener Übernahme von Verfassungssätzen in das Privatrecht" enthält. Üblicherweise wird heute der privatrechtliche Gleichbehandlungsgrundsatz schon gar nicht mehr begründet. Das ist von der Verfassung her gesehen zwar unschädlich, aber die Privatrechtsprechung sollte doch hier die Einheit des Rechts moralischer Art erkennbar machen. Auch im Verwaltungsrecht war ein exaktes System der Willkür- und Mißbrauchsabwehr vorhanden, ohne daß man seinerzeit hätte die Verfassungen bemühen müssen. So ginge es regelmäßig auch heute noch, um etwa Art. 3 GG völlig Genüge tun zu können. Dennoch bemühen sich fast alle Verwaltungsgerichte stets um eine Rückführung auf Art. 3. Die Privatrechtsprechung sollte dasselbe wenigstens durch Werthinweise tun. In diesem Sinne ist es begrüßenswert, wenn BGHZ 16, 71 (80) bei der Prüfung der Sittenwidrigkeit eines Praxistausches auch Art. 12 mit Art. 19 II einbezieht. Mehr läßt sich m. E. aus dieser Entscheidung nicht herauslesen. Insbesondere wird hier m. E. nicht die These der unmittelbaren Drittrichtung des Art. 12 aufgestellt. A. A. *Herb. Krüger*, DÖV 1955, S. 600 Fn. 28.

begriffe abgeben[46]. Niemand wird *heute* mehr in Zweifel ziehen können, daß nach gerade an der Verfassung geschärfter Wertauffassung etwa ein Vertrag, Wohnungen an Juden nicht zu vermieten, eine testamentarische Enterbung für den Fall der Verheiratung mit einem „Nichtarier" usw. im Sinne der herkömmlichen reichsgerichtlichen Diktion „unvereinbar mit dem Anstandsgefühl *aller* billig und gerecht Denkenden" sind[47], daß ein Einverständnis zur Sterilisation privatrechtlich unbeachtlich ist, daß die „Onkelehe" keine bürgerlichrechtliche Ehe sein kann, daß die Nichtanwendung des arbeitsrechtlichen Gleichbehandlungsgrundsatzes auf Frauen *allein* wegen der Fraueneigenschaft „Willkür" ist usw. In diesen Fällen geht es also nicht (wie bei aa) um bloße Verdeutlichung und Wert*differenzierung*, sondern um echte wertausfüllende Auslegung und Wert*akzentuierung* der privatrechtlichen Schutznormen aus den in der Verfassung erkennbar gewordenen Wertvorstellungen der Rechtsgemeinschaft[48].

cc) Am seltensten (hier aber wohl am wichtigsten) sind die Fälle, in denen das überkommene privatrechtliche Schutzsystem, gemessen an dem in der Verfassung ausgeformten Wertsystem, *Lücken* aufweist. Soweit ersichtlich, versagt der überkommene privatrechtliche Normenapparat lediglich beim Schutz gewisser Erscheinungsformen der ureigensten Privat- und Geheimsphäre[49]. Dieses Versagen war auch bisher kaum ein Versagen aus Wertuneinsichtigkeit, sondern vielmehr ein Versagen in der Frage, woran man sich beim Wertschutz terminologisch orientieren solle, um auch für diese Abwehr noch die herkömmlichen Generalklauseln heranziehen zu können. Nicht Wertblindheit[50], sondern Scheu vor terminologischer Überforderung der Generalklauseln (etwa des § 826 BGB) führte m. E. zu einem vereinzelt versagenden Wert-

---

[46] Der gleiche Vorgang spielt sich im öffentlichen Recht ständig etwa im ebenfalls wertausfüllungsbedürftigen polizeirechtlichen Begriff der „öffentlichen Ordnung" ab. Unter Geltung eines Art. 6 GG verstößt ein Bordellbetrieb fraglos wider die „öffentliche Ordnung" (vgl. OVG Münster v. 18. 5. 1954, DÖV 1955, S. 92). Dasselbe gilt m. E. beim Konkubinat (str.). In einer Verfassung, die mit Art. 2 II GG ein Recht „auf" Leben, aber kein Recht „über" das Leben anerkennt (vgl. *Maunz,* Staatsrecht, S. 87), ist der Selbstmord „Störung der öffentlichen Ordnung", usw.

[47] Vgl. dazu bereits oben Fn. 5 (am Ende der Erörterung von *Boehmers* unhaltbarer Interpretation des Art. 3 III GG).

[48] Wenn *das* die neue Lehre mit den Thesen der „zwingenden Wirkung", der „unmittelbaren Bedeutung", der „absoluten Geltung" der Grundrechte im Privatrecht meinen sollte, hätte sie zwar völlig recht, würde aber doch wahrhaftig *offene Türen* aufstoßen.

[49] Aus der neueren Judikatur vgl. für den ehelichen Lebensraum BGH, JZ 1952, S. 688, m. Anm. v. *Coing;* für den Schutz privater Aufzeichnungen bei versagendem Urheberrechtsschutz BGHZ 13, 334 = JZ 1954, S. 698 m. Anm. v. *Coing.*

[50] Das von *Mallmann* (vgl. oben Fn. 7) mit Recht glossierte Urteil muß doch wohl durchaus als unrühmliche Ausnahme gewertet werden.

schutz. Diesen vereinzelt fehlenden *benannten Orientierungspunkt* hat die Verfassung vor allem mit ihren Art. 1 I und 2 I nun in der Tat gegeben, ohne damit freilich das Privatrecht auf bestimmte Modalitäten der letzten Wertverwirklichung festzulegen.

Die Verfassung wäre mit *folgenden Wegen einverstanden,* ohne einen davon vorzuschreiben:

— Das Privatrecht bezieht auch die in der Verfassung genannten obersten Werte noch in die herkömmlichen Generalklauseln (etwa den § 826 BGB) ein und dringt auf diesem Wege durch Begründung ihrer Anwendung mit der Verfassungsterminologie zu einer privatrechtlichen Wertdifferenzierung und Wertakzentuierung vor.

— Das Privatrecht erkennt eine dem Begriff der „guten Sitten" im Anwendungsergebnis entsprechende neue eigenständige privatrechtliche Generalklausel „Menschenwürde" an[51].

— Das Privatrecht erweitert das Bündel der einzelnen subjektiven Privatrechte (etwa als „sonstige Rechte" i. S. des § 823 I BGB) um einige (wenige) spezifische Rechte zum Schutz der ureigensten Privatsphäre[52].

— Das Privatrecht anerkennt als „krönenden Abschluß" *(Coing)* seiner Abwehrmittel ein (selbstverständlich privatrechtliches) „allgemeines Persönlichkeitsrecht". Wie BGHZ 13, 334 zeigt, scheint sich *dieser* Weg durchzusetzen, wodurch vor allem das Anliegen *Coings*[53] seinerseits einen „krönenden Abschluß" finden würde. Nur kann m. E. der Verfassungsrechtler der Lehre vom allgemeinen Persönlichkeitsrecht nicht zugestehen, daß die Verfassung gerade diesen Weg verlange und hier gewissermaßen klärend in eine privatrechtliche Kontroverse eingegriffen habe. Die Verfassung ist *Modalitäten* gegenüber, in denen ihr das materielle Zivilrecht genügt, indifferent. Ebensowenig wie etwa Art. 14

[51] Vgl. bereits oben Fn. 7 und 8. Im übrigen dürfte dann aber die Warnung nötig sein, den Begriff nicht dadurch zu entwerten, daß man ihn als erweiterten Ehrenschutz abnutzt oder mit seiner Hilfe Geschmacklosigkeiten abwehrt. Ein übersteigertes Beispiel: Keine Anwendung bei „Damenringkämpfen", wohl aber bei jeder Diskussion über die „künstliche Insemination", die die „Menschenwürde" verletzt, weil sie das Kind zum „Retortenkind" macht, weil sie den Vater zur „vertretbaren Größe" macht, von der Mutter voraussetzt, den Vater als solchen hinzunehmen, während (bei der heterologen I.) der Donor überhaupt nur schaudernd gedacht werden kann.

[52] Also etwa den BGH-Urteilen der Fn. 49 entsprechend: ein Recht auf den räumlich-gegenständlichen Bereich der Ehe; ein Recht an privaten Aufzeichnungen.

[53] Nach dem Zusammenbruch zuerst in SJZ 1947, S. 642; zuletzt in: Staudinger, 11. Aufl. 1954, Vorbem. 17 ff. Dort auch umfassende Literaturübersicht, die zu ergänzen ist neuestens durch *Nipperdey,* GR II, S. 40 ff. Letzte Monographie: *Hubmann,* Das Persönlichkeitsrecht, 1953. Gegen eine Einreihung des „allgemeinen Persönlichkeitsrechts" unter die „sonstigen Rechte" des § 823 I BGB *Larenz,* NJW 1955, S. 521 ff.

I GG als zweifelsfreies Grundrecht auf *jedes* vermögenswerte Gut das Privatrecht dazu zwingt, jetzt auch das „Vermögen“ als solches in einem allgemeinen Privatrecht (z. B. als „sonstiges Recht“ des § 823 BGB) zusammenzufassen, ebensowenig entscheidet die Verfassung die Frage, ob ein privatrechtliches allgemeines Persönlichkeitsrecht oder ein Bündel einzelner Personenrechte anzuerkennen ist. Das Privatrecht hat hier in den Lösungsmodalitäten nach wie vor volle Eigenverantwortlichkeit[54].

c) An Hand einer Materie, die *Otto Mayer* immerhin „öffentliches Nachbarrecht“ nannte, die also trotz ihrer jetzigen privatrechtlichen Behandlung der Sache nach den Vorwurf der öffentlich-rechtlichen Grenzüberschreitung nicht aufkommen läßt, sei noch einmal *beispielhaft verdeutlicht*, wie sich das Verfassungsrecht die privatrechtliche Differenzierung, Akzentuierung und ggf. Lückenausfüllung mit Hilfe von Verfassungsrechtssätzen vorstellt. Als Modell diene der Satz „Eigentum verpflichtet“, von dem das RG sehr bald schon feststellte[55], daß er zur Auslegung der Grenze von Treu und Glauben und erlaubter Rechtsausübung nicht außer acht gelassen werden dürfe. Dieser Satz muß nun als Auslegungsnorm auch dazu führen, daß der Einzeleigentümer auch dort in Relation zum Gemeinwohl gesetzt wird, wo bisher die Nivellierung öffentlicher Unternehmen auf die Ebene von Eigeninteressen wahrnehmenden Privatnachbarn üblich ist. Bisher werden z. B., um im anschaulichsten Teil des Nachbarrechts zu bleiben, Immissionen öffentlicher Betriebe, die auf das Nachbargrundstück dringen, bei der Frage ihrer Zulässigkeit so behandelt, als gingen sie von einem dem gestörten Grundstück gleichartigen Grundstück aus. Folge: Ohne Rücksicht auf die Gemeinwohlwerthaftigkeit einer Schule, einer Bahn, eines Flugplatzes u. dgl. sind die Immissionen sofort nicht mehr rechtmäßig, wenn sie nicht mehr „unwesentlich“ bzw. „ortsüblich“ sind. Weitere Folge: Es entsteht an sich ein privatrechtlicher Abwehran-

[54] Von der Verfassung aus gesehen wären also im Urt. des BGH, JZ 1952, S. 688 sowohl der Weg über § 823 I BGB, als auch der Weg des allgemeinen Persönlichkeitsrechts (so der Vorschlag *Coings* in der Anm.) gangbar gewesen. Dem Öffentlichrechtler fällt dabei auf, daß im Privatrecht ein genereller Begriff („allgemeines Persönlichkeitsrecht“) zum Siege gelangt ist, obwohl die hierfür als Stütze beigezogenen Art. 1 I und 2 I GG in der Staatsrichtung durch einen subtilen Spezialkatalog differenzierender Einzelregelungen verdeutlicht und „verbraucht“ sind. Das sollte sich eigentlich auch privatrechtlich *spezialisierend* (etwa über Einzelrechte nach § 823 I BGB) auswirken. Der Fall BGH, JZ 1952, S. 688 liegt doch näher am spezifischen Wertgehalt des Art. 6, als beim „allgemeinen“ — insofern verfassungsrechtlich verbrauchten — Persönlichkeitswert des Art. 2 I, den *Coing* zur Beiziehung vorschlägt.

[55] Soweit ersichtlich, erstmalig im Urt. v. 15. 1. 1926, JW 1926, S. 980. Zuletzt findet sich dieser Gedanke der Entsprechung von Art. 14 II GG im Verfassungsrecht und § 242 im privaten Rechtsverkehr im Urt. des BGH v. 15. 6. 1951, MDR 1951, S. 726.

spruch gegen die rechtswidrige Immission, den der Gestörte nur nicht durchsetzen kann. Ergebnis: Gefährdungshaftung und Schadensersatz nach dem Grundgedanken des § 26 GewO[56]. Der vom Standpunkt der Verfassung aus neuralgische Punkt dieser Konstruktionsschraube liegt in der Frage der *Zulässigkeit* einer Immission, da von ihrer Beantwortung das Entstehen eines überhaupt entziehbaren Abwehranspruchs (i. S. des § 26 GewO, die „Gewährung einer Privatklage") abhängt. Hier muß nun, wie es schon *Wieacker*[57] erkannte, geprüft werden, welchen Wert die beteiligten Grundstücke für das Gemeinwohl haben und ob sich die Zulässigkeit der Immission nicht bereits aus der Duldungspflicht des Einzeleigentümers gegenüber dem Gemeinwohl ergibt. Und diese Prüfung vollzieht sich nicht im Verfassungsrecht und nicht, vom Privatrecht her gesehen, praeter legem, sondern in dem wertausfüllungsfähigen und wertausfüllungsbedürftigen Begriff des § 906 BGB „unwesentlich". Wo bisher weitgehend undifferenzierter Formalismus vorherrschte, ist man somit unter völliger Wahrung privatrechtlicher Eigenständigkeit zum materiellrechtlich „Wesentlichen" vorgedrungen. Das aber genau ist das Anliegen der Verfassung *insgesamt* an das Privatrecht. Es ist ohne jegliches Zerstörungswerk an der Systematik unseres Rechts erfüllbar.

4. Worum es letztlich geht

Es wäre gut, wenn die vorstehenden Einzelheiten nicht den Blick für ihr *Grundanliegen* getrübt hätten. Es geht um die Erhaltung der privatrechtlichen Eigenständigkeit durch die Bewahrung des Privatrechts vor Übernahme von Verfassungsrechtssätzen mit zwingender, nicht erst vom Privatrecht nach eigenen Sachgesetzen mediatisierter Wirkung.

Diese, wie dargelegt, m. E. von der Verfassung selbst geforderte Auffassung wird sich mit Sicherheit dem *Vorwurf* aussetzen, für die Gegenwart gewissermaßen zu „idyllisch" zu sein, weil es diesen hier vorausgesetzten gleichberechtigten Bürger, der unter seinesgleichen die Lebensbeziehungen rechtlich frei gestalten könne, in einer Zeit der verzahnte-

[56] In der bekannten Entscheidung RGZ 101, 105 las das RG vor allem aus § 26 GewO den seither nicht bestrittenen allgemeinen Rechtsgrundsatz heraus, daß „für rechtswidrige Einwirkungen auf das Eigentum eines anderen, auch ohne daß dem Einwirkenden ein Verschulden zur Last fällt, überall da Schadloshaltung geleistet werden muß, wo infolge einer entgegenstehenden Sonderrechtsnorm dem Eigentümer die ihm nach den Grundsätzen des ordentlichen Rechts zustehende Befugnis, wegen des Eingriffs eine Abwehrklage (actio negatoria) zu erheben, entzogen ist". Dieser Rechtsgrundsatz, der ursprünglich auf die Beziehungen zwischen Einzelnen und gewerblichen Unternehmen beschränkt war (wie der ganze § 26 GewO), wurde später vom RG auch bei Eingriffen öffentlicher, dem Gemeinwohl dienender Betriebe laufend angewandt.

[57] Wandlungen der Eigentumsverfassung, 1935, S. 73.

sten sozialen Abhängigkeiten oft nur als potentielle Größe gebe; weil die „sozialen Gewalten“ als außerstaatliche Angreifer der Individualsphäre unter Verkennung der Verfassungsrealität nicht genügend zur Kenntnis genommen würden usw. Die Publizistik sieht die Diskrepanzen von verfassungsloser Wirklichkeit und wirklichkeitsloser Verfassung sehr wohl; sie sieht aber auch deutlich das *echte Dilemma,* in das z. B. der Ruf nach dem Staat zum Schutz vor den sozialen Gewalten führt. Man muß sich, wo immer dieser an sich berechtigte und verständliche Ruf laut wird, darüber im klaren sein, daß es für seine perfekte rechtliche Realisierung *nur zwei Möglichkeiten* gibt: Entweder man verstaatlicht die sozialen Zwischenmächte selbst durch ihre Institutionalisierung zu öffentlich-rechtlichen Einrichtungen, oder man unterstellt ihr Verhaltensrecht (hier über zwingende Grundrechtsbindung im Innenverhältnis zum Bürger)[58] dem jus cogens des öffentlichen Rechts. Das *Ergebnis* ist beide Male dasselbe: *Der Staat* rückt nach und dringt in bisher staatsfreie Bereiche ein — und zwar dies mit einer im modernen „Wohlfahrtsstaat“ geradezu unheimlichen soziologischen Gesetzmäßigkeit, die manchem Rufer nach staatlichem Schutz in bisher außerstaatlichen Gewaltverhältnissen nicht recht bewußt zu sein scheint. Es mag sein, daß in concreto und derzeit der Individualschutz dem Staat gegenüber wirksamer ist als gegenüber der privaten Verbandsgewalt[59]. Die Grunderkenntnis, daß vom Individuum her gesehen der Teufel durch Beelzebub ausgetrieben wird, wird dadurch nicht entkräftet. So entsteht das seltsame, aber doch sehr klare Bild, daß die neue Grundrechtslehre[60], im guten Glauben handelnd, Individualwerte in allen Rechtsbeziehungen absolut zu verwirklichen, gleichzeitig zum unbewußten Schrittmacher einer eindeutigen Tendenz zur *Verstaatlichung (Sozialisierung) des Privatrechts* wird[61].

---

[58] Auf derselben Linie liegt übrigens als Sonderproblem die Gleichstellung des „autonomen Rechts“ *(Hueck)* der Verbände mit dem staatlich gesetzten Recht im Begriff der „Gesetzgebung“ gem. Art. 1 III GG. Insoweit ist das Urt. des BAG v. 15. 1. 1955, NJW 1955, S. 684 mit seiner These der Bindung der Tarifvertragsparteien an den Lohngleichheitsgrundsatz absolut konsequent im Verhältnis zum hier in seinen Grundrechtsthesen abgelehnten Urt. v. 3. 12. 1954. Das gleiche gilt für die zustimmende. Anm. *Hildeg. Krügers* in NJW 1955, S. 684 im Verhältnis zu ihrer Abhandlung in RdA 1954, S. 366.

[59] Ausgemacht ist das noch keineswegs. Es sollte zu denken geben, daß z. B. im Recht des öffentlichen Dienstes (vor allem von *Forsthoff*) immer entschiedenere Stimmen laut werden, die im *Arbeitsrecht den stärkeren* Beamtenschutz erblicken. Übrigens würden fast alle Rechtsverhältnisse Privater zu den bisherigen staatsfreien sozialen Gewalten bei entsprechender öffentlich-rechtlicher Abwicklung als sog. „besondere Gewaltverhältnisse“ erscheinen müssen. Die Eigengesetzlichkeit dieser Abhängigkeiten würde also verfassungsrechtlich nur verlagert und der im besonderen Gewaltverhältnis bekanntlich sehr problematische Individualschutz kaum verbessert.

[60] — und auch die damit eng zusammenhängende Lehre, die das autonome Recht der Verbände einfach staatlicher „Gesetzgebung“ i. S. des Art. 1 III GG gleichsetzt, vgl. Fn. 58. —

II. Grundrechte im fiskalischen Tätigkeitsbereich

1. Die beim (reinen) Privatrecht der Privaten geschilderten verfassungsrechtlichen Hindernisse gegen eine Drittrichtung der Grundrechte bestehen naturgemäß nicht bei der fiskalischen Verwaltung (worunter hier zunächst ganz allgemein jede nicht in den Formen des öffentlichen Rechts ausgeübte Verwaltungstätigkeit[62] verstanden wird). Denn hier

[61] Wo im Privatrecht beim Individualschutz vor sozialen Gewalten unter weiser staatlicher Selbstbeschränkung nach wie vor die Linie der Mißbrauchsabwehr zu verlaufen hat, zeigt die bisherige Rechtsprechung etwa zur *Ausschließung* aus privaten Verbänden. Der Staat (in Gestalt der Privatrechtsprechung) wehrt formelle Verstöße ab (vgl. etwa RG, JW 1928, S. 2208) und materielle Verstöße gegen § 826 BGB (vgl. etwa RGZ 147, 14). Wenn man erkennt, daß der Wertbegriff der „guten Sitten" seinerseits von der Verfassung in der Wertausfüllung beeinflußt werden kann (vgl. oben 3. b), so ist mit dem Festhalten an dieser Rechtsprechung der Verfassung durchaus Rechnung getragen. Vor dem Zwang, außerstaatlichen Verbänden *beitreten* zu müssen, schützt seit jeher das Grundrecht der „negativen" Vereinigungsfreiheit. *Dieses* Grundrecht ist das stärkste Beispiel eines in der Drittrichtung wirkenden Grundrechts. *Seine* Anerkennung aber ist längst gesichertes Allgemeingut unserer Grundrechtsdogmatik (vgl. aus jüngster Zeit: *E. R. Huber,* WirtschVerwR, Bd. I, S. 198, 252; *W. Weber,* Aktuelle Probleme der Versicherungswirtschaft, 1954, S. 17; *Ipsen,* ebd., S. 39; *ders.,* AöR 79, S. 313; *Peters,* Verfassungsrechtliche Zulässigkeit berufsständischer Pflichtversorgungseinrichtungen, 1954, S. 30 f. — wobei nur Autoren genannt sind, die sich sowohl für Art. 9 I als auch für Abs. III in diesem Sinne entscheiden). Im übrigen aber ist — und das interessiert hier — gerade dieses Grundrecht der „negativen" Vereinigungsfreiheit gleichzeitig die stärkste und schulmäßige Bestätigung der hier vertretenen Grunderkenntnis, daß unser Verfassungsrecht keinen Zwang zum Gebrauchmachen von einzelnen Grundfreiheiten anerkennt.

[62] Zweifelsfrei ist auch die *„schlichte Hoheitsverwaltung"* i. S. *W. Jellineks* (andere Bezeichnungen: „Betreuungsverwaltung", „Verwaltung der Daseinsvorsorge" usw.), soweit sie überhaupt noch in den Formen des öffentlichen Rechts bleibt, genau so grundrechtsgebunden wie die (überwiegend mit Befehl und Zwang arbeitende) „obrigkeitliche Verwaltung" („Eingriffsverwaltung"). Der Begriff der „öffentlichen Gewalt" i. S. von Art. 19 IV GG und § 90 BVerfGG ist also genau so weit zu lesen, wie seit Art. 131 WRV im Staatshaftungsrecht der gleichlautende Begriff interpretiert wird. (Lehrreich aus letzter Zeit: BVerwG v. 12. 1. 1955, DVBl. 1955, S. 258, wo der Einsatz öffentlicher Mittel für den sozialen Wohnungsbau zutreffend als „staatliche *Hoheits*verwaltung" und dementsprechend der Bewilligungsbescheid auf Grund des § 1 WBauG als Verwaltungsakt angesehen wird.) Da für diesen Verwaltungsbereich die Ersetzung von „Peitsche durch Zuckerbrot" *(Hans Schneider)* typisch ist, ist vor allem wichtig, daß hier die Verwaltung *bei Gewährung und Vorenthaltung von freiwilligen Ausnahmeleistungen,* auf deren Gewährung an sich kein Rechtsanspruch besteht, an den Gleichheitssatz gebunden ist. Dabei ist jedoch vor allzu schneidigen Thesen zu warnen, weil sonst entweder die Verwaltung *noch* weiter aus dem öffentlichen Recht ausweicht oder von freiwilligen Leistungen ganz absieht, um sich nicht bei der nächsten Ablehnung der Rüge aus Art. 3 GG auszusetzen (so erklären sich die Zweifel bei *Dürig,* AöR 79 (1953/54), S. 258 gegenüber der apodiktischen Anwendung noch in JZ 1953, S. 198 V 1). Die Lösung wird ein Doppeltes beachten müssen: a) Im Gegensatz zum Privatrecht besteht hier die begriffliche Möglichkeit, daß die Gewährung oder Vorenthaltung einer freiwilligen Ausnahmeleistung, obwohl auf die Erbringung kein Anspruch besteht, willkürlich

steht der Staat dem Bürger als Handelnder gegenüber, und es besteht also gerade jene Spannungssituation Bürger—Staat, für die der staatsgerichtete Grundrechtsschutz der Individualsphäre gedacht ist. Man ist sich daher heute auch darüber einig, daß jedenfalls die Weimarer These[63] von der *fiskalischen Verwaltung als grundrechtsfreier Verwaltung* nicht mehr haltbar ist[64]. Das *gemeinsame Leitmotiv* dieser Grundrechtsaufwertung im Bereich fiskalischer Verwaltung ist dabei die Erkenntnis, daß der Staat bei Erfüllung öffentlicher Aufgaben der aktualisierten Grundrechtsbindung nach Art. 1 III GG nicht einfach durch *Flucht in privatrechtliche Rechtsformen entgehen kann*[65]. Soweit ersichtlich, fordert also niemand im Zeichen der Aktualisierungsnorm des Art. 1 III eine Revolutionierung der Fiskuslehre als solchen. Man fordert die Bestimmung der Grundrechtsrichtung gemäß Art. 1 III nach dem materiellen Verwaltungs*zweck* und der inneren Verwaltungs*aufgabe* und lehnt

---

oder mißbräuchlich ist (vgl. gegen das PrOVG *Bachof*, SJZ 1948, S. 750; *Dürig*, JZ 1953, S. 198). Die *erste* Gewährung für sich betrachtet wird aber nur dann an Art. 3 GG scheitern, wenn überhaupt kein vernünftiger Grund im Rahmen des öffentlichen Interesses erkennbar ist, wenn nach Art. 3 Abs. II u. III verbotene Gründe herangezogen werden, oder wenn mit der Gewährung sachfremde oder knebelnde Nebenbestimmungen gekoppelt werden, die sich ihrerseits als willkürlich und mißbräuchlich darstellen. Im übrigen aber verletzt die Gewährung einer Ausnahmeleistung nicht das Gleichheitsgrundrecht der anderen Nichtbevorzugten, weil nach wie vor kein Recht (und damit auch kein gleiches Recht) auf Gewährung von Ausnahmeleistungen besteht. b) Ein solches Recht kann aber als *Untätigkeitsfolge* des Verwaltungsrechts entstehen, wenn Ausnahmeleistungen vorenthalten werden, obwohl sie in gleichgelagerten Fällen gewährt wurden. Hierzu ist aber nötig, daß die Gewährungen in einer Art und Weise (Stetigkeit, Gleichzeitigkeit, Selbstverständlichkeit, Vorbehaltslosigkeit) erfolgen, daß auch der Nichtbevorzugte nach objektiven Maßstäben auf sie rechnen konnte. So war offensichtlich der Fall OVG Hamburg, DVBl. 1950, S. 539 gelagert, der für Ausnahme*genehmigungen* lehrreich ist; Subventionsfälle sind, soweit erkennbar, bisher noch nicht entschieden worden). Aus dem Schrifttum vgl. zum Problem vor allem *Köttgen*, DVBl. 1953, S. 485 ff.; *Hamann*, BB 1953, S. 865 ff. und zuletzt *Hildeg. Krüger*, DVBl. 1955, S. 178 ff. und 208 ff. mit dem übrigens berechtigten Vorwurf gegen den Verf., seinerzeit in JZ 1953, S. 193 ff. *Raiser*, ZHR 111, S. 75 ff. übersehen zu haben. Die Abhandlung *Herb. Krügers* über „Die Auflage als Instrument der Wirtschaftsverwaltung“, DVBl. 1955, S. 380 ff. konnte hier leider nicht mehr so berücksichtigt werden, wie es ihr gebührt.

[63] Repräsentativ etwa: *W. Jellinek*, VerwR, S. 25.

[64] Vgl. (zunächst ohne Rücksicht auf Einzelfragen): *Ipsen*, Aktionär und Sozialisierung in Verkehrs- und Energiewirtschaft, Rechtsgutachten, 1949, S. 32 ff.; *ders.*, DVBl. 1953, S. 620 m. Fn. 9; *ders.*, GR II, S. 143 f. m. Fn. 109; *Dürig*, JZ 1953, S. 199 m. Fn. 64; *ders.*, ZgesStW 109, S. 340 f.; *Bachof*, RdA 1953, S. 46; *ders.*, VVDStRL 12 (1954), S. 61 ff.; *Köttgen*, DVBl. 1953, S. 488; *Siebert*, in: Festschr. f. Niedermeyer, 1953, S. 240 m. Fn. 73; *Herb. Krüger*, DVBl. 1955, S. 380 ff.

[65] Vgl. außer den in Fn. 60 genannten Autoren die plastische Formulierung von *Naumann*, VVDStRL 11 (1953), S. 131: „Flucht aus der Hoheitsgewalt“. Vgl. ferner bereits *Forsthoff*, VerwR I, 3. Aufl. 1953, S. 64: „Es kann der öffentlichen Verwaltung nicht gestattet sein, durch bloße Auswechselung der Rechtsformen ihrer spezifischen Verantwortung auszuweichen.“

es ab, in den äußeren Verwaltungs*formen* weiterhin das Kriterium zu erblicken. Dieses bisher ohne erkennbaren Widerspruch hingenommene Abstellen auf materielle Gesichtspunkte führt dann aber m. E. von vornherein zu *zwei Teilergebnissen,* die als geklärt ausgeschieden werden können:

a) *Jeder* Rechtsträger (auch der *einzelne Private)* ist aus Art. 1 III GG unmittelbar grundrechtsverpflichtet und Anspruchsgegner der Grundrechte als subjektiver öffentlicher Rechte, wenn er durch Gesetz oder durch Verwaltungsakt mit *öffentlichen Aufgaben betraut* und mit *öffentlicher Gewalt* (im weiten Sinne etwa des Staatshaftungsrechts) *ausgestattet* ist[66].

b) Umgekehrt wird die wirkliche, d. h. nach innerem Zweck und äußerer Rechtsform, *fiskalische Verwaltung* von Art. 1 III GG unmittelbar *nicht* berührt. Um solche fiskalische Verwaltung im eigentlichen Sinne handelt es sich bei der *fiskalischen Wettbewerbswirtschaft* (Schulfall: Staatsbrauerei) und bei den privatrechtlichen *Hilfsgeschäften* der Träger öffentlicher Verwaltung (Schulfall: Finanzamt kauft Kohle). Hier, wo die privatrechtliche *Rechtsform* die wirkliche (und ehrliche) äußere Entsprechung des *inneren Verwaltungsmotivs* ist, besteht also keine Veranlassung, von den (unter I) für das Privatrecht der Privaten gewonnenen Ergebnissen abzuweichen[67].

2. Damit ist dann das Problem eingekreist auf jenen eigenartigen Verwaltungsbereich, in dem sich materiell *öffentliche Verwaltung* (als Daseinsvorsorge, Wirtschaftslenkung usw.) in den Formen des *Privatrechts* vollzieht. Der *Verfasser* hat früher[68] mit dem zugestandenermaßen reichlich formalistischen Hinweis auf Art. 19 IV GG, wo von „öffentlicher Gewalt" die Rede ist, diesen Verwaltungsbereich dem Privatrecht zugeordnet, also wie dort nur eine verfassungsrechtliche Beeinflussung der Wertauslegung im Rahmen der ausfüllungsfähigen privatrechtlichen

---

[66] Für den nach BGB bestellten Vormund zutr. verneinend: BGHZ Beschl. v. 30. 3. 1955, JZ 1955, S. 422; *Hildeg. Krüger,* JZ 1955, S. 634. Dieser Beschl. läßt sich mit seiner Feststellung, daß der Vormund zur Einweisung seines Mündels in eine geschlossene Anstalt keine richterliche Anordnung nach Art. 104 GG braucht, übrigens nur so deuten, daß auch nach Ansicht des BGH es nicht der Sinn der Grundrechte ist, Angriffe auf darin geschützte Werte aus *jeder* Richtung abzuwehren.

[67] Derartige weitgehende Folgerungen sind auch für *diesen* Verwaltungszweig expressis verbis noch nicht gezogen worden. Dabei kann zwar nicht übersehen werden, daß auch diese echte fiskalische Verwaltung mindestens insoweit *öffentliche* Verwaltung ist, als sie Verwaltung „mit öffentlichen Mitteln" ist. Aber wenn man den Begriff der „öffentlichen Verwaltung" nicht mehr nach Zweck, Aufgabe und Rechtsform, sondern nach Herkunft der Finanzmittel bestimmen wollte, müßte man konsequenterweise die Fiskuslehre (mit ihrem Grundgedanken der „getrennten Kassen") ganz aufheben.

[68] *Dürig,* JZ 1953, S. 199 unter V 2 m. Fn. 64.

Begriffe anerkannt. Dem hat *Bachof*[69] den bestechend kühnen Leitsatz entgegengestellt: „Wo der Staat als Vergeber existentieller Leistungen auftritt, oder wo er rechtliche oder faktische Monopole inne hat, übt er ‚öffentliche Gewalt' aus, gleichgültig welcher Rechtsform er sich bedient." Damit wird der Begriff der „öffentlichen Gewalt" überhaupt nicht mehr im Zusammenhang mit „der Form des öffentlich-rechtlichen Tätigwerdens" gelesen und der Weg frei gemacht für eine unmittelbare Anwendung der Grundrechte, genau so, wie sie für die in den Formen des öffentlichen Rechts erfolgende obrigkeitliche Verwaltung und schlichte Hoheitsverwaltung besteht.

Dieser Weg *ist gangbar*. Und es muß betont werden, daß die folgende Abweichung von *Bachof* keinerlei Ähnlichkeit hat mit dem konstitutionellen Gegensatz, in dem der *Verf.* zur neuen Lehre der zwingenden Grundrechtsdrittrichtung im Privatrecht der Privaten steht. Hier geht es nicht, wie dort, um die Beachtung eines von der Verfassung selbst gebotenen Weges, sondern um die öffentlich-rechtliche zweckmäßigste und systemreinste Verhinderung des Ausweichens der öffentlichen Gewalt in Rechtsgebiete mit (angeblich) vermindertem Individualschutz.

a) Eben aus solchen Zweckmäßigkeitsgründen möchte sich der Verfasser nach wie vor gewissermaßen zur *Erklärungstheorie* bekennen. Der Staat hat in *dem* Rechtsgebiet Recht zu nehmen und ist vom Bürger in *dem* Gebiet zu stellen, dem sich der Staat durch die *Form seines Tätigwerdens* für jedermann erkennbar unterworfen hat, also beim Tätigwerden in den *Formen* des Privatrechts auch innerhalb der *Normen* des Privatrechts (und innerhalb der justizgerichtlichen Zuständigkeit). Es kommt in praktischer Hinsicht hinzu, daß man auch mit *Bachofs* These noch nicht öffentlich-rechtlich an jene zahlreichen Fälle herankommt, in denen der Staat seine Macht „nur" über finanzielle Beteiligung einsetzt, oder ohne irgendwelche beleihenden Publizitätsakte zwischen sich und den Bürgern Privatrechtssubjekte einschaltet. Für den Bürger jedenfalls hat Publizität nur die *Form des Grundverhältnisses,* in der sich die Rechtsbeziehungen zu *ihm* abwickeln.

b) In systematischer Hinsicht seien Bedenken angemeldet gegen eine Bestimmung der Grundrechtsrichtung nach soziologischer Machtintensität. Denn einmal gibt es diese Machtfaktoren (etwa i. S. *Bachofs* „als Vergeber existentieller Leistungen") in Vielzahl auch im außerstaatlichen Bereich (und zwar auch ohne Erlangung der Machtkonzentration mit „wirtschafts*konformen* Mitteln"), und zum anderen kann man auch in der Staatsrichtung nur unter umfassender Revolutionierung der Fiskuslehre die Bestimmung des *generellen Adressaten* der Grund-

[69] DÖV 1953, S. 423; ebenso in: VVDStRL 12 (1954), S. 63.

rechte als subjektiver öffentlicher Rechte von schwankenden *konkreten* Machtkonzentrationen abhängig machen[70].

c) Der *Vorschlag* geht daher nach wie vor dahin, den Bereich der materiell öffentlichen Verwaltung, die in den Formen des Privatrechts vorsichgeht, hinsichtlich der unmittelbaren Grundrechtsbindung zu behandeln wie das Privatrecht der Privaten und wie die wirkliche, nach Inhalt und Rechtsform fiskalische Verwaltungstätigkeit. Die Grenzlinie für die unmittelbare Grundrechtsbindung nach Art. 1 III GG, die nach *Bachofs* These innerhalb der fiskalischen Tätigkeit sehr verschwimmen müßte, wenn er nicht den Staat schlechthin (also auch beim Kohlenkauf) der unmittelbaren Grundrechtsbindung unterstellen will, verläuft nach hier vertretener Ansicht also formal und klar genau nach der Rechtsform des Tätigwerdens der Verwaltung. Wo öffentlich-rechtliche Verwaltungsformen angewendet werden, besteht unmittelbare Grundrechtsbindung. Wo privatrechtliche Formen benutzt werden, findet die beim Privatrecht der Privaten geschilderte Wertbeeinflussung über die privatrechtlichen Begriffe statt. (Die Grenzziehung verläuft also auch — was aus systematischen Gründen nicht unwichtig ist — parallel mit der Linie, welche in Art. 34 GG die Staatshaftung „an Stelle" des Beamten von der fiskalischen Haftung „neben" dem Beamten abgrenzt.)

3. Dieses Ergebnis bedarf aber noch einer *entscheidenden Ergänzung*, die das materielle und praktikable *Regulativ* für die hier vertretene formale — und auch im fiskalischen Tätigkeitsbereich also noch dualistische — Grundrechtsauffassung darstellt. Bei Anwendung der wertausfüllungsfähigen und wertausfüllungsbedürftigen Begriffe und Generalklauseln zur Beurteilung des fiskalischen Verwaltungshandelns ist von den damit befaßten Justizgerichten der Grundsatz des *venire contra factum proprium* zu beachten[71]. Danach kann dem öffentliche Aufgaben

---

[70] Wenn es die große Bedeutung des Art. 1 III GG ist, die Grundrechte in der Regel zu echten subjektiven öffentlichen Rechten aktualisiert zu haben, dann muß man in der Systematik damit ernst machen und sie als subjektive Rechte aufgliedern in Rechtssubjekt, Rechtsobjekt und Normadressaten. Die Anerkennung überhaupt nur eines Adressaten des Verhaltensollens („des Staates") wäre konsequent. Die Bestimmung des Grundrechtsadressaten nach vorhandener oder fehlender Machtkonzentration im Einzelfall erscheint verfehlt, solange man überhaupt noch das Pflichtensubjekt „Fiskus" am Leben läßt. Aber offensichtlich geht auch *Bachof* nicht soweit, „Staat in jeder Erscheinungsform" gleich „grundrechtsunterworfene Machtkonzentration" zu setzen. Die gegen eine Staatsdomäne auf Art. 14 GG gestützte *rei vindicatio* täte auch im fiskalischen Bereich (vgl. bereits oben Fn. 38) noch allzu weh.

[71] Der *Verf.* glaubte, als er diesen Gedanken erstmalig in JZ 1953, S. 199 m. Fn. 64 und ZgesStW 109, S. 341 vertrat, originär gewesen zu sein. Der Prioritätsanspruch gebührt aber *Ipsen* (Aktionär und Sozialisierung, S. 32 ff.). Vgl. auch *Ipsen*, GR II, S. 144 m. Fn. 109. Vielleicht hat aber dieses Ergebnis

erfüllenden Staat trotz Benutzens privatrechtlicher Abwicklungsformen nicht erlaubt sein, was dem gleichen Staat bei Benutzen öffentlich-rechtlicher Formen auf Grund eigener zwingender Normen des Verfassungsrechts verwehrt wäre[72]. Ein *Beispiel:* Für einen Versorgungsbetrieb (Verwaltung der Daseinsvorsorge) ist das Grundverhältnis zum Bürger als öffentlich-rechtliches Anstaltsverhältnis ausgestaltet. Ein Verstoß gegen die Versorgungspflicht, etwa ein unsachlicher Ausschluß von der Stromversorgung wird unmittelbar mit Art. 3 GG (Gleichheit vor der Verwaltung) abgewehrt. Wird das Grundverhältnis privatrechtlich abgewickelt, so kann, wie dargelegt, die andere Rechtsform der Abwicklung der öffentlichen Verwaltung auch jetzt nicht etwas gestatten, was ihr bei anstaltlicher Organisation durch Art. 3 GG verboten wäre. Folge: Der gleiche Ausschluß von der Stromversorgung wird — materiell erzwungen durch das Verbot des *venire contra factum proprium* — durch § 826 BGB (etwa als „Monopolmißbrauch“[73]) abgewehrt. Für den Bürger als Leistungsempfänger der öffentlichen Verwaltung ist das Ergebnis beide Male dasselbe[74]. Überhaupt muß man, da die hier vertretene Auffassung konservativer und traditioneller als *Bachofs* Meinung ist, *Bachof* die Beweislast für seine Behauptung überbürden, daß auf seinem Wege „der dem Leistungsempfänger gewährte Schutz ungleich nachhaltiger als derjenige über die §§ 138, 242, 826 BGB“ sei[75].

Der hier vertretene Weg wahrt also formal und generell die Eigenständigkeit der fiskalischen Verwaltung, die ja vom Staatsbürger her gesehen als die persönlichkeitsnähere Verwaltung entschieden auch ihre guten Seiten hat. Aber trotz klar und übersehbar gezogener Grenzlinie in der unmittelbaren Grundrechtsanwendung können auf diesem Wege im konkreten Fall Mißbräuche der fiskalischen Betätigung materiellrechtlich korrigiert werden, so daß der berechtigten und einhelligen Eingangsforderung nach Abwehr des Rechtsformenmißbrauchs seitens der öffentlichen Verwaltung voll genügt ist.

---

gerade wegen der Unabhängigkeit zweier Autoren bei seiner Gewinnung verstärkte Überzeugungskraft.

72 Rechtstechnisch handelt es sich dabei um eine von *Amts wegen* zu prüfende Erscheinungsform der *exceptio doli generalis.*

73 Schulfall aus der Reichsgerichtspraxis: RGZ 132, 274.

74 Freilich handelt es sich im ersten Fall systematisch um eine rein öffentlich-rechtliche Zulassungspflicht der Verwaltung, während im zweiten eine Kontrahierungspflicht im technischen Sinne anzunehmen wäre. Vgl. dazu *E. R. Huber,* WirtschVerwR, Bd. I, S. 118 ff.

75 VVDStRL 12 (1954), S. 64.

Der Staat und die vermögenswerten öffentlich-rechtlichen Berechtigungen seiner Bürger

(Subjektive öffentliche Rechte als Eigentum im Sinne des Art. 14 GG)*

I. Der Problemstand (und seine kritische Würdigung)

1. Keine Rückkehr zum Sacheigentumsbegriff

Unter Geltung des Grundgesetzes ist keine Stimme mehr laut geworden, die den verfassungsrechtlichen Eigentumsbegriff *wieder auf das Sacheigentum* i. S. des technischen Eigentumsbegriffs des bürgerlichen Rechts *zurückschrauben* will[1]. Angesichts wiederholter Mißverständnisse ist der Hinweis nötig, daß auch *jene* Autoren[2], die die „Enteignung" von der „Eigentumsbeschränkung" („Eigentumsbindung") nach ebenso formalen Kriterien abgrenzen wollen, wie sie für den sog. *„klassischen" Enteignungsbegriff* charakteristisch waren, hinsichtlich des *Schutzgegenstandes nicht* an eine Rückkehr in die Zeit vor *Martin Wolff* (Reichsverfassung und Eigentum, 1923) denken. Eigentum i. S. des Verfassungsrechts ist sicherlich *jedes* (in Übereinstimmung mit der Rechtsordnung erworbene) *private vermögenswerte Recht*[3].

---

* In: Maunz u. a. (Hrsg.), Festschrift für W. Apelt zum 80. Geburtstag (1958), S. 13 bis S. 56.

1 Spezielle Begründungen für die Unmöglichkeit einer solchen *Rückkehr* vgl. bei *Dürig*, JZ 1954, S. 9 mit Fn. 26; *W. Weber*, in: Neumann / Nipperdey / Scheuner, Die Grundrechte, Bd. II (im folgenden zit.: „GR II"), S. 353. Vgl. auch BGHZ 6, 270 (278). Unter Geltung des Art. 153 WRV übrigens nie gelieferte eigentumssoziologische Begründungen für die seinerzeitige *Erweiterung* der Schutzobjekte vgl. vor allem bei *Forsthoff*, VerwR I, 6. Aufl., S. 277 f.; *Scheuner*, in: Reinhardt / Scheuner, Verfassungsschutz des Eigentums, 1954 (im folgenden zit.: „Verfassungsschutz"), S. 88 ff.

2 Vgl. *Dürig*, JZ 1954, S. 4; *ders.*, JZ 1955, S. 522; *Greiner*, DÖV 1954, S. 583; *Staudinger / Seufert*, Komm. z. BGB, Vorbem. 35—37 vor § 903; *Haas*, System der öffentlich-rechtlichen Entschädigungspflichten, 1955, durchgehend; *Seufert*, Bayerisches Enteignungsrecht, 1957, S. 20 f.; vgl. auch *W. Jellinek*, JZ 1955, S. 148.

3 Auszuscheiden sind also außer den nichtvermögenswerten Rechten die vermögenswerten Chancen (z. B. Marktchancen), Interessen (z. B. Marktbeziehungen), Vorteile (z. B. tatsächliche Grundstückslagen in der sozialen Umwelt, wirtschaftliche Liquidität des Betriebes) und alle faktischen Machtpositionen (z. B. tatsächliche Monopolstellungen, Konkurrenzfreiheiten). Hin-

2. Die Weimarer Thesen

Mit dieser Erstreckung des verfassungsrechtlichen Eigentumsschutzes auf alle *privaten* vermögenswerten Rechte hat sich bekanntlich die fast einhellige Meinung der Weimarer Zeit *begnügt*. Nach überwiegender Ansicht von Rechtsprechung und Lehre wurden subjektive *öffentliche* Rechte von der Wandlung des Eigentumsbegriffs *nicht* erfaßt.

a) In der *Rechtsprechung* lieferte seinerzeit PrOVG 81, 181 (201 f.) die wesentlichen Argumente für diese Grenzziehung[4]. Rückschauend betrachtet, wirken sie angesichts der damals schon vollzogenen Auflösung des technischen BGB-Eigentumsbegriffs ziemlich vordergründig.

aa) Das eine Hauptargument für die Zäsur zwischen subjektiven privaten und öffentlichen Rechten war nach Ansicht des PrOVG (und des ihm darin kritiklos folgenden RG) die *systematische Stellung* des Art. 153 zwischen zwei Artikeln, die (unbestrittenermaßen) den Privatrechtsverkehr betreffen (Art. 152: Vertragsfreiheit, Art. 154: Erbrecht). Wie schwach diese Begründung war, zeigt ein rückschauender Blick auf die Überschrift des 5. Abschnitts WRV („Das Wirtschaftsleben") und etwa auf die Artikel, die *ihrerseits* die vom PrOVG vom Gesamtinhalt des Abschnitts gedanklich *isolierte* Normentrias einrahmen

---

zu gehören jedoch die in der BGB-Dogmatik als schutzfähig anerkannten rechtlichen „Anwartschaften". Ebenso kann das Verfassungsrecht unbedenklich auf die Lehren des bürgerlichen Rechts zurückgreifen, soweit dort vermögenswerte „Rechts- und Sachgesamtheiten" anerkannt sind. (Zum „Unternehmen" vgl. *Ballerstedt*, JZ 1951, S. 488; zum „Gewerbebetrieb" vgl. bereits in diesem Sinne BVerfGE 1, 277; BVerwGE 3, 256; BGHZ 23, 160).

[4] Das Reichsgericht hat sie sich ohne weitere eigene Stellungnahme zu eigen gemacht. Vgl. RGZ 129, 246 (250 f.). *Diese* Entscheidung wiederum wird heute noch vom BVerfG als „grundlegend" angesehen, vgl. E 2, 380 (399), so daß sich nach wie vor eine Auseinandersetzung mit der *Ausgangs*entscheidung des PrOVG lohnt. Auch in RGZ 129, 246 geht es wie in PrOVG 81, 181 um die Aufhebung einer auf öffentlich-rechtlichem Titel beruhenden Schulunterhaltungspflicht. Im *Ergebnis* sind beide Entscheidungen zutreffend (vgl. unten III 1). Aus der reichsgerichtlichen Judikatur vgl. ferner RGZ in JW 1929, S. 2331 (— der Fall betrifft aber eigentlich nur Art. 138 II WRV); RGZ 139, 177 (182), wo zwar unter Bezugnahme auf RGZ 129, 246 die These wiederkehrt, es sich im Sachverhalt aber um Eingriffe in *private* Rechte (durch Einfuhrbeschränkungen) handelt. — Soweit ersichtlich, haben also weder das PrOVG noch das RG einmal ihre ausdrücklich ablehnende Position in einem Fall bezogen, wo sich *einzelne Private* auf den Eigentumsschutz auch ihrer öffentlichen Berechtigungen beriefen. Im Gegenteil folgerte *Stödter*, Öffentlich-rechtliche Entschädigung, 1933, S. 162 (im folgenden zit.: „Entschädigung") aus der RG-Entscheidung v. 2. 7. 1932, JW 1932, S. 2867, daß das RG schließlich „stillschweigend" seine ablehnende Haltung wieder aufgegeben habe, weil dort die aus durchgeführten Enteignungen erwachsenen Entschädigungsansprüche (also öffentlich-rechtliche Ansprüche) dem Art. 153 unterstellt wurden. Diese Entscheidung ist aber schon zu sehr vom Kleinholz des Notverordnungsrechts überdeckt, um mit ihr in der Sache argumentieren zu können.

(Art. 151: Ziel der Wirtschaftsordnung[5], Art. 155: Bodenverteilung[6]). Der ganze Abschnitt enthielt das Konzept einer Wirtschaftsverfassung, aus dem sich eine Beschränkung des Eigentumsschutzes auf private Rechte — vorsichtig formuliert — zumindest nicht schlüssig belegen ließ[7]. Im Vorgriff auf die *heutige* Rechtslage kann ebenfalls festgestellt werden, daß sich aus der systematischen Stellung des Eigentumsartikels kaum derartige Schlüsse ziehen lassen[8]. Jedes derart folgenträchtige Gedankengebäude, das man isoliert auf Art. 14 GG und seinen beiden unmittelbaren Nachbarartikeln 13 und 15 errichtet, wankt, wenn man den Blick auf *deren* Angrenzer richtet. Diese angrenzenden Artikel 12 und 16 werden aber — nicht zu Unrecht — gerade *für* die heutige verfassungsrechtliche *Erstarkung* öffentlich-rechtlicher Positionen ins Feld geführt[9].

bb) Nicht viel besser steht es mit dem zweiten — für die Weimarer Zeit schon von *Stödter* widerlegten[10] — Argument des PrOVG, daß die *bundes*verfassungsrechtliche Ausdehnung des Eigentumsschutzes auf öffentlich-rechtliche Berechtigungen einen Eingriff in Rechtsmaterien bedeute, die im allgemeinen der *Landesgesetzgebung vorbehalten* seien. Das Argument stammt eigentlich aus der Ära der Bismarckschen Verfassung, die keine Grundrechte enthielt. Wenn der Bund in Grundrechten das materiellrechtliche Verhältnis zwischen Bürger und Staat als solchem (also auch den Gliedstaaten) normiert, ist er dabei durch organisatorische Kompetenzverteilungen zwischen Bund und Ländern nicht gehindert. Den Ländern bleibt dann zwar überlassen, *ob* sie in einer bestimmten Materie tätig werden wollen; werden sie jedoch tätig, sind sie im inhaltlichen „*Wie*“ gebunden. Im übrigen zeigt der Normen-

---

5 „Gewährleistung eines menschenwürdigen Daseins“. Frage: durch angeblich freie staatliche Verfügungsmacht über die für ein menschenwürdiges Dasein essentiellen Vermögensrechte, sofern sie nur zufällig auf öffentlich-rechtlichen Titeln beruhen? Hier stimmte schon damals etwas nicht.

6 Art. 155 handelt u. a. auch von Fideikommissen und Regalien, also Vermögensrechtsinstituten, die zumindest eine ganz starke öffentlich-rechtliche Färbung haben.

7 In diesem Sinne bereits *Stödter*, Entschädigung, S. 162.

8 So aber wiederum BVerfGE 2, 380 (401). Der vom Gericht beigezogene Art. 15 (Vergesellschaftung) ist kein guter Beleg. Gerade dieser sozialrevolutionäre Vorgang ist überhaupt nur denkbar unter gleichzeitigem Entzug einer Fülle von öffentlich-rechtlichen vermögenswerten Rechten (Genehmigungen, Konzessionen usw.), die vorher die *Basis* für die Verfügungsmacht über das private Wirtschaftseigentum bildeten. Auf diese heutige weitgehende Verflechtung von Staat und Wirtschaft, derzufolge der privatwirtschaftliche Eigentumsgebrauch meist subjektive öffentliche Rechte zur *Voraussetzung* hat, wird insbesondere von *Forsthoff*, NJW 1955, S. 1250 hingewiesen. Auf diese *Forsthoff*sche Untrennbarkeitsthese wird zurückzukommen sein.

9 Vgl. *Scheuner*, Verfassungsschutz, S. 97.

10 Entschädigung, S. 163.

befund unseres sozialen Rechtsstaates, daß heute fast unser ganzes Sozialrecht (im weitesten Sinne) ohnehin Bundesrecht ist. Sogar das früher zur Domäne der Länder gehörende Geländebeschaffungsrecht wird (über Art. 74 Nr. 14) immer mehr vom Bund an sich gezogen. Man mag das alles bedauern, aber daß ein bundesrechtlicher Grundrechtsschutz auch subjektiver öffentlicher Rechte dem Bundesstaatsprinzip zuwiderliefe (nur darum könnte es sich wohl handeln), läßt sich nicht behaupten.

cc) Wirklich gewichtig in der der Sache nach seinerzeit die ganze Rechtsprechung präjudizierenden Argumentation des PrOVG ist sein lapidarer Satz, daß ein Schutz der subjektiven öffentlichen Rechte „*nicht in gleicher Weise notwendig* (!) war wie der der Privatrechte". Dieser Satz rührt nun in der Tat bereits an den Kern unseres Problems. Vorerst genüge — nicht zuletzt damit unser dogmatisches Thema etwas Lebensnähe und Farbe erhält — als ebenso lapidare Antithese die der sozialen Tatsachenwelt entnommene Feststellung, daß heute rund 75 v. H.[11] des Volkes in ihrer Existenz auf unselbständiges Arbeitseinkommen und die damit verbundenen *öffentlich-rechtlichen* Sicherungsansprüche „angewiesen" sind. Diese soziologische Feststellung soll vorerst nur verdeutlichen, wie wenig überzeugend auch diese letzte Begründung des Gerichts war (oder mindestens *geworden* ist).

b) Im *Schrifttum* der Weimarer Zeit hat eigentlich *nur E. R. Huber*[12] näher begründet, warum seiner Ansicht nach Art. 153 WRV die Garantie subjektiver öffentlicher Rechte ausschließe.

aa) Sein Einwand, daß es begrifflich unmöglich sei, verliehene subjektive öffentliche Rechte durch Verleihung eines weiteren subjektiven öffentlichen Rechts zu garantieren, ist nicht recht verständlich. Selbst wenn man von *E. R. Hubers* Prämisse ausgeht, daß öffentliche Rechte allein der Macht des Staates entstammen, können sie von der Verfassung als der höherwertigen staatlichen Norm fraglos „garantiert", also gegen staatliche Normen *minderen* Ranges abgesichert werden. (Beispiel: Ausgestaltung des Staatsangehörigkeitsrechts als Grundrecht, Art. 16 I GG). Der Einwand der begrifflichen Unmöglichkeit ist auch nur noch einmal in Parenthese von RGZ 129, 250 erwähnt und seither — auch von *E. R. Huber* selbst — nicht mehr wiederholt worden[13].

---

[11] Die Zahl ist übernommen von *Rohwer / Kahlmann*, Z. f. Sozialreform 1956, S. 239.

[12] Die Garantie der kirchlichen Vermögensrechte in der Weimarer Verfassung, 1927, S. 7 ff. *E. R. Huber* klammert auch heute noch die subjektiven öffentlichen Rechte unterschiedslos aus dem Eigentumsbegriff der Verfassung aus, vgl. sein WirtschVerwR, 2. Aufl., 1954, Bd. II, S. 19 f.

bb) *E. R. Hubers* Hauptargument jedoch ist sehr tief angesetzt. *Huber* sieht in der Eigensphäre des Individuums (und im Privateigentum) einen *vorstaatlichen Rechtskreis,* der vom Staat nur affirmativ anerkannt werde; subjektive öffentliche Rechte aber seien vom Staat konstitutiv verliehen und verblieben infolgedessen auch zur *einseitigen Disposition* des Staates. In der Tat ist der von *E. R. Huber* angenommene Gegensatz zwischen vorstaatlicher Eigensphäre und staatlicher Gestaltungssphäre vorhanden und heute gerade vom Grundgesetz positivrechtlich unbezweifelbar gemacht[14]. Insbesondere enthält auch die Privateigentumssphäre einen Kernbereich, der wegen seines Wertcharakters als „inviolable et sacré" (verstanden durchaus im klassischen Pathos) jeglicher staatlichen Disposition entzogen ist[15]. Es ist jedoch ein Irrtum anzunehmen, daß sich diese unverletzliche Eigentumssphäre irgendwie *formal* bestimme; etwa im Sinne *E. R. Hubers* danach, ob der Erwerb des vermögenswerten Rechts unabhängig vom Staat im Drittrechtsverkehr eintrat oder ob er einem Rechtsverhältnis entstammt, dessen Schuldner der Staat in seinen hoheitlichen Erscheinungsformen war oder ist. Diese unantastbare Eigensphäre ist eine *Wert*sphäre, läßt sich also nur *materiell* von ihrem Zentrum, also vom *Menschen* als ihrem Wert*träger* her bestimmen. *Dessen* Bedürfnisse, *dessen* Verhalten usw. bilden die causa für die Unantastbarkeit einer bestimmten vermögensrechtlichen Eigensphäre —, nicht aber die Zufälligkeit des Alteigentümers und Schuldners, die Rechtsform des Erwerbs, die privatrechtliche oder öffentlich-rechtliche Provenienz, aus der der Vermögenswert entstammt. Man wird darum auch vergeblich nach einer naturrechtlichen oder rechtsphilosophischen Lehre suchen, die das *„meum juris"* des Eigentums nach derlei Formalien aufspaltet; die etwa schlechthin den vermögenswerten Rechten *„publici juris"* das personbezogene Substrat und die Eigentumsfähigkeit abstreitet oder staatlicherseits verliehene Berechtigungen generell staatlicher Wiederentziehungsmacht anheimstellt.

---

[13] Die „begriffliche Möglichkeit" wird heute auch vom in unserer Frage sehr zurückhaltenden BVerfG ausdrücklich zugestanden, vgl. E 2, 380 (402).

[14] Zur grundgesetzlichen Konzeption einer nur deklaratorisch anerkannten und darum in der Folgezeit unantastbaren Eigensphäre vgl. aus der Entstehungsgeschichte: JöR (n. F.) 1951, S. 42, 48 ff.; vgl. *v. Mangoldt / Klein,* S. 94; *Wernicke,* Bonner Komm., Art. 1, Erl. I; vgl. auch *Jerusalem,* SJZ 50 Sp. 4. — Daß vorgegebene Wertnormen durch ihre Positivierung nicht das Schicksal der Positivierungsnorm teilen, ist zweifelsfrei, vgl. BVerfGE 3, 233; *Maunz,* Festschr. f. Laforet, 1952, S. 142; *ders.,* Staatsrecht, 6. Aufl., S. 74; *Nipperdey,* GR II, S. 7 f.; *v. Mangoldt / Klein,* S. 96; *Dürig,* AöR 81 (1956), S. 120. — Die Grundrechtsvorschriften der Art. 1 I, 1 II, 19 II und 79 III (letztere i. V. m. Art. 1) sind der positivrechtlich völlig konsequente Niederschlag dieser Konzeption einer Eigensphäre, die jeglicher staatlichen Verfügungsmacht entzogen ist.

[15] Vgl. *Dürig,* ZgesStW 109, 326 ff.; *ders.,* AöR 81, S. 141 ff.

c) Die bisherige kritische Rückschau auf die Beweisführungen der Weimarer Epoche dürfte ein Dreifaches verdeutlichen:

aa) Die gebotenen Argumente machten schon *damals nicht* verständlich, warum nach der Erweiterung des technischen Eigentumsbegriffs auf alle privaten vermögenswerten Rechte ausgerechnet vor den subjektiv-öffentlichen vermögenswerten Rechten unübersteigbar haltgemacht werden sollte. Man muß sicherlich noch nachträglich jenen Autoren seinen Respekt ausdrücken, die damals gegen den Sog der (doch vorwiegend zivilrechtlich orientierten) Lehre und Rechtsprechung den *Sach*eigentumsbegriff als den allein verfassungsrechtlich gebotenen verteidigten[16]; wer jedoch diesen BGB-Eigentumsbegriff erst einmal aufgegeben hatte, mußte schon sehr fundiert dartun, warum jetzt nicht auch für die subjektiven öffentlichen Rechte die sich aufdrängenden Konsequenzen gezogen werden sollten[17]. Man wird nach dem Vorigen zugeben müssen, daß die überzeugende Begründung hierfür ausgeblieben ist. Die letzte entschädigungssystematische Arbeit der Weimarer Epoche von *Stödter*[18] zog darum auch unter eingehender Auseinandersetzung mit den bisherigen Argumenten eben diese naheliegenden Folgerungen und unterstellte dem Art. 153 WRV unterschiedlos auch die subjektiven öffentlichen vermögenswerten Rechte. *Stödters* Gedankengang läßt sich etwa auf die Formel verkürzen: Es hat sich im Verfassungsrecht ein Funktionswandel vom statischen Sacheigentumsbegriff zum dynamischen wirtschaftlichen Eigentumsbegriff vollzogen; hinsichtlich ihres wirtschaftlichen Wertes stehen vermögenswerte subjektive öffentliche Rechte den privaten Vermögensrechten gleich; folglich werden auch sie vom Eigentumsbegriff der Verfassung umfaßt. Man wird zugeben müssen, daß dieser Schluß — wenn man die Prämisse bejaht (und fast alle *haben* sie damals bejaht) — zwingend ist.

bb) Insgesamt muß man — das sollte das Vorstehende zeigen — allen Behauptungen sehr skeptisch gegenüberstehen, die heute in dieser Frage unter Berufung auf die Weimarer Verfassungsauslegung viel zu sicher von „Rechtsüberlieferung" (so *E. R. Huber*, WirtschVerwR II, S. 19), von

---

[16] Vor allem *Köttgen*, *C. Schmitt*, *Hofacker*, *Schelcher*, — auch *Schelcher* ging dann aber nach Canossa, vgl. AöR (n. F.) 18, S. 325.

[17] Man hätte etwa die Frage beantworten müssen, warum es für den Eigentumsbegriff der Verfassung *jetzt* noch einen Unterschied ausmachen solle, ob es sich um einen privatrechtlichen Bereicherungsanspruch oder um einen öffentlich-rechtlichen (steuerrechtlichen) Erstattungsanspruch handelt, usw. — Man wird nicht mit der Annahme fehlgehen, daß der *wirkliche* Grund der Zäsur damals *verschwiegen* wurde: *Die Scheu vor einer Entschädigungshypertrophie*, vgl. dazu unten IV.

[18] Öffentlich-rechtliche Entschädigung, 1933, S. 158 ff. *Stödter* ist (ebenso wie *E. R. Huber*, vgl. Fn. 12) bis heute seiner damaligen Lehre treu geblieben, vgl. DÖV 1953, S. 98.

„Einigkeit" (so BVerfGE 2, 399) und dgl. sprechen. Überblickt man noch einmal die damaligen schwachen Argumente gegen die Erstreckung des verfassungsrechtlichen Eigentumsschutzes auf subjektive öffentliche Rechte und ruft man sich in das Gedächtnis zurück, daß die letzte umfassende und gründliche Monographie der Weimarer Zeit ausdrücklich *für* diese Erstreckung eintrat, so lautet das Fazit u. E. glatt auf: Unentschieden.

cc) Diese rückschauende Relativierung damals angeblich absolut gültiger Meinungen ist für die *heutige* verfassungsrechtliche Situation nicht unwichtig. Man kann hiernach in unserer speziellen Frage nicht von der *Entstehungsgeschichte* des Grundgesetzes her argumentieren[19]. Man kann das tatsächliche Schweigen der Väter des Grundgesetzes zur Frage der subjektiven öffentlichen Rechte jedenfalls nicht in ein beredtes Schweigen *gegen* die Erstreckung des Verfassungsschutzes auf subjektive, öffentliche, vermögenswerte Rechte umdeuten. Auch von hier aus gesehen sind heute also Rechtsprechung und Lehre in der Verfassungsauslegung nicht festgelegt[20].

3. Die Thesen unter Geltung des Grundgesetzes

a) Weil somit für das Grundgesetz die Frage der Erstreckung des verfassungsrechtlichen Eigentumsschutzes auf subjektiv-öffentliche vermögenswerte Rechte in der Tat völlig offen war, empfand es auch kaum jemand als eigentlich sensationell, als der Bundesgerichtshof in seinem bekannten Grundsatzbeschluß BGHZ 6, 270 (278) die ebenso kurze wie inhaltsschwere Feststellung traf, daß sich Art. 14 GG auf jedes vermögenswerte Recht beziehe, *„gleichgültig, ob es dem bürgerlichen oder dem öffentlichen Recht angehört"*[21].

aa) An der Meinung des BGH fällt einmal die Kürze und Selbstverständlichkeit der *Begründung* auf. Das Gericht argumentiert, wenn im modernen Verwaltungsstaat „die staatliche Enteignung nach dem ganzen Vermögen der Bürger greift, muß die Eigentumsgarantie und der Eigentumsschutz auch das ganze Vermögen der Bürger decken" (a. a. O., S. 278). Die *Prämisse,* daß der moderne Staat heute letztlich vor keinem Vermögensbereich mehr haltmacht, stimmt sicherlich. Aber dieser soziale Sachverhalt der Staats*wirklichkeit* läßt noch völlig offen,

[19] — wie man es fraglos zur Gewinnung der Erkenntnis kann, daß für Art. 14 GG keine Rückkehr zum *Sach*eigentumsbegriff „gewollt war".

[20] Eine solche Argumentation aus der Entstehungsgeschichte erscheint darum auch nur einmal kurz und ohne beachtenswerte Belege in BVerfGE 2, 400.

[21] Einen konsequenten Anwendungsfall dieses Satzes (auf vermögensrechtliche Ansprüche der Beamten) vgl. BGHZ 13, 265 (316 ff.); vgl. auch E 16, 192 (201 ff.); E 15, 17 (20).

wie von Verfassungs wegen rechtlich auf ihn reagiert werden *soll*. Für den BGH scheinen irgendwelche normativen Alternativen von vornherein ausgeschlossen. Sein Schluß geht kurzerhand von der Staats*wirklichkeit* des allumfassenden Vermögens*eingriffs* auf die Verfassungs*norm* des allumfassenden Vermögens*schutzes*. Das ist nun genau jene verkürzende Argumentation, die wir seit *Anschütz* gewohnt sind, und die dem *Reichsgericht* wiederholt den Vorwurf eingetragen hat, „individualistische Rechtspolitik" *(Kirchheimer)* zu betreiben. Prima facie ist ebenso gut der *umgekehrte* Schluß möglich: Die Verfassung habe nach zwei Katastrophen die Eingriffstätigkeit des Staates zu Lasten der Privatsphäre vorgefunden; habe durch ihre Sozialentscheidung (Art. 20, 28, 79 III) diese Sozialgestaltungseingriffe legitimiert; und gehe folglich davon aus, daß die Vermögensgarantie *eingeengt* werden müsse[22]. Der Schluß des BGH von der Ausdehnung der Staatseingriffe auf die Ausdehnung der Schutzgegenstände trifft im Ergebnis zu. Aber es fehlen die verfassungsrechtlichen Belege, die gerade zu diesem — angesichts der verfassungsrechtlichen Sozialstaatsentscheidung keineswegs selbstverständlichen — Ergebnis zwingen (dazu vgl. unten Ziff. II).

bb) An der Meinung des *BGH* fällt zum anderen auf, daß die subjektiven öffentlichen Rechte mit Vermögenswert dem Eigentumsartikel *unterschiedslos* zugeordnet werden. Insoweit ist das Gericht fraglos über das Ziel hinausgeschossen. Es ist sicherlich nicht richtig, daß etwa die vermögenswerte öffentliche Berechtigung einer juristischen Person des öffentlichen Rechts zur Abgabenerhebung der Eigentumsgarantie und dem Enteignungsschutz des Art. 14 unterfällt, daß etwa jeder öffentlich-rechtliche Anspruch des Hilfsbedürftigen auf Fürsorge Eigentum i. S. der Verfassung ist, usw. Der Fehler des Gerichts besteht insoweit darin, daß die ganze Komplexität und Mannigfaltigkeit der subjektiven öffentlichen Rechte nivelliert und auf Art. 14 gleichgeschaltet

---

[22] Dieser Gedanke klingt an in BVerfGE 2, 380 (400), wo das BVerfG — freilich vom Entschädigungsjunctim her argumentierend — folgert, „daß Eigentums- und Enteignungsbegriff nach dem Grundgesetz möglicherweise enger, keinesfalls aber extensiver zu interpretieren sind als nach der Reichsverfassung". Hieran ist fraglos richtig, daß das Entschädigungsjunctim den Enteignungsbegriff verengt hat, weil Enteignungen nur *solche Eingriffe* sind, bei denen das Enteignungsgesetz überhaupt den Anforderungen des Entschädigungsjunctims genügen kann (vgl. dazu *Dürig*, JZ 1954, S. 7 f.; *ders.*, JZ 1955, S. 522 sowie die Autoren der Anm. 2). Für den *Eigentumsbegriff*, also den Kreis der *Schutzobjekte* ergibt sich jedoch aus dem Entschädigungsjunctim nichts. Überhaupt erfolgte die „Auflösung des Enteignungsbegriffs" *(C. Schmitt)* — verstanden als dogmatische Verwässerung eines formal klaren Rechtsinstituts — nicht durch Ausdehnung der Schutzobjekte, sondern durch die extensive Qualifikation der Eingriffe (Erstreckung auf öffentlich-rechtliche Verfügungsbeschränkungen). Zutr. *Seufert*, Bayer. Enteignungsrecht, S. 12; *Haas*, System, S. 39.

wird, sofern nur der gemeinsame Nenner des „Vermögenswerten" vorhanden ist[23].

b) Die breitere juristische Öffentlichkeit wurde auf das seit *Stödter* ziemlich in Vergessenheit geratene Problem eigentlich erst wieder dadurch aufmerksam, daß das Bundesverfassungsgericht dem neuen Kurs des BGH erheblichen *Widerstand* entgegensetzte.

aa) In BVerfGE 1, 264 (278 f.) sah es zunächst so aus, als wolle das BVerfG *schlechthin* die subjektiven öffentlichen Rechte aus dem verfassungsrechtlichen Eigentumsbegriff verbannen. Das Grundgesetz habe das Eigentum, „so wie es das bürgerliche Recht und die gesellschaftlichen Anschauungen geformt haben, schützen" wollen. Dieser Schutz könne aber „nicht auf eine vorwiegend durch das öffentliche Recht gewährte Rechtsposition erstreckt werden, der alle den Eigentumsbegriff konstituierenden Merkmale" fehlten. Genau besehen, ließ sich aber bereits hier das Gericht die Möglichkeit durchaus offen, auch durch das öffentliche Recht gewährte Rechtspositionen dann als Eigentum im Sinne der Verfassung anzuerkennen, wenn ihnen solche „den Eigentumsbegriff konstituierende Merkmale" *inne*wohnen:

bb) In BVerfGE 2, 380 (399—403)[24] wurde die zunächst scheinbar kategorische Ablehnung bereits durch das Wort „grundsätzlich" (S. 399)

---

[23] In der Lehre hat, soweit ersichtlich, die unterschiedslose Behandlung der subjektiv-öffentlich vermögenswerten Rechte durch den BGH ausdrücklich auch nur von *Stödter*, DÖV 1953, S. 98 Zustimmung gefunden. — Wer Gefühl für dialektische Denkprozesse hat, wird übrigens in der Meinung des BGH (: *jedes* subjektiv-öffentliche vermögenswerte Recht) die *Antithese* zur ebenso undifferenzierten *These* der Weimarer Zeit (: *kein* subjektiv-öffentliches vermögenswertes Recht) erkennen. Was seither dazu geäußert wurde (auch bereits die sofort anschließend zu betrachtende Rechtsprechung des BVerfG), ist bereits ein Mühen um die versöhnende und heilende *Synthese*.

[24] In dieser Entscheidung setzt sich das BVerfG bereits mit BGHZ 6, 270 (278) auseinander. Dabei ist ein Wort zu den vom BVerfG beigezogenen Belegen nötig. Wenn Gerichte (z. B. DOGE 1948—1951, S. 73) oder Autoren (z. B. *v. Mangoldt*, Komm., S. 100; *Giese*, Komm., S. 34; *Abraham*, Bonner Komm., Art. 14, Erl. II 2) offensichtlich nur dartun wollen, daß sich Art. 14 auf *alle* Privatrechte (nicht nur auf das BGB-Eigentum) erstreckt, läßt sich daraus noch kein Umkehrschluß auf Ausklammerung der subjektiven *öffentlichen* Rechte ziehen (so mit Recht *Ipsen*, JZ 1953, S. 663; *Seufert*, Bayer. Enteignungsrecht, S. 18, Fn. 1). Daß man dann insofern diese Autoren mißversteht, zeigt etwa *Giese*, DRiZ 1953, S. 61, der dort subjektiv-öffentliche Rechte ausdrücklich in den Schutz des Art. 14 einbezieht. — Auch die Bezugnahme des BVerfG auf BayVerfGHE (n. F.) 5, 1 (4) ist nicht sehr überzeugend. Dort geht es — wie schon in RGZ 129, 246 — wiederum nicht um die öffentlichen Rechte *Privater*, sondern um Rechte, die ihren Trägern in ihrer öffentlich-rechtlichen Eigenschaft zustehen (Finanzzuweisungen an Landkreise). Diese Fälle tangieren in Wirklichkeit unser Problem nur sehr am Rande (vgl. unten III 1), obwohl sie bisher stets die *Modell*fälle der ablehnenden Meinung bilden.

abgeschwächt und es wurde ausdrücklich offengelassen, „ob öffentlich-rechtliche Ansprüche denkbar sind, die so starke privatrechtliche Elemente enthalten, daß sie dem verfassungsrechtlichen Begriff des Eigentums zugerechnet werden müssen“ (S. 402; vgl. auch BVerfGE 4, 240).

cc) Die dritte einschlägige Aussage des BVerfG findet sich im sog. „Beamtenurteil“ (E 3, 58 [153]). Sie ist aber (ebenso wie BayVerfGHE [n. F.] 5, 166 [195]; BVerwGE 2, 10 [14]; 3, 226 [228]) für unser Problem ziemlich unergiebig. Es wird nicht zum (hier interessierenden) Eigentumsschutz subjektiver öffentlicher Rechte insgesamt Stellung bezogen, sondern lediglich für die öffentlich-rechtlichen Ansprüche der Beamten der Art. 33 V GG als ausschließliche Spezialnorm im Verhältnis zu Art. 14 behauptet, „so daß die Eigentumsgarantie auf diese öffentlich-rechtlichen vermögensrechtlichen Ansprüche überhaupt nicht anwendbar ist“ (S. 153). Man spürt hier sichtlich die Erleichterung der Gerichte, sich auf diesem formalen Wege einer Normenkonkurrenz nicht mit Art. 14 GG konfrontiert zu sehen.

dd) Die Rechtsprechung des BVerfG steht z. Z. bei E 4, 219 (240 f.). Das Gericht bleibt unter Hinweis auf seine bisherige Judikatur auch hier zurückhaltend, läßt aber nach wie vor Ausnahmemöglichkeiten durchaus offen. Hinsichtlich dieser Ausnahmemöglichkeiten ist hier das Gericht sogar noch entgegenkommender. Letztlich wird darauf abgehoben, ob eine Rechtsposition „derjenigen des Eigentümers so nahe kommt, daß Art. 14 GG Anwendung finden muß“ (S. 241).

ee) Zusammenfassend zeigt die einschlägige Rechtsprechung des BVerfG ein Doppeltes: Das Gericht läßt sich stets die Möglichkeit zu differenzierenden Lösungen offen und verzichtet behutsam auf summarische Thesen. Aber es verengt sich die Sicht für solche differenzierenden Lösungen unnötig und einseitig dadurch, daß es die „privatrechtlichen Elemente“ öffentlicher Berechtigungen vom bloßen *Indiz* für das Eigentum im Sinne der Verfassung zum begriffsbildenden und begriffsunterscheidenden *Essentiale* überhöht.

c) Auch die Lehre vertritt heute überwiegend den Standpunkt der *„differenzierenden Lösung“*. Fast alle Autoren, die sich näher mit dem Problem befaßt haben, machen sich heute ausdrücklich oder der Sache nach *Werner Webers* plastische Formulierung zu eigen, daß „in Wahrheit ... nicht *nur* privatrechtliche Berechtigungen und ... andererseits auch nicht *jede* öffentliche Berechtigung von Vermögenswert als ‚Eigentum‘ aufzufassen“ seien (GR II, S. 354). Um die nähere Spezifizierung dieser Erkenntnis haben sich bislang vor allem *Hans Peter Ipsen, Ulrich Scheuner, Werner Weber* selbst, *Ernst Forsthoff, Carl Hermann Ule* und auch der *Verfasser* gemüht[25].

d) Bevor dem Versuch einer solchen „differenzierenden Lösung“ nähergetreten werden kann, ist vorab zu prüfen, *ob überhaupt* subjektiv-öffentliche Rechte nach dem Willen der Verfassung Eigentum in ihrem Sinn sein können. Diese verfassungsrechtliche Grundlagenprüfung durch kurze Thesen ersetzt zu haben, ist vielleicht der eigentliche Mangel der bisherigen Lösungsversuche. Dabei geht es gar nicht so sehr um das selbstverständliche Gebot der Logik, das methodisch zur Vorabprüfung des „ob überhaupt“ zwingt. Es kommt darauf an, den angesichts unserer bisherigen apodiktischen Bejahungen und Verneinungen in der Luft liegenden Vorwurf zu entschärfen, daß die ganze Kontroverse von rein subjektiven Behauptungen („Wunschbildern“) aus geführt werde. Unbefangene Betrachter streichen erfahrungsgemäß den ganzen bisherigen Streitstand unserer Differenzierungen auf zwei diametrale — angeblich subjektive und vorgefaßte — Ausgangsbehauptungen zusammen: Die einen könnten *für* die Einbeziehung subjektiv-öffentlicher Rechte in den Verfassungsschutz des Eigentums letztlich nichts anderes als das jeweilige *Bedürfnis* ins Feld führen; die anderen gelangten zur Ausklammerung letztlich bloß, weil sie keinen *Versorgungsstaat* wollten, der jede jeweilige rückläufige Sozialgestaltungsmaßnahme abkaufen muß. — Hier hilft zur Begründung eines objektiven Standpunktes nichts anderes als die strenge (gewissermaßen schulmäßige) Deduktion aus den normativen Grundaussagen der Verfassung selbst.

II. Die verfassungsrechtlichen Grundlagen des Eigentumsbegriffs

1. Das Erfordernis des lückenlosen Schutzes der Güterarten aus Art. 1 I GG

Nach Art. 1 I GG soll die Würde des Menschen das Maß aller Rechtssetzung und Rechtsanwendung sein. Es kann also auch in unserer Streitfrage von vornherein keine Verfassungsinterpretation geben,

---

[25] *Fundstellen* (zeitlich): *Ipsen*, JZ 1953, S. 663 f.; *Dürig*, JZ 1954, S. 9 mit Fn. 27; *Scheuner*, Verfassungsschutz, S. 96 ff.; *W. Weber*, GR II, S. 354; *Forsthoff*, NJW 1955, S. 1249 ff.; *Ule*, Z. f. Sozialreform 1956, S. 13 ff. —

Weitere einschlägige Äußerungen (alphabetisch): *Dürig*, AöR 81, S. 142 f.; *Erler*, Z. f. ausl. öff. R. und Völkerrecht 1953, S. 26 f.; *Haas*, MDR 1952, S. 650; *ders.*, System der öffentlich-rechtlichen Entschädigungspflichten, 1955, S. 34; *Hamann*, Rechtsstaat und Wirtschaftslenkung, 1953, S. 81 f.; *ders.*, Komm., S. 148; *Hamel*, Die Bedeutung der Grundrechte im sozialen Rechtsstaat, 1957, S. 19; *Ipsen*, GR II, S. 131 mit Fn. 64; *v. Mangoldt / Klein*, Komm., S. 425 f.; *Maunz*, Rechtsgutachten über das Bundesrundfunkgesetz, 1953, S. 16; *Menger*, VerwArch., Bd. 49, S. 186 ff.; *Reinhardt*, Verfassungsschutz, S. 40 mit Fn. 38; *Rohwer / Kahlmann*, Z. f. Sozialreform 1956, S. 240 ff.; *Schack*, 41. DJT, S. 40, mit Fn. 169; *Schäfer*, 41. DJT, S. C 16 ff.; *Scheuner*, DÖV 1956, S. 575; *Seufert*, Bayer. Enteignungsrecht, 1957, S. 18 f.; *H. J. Wolff*, VerwR I, S. 72.

die dieser höchstrangigen Norm des objektiven Verfassungsrechts zuwiderläuft. Daß der Rechtsbegriff der Menschenwürde auch ökonomische Substanz hat und einen unantastbaren Bestand auch an materiellen Gütern und äußeren Leibes- und Lebensbedingungen umfaßt, ist außer Streit[26]. Inhaltlich geht es dabei um jenen Bestand an Gütern der Außenwelt, die der Mensch braucht, um sich und seiner Familie ein „menschenwürdiges Dasein" zu sichern[27]. Um den Menschen als Mittelpunkt zieht sich ein Kreis von Außenweltsgütern, der der Würde der menschlichen Vollexistenz wegen nach dem Willen der Verfassung „unantastbar" ist; d. h. vom Staat selbst zu „achten" ist und vom Staat „geschützt" werden muß, falls er aus der Drittrichtung verletzt wird. Wenn man nun den zentralen Ganzheitsbegriff der Menschenwürde nicht nur *partiell* schützen will, so muß dieser Kreis *lückenlos* sein. Denn schnitte man aus diesem Kreis äußerer Güter irgendwelche Sektoren an Güterarten heraus, bliebe insoweit auch der im Mittelpunkt dieses Kreises stehende Mensch — entgegen Art. 1 I — der totalen staatlichen Verfügungsmöglichkeit ausgeliefert. Wer also die menschliche Vollexistenz nicht (philosophisch übrigens unhaltbar) „zerlegen", die Menschenwürde nicht als irgendwie „teilbar" mißverstehen, und sie demzufolge rechtlich nicht bloß *„partiell"* absichern will, der darf schon hier bei Art. 1 I als *der* positivrechtlichen Grundlage unserer Rechtsordnung nicht nach der *Art* der Außenweltsgüter fragen, die dem Menschen seiner Würde wegen rechtlich als „unantastbar" zuzuordnen sind. Die in jeder modernen Rechtsordnung hochgezüchtete Routineeinteilung der Außenweltsgegenstände wird von Art. 1 I also wieder grandios durch einen personalen Bezug primitiviert, in Wirklichkeit aber überhöht. Sachen, Forderungen gegen Dritte, aber auch öffentlichrechtliche Berechtigungen werden gleichbehandelt als „inviolable et sacré", sofern sie für den Menschen essentiell sind, um das in Art. 1 I rechtlich konstituierte Leitprinzip unserer Rechtsordnung praktisch leben zu können.

Es zeigt sich also bereits am Ausgangspunkt unserer Verfassung ein Dreifaches:

a) Die oberste Norm unseres objektiven Verfassungsrechts mißt nicht nur der Unterscheidung in Vermögensgüter privatrechtlicher und öffentlich-rechtlicher Provenienz keine Bedeutung bei, sondern gebietet, sofern es sich um für die Würde des Menschen essentielle Außenweltsgüter handelt, sogar die Gleichbehandlung.

---

[26] Vgl. *Dürig*, JR 1952, S. 262; AöR 79, S. 256; AöR 81, S. 131 f.; *Bachof*, VVDStRL 12 (1952), S. 42; *Nipperdey*, GR II, S. 5 ff.; *v. Mangoldt / Klein*, S. 151; *Wintrich*, BayVBl. 1957, S. 139; BayVerfGE (n. F.) 9, 27 (39). Vgl. auch Art. 22 der UN-Dekl.

[27] Des näheren vgl. *Dürig*, JZ 1954, S. 10; *ders.*, AöR 81, S. 141 f.

b) Vor Art. 1 I als dem obersten Konstitutionsprinzip unserer Verfassung erweist sich von vornherein jene gängige These als unhaltbar, wonach sich allein aus der öffentlich-rechtlichen Provenienz eines Vermögenswertes die Befugnis des Staates ergebe, grundrechtsfrei auch weiterhin darüber (durch ersatzlosen Entzug) disponieren zu dürfen. Soweit es um die für ein menschenwürdiges Dasein essentiellen Außenweltsgüter geht, scheitert an Art. 1 I auch der ersatzlose Entzug öffentlich-rechtlicher Berechtigungen —, auch dann übrigens, wenn sich der Staat auf seinen Sozialgestaltungsauftrag (vgl. Art. 20, 28) beruft.

c) Es zeigt sich insgesamt, daß alle *außer*verfassungsrechtlichen Schemata und Systeme der Vermögensgüter für die Verfassung und deren Auslegung von vornherein mindestens insoweit unverbindlich sind, als es um den Güterbestand geht, der materiell-rechtlich dem Menschen ohne Rücksicht auf Formalkategorien des objektiven Vermögensrechts nach Art. 1 I belassen werden muß. Gewiß handelt es sich um zeitlos-imponierende intellektuelle Leistungen, wenn das objektive Recht die Sachen von sonstigen Gegenständen, die privatrechtlichen Gegenstände von den öffentlich-rechtlichen sondert usw. Aber gegenüber Art. 1 I und dem, was danach an Gütern für ein menschenwürdiges Dasein essentiell ist, sind solche Einteilungen völlig unwesentlich. Bereits am Beginn der Verfassung steht also der Verfassungsrechtler, der — wie es heute geboten ist — von Art. 1 I als der Ausgangsnorm unserer Rechtsordnung her deduziert, konstitutionell gegen alle Ausschließlichkeitsansprüche, die zugunsten des Grundrechtsschutzes nur *bestimmter* Güterkategorien (z. B. nur Sachen, nur private vermögenswerte Rechte usw.) erhoben werden. Bereits am Beginn der Verfassung stellt sich also die im weiteren Verlauf dieser Verfassung zu schützende „vermögenswerte Berechtigung" nicht als ein abstrakter Kategoriebegriff irgendeines rechtssystematischen Gebäudes, sondern ganz einfach bloß als *Annex* (als Nebengut) *der Person* dar.

d) Das bisher Erörterte läßt sich in dem Teilergebnis zusammenfassen: causa des verfassungsrechtlichen Vermögensschutzes ist die Person; und ebenso wie die Person (und ihre Würde) unteilbar ist, so kann auch die causa ihres Schutzes bei *allen* Kategorien der Außenweltsgüter (Sachen, Ansprüche gegen Dritte, Ansprüche gegen den Staat, usw.) gegeben sein.

2. Die causa für den Verfassungsschutz der Außenweltsgüter

Für den Fortgang unseres Versuchs bedeutet das, daß sich *verfassungsrechtlich* wirklich relevante *Unterscheidungen* im Verfassungsschutz der Außenweltsgüter von vornherein nicht nach formalen Güterrubriken, sondern allein danach treffen lassen, wie eng die materielle Beziehung zwischen Person und Außenweltsgut ist. Nur in der Person und ihrem Verhalten kann die causa für den verfassungsrechtlichen Schutz der Vermögensgüter gesucht werden. Nur von hier aus wird sich eine verfassungsgerechte „differenzierende Lösung“ finden lassen.

a) Auch hier fällt die Wertentscheidung eigentlich schon in Art. 1 I. In dieser höchstrangigen Norm unseres objektiven Rechts wird der Staat einmal zur „Achtung“ (d. h. zum Unterlassen eigener Angriffe) und des weiteren zum „Schutz“ (d. h. zur negativen Abwehr von Angriffen aus der Drittrichtung) verpflichtet[28]. Beide Male setzt also die Verfassung sogar in dem von Art. 1 I umfaßten Güterbereich etwas als „*vorhanden*“ voraus, was vom Menschen unabhängig von einseitigen Gewährungen des Staates „erworben“ wurde. In der Grundnorm des Art. 1 I fällt dagegen weder eine Verfassungsentscheidung, daß der Staat dem Einzelnen bestimmte Vermögenswerte „*verschaffen*“ müsse[29], noch daß alles, was an Vermögensgütern dem Einzelnen vom Staat „*gewährt*“ (verschafft) wurde, auch „*gewährleistet*“ bleiben müsse.

Weswegen erworbene Vermögenswerte (und demzufolge *welche* Vermögenswerte) nach Art. 1 I als „unantastbar“ zu achten und zu schützen sind, kann nur aus den *beiden nachfolgenden* verfassungsrechtlichen Wertaussagen beantwortet werden, die nach Auffassung der Verfassung eben diese Menschenwürde inhaltlich verdeutlichen. Diese Wertaussagen werden zeigen, wann ein vermögenswertes Recht im Sinne der altrechtlichen Terminologie als „*wohlerworben*“ anzusehen ist. Wo sollte man auch schließlich die „den Eigentumsbegriff konstituierenden Merkmale“ (BVerfGE 1, 278 f.) anders auffinden können, als in den obersten Konstitutionsprinzipien *(Wintrich)* der *Gesamt*rechtsordnung.

b) Den einen die Menschenwürde ausmachenden Hauptwert sieht die Verfassung in der *Entfaltungsfreiheit* des Menschen (die demzufolge in Art. 2 I auch formal als „Hauptfreiheitsrecht“ ausgestaltet ist). Eine Verfassung, die die *eigenverantwortliche* Tätigkeit dergestalt unter Wertschutz stellt, schützt im gleichen Maß auch das *Ergebnis* dieser Tätigkeit (die *Leistung)*, d. h. auch den durch solche eigenverantwortliche Tätigkeit erworbenen Güterbestand. (Wäre es anders, so wäre die freiheitliche Betätigung des Menschen als Lebensvorgang im ökonomischen Lebensbereich zweck-los und als Wertverwirklichungs-

---

[28] Vgl. dazu BVerfGE 1, 97 (104); *Dürig*, AöR 81, S. 118.

[29] Dazu, daß sich aus Art. 1 I in *Verbindung mit anderen* Verfassungsnormen (vor allem der Sozialstaatsentscheidung) positive *Verschaffungs*pflichten des Staates und damit für den Einzelnen Rechte des status positivus ergeben können, vgl. *Dürig*, AöR 81, 1956, S. 132; *Wintrich*, BayVBl. 1957, S. 139; Schulfall: Anspruch des Hilfsbedürftigen auf Fürsorge.

vorgang sinn-los.) Damit ist die eine causa für den Verfassungsschutz der Außenweltsgüter gefunden. Wir nennen sie *die causa der eigenverantwortlichen Leistung des Menschen.*

Wenn unsere bisherige Deduktion richtig ist, so muß sich an dieser Stelle — gewissermaßen in einer Gegenprobe — die oben für den Wert der Menschenwürde festgestellte *Wertunteilbarkeit* bestätigen. Und in der Tat ist die alte Erkenntnis[30], daß die menschliche Freiheit *in sich einheitlich und lückenlos ist,* niemals verlorengegangen. Sie ist erst kürzlich wieder höchstrichterlich an Hand des Art. 2 I zum Ausdruck gebracht worden. Man kann gegen das sog. „Elfes-Urteil" des BVerfG vom 16. 1. 1957[31] gewiß manches sagen, aber zweifellos richtig gesehen ist dort die Freiheit als „allgemeine Handlungsfreiheit auf allen Lebensbereichen".

Wenn aber die Freiheit der *Betätigung* in sich einheitlich und lückenlos ist, so ist auch deren *Niederschlag* in der äußeren Güterwelt einheitlich und lückenlos. Dann aber ist es gleichgültig, ob die verantwortliche Leistung sich in einer Sache, einer privaten Forderung (z. B. aus Lebensversicherung) oder aber in einer öffentlichen Berechtigung (z. B. aus Sozialversicherung) objektiviert hat. Dann ist es für den hier interessierenden Kreis der öffentlichen Berechtigungen insbesondere auch gleichgültig, ob die vorausgegangene eigenverantwortliche Leistung ein Einsatz von *Kapital* oder von *Arbeit* war oder gar (z. B. beim Arbeitsunfall) im Einsatz von *Gesundheit* und *Leben* gipfelte.

c) Den anderen Hauptwert, der den Begriff der Menschenwürde mit Inhalt erfüllt, erblickt das Grundgesetz in der *Gleichheit* des Menschen (die demzufolge in Art. 3 I auch formal als „Hauptgleichheitsrecht"[32] ausgestaltet ist). Dieser Wertschutz erstreckt sich auch auf den Schutz vor *„besonderen"*, anderen nicht zugemuteten (also ungleichen)

---

[30] Vgl. etwa *G. Jellinek,* Allg. Staatslehre, 3. Aufl., 1914, S. 419 f. *Zuletzt* hierzu sehr eindrucksvoll: *Giacometti,* Die Freiheitsrechtskataloge als Kodifikation der Freiheit, in: „Aktuelle Verfassungsprobleme", Sonderheft der Z. f. Schweizerisches Recht (n. F.), Bd. 74, S. 149 ff.

[31] BVerfGE 6, 32. Vgl. auch JZ 1957, S. 167 (mit Anm. von *Dürig*) = NJW 1957, S. 297 = DÖV 1957, S. 116 = VerwRspr. 9, 261. Vgl. dazu ferner: *Hamann,* BB 1957, S. 229; *ders.,* BB 1957, S. 343; *Zeidler,* BB 1957, S. 342; *Rohde / Liebenau* und *Schätzler,* NJW 1957, S. 817; *Menger,* VerwArch. 1957, S. 268; *Ipsen,* Apothekenerrichtung und Artikel 12 des Grundgesetzes, 1957, S. 43 f.; *Wintrich,* Zur Problematik der Grundrechte, 1957, S. 22 ff.

[32] Üblich ist die Bezeichnung „Allgemeiner Gleichheitssatz". Man muß nur erkennen, daß sich hier — in kaum gesehener Folgerichtigkeit — genau die Verfassungsarchitektur der Freiheitsrechte wiederholt. Wie Art. 2 I (erster Halbs.) lex generalis im Verhältnis zu den nachfolgenden Freiheitsrechten ist (vgl. zuletzt *Dürig,* JZ 1957, S. 170 f.), so ist Art. 3 I lex generalis im Verhältnis zu den Einzelpositivierungen der Gleichheit (Art. 3 II, III; Art. 33 II usw.). Vgl. dazu *Ipsen,* GR II, S. 178: „Prinzip der Spezialität und der Absorption".

„Opfern", die nicht wenigstens vermögensrechtlich wieder *„ausgeglichen"* werden müssen. Ohne dieses unzertrennbare Junctim zwischen opferforderndem und opferausgleichendem Staatshandeln wäre die Auferlegung eines besonderen Opfers ein *Verstoß* gegen den Wert der Gleichheit. Verfassungsrechtlich gesehen, ist der ungleiche, das Opfer fordernde Eingriff überhaupt nur deshalb rechtmäßig, weil in derselben rechtslogischen Sekunde der Anspruch auf vermögensrechtliche Reparierung (auf Ausgleich) entsteht[33]. Mit der Aufdeckung dieses (von der Verfassung) erzwungenen Kompensationsvorganges haben wir die zweite causa für den Verfassungsschutz vermögenswerter Rechte gefunden. Wir nennen sie die *causa des besonderen Opfers des Menschen.*

In einer Gegenprobe muß sich auch hier die nicht nach einzelnen Güterarten fragende Unteilbarkeit des Wertschutzes bestätigen. Dieser Nachweis ist leicht zu erbringen. Der aus Art. 3 entnommene Opferausgleichssatz ist letztlich nichts anderes als der in die Verfassungsebene angehobene Allgemeine Aufopferungsanspruch, wie er in den §§ 74, 75 EinlPrALR vorgeformt war. Dieser Allgemeine Aufopferungsanspruch hat nun von Natur aus auf vermögensrechtlichem Gebiet in der Tat niemals nach der Art der Vermögensgüter (etwa im Sinne der BGB-Begriffe) gefragt[34]. Zweifelhaft war seine Anwendbarkeit lediglich bei Eingriffen in nichtvermögenswerte Rechte. Aber das bekannte Impfschadenurteil des BGH (BGHZ 9, 83) hat mit Recht derart einhellige Zustimmung gefunden, daß spätestens von ihm ab auch insoweit die lückenlose Schutzrichtung des Allgemeinen Aufopferungsanspruchs feststeht.

Alle Vermögensrechte, die dergestalt als Kompensationen für unfreiwillige besondere Opfer des Menschen an Freiheit, Leben, Gesundheit und Eigentum entstanden sind und nach Art. 3 auch entstehen *mußten,* haben (auch in sich einheitlich) die gleiche verfassungsrechtliche Qualität und genießen die gleiche Schutzintensität wie die durch eigenverantwortliche Leistung erworbenen (oben b). Das klingt sehr einfach; und das ist es auch bei den traditionellen Entschädigungsansprüchen (wie etwa beim in den §§ 74, 75 vorgeformten Allgemeinen Aufopferungsanspruch selbst; bei dessen positivrechtlichen Spezialregelungen wie etwa der Enteignungsentschädigung[35], der Entschädigung wegen polizei-

---

[33] Der *Gleichheitssatz* wird zum *Ausgleichssatz,* wenn er durch Auferlegung besonderer, also ungleicher Opfer im öffentlichen Interesse durchbrochen werden muß, vgl. *Dürig,* JZ 1954, S. 5; *ders.,* JZ 1955, S. 522. Vgl. auch *Ipsen,* GR II, S. 195: „Prinzip der Kompensation für Verletzung des GlS". Für die Verfassungskraft des Opferausgleichssatzes auch *Wolff / Raiser,* Sachenrecht, 10. Aufl. 1957, S. 187 mit Fn. 43; *Staudinger / Seufert,* Vorbem. 37 vor § 903 BGB; *Seufert,* Bayer. Enteignungsrecht, S. 21.

[34] Zutr. *W. Weber,* GR II, S. 353.

lichen Vergehens gegen Nichtstörer, der Entschädigung für Dritte im Feuerwehrrecht[36] usw.). Wenn jedoch über eine Rechtsgemeinschaft — wie über unsere — infolge totaler Kriege totale Katastrophen hereinbrechen, in denen gewissermaßen die Hingabe von Freiheit, Leben, Gesundheit und Eigentum zum „Normalfall" wird, also gerade den Charakter des im Begriff „Opfer" schon enthaltenen Exzeptionellen verliert, dann wird es sehr schwer, zu bestimmen, *ob* die oben geschilderte causa des besonderen Opfers des Menschen *überhaupt* eingreift, ob also nach Art. 3 ein das „ungleiche" Opfer kompensierender Anspruch überhaupt *entstanden* ist (vgl. dazu noch einmal unten III 6).

d) In negativer Hinsicht ergibt sich aus der bisherigen Betrachtung der in Art. 1 I (als dem obersten verfassungsrechtlichen Konstitutionsprinzip) und der in den Art. 2 I und Art. 3 I (als den beiden Hauptgrundrechten) gefallenen Wertentscheidungen folgendes: Vermögenswerte Rechte, die *nicht* durch eigenverantwortliche Leistung oder durch besonderes Opfer erworben („wohlerworben") wurden, sind staatlicherseits gewährte (verschaffte) Rechte. Die causa ihres Entstehens liegt regelmäßig allein darin, daß der Staat mit ihrer Gewährung seinem Sozialauftrag nachkommt. Der Sozialgestaltungsauftrag wird den Staat oft zwingen, solche Rechte zu gewähren[37]. Es kann jedoch nicht bezweifelt werden, daß eben dieser Sozialgestaltungsauftrag dem Staat auch gestattet, bei veränderten sozialen Verhältnissen ohne Rücksicht auf die Statik „wohlerworbener Rechte" über seine Gewährungen wieder frei zu disponieren. Es ist also im *Prinzip* richtig, wenn das BVerfG (vgl. E 2, 402; 3, 11) diejenigen Ansprüche aus dem *grundrechtlichen* Verfassungsschutz ausklammert, „die der Staat seinen Bürgern in Erfüllung seiner Fürsorgepflicht durch Gesetze einräumt"[38].

---

[35] Auf den leidigen Abgrenzungsstreit kommt es hier nicht an. Zu betonen ist nur, daß die Enteignungsentschädigung aus Art. 3 I aus derselben Wurzel entstammt wie der Aufopferungsanspruch. Diese Rückführung auf den Gleichheitssatz ist das große Verdienst von BGHZ 6, 270. Die Enteignungsentschädigung ist eine generelle von der konkreten wirklichen Opferlage abstrahierte Positivierung des Opferausgleichssatzes (vgl. *Dürig*, JZ 1955, S. 522). Jedenfalls ist es für den Vermögensschutz, der den Entschädigungsansprüchen ihrerseits verfassungsrechtlich zukommt, gleichgültig, ob der Anspruch aus „Aufopferung" oder aus „Enteignung" entstanden ist.

[36] Nur als beliebig herausgegriffenes Anschauungsmaterial seien aus dem Bad.-Württ. Feuerwehrgesetz v. 6. 2. 1953 (GBl., S. 19) die §§ 33 V, 34 II, 35 II genannt.

[37] Und unser Staat gewährt sie auch (z. B. in Form von Fürsorge-, Lastenausgleichsansprüchen usw.).

[38] Auch hier können dem Bürger kraft *besonderer Rechtstitel* (z. B. durch rechtskräftiges Urteil gegen den Staat) rechtsbeständige (weil speziell titulierte) Vermögensrechte erwachsen. Aber unentziehbar geworden sind dadurch einmal nur die *vorher* entstandenen und bei *gleicher Gesetzeslage* noch entstehenden Ansprüche; und zum anderen ergibt sich der Schutz der-

3. Die Erfüllung des Schutzzwecks durch Art. 14 GG

Der nächste Schritt unseres Versuchs muß in der Frage bestehen, *welches* Grundrecht des verfassungsrechtlichen Normensystems den Staat dazu zwingt, dem Menschen die durch eigenverantwortliche Leistung oder durch besonderes Opfer erworbenen Außenweltsgüter zu belassen und seiner weiteren eigenverantwortlichen Verfügungsmacht anheimzustellen. Daß diese Unterlassungspflicht des Staates vom Menschen her gesehen nur in Form eines *Freiheits*rechtes realisierbar ist, ist selbstverständlich.

Das komplexe Grundrecht *„der Freiheit“* (wie es etwa als Hauptfreiheitsrecht in Art. 2 I erscheint) ist positiv-rechtlich bekanntlich in spezielle Einzelfreiheitsrechte aufgelöst, die jeweils (vgl. dazu a) einen bestimmten typischen *Lebensbereich* gegen (vgl. dazu b) bestimmte typische *Gefährdungslagen* absichern sollen[39].

a) Die Freiheit im *güterweltsbezogenen Lebensbereich* wird typischerweise vom *Eigentumsgrundrecht* abgesichert. Während die frühkonstitutionellen Verfassungen fast durchweg Freiheit und Eigentum im gleichen Atemzug nannten, reißt die moderne Verfassungstechnik beides rein optisch oft so auseinander, daß Thesen verständlich werden, die in der „Freiheit“ zwar ein subjektives „Recht“, im „Eigentum“ jedoch nur noch eine soziale „Funktion“[40] erblicken wollen. Aber trotz dieser irreführenden Optik wurde im deutschen Verfassungsrecht stets gesehen, „daß die Eigentumsgarantie eine Ergänzung und ein Gegenstück zur Freiheitsgarantie“[41] ist. Selbst diese Sicht jedoch verleitet noch zu der Vorstellung, als handele es sich beim Eigentum um irgendein *aliud* im Verhältnis zur Freiheit. Eigentum *ist* Freiheit. Es ist die

artiger speziell titulierter Gewährungen nicht aus Grundrechtsnormen, sondern aus organisatorischen gegenseitigen Anerkennungsverpflichtungen der Staatsorgane. Man kann daher auch nicht sagen, daß Fürsorgeforderungen gegen den Staat, nur weil sie „ausgeklagt“ sind, an dem *grundrechtlichen* Verfassungsschutz teilhaben. Es ist im übrigen zu beachten, daß das normale Urteil nicht rechts*begründend,* sondern nur rechts*feststellend* wirkt. Das Urteil als solches wird deswegen hier auch nicht als causa des verfassungsrechtlichen Vermögensschutzes gewertet. Das Urteil als solches ist daher auch kein „den Eigentumsbegriff konstituierendes Merkmal“ i. S. von BVerfGE 1, 246 (278 f.).

[39] — und die dementsprechend positiv-rechtlich auch durch abgestufte Gesetzesvorbehalte verschiedenwertig ausgestaltet sind. Diese Konzeption der Verfassung wurde von BVerfGE 6, 32 (37) klar erkannt. Erst dort, wo Einzelfreiheitsrechte thematisch versagen, greift Art. 2 I als die lex generalis ein. Einzelheiten vgl. bei *Dürig,* JZ 1957, S. 170 f.

[40] Es wäre übrigens hochinteressant, einmal zu untersuchen, wie *Duguit* in gleicher Weise (!) die sowjetische wie die nationalsozialistische Eigentumslehre beeinflußt hat.

[41] *W. Weber,* GR II, S. 29; vgl. im übrigen *v. Mangoldt / Klein,* S. 413 f., mit weiteren Nachweisen *(Anschütz, Herb. Krüger, Scheuner, Diester).*

verfassungsrechtliche Erscheinungsform der Freiheit, die sich in der vermögenswerten Güterwelt (im buchstäblichen Wortsinn) „vergegenständlicht" hat. In dieser Sicht, die dem verfassungsrechtlichen Eigentumsbegriff jede „versachlichte" *Eigen*gesetzlichkeit und *Eigen*begrifflichkeit abspricht, vielmehr den Inhalt des Eigentumsgrundrechts stets von der Person her bestimmt, müssen sich folgerichtig beim Eigentum die personalen Grundentscheidungen der Verfassung geradezu „widerspiegeln". Im Eigentumsbegriff der Verfassung spiegeln sich vermögensrechtlich *Leistungen in Freiheit* (etwa als „geronnene Arbeit") und besondere *Opfer an Freiheit* (etwa als „vermögensrechtlich kompensierter Körperschaden") wider. In welcher (oft recht zufälligen) rechtstechnischen Kategorie sich Leistung oder Opfer vermögensrechtlich verwirklicht haben (Sache, privatrechtliche oder öffentlich-rechtliche Berechtigung), ist für den Eigentumsbegriff der Verfassung gleichgültig.

Die verfassungsdogmatische Erkenntnis, daß das Eigentum die Freiheitsrechtsnorm zum Schutze des durch Leistung oder Opfer erworbenen Güterbereichs ist, bedarf einer doppelten Absicherung:

aa) Einmal liegt der Einwand nahe, daß manchmal selbst beim privatrechtlichen Sacheigentum, also bei jenem Güterkreis, der auf *jeden* Fall dem Eigentum im Sinne der Verfassung zuzurechnen ist, die oben für den Verfassungsschutz als entscheidend herausgestellte causa von Leistung oder Opfer *fehle*. Das ist in der Tat richtig, wenn man auf solche Ausnahmeerscheinungen abstellt wie z. B. die Eigentumsergreifung herrenlosen Gutes, den Eigentumserwerb durch Schenkung, usw. Aber solche weit hergeholten Argumente[42] haben nicht einmal die Kraft, die typische causa des verfassungsrechtlichen Eigentumsschutzes (Leistung oder Opfer) zu einer bloß „idealtypischen" zu relativieren. Allein die im gleichen Grundrechtssatz erfolgte Gewährleistung des *Erbrechts* führt von Verfassungs wegen den Nachweis, daß die causa des Eigentumsschutzes nicht unbedingt *von jeder* konkret lebenden Person (z. B. durch „Herstellung" = eigene Arbeitsleistung oder durch „entgeltlichen Erwerb" = eigene Kapitalleistung) realisiert werden muß. Die Gewährleistung des Erbrechts beweist zur Genüge,

[42] Ebenso wie es verfehlt ist, im *geltenden Recht* die exzeptionelle „Aneignung" (§ 958 BGB) verfassungsrechtlich als ein den Eigentumsbegriff konstituierendes Merkmal zu werten, ebenso müßig ist es, den Nachweis führen zu wollen, daß bestimmtes Privateigentum seinem *historischen Ursprung* nach nicht durch Leistung „erworben" wurde, sondern einer Land*nahme* oder *Wegnahme* (i. S. von „privare") entstammt. „Über die Gerechtigkeit der geschichtlich gewordenen Vermögensverteilung oder der die Einkommens- und Vermögensbildung bestimmenden Wirtschaftsverfassung ist mit dieser Anerkennung des Privateigentums als Institution unmittelbar nichts ausgesagt; Korrekturen durch wirtschaftspolitische, insbesondere auch steuerliche Maßnahmen bleiben möglich." (*Wolff / Raiser*, Sachenrecht, S. 171).

daß auch ohne Gegenleistung erfolgende rechtsgeschäftliche Tradierungen den Kausalzusammenhang des verfassungsrechtlichen Güterschutzes nicht unterbrechen und folglich den Eigentumsbegriff der Verfassung nicht verändern[43]. Eigenverantwortliche Leistung und besonderes Opfer bleiben (trotz einiger scheinbarer Ausnahmeerscheinungen) die „den Eigentumsbegriff konstituierenden Merkmale", nach denen das BVerfG seit E 1, 264 (278 f.) fragt.

bb) Des weiteren ist dem möglichen Einwand vorzubeugen, daß von Verfassungs wegen nicht gerade dem *Eigentums*grundrecht der *ausschließliche* Verfassungsschutz aller Objektivationen der Freiheit obliegen müsse; vielmehr kraft positiven Rechts auch Vergegenständlichungen der Freiheit möglich seien, die *nicht* „Eigentum" i. S. der Verfassung sind. Dieser Einwand trifft für den nichtvermögensorientierten Güterschutz völlig zu. So sind etwa außerhalb des Art. 14 in Art. 10 der „Briefinhalt", in Art. 13 die „Wohnung", in Art. 5 das „Presseerzeugnis", das „Kunstwerk" geschützt. All dies sind Objektivationen der Freiheit; aber in Art. 10 geht es um das „Geheimnis", in Art. 13 um das „Heim" (nicht um den Vermögenswert „Wohnung"), in Art. 5 um die „freie Meinung". Sobald der *Vermögenswert* solcher Freiheitsobjektivationen in Frage steht, greift stets das Eigentumsgrundrecht ein[44]. Dennoch ginge sicherlich die Behauptung zu weit, das verfassungsrechtliche Eigentum sei *rechtslogisch* die einzige mögliche Erscheinungsform vermögenswerter Freiheitsobjektivationen; aber gewiß ist das Eigentumsgrundrecht die *typische* Schutznorm der vermögenswerten Objektivationen eines persönlichen Einsatzes, der in Form der eigenverantwortlichen Leistung oder des besonderen Opfers erfolgt ist. Die generelle

[43] Eine ganz andere Frage ist es, ob solche subjektiv „unerdienten" Güter die gleiche Schutz*intensität* genießen, wenn sie der Neueigentümer nicht im Sinne Goethes seinerseits „erwirbt, um sie zu besitzen". Schulfall: Der Erbe läßt den Acker brachliegen; der Staat kann darauf mit Maßnahmen nach Art. VII KRG Nr. 45 reagieren. — Insbesondere bestätigt der ganze Art. 14 II GG, daß die *causa des „Sicherdienens"* für die Schutzintensität (früher und womöglich von anderen) erworbener Güter *weiter* verfassungsrechtlich relevant *bleibt*. Überhaupt vermindert sich selbst beim Sacheigentum die *Intensität* des Verfassungsschutzes (z. B. bei der Höhe der Enteignungsentschädigung gem. Art. 14 III Satz 3) je weiter sich das Eigentum vom persönlichkeitsessentiellen und persönlichkeitsdurchwirkten zum „organisierten" und persönlichkeitsentfremdeten Eigentum entfernt hat. (Im Landwirtschaftsrecht könnte man oft geradezu kartographisch Kreise ziehen, die beim Hof und dessen Inventar beginnen und sich irgendwo bei fremdbewirtschafteten Vorwerken und nicht bewirtschafteten Gebirgshalden verlieren). Immer wieder bestätigt sich die Grundthese unseres Versuchs, daß verfassungsrechtlich nicht die *Art* der Güter, sondern ihr *Ort* (d. h. ihre Nähe und Beziehung zur Person) maßgeblich ist.

[44] Beispiel: Ein Verbot, Kunstwerke in das Ausland zu veräußern, trifft nicht die Kunstfreiheit des Art. 5 III, sondern die Eigentumsfreiheit des Art. 14. Das gleiche gilt z. B. bei Baubeschränkungen aus ästhetischen Gesichtspunkten.

Gleichung: Vermögenswerte, die aus Leistung oder Opfer erworben wurden, sind „Eigentum" i. S. der Verfassung, ist nach der bisherigen Deduktion des Eigentumsbegriffes aus den persönlichkeitsbezogenen Grundaussagen der Verfassung (Art. 1 I, Art. 2 I, Art. 3 I) allenfalls noch durch klare positivrechtliche *Gegen*aussagen dieser Verfassung angreifbar. *Ausdrücklich*[45] ist im Grundgesetz außerhalb des Art. 14 GG eine Sonderbehandlung „wohlerworbener" (also durch eigenverantwortliche Leistung oder besonderes Opfer erworbener) Vermögensrechte nirgends erfolgt.

Die einzige Sonderregelung, die *mittelbar* als Ausklammerung derartiger Rechte aus dem Eigentumsbegriff gedeutet werden könnte, enthält bekanntlich Art. 33 V GG. Nach der dargelegten Auffassung unterliegt es keinem Zweifel, daß bei den vermögensrechtlichen Ansprüchen der Beamten „die den Eigentumsbegriff konstituierenden Merkmale" gegeben sind[46]. Danach verbietet sich im Verhältnis der Art. 14 und 33 V zueinander von vornherein die Lösung des *„Weder-noch"*, d. h. die Annahme, die vermögensrechtlichen Ansprüche der Beamten seien weder „Eigentum" i. S. des Art. 14 noch „wohlerworbene Rechte" i. S. eines aus Art. 129 WRV inhaltserfüllten Art. 33 V GG[47]. Sicherlich ist es vertretbar, wenn man in Art. 33 V einen bloßen „Institutionsschutz" erblickt; aber dann muß man zum Schutz der betreffenden *subjektiven* Rechte vom Vermögenswert unbedingt auf Art. 14 rekurrieren. Gerade ein als bloße institutionelle Garantie verstandener Art. 33 V hat nicht die Verfassungskraft, den Eigentums-

---

[45] Art. 138 II WRV, der neben dem Eigentum noch ausdrücklich „andere Rechte" erwähnt, ist zwar über Art. 140 GG Bestandteil des Grundgesetzes geworden; aber er hat schon in der Weimarer Zeit die Erstreckung des Eigentumsbegriffes auf alle Privatrechte von Vermögenswert nicht aufhalten können. Heute kann man infolge der ganz summarischen Rezeption der Weimarer Kirchenartikel mit Art. 138 II in der speziellen Frage des verfassungsrechtlichen Eigentumsbegriffes erst recht nicht mehr argumentieren. Das ist bisher auch nicht geschehen.

[46] Dabei ist es gleichgültig, ob man der „Lohntheorie" oder der (richtigen) „Unterhaltstheorie" folgt. Denn auch vom Standpunkt der Unterhaltstheorie aus sind die beamtenrechtlichen Alimentationsansprüche als durch Leistung erworben (ja sogar als *Gegen*leistung für die vom Beamten *insgesamt* geleisteten Dienste) anzusehen. Zutreffend *Ule*, Z. f. Sozialreform 1956, S. 181: „Niemand würde seine Dienste ganz und ausschließlich dem Staat zur Verfügung stellen können, wenn er keinen Anspruch auf Dienstbezüge erwürbe."

[47] Zu dieser (verfehlten) Lösung tendiert im sog. „Beamtenurteil" offensichtlich BVerfGE 3, 58 (152 ff.); vgl. dort (S. 153) die Bezugnahme auf BayVerfGHE 5, 166 (195); vgl. ferner BVerwGE 2, 10 (14); 3, 226 (228). Häufig werden *W. Weber*, GR II, S. 354 und *Forsthoff*, NJW 1955, S. 1249 ff. zum Beleg dafür bemüht, daß vermögensrechtliche Ansprüche der Beamten nicht unter Grundrechtsschutz stünden. Genau besehen aber verneinen beide Autoren nur die unmittelbare Anwendbarkeit des Art. 14, ohne jedoch die Schutzbedeutung von Art. 33 V für derartige vermögenswerte Rechte in Frage zu stellen.

begriff zu zerstören, indem er gewisse (und hier wahrlich „erdiente") subjektive Rechte aus ihm verdrängt, obwohl sie die begriffsbildenden Merkmale aufweisen. In Wirklichkeit normiert auch Art. 33 V kein eigentumsbegriffliches aliud. Er modifiziert vielmehr als lex specialis die Schutz*intensität* des Art. 14. So sind z. B. — entsprechend der Pflichtigkeit eines besonderen Gewaltverhältnisses — von ihm ohne Hinderung durch besondere Kautelen des Art. 14 besoldungsrechtliche „Vorbehaltsklauseln" (vgl. § 86 BBG, § 39 RBesG usw.) gedeckt. Erkennt man, daß der verfassungsrechtliche Schutz*gegenstand* in beiden Normen (jedenfalls soweit es sich um Rechte von Vermögenswert handelt) der gleiche ist, dann bedarf es in der Tat nicht der Heranziehung des Art. 14[48]. Gleich ist nach beiden Lösungen (wegen Art. 1 I in Verbindung mit Art. 19 II GG) auch der schlechthin unübersteigbare Substanzschutz, d. h. der Schutz des Güterbestandes, der für den Rechtsträger und die ihm anvertraute Familie zur Sicherung eines menschenwürdigen Daseins erforderlich ist[49].

Insgesamt ist durch die Sonderregelung des Art. 33 V die obige Erkenntnis, daß alle durch eigenverantwortliche Leistung oder durch besondere Opfer erworbenen Berechtigungen dem Eigentumsbegriff der Verfassung unterfallen, nicht erschüttert worden. Es zeigte sich lediglich die für die Rechtsanwendungstechnik selbstverständliche Folgerung, daß dort kein Rückgriff auf Art. 14 nötig ist, wo ihm seinerseits der Verfassungsschutz derartiger Rechte durch eine lex specialis abgenommen worden ist.

Im Vorstehenden wurde dogmatisch der *Lebensbereich* abgesteckt (und gegen Einwände abgesichert), der durch das Freiheitsgrundrecht namens „Eigentum" geschützt wird. Es ist der durch eigenverantwortliche Leistung oder durch Sonderopfer erworbene Bestand an vermögenswerten Außenweltsgütern. Alles Nähere wird dann zu einer Frage der differenzierenden „Typologie" (vgl. unten III).

b) Dagegen gehört die Analyse der spezifischen *historischen Gefährdungslage,* von der dieser dargelegte zu schützende Lebensbereich bedroht ist, noch in die Grundlagenerörterung dieses Abschnitts. Hier ist nun die Stelle, wo die Verfassungs*wirklichkeit* Einzug in unser

---

[48] Für den Grundrechtsschutz vermögensrechtlicher Beamtenansprüche im wesentlichen wie oben: BGHZ 13, 265 (316 ff.); BGHZ 16, 192 (201 f.); *Ule,* Z. f. Sozialreform 1956, S. 181 f.; *Seufert,* Bayer. Enteignungsrecht, 1957, S. 19; wohl auch *Ipsen,* JZ 1953, S. 664 „öffentlich-rechtliche Leistungsansprüche aus Dienstverhältnissen".

[49] Vgl. dazu *Dürig,* AöR 81, S. 141 ff. Nach der dort erläuterten Auffassung vom „Wesensgehalt" des Eigentums dürfte es keinen Unterschied ausmachen, wenn die beamtenrechtliche Terminologie statt vom „menschenwürdigen" herkömmlicherweise vom „standesgemäßen" Lebensunterhalt spricht.

Thema hält, und wo das soziale *Sein* um des „richtigen Rechts" willen das verfassungsrechtliche *Soseinsollen* bestätigen muß.

Seit BGHZ 6, 270 (278) sehen wir die spezifische soziale Situation, die zu einem weiten Eigentumsbegriff führen müsse, darin, daß „die staatliche Enteignung nach dem ganzen Vermögen der Bürger greift". Dieser Schluß von der Enteignung auf den Eigentumsbegriff ist insofern etwas oberflächlich, als einmal *rechtlich* keinesfalls feststeht, ob alle diese „Eingriffe" des sozialgestaltenden modernen Staates „Enteignungen" sind; und zum anderen als *soziologisch* der Staat sich seine Sozialgestaltungsrolle nicht usurpiert hat, sondern seinerseits als Expropriateur nur wieder auf Realien reagiert, die er in der sozialen Tatsachenwelt vorfindet.

Seit dem nicht rückgängig zu machenden Sieg des Industriezeitalters besteht die unser Thema betreffende historische Gefährdungslage einfach in der Tatsache, daß die vermögenswerten Objektivationen menschlicher Freiheit nur noch zum geringen Teil in Gestalt von Sacheigentum erfolgen[50]. Im dialektischen Gegenzug mußte damit das Sacheigentum auch aufhören, das *alleinige* Zugriffsobjekt zu sein, sobald man vom Staat mehr als okkasionelle Eigentumsverlagerungen zu Gunsten bestimmter öffentlicher Unternehmungen verlangte. Damit aber stieß der Staat — spätestens seit Ende des 1. Weltkriegs — in grundrechtsfreies, weil vom technischen Sacheigentumsbegriff nicht mehr erfaßtes Niemandsland vor. Das war eine echte grundrechtsbedrohende Gefährdungslage deswegen, weil ein Belassen der nicht vom technischen Eigentumsbegriff erfaßten Objektivationen menschlicher Freiheit im grundrechtsfreien Bereich in gleichem Maße auch die personale Freiheit selbst in diesen Lebensbereichen grundrechtsfrei stellen mußte. Was *Martin Wolff* auslöste, war formaljuristisch nicht exakt zu begründen. Es war die instinktsichere Tat des Sachenrechtlers (!), der sah, wie die sozialen Fakten das Sacheigentum weitgehend durch schuldrechtliche, arbeitsrechtliche usw. Beziehungen abgelöst hatten. Die Erweiterung des Eigentumsbegriffs in der Weimarer Folgezeit auf alle privaten vermögenswerten Rechte wäre in einem System nur lockerer und gelegentlicher Berührungen zwischen Staat und Sozialordnung auch eine ausreichende Therapie gewesen. Im permanent sozialgestaltenden modernen Verwaltungsstaat besteht jedoch eine *weitere* spezifische Gefährdungslage, auf die der verfassungsrechtliche Eigentumsbegriff *ebenfalls* reagieren muß. Es ist die *Verflochtenheit* der privatrechtlichen und öffentlich-rechtlichen Elemente beim Vermögenserwerb. Zur Verdeutlichung dieses von *Forsthoff*[51] entlehnten Gedankens sollen zwei typische Phänomene dienen:

---

[50] Vgl. dazu treffliche Sätze und Erkenntnisse bei *W. Weber*, GR II, S. 353.

aa) Da ist zunächst die Erscheinung[52], daß sich heute bei dem größten Teil unseres Volkes Arbeit, Dienst und Leistung rechtsbeständig und risikofest letztlich allein in *öffentlich*-rechtlichen Sicherungen objektivieren. Der Arbeitnehmer (im weitesten auch den Beamten umfassenden Sinne) ist heute zur Existenzsicherung seiner selbst und seiner Familie auf solche öffentlich-rechtlichen Berechtigungen „angewiesen". Er mißt diesen erworbenen Rechten (zumindest subjektiv) die gleiche Bedeutung bei wie sein Großvater etwa dem Sacheigentum oder privatrechtlichen dinglichen Ansprüchen[53]. Charakteristisch für diese Fallgruppe ist also, daß das vermögenswerte *Ergebnis* eigener Leistung *öffentlich*-rechtliche Berechtigungen sind.

bb) Die zweite Erscheinung ist gewissermaßen umgekehrt gelagert und zeigt sich vor allem im Recht der gewerblichen Wirtschaft. Hier schalten sich öffentlich-rechtliche Berechtigungen *vor* die eigene Leistung und werden zur *Voraussetzung* für den Einsatz von Kapital oder Arbeit. (*Forsthoff*, NJW 1955, S. 1250: „Zahlreiche gewerbliche Verrichtungen sind in der Weise staatsbestimmt, daß sie nur auf der Basis subjektiver öffentlicher Rechte ausgeübt werden können.") Wenn auf Grund solcher Berechtigungen etwas „ins Werk gesetzt" wird, dann verzahnt sich das vermögenswerte Ergebnis zu einer Sach- und Rechtsgesamtheit, die gar nicht mehr in ihre privatrechtlichen und öffentlich-rechtlichen Elemente zerlegt werden *kann*. Es war daher nur folgerichtig, wenn unsere Gerichte beim sog. „Recht am eingerichteten Gewerbebetrieb" die Einbeziehung in den verfassungsrechtlichen Eigentumsbegriff — unter allgemeiner Billigung — bereits vollzogen haben[54].

Dieser Erstreckungsvorgang kann durchaus als symptomatisch für die innere Berechtigung des *Endergebnisses* gewertet werden, mit dem

---

[51] NJW 1955, S. 1250. *Forsthoff* hebt aber zu einseitig auf den unternehmerischen Einsatz ab. Das gleiche Problem der Verflochtenheit besteht auch beim Recht der unselbständigen Arbeit, im Wohnungsrecht usw.

[52] Vgl. zu diesem Absatz *Rohwer / Kahlmann*, Z. f. Sozialreform 1956, S. 239 f.; für Renten speziell S. 309.

[53] Das alles hat nichts mit der unter dem Stichwort „Eigentums*bildung*" zusammengefaßten sozialpolitisch billigenswerten Bestrebung zu tun, dem Arbeitnehmer „wirkliches" Eigentum (Sacheigentum) zu verschaffen. (Ein Tübinger Professor wäre des schwäbischen genius loci wegen auch der letzte, der nicht im „Häusle" das „ideale" Eigentum des Menschen sähe). Man kann aber bei der Auslegung der geltenden Verfassung nicht an dem Faktum der Gegenwart vorübergehen, daß „drei Viertel des Volkes in ihrer sozialen Existenz von ihrer Arbeitskraft und von den Sicherungen gegen deren Ausfall abhängen" (*Rohwer / Kahlmann*, [Fn. 52] mit Anm. 55), und daß diese Sicherungen eben *öffentlich*-rechtlicher Art sind.

[54] Vgl. BVerfGE 1, 264 (277); BVerwGE 3, 254 (256); BGHZ 23, 157 (160 f.). Hervorzuheben ist, daß selbst *E. R. Huber*, der sonst die Erweiterung des Eigentumsbegriffs auf öffentliche Rechte ablehnt (vgl. Fn. 12), insoweit zustimmt (DÖV 1956, S. 172).

wir diesen Abschnitt beschließen: Wohlerworbene subjektive private *und* öffentliche Rechte teilen als gleichwertig auch das gleiche Rechtsschicksal und sind dem Eigentumsbegriff der Verfassung zu unterstellen. Welche subjektiven öffentlichen Rechte als „wohlerworben“ i. S. des Eigentumsbegriffs anzusehen sind, sagt die Verfassung selbst: Es sind — wie dargelegt — die durch eigenverantwortliche Leistung oder durch Sonderopfer „erdienten“ Berechtigungen.

III. Die differenzierende Typologie der von Art. 14 GG umfaßten subjektiven öffentlichen Rechte

1. Das Ausscheiden der Rechte juristischer Personen des öffentlichen Rechts in ihrer Eigenschaft als Träger hoheitlicher Gewalt

Zunächst ist ein Ballast abzuwerfen, der die bisherige Diskussion sehr belastet hat. *Kein* Eigentum i. S. der Verfassung sind vermögenswerte Berechtigungen, die juristischen Personen des öffentlichen Rechts in ihrer Eigenschaft als *Herrschaftspersonen* zustehen. Wenn z. B. eine juristische Person des öffentlichen Rechts die Befugnis hat, Abgaben zu erheben, dann ist das eigentlich kein „subjektives Recht“, sondern eine bloße *„Zuständigkeit“* („Kompetenz“) innerhalb der staatlichen Hoheitsorganisation. Sicherlich aber handelt es sich um kein „Grundrecht“. Es fehlt eigentlich der im Grundrechtsbegriff vorausgesetzte Anspruchs*gegner*. Grundrechte des „verlängerten Armes gegen den Kopf“, d. h. Grundrechte der öffentlich-rechtlichen Verbände als Träger hoheitlicher Gewalt gegen den Staat als Inhaber der hoheitlichen Kompetenz-Kompetenz sind ein Unding. Solche „Grundrechte“ wären buchstäblich „gegenstandslos“, weil etwas fehlt, was „entgegen-steht“, nämlich der im Verhaltensollen im Prinzip freigestellte „Andere“. Deswegen ist auch Art. 19 III von vornherein nicht auf juristische Personen des öffentlichen Rechts als Träger hoheitlicher Gewalt anwendbar[55]. Deren hoheitliche Kompetenzen sind, auch wenn sie Vermögenswert haben, nicht Eigentum i. S. der Verfassung[56].

---

[55] Wie hier *Dürig*, JZ 1954, S. 9 Fn. 27; *Ule*, Z. f. Sozialreform 1956, S. 180. Man wird auch *Forsthoff*, AöR 76, S. 373 und das Urt. des BGH v. 27. 5. 1957, BGHZ 24, 302 = JZ 1958, S. 162 mit abl. Anm. v. *Bettermann* = NJW 1957, S. 1236 f. diese Meinung in Anspruch nehmen dürfen.

[56] „Die Kompetenz ist ein Begriff der institutionellen Sphäre“ lehrt *Forsthoff*, VerwR I, 6. Aufl., S. 375. Und in der Tat können sich aus den „institutionellen Garantien“ der Verfassung Abwehrmöglichkeiten gegen die Entziehung derartiger vermögenswerter Berechtigungen ergeben. Möglich ist auch, daß der übergeordnete Herrschaftsverband den untergeordneten aus der Unterwerfung entläßt, indem er ihm in Form eines öffentlich-rechtlichen Vertrages einen speziellen rechtsbeständigen Rechtstitel verschafft. Auf gar keinen Fall aber greifen innerhalb der staatlichen Kompetenzverteilung die Grundrechte als subjektive Rechte durch. Es war daher sinnvoll, wenn über

Dabei ist noch einmal zu betonen, daß alle Schulfälle, in denen Gerichte mit *Begründung* ablehnten, warum der Eigentumsschutz der Verfassung schlechthin keine subjektiven öffentlichen Rechte umfasse, *derartige* Fälle waren, bei denen also eine juristische Person des öffentlichen Rechts in ihrer *öffentlich*-rechtlichen Eigenschaft berechtigt war. Das begann mit PrOVG 81, 181 (Unterhaltsansprüche der Schulgemeinden an den Preußischen Staat), setzt sich fort in RGZ 129, 246 (gleicher Sachverhalt) und wiederholte sich in BayVerfGHE (n. F.) 5, 1 = DÖV 1952, S. 278 (für im Finanzausgleich begründete Ansprüche der Landkreise auf Staatszuschüsse zum Personal- und Sachaufwand ihrer Verwaltung). Im Ergebnis sind diese Entscheidungen, die derartigen Berechtigungen öffentlich-rechtlicher Hoheitsträger die Aufnahme in den Eigentumsschutz der Verfassung versagten, zutreffend[57]. Aber mit *Grundrechts*fragen, genauer mit der Frage, wie weit der *Individual*schutz des verfassungsrechtlichen Eigentumsbegriffs reicht, haben sie in Wirklichkeit nichts zu tun.

Man wird übrigens kaum mit der Annahme fehl gehen, daß selbst der BGH trotz seiner „Unterschiedslosigkeitsthese" *diese* Fallgruppe öffentlich-rechtlicher Berechtigungen aus dem Eigentumsbegriff der Verfassung *ausklammern* würde, da seine Argumentation (BGHZ 6, 277 ff.) durch und durch bürgerbezogen, also wirklich grundrechtlich orientiert ist. In diese hier vertretene Richtung weist auch eindeutig jetzt das Urt. des BGH v. 27. 5. 1957, NJW 57, 1235 = BGHZ 24, 302 = JZ 1958, S. 162 mit abl. Anm. von *Bettermann*.

2. Das Ausscheiden der Rechte des Fiskus aus dem Grundrechtsschutz

Auch der *Fiskus* kann sich gegenüber dem Staat nicht auf Art. 14 berufen[58]. *Nipperdey*[59] hat einmal mit Recht Grundrechte des Fiskus

---

Art. 140 GG für die Religionsgesellschaften in ihrer Eigenschaft als Körperschaften des öffentlichen Rechts ausdrückliche Sondernormen konstituiert wurden, die dem wesensmäßigen *Sonderstatus* der Kirchen *außerhalb* der staatlichen Hoheitsgewalt Rechnung tragen. Bei Kirchen versagt, was hier nicht näher begründet werden kann, das obige Bild vom „verlängerten Arm staatlicher Verwaltungshoheit". Deswegen steht auch BGHZ 19, 130 (138) von vornherein der hier vertretenen Ansicht von der Unanwendbarkeit des Art. 19 III auf juristische Personen des öffentlichen Rechts als Hoheitsträger nicht entgegen (vgl. zutr. *Hamann*, NJW 1957, S. 1423 mit Fn. 20). Ähnliches gilt für BGHZ 25, 266, weil es sich dabei der Sache nach um einen Sonderfall, nämlich um ein „beliehenes" *Privat*unternehmen handelte, das im Vertrauen auf die Beleihungen Aufwendungen gemacht hatte.

[57] So auch *Ipsen*, JZ 1953, S. 664; *Dürig*, JZ 1954, S. 9; *W. Weber*, GR II, S. 354; *Forsthoff*, NJW 1955, S. 1250; wohl auch *Ule*, Z. f. Sozialreform 1956, S. 180.

[58] So bereits *Dürig*, JZ 1954, S. 9 Fn. 27. Dagegen *Ule*, Z. f. Sozialreform 1956, S. 139. Die Kritik *Ules* an *Dürigs* Argumentation mit dem Fehlen einer dem Art. 153 II Satz 4 WRV entsprechenden Norm trifft zu.

gegen den Staat als „völlige Verdrehung der Grundrechtsidee" und als „widersinnig"[60] bezeichnet. Auch die verschiedenen Fisci der juristischen Personen des öffentlichen Rechts können über Art. 19 III für sich keine *Grundrechte* in Anspruch nehmen. Es fehlt der „Andere", der Grundrechts*gegner*. Es ist gerade einer der größten Fortschritte in der Grundrechtsinterpretation der letzten Jahre, daß wir den Fiskus wie den hoheitlichen Staat an die Grundrechte *binden*[61], daß wir also grundrechtlich Fiskus und hoheitlichen Staat *identifizieren*. Es ist unmöglich, dies alles wieder dadurch zu relativieren, daß man nun dem Fiskus seinerseits wiederum Freiheitsrechte gegen den Staat gewährt, die ihn im Verhältnis zu den Bürgern in gleichem Maße seiner Bindung entheben würden. Für alle Autoren, die einmal die Bindung des Fiskus an Grundrechte bejaht haben (um ein „Changieren" im hoheitlichen und fiskalischen Staatshandeln nicht zu Lasten des Bürgers gehen zu lassen) ist es schlechthin unvollziehbar, diesem Fiskus seinerseits nun Freiheitsgrundrechte gegen sein alter ego (den Staat als Hoheitsträger) zuzuerkennen.

Wenn hier festgestellt wird, daß das Verhältnis von Fiskus und Staat *„grundrechtsfrei"* ist, so heißt das nicht, daß es *„rechtsfrei"* ist. Wirksam bleibt das ganze objektive Organisationsrecht. Rechtserheblich bleiben etwa die institutionellen Garantien[62] (z. B. Art. 28 II GG); die Zuständigkeitsnormen, die verfahrensrechtlichen Vorschriften[63] (die u. a. zur prozessualen Waffengleichheit zwingen) usw.

---

[59] BB 1951, S. 593. — Die ganze Fragestellung, ob die sog. „öffentliche Hand" nach Art. 12 ein Grundrecht der Gewerbefreiheit genießt, ist übrigens von Anfang an verfehlt gewesen. Eine Gewerbefreiheit der öffentlichen Hand ist letztlich nichts anderes als das *Ende* dessen, was wir Gewerbefreiheit nennen. Z. B. verdrängt jeder „HO-Laden" einen Privatbetrieb.

[60] So auch *Hamann*, Komm., S. 83. Jedoch ist die an sich zutreffende Erkenntnis *Hamanns* bei Art. 2 I verfehlt angebracht. Selbstverständlich ist der Fiskus „anderer" im Verhältnis zu den *Bürgern* als Grundrechtsträgern. Z. B. kann sich wegen der „Rechte anderer" eine Versammlung nicht auf Art. 8 berufen, wenn sie das fiskalische Eigentum oder das Hausrecht des Fiskus verletzt. Oben geht es aber darum, ob der Fiskus im grundrechtlichen Verhältnis zum *Staat* ein „anderer" ist. Und das ist mit *Hamann* in der Tat zu verneinen.

[61] Vgl. *Dürig*, Festschr. f. Nawiasky, 1956, S. 184 ff. mit Nachweisen. Nachzutragen sind: *Becker*, VVDStRL 12 (1954), S. 111; *Ipsen*, DVBl. 1956, S. 456 f.; *H. J. Wolff*, VerwR 1956, S. 73 f.; *Hamann*, Komm., S. 56, 66 f.; *W. Böckenförde*, Der allgemeine Gleichheitssatz, 1957, S. 10 f.; *Löw*, DÖV 1957, S. 880.

[62] Es ist nicht einzusehen, warum nach *Ule*, Fn. 58, S. 180 an den institutionellen Garantien die fiskalischen Erscheinungsformen der öffentlich-rechtlichen Verbände *nicht* teilhaben sollten.

[63] Daher steht zu den obigen Feststellungen auch nicht BVerfGE 6, 45 (49) in Widerspruch, wo das Gericht in einer sonst mit Recht sehr zurückhaltenden Entscheidung eine Verfassungsbeschwerde des (bayerischen) Fiskus, gestützt auf Art. 101 I Satz 2, zugelassen hat. Die Eigenart des Art. 101 I Satz 2 besteht darin, daß er eine objektive (Zuständigkeits)norm des Verfahrens-

Die hier vertretene These, daß Art. 14 nicht im Verhältnis von Staat und Fiskalaten wirkt, wird natürlich vor allem von Kommunalrechtlern bekämpft werden. Es kann hier dahingestellt bleiben, inwieweit Art. 28 II dazu zwingt, Entschädigung zu leisten und den Rechtsweg zu eröffnen, wenn kommunales Eigentum vom Staat beeinträchtigt wird. In verfassungsrechtlicher Sicht unterliegt es jedoch keinem Zweifel, daß der Staat kraft seiner Organisationsgewalt den konkreten bisherigen Rechtsträger sogar ganz aufheben und ersetzen könnte. Wie *E. R. Huber*[64] für den Fall der Sozialisierung feststellt, gibt es dann keinen „Entschädigungsberechtigten" mehr und die Entschädigungspflicht wird obsolet.

Dieser Extremfall zeigt, daß wir insgesamt auch beim Verhältnis Staat—Fiskus einen institutionellen Bereich[65], nicht einen Bereich der subjektiven Grundrechte vor uns haben.

Mit der Feststellung, daß die vermögenswerten Rechte der sog. „öffentlichen Hand" grundrechtlich nicht konserviert sind, haben wir in der Typologie der subjektiven öffentlichen Rechte einen *tiefen Schnitt* vollzogen[66]. Eigentum im Sinne der Verfassung können insoweit von vornherein nur subjektive öffentliche Rechte der *Einzelnen* und über Art. 19 III der juristischen Personen des *Privat*rechts sein.

3. Die öffentlich-rechtlichen Berechtigungen kraft „historischen Zufalls"

Hier kann man nun bedenkenlos jene (landesrechtlichen) Nutzungsrechte, bei denen es rückschauend betrachtet als *„historischer Zufall"* erscheint, wenn die Rechtler ihr Recht aus öffentlich-rechtlichen Titeln herleiten, dem Eigentumsbegriff der Verfassung *zuordnen*[67]. Zu denken ist etwa an Jagd-, Fischerei- und Wassergerechtigkeiten; Grabrechte

---

rechts grundrechtlich überhöht. So könnte man z. B. dem Fiskus auch die Berufung auf Art. 103 I gestatten. Damit dürfte aber der Kreis der vom Staat mit der Verfassungsbeschwerde (gleich Grundrechtsbeschwerde) zu verfolgenden Rechte auch bereits erschöpft sein.

[64] WirtschVerwR II, S. 168.

[65] Dieser institutionelle Schutz kann für die nebenstaatlichen Rechtsträger durchaus *stärker* sein als der Grundrechtsschutz. Beispiel: Art. 12 II der Bayerischen Verf. (Verbot jeglicher Verstaatlichung und Vergabe von Kommunalvermögen).

[66] Wenn man den Statistiken glauben darf, so gehört heute weit über die Hälfte des Volksvermögens der „öffentlichen Hand". Mit obigem Schnitt wird diese verstaatlichte Hälfte des Volksvermögens der *grundrechtlichen* Eigentumsdiskussion *entzogen* — und zwar auch dann, wenn die „öffentliche Hand" in privatrechtlichen Formen (AG, GmbH usw.) auftritt. Ehe man gegen diesen Schnitt in der Eigentumslehre ankämpft, sollte man bedenken, daß damit der Staat auch zu einer Sozialtherapie der „Reprivatisierung" frei gestellt wird.

[67] So *Dürig*, JZ 1954, S. 9; *Seufert*, Bayer. Enteignungsrecht, 1957, S. 19.

(gleichgültig, ob sie als dingliches Recht am oder als obligatorisches Recht auf den Grabplatz wirken); Realgewerbeberechtigungen (z. B. im Apothekenrecht radizierte Konzessionen oder Realkonzessionen mit Präsentationsrecht) und vor allem die Bürgernutzungsrechte am Gemeindevermögen[68] (gerichtet auf Streu, Holz, Weide usw.). Der landesrechtlichen historischen Mannigfaltigkeit der öffentlich-rechtlichen Titel kann hier nicht näher nachgegangen werden. Es kommen z. B. in Betracht: landesherrliche Verordnungen, „Gemeindeordnungen", öffentlich-rechtliche Vergleiche und Verträge, aber auch rechtsbegründendes Herkommen[69]. Vom Standpunkt des mit Art. 14 befaßten Verfassungsrechtlers aus dürften auch eingehende historische Quellenuntersuchungen im konkreten Fall meist nicht *nötig* sein. Alles was hinsichtlich derartiger Rechte einmal (in Übereinstimmung mit der Rechtsordnung) rechtsverleihend oder (im Hinblick auf frühere Rechtsunsicherheit) ausdrücklich rechtsklärend wirkte, schuf Rechtspositionen, die „derjenigen des Eigentümers so nahe kommen, daß Art. 14 GG Anwendung finden muß" (BVerfGE 4, 241). Da es sich bei dem hier vom BVerfG als maßgeblich zitierten „Eigentümer" um den Eigentümer im Sinne der Verfassung handelt, also auch um den Inhaber einer privaten *Forderung*, kann man annehmen, daß *diese* Fallgruppe auch von dem in unserer Frage sonst zurückhaltenden BVerfG bedenkenlos dem Art. 14[70] unterstellt würde.

4. Die durch eigene Leistung erworbenen Berechtigungen

Eigentum im Sinne des Art. 14 sind die *durch eigenverantwortliche Leistung erworbenen vermögenswerten öffentlichen Berechtigungen.*

a) Wenn man den Satz in dieser abstrakten Fassung aufstellt, würde wohl kaum ein Vertreter der „differenzierenden Lösung" gegen ihn etwas einzuwenden haben. Und dennoch erleben wir hierbei in concreto eine ganz große *Kontroverse*, die bisher oft gar nicht als solche empfunden wird und die hier daher wenigstens einmal *bewußt* gemacht werden soll. Die Kontroverse ist so alt und so im letzten unauflösbar wie etwa der Schulenstreit zwischen Sabinianern und Proculianern[71]. Die

---

68 Aus letzter Zeit lehrreich: VG Freiburg, v. 19. 2. 1957, Bad.-Württ. VBl. 1957, S. 60 (Anwartschaftsrechte der „Wartbürger" [noch] kein Eigentum i. S. der Verfassung, vielmehr bloße „Chancen"; anders die Rechte der *im* Bürgernutzen befindlichen Bürger).

69 Vgl. z. B. für Gemeindenutzungsrechte in Bayern Art. 68 II GemO v. 25. 1. 1952 (GVBl., S. 19).

70 Die generelle Ablösung (nicht schon das Verbot der Neubegründung) solcher oft überholten landesrechtlichen Altrechtskategorien kann Schulfälle der sog. „Legalenteignung" („durch Gesetz") liefern.

71 In der modernen Romanistischen Literatur (vgl. z. B. *Wieacker*, Spezifikation, in: Festschr. f. Rabel II, 1954, S. 263 ff.) wird freilich gar nicht mehr

gemeinte Kontroverse läßt sich auf die Frage vereinfachen, ob die Akzente der Leistung auf das *Kapital* oder die *Arbeit* gelegt werden müssen.

aa) Die Akzente der „differenzierenden Lösung“ liegen bisher eindeutig auf der *Kapitalseite.* In diesem Sinne glauben wir *Forsthoff*[72] zu verstehen, wenn er der Eigentumsgarantie nur jene subjektiven öffentlichen Rechte einordnet, „deren Substrat sich als individueller Anteil am Volksvermögen darstellt“. Damit scheiden etwa für *Forsthoff* folgerichtig rein *dienstintensive* Berechtigungen wie Beamtenansprüche von vornherein aus dem Eigentumsbegriff aus. Diese kapitalorientierte Betrachtungsweise zeigt sich ferner (beginnend mit BVerfG E 1, 277[73]) dort, wo man als eigentumsbegriffsbildend verlangt, daß der erworbene Vermögensgegenstand „verwertbar“, also im Rechtsverkehr (durch Veräußerung, Verpachtung, Vererbung usw.) übertragbar sein müsse. Wenn man die freie Verwertbarkeit vom bloßen Indiz zum Begriffsessentiale macht, dann liegen die Folgerungen für die Berechtigungen, die man nicht dergestalt frei „versilbern“ kann (Beamtenansprüche, Sozialversicherungsansprüche, Berechtigungen aus „öffentlich gebundenen Handwerks- und Gewerbebetrieben“ usw.), offen zu Tage[74]. Auf derselben kapitalorientierten Linie liegt es schließlich,

---

gefragt, ob der Schulenstreit derartige „moderne“ Hintergründe hatte. Für unser Gesamtthema ist das auch unwichtig. Der Verfasser erinnert sich jedoch deutlich an eines der letzten Kollegs seines Lehrers Geh.Rat *Riezler,* wo dieser ganz eindringlich den Schulenstreit auf diesen modernen Nenner „Kapital-Arbeit“ brachte.

[72] NJW 1955, S. 1250. Auch für *Forsthoff* ist der Einsatz von Kapital nicht *allein* entscheidend. Bei seinem Beispiel der Apothekenkonzession erwähnt er zusätzlich die „Leistung“, was dann nur Einsatz von Arbeit bedeuten kann. Hier wird nur behauptet, daß *Forsthoff* den *Schwer*punkt auf die Kapitalseite legt.

[73] Auch das BVerfG stellt nicht einseitig *nur* auf den Kapitaleinsatz ab. Es beginnt sogar bei der Beschreibung der Merkmale, die den freien Gewerbebetrieb zum Eigentum i. S. der Verfassung machen, mit der „Arbeit“ und den „persönlichen Fähigkeiten“. Es folgt dann aber gleichwertig der kapitalorientierte Dreiklang: „Kapitaleinsatz“, „Unternehmerrisiko“, „Verwertbarkeit im Rechtsverkehr“. Diese Kumulierung mit Einschluß der Kapitalseite als eigentumsbegriffsbildend führt *insgesamt* eben doch zu einer sehr engen Grenzziehung (vgl. auch *W. Weber,* GR II, S. 353, Fn. 34), die die rein oder vorwiegend dienst- und arbeitsintensiven Berufsstellungen *aus*grenzt. — Interessant ist, wie sich dann sogar in höchstrichterlichen Urteilen, die aufeinander Bezug nehmen, gewollt oder ungewollt die Akzente von Kapital und Arbeit verschieben. Es ist *Bachofs* Akribie nötig gewesen (vgl. JZ 1957, S. 341, Ziff. 40) um aufzudecken, daß in BVerwGE 3, 257 durch die Formulierung: „nicht nur . . ., sondern vor allem auch“ die Kapitalseite viel stärkeren Ausdruck findet als in BVerfGE 1, 277 („und vor allem auch“).

[74] Da das Fehlen der Mobilität im Rechtsverkehr der Quantität nach geradezu ein Charakteristikum der subjektiven öffentlichen Rechte ist, würde eine sog. „differenzierende Lösung“, die hiernach ausschließlich differenziert, überhaupt keine „Lösung“ sein, weil sie *dogmatisch* sich wiederum damit

wenn etwa *Ule*[75] als den Eigentumsbegriff i. S. der Verfassung konstituierend nur „vermögenswerte Leistungen des Einzelnen, durch die das Vermögen des Staates vermehrt worden ist", gelten läßt. Auch hier sind die Konsequenzen offenkundig. Behauptet man als begriffsbildendes Merkmal des Eigentums i. S. der Verfassung den durch vermögenswerte Einzelleistung erfolgten *Vermögenszuwachs* auf seiten des Staates, so müssen von vornherein alle Leistungen an Leben, Gesundheit und Freiheit ausscheiden, da sie sich naturgemäß auf der Staatsseite nicht vermögenssteigernd kapitalisieren. Mit dieser wirtschaftlich-rechnerischen Äquivalenzmethode gelangt *Ule* sogar bei der Sozialversicherungsrente, die er als solche mit Recht dem Eigentumsbegriff einordnet[76], zu einer kaum vertretbaren Trennung von beitragsgedeckten und staatlich finanzierten Renten*teilen*[77].

---

begnügt, von der Rechtstechnik der Ebene des einfachen Gesetzes auf den grundrechtlichen Verfassungsbegriff zu folgern, und weil sie *sozialrechtlich* die ganze Eigentumsfrage subjektiv öffentlicher Rechte von vornherein nur auf das Gebiet der freien gewerblichen Wirtschaft beschränkt.

[75] Z. f. Sozialreform 1956, S. 181. *Ule* nimmt auf *Dürig*, JZ 1954, S. 9 Bezug. Aber in der dort grob entworfenen Unterscheidung von „erdienten" und „unerdienten" öffentlichen Berechtigungen findet sich kein Anhaltspunkt für die Annahme, nur der staatliche Vermögenszuwachs vermögenswerter Individualleistungen sei vom Bürger „erdient".

[76] So auch *Ipsen*, JZ 1953, S. 664; *Dürig*, JZ 1954, S. 9 Anm. 27; *ders.*, AöR 81, S. 143; *W. Weber*, GR II, S. 354; *Rohwer / Kahlmann*, Z. f. Sozialreform 1956, S. 240 passim; *Seufert*, Bayer. Enteignungsrecht, 1957, S. 19.

[77] Wenn man schon in der Dogmatik des verfassungsrechtlichen Eigentumsbegriffs rein ökonomisch denkt, dann muß man es auch konsequent tun. Eine wirtschaftliche Betrachtungsweise zeigt dann aber, daß die Staatszuschüsse in der Sozialversicherung eigentlich nur Subventionen im *Innen*verhältnis von Staat und öffentlich-rechtlichen Versicherungsträgern sind. Im Außenverhältnis zwischen Bürger und Staat (und das ist hier das interessierende *eigentums*rechtliche Verhältnis) ist vom Bürger die jeweilige *Gesamt*rente, ohne Rücksicht darauf, woher die *Mittel* stammen, durch Leistung „erdient". Wie wenig man im Sinne *Ules* im Sozialversicherungsrecht die subjektiven Ansprüche des Bürgers je nach dem *staatsinternen* Aufbringungsschuldner „zerlegen" kann, zeigt vielleicht § 537 Nr. 5a RVO. Wer als Blutspender, Lebensretter usw. (also übrigens bei *nicht*vermögenswerter Leistung) zu Schaden kommt, hat (übrigens also ohne staatliche Vermögens*bereicherung*) die gesetzlichen Unfallversicherungsansprüche gegen „den Staat" erworben, für die es völlig gleichgültig ist, aus welchem „Topf" im staatlichen Innenverhältnis die Mittel zur Erfüllung der Ansprüche geschöpft werden. Genau so ist es aber *insgesamt* bei der Sozialversicherungsrente. Für ihre Rechtsqualität als verfassungsrechtliches Eigentum sind *inner*staatliche Gegenseitigkeits- oder Triangelverhältnisse unerheblich (gegen *Ules* Aufspaltung — mit anderen Gründen auch — *Rohwer / Kahlmann*, Fn. 76, S. 241 ff.). — Man muß sich überhaupt davor hüten, alles was nicht *„versicherungs*rechtlich" aufgeht, sofort als *„Fürsorge"* (und damit i. S. von BVerfGE 2, 402 als eigentumsgrundrechtsfrei) anzusehen. Zwischen (unerdienter) „Fürsorge" und (erdienter) *„Versicherung"* liegt für den Sozialrechtler eben noch der ganze Bereich der (erdienten) *„Versorgung"*. Zu dieser Dreiteilung vgl. zuletzt *van der Ven*, ZgesStW 113, S. 525 ff.

bb) Demgegenüber sei hier mit Nachdruck festgestellt, daß jede *einseitige Betonung des Kapitaleinsatzes* als eigentumsbegriffsbildendes Leistungselement verfassungsrechtlich durch nichts zu begründen ist[78]. Es wurde eingehend dargetan (oben II 2 b), daß und warum die eigenverantwortliche Leistung ein den Eigentumsschutz begründendes Merkmal ist. Aber es lassen sich nirgends verfassungsrechtliche Belege dafür erkennen, daß das Ergebnis dieser Leistung i. S. *Forsthoffs* „Anteil am Volksvermögen" oder i. S. des BVerfG (und des ebenso argumentierenden BVerwG) „veräußerlich" oder i. S. *Ules* „staatsvermögensmehrend" sein müsse, um Eigentum i. S. der Verfassung darzustellen. Eigentumsbegriffsbildende Leistungen sind Kapitaleinsatz *oder* (nicht kumulativ „und") Arbeitseinsatz *oder* Einsatz von Leben, Gesundheit usw. Meist werden sich freilich Kapital- und Arbeitsinvestitionen zu *einem* Leistungsvorgang koppeln; nötig ist dies jedoch nicht.

b) Einem reinen Kapitaleinsatz (Zuvielleistung) entstammt der Erstattungsanspruch gegen den Staat. Er ist zweifelsfrei Eigentum i. S. der Verfassung[79].

c) Umgekehrt entstammen einer reinen Investition von Dienst (und hier freilich nicht wägbarer Treue) die *vermögensrechtlichen Ansprüche der Beamten.* In der bekannten Kontroverse um die verfassungsrechtliche Eigentumsfähigkeit dieser Rechte hat der BGH die glücklichere Hand gehabt[80].

d) Daß die *Rentenansprüche der Sozialversicherung* Eigentum i. S. der Verfassung sind, wird heute ernsthaft kaum noch angezweifelt[76].

e) Da nach hier vertretener Auffassung Arbeit und Dienst, auch wenn „Kapitaleinsatz", „Unternehmerrisiko" und „Verwertbarkeit im Rechtsverkehr" nicht vorliegen, selbständige Leistungsmerkmale sind, die den Eigentumsbegriff konstituieren, fallen unter den verfassungsrechtlichen Eigentumsbegriff auch die vermögenswerten Berechtigungen aus den sog. *„öffentlich gebundenen Berufen"* (z. B. Bezirksschornsteinfeger, Hebammen, Apotheker usw.).

---

[78] Mustergültig in dieser Hinsicht das nach Drucklegung dieses Versuchs veröffentlichte Urt. BSGE 5, 40 = JZ 1958, 20 mit Anm. von *Dürig.* Vgl. dazu auch *Menger,* VerwArch., Bd. 49, S. 186 f.; der den Einsatz von Arbeitskraft ebenfalls als selbständiges Merkmal, das den Eigentumsbegriff konstituiert, genügen läßt. Dort auch die ersten interessanten Ausblicke auf die Problematik der von vornherein mit Widerrufsvorbehalt versehenen, in der Folge aber im obigen Sinn „erdienten" Rechtspositionen.

[79] Vgl. *Ipsen,* JZ 1953, S. 663; *W. Weber,* GR II, S. 354; *Scheuner,* DÖV 1956, S. 576; *Ule,* Z. f. Sozialreform, 1956, S. 181. — *Scheuner* (a.a.O.) nennt (mit Recht) in gleichem Zusammenhang „Ausgleichsansprüche in einem System genossenschaftlichen oder staatlichen Ausgleichs" und verweist z. B. auf § 11 des GetreideG v. 4. 11. 1950 (BGBl., S. 721).

[80] Vgl. dazu oben II 3 a, bb mit Fn. 47 und 48.

aa) Dies wurde bekanntlich von BVerfGE 1, 264 für die *Bezirksschornsteinfeger* verneint, weil sich nach der engen Auffassung des Gerichts (S. 277) Arbeitseinsatz, Kapitaleinsatz, Unternehmerrisiko und Verwertbarkeit *addieren* müssen, um „so den Gewerbebetrieb zum ‚Eigentum' des Inhabers (zu) stempeln" (S. 278). Man kann schon daran zweifeln, ob bei einem derartig öffentlich gebundenen Beruf die gewerberechtliche Sicht und die Orientierung am „freien Gewerbebetrieb" *überhaupt* noch angebracht ist. Entscheidend ist jedoch, daß man (wie bei den Beamten) das Leistungselement: „jahrzehntelange gewissenhafte Arbeit" nicht einfach als selbständig den Eigentumsbegriff konstituierendes Merkmal unter den Tisch fallen lassen kann. Weil „durch Leistung erdient", waren die Versorgungsansprüche der Meister Eigentum i. S. der Verfassung[81].

bb) Die Argumentation des BVerfG wird von BVerwGE 3, 254 (257)[82] für *Hebammen* übernommen. *Menger*[83] rügt mit Recht, daß diese auf den freien Gewerbebetrieb abstellende Begründung „auf falschen Gleisen läuft". *Mengers* Frage, ob die Rechtspositionen der Hebammen von Vermögenswert unter den Begriff des Eigentums i. S. des Art. 14 fallen oder nicht, ist zu bejahen[84]. Die Rechte sind durch eigenverantwortliche Arbeitsleistung „erdient".

cc) Dasselbe gilt für Apothekenberechtigungen, auch wenn die Betriebsberechtigung nur eine *Personal*konzession ist, der also — abgesehen vom Witwenprivileg — jegliche Mobilität im Rechtsverkehr (Veräußerlichkeit, Vererblichkeit) fehlt[85]. Es ist freilich unzutreffend,

---

[81] Im enteignungsrechtlichen Ergebnis ist die Entscheidung jedoch zutreffend. Ebensowenig wie bei Beamten Regelungen der Pensionierungsgrenze „Enteignungen" sind, war es die Einführung der Altersgrenze für Kaminkehrer. Regelungen der Altersgrenze sind bei öffentlichen oder öffentlich gebundenen Berufen geradezu Schulfälle für „Eigentumsbindungen" dieser Berufe. Ähnlich *Scheuner*, Verfassungsschutz, S. 96, Anm. 77; *ders.*, DÖV 1956, S. 575. Vgl. auch das a.a.O. von *Scheuner* besprochene Urteil des BGH v. 23. 4. 1956 (Vermögenswert der konkreten alleinigen Position im Kehrbezirk, sicheres Einkommen als Entgelt für die Tätigkeit). A. A. offenbar *Forsthoff*, NJW 1955, S. 1250. *Forsthoffs* Formulierung läßt aber die Annahme offen, daß er den *zugewiesenen* und *arbeitenden* Betrieb anders behandeln würde.

[82] — mit einer Akzentverlagerung noch mehr auf die Kapitalseite hin — vgl. *Bachof*, JZ 1957, S. 341 Ziff. 40.

[83] VerwArch. Bd. 48 (1957), S. 177. *Mengers* Rüge träfe auch für BVerfGE 1, 277 zu.

[84] Jedoch ist im Ergebnis auch diese Entscheidung richtig. Zur Altersgrenze als bloßer Eigentumsbindung staatlich insgesamt gebundener Berufe vgl. bereits Fn. 81.

[85] Vgl. BGHZ 15, 17 (20). Die veräußerlichen und vererblichen Realkonzessionen des alten Rechts fallen bereits unter unsere Fallgruppe 3. — Apothekenkonzessionen rechnet auch *Forsthoff*, NJW 1955, S. 1250 zum Eigentum i. S. der Verfassung. Ebenso *Hamel*, Die Bedeutung der Grundrechte im sozialen Rechtsstaat, 1957, S. 60.

wenn *Hamel* (S. 61) insgesamt das „Heimfallrecht“ an den Staat bei Tod oder Verzicht des Inhabers für grundrechtswidrig hält. Insbesondere „fällt“ ja nicht das *Eigentum* an den Staat „zurück“, sondern nur die Befugnis, die Konzession neu zu vergeben[86]. Dagegen bewirkt Art. 14 in der Tat[87] eine Verpflichtung des Staates, dafür zu sorgen, daß der Altkonzessionär vermögensrechtlich nicht *„ausfällt“;* daß er insbesondere nicht mit jenem Vermögenswert ausfällt, der *seiner persönlichen Leistung* entstammt. Der § 13 des Regierungsentwurfs eines Gesetzes über das Apothekenwesen (BTD 2. Wahlper. Nr. 1233) trägt dieser auf persönlichen Einsatz und Arbeitsleistung abstellenden Eigentumskonzeption mustergültig Rechnung. Ohne die dort vorgesehene vermögensrechtliche Überwälzung auf den Neukonzessionär müßte der Staat selbst diesen Vermögensteil, der in unserem Sinne vom Altinhaber „erdient“ wurde, als Eigentum i. S. der Verfassung entschädigen.

dd) Die vermögenswerten Berechtigungen der Schornsteinfeger, Hebammen und Apotheker sollen in unserer Typologie nur als Beispiele für jene Berufspositionen dienen, die ihren Standort zwischen dem freien Gewerbebetrieb einerseits und der Beamtenstellung andererseits haben. Auf eine Konsequenz — die hier auch gezogen wurde — ist dabei hinzuweisen. Wer (wie etwa der BGH) die vermögensrechtlichen Ansprüche der Beamten dem Eigentum i. S. der Verfassung einordnet, muß es bei den Berechtigungen derartiger „Halbbeamten“[88] erst recht tun.

f) Um „einer Verflüchtigung des Wesens des Eigentumsbegriffes vorzubeugen“ (BVerwGE 3, 257) ist es nötig, keinen Zoll weit von dem entwickelten, den Eigentumsbegriff konstituierenden Merkmal der *Leistung* abzugehen. Das ist wichtig für das ganze staatliche Genehmigungswesen im weitesten Sinne.

aa) Es wird vielleicht aufgefallen sein, daß sich diese Zeilen weder um eine Definition des „subjektiven öffentlichen Rechts“, noch um die dogmatische Dreiteilung: „Gewährung, Gestattung, Ausnahmebewilligung“[89] bemüht haben. Für Fragen des Widerrufs wäre dies selbstverständlich eine unverzeihliche Unterlassungssünde. Für verfassungsrechtliche Eigentumsfragen jedoch kommt es hierauf nicht an[90]. Der begünstigende Verwaltungsakt *als solcher* (vorausgesetzt, daß er

---

[86] Vgl. dazu *Ipsen,* Apothekenerrichtung und Art. 12 des Grundgesetzes, 1957, S. 27 ff.

[87] Insoweit ist *Ipsen* (Fn. 86), S. 29, 57 zu zurückhaltend.

[88] *Triepel,* Festschr. f. Binding, Bd. II, 1911, S. 19.

[89] Vgl. dazu *Forsthoff,* VerwR., 6. Aufl., S. 235 f. und die subtile Systematik der „Berechtigungen“ bei *H. J. Wolff,* VerwR., S. 179 f.

[90] a. A. *Haas,* System, S. 34; *H. J. Wolff,* VerwR., S. 272.

überhaupt schon unanfechtbar geworden ist) und die daraus gewährten, gestatteten, ausnahmsweise bewilligten Berechtigungen *als solche* sind (noch) kein Eigentum i. S. der Verfassung, weil noch die eigene Leistung als eigentumsbegriffsbildendes Merkmal fehlt. Die Tatsache, daß Konzessionen, Erlaubnisse und Ausnahmebewilligungen *Voraussetzung* für den späteren Einsatz an Leistung bilden und insoweit ohne Frage auch von Vermögenswert sind, begründet für sich allein noch nicht den Eigentumsbegriff[91].

bb) Bei aller Bedeutung für die Widerrufslehre sind *eigentums*rechtlich alle diese Berechtigungen — selbst wenn eine echte Konzession zu Grunde liegt — so lange nur vermögenswerte „Chancen", bis die Berechtigung *„ins Werk gesetzt"* wird. Erst im Zeitpunkt der Inswerksetzung schneiden sich Widerrufs- und Eigentumslehre (Widerruf von jetzt ab grundsätzlich ausgeschlossen, Eigentumsschutz beginnt), um dann wieder auseinander zu gehen (Widerruf unter sehr engen Voraussetzungen zwar noch möglich, aber stets entschädigungspflichtig). Anders formuliert: Vor der Inswerksetzung ist selbst die Berechtigung aus einer echten Verleihung kein Eigentum; nach der Inswerksetzung ist selbst die Berechtigung aus einem Dispens Eigentum[92].

cc) Dieser den Eigentumsbegriff konstituierende Leistungsvorgang des Inswerksetzens war im Verwaltungsrecht auch seit jeher anerkannte causa des Vermögensschutzes[93]. Auch dem Schutz des „Rechts am eingerichteten (!) und ausgeübten (!) Gewerbebetrieb" (vgl. Fn. 3 und 54) liegt der Gedanke des Inswerksetzens zu Grunde. Daß dabei inswerkgesetzte Vermögenspositionen öffentlichen Rechts nur dann Eigentum i. S. der Verfassung sind, wenn sie in Übereinstimmung mit der Rechtsordnung erworben wurden, ist selbstverständlich[94].

---

[91] a. A. offenbar *Scheuner,* Verfassungsschutz, S. 98.

[92] Auf die Frage, wie sich der Widerrufs*vorbehalt* eigentumsrechtlich auswirkt, kann hier aus Raumgründen nicht eingegangen werden. Das setzte eine eingehende Auseinandersetzung mit der ziemlich fragwürdigen Rechtsfigur des Widerrufsvorbehalts überhaupt voraus. Negativ sei nur festgestellt: Die Tatsache *allein,* daß dem Verwaltungsakt ein Widerrufsvorbehalt beigefügt ist, besagt weder etwas über die Zulässigkeit des Widerrufs (wie die aktive Verwaltung gern annimmt), noch über die Eigentumsqualität der Berechtigung. — Klar erscheint jedoch die Antwort auf die verwandte Frage, ob eine Inswerksetzung Eigentum i. S. der Verfassung konstituiert, obgleich der zugrundeliegende Verwaltungsakt noch nicht formell rechtskräftig (unanfechtbar) geworden ist. Diese Frage ist zu *verneinen.* Hier ist *rechtlich* noch nichts gewährt, gestattet oder bewilligt, was ins Werk gesetzt werden könnte.

[93] Schulfälle: § 51 GewO; §§ 42 I c u. d mit 72 II PrPVG.

[94] Vgl. *Haas,* System, S. 37. Z. B. löst daher die Einstellung eines genehmigungspflichtigen, aber nicht genehmigten Betriebes keine staatlichen Entschädigungspflichten aus: z. B. „heilt" das Inswerksetzen nicht einen wegen Erschleichens fehlerhaften Verwaltungsakt, so daß die Entziehung des subjektiven Rechts nichts mit Art. 14 zu tun hat, usw.

dd) Beim Begriff des Inswerksetzens muß sich nun — wenn unser Versuch Systematik beanspruchen will — die Feststellung wiederholen, daß die den Eigentumsbegriff konstituierende Leistung im Kapitaleinsatz *oder* Arbeitseinsatz bestehen kann. Und in der Tat geht seit *Forsthoff* und seinem bekannten Zirkusfall (VerwR I, S. 237) unser Verwaltungsrecht auch davon aus, daß *sowohl* die Investition von Arbeit (der berühmte „erste Spatenstich") als *auch* die Investierung von *Kapital (Forsthoff:* „besondere Aufwendungen und Veranstaltungen") gleichwertig nebeneinander stehen. Es muß sich nur — auch insoweit bestätigt sich unsere Grundlagenerkenntnis vom Eigentum als objektivierte menschliche Freiheit — um in der Außenwelt erkennbare Objektivationen *(Forsthoff:* „Vergegenständlichungen") des Leistungseinsatzes handeln. Aus diesen Gründen der Offenkundigkeit (nicht um den Einsatz von Kapital abzuwerten) legt man *hier* sogar die Akzente deutlich auf die Investition von *Arbeit.* Der erste Spatenstich und der folgende Arbeitsaufwand sind objektiv erkennbar irreparabel und unwiederbringlich fehlinvestiert, wenn die zugrundeliegende öffentliche Berechtigung entzogen wird. Ein Kapitaleinsatz (etwa in Form von Verträgen mit Dritten, von entrichteten Verwaltungsgebühren oder vorgeleisteten Benützungsgebühren) ist dagegen keine offenkundige Fehlinvestition, da dieser Kapitaleinsatz im Zweifel kondizierbar sein wird.

g) Ein Urteil des OLG Bremen v. 11. 5. 1955 (BB 1955, S. 683) gibt Veranlassung, in unserem Zusammenhang ausdrücklich darauf hinzuweisen, daß der *Anliegergebrauch* als solcher kein Eigentum i. S. der Verfassung ist, da ihm die den Eigentumsbegriff konstituierenden Merkmale fehlen[95]. Das OLG Bremen dürfte hier einem mißverständlichen Urteil des BGH (BGHZ 8, 273) erlegen sein, wo in der Sache zwar zutreffend entschieden wird, daß der Anlieger kein Recht auf das Fortbestehen von Vorteilen (im Fall: Verkehrslage) habe, dann aber hypothetisch Entschädigung bei „erheblichen Beeinträchtigungen" in Aussicht gestellt wird. Offen blieb die Frage: Beeinträchtigung *welcher* Berechtigung? Wie der BGH neuerdings erläutert (BGHZ 23, 170), habe er seinerzeit nicht zur Rechtsqualität und zur Eigentumsqualität des (gesteigerten) Gemeingebrauchs Stellung nehmen wollen. Das Eigentum, das BGHZ 8, 273 im Auge hatte und das jetzt von BGHZ 23, 157 (161) auch klar herausgestellt wird, war und ist nicht

---

[95] Daran ändert sich auch nichts, wenn Anliegerbeiträge entrichtet worden sein sollten. Diese haben eindeutig *abgabenhoheitlichen* Charakter und sind (ebenso wie Steuern) kein eigenverantwortlicher Kapitaleinsatz, der den Eigentumsbegriff begründet. Das unterscheidet sie wesentlich von den Sozialversicherungsbeiträgen, die echte Eigenvorsorge — wenn auch in Solidargemeinschaft — sind. Auch soweit sie vom Arbeit*geber* aufgebracht werden, bleiben sie dennoch echter („erdienter") Lohn für geleistete Arbeit.

der Anliegergebrauch, sondern der eingerichtete und ausgeübte *Gewerbebetrieb*, der, wie dargelegt, in der Tat dem Eigentumsbegriff des Art. 14 zu unterstellen ist[96].

Die andere Fallgruppe, die gern mit der Eigentumsqualität des Anliegergebrauchs vermengt wird, in Wirklichkeit aber auch nichts damit zu tun hat, betrifft die Fälle, wo das *Grundeigentum* selbst — genauer das auf ihm ins Werk gesetzte Gebäude — von der benachbarten öffentlichen Sache aus in den Eigentumsteilrechten auf Zugang, Licht, Luft oder Wasser unmittelbar getroffen wird[97]. Daß hier Eigentum i. S. des Art. 14 tangiert wird, ist selbstverständlich[96].

5. Die durch besonderes Opfer erworbenen Berechtigungen

Eigentum im Sinne des Art. 14 *sind die durch besonderes Opfer an Leben, Gesundheit, Freiheit oder Eigentum erworbenen öffentlich-rechtlichen Ausgleichsansprüche.*

a) Die erste Fallgruppe betrifft die Ausgleichsansprüche für *rechtmäßiges Handeln* der Staatsorgane. Für sie ist charakteristisch, daß der opferfordernde Eingriff überhaupt nur deshalb rechtmäßig ist, weil im Junctim der Ausgleichsanspruch entsteht.

aa) Einen dergestalt opferfordernden und darum gleichzeitig und unabdingbar auszugleichenden Eingriff[98] sieht die Verfassung in der *„Enteignung"*. Der aus Enteignung entstandene Entschädigungsanspruch ist darum selbst wieder i. S. der Verfassung eigentumsgesichert.

bb) Dasselbe gilt für alle positivrechtlich weit verstreut geregelten Entschädigungsansprüche zum Ausgleich rechtmäßig geforderter Opfer[99]. Es sind (wie die Enteignungsentschädigung) Erscheinungsformen des allgemeinen Aufopferungsanspruchs, so wie er in den §§ 74, 75 EinlPrALR vorgeformt war.

cc) Wo bei rechtmäßigem Staatshandeln solche Spezialvorschriften versagen, bleibt es bei der lex generalis des *Allgemeinen Opferausgleichssatzes*, den man heute schlüssig — ohne auf Gewohnheitsrecht rekurrieren zu müssen — unmittelbar aus Art. 3 herleiten kann[33]. Da-

---

[96] Damit aber steht noch längst nicht fest (wie BGHZ 23, 161 meint), daß die „Enteignung" den „Aufopferungsanspruch" aus Art. 14 verdrängt. Aber das ist ein weites Feld, vgl. Fn. 2. Am Zuge ist in der „Abgrenzungsfrage" jetzt das BVerfG. Literarisch ist das Problem „ausgeschrieben".

[97] Vgl. zuletzt BGHZ 23, 235 (239) mit Verweisung auf *Forsthoff*.

[98] Und zwar kraft positiven Rechts auch dann, wenn z. B. alle Grundeigentümer von einem Geländeentzug abstrakt und generell (durch Gesetz) betroffen werden („Legalenteignung").

[99] Vgl. die beliebig vermehrbare Übersicht bei *H. J. Wolff*, VerwR., S. 265 unter 4.

nach (z. B. wegen Impfschadens) entstandene Ansprüche sind ihrerseits wieder Eigentum i. S. der Verfassung.

b) Eigentumsgesichert sind auch die Ausgleichsansprüche zur Wiedergutmachung[100] der durch Staatstätigkeit *schuldlos-rechtswidrig* verursachten Opfer. Diese Opfersituationen entspringen den zwei folgenden Lebensvorgängen:

aa) Der opferfordernde Eingriff kann im *Irren der Staatsorgane* (der handelnden Menschen) bestehen. Der beispielhafte Schulfall ist der unrechtmäßige Freiheitsentzug im Strafverfahrensrecht. Der vermögensrechtliche Ausgleich („die Wiedergutmachung") erfolgt hier bekanntlich durch das Gesetz, betreffend die Entschädigung für unschuldig erlittene Untersuchungshaft v. 14. 7. 1904 (RGBl., S. 321) und das Gesetz, betreffend die Entschädigung der im Wiederaufnahmeverfahren freigesprochenen Personen v. 20. 5. 1898 (RGBl., S. 345). Ansprüche aus solchen Gesetzen sind selbst wiederum Eigentum.

bb) Das Opfer kann durch das *Abirren der Verwaltungsmittel* bewirkt sein. Der beispielhafte Schulfall ist hier der Querschläger gelegentlich polizeilichen Schußwaffengebrauchs. Wenn z. B. Art. 56 II des Bayer. Polizeiaufgabengesetzes v. 16. 10. 1954 (GVBl., S. 237) diesen „bei Gelegenheit" staatlichen Handelns entstandenen Schaden ausgleicht, so sind die damit gewährten Wiedergutmachungsansprüche ihrereseits wiederum Eigentum i. S. der Verfassung.

cc) Eine ganz andere Frage ist es, *ob* kraft eines verfassungsrechtlichen Obersatzes (oder kraft einer „Grundnorm" i. S. *Mengers*[100]) in allen Fällen schuldlos-rechtswidriger Staatstätigkeit ein Entschädigungsanspruch *entsteht*. Der Verfasser hält daran fest[101], daß es keinen

[100] *Menger*, GedSchr. f. W. Jellinek, 1955, S. 350 f. erhebt den Begriff der „Wiedergutmachung" zu einem terminus technicus des öffentlichen Rechts. Er behauptet eine materielle „Grundnorm" des öffentlich-rechtlichen Wiedergutmachungsanspruchs, die er in „dogmatische Parallele zu den zivilrechtlichen Wiedergutmachungs-(Ausgleichs-)ansprüchen" stellt. Gegen *Mengers* nur induktiv belegte These, daß kraft einer „Grundnorm" jeder (auch schuldlos) rechtswidrige Eingriff Ausgleichsansprüche auslösen müsse, bestehen erhebliche Bedenken; vgl. oben im Text unter cc).

[101] Vgl. JZ 1954, S. 5 Fn. 9; JZ 1955, S. 524 unter b). Dort ist gegen die üblich gewordene Lückenschließung auf dem Wege einer Analogie zur Entschädigung für *rechtmäßiges* Staatshandeln folgendes ins Feld geführt worden: „Beim rechtmäßigen Eingriff ist der Staat wegen des Einklangs von Rechtsordnung und öffentlichem Interesse gewissermaßen im weiten Sinne immer Begünstigter. Der schuldlos-rechtswidrige Eingriff (das Irren des Staatsorgans oder das Abirren der Verwaltungsmittel) ist Verstoß gegen die staatliche Rechtsordnung und läuft dem öffentlichen Interesse zuwider; er geht deshalb nicht *nur*, wie es üblicherweise heute hingestellt wird, zu Lasten des Bürgers, sondern *immer auch* zu Lasten (des wahren Willens und Interesses) des Staates." Hier verbietet sich eine Analogie, die nur den *einen* Teil zum „Betroffenen" deklariert. Der Risikoausgleich in diesen kor-

generellen Verfassungssatz gibt, der die Lücke zwischen der Entschädigung für rechtmäßiges und dem Schadensersatz für schuldhaft-rechtswidriges Staatshandeln allumfassend schließt. Ob bei schuldlos-rechtswidrigen Eingriffen oder bei Gefährdungslagen gelegentlich staatlichen Handelns Ausgleichsansprüche entstehen, ist allein den Gesetzen im technischen Sinne zu entnehmen[102].

c) Auch der aus *schuldhaft-rechtswidriger* Amtspflichtverletzung gem. Art. 34 GG in Verbdg. mit § 839 BGB gegen den Staat entstandene öffentlich-rechtliche Anspruch auf Schadensersatz ist seinerseits wieder Eigentum i. S. des Art. 14 GG[103].

d) Für die bisher (unter a—c) genannten Ausgleichsansprüche ist es charakteristisch, daß sie vermögensrechtlich eine Schadenslage kompensieren, die *unmittelbar* aus dem Verhalten oder der Risikosphäre der staatlichen Organe entstanden war. Es wäre übereilt, wollte man sofort hinter diesen *traditionellen* Ausgleichsansprüchen („Wiedergutmachungsansprüchen") den Schnitt zu den „Fürsorgeansprüchen" vollziehen, die der Staat als Sozialstaat „den Opfern allgemeiner Katastrophen, besonders den Opfern der Kriege" (BVerfGE 1, 106) gewährt. In E 2, 380 (402) hat das Gericht die *Haftentschädigungsansprüche* der Opfer der nat.-soz. Verfolgung in diesem Sinne als „Fürsorgeansprüche" deklariert und demzufolge aus dem Eigentumsbegriff der Verfassung verwiesen[104]. In Wirklichkeit jedoch gewährt hier der Staat nicht als Sozialstaat Fürsorgeansprüche, sondern er erfüllt als Rechtsstaat Wiedergutmachungsansprüche —, Ansprüche, die ohne derartige gesetzliche Sonderregelungen[105] auf der allgemeinen Anspruchsgrundlage der Staatshaftung entstanden wären. Folgerichtig bekennt sich das Bundesentschädigungsgesetz (BEG) i. d. F. v. 29. 6. 1956 (BGBl. I, S. 562) in

---

respektiven Schadenslagen obliegt dem Gesetz im technischen Sinne und ist von Verfassungs wegen nicht präjudiziert".

[102] Das braucht dann durchaus keine bloße Wortlautanwendung zu sein. Wenn z. B. die Verwaltungsgerichtsgesetze Wiedergutmachung (Restitution) in Form der Kassation des rechtswidrigen Verwaltungsaktes gewähren, dann kann eine teleologische Interpretation für die vorher *vollzogenen* Verwaltungsmaßnahmen auch zu einer „Restitution in Natur" und, wenn dies nicht mehr möglich ist, zur „Restitution in Geld" führen. Wie wenig man aber einen allgemeinen Restitutionsgrundsatz selbst in diesem *engen* Sinne der „Folgenbeseitigung" anerkennen kann, zeigen in der *Verfassungs*gerichtsbarkeit bereits wieder die §§ 95 III mit 79 II BVerfGG.

[103] So auch *Ule*, Z. f. Sozialreform 1956, S. 181.

[104] Gebilligt von *Ule* (Fn. 103), 182; dagegen zutr. *Rohwer / Kahlmann*, Z. f. Sozialreform 1956, S. 241 f.

[105] Vgl. BGHZ 11, 198 (204): BEG als „Sonderregelung der Staatshaftung für die auf nationalsozialistischen Gewaltmaßnahmen beruhenden Schäden . . ., durch die das diesbezügliche allgemeine Recht für die hier in Betracht kommenden Schädigungen ausgeschaltet wird". Vgl. auch BGHZ 12, 11.

seinem § 2 I auch nicht zu der Auffassung eines staats*mittelbaren* allgemeinen Katastrophenschadens, sondern geht von der unmittelbaren Schadenszufügung „auf Veranlassung oder mit Billigung einer Dienststelle oder eines Amtsträgers" aus. Die vermögensrechtlichen Ansprüche des BEG[106] sind Eigentum i. S. der Verfassung. Es handelt sich (um die Diktion von BVerfGE 1, 106 zu gebrauchen) „um Maßnahmen ..., die mit einem Schadensersatz für weggenommenes Gut oder verschuldeten Körperschaden" durchaus verglichen werden können.

6. Ausscheiden der Ausgleichsansprüche für Kriegsfolgeschäden

Hier ist nun eigentumsdogmatisch eine klare Trennungslinie zu ziehen, die vor allem die Ausgleichsansprüche für *Kriegsfolgeschäden* aus dem Eigentumsbegriff i. S. des Art. 14 ausgrenzt. Sie ist zu ziehen, obwohl in der Tatsachenwelt die Übergänge in den Opfersituationen (etwa zwischen Opfern „des Nationalsozialismus" und Opfern „des Krieges") fließend sind; und obwohl sich oft zunächst das Emotionale gegen starre Trennungen sträubt (z. B. dagegen, daß — um Extreme zu nennen — der Schaden eines Kriegsblinden eigentumsrechtlich anders behandelt wird, als ein wegen Amtspflichtverletzung entgangener Vermögensgewinn).

Wie dargelegt, nehmen jene vermögensrechtlichen Ausgleichsansprüche am verfassungsrechtlichen Eigentumsbegriff teil, die besondere Opfer kompensieren. Jedoch schon der Begriff des „Opfers" und erst recht der Begriff des „Besonderen" beinhalten auf seiten des Bürgers das „Exzeptionelle" der Leistung und auf seiten des Staates das „Okkasionelle" des Eingriffs oder der staatlicherseits verursachten Risikolage. Der Opferausgleich ist, soweit er grundrechtlich (durch Art. 3) erzwungen wird, *rechts*staatliches Normengebot[107]. Er gehört also in

---

[106] und damit auch des BWGöD = Gesetz zur Regelung der Wiedergutmachung nationalsozialistischen Unrechts für Angehörige des öffentlichen Dienstes v. 11. 5. 1951 (BGBl. I, S. 291) i. d. F. v. 23. 12. 1955 (BGBl. I, S. 820).

[107] Es kann nicht klar genug betont werden, daß mit dem Folgenden *sozial*staatliche (und nicht zuletzt wegen des Grundsatzes des verbotenen „venire contra factum proprium" moralische) Verpflichtungen unseres Staates zum Ausgleich kriegsbedingter Opfer keineswegs verneint werden. Im Gegenteil! Z. B. hat der Verfasser unser BVerfG stets gegen Urteilsschelten in Schutz genommen. Was er dem BVerfG aber in dessen bisheriger Rechtsprechung wirklich verübelt, ist die zwiespältige Haltung zu „Kontinuum" und „Haftung". Einerseits wird an der staatsrechtlichen Kontinuität festgehalten, andererseits aber (beginnend mit E 1, 105, endend bei E 6, 132) betont, daß ja nicht die Bundesrepublik eigentlich der Schädiger war, so daß alles, was sie leiste, neue und einseitig gewährte „Fürsorge" sei. Man kann aber nicht etwas „*geblieben* sein wollen", ohne es „damals *gewesen* sein zu wollen" (der den Schaden angerichtet hat). Kontinuität über einen Konkurs hinaus ist immer teuer; aber wenn man sie ernst nimmt, taucht der schlimme Vorwurf des venire contra factum proprium nicht auf.

den Bereich des Normativen, d. h. des irgendwie Vorhersehbaren, Berechenbaren, Überschaubaren, kurz des „Normalen“. Wo der „Zufall“ (z. B. einer Naturkatastrophe) oder das „Schicksal“ (z. B. eines Bombenteppichs) regieren, entgleitet der Sachverhalt der Statik des rechtsstaatlichen Wiedergutmachenmüssens; es verbleibt der Anruf zur dynamischen Sozialgestaltung durch Helfen, Gewähren, Lastenverteilen usw. Man wird auch — insgesamt gesehen — unserem Staat bescheinigen müssen, daß er diesen Sozialauftrag zum Ausgleich von Kriegsfolgeschäden verstanden hat. Jedoch unterliegen alle zur Erfüllung des staatlichen Sozialauftrags gewährten vermögenswerten Berechtigungen geradezu begrifflich auch *weiterhin* der Dynamik staatlicher Sozialgestaltung. Diese gewährten Ansprüche stehen zur staatlichen Verfügungsmacht, ohne daß der Staat an der grundrechtlichen Statik „wohlerworbener Rechte“ scheitert.

Ohne Anspruch auf Vollständigkeit handelt es sich etwa um folgende Berechtigungen, die aus dem verfassungsrechtlichen Eigentumsbegriff ausscheiden: Berechtigungen aus dem *Lastenausgleichsgesetz* v. 14. 8. 1952 (BGBl. I, S. 446)[108], dem *Bundesversorgungsgesetz* v. 20. 12. 1950 (BGBl., S. 791)[109], dem *Besatzungsschädenrecht* (soweit die Schadenszufügung nicht deutschen Stellen zuzuschreiben ist)[110], dem *Heimkehrergesetz* v. 19. 6. 1950 (BGBl. I, S. 221), dem *Kriegsgefangenenentschädigungsgesetz* v. 30. 1. 1954 (BGBl. I, S. 5), dem *Häftlingshilfegesetz* v. 6. 8. 1955 (BGBl. I, S. 498), dem *Bundesvertriebenengesetz* v. 19. 5. 1953 (BGBl. I, S. 201), dem *Bundesevakuiertengesetz* v. 14. 7. 1953 (BGBl. I, S. 586).

7. Ausscheiden „unerdienter“ Ansprüche

Zweifelsfrei scheiden aus dem verfassungsrechtlichen Eigentumsbegriff jene öffentlichen Berechtigungen aus, denen als Erwerbscausa *sowohl* Leistung als *auch* besonderes Opfer fehlen. Man kann bei diesen „unerdienten“ Berechtigungen zwei Fallgruppen unterscheiden:

---

[108] So auch *Ule*, Z. f. Sozialreform 1956, S. 182; *Scheuner*, Verfassungsschutz, S. 108; dahingestellt gelassen von BVerwGE 3, 297 (299), da die erst durch das LAG geschaffenen Rechtspositionen „von vornherein zugleich bei ihrer Schaffung mit der Ausschließungsmöglichkeit belastet“ worden seien und folglich jedenfalls keine „Enteignung“ vorliege. A. A. *Rohwer / Kahlmann*, Z. f. Sozialreform 1956, S. 311 Fn. 60.

[109] So auch *Ule*, Fn. 108; vgl. auch BGHZ 20, 61 (64): „Wehrdienstbeschädigung kein besonderes Opfer im Sinne des allgemeinen in § 75 EinlALR zum Ausdruck gekommenen Rechtsgrundsatzes“; *Schwankhart*, BayVBl. 1957, S. 240; im oben vertretenen Sinne müßte auch das BVerfG entscheiden, wenn es an E 1, 105 in Verbindung mit E 2, 402 festhält. — A. A. *Rohwer / Kahlmann* (Fn. 108), S. 242 f., 310 Fn. 60; *Seufert*, Bayer. Enteignungsrecht, 1957, S. 19.

[110] Vgl. dazu *Scheuner*, Verfassungsschutz, S. 103 f., 107 f.; vgl. ferner BVerfGE 3, 4 (11) unter Bezugnahme auf RGZ 121, 7.

a) Die erste betrifft *Fürsorgeansprüche* im technischen Sinne der Wohlfahrtspflege (allgemeiner Fürsorgeanspruch, Anspruch auf Tbc-Fürsorge, Anspruch auf Zivilblinden-Pflegegeld usw.)[111].

b) Die zweite betrifft Ansprüche aus einseitig gewährten staatlichen Subventionen im weitesten Sinne (Stipendien, Prämien, verlorene Zuschüsse, Gewährschaften usw.).

IV. Die Gefahr einer Entschädigungshypertrophie

1. Die Notwendigkeit, bei der Begriffsbildung auf die Folgen zu achten

Unsere Diskussion um den verfassungsrechtlichen Eigentumsbegriff ist in letzter Zeit ehrlicher geworden.

a) In der Weimarer Zeit war die Frage nach den *Entschädigungsfolgen* tabu[112]. Auf der an sich so schmalen Basis der Zivilprozeßsachen kraft Zuweisung schuf zwar unter Führung des RG die Rechtsprechung nichts Geringeres als einen neuen verfassungsrechtlichen Eigentumsbegriff; aber letztlich konnte diese Rechtsprechung doch nicht über ihren zivilprozessualen Schatten springen. In typisch zivilprozessualer Methode kümmerte sie sich im Erkenntnisverfahren kaum um Vollstreckung, Durchsetzbarkeit und sonstige Folgen des für Recht Erkannten. Gewissermaßen in einem gläsernen Turm modifizierte und prägte man verfassungsrechtliche (also stets auch auf das öffentliche Interesse bezogene) Begriffe ohne Rücksicht darauf, ob damit staatliche Effizienz und Handlungsfähigkeit lahm gelegt wurden (historischer Schulfall: Die Lahmlegung der gesamten Bau-, Siedlungs- und Straßenplanung durch die Fluchtlinienurteile des RG)[113]. Und doch wird man kaum mit der Annahme fehl greifen, daß letztlich wohl die Scheu vor den Entschädigungsfolgen der eigentliche Grund für die Ausklammerung der

---

[111] BVerfGE 4, 219 (242) hat bekanntlich die Zusicherungsansprüche des Spruchkammerpersonals als „*zusätzliche* Schutz- oder Fürsorgemaßnahmen" bezeichnet. Wenn man diese Prämisse bejaht, fallen die Ansprüche mit dem BVerfG und *Ule* (Fn. 108), S. 182 in der Tat nicht unter den verfassungsrechtlichen Eigentumsbegriff. U. E. handelte es sich jedoch auch insoweit um „erdiente Versorgung" und nicht um „unerdiente Fürsorge", so daß der vorlegende 2. Senat des VGH Stuttgart (dem der Verfasser damals noch nicht angehörte) auf dem richtigeren Wege war. Vgl. auch *Rohwer / Kahlmann* (Fn. 108), S. 242.

[112] Die große Ausnahme bildete bekanntlich der Aufsatz *C. Schmitts*, JW 1929, S. 495.

[113] Laut *Hofacker*, Die Auslegung der Grundrechte, 1931, S. 40 war allein die Stadtgemeinde Berlin nach der ersten Fluchtlinienentscheidung des RG von Entschädigungsklagen in Höhe des ungefähren Betrages von 300 Millionen RM bedroht. Vgl. zu dieser Fehlentwicklung *Apelt*, Geschichte der Weimarer Verfassung, 1946, S. 342 ff.; *W. Weber*, GR II, S. 345.

subjektiven öffentlichen Rechte aus dem im übrigen auf jedes private vermögenswerte Recht erstreckten Eigentumsbegriff war.

b) Heute macht man aus der Maßgeblichkeit der sozialpolitischen *Folgen* für die verfassungsrechtliche Begriffsbildung kein Hehl. BVerfG E 2, 380 (402) meldet ganz offen Bedenken an, die etwa aus dem Munde des ehem. Staatsgerichtshofs unmöglich gewesen wären[114]. Bei Einbeziehung vermögenswerter Positionen des öffentlichen Rechts in den Eigentumsbegriff „dürfte der Gesetzgeber solche Positionen nur noch verbessern, nicht aber — ohne Entschädigung oder vorherige Änderung des Grundgesetzes — verschlechtern. Art. 14 GG könnte damit die einfache Gesetzgebung weitgehend blockieren und eine Anpassung des Rechts an die Veränderung der sozialen und wirtschaftlichen Verhältnisse hintanhalten". Mit *Forsthoff*[115] muß man die Bedenken des Gerichts *als solche* teilen. Ein Eigentumsbegriff, der dergestalt die Staatlichkeit sprengen würde, weil er ihr alle sozialgestaltende Effizienz und Handlungsfähigkeit nimmt, wäre ganz gewiß falsch.

2. Der entwickelte Eigentumsbegriff „blockiert" nicht die Gesetzgebung

Aber der hier entwickelte Eigentumsbegriff hat *nicht* diese vom BVerfG als Schreckgespenst an die Wand gemalte *„Blockierungswirkung"*.

a) Zunächst ist die offenbar weit verbreitete Annahme zurückzuweisen, daß seinerzeit die „Auflösung des Enteignungsbegriffs" *(C. Schmitt)* in der Erstreckung der *Schutzobjekte* bestanden habe und daß diese Erweiterung der Schutzgegenstände schuld an der Entschädigungswelle gewesen sei. Die Auflösung des Enteignungsbegriffs bestand (und besteht bis heute) darin, daß die *Eingriffe* zu weitgehend als angebliche „Enteignungen" qualifiziert werden[116].

b) Unsere „differenzierende Lösung" scheidet — wie dargelegt — der Quantität nach mindestens die Hälfte aller vermögenswerten öffentlichen Berechtigungen von vornherein aus dem Kreis der vom Eigentums-

---

[114] Bereits an anderer Stelle (VVDStRL 13 [1955], S. 33, Fn. 19) hat der Verfasser als den wesentlichsten Unterschied in der Rechtsprechung der früheren Staatsgerichtsbarkeit und der jetzigen Verfassungsrechtsprechung herausgestellt, „daß jetzt auch die realen (politischen) *Wirkungen,* die der richterliche Ausspruch zeitigen kann oder soll, berücksichtigt werden". Wie das Konkordatsurteil des BVerfG zeigt, kann man diesen Blick auf politische Folgen freilich auch so übertreiben, daß sich der Rechtsausspruch in sich paralysiert und aufhört „Entscheidung" zu sein.

[115] NJW 1955, S. 1250; auch *E. R. Huber,* WirtschVerwR II, S. 19 kommt zu seiner prinzipiell ablehnenden Haltung vornehmlich aus Sorge vor einer uferlosen Entschädigungsflut.

[116] Zutr. *Haas,* System, S. 39; *Seufert,* Bayer. Enteignungsrecht, 1957, S. 12.

begriff der Verfassung umfaßten Rechte aus. Dieses von der „differenzierenden Lösung“ bisher schon vor Art. 14 GG errichtete Sieb wird noch engmaschiger werden, wenn eine Spezialuntersuchung die bloßen vermögenswerten Chancen des öffentlichen Rechts sauber von den wirklichen „Berechtigungen“ getrennt hat[117].

c) Der verbleibende Teil der zum Eigentum gehörenden Rechte wird desweiteren keineswegs seiner sozialen Bindung ledig. „Vorbehalten bleibt (also) stets die generelle Neugestaltung öffentlicher Rechtsverhältnisse auch nach ihrer finanziellen Seite, soweit sie nur eine Inhaltsbestimmung (sc. des Eigentums) darstellt[118].“ Musterbeispiele solcher gesetzlichen Eigentumsbindungen außerhalb der Enteignungsproblematik wären z. B. Änderungen der Altersgrenze im Recht der öffentlichen und öffentlichgebundenen Berufe[81] oder Änderungen des Invaliditätsbegriffs im Sozialversicherungsrecht[119] usw.

d) Wenn sich aber Entziehungen subjektiver öffentlicher Rechte wirklich als „Enteignungen“ darstellen[120], dann trifft die Befürchtung von BVerfGE 2, 380 (402), der Gesetzgeber könne wegen der Enteignungsentschädigungspflicht in Zukunft öffentlich-rechtliche Positionen überhaupt nicht mehr verschlechtern, immer noch nicht zu. Es sollte in der Eigentums- und Enteignungsdiskussion doch ganz entschieden einmal der einfache Wortlaut von Art. 14 III Satz 3 in das Bewußtsein gerückt werden. Wenn dort von „gerechter Abwägung der Interessen der Allgemeinheit und der Beteiligten“ die Rede ist, dann klärt die einfache Wortinterpretation, daß es dem Gesetzgeber im öffentlichen Interesse gestattet ist, derartige Positionen i. S. des BVerfG „an die Veränderung der sozialen und wirtschaftlichen Verhältnisse“ anzupassen, ohne die Maßnahme stets auf Heller und Pfennig abkaufen zu müssen. Insbesondere bedarf es gem. Art. 14 III Satz 3 in solchen Not- und Katastrophensituationen, wie wir sie erlebt haben, gar keiner Hilfskonstruk-

---

[117] Die Schwierigkeiten, die eine Sonderuntersuchung nötig machen, tauchen hierbei im Begriff der „Anwartschaft“ auf, die systematisch zwischen „Chance“ einerseits und „Berechtigung“ andererseits ihren Standort hat. Wenn man zivilrechtliche Parallelen zieht, wird man bestimmte Anwartschaften „*wie* Rechte“ behandeln müssen. So z. B. *Ule* (Fn. 108), S. 182 bereits für die Anwartschaften der Sozialversicherung. Die Rechtsprechung ist hier aber vorläufig mit Recht noch zurückhaltend; vgl. z. B. VG Freiburg v. 19. 2. 1957, Bad. Württ. VBl. 1957, S. 60 (für Anwartschaften auf Gemeindenutzungen; BGHZ 16, 192 [202] für Anwartschaften auf Beamten- und Hinterbliebenenbezüge).

[118] *Scheuner,* DÖV 1956, S. 576.

[119] Zutr. *Rohwer / Kahlmann* (Fn. 108), S. 311.

[120] — wobei der Verfasser (vgl. JZ 1954, S. 4 ff.) von dem überzeugt ist, was BVerfGE 2, 380 (400) als Möglichkeit erwägt, daß nämlich der „Enteignungsbegriff“ (nicht der „Eigentumsbegriff“) nach dem Grundgesetz enger zu interpretieren sei als nach der Reichsverfassung; vgl. auch oben Fn. 22.

tionen („Betriebsrisiko", „Treu und Glauben" usw.), um sozialbedingte ausgleichs*lose* Rechtsverkürzungen verfassungsrechtlich zu sanktionieren.

e) Aber ebenso entschieden, wie hier bestritten wird, daß die Einbeziehung der geschilderten subjektiven öffentlichen Rechte in den verfassungsrechtlichen Eigentumsbegriff als *„Blockierung"* des Gesetzgebers wirkt, wird zugestanden und sogar bewußt provoziert, daß diese Einbeziehung die ganze grundrechtliche *„Bremswirkung"* zeitigt (z. B. formal durch die Junctim-Klausel des Art. 14 III Satz 2, materiell durch die Wesensgehaltssperre des Art. 19 II). Gebrochen wird mit der Doktrin, daß über alle öffentlichen Berechtigungen eine grundrechtsfreie staatliche Totaldisposition möglich sei.

Jede grundsätzliche Kritik an der vorstehenden (gegenüber Weimar erneuten) Erweiterung des verfassungsrechtlichen Eigentumsbegriffs muß sich zuvor über Folgendes Rechenschaft ablegen: Die beiden großen Sehnsüchte des heutigen Menschen, die von jedermann *nebeneinander* erhofft werden, sich der Sache nach im Letzten aber *ausschließen,* sind „Freiheit" und „Sicherheit". Auf ökonomischem Gebiet *versöhnen* sich Freiheit und Sicherheit im *„Eigentum"*. Eigentum ist „freiheitsdurchwirkte ökonomische Sicherheit", oder umgekehrt „ökonomisch gesicherte Freiheit". Das Grundanliegen des vorstehenden Versuchs war es daher, dem Menschen des ausgehenden 20. Jahrhunderts in Form des Eigentumsgrundrechts alle Sicherungsmittel zu gewährleisten, die er sich selbst durch freiwilligen Einsatz von Freiheit oder durch besondere Opfer an Freiheit erworben hat. Welcher rechtstechnischen Kategorie diese „erdienten" Sicherungsmittel angehören, wurde damit zu einer verfassungsrechtlich peripheren Frage. Der Magnetismus jener Staatsideologien, die dem modernen Menschen auf *Kosten* der Freiheit einseitig staatsgewährte ökonomische Sicherheit verheißen, ist größer als man denkt. Der vorstehende Versuch bemühte sich, im Bereich des positiven Verfassungsrechts etwas Konkret-Gültiges dagegen zu setzen — den Eigentumsschutz aller durch Freiheitseinsatz „erdienten" Sicherungsmittel.

Zeit und Rechtsgleichheit*

Halten Sie es bitte nicht bloß für ein Aperçu: Aber wer über den Faktor Zeit und seine Rolle in der Verfassung oder gar in der Gesamtrechtsordnung systematisch-grundlegende Aussagen machen will, braucht zuvor viel Zeit. Diese Zeit als Muße zum Nachdenken hatte die Rechtswissenschaft in den letzten Jahrzehnten kaum, weil die sogenannte „Überlastquote" bei uns längst ein Dauerzustand ist. Soweit es überhaupt prinzipielle Arbeiten zum Thema „Zeit und Recht" gibt, sind es darum eigentlich immer nur Essays; und mehr kann auch mein heutiges Referat nicht bieten. Bezeichnenderweise stammen die wenigen Arbeiten zum Zeitfaktor im Recht auch von jüngeren Gelehrten[1], die noch dem schönen Irrtum unterliegen dürften, sie würden (später) schon noch die Zeit finden, das Theoriedefizit im *Gesamt*thema „Zeitfaktor und Recht" aufzuholen.

Aber auch wenn man diese Zeit zum Nachdenken sucht und findet, bleibt der Zeitfaktor für den Rechts- und Staatstheoretiker, vorsichtig ausgedrückt, reichlich ambivalent, bleibt er sperrig gegenüber wissenschaftlichen Systematisierungen. Das klingt erstaunlich. Denn seit es Uhren gibt, tritt doch der Faktor Zeit mit dem Anspruch und dem Diktat auf, ein *objektiv* meßbarer Regulator zu sein. Das *ist* er auch; er ist es aber primär für *„Vorgänge"*. Sie schauen auf Ihre Uhr und erwarten — ich werde Sie nicht enttäuschen —, daß ich die *„fortschreitende"* Zeit meines Vortrags nicht überziehe. „Vorgänge", „Fortschreiten der Zeit"

---

* In: Gernhuber (Hrsg.), Festschrift gewidmet der Tübinger Juristenfakultät zu ihrem 500jährigen Bestehen (1977), S. 21 bis S. 46.

[1] z. B.: *Kloepfer*, Verfassung und Zeit, Der Staat, Bd. 13 (1974), S. 457; *Häberle*, Zeit und Verfassung, Zeitschrift f. Politik, Bd. 21 (1974), S. 111; *Kirchhof*, Verwalten und Zeit, 1975. In diesen Arbeiten finden sich zahlreiche einschlägige Einzelnachweise, denn *partiell* stößt natürlich jeder Jurist auf den Faktor Zeit, und sei es auch „nur" bei Verjährungsfristen. Um das für Hörer aller Fakultäten mündlich Vorgetragene nicht nachträglich zu einem Aufsatz zu „verfälschen", wird auch bei der Drucklegung der Vortragsstil beibehalten. Die „wortgetreue" Wiedergabe unter Verzicht auf einen „Apparat" vgl. bereits in der letzten Ringvorlesung unserer Fakultät, Summum ius, 1963, S. 80, oder (für ein Plädoyer), in: Festg. f. Maunz, 1971, S. 41. Zum heutigen Thema vgl. im übrigen *Dürig*, in: Maunz / Dürig, Kommentar zum GG, Art. 3, Rdnr. 194—232. Um einer naheliegenden Tübinger „Selbstbeweihräucherung" zu entgehen, ist dieser Beitrag zugleich einem „Altmeister der Gleichheitsproblematik", Hans Peter Ipsen, Hamburg, anläßlich seines 70. Geburtstages zugeeignet. Es gibt eben außer institutionellen auch personale Jubiläen mit großem Gewicht.

bezeichnen ein *„procedere"*, einen „Prozeß". Und schon vom Prozeß im technischen Sinne des Rechtsstreits her — wiederum also eines „Vorganges", eines „Verfahrens" zur Wahrheits- und Rechtsfindung — ist unser juristisches Denken typischerweise ein *prozeßhaftes* Denken. Diese Prozeßhaftigkeit löst die *„Situation"* des Konflikts also auf in ein *Nacheinander*. Bei diesem Auflösen von *Zeit-Punkten* in *Zeit-Spannen* sind wir aber schon genau beim Grundthema jedes verfassungsrechtlichen *Gleichheitssatzes;* und es erscheint merkwürdig, daß beim Thema „Recht und Zeit" niemals bei ihm angesetzt wird. Zu spüren scheint man es schon, denn z. B. *Kloepfer, Häberle, Kirchhof* sind alle Verfassungsrechtler. Gerade der Gleichheitssatz soll die Zeit rechtlich *strukturieren*. Solange „Normativität" überhaupt (noch) etwas mit „Normalität" zu tun hat, ist es sein Postulat, das Gestern mit dem Heute und dem Morgen zu *verbinden*. Um beim Prozeßbeispiel zu bleiben, er soll bewirken, daß losgelöst, also abstrahiert vom Zeit-*Punkt* ein gleicher Rechtsstreit heute so entschieden wird wie gestern und morgen; losgelöst, also abstrahiert auch vom „Zufall" zeitlichen Wechsels des Entscheidungspersonals. *Das* große Thema des Gleichheitssatzes ist in der Tat in diesem Sinne die *„Entzeitung"* des Rechts — eine Wortprägung von *Gerhart Husserl*[2], auf den wir noch zurückkommen werden.

Darum ist, wer sich intensiv mit dem Gleichheitssatz beschäftigt (hat), besonders sensibel, wenn nicht gar allergisch, gegenüber einer Erscheinung, die wir alle kennen. Die Rechtsordnung verarbeitet, zerhackt und komprimiert den Faktor Zeit in seiner Prozeßhaftigkeit letztlich immer wieder zu den berühmt-berüchtigten *„logischen Sekunden"* der Rechtsentstehung, Rechtsveränderung, Rechtsvernichtung. Unter den Professionellen des Verfassungsrechts läuft dies als Problematik der *„Stichtage"*, an denen der Gleichheitssatz besonders klar seine verwundbare „offene Flanke" zeigt. Dabei geht es genau genommen nicht einmal um „Tage", denn das wäre immerhin eine Zeitspanne von 24 Stunden. In der Dramaturgie des Rechts geht es um jenen Augenblick, um jenen Moment „zwischen" 24 Uhr und 0 Uhr, in dem ein von der Physikalisch-Technischen Bundesanstalt Braunschweig programmierter Sekundenzeiger beispielsweise den Nachtbriefkasten eines Gerichts schließt, so daß ich meine Berufungsschrift nicht mehr einwerfen kann und das Urteil rechtskräftig wird. Aber *„logische"* Sekunden sind es auch nicht, jene Momente, in denen Gesetze, Verordnungen oder Satzungen zu einem Stichtag in Kraft oder außer Kraft treten, in denen Urteile rechtskräftig werden, in denen wir im Verwaltungsgeschehen die „Momentaufnahme" *(Bachof)* machen und diese dann Verwaltungsakt nennen, usw. In der Logik habe jedenfalls ich

[2] Recht und Zeit, 1955, S. 12.

nichts zum Problem Zeit und Recht gefunden; und die „Normlogik" *Kelsens* und seiner Schule denkt ja in der Vertikalen und wird natürlich in der Hierarchie der Rechtsquellen ganz oben bei der „Grundnorm" auch höchst unlogisch und fiktiv. Zeit ist aber sicher keine vertikale Dimension, sondern eine *horizontale* des *Nacheinander* von gestern, heute und morgen.

Immer aber wenn diese horizontal-lineare Zeitdimension so knapp wird, daß sie sich auf einen einzigen Zeit-*Punkt* konzentriert, mehr aus Gewohnheit wollen wir das weiterhin „Stichtagsregelung" nennen, konzentriert (verdichtet) sich gleichzeitig und korrespondierend dazu der Zeitfaktor in der *subjektiven Erlebnisdimension* aller, die es angeht, zu einem *„Willkürverdacht"*. (Wie könnte es auch anders sein — wir haben es hier kürzlich erst von *Eser* gehört —, wenn selbst bei einem scheinbar so exakten Zeitphänomen wie dem „Tod" in der modernen Medizin fragwürdig ist, ob es sich um einen „Zeit-*Punkt*" oder aber um einen prozeduralen *„Vorgang"* handelt.) Und bei „Willkür" klingeln natürlich beim Verfassungsjuristen die Alarmglocken des Art. 3 GG. Wenn Sie etwa einmal bei *Wolff / Bachof*[3] die — wie bei *Wolff* stets — ungemein exakten Zusammenstellungen z. B. der rechtserheblichen Lebensaltersstufen (§ 33 VI) oder z. B. der Fristen (§ 37 III) durchmustern, werden Sie Zeile für Zeile sagen: „Na, das hätte man ‚eigentlich ebenso gut' auch anders regeln können"; jenen Stichtag für das Einschulungs- oder Pensionierungsalter, diesen Stichtag für eine Ausschlußfrist (so daß z. B. in Dortmund niemals so viel los ist, wie vor der ZVS zweimal im Jahr kurz vor 24 Uhr). Die Vermehrbarkeit derartiger Beispiele „nach Belieben" schlägt durch als „Beliebigkeit" (Zufälligkeit, Irrationalität) von Stichtagsregelungen *überhaupt*. In der *subjektiven* Erlebnisdimension „Zeit" erscheint an diesen Stichtagen das Normative als dezisionistisch; das Normale als anomal; das Rationale als zufällig; das Kontinuierliche als punktuell. Derart wirkt die Stichtagsregelung keineswegs nur auf die rechtsunterworfenen Bürger, sondern durchaus auf die Rechtsetzer selbst, auf die Rechtsanwender von Berufs wegen in Verwaltung und Justiz und nicht zuletzt eben auch auf die Rechtswissenschaftler, die offenbar gerade wegen dieses unvermittelten Aufprallens von alt und neu von einer prinzipiell-systematischen Durchdringung des Themas „Zeit und Recht" abgeschreckt werden. Es ist aber auch rechtswissenschaftlich ein dicker, schwer verdaulicher Brocken: Recht als *Generalisierung,* wonach es eben *nicht* auf den jeweiligen Zeitpunkt z. B. der richterlichen Entscheidung ankommen soll, und eben dieses selbe Recht als *Aktualisierung* gerade *durch* Zeitpunkte (Stichtage), an denen Rechtserwerb, Rechtsänderung, Rechtsverlust gültig werden.

---

[3] Verwaltungsrecht, Bd. I, 9. Aufl. 1974.

Vorhin schon klingelte die Alarmglocke des Gleichheitssatzes. Zu ihm unter dem Aspekt Zeit schon hier zwei Feststellungen. Sie sind banal und gerade darum ist ihre Unkenntnis oder Mißachtung fatal:

1. *Jede Änderung* und Neuerung im Recht „zeitigt" von einem Stichtag ab *Rechtsungleichheit,* natürlich im Vergleich zu früher. Jede Rechtsänderung ist also zunächst einmal ein „*Verstoß* gegen den Gleichheitssatz, was selbstverständlich noch nicht im rechtstechnischen Sinne das Unwerturteil der Verfassungswidrigkeit bedeutet. Jedoch macht der Gleichheitssatz seinen Interpreten so sensibel, daß er die im Reformrausch der Politiker entstandene Suggestion, „Rechtsreform" sei *per se* das „Bessere" *nicht* mitvollziehen kann (darf?). In seiner Sicht ist auch das Neue, allein *weil* es neu ist, noch längst nicht das Bessere und Gerechtere. Er bleibt selbst dann noch skeptisch, wenn man dies zu einer „*Vermutung*" abschwächt, daß das Neuere das Gerechtere sei. (Soweit ich sehe, ist das derzeit die gängige Rechtfertigung des Satzes: *lex posterior derogat legi priori.)* Worauf es mir *hier* ankommt, ist als „Gemeinplatz" die simple Frage, ob unsere „Reformer" überhaupt noch wissen oder wenigstens spüren, daß *jede* Rechtsreform zunächst einmal mit dem Gleichheitssatz kollidiert.

2. Diese Kollision mit dem Gleichheitssatz tritt *auch* ein, wenn die Rechtsänderung *Begünstigungen* bewirkt. Auch bei diesem Gemeinplatz frage ich mich, ob dies unsere „Reformer" überhaupt noch mitbekommen. Soweit sie nicht schon von vornherein dem gerade gerügten Kurzschluß erlegen sind, das Neuere sei das Bessere *per se,* kommt ihnen offenbar der Gleichheitssatz allenfalls nur noch bei *belastenden* Rechtsänderungen in den Blick. Auch das ist ein Kurzschluß am Gleichheitssatz und am Bürger vorbei. Auch wenn die Rechtsänderung *zweifelsfrei* zu Begünstigungen führt, ist ihr Eintreten terminiert und die Gleichheitsproblematik *verlagert* sich nur; und zwar auf jenen Personenkreis, der *vor* dem Stichtag *nicht* in die Begünstigung einbezogen wurde. Soweit Sie Studenten sind, brauche ich nur an Erleichterungen der Prüfungsbedingungen zu erinnern, die es ja immerhin auch gibt, so daß etwa die Kandidaten eines früheren Prüfungstermins unter dem Gleichheitsaspekt fragen, warum hat gerade *uns* die geänderte JAPO Wahlfächer noch nicht erlaubt. Für die Eltern unter Ihnen (und die nächste Steuererklärung) diene als Beispiel die Erhöhung der Freibeträge für noch in Ausbildung befindliche Kinder über 18 Jahre. Stichtag ist der 1. Januar des folgenden Kalenderjahres. Ergebnis: Eltern, deren Kind am 31. Dezember 18 Jahre alt geworden ist, erhalten bei auswärtiger Ausbildung einen Steuerfreibetrag von 4200 DM für 1977. Für Kinder, die aber erst am 1. Januar 18 Jahre alt geworden sind, gibt es nur 1800 DM steuerfrei für 1977. Weiteres Ergebnis: Der Bund der Steuer-

zahler kündigt einen „Proteststurm verärgerter Eltern" an. Wie schön (für mich), daß nach diesen Beispielen jetzt einmal Studenten *und* ihre „Ahnen" *gemeinsam* schmunzeln. Das hört aber sofort auf, wenn ein Rechtstheoretiker „Fraktur redet" („Fraktur" heißt übrigens „Bruch", und wir sind ja an solchen rechtlichen Bruchstellen). *Kriele*[4] nennt das Beispiel vom Mörder, der gleicherweise mordet; nur der eine *vor* Abschaffung, der andere *nach* Abschaffung der Todesstrafe. Dieses buchstäblich blutrünstige Beispiel zeigt vielleicht auch noch einmal denen, die es immer noch nicht gemerkt haben, wie brutal und unwiederbringlich hart „Stichtage" auf den Gleichheitssatz „zustechen"; und dies in der Sicht der *noch nicht* Begünstigten eben auch, wenn das geänderte Recht *günstigeres* Recht ist.

Jetzt *zeige* ich Ihnen einfach etwas. Sie können es nicht nur sehen wie im Kino, sondern auch anfassen und damit im doppelten Wortsinn „begreifen". Hier sehen Sie das Gesetzblatt für Baden-Württemberg, Jahrgang 1952, mit 68 Seiten; hier den Jahrgang 1975 (der von 1976 ist noch beim Buchbinder) mit 907 Seiten. Diese „Schau"[5] zum Volumen des Rechtsstoffes, vor allem aber zum hier interessierenden *Tempo* seiner Veränderung könnte man auch veranstalten beim Bundesgesetzblatt, bei Verkündungsblättern z. B. von Gebietskörperschaften, bei Amtsblättern beliebiger Ministerien. Dieses andere Anschauungsmaterial schlösse sich dabei nicht „alternativ" aus, sondern träte jeweils *hinzu,* wäre also eine Summierung, wenn nicht gar eine Potenzierung des Rechtsstoffs. Dieses Tempo verschlägt nicht nur einem „Profi" den Atem, der eine landesrechtliche Gesetzessammlung herausgibt (in der vergangenen Legislaturperiode erließ Stuttgart fünf Verfassungsänderungen und 126 Gesetze, während Rechtsverordnungen offenbar schon keiner mehr zählt); der das *Grund*gesetz, was ja an sich ein Unding ist, in *Loseblatt*-Form kommentiert und dennoch den 34 GG-Änderungen, die weit über 100 Bestimmungen berührten, nachhinkt. Es ist auch nicht ein fachspezifischer Schock des Staats- und Verwaltungsrechtlers, denn beispielsweise erfolgten seit 1970 zwölf Änderungen der *ZPO* und allein in der letzten Legislaturperiode des Bundestages 14 Änderungen der *StPO.*

Vielmehr ist es ein Jedermannsproblem, daß dieses Tempo der Änderungen im Rechtsstoff auch die Zahl jener Bruch-Momente vermehrt und immer rascher aufeinander folgen läßt, die wir Stichtage nennen.

---

[4] Kriterien der Gerechtigkeit, 1963, S. 91.

[5] Diese „Schau" im mündlichen Vortrag war insofern nicht ganz fair, als das Gesetzblatt für Baden-Württemberg im Jahr *1952* natürlich erst mit Konsolidierung des Süd-West-Staats (April 1952) einsetzt. An der Seriosität der Sachaussage *insgesamt* ändert jedoch dieser kleine Trick, dem Auditorium das Anschwellen des Rechtsstoffs optisch vorzuführen, nichts.

Jeder solche Vorschriftenband, wie ich Ihnen nur einen als Beispiel vorgezeigt habe, wimmelt von solchen Zeit-*Punkten* des Inkraft- und Außerkrafttretens der Norm *selbst,* manchmal uneinsichtig zeitlich gestaffelt, manchmal noch uneinsichtiger zeitlich rückwirkend; und der Norm*inhalt* fixiert seinerseits wiederum solche Zeit-*Punkte,* die für die Rechtsentstehung, die Rechtsänderung, den Rechtsverlust maßgebend sein sollen. Ein solches Stakkato ist aber *ratione temporis* gerade *nicht* *„Maße-gebend"* im Sinne rechtlicher Berechenbarkeit, Vorhersehbarkeit und Meßbarkeit dessen, was einen erwartet. Diese *„Maß-Losigkeit"* des rechtlich Unerwarteten, des Überraschtwerdens, ist nicht (bloß) ein Problem der juristischen Formenlehre, sondern ein existentielles Problem, weil jede rationale Lebensgestaltung davon betroffen wird; das, was wir „Lebens-*Plan*" oder, um das *zeitliche* Fortschreiten in der *Raum*dimension zu verdeutlichen, „Lebens-*Weg*" nennen. Es wird aber auch schlimm für die *res publica,* wenn das Recht in diesem Sinne „maß-los", weil je nach Situation und personaler Konstellation beliebig „machbar" erscheint; dann erscheint alles machbar und dann wird etwa unser aller Anspruchsdenken gegenüber dem Staat „maß-los", schon um ja nichts zu „verpassen"; worauf dann die Fiskalate wieder höher und schneller am Abgabenrecht kurbeln.

Mindestens der am Gleichheitssatz trainierte Jurist weiß eigentlich, hat es wohl aber nicht oft und laut genug gesagt, daß man das Recht als Konditional*programm* des „wenn — dann" im Sinne eines prinzipiellen: *„immer* wenn — dann" letztlich nur auf dem Rücken der Bürger zu einem „heute so, morgen (aber) so" verunstalten kann. Wenn ich einmal „eigene Runen ritzen" darf: ich habe etwa mehrfach darauf hingewiesen, daß es *nicht* die Sicht des *Bürgers* ist, wenn die These aufgestellt wird, das fallweise intervenierende Maßnahmegesetz sei geradezu *die* (moderne) sozialstaatliche Form des (antiquierten) rechtsstaatlichen Gesetzesbegriffs mit seinem Streben nach Abstraktheit, Allgemeinheit und eben auch Dauer. Ich habe gesagt, daß diese These einer *Gegenprobe* nicht standhält, weil der *Bürger* (und er hat recht) bei Aufhebung oder wesentlicher Änderung auch derartiger Gesetze durchaus in der Kategorie „klassischer" *Norm*gesetze denkt und sich auf Selbstbindung des Gesetzes und Bestandsschutz beruft. Um so etwas zu wissen über die Bürgererwartung an die *Konstanz* von Gesetzen, braucht es doch wirklich nicht erst, sagen wir, zu einem Rentenspektakel zu kommen. Sie wissen, daß genau danach von hoher Hand „Staatsverdrossenheit" behauptet wurde. Keine Rede! Man wollte und will, daß sich am Bezugsrahmen der Rentenversicherung nicht plötzlich Wesentliches ändert, nicht mehr, aber auch nicht weniger. „Staatsverdrossenheit", das ist schon wieder so ein verbales Signal zum Aktionismus, wie es etwa „Bildungskatastrophe", „Energiekatastrophe", „verkrustete Strukturen",

„öffentliche Armut“, „Nullwachstum“ usw. waren, und leider zählen heute schon wieder viele das Wort „Reform“ selbst zu diesem Reizvokabular. „Staatsverdrossenheit“, dagegen *muß* man doch etwas tun; im Zweifel also noch mehr „Demokratisierung“, „Partizipation“, „Politisierung“, bis nun aber auch noch die letzte Baugenehmigung eines Wohnhauses zum Politikum wird, über das der Landtag oder der Bundestag debattiert und gegen das Bürgerinitiativen demonstrieren. Und „dann geht nichts mehr“, wie man heute sagt. In der Tat sollte man im Sinne unseres Themas einmal darüber nachdenken, warum heute so viele Bürgerinitiativen — ich meine nicht die „St. Florians-Initiativen“, die käuflichen Bürgerinitiativen und schon gar nicht jene, die mit Dynamit und Gewalt auf ganz anderes hinzielen als sie vorgeben — *Verhinderungs*-initiativen sind. M. E. entstehen sie dann — das „Schul“-Beispiel sind die Elterninitiativen im Schulbereich —, wenn staatlicherseits „einfach drauflos experimentiert“ wird, und das Recht gleichsam mit hängender Zunge solchem Drauflosexperimentieren jeweils hinterherhetzt; natürlich — das ist ja auch so ein Reizthema — um „Recht und Rechtswirklichkeit“ zu synchronisieren. Ein Recht aber als *reine* „Kopie“ und als *jeweilige* „Kopie“ der Wirklichkeit *ist* eigentlich gar kein Recht. (Sonst müßten wir seit ca. 10 Jahren den Satz: „Mark gleich Mark“ täglich neu in den Schornstein schreiben.) Jedenfalls *braucht* man es dann nicht, es sei denn zur Unterdrückung des „wirklich“ Wehrlosen (wie das Kind im Mutterleib). Wir sollten gelernt haben, daß sich der Bürger gegenüber einem Recht mit reinem Experimentiercharakter (heute „hüh“ — morgen „hott“) einfach sozusagen „querlegt“. Dann „läuft“ gar nichts mehr, z. B. auch kein konventioneller Kohlekraftwerkbau (zur Zeit können acht Kohlekraftwerke nicht angefangen werden), kein Staudamm-, Brücken-, Straßenbau usw. Ein solches *„Einzementieren des status quo“*, ein solches „Abschotten“ aller Innovationen oder gar ein Rückkehren zu irgendwelchen Lagerfeuern und Blauen Blumen hat aber *niemals* den Sinn des Gleichheitssatzes ausgemacht. Vor allem lasse ich mir auch meinen Slogan: *„Keine Gleichheit im Unrecht“* so leicht nicht entwinden. Zwar bin ich fast gerührt über eine ganz frische Feststellung[6], daß „wohl selten ein Schlagwort derartige Popularität gewonnen hat, wie diese plakative Kurzformel“. Aber Vergebung! Genau so hatte ich mir das edukatorisch gegen einen eventuellen Gleichheitszwang zur Fehlerwiederholung auch gedacht.

Was der Gleichheitssatz aber leisten kann und m. E. leisten muß, ist die erwähnte „Entzeitung“ des Rechts im Sinne einer *Entzerrung* der harten Bruchstellen von altem und neuem Recht. Gewiß, harmonische

[6] *Hans-Wolfgang Arndt*, in: Festschr. f. Armbruster, 1976, S. 233. Woher ich übrigens diesen Hang zu plakativen Kurzformeln wissenschaftlich „geerbt“ habe, wird sobald klar werden.

Versöhnung von Stabilität und Flexibilität, von Kontinuität und Diskontinuität, von Statik und Dynamik, von rechtlichem „Heimweh" und „Fernweh" wird ihm kaum gelingen. Wie denn auch? Wo doch „Tradition" und „Fortschritt", so das Rahmenthema unserer Ringvorlesung, subjektive *Wertungs*begriffe sind, die ehrlicherweise doch schon in der Brust jedes *einzelnen von uns* im Widerstreit stehen; *so sehr* im Widerstreit stehen, daß wir in unseren besonders „progressiven" Phasen (mit unserem *Rousseau* in der Tasche) besonders weit in die „gute alte", genau besehen, *vor*industrielle Zeit *zurück*wollen. Dabei wissen wir natürlich, daß uns kein Rechtsatz, sondern allenfalls der Traum, und anders als in der Dimension Raum, „Freizügigkeit" in der Zeit gewähren kann. Denn die Sanduhr rinnt weiter, auch wenn wir unsere mechanischen und elektronischen Uhren wegwerfen. Der Gleichheitssatz hat aber die Kraft, zeitlich Stabilität und Flexibilität *so* zu *strukturieren*, daß kein Rechtsgenosse vom Recht *überrascht* („überfahren", „überrollt") wird; daß er negativ insoweit also nicht zum Objekt staatlichen Geschehens wird; daß er positiv insoweit also „durch die Zeitläufte hindurch" und über die „Zeit-Punkte" des wechselnden Rechts „hinaus" die Personqualität bewahren kann. Und das ist gewiß nicht wenig.

Die Rechtswissenschaft erfüllt auch immer häufiger und konziser diese vom Gleichheitssatz geforderte Aufgabe der zeitlichen Strukturierung des Rechts, auch wenn sie, wie gesagt, den Gleichheitssatz oft gar nicht in das Visier bekommt, oder sie nur auf Teilgebieten arbeitet. Im Grunde weiß doch z. B. *jeder* Jurist, daß ein humanes Recht auch *solche* „Zeitpunkte" enthalten muß, an denen die Gnade des Vergessens, Verzeihens, Entlastens eintritt, auch wenn das in unserem Jargon spröde etwa Verfolgungsverjährung oder Löschen im Register heißt. Im Grunde ist doch am Thema *jeder* Jurist, der zur Entzerrung von *Situationen* über *Verfahrens*recht arbeitet, seien es Gerichts-, Verwaltungs- oder Gesetzgebungsverfahren; etwa ist doch jedes verfahrensrechtliche *audiatur et altera pars* schon solch ein Prinzip, das nach der punktuellen *These* für das Vorbringen der *Anti*these den Faktor „Zeit" einbringt.

Aber wir gehen natürlich noch viel direkter zur Sache. Da ich zum Folgenden schon literarisch vieles gesagt habe, möchte ich Sie nicht langweilen und gewissermaßen stichwortartig fortfahren. Denn daß, wie unsere Studenten glossieren, „nach Erfindung der Buchdruckerkunst" reine „Vorlesungen" dessen, was schon (meist sogar besser) gedruckt ist, oft überflüssig sind, kann man nicht gut bestreiten. Wir werden jedenfalls immer hellhöriger in der Rückwirkungsproblematik, auch bei „unechten" Rückwirkungen und bei Begünstigungen. In der *Aufwertung* des Gesetzes hat man sogar einmal mehr von einer *„Tübinger Schule"* gesprochen[7]. Wir sehen schärfer, daß das abstrakte, generelle und eben auch auf *Dauer* angelegte Gesetz *seinerseits* wohl der wichtigste Gleichheitsfaktor ist. Wir messen Stichtage *ihrerseits* am Gleichheitssatz[8].

Was uns in der Stichtagsproblematik jedoch dringend fehlt, ist ein handfestes Kompendium der *schonenden Übergänge*. Es fehlt uns ein praktikables und im Sinne des Gleichheitssatzes *konsequentes* Instrumentarium des „weichen Auffangens", des „elastischen Abfederns", des „Dehnens" von alt und neu. Es fehlt etwa eine Systematik der Vorwarnungen, der Härteklauseln, des Parallelgehens von noch auslaufendem Altrecht und schon geltendem Neurecht und dergleichen mehr.

Zur Erfüllung dieser Aufgabe bedarf es eigentlich nur der durchdringenden Kraft einer systematischen „*Auf*bereitung". Denn partiell *vor*bereitet ist dieser Vertrauensschutz aus der Sicht des Gleichheitssatzes durchaus. Etwa wissen wir[9], daß punktuelle Eingriffe mit unzumutbarem Einzelopfercharakter nur deshalb *keine* rechtswidrigen *Verletzungen* des Gleichheitssatzes sind, weil er zum „Opfer-Ausgleichssatz" wird, der zum vermögensrechtlichen *Ausgleich* (Entschädigung) zwingt. Dieses Austarieren durch Vermögensausgleich, dieses Strukturieren von Stabilität (Bestandskraft) und Flexibilität (Rücknahme rechtswidriger, Widerruf rechtmäßiger Verwaltungsakte) als Schonungsprinzip ist ja bekanntlich sektoral im Verwaltungsverfahrensgesetz (§§ 48, 49 VwVfG) kodifiziert worden. Was hier aus Praxis und Lehre zu positivem Recht geronnen ist, ist vielleicht schon wieder zu kompliziert geraten. Aber vom Gleichheitssatz ausgehend, schlage ich mich hier und stets im „Überbau-Streit" um den „Beruf unserer Zeit" für Kodifikationen ziemlich unbedingt auf die Seite des (angeblich unmodern gewordenen) *Kodifikationsgedankens überhaupt*, z. B. also auch beim Sozialgesetzbuch. Nichts Neues sagt Ihnen auch das aus dem Gleichheitssatz entwickelte Prinzip der „Selbstbindung der Verwaltung". Relativ neu ist jedoch das Verlangen nach einer „Selbstbindung des Gesetzgebers" (Degenhart) als *Verbot* eines „Systems der Systemlosigkeit" und als Konsequenz- und Kontinuitäts*gebot*, daß man „systemgerecht" bleiben muß nach dem Gesetz, nach dem man „*angetreten*" ist. Nicht von ungefähr exerzierte man dieses Problem als besonders virulent und besonders plastisch zu einer Zeit durch, in der uns die Gemeinde- und Gebietsreformgesetze geradezu lawinenartig zudeckten („überfuhren"?). Ich schätze, daß Kollege *Bachof* als leidgeprüfter „*insider*" dieser Reformgesetze hier besonders viel über normative *Inkonsequenzen* berichten könnte.

---

[7] *Achterberg*, Probleme der Funktionenlehre, 1970, S. 52 ff., wo *D. Jesch* und *H. H. Rupp* als deren Vertreter gemeint sind.

[8] Vgl. als „Schulfall" im doppelten Wortsinn betr. Einschulungsalter das Urt. des Bad.-Württ. StGH, ESVGH 20, 1.

[9] Jedenfalls zur Enteignung wieder seit BGHZ 6, 270.

Als ich über der Kommentierung des Art. 3 GG saß, habe ich einen Gedanken geprüft, aber letztlich als nicht genug aussagekräftig weggelassen. Ich möchte ihn doch wieder aufnehmen, und zwar auf einem Umweg über die Dimension *Raum*. So abwegig ist der Umweg übrigens gar nicht. Vielleicht war es bloß die „List der Vernunft". Aber jene interessante Norm des Art. 79 Abs. 3 GG mit ihrem axiomatischen „Ewigkeitscharakter" (freilich zeitlich limitiert durch Art. 146 GG und sachlich relativiert durch die Hypothese, auch sie stehe ja zur Disposition verfassungsändernder Mehrheiten), spricht textlich in der Tat erst einmal von einem *raum*bezogenen Gliederungsprinzip, vom Föderalismus, also der sog. „horizontalen Gewaltenteilung" in der gegliederten Fläche. In dieser horizontalen Gewaltenteilung gehören natürlich (und auch unangefochten) das Bundesstaatsprinzip und die *kommunale* Selbstverwaltung zusammen wie der Wind und das Meer oder Benzin und Benzol.

Zum Thema Tradition und Fortschritt erleben wir aber in der Dimension Raum derzeit eine faszinierende *Gegenläufigkeit*. Wir waren doch gerade dabei, der Vorstellung zu erliegen, allein schon die Technik mit ihren im wesentlichen gleichen Produktionsabläufen, mit ihrem Trend zu gleichen Daten und Indikatoren, mit ihrem Resultat fast gleichen Konsumverhaltens würde räumliche Strukturen immer mehr einebnen und abschleifen. Vielleicht gibt es sie sogar noch, diese Vorstellung, mindestens zwischen Industriestaaten und innerhalb von Industriestaaten würde die Technik immer mehr Interdependenzen, Austauschbarkeiten, Verflechtungen, Ähnlichkeiten und sogar Egalitäten schaffen, daß letztlich in solchen Industriegesellschaften als eine einzige große zweckrationale Fabrik räumliche „Verortungen" und räumliche Strukturen „unmaßgeblich" würden. Der *Gegenzug* ist jedem Zeitungsleser bekannt. Wir erleben derzeit eine Bewegung zur *Regionalisierung* und zur *Autonomisierung* von großem Ausmaß. Selbst alte und traditionelle Einheitsstaaten werden gerade in den letzten Jahren von solchen zentrifugalen Strömungen erfaßt, die bis zur Zerreißprobe durch offenen *Separatismus* führen. Auf ethnische, sprachliche, politische, religiöse Motivforschung kommt es hier nicht an. Der Befund genügt: Basken, Katalonier, Kastilier; oder Portugiesen, Bewohner der Azoren; oder Korsen, Bretonen, Franzosen; oder Flamen, Wallonen, Frankophile; oder Schotten, Engländer, Iren, Waliser; oder Britisch-Kanadier, Frankokanadier; oder Serben, Kroaten; oder Tschechen, Slowaken. Wir haben uns auf Industriestaaten als Beispiele beschränkt. Aber das ließe sich auch in die noch nicht durchtechnisierte „Dritte Welt" projizieren. Wer oft genug „vor Ort" war, hat erfahren, daß etwa die Afrikaner selbst nicht wissen, ob sie eigentlich Assimilierung und Integrierung in den weißen Standard oder aber — dafür spricht mehr — im Gegenteil die spezifische Absonderung bis hin zum archaischen Stammeswesen wollen.

Angesichts dieser Regionalismustendenzen, die sich oft zum Separatismus verdichten, *diagnostiziert* ein Staatstheoretiker, der auf der Höhe seiner Zeit ist, ein Doppeltes:

1. Sie tauchen dort *nicht* auf oder können, wenn sie laut werden, relativ schmerzlos *aufgefangen* und *„abgefedert“* werden (man gibt eben den Jurassen einen eigenen Kanton), wo *Föderalismus* und *kommunale Autonomie institutionalisiert* sind. Das Gewährleistungsschema ist im Prinzip immer dasselbe: Ein harter Kern der raumbedingten Bedeutungs*losigkeit,* also von Homogenität und Stabilität; und darum herum ein weites Feld der Flexibilität, auf dem es legal ist, wenn nach landsmannschaftlichen, regionalen, lokalen, religiösen, kulturellen, historischen Gesichtspunkten verschieden verfahren wird.

2. Angesichts dieser Reibungen durch (institutionell) nicht „vorgesehene“ Regionalismusbewegungen und dieser Zerreißproben durch Separatismus erweisen sich die gängigen Vorbehalte gegen das Strukturprinzip Föderalismus und Kommunalautonomie ziemlich einwandfrei als kurzsichtig bis falsch, als da sind: Ineffizienz, Reibungsverluste, Restriktionsphänomene, Sand im Getriebe, alte Zöpfe usw. Die Diagnose zeigt im Gegenteil, daß *letztlich* solche Mischformen der von Verfassungs wegen von vornherein gegliederten Fläche sogar *effizienter,* weil kontinuierlicher, sind. Ganz offenkundig deswegen, weil Stabilität und Flexibilität nicht unvermittelt aufeinanderprallen, sondern strukturiert und moderiert (also mit Maßen versehen) sind.

Über diesen Umweg und wegen dieses Umwegs in die Dimension Raum und dessen Strukturierung in eine *horizontale* Gewaltenteilung mit stoßabfedernder Wirkung, sieht man sich dann geradezu genötigt, auch für die Dimension *Zeit* nach einem solchen Prinzip der Gliederung, Strukturierung und Moderierung zu suchen. Sie werden jetzt genau so verblüfft sein, wie ich es war, daß man dabei auf die *Zeit*dimension der klassischen *vertikalen* Gewaltenteilung (Legislative, Exekutive, Judikative) stößt.

Daß unsere „Strategie“, von einem *Raum*schema auf ein *Zeit*schema zu schließen, kein dialektischer „Sprung“ und kein methodischer „Trick“ ist, kann ich Ihnen hier natürlich nicht mit *Clausewitz* begründen. Aber als systemimmanentes Verbindungsglied zwischen Raumstrukturierung und Zeitstrukturierung kann man nicht übersehen, daß sich die wenigen direkten Aussagen der Verfassung zum *Zeit*faktor gerade für die föderative, *horizontale* Gewaltenteilung finden, also für ein *räumlich-geographisches* Gliederungsschema. Etwa sind nach Art. 32

Abs. 2 GG die Länder bei sie berührenden völkerrechtlichen Verträgen „rechtzeitig“ zu hören. Etwa gibt es im Gesetzgebungsverfahren (Art. 76, 77 GG) ganz präzise Fristen für die Beteiligung der „Länderkammer“ (Bundesrat), die natürlich zur Voraussetzung haben, daß sie *überhaupt* eingeschaltet wird, daß sie z. B. überhaupt die Möglichkeit zur Anrufung des Vermittlungsausschusses erhält. In Tübingen ist es ein Fall für die öffentlich-rechtliche Anfängerübung, ob man eine Regierungsvorlage so „hinfrisieren“ darf, daß sie als Gesetzesvorlage aus der „Mitte des Bundestages“ auftritt, so daß der Bundesrat in zeitlicher Hinsicht und überhaupt beim ganzen „ersten Durchgang“ nach Art. 76 Abs. 2 GG überspielt wird. Hier und an anderen Stellen (z. B. Art. 81 GG) der horizontalen (föderativen) Gewaltenteilung haben wir doch einwandfrei auch jenes *zeitliche* Nebeneinander, wonach die Zentral- und Föderativorgane jeweils *überhaupt,* jeweils *rechtzeitig,* jeweils *zeitgerecht* zuständig sind. Man kann bezweifeln, ob das BVerfG bereits diese *hier* auch *zeitlich* offenkundige „*Folge*-Richtigkeit“ als „*Abfolge*-Richtigkeit des Nacheinander“ in ihrer *Verallgemeinerungsfähigkeit* erkannt hat. Jedenfalls reagiert es bereits (etwa wie beim Grundlagenvertrag) recht pikiert, wenn man *ihm selbst* nicht genügend Zeit gibt, wenn es also *selbst* als Verfassungsorgan gleichsam *„vor vollendete Tatsachen gestellt wird“*. Genau das trifft aber schon wieder den *Nerv* unseres Themas. Denn da alles Zuständigkeitsrecht mindestens *objektives* Schutzrecht zu Gunsten des *Bürgers* ist, wird auch *er* vor vollendete Tatsachen gestellt. Und so etwas mag, wie dargelegt, der Gleichheitssatz als Überraschungs*verbot* und als Entzeitungs*gebot* ganz und gar nicht.

Aber vielleicht ist jetzt wenigstens die erste Verblüffung gewichen, wenn man auch die klassische *vertikale* Gewaltenteilung unter *temporalem* Aspekt angeht. Soweit ich sehe, war es eine (als solche nie gewürdigte) „juristische Entdeckung“ *Gerhart Husserls*[10], idealtypisch der *Legislative* die Zeitdimension *Zukunft,* der *Exekutive* die Dimension *Gegenwart* und der *Judikative* die Dimension *Vergangenheit* zuzuordnen. (Bei *Häberle* bleibt sie noch beiläufig — muß sie wohl auch bleiben, wenn eigentlich strukturlos in seinem Verfassungsmodell jedermann jederzeit gleichsam Verfassungsfortbildungsorgan ist —, bei *Kloepfer* wird sie bereits konkret genutzt und bei *Kirchhof* hat sie schon die Selbstverständlichkeit kurzer Indikative und Imperative). Seien wir ehrlich, wir sind doch insoweit alle „Kelsenianer“, als wir die *klassische* Gewaltenteilung (Art. 1 Abs. 3, Art. 20 Abs. 2 GG) eben *nur vertikal* sehen und als hierarchische *Pyramide* „höherer“ und „niederer“ Staatsakte verstehen. Aber hören wir doch einfach einmal den Worten „Vorrang“ und „Vorbehalt des Gesetzes“ ohne derartige Voreingenommen-

---

[10] Recht und Zeit, 1955, S. 52 ff.

heit ruhig zu. Dann hören wir doch *auch* heraus *zeitliche „Vorherigkeit“* des Gesetzes. Und *ist* es nicht von Verfassungs wegen so etwa beim Haushaltsgesetz (für mich immer noch *der* Plan der Pläne) als einem *Plangesetz,* dem *zeitlich* Haushalts*vollzug* und Haushalts*kontrolle* folgen? Dann sind doch vielleicht *insgesamt Planung, Ausführung, Kontrolle* eine Trias auch des *zeitlichen* Neben- und Nacheinanders. Dann kommt doch in dem gleichen Maße, in dem die *Verfassung* schwerpunktmäßig die Planung der Legislative, die Ausführung der Exekutive und die Kontrolle der Judikative zugeordnet wissen will, in dieses angeblich nur vertikale Dreiteilungsschema sozusagen im „*Quer*schnitt“ eine diesmal *zeitlich*-horizontale *„Folge-Richtigkeit“* hinein; eine *„Zeit-Abfolge-Richtigkeit“,* die man also dann offenbar nach dem Willen eben dieser Verfassung nicht beliebig verkürzen, vertauschen, umkehren oder gar ganz auslassen darf.

Gewiß ist es ein *idealtypisches* — also kein „reines“ — Strukturschema, wenn man unter dem Aspekt „Entzeitung des Rechts“ die drei Kategorien aufstellt: *Legislative* als Zukunftsgewalt und als Planungsgewalt; *Exekutive* als Gegenwartsgewalt und als Ausführungsgewalt; *Judikative* als Vergangenheitsgewalt und als Kontrollgewalt. Nur verwahre ich mich dabei gegen ein Doppeltes:

1. Man kann aus der rechtlichen *Realanalyse:* Hektik, Rastlosigkeit, Überhastung nicht den Schluß ziehen, das sei die Zeitvorstellung der *Verfassung* zur Gewaltenteilung. Sie ist auch hier nicht bloße „Kopie“ der Wirklichkeit; und gar nichts entbindet uns von der Pflicht, diese Gewaltenteilung auch in ihrer zeitlichen „Folgerichtigkeit“ zur gegenseitigen Zuständigkeitswahrung (wieder) in den richtigen „Takt“ (Zeit-Takt) zu bringen.

2. Auch hier lasse ich, wie oben bei der gegliederten Fläche, nicht gelten, daß es letztlich *effizient* ist, wenn die Gewaltengliederung in der *einzigen* Zeitdimension des „aktionistischen Heute“ aufgeht und damit Vertretbarkeit und Austauschbarkeit der Zuständigkeiten eintritt. Effizient für wen oder was? Etwa ist jede *„Prognose“* (und das selbst bei Abwehr „unmittelbarer Gefahr“) ohne zeitlich vorherige *„Diagnose“* nicht einmal zweckrational, sondern bloß blinde Aktion, allenfalls begründbar als Reflex oder Experiment. Wird im Recht derart *„zeitverkehrt“* (hier: Aktion unter „Überspringen“ von Diagnose und Prognose) mit dem Bürger „umgesprungen“, nennt man das „Willkür“. Und wieder klingeln die Alarmglocken des Gleichheitssatzes, der die Zeit im Recht *strukturieren,* nicht aber durch Momentanreflexe „aus-punkten“ und „pausen-los“ machen will.

Ehe ich Ihnen induktiv für die drei Gewalten mein Thema „Zeit und Rechtsgleichheit“ noch etwas aufbereite, werden Sie vielleicht schon jetzt Verständnis aufbringen für meine wiederholt geäußerte These, daß ich die *„totale Gesellschaft“* genau so fürchte wie den *„totalen Staat“*. Gemeinsam ist nicht nur das Okkupieren aller Lebensbereiche und das Aufheben der verschiedenen Kompetenzträger mit gegenseitiger Loyalitätspflicht, sondern eben unter *temporalem* Aspekt auch die *„Gleichzeitigkeit“*, mit der Normsetzung, Normvollzug und Richten in *einer Aktion* jeweils zusammenfallen. Der Diktator und der Pöbel haben auch dieselbe Hemmungslosigkeit, „gleichzeitig“ Ankläger, Richter und Henker zu sein. Sie brauchen sich offenbar auch gegenseitig. Der Diktator holt sich seine Massenplebiszite, der Plebs holt sich seinen Ein- und Auspeitscher.

Eine Verdeutlichung beginnt am besten bei der *rechtsprechenden* Gewalt, da hier (trotz der Sonderstellung der Verfassungsgerichtsbarkeit) die Gewaltenteilung noch die klarsten Konturen hat. Die Judikative ist allein schon deshalb „Vergangenheitsgewalt“, weil sie — von kleinen Ausnahmen abgesehen, z. B. in der FGG-Tätigkeit, wobei es sich dann eigentlich aber um Verwaltung handelt — auf einen Antrag warten muß. Ihr fehlt also in der Zeitdimension ein der Exekutive oder Legislative zustehendes *Initiativ*recht, *von sich aus Neues* anzupacken, und sie kann von *sich* aus — das wird oft übersehen — nicht einmal *gegenwärtiges* Unrecht beseitigen, mag es noch so offenkundig sein. Sie sehen, schon hier wird die Vorstellung vom Richter als „Prometheus“ fragwürdig. Zeitlich „vorgegeben“ ist dem Gericht nicht nur ein Anrufen von außen, sondern auch der rechtliche Modus des *Verfahrens*. Gerade unter dem Druck des Gleichheitssatzes ist es ein stark formalisiertes Verfahren, wonach etwa für mich auch der Geschäftsverteilungsplan Rechtssatzcharakter hat (streitig), wonach aber auf jeden Fall und allerspätestens *hier* Gelegenheit (also Zeit) zum Anhören auch der anderen Seite gewährt werden muß (von der Zeitdimension, die im Art. 103 Abs. 1 GG wirksam wird, war oben schon die Rede). Auch der Tatsachenstoff, der in diesem Verfahren gegenwärtig gemacht wird, ist zeitlich „vorgegeben“. Das gilt *auch* für den „vorbeugenden“ und „vorläufigen Gerichtsschutz“. Auch ihn gibt es nicht ohne eine (noch so kurze) „Geschichtserzählung“ (Tatsachenschilderung) des Antragstellers und bei „Wiederholungsgefahr“ muß ja auch schon etwas geschehen sein, was sich wiederholen kann. Der vorläufige Gerichtsschutz ist ja gerade *Anhalten* des Geschehens, um *Zeit* für ein *„Aufarbeiten“* des (bereits) Geschehenen zu bekommen, also gerade *nicht* eine Vorwegnahme und eine Schaffung „vollendeter Tatsachen“. Im richterlichen Verfahren wird der Tatsachenstoff, der vorgegeben ist, in die Gegenwart *„re*produziert“; er wird nicht vom Richter *„produziert“* (geschaffen) und schon gar nicht von einem künftig gewünschten Ergebnis aus *„antizipiert“* (vorweggenommen). Gerade damit *diese* Prozedur, (zeitlich) Vorliegendes zu vergegenwärtigen, nicht vom erhofften oder gewünschten *Ergebnis her* „zeitverkehrt" wird, genauer, die Zeitfolge-Richtigkeit nicht „umgekehrt" wird, versucht speziell der Gleichheitssatz beim Richter, soweit es menschenmöglich ist (vgl. insbes. Art. 3 Abs. 3 GG), „Vor-Eingenommenheit" und „Vor-Urteile" auszuschalten. Man muß daher auch bei wünschenswerten Prozeßbeschleunigungen („Stuttgarter Modell") sehr aufpassen, daß nicht dabei in einem zu frühen Stadium dem Richter bereits solche „Vor-Urteile" abverlangt werden. *Wenn* diese, und *nur* wenn diese richterliche Vergegenwärtigung vorgegebener Tatsachen ihrerseits dem Gleichheitssatz entspricht, vor allem also „vor-urteilsfrei" abläuft, ist der Normbruch des Bürgers seinerseits als gleichheitsverletzende Normabweichung wertend einzuordnen und erhält der Richterspruch seine eigentliche Legitimation als *„Wiederherstellung"* der Gleichheit. Auf dieser Basis „korrekt" aufgearbeiteter und festgestellter „Tatsachenwahrheit" kann die „Korrektur" verletzter Gleichheit dann natürlich auch durch gegenwartsmotivierte Gestaltungsurteile oder durch zukunftsorientierte Verpflichtungsurteile erfolgen, ohne daß Springen in den Zeitdimensionen oder Überspringen von Zeitdimensionen gerügt werden können. Denn zeitlich voraus ging, daß das Gericht die *fort*wirkende Gegenwart „unter Kontrolle gebracht" hat.

Ist jedoch eine solche richterliche „Reproduktion" vorliegender innerer oder äußerer Tatsachen nicht möglich; versagt also ihre „Vergegenwärtigung" etwa infolge ihrer Unvertretbarkeit oder Unwiederholbarkeit; ist richterlich also nichts „in Erfahrung zu bringen", wobei sicher auch Nachdenken und Schlußfolgern, niemals jedoch Vor-Urteile eingesetzt werden dürfen: dann scheitert der Richter an der Zeitdimension *Gegenwart.* Mißlungen ist das „Aufarbeiten" bis zum Heute; die „Vergegenwärtigung" dessen, was fortwirkend *ist.* Und diesen Zeittakt kann ein Gericht nicht „überspringen". Es konnte die fortwirkende Gegenwart nicht „unter Kontrolle" bringen und es kann *deswegen* (ich wage jetzt einen stets verdächtigen „Erst-recht-Schluß", wohl nicht zuletzt animiert durch das fünfhundertjährige *„Attempto"* unserer Universität) auch nicht die Zukunft ordnend gestalten. Genau *dieses* Ansinnen ist die vielberedete „Überforderung" der Gerichte. Daß sich Gerichte *selbst* die Zukunft usurpieren, ist selten. Ich weiß wirklich nicht, was das juristisch ist, wenn ein Gericht es sich von den zuständigen Ministern schriftlich geben läßt, sie würden *künftig* nicht von Maßnahmen, die § 34 StGB als Notstand rechtfertigt, Gebrauch machen. Lassen wir es bei einem allgemeinen Seufzer: „ *So* geht's ja nun auch wieder nicht." Werden Gerichte, und das ist leider das heute anomal Normale, von *außen* in die Rolle der Zukunftsgestalter gedrängt und damit ja auch einem Entscheidungszwang unterstellt, den es *so* stringent bei Exekutive und Legislative, die aus Zweckmäßigkeitsgründen auch untätig bleiben dürfen, nicht gibt, haben die Gerichte bekanntlich ein ganzes Abwehrarsenal an Schutzbegriffen entwickelt. Das reicht vom bloßen *„non liquet“* bis zur „Gestaltungsfreiheit des Gesetzgebers“, die man nicht ersetzen dürfe. Ich halte dieses Argumentationsraster, man könne als Gericht nicht „an Stelle von ...“ handeln, prinzipiell für richtig. Nur sind die Resultate weder Siege noch Niederlagen im *materiellen* Recht, denn dieses hat, genau besehen, (noch) gar nicht aus Richtermund gesprochen. Auch dieses materielle Recht ist meist dem Richter zeitlich vorgegeben. Er soll es bekanntlich nicht nur „nach-denken“, sondern „zu-Ende-denken“. Ich halte es nach ca. 20 Jahren Tätigkeit als Richter im Nebenamt für eine typisch universitäre Betriebsblindheit, wenn man vor lauter Erfinden und Auffinden von Streitfragen übersieht, daß die meisten Fälle gesetzlich so klar sind, wie für die Medizin der Blinddarm rechts unten sitzt. Es ist gerade vom Gleichheitssatz her gesehen, auch kein mangelndes Problembewußtsein, wenn Gerichte nach vergleichbaren „Vorgängen“, also Präjudizien suchen, oder wenn sie als Entlastung von einer immer soziologisch doch *unterschiedlichen* Komplexität die Rechtsgleichheit von der Rechtsdogmatik als gesichert erhoffen. In der Tat! Wer etwa den dogmatischen Unterschied von Bedingung und Auflage bei Genehmigungen kennt, tut sehr viel für den Umweltschutz, und zwar gerade als Zeitstrukturierung. Denn vor Erfüllung der Bedingung ist die Produktion noch gar nicht erlaubt, während bei der Auflage der Betrieb erst einmal arbeitet und die Kläranlage zeitversetzt nachgeholt werden darf. Nun gibt es selbstverständlich richterliche Lückenschließung, richterliche Rechtsfortbildung und richterliche Rechtsschöpfung. Auch der Gleichheitssatz *sperrt* hier nicht, aber er *moderiert*. M. E. zwingt er etwa zur *Ankündigung von Rechtsprechungsänderungen* als Schutz des Bürgers vor plötzlichen Überraschungen. Aber auch der Grundsatz, man dürfe mindestens vom *Anwalt* Kenntnis der (geänderten) Rechtsprechung verlangen, verliert sonst seine Stabilität. Daß diese „Vorwarnung“ höchstwahrscheinlich „nur“ ein *obiter dictum* ist, kann kein Gegenargument sein, denn mit *obiter dicta* geht man auch sonst nicht gerade geizig um. Es konzentriert sich alles auf die Entscheidung des *„Anlaßfalles“*. Aber allmählich haben wir gerade vom BVerfG so viele *„Appellentscheidungen“* erlebt, die ja auch vor Überraschungen durch *ex-tunc*-Wirkungen oder vor der Plötzlichkeit einer *ex-nunc*-Wirkung schützen wollen, daß sich eigentlich ein Destillat finden müßte, wie man im *Anlaßfall* der Rechtsprechungsänderung verfährt. Der Richter insgesamt also nicht als *„Prometheus“*, sondern als *„Epimetheus“ (H. Schneider)*. Das ist *nicht* Verlust an *„Charisma“*. Wer heutzutage geduldig ist, wer zuhören kann, wer Menschen ausreden läßt, wer ihr Vorbringen Zeile für Zeile liest, wer methodisch die Tatsachenwahrheit sucht, wer vorurteilsfrei und ganz demütig Recht anwendet, das *andere* ihm gesetzt haben; und wer all dies, wie der Gleichheitssatz befiehlt, ständig und konsequent tut, der kommt dem „Heiligen unserer (hektischen) Tage" doch wohl recht nahe. Er „dient" nämlich und „herrscht" nicht. Und die Kübel Jauche, die oft über ihn und seine Tätigkeit ergossen werden, sind dann fast schon wieder „Weihwasser".

In unserer Idealtypik erscheint also die *Exekutive* als *„Gegenwartsgewalt"*. Dieser Gegenwartsbezug scheint von vornherein jede *Kodifikation* des materiellen Verwaltungsrechts auszuschließen. Von unserem Thema: „Zeit und *Rechtsgleichheit"* aus betrachtet, stellt sich dies jedoch anders dar. Dennoch möchte ich jetzt nicht zerreden, ob dem Verwaltungsverfahrensgesetz die Kodifikation etwa der Bestandskraft von Verwaltungsakten (bekanntlich handelt es auch vom öffentlich-rechtlichen Vertrag und von der Planfeststellung) gelungen ist. Sicher sind solche Kodifikationen eine gewisse Festschreibung von Entwicklungen, aber wir alle hatten hier einmal genügend Gelegenheit, unser Sprüchlein dazu vorher aufzusagen. Sicher können auch solche Kodifikationen, und zwar je besser sie sind um so mehr, ganze Wissenschaftszweige zur bloßen Kommentartätigkeit austrocknen. So erging es etwa lange Zeit der Canonistik nach dem Codex Juris Canonici. Aber diese Gefahr sehr ich nicht (schon weil das VwVfG nicht so gut ist). Man sollte dem Gesetz also eine Chance zur Bewährung geben, zumal ja auch Regelungen darin sind (Rechtsnatur von Verkehrszeichen usw.), bei denen es schon gar nicht mehr darauf ankam *wie,* sondern *daß* sie überhaupt erfolgten. In klarem Gegensatz zu unserer Sicht der Verwaltung als „Gegenwartsgewalt" steht jedoch ihre Zeit- und Sinnverkehrung zur *„retartierenden"* Gewalt. Sie sei gewissermaßen das statische Widerlager gegenüber der Dynamik der Politik. Insbesondere zur Rechtfertigung des Berufsbeamtentums wurde schon in der Weimarer Epoche und wird auch heute noch auf seine Bremswirkung gegenüber der Tagespolitik verwiesen. Das ist eine Verwechselung; und zwar gerade in der Thematik Zeit und Rechtsgleichheit. Es ist *richtig,* daß das „Haus" mit einem guten beamteten Staatssekretär das ganze Ressort vor dem „Pluralismus" jeweils wechselnder inkompetenter oder kompetenter Minister ruhig stellen darf. Es *stimmt,* daß sich die Verwaltung konstant und im Gleichgewicht halten darf, wenn der Minister als Politiker Wahlkampfwirbel machen muß und sicherlich deshalb nicht jederzeit für das Ressort präsent ist. Es ist *verständlich,* wenn sich die Verwaltung selbst diszipliniert, indem sie etwa den Grundsatz von der „Selbstbindung der Verwaltung" aufstellt oder aus internen Verwaltungsvorschriften nach außen wirksame Rechtssätze macht, gerade *um* das politisch bedingte Qualitätsdefizit zu *kompensieren,* das normativ durch das „pluralistische" Unmaß der Normenproduktion eines unaufhörlich nur intervenierenden Gesetzgebers auftritt.

Natürlich hat das alles nur Ersatzcharakter. Aber eben um diese *Un*ersetzbarkeit geht es. Wenn wir nämlich im Sinne unseres Themas Gegenwartsgewalt und Gleichheitssatz zusammendenken, dann heißt das: Die Verwaltung hat „gleich", also *ständig* „gegenwärtig", also *präsent* zu sein — natürlich nicht als Selbstzweck, sondern für den Bürger.

Mir will scheinen, *diese* Perspektive von Gleichheitssatz und Verwaltung haben wir, vielleicht gerade *weil* sie so einfach und klar ist, ziemlich aus dem Blick verloren. Es geht ja auch dabei nicht um heutige Lieblingsthemen wie „Streit um den Streitgegenstand", „Planung der Planung", „ständiger herrschaftsfreier Diskurs" oder gar um die „große Verweigerung". Es geht um das einfache Gleichheitspostulat, das mein Lehrer *Erich Kaufmann* auf die Kurzformel brachte: „Die Verwaltung schläft *nie.*" Er würde heute wohl hinzufügen: sie bummelt oder streikt auch nicht. Natürlich meinte er primär die Präsenz zur Gefahrenabwehr. Und wenn die Frauenproteste der letzten Woche stimmen, wonach bei uns jährlich 35 000 Frauen vergewaltigt werden, dann kann einen das schon (auch wenn man nicht drei Töchter hat) schlaflos machen. Es ist auch gar nicht lustig, wenn man z. B. rund um die Uhr rauchenden Schornsteinen durch Immissionsschutzbehörden mit 40-Stunden-Woche und Gründonnerstag bis 12 Uhr beikommen will. Offenbar hat auch den Fluglotsen noch keiner gesagt, daß sie Polizei sind (zur Sicherung des Flugverkehrs). Bitte keine Aufregung. Denn 1. hat Dienstbereitschaft gerade nichts mit „Unausgeschlafenheit" zu tun, also mit Ablösung, Überstunden, Freizeit und Urlaub. 2. Sprechen wir von der Gefahrenabwehr; und was ich von Maßnahmen im „Vorfeld des Vorfeldes der Gefahr" halte, wissen Sie sicher aus meinem Engagement im Abhörstreit zu Art. 10 GG. 3. Auch ich bin sehr der Meinung, es sollte der Milchmann sein, wenn es frühmorgens an der Haustür schellt. Nur, wenn es nicht der Milchmann, sondern einer mit Strumpfmaske ist, sollte der *nächste,* der schellt, nicht der Milchmann sein, sondern ein Polizeibeamter (durchaus auch bewaffnet mit der PPK 7.65, freilich nicht geladen mit der teuflischen Dum-Dum-Munition der Polit-Terror-Szene).

Wir wissen aber, daß diese Präsenz heute auch bei der leistenden Daseinsvorsorge nötig ist. Wenn (so alle Gemeindeordnungen) ein *gleiches* subjektives *Recht* der Bürger hierauf besteht, dann ist das überhaupt nur erfüllbar durch einen öffentlichen Dienst mit besonderen, also *ungleichen Pflichten* (ungleich im Verhältnis zu jenen 57 Millionen unserer Bürger, die nicht im öffentlichen Dienst sind). Unsere Protagonisten des Beamtenstreiks (es sind nie Öffentlich-Rechtler) denken mir nicht radikal genug. Sie sollten nicht bei der Müllabfuhr aufhören, sondern dies weiterdenken bis zur Leichenbestattung einer Großstadt. Sie sollten nicht beim Beispiel Finanzamt aufhören, sondern weiterdenken zu den öffentlichen Kassen, die Renten, Versicherungen, BAföG-Gelder, Sozialhilfe, Dienstbezüge usw. *aus*zahlen. Besonders bei Lehrern (Professoren eingeschlossen) vermute ich nicht ohne Grund die Annahme, das Landesamt für Besoldung müsse natürlich stets und pünktlich zahlungsbereit sein. Die öffentliche Verwaltung ist eben *kein* „Job wie jeder andere". Wer im öffentlichen Dienst für die Bevölkerung essentielle Leistungen verweigert, wird aus ihm entfernt. Und wer das in freien Berufen (z. B. als Arzt) tut, wird „verstaatlicht". So einfach ist das, und bar jeder Mätzchen.

Deswegen kennt in der Dimension Zeit die Verwaltung auch keine *„Moratorien"*. Sie kennen *Otto Mayers* Satz: „Verfassungsrecht vergeht, Verwaltungsrecht besteht." *Willibalt Apelt,* der sein Schüler und mein Lehrer war, hat mir oft erzählt, wie es dazu kam. *Otto Mayer* hat das unmittelbar nach 1918 hingeschrieben, also während eines Moratoriums im Verfassungsrecht, in dem aber die Verwaltung präsent sein mußte. Und fragen Sie *Gebhard Müller, Theodor Eschenburg* oder *Carlo Schmid,* das war nach 1945 nicht anders. Heute würden wir dergleichen wohl „Krisenmanagement der Verwaltung" nennen. Aber auch in der verfassungsrechtlichen *Normal*lage ändert sich nicht die *Aufgabe* der Verwaltung dazu, sondern nur das Ausmaß. Jene berühmten „hundert Tage", während der man gar nichts oder vieles falsch machen kann, gewähren wir wohl Regierungen und Parlamenten; *nie* jedoch in der Verwaltung einem 18jährigen Wachtmeister, besoldet nach A 2. Und das ist richtig. Darum war es auch oben richtig, daß die Verwaltung sich selbst Surrogate kontinuierlicher Präsenz sucht, wenn Politiker zeitweilig nur von der Tagespolitik — das ist im parlamentarischen Regierungssystem wohl sogar unvermeidbar — absorbiert werden. Ich weiß nicht, ob man im Verfassungsstaat diese Aushilfe- und Nothilfekompetenz der Verwaltung *„originäre"* Gewalt nennen darf. Jedoch scheint mir die Aufgabe, stets hierfür bereit zu stehen, letztlich „unvertretbar" durch die beiden anderen Gewalten zu sein. Beim Waldbrand helfen auch richterliche einstweilige Anordnung oder Nachtsitzungen der Parlamente nicht viel, wohl aber Leute, die wissen, was „Gegenbrennen" ist. Also Technokraten? Aber sicher! Sie müssen ja nicht aus Texas kommen. Hätten wir in der Verwaltung nur mehr davon. Man kann nämlich speziell den Gefahren der Technik nur wieder durch Techniker begegnen.

Daß die Verwaltung als Gegenwartsgewalt in Lagen, die das Gesetz entweder gar nicht oder nicht präzise genug vorprogrammieren kann, auch *„improvisieren“* darf, ist nicht zu bestreiten. Daß auch hierbei *Diagnose* und *Prognose* nicht umkehrbar sind, sagte ich schon. In der Zeitdimension der Gewaltenteilung muß jedoch an das Fortdauern der *gegenseitigen Loyalitätspflicht* erinnert werden. Im Verhältnis zur *Judikative* heißt dies: Auch die *eiligste* Verwaltungshandlung unterliegt noch einer wenigstens nachträglichen Rechtmäßigkeits*kontrolle*. Vor allem ausgehend vom sofortigen Vollzug der Ausweisung von Ausländern, „hämmert“ generell das BVerfG in letzter Zeit geradezu auf ausreichenden Fristen zur gerichtlichen Gegenwehr herum, wobei genau im Sinne unseres Themas meist ausdrücklich die Worte fallen, es sei verboten, „vollendete Tatsachen zu schaffen“ (die einen wenigstens noch nachträglichen Gerichtsschutz unmöglich machen). Im Verhältnis zur *Legislative* heißt dies (außer der Selbstverständlichkeit, nicht gegen Gesetze zu verstoßen), die Verwaltung hat z. B. als *Planungsträger* nur die Kompetenz zur „*Anpassungs*planung“, für die „*Perspektiv*planung“ ist sie nur „Zuarbeiter“. Dieser Planungstyp zur Antizipierung und Konzipierung der Zukunft gehört in die Legislative, er ist dorthin überzuleiten und muß dort, soll er verbindlich werden, als Plan*gesetz* festgeschrieben werden. So gesehen, gibt es eigentlich in der Exekutive keine „*Open-end*-Planung“, es sei denn als Makulatur. Eben diese Überleitung der Plankonzepte in die Legislative zur normativen Festschreibung fand etwa im Schulrecht meist *nicht* statt. Und genau dies wiederum war auf dem letzten Deutschen Juristentag die große Rüge *Thomas Oppermanns*. Ich würde ihn noch ergänzen durch einen eigenen Befund. Die Kultusressorts sind die *einzigen* Ressorts, die auch den Satz von der „Selbstbindung der Verwaltung“ nicht eingelassen haben, obwohl doch gerade (jedenfalls nach *Spranger* und *Bollnow*) in der Pädagogik die *Kontinuität* des Reifungs-„*Prozesses*“ junger Menschen wichtig ist.

Vielleicht ist aber das Schulrecht kein gutes Beispiel. Als Lehrer an der „Hochschule“ ist man vielleicht nicht distanziert genug. Man wird ja hier auch sofort durch die Extreme zerrieben. Die einen meinen als Milieutheoretiker, es gehe ja „nur“ um Kinder, die aber seien (wie Schwämme, die alles aufsaugen) beliebig anpassungsfähig für jeden Wechsel. Die anderen — und allmählich rechne ich mich auch dazu — halten gegenwärtig nur *eine* Schulreform für legitim, nämlich die, daß sie *aufhört*. Also reden wir vom Geld. Zwei Beispiele für Zeitverkehrungen und deswegen für Verletzungen der gegenseitigen gewaltenteilenden Loyalitätspflicht. Da fordert die Finanzpolitik als Zielvorgabe eine Milliarde DM aus Bußgeldbescheiden. Sie merken, was hier „zeitverkehrt“ passiert. Vom Ergebnis her, werden die Ordnungsbehörden der Gefahrenabwehr als Inkassobehörden auf Trab gebracht. Ihre Motivation wird verkehrt und bei „gebührenpflichtigen Verwarnungen" liegt das Verwaltungsmotiv nicht mehr auf „Verwarnung" sondern auf „Gebühr". Sie werden sagen: „läppisch". Nun, eine solche Mentalität ohne Unrechtsbewußtsein *verteilt* dann *generell* auch schon, was *vorher* noch gar nicht erwirtschaftet ist. Oder ein umgekehrter Fall (und so läuft seit Jahren unser Besoldungsrecht), die Exekutive weist ihre Kassen Monate *vor* dem Gesetz und oft sogar rückwirkend an, die Bezüge bereits auszubezahlen. Entweder hat man dabei zeitverkehrt schon gar keine Skrupel mehr, daß selbst ein Besoldungserhöhungsgesetz noch (später) scheitern kann, oder aber man stellt ganz bewußt das Gesetz vor vollendete Tatsachen. Manche rubrizieren das vornehm unter das Thema „Vorwirkung von Gesetzen". Ich halte das schlicht für „Erpressung" des Parlaments.

Wenn wir nun abschließend noch die *Legislative* als *„Zukunftsgewalt"* betrachten, ist vorab zu wiederholen, daß ich nur aus Gründen rhetorischer Anschaulichkeit den Zeitablauf von Planung, Ausführung und Kontrolle in einer anderen Reihenfolge dargestellt habe. Ich muß gestehen, daß ich langsam Resignationserscheinungen in der Wiederholung meiner Thesen feststelle, daß das Gesetz auch *heute noch* der wichtigste Gleichheitsfaktor ist und daß es *darum* auch *heute noch* Abstraktheit, Allgemeinheit und Dauer anzustreben habe. Ich „zeige Wirkung" (wie es im Boxerjargon heißt), besonders seit ich Josef Essers Festvortrag „Gesetzesrationalität im Kodifikationszeitalter und heute"[11] gelesen habe. Ich kann ja als Öffentlich-Rechtler nicht dauernd das BGB verteidigen. Ich habe mir es von *Franz Neumann* vor seinem Tod (1954)[12] auch nicht schriftlich geben lassen, aber er hat es mir *gesagt,* daß er von seiner Emigrationsschrift des Jahres 1937: „Der Funktionswandel des Gesetzes im Recht der bürgerlichen Gesellschaft" ausdrücklich abgerückt sei, daß er das Gesetz wieder in seine „Würde" der Allgemeinheit und der Dauer eingesetzt wissen wolle. Nun ja, wenn einen die eigenen Freunde nicht mehr lesen, hat das wohl wieder mit unserem Thema „Zeit" zu tun. Aber auch *Esser* wird mir wohl mindestens zugeben, daß in der Sicht der Legislative als „Zukunfts- und Planungsgewalt" Gesetze, die sich *rückwirkende* Kraft anmaßen, das Gleichheitsthema durch Zeitverkehrung verfehlen. Im übrigen muß man ja leider, *ehe* man überhaupt zu Gesetzgebung und Gesetzesbegriff kommt, Ballast abwerfen. Vorher bekommen die Parlamente selbst, aber auch wir Theoretiker gar nicht den Kopf frei für den Aspekt Gesetzgebung.

[11] 100 Jahre oberste deutsche Justizbehörde, Recht und Staat, Bd. 470, 1977, S. 13.

[12] Ich hatte als Münchener Privatdozent mit *Franz Neumann* viel Kontakt, weil ich ihm bei der Edition von Bd. 2 „Die Grundrechte", Hrsg. *Neumann / Nipperdey / Scheuner,* 1954, unterstützen durfte.

Ich habe zur *Aufwertung* der Gesetzgebung und der Parlamente diesen Befreiungsschlag versucht, indem ich Ihnen in der Zeitdimension die Judikative als spezifische *Kontroll*gewalt und die Exekutive als die spezifische *Maßnahme*gewalt darstellte. Und das erkennbare Ziel ist selbstverständlich, die Legislative als Zukunftsgewalt von eben *diesen* „Kontrollen" und „Maßnahmen" zu *entlasten.* Wir haben, bitte schön, doch nicht jahrelang über Inkompatibilitätsfragen gebrütet, wonach Richter und Beamte bei Annahme des Abgeordnetenmandats aus dem aktiven Dienst ausscheiden müssen, damit sie nun als Parlamentarier wieder Einzelkontrolle und Verwaltung machen. Wir wollten damit doch nicht Kobolz schießen, daß die Parlamente wieder nur als „Obergerichte" und „Oberministerien" herauskommen. Wir wollten das spezifische *aliud* der Parlamente sichern: Setzung von *Prioritäten;* Setzung von allgemeinen und für die Zukunft verläßlichen *Normen;* politische Kontrolle der *Regierung,* also Tätigkeiten, die „unvertretbar" und in der Zeitdimension nicht „umkehrbar" sind. Noch heute sollten wir mit den Vorbereitungen für ein „Europäisches Parlament" aufhören, wenn das wieder nur Einzelkontrolle und Superverwaltung werden soll.

Zur *Kontrollaufgabe* der Parlamente drohen wir einem großen Agitationstrick aufzusitzen. Er besteht darin, daß man „Krise und Versagen des Parlamentarismus" konstruiert, indem man den Parlamenten eine Aufgabe andichtet, die sie *so* nie hatten, die sie *so* auch gar nicht erfüllen können. Ich habe mich noch einmal durch die ganze Parlamentsgeschichte hindurch gelesen. Selbstverständlich erscheint stets die Kontrollpflicht gegenüber der *Regierung.* Aber die Parlamente hatten nie die Aufgabe zur Einzelkontrolle des öffentlich-rechtlichen Alltags, und zwar auch nicht über den Hebel des Petitionsüberweisungsrechts. Lassen wir einmal die spezifische Wirtschaftlichkeits- und Rechnungskontrolle der Rechnungshöfe ganz außer Betracht, dann ist daran zu erinnern, daß auch der parlamentarische *Ombudsman* aus Ländern entlehnt ist, die eine ausgebaute Verwaltungsgerichtsbarkeit nicht kennen. Ich habe die Tätigkeitsberichte des Wehrbeauftragten der letzten Jahre noch einmal durchgesehen. Das meiste, mit Ausnahme der direkten Truppenbesuche, könnten die Gerichte auch. Was bleibt ist sicher wichtig. Aber warum ein *Parlaments*organ, wenn es um Unterkunftsverhältnisse, Verpflegung, Urlaub, Besoldungsfragen, Wohnungsfürsorge usw. geht? Wenn eine ganze Literatur der Parlamentarismuskritik daran ansetzt, die Parlamente könnten heute ihre Kontrollfunktion nicht mehr optimal (gemeint ist wohl jede Baugenehmigung u. dgl.) erfüllen, kann man nur sagen, so *ist es;* aber das *war* und *ist* auch nie ihre Aufgabe. Lassen sich die Parlamente in diese Rolle drängen oder flüchten sie sich selbst hinein, dann *muß* ihnen der Atem bei der Gesetzgebung ausgehen. Das Ergebnis sind Maßnahmen in Gesetzesform. Auf jeden Fall aber wechselt das Agitationsspielchen von der „Krise des Parlamentarismus" *wieder* erfolgreich Spielbein und Standbein; jetzt als Vorwurf, die Parlamente seien heute nicht mehr imstande, verläßliche *Gesetze* zu machen. Wenn wir jetzt etwas in der Parlamentstätigkeit gedanklich aufgeräumt haben, heißt das nicht, sie gegenüber partei-pluralistischem Wettbewerbsdruck, parlamentarischer Profilsuche, lokal bedingter Wahlkreispflege usw. *steril* zu machen. Der nächste Wahlkampf kommt bestimmt. Aber es gibt eben auch „sterile Aufgeregtheit". Sonst könnten wohl nicht alle mir bekannten Parlamentarier eingestehen, sie fänden dauernd so viele Pfunde Papier vor, daß sie nichts mehr lesen würden, was länger als zwei Seiten ist. Wenn etwa eine Kleine oder Große Anfrage lautet: „Wie beurteilt die Landesregierung das Verbot von Saccharin und Süßstoffen in Kanada? Welche Maßnahmen sind in Baden-Württemberg vorgesehen?", dann muß die Antwort auch lauten dürfen: „Gar keine." Oder: „Wir lesen auch den ‚Spiegel', wollen aber erst einmal das brennendere Arbeitslosenproblem zu lösen versuchen."

Und diese „sterile Aufgeregtheit" erscheint eben oft auch in *Gesetzesform,* also als Maßnahmegesetz, was inhaltlich eigentlich Verwaltung bedeutet. Ich denke gar nicht daran, jetzt den Streit um Kodifikationen und „Jahrhundertgesetze" in die nächste Runde zu treiben. Ich mache jetzt auch kein Schattenboxen gegen Maßnahmegesetze schlechthin, obwohl ich in der Tat meine, daß wir Art. 19 Abs. 1 Satz 1 und Art. 14 Abs. 3 Satz 2 GG nicht ernst genug nehmen. Aber für das *folgende* Ablaufschema *muß* der Gesetzgeber Zeit haben oder sich Zeit *nehmen:* 1. Für die Diagnose; 2. für die Feststellung dessen, was daran schlecht ist, wobei etwas nicht deswegen schlecht ist, weil es z. B. aus der vorigen Legislaturperiode stammt; 3. für das Schlüssigwerden, ob überhaupt und für was genau eine gesetzliche Regelung erforderlich ist; 4. für die Frage, ob die Vorteile oder die Nachteile dieser Neuerung (z. B. als Nebenfolgen) überwiegen. Ich wage nach meinen „Recherchen" die Behauptung, daß allein in diesem einfachen Sieb ungefähr ein Drittel aller gesetzlichen Neuerungen hängen bleibt. Und das wären nicht nur solche „Werke" des Gesetzgebers, wie etwa die Änderung der Richtertitel mit der Folge, daß dann hinter dem Namen zwei Zeilen Funktionsbezeichnung folgen müssen, wobei also zugleich „Zeit" *und* „Gleichheit" Purzelbaum schlagen. Das Drittel (hier unnötiger Gesetze) scheint überhaupt ein magischer Hundertsatz zu sein. Auf diesen Wert bin ich auch gekommen, als ich einmal feststellen wollte, wie sich wohl die Diskontinuität der Legislaturperioden auf laufende Gestzesvorhaben auswirkt. Ursprünglich wollte ich Ihnen ein Verfahren vorschlagen, wie man Gesetzesvorhaben, wenn sie ein bestimmtes Stadium erreicht haben, in diesem Stadium über die Zäsur der Wahlkämpfe und ablaufender Legislaturperioden hinweg in das neue Parlament überleiten könnte, damit nicht alles wieder von vorn anfängt. Ich lasse das bleiben, eben weil ich zu oft feststellen mußte, daß es eigentlich ganz gut war, wenn mit dem Ablauf der Legislaturperioden auch viele Gesetzesvorhaben in der Versenkung verschwanden.

Nach meiner vorgetragenen Sicht von „Zeit und Rechtsgleichheit" kann ich Maßnahmegesetze nur als *Krisengesetze* akzeptieren. Als solche hat es sie immer gegeben, oft freilich ohne daß man sie *nach* der Krisenbewältigung wieder *zurück*genommen hätte, wie es nötig ist. Als Krisengesetze bleiben sie auch legitim. Vor die Frage gestellt: „Christus oder Barrabas", kann sich der Richter nicht der Stimme enthalten, kann die Exekutive nicht zum Schlafen oder Streiken wegtreten und kann auch im Parlament nicht „Vertagung beantragt" werden. Nur muß man wissen, daß man mit dem Instrumentarium der Maßnahmegesetze Krisen auch erst *schaffen* kann. Hierfür zwei Beispiele. Bekanntlich schützt das Eigentumsgrundrecht des Art. 14 GG bis zur „Erdrosselungsgrenze" nicht vor Besteuerungen. Aber *Steuergesetze* im Stakkato der Maßnahmegesetze führen zur Wirtschaftskrise, und zwar nicht bei der abstrakten Größe „Volkswirtschaft" sondern bei uns allen als Steuerzahler. *Oder:* Bekanntlich hält man Verfahrensrecht nicht für schutzwürdig gegenüber Rückwirkungen, was ich übrigens bei Art. 103 Abs. 2 GG noch nie erklärt bekommen habe. Aber *Verfahrensgesetze* im Stakkato der Maßnahmegesetze führen zur Rechtskrise, und zwar im *materiellen* Recht für uns *alle*. Ich weiß, daß ich jetzt falsche Bundesgenossen bekomme, weil ich durchaus für eine StPO-Änderung, genauer für eine Wiederherstellung des bis 1964 geltenden Prozeßrechts bin, unter dem ich ohne Sorgen um den Rechtsstaat noch selbst verteidigt habe. Aber nichts braucht so lange Anlaufzeit und solche Kontinuität wie Verfahrensgesetze. In der letzten Ringvorlesung unserer Fakultät verlangte ich „rechtsstaatlichen Drill". Verfahrensrecht muß Zeit haben, in Fleisch und Blut übergehen zu können, muß tatsächlich zur Routine werden, eben *damit* man *„zur Sache"* vorstoßen kann, auf die es *materiell*rechtlich ankommt. Geschäftsordnungsfragen, *ohne* zur Sache zu kommen, sind verlorene Zeit.

Sie meine Damen und Herren, haben sich die *„Zeit"* genommen, mir zuzuhören. *Ich* darf für unser Thema auch die „Gleichheit" wieder herstellen, indem ich mich dafür bei *allen gleich* herzlich bedanke.

IV. Urteilsrezensionen

Zum „Lüth-Urteil" des Bundesverfassungsgerichts vom 15. 1. 1958*

Das in Stil und Sprache bemerkenswert gute sog. „Lüth-Urteil" des BVerfG ist zweckmäßigerweise in drei Fragenkomplexe zu zerlegen.

I.

Der erste Fragenkreis betrifft die Möglichkeit der *verfassungsrichterlichen Grundrechtskontrolle über rechtskräftige Zivilurteile.* Bei jeglicher Verfassungsbeschwerde, die sich gegen Grundrechtsverletzungen der öffentlichen Gewalt in Form rechtskräftiger Gerichtsentscheidungen richtet, hängt faustdick der Vorwurf in der Luft, das BVerfG betätige sich als *„Superrevisionsinstanz"* gegenüber den „normalen" Gerichtsbarkeiten[1]. Es ist ratsam, das *in concreto* zutreffende Ergebnis des BVerfG (vgl. den redaktionellen Leitsatz 3) in etwas größere Zusammenhänge zu stellen.

1. Klar ist, daß alle gerichtlichen Entscheidungen gem. Art. 1 III GG zur Begründetheit der Verfassungsbeschwerde führen, wenn sie *verfahrensrechtlich* in *Art und Weise* unter Verletzung der in § 90 BVerfGG genannten Grundrechte zustande gekommen sind. Zu beachten ist also, daß keineswegs nur Verstöße gegen die *spezifisch* verfahrensrechtlichen Grundrechte (vgl. Art. 101—104) verfassungsgerichtlich relevant werden können. So kann etwa eine an sich verfassungsgerichtlich nicht kontrollierbare Beweiswürdigung gegen Art. 3 verstoßen, weil die Beweise willkürlich gewürdigt worden sind (vgl. BVerfGE 6, 7 [10]). Zu beachten ist ferner, daß das verfassungsgerichtliche Gravamen allein in der Tatsache liegt, daß verfahrensrechtlich Grundrechte verletzt wurden. So kann etwa auch ein freisprechendes Strafurteil allein durch die Art seiner Begründung zur verfassungsgerichtlichen Anfechtung berechtigen (vgl. E 6, 7).

---

* DÖV 1958, S. 194 bis S. 197. — Anmerkung der Schriftl.: Das in diesem Beitrag besprochene Urteil des BVerfG v. 15. 1. 1958 — 1 BvR 400/51 — ist auszugsweise abgedruckt in DÖV 1958, 153 ff.

[1] Zur Verfassungsbeschwerde gegenüber gerichtlichen Entscheidungen vgl. die Übersicht von *Röhl,* JZ 1957, S. 105. *Rechtsprechung:* BVerfGE 1, 4; 1, 7; 1, 9; 1, 418; 2, 115; 3, 359; 4, 1; 4, 190; 4, 412; 6, 7; 6, 32. — BayVerfGHE (n. F.) 1, 101; 2, 9; 3, 4; 3, 10; 3, 95; 4, 212; 7, 66; 8, 1. — *Schrifttum: Zweigert,* JZ 1952, S. 321 (327); *Geiger,* Kommentar, S. 280 ff.; *Pohle,* Verfassungsbeschwerde und Normenkontrolle, 1953, S. 65; *Zinn-Stein,* Kommentar, S. 165 ff.

2. Wichtiger und interessanter ist die verfassungsgerichtliche Kontrolle *inhaltlich* unrichtiger Entscheidungen. Dabei sind vorab die Gerichtsentscheidungen zu behandeln, in denen *öffentliches Recht* ausgelegt und angewendet wurde. Wenn die mit der Verfassungsbeschwerde angefochtene Gerichtsentscheidung über hoheitliches Handeln erging (so etwa die Verwaltungsgerichtsurteile) oder selbst der einzige dem Grundrechtsträger öffentliches Recht aufzwingende Hoheitsakt war (so etwa die Strafurteile), dann ist die Verfassungsbeschwerde begründet, wenn die Entscheidung *im Ergebnis* eine verfassungsrechtlich ungerechtfertigte Grundrechtsverletzung enthält. Das ist stets der Fall, wenn die Entscheidung auf der Anwendung einer grundrechtswidrigen Norm beruht; aber auch dann, wenn eine an sich gültige Grundrechtseinschränkungsnorm im Einzelfall spezifisch verfassungsrechtlich unhaltbar interpretiert wurde. Meiner Meinung nach scheidet also (in Übereinstimmung mit *Zinn-Stein,* S. 167) der Tatsachenirrtum aus, während dagegen der Rechtsirrtum (weitergehend als *Zweigert,* JZ 1952, S. 327; *Pohle,* Fn. 1, S. 72; *Zinn-Stein,* Fn. 1, S. 167) nicht *nur* dann als relevant angesehen wird, wenn die Gerichtsentscheidung den „Wesensgehalt des Grundrechts“ beeinträchtigt. Ich stelle auf die *spezifische* (sc. den Grundrechtsträger verletzende) *Fehlinterpretation eines Grundrechts oder seiner Beschränkungsnorm ab.* Dabei halte ich es für gleichgültig, ob eine Grundrechtsverletzung in dem Verfahren, das zu der angefochtenen Entscheidung führte, behauptet worden ist oder nicht. Es ist vor allem unerheblich, ob um ein Grundrecht ausdrücklich gestritten wurde oder nicht. In dieser Fallgruppe war ja das spezifische Verfassungsrecht der Grundrechte im gesamten vorausgegangenen staatlichen Verhalten stets von Amts wegen zu beachten und insofern vom Standpunkt der Verfassungsgerichtsbarkeit aus stets streitbefangen.

3. Hiervon sind sehr entschieden die Urteile abzusetzen, in denen *bürgerliches Recht* ausgelegt und angewendet wurde. Hierher gehört der „Lüth“-Prozeß.

a) Das BVerfG bringt gegenüber neueren Tendenzen, die das Privatrecht durch das *jus cogens* des grundrechtlichen Verfassungsrechts überdecken wollen, erfreulich klar zum Ausdruck, daß ein Zivilprozeß dem Streitgegenstand und dem Verfahren nach reiner Zivilprozeß selbst dann bleibt, wenn der Ausstrahlungswirkung der Grundrechte auf das materielle Privatrecht genügt werden muß[2].

---

[2] Meist fehlt im normalen Zivilrechtsstreitverfahren sogar diese Ausstrahlungswirkung der Grundrechte. Wenn etwa der Eigentümer gegen den Besitzer nach § 985 BGB auf Herausgabe klagt und das Zivilgericht die Klage abweist in der rechtsirrigen Annahme, der besitzende Käufer sei Eigen-

aa) In *materiell*rechtlicher Hinsicht wurde im Zivilprozeß entschieden über Privatrecht, das eben der Grundrechte *wegen* unter koordinierten Rechtsgenossen nicht der unmittelbaren Grundrechtsbindung unterliegt (vgl. dazu unter II).

bb) In prozessualer Hinsicht galt — als verfahrensrechtliches Korrelat der grundrechtserzwungenen Privatautonomie — die Verhandlungsmaxime, der zufolge das Zivilgericht auch über Grundrechtseinwirkungen nur entscheiden konnte, wenn derartige Fragen als Streitstoff in den Zivilprozeß eingeführt wurden. Ich möchte die Erkenntnisse des BVerfG im vorstehenden Urteil daher für die verfassungsgerichtliche Kontrolle von *Zivil*urteilen erheblich einschränken. Eine Grundrechtsverletzung durch den Hoheitsakt eines Zivilurteils (das im übrigen nach Art und Weise grundrechtsmäßig zustande gekommen ist und das die ggf. incident zu prüfenden unmittelbar grundrechtsgebundenen Hoheitsakte grundrechtsgemäß beurteilt hat) setzt m. E. voraus, daß im Zivilprozeß über Grundrechtsnormen *gestritten* wurde. M. E. gilt das wenigstens überall dort, wo im Zivilprozeß die Verhandlungsmaxime (das sog. Prinzip der „formellen Wahrheit") herrscht. Selbstverständlich aber ist es ausreichend, wenn Grundrechtsvorschriften nur der Sache und der prozessualen Geschichtserzählung nach Streitstoff der Parteien geworden sind, ohne daß Grundrechtsartikel ausdrücklich benannt wurden.

b) Gemessen an den Grundrechten beruht die *inhaltliche* Unrichtigkeit eines Zivilurteils ebenfalls dann auf einem Rechtsirrtum, der zu einer begründeten Verfassungsbeschwerde führt, wenn spezifische Grundrechtsfehlinterpretationen erfolgt sind. Bei diesen Grundrechtsfehlinterpretationen im Bereich des bürgerl. Rechts werden in der Praxis zwei Fallgruppen auftauchen.

aa) Die erste betrifft Fälle, in denen (im Sog der Thesen *Nipperdeys* und des 1. Senats des BAG, vgl. dazu II) zu Lasten einer Partei eine Grundrechtsnorm unmittelbar angewendet wurde, die im Privatrechtsverkehr keine zwingende, die Privatautonomie ausschließende Wirkung hat. (Kurz gesagt geht es um alle Fälle, wo *Nipperdey* und seine Schule unter angeblichem Grundrechtsdruck den § 134 BGB anwenden, der nach Ansicht der Verfassungsrechtler nur dort angebracht ist, wo ihn — wie in Art. 9 III Satz 2 GG — die Verfassung selbst unbezweifelbar macht.)

---

tümer geworden, dann war Streitgegenstand des Verfahrens lediglich die Frage, ob das Eigentum zivilrechtlich übergegangen war, und nicht das subjektive öffentliche Recht (Grundrecht) oder gar das Rechtsinstitut des Privateigentums gem. Art. 14 GG. (Vgl. dazu *Zinn-Stein* (Fn. 1), S. 166; *Dürig*, Festschrift f. Nawiasky, S. 175 mit Fn. 38).

bb) Die wichtigere — und jetzt direkt unser „Lüth-Urteil" betreffende — Fallgruppe spricht gewissermaßen den umgekehrten Sachverhalt an. Es handelt sich um zivilgerichtliche Entscheidungen, in denen zu Lasten einer Partei Grundrechtsvorschriften als zivilrechtlich bedeutungslos behandelt wurden, obwohl ihrem „Wertgehalt" Rechnung zu tragen war (zutr. *Wintrich,* Zur Problematik der Grundrechte, 1957, S. 13 Fn. 14 am Schluß). Im vorstehenden Fall prüft das BVerfG ganz in diesem Sinne und durchaus zutreffend daher, ob das Zivilgericht bei der Anwendung der privatrechtl. Generalklausel des § 826 BGB die Bedeutung und Reichweite des Grundrechtswerts der freien Meinungsäußerung richtig erkannt hat.

4. *Insgesamt* stehe ich der Rechtsfigur einer Verfassungsbeschwerde (selbst) gegen rechtskräftige Urteile keineswegs sympathisch gegenüber. Man mag es drehen und wenden wie man will, das Verfassungsgericht ist in der Tat eine (m. E. überflüssige) „Superrevisionsinstanz" dort, wo (wie etwa in der gesamten Verwaltungsgerichtsbarkeit im weitesten Sinn) bereits der staatliche Hoheitsakt in drei Instanzen auch auf Grundrechtswidrigkeit überprüft wurde. Niemand hätte es jedoch geahnt, daß gerade aus der Ebene der Zivilgerichtsbarkeit heraus die verfassungsgerichtliche grundrechtliche Urteilskontrolle ihre sachliche Legitimation erfahren würde. Gerade gegenüber zivilprozessualen Gerichtsentscheidungen hat das BVerfG die Aufgabe (die m. E. vom „Lüth-Urteil" mustergültig erfüllt wird), die Zivilrechtsanwendung grundrechtlich zwischen *Scylla* und *Charybdis* hindurchzuführen. *Scylla* versinnbildlicht dabei die immer noch weit verbreitete (gewissermaßen „klassische") Ansicht, daß zwischen Privatrecht und Grundrechtsteil völlige Beziehungslosigkeit bestehe; *Charybdis* ist die von *Nipperdey* geführte neue Lehre, die auch Private unmittelbarer öffentlich-rechtlicher Grundrechtsbindung unterwerfen will.

II.

Der zweite grundsätzliche Fragenkreis, der vom „Lüth-Urteil" angeschnitten wird, betrifft das *Verhältnis der Grundrechte zum Privatrechtsverkehr*[3].

[3] Schrifttumsnachweis zum Problem der „Drittwirkung" vgl. bei *Dürig,* Festschr. f. Nawiasky, S. 157 ff., insb. Fn. 10 und 12. Nachzutragen sind: *Stree* und *Spitzbarth,* NJW 1954, S. 1025; *Nikisch,* Arbeitsrecht, 2. Aufl., S. 302 ff.; *v. Mangoldt / Klein,* Kommentar, S. 61 ff.; *H. Huber,* Die Bedeutung der Grundrechte für die sozialen Beziehungen unter den Rechtsgenossen, Z. f. SchweizR Bd. 74, S. 173 ff.; *Galperin,* JZ 1956, S. 105 ff.; *Bosch / Habscheid,* JZ 1956, S. 296 ff.; *Laufke,* Festschr. f. Lehmann, 1956, Bd. I, S. 145 ff.; *Hamann,* Komm., S. 67; *Hildeg. Krüger,* RdA 1956, S. 430; *Forsthoff,* DÖV 1957, S. 97; *W. Böckenförde,* Der allgemeine Gleichheitssatz, 1957, S. 18 ff.; *Herb. Krüger,* RdA 1957, S. 205; *Wehrhahn,* VVDStRL 15 (1957), S. 42, Fn. 19; Bericht

1. Es wird das Verdienst *Nipperdeys* und seiner Lehre bleiben, nun wohl endgültig die Vorstellung ausgeräumt zu haben, als lebten Grundrechtssystem und Privatrechtssystem ein *beziehungsloses* Eigendasein. Spätestens seit *Hueck,* Die Bedeutung des Art. 3 für die Lohn- und Arbeitsbedingungen der Frauen, Rechtsgutachten, 1951, ist freilich eine solche Beziehungslosigkeit von keiner Seite mehr behauptet worden. Im übrigen aber ist *Nipperdeys* These der unmittelbaren Grundrechtsanwendung im Privatrechtsverkehr trotz ihrer ständigen Wiederholung (vgl. zuletzt das „Zölibatsklausel“-Urt. des BAG v. 10. 5. 1957, NJW 1957, S. 1688) verfassungsrechtlich nicht richtiger geworden.

2. Das BVerfG sieht zwar (mit Recht) in vorliegendem Fall keinen Anlaß, die Streitfrage der Drittwirkung in vollem Umfang zu erörtern. Insgesamt jedoch bedeutet das Urteil eine klare Absage an die neue Lehre der unmittelbaren Grundrechtsanwendung.

a) Ich gebe aber zu, daß ich mit dieser Feststellung vielleicht demselben Fehler verfalle, den das BAG beging, indem es in seinem Urt. v. 10. 5. 1957 das BVerfG als Streithelfer für seine Ansicht in Anspruch nahm. Im „Lüth-Urteil“ verwahrt sich das BVerfG gegen die Behauptung des BAG, es habe sich in BVerfGE 6, 55; 6, 84 zur Lehre der unmittelbaren Grundrechtsdrittwirkung bekannt.

b) In der Sache beschreitet das BVerfG richtigerweise den behutsamen, elastischen und mittelbaren Weg der Grundrechtsrealisierung im Privatrechtsverkehr über die wertausfüllungsfähigen und wertausfüllungsbedürftigen Generalklauseln des Privatrechts. Es ist genau jener Weg, von dem mir das BAG bescheinigen zu müssen glaubte, er sei „denkgesetzlich unrichtig“. Dieser Vorwurf würde sich von jetzt ab also auch gegen das BVerfG richten. Er richtete sich aber auch bereits gegen den *zweiten* (!) Senat des BAG. Vgl. BAGE 3, 301: „Nur (!) im Rahmen dieser gesetzlichen Bestimmung (gemeint sind § 138 BGB und § 133 f GewO) käme daher im Falle eines Wettbewerbsverbotes dem Anliegen der bezeichneten Grundrechte (gemeint sind Art. 2 I und 12) eine — mittelbare (!) — Bedeutung zu.“ — Ich vermag nicht einzusehen, warum es „denkgesetzlich unrichtig“ sein soll, wenn man die selbstverständlich nötige Einheit der Rechtsmoral dadurch herstellt, daß man die in der Verfassung gewissermaßen plebiszitär unbezweifelbar gemachten Wertentscheidungen mit dem BVerfG in jene Begriffe des Privatrechts ein-

---

der Parteienrechtskommission, Rechtliche Ordnung des Parteiwesens, 1957, S. 159 f.; *Hamel,* DVBl. 1957, S. 618; *Schüle,* AöR 82, S. 372; *Wintrich,* Zur Problematik der Grundrechte, S. 12 f., Fn. 14; *Stree,* DÖV 1958, S. 177. (Bei *Stree* erweist sich interessanterweise die Lehre der unmittelbaren Grundrechtsanwendung für das Recht Privater untereinander auch auf *strafrechtlichem* Gebiet als unhaltbar.)

bezieht, die auf derartige Wertausfüllungen geradezu angewiesen sind. Denkgesetzlich viel fragwürdiger erscheint es mir vielmehr, wenn *Nipperdey* und der *erste* (!) Senat des BAG die Privatautonomie starr an Grundrechtsvorschriften scheitern lassen, die gerade dem Menschen (vom Staat als rechtmäßig hinzunehmende) private Betätigungen *gewährleisten* sollen[4]. Insgesamt ist es eine reichlich makabre Situation, daß heute die Verfassungsrechtler das Zivilrecht vor dem Selbstmord schützen müssen.

c) Innerhalb der drei Intensitätsgrade, die ich oben, S. 231 ff. aufzustellen versucht habe, handelt es sich im vorl. Fall um den Tatbestand einer *Wertakzentuierung und Wertverschärfung*, die das Privatrecht durch die „Ausstrahlungswirkung“ der Grundrechte erfahren hat. Im Begriff der „Sittenwidrigkeit“, um den es im Fall geht, kann die Verfassung eine Verschiebung der Wertakzente in doppelter Hinsicht bewirkt haben.

Einmal kann heute infolge verfassungsrechtlicher Wertaussagen etwas privatrechtlich „sittenwidrig“ (geworden) sein, was es früher nicht war (als von *Hueck* entlehntes Beispiel nannte ich einen Vertrag von Hausbesitzern, an Juden keine Wohnungen zu vermieten). Umgekehrt — und so liegt obiger Fall — können die Grundrechtswertentscheidungen bewirkt haben, daß Verhalten, das früher als „sittenwidrig“ angesehen wurde, es durch Verschiebung der verfassungsrechtlichen Wertakzente nicht mehr ist. Solche auch privatrechtlich relevanten Umakzentuierungen in der Wertrangordnung können sich vor allem dann

[4] Beispielsweise hatte der starre § 134 BGB im Zölibatsklauselurteil des BAG, NJW 1957, S. 1688 nichts zu suchen. Ich halte vertragliche Zölibatsklauseln nicht *per se* für nichtig. Sie sind nach wie vor etwa zulässig bei in Gemeinschaftsunterkunft lebendem Lehrpersonal, bei Kindermädchen im Familienhaushalt, bei möblierten Zimmerherren usw. Der Schutz des Verzichtenden gegenüber „sich selbst“ setzt erst dann ein, wenn die Vereinbarung nach Zeit, Ort und sonstigen Umständen jene Wertgrenze überschreitet, durch die eine unbillige Erschwerung der Ehebegründung ausgeschlossen wird. Das ist sicherlich der Fall bei zeitlich unbeschränkten Zölibatsklauseln und wäre etwa auch anzunehmen, wenn es sich im Fall des BAG um eine Vollschwester mit abgeschlossener Ausbildung gehandelt hätte. In der Tat wird man im Bereich der Privatautonomie das vom BAG im Lernpflegerin-Fall vermißte „subjektive Vorwurfselement“, auf das es bei Grundrechtsverletzungen aus der *Staats*richtung überhaupt nicht ankommt, als das entscheidende Kriterium für unzulässige (weil wertuneinsichtige, mißbräuchliche, knebelnde usw.) Privatrechtsbetätigung ansehen müssen. — Wie voreilig im übrigen die ganze These von der unmittelbaren Grundrechtsdrittwirkung im Privatrechtsverkehr ist, zeigt vielleicht gerade eine dem Leben entsprechende Weiterbildung des Lernpflegerin-Falles. Die Lernschwester braucht nur Art. 6 *weiter* zu lesen. Sie würde nach der Diktion des BAG auch dann nicht als vertragsbrüchig betrachtet werden können, wenn sie sich gegenüber dem Arbeitgeber unter Berufung auf den Grundrechtsschutz diesmal der *Familie* auf ihre Rechte auf eheliche Geschlechtsgemeinschaft, auf Familiengemeinschaft und ihr Recht auf Kinder beruft.

ergeben, wenn das Privatrecht vor Sachverhalten steht, wo erhebliche geistige Interessen des einen Rechtssubjekts auf mehr oder weniger nur geschäftliche Interessen des anderen Rechtssubjekts treffen. Das „Lüth-Urteil“ des BVerfG bietet hierfür einen Schulfall, vgl. auch III.

d) Eine für das Problem der Grundrechtseinwirkung auf das Privatrecht wichtige Feststellung des BVerfG ist leider beim Urteilsabdruck in DÖV 1958, S. 153 dem redaktionellen Kürzungsdrang zum Opfer gefallen. Das Zivilgericht hatte gefolgert: weil der Staat das Recht zu gewissen Maßnahmen nicht habe, so könne dieses Recht erst recht nicht der einzelne Bürger haben. Diese fatale Argumentation ist nicht auszurotten und zieht sich von *Nipperdey,* RdA 1950, S. 125, bis *Hamel,* DVBl. 1957, S. 619 durch das Schrifttum. (Dagegen stets *Dürig,* ZgesStW 109, S. 340 und Festschr. f. Nawiasky, S. 158). Es handelt sich bei dieser Argumentation um eine fundamentale Verkennung der Tatsache, daß es das Privatrecht (jedenfalls normalerweise) mit koordinierten Rechtssubjekten zu tun hat, die *alle* (beim Vertrag also *beide) Grundrechtsträger* (Freiheitsinhaber in der Staatsrichtung) sind. Ich glaube mich nicht zu täuschen, wenn ich behaupte, daß bei diesem Argument der gedankliche und historische Ausgangspunkt der ganzen These der unmittelbaren Grundrechtsanwendung zu suchen ist — einer These, die aufzugeben übrigens auch ihrem Initiator keineswegs zur Unehre gereichen würde. Es steht zu hoffen, daß diese Argumentation nun endgültig überwunden ist, da ihr auch das BVerfG bestätigt, daß sie rechtsirrig sei, „weil sie Nicht-Zusammengehöriges in ein einfaches Verhältnis von mehr und weniger bringen will“.

3. Nur der Vollständigkeit halber sei betont, daß die Lehre der unmittelbaren Grundrechtsanwendung im Privatrechtsverkehr ihr eigentliches Charisma aus dem Bedürfnis bezieht, den Menschen gegenüber sozialen Zwischenmächten zu schützen, zu denen er faktisch nicht in dem vom traditionellen Privatrecht vorausgesetzten *Koordinations*verhältnis steht, denen er vielmehr mehr oder weniger unterworfen ist. Über die unmittelbare Grundrechtsbindung der sozialen Zwischenmächte kann man diskutieren. Es klingt bestechend, z. B. für marktbeherrschende Unternehmen unmittelbar Art. 3 anzuwenden, um sie an einer unterschiedlichen Behandlung einzelner Abnehmer zu hindern. Aber man muß dann offen kämpfen und zugeben, daß man im Wege unmittelbarer und starrer Grundrechtsbindung insoweit diese Machtkonzentration *„entprivatisieren“* will[5].

---

[5] Zur Verdeutlichung: M. E. können auch an „vermachteten“ Märkten — solange man auch hier noch am marktwirtschaftlichen System festhalten und nicht verstaatlichen will — eben der Freiheitsrechte wegen unterschiedliche Behandlungen zulässig sein, die dem Staat wegen Art. 3 stets verwehrt sind. Beispiel: Im Recht der Eingriffsverwaltung und regelmäßig auch der

III.

Der dritte Fragenkreis, den das „Lüth-Urteil“ des BVerfG aufwirft, betrifft die *Intensität,* mit der sich der Wertgehalt des *Art. 5 I im konkreten Zivilrechtsstreit* auswirkt und führt weit in das Gebiet des Tatsächlichen hinein, das weder Rezensent noch Leser hinreichend überschauen. Es können daher nur die rechtlichen Grundgedanken dargetan werden, mit denen das Gericht an die Bewältigung des konkreten Sachverhalts herangeht. Sie verdienen durchweg Zustimmung.

1. Es ist richtig, wenn Art. 5 I in der Sicht des BVerfG zu einem ausgesprochenen Grundrecht des geistigen *Kampfes* erstarkt. Zutreffend betrachtet das Gericht das Grundrecht der Meinungsäußerungsfreiheit als finales Grundrecht, das auf das Überzeugen anderer abzielt. Ebenso zutreffend ist es, daß das BVerfG dieses derart zielbestimmte Freiheitsrecht auch durch den Beschränkungsvorbehalt der „allgemeinen Gesetze“ nicht auf das zahme Mittelmaß der Gemeinüblichkeit und Gemeinverträglichkeit gewissermaßen im Sinne eines Gemeingebrauches reduziert.

2. Folgt man aber dem Gericht und der h. M. in dieser Auffassung von der Bedeutung der Meinungsäußerungsfreiheit, dann muß man auch zugeben, daß diese Außenwirkung des Grundrechts geradezu rechtslogisch folgerichtig oft auf Kosten anderer Rechtsgenossen gehen muß. Sicherlich wird Art. 5 I als Recht des geistigen Kampfes dadurch entschärft, daß auch die anderen Rechtsgenossen das gleiche Grundrecht (zur Verteidigung und zum Gegenangriff) haben. Nur so wird auch die Meinungsäußerungsfreiheit vom einseitigen Individualrecht zum großen Gegenseitigkeitsrecht der geistigen Kommunikation, mit dessen Hilfe die „öffentliche Meinung“ zustandekommt. Aber diese Waffengleichheit zur Ausübung desselben Grundrechts glättet jene Friktionen nur teilweise, die unter koordinierten Rechtsgenossen (die ja schließlich alle in gleicher Weise Grundrechtsträger sind) privatrechtlich auftauchen können. Im vorliegenden Fall war beispielsweise bei der Auslegung der

---

öffentlichen Leistungsverwaltung sind Differenzierungen aus kommerziellen Erwägungen sachfremd, wenn nicht gar willkürlich; in der Privatwirtschaft, soweit sie nicht gerade aus Gründen des Gemeinwohls verliehene Monopolstellungen innehat, ist das Gewinnstreben (etwa das Kontrahieren lediglich mit liquiden Partnern) durchaus ein „sachlich gerechtfertigter Grund“ zur unterschiedlichen Behandlung i. S. des § 26 II des Gesetzes gegen Wettbewerbsbeschränkungen. Selbstverständlich haben das privatrechtliche Gleichbehandlungsgebot und das Gleichheitsgrundrecht des Art. 3 dieselbe *Wertfundierung* (in einem „allgemeinen, unmittelbar aus dem Gebot der Gerechtigkeit abzuleitenden Rechtsprinzip“, *Raiser,* JZ 1958, S. 8), aber die Wert*realisierung* ist keineswegs dieselbe. Sie kann es nicht sein, weil im Privatrecht auch der Angreifer immer noch Grundrechtsträger (Freiheitsinhaber dem Staat gegenüber) bleibt.

privatrechtlichen Vorschrift des § 826 BGB zu berücksichtigen, daß zwar für den einen der Grundrechtswert der Meinungsäußerungsfreiheit stritt, dies aber auf Kosten der freien Berufsausübung eines anderen ging, die ebenfalls einen Grundrechtswert darstellt. Im Urteil des BVerfG wird *diese* Spannungslage innerhalb zweier Grundrechtswerte nicht ganz deutlich.

3. Dieses Phänomen grundrechtsbedingter Wertkollisionen im Verhalten Privater untereinander führt zu einer weiteren Erkenntnis. Der Zivilrichter, der den in den Grundrechten gefallenen Wertentscheidungen nicht neutral gegenüberstehen darf, sie vielmehr (mindestens auf Rüge hin) bei der Auslegung der wertausfüllungsfähigen und wertausfüllungsbedürftigen Begriffe und Klauseln des Privatrechts beachten muß, steht somit vor echten Problemen der *Wertabwägung*. Bei dieser Wertabwägung hängt nun alles von den Umständen des konkreten Einzelfalles ab. Eine gewisse Faustregel bildet in der Tat der Satz, daß das „Geistige“ und „Immaterielle“ grundsätzlich Vorrang vor dem „Ökonomischen“ und „Materiellen“ hat. Auf diesem Kernsatz — er enthält ein großes und ständiges Anliegen *Wintrichs* — beruht letztlich das Ergebnis des „Lüth-Urteils“. Der Satz ist fraglos richtig. Aber selbst er läßt sich nicht verallgemeinern. Beispielsweise wäre der Angriff *Lüths* sicherlich dann abzuwehren gewesen, wenn er die Vernichtung der ökonomischen Existenz *Harlans* bezweckt hätte. Es kommt also selbst im Verhältnis von Ideellem und Materiellem auch noch auf das Maß der Rechtsausübung an. Wie sehr hier alles auf den Einzelfall ankommt, zeigt ein Urteil des BVerfG vom gleichen Tage (JZ 1958, S. 125 = NJW 1958, S. 259), wo das Gericht (m. E. mit Recht) die Meinungsäußerungsfreiheit an § 1004 BGB *scheitern* läßt. Hinsichtlich des Fragenkreises zu III sehe ich geradezu meine Rezensentenaufgabe negativ. Es gilt davor zu warnen, aus den diesbezüglichen Ausführungen des BVerfG Sätze als schlechthin gültige Leitsätze herauszuschneiden, die nach der erklärten Ansicht des Gerichts selbst nur für den konkreten Fall Gültigkeit beanspruchen.

IV.

Zensuren zu erteilen gilt zwar im akademischen Bereich als ungezogen. Aber das BVerfG hat sich schon so viel (oft ungerechte und interessentenblinde) Urteilsschelten gefallen lassen müssen, daß ich seinem Urteil vom 15. 1. 1958 — um im Sprachstil der Filmmaterie zu bleiben — einmal doch ausdrücklich das Prädikat: „*besonders wertvoll*“ zuerkennen möchte.

V. Vorträge, Plädoyers, Diskussionsbeiträge

Die Zweite Kammer im modernen Staat

20 Jahre Bayerischer Senat*

Meine sehr geehrten Damen und Herren!

Wenn *Hans Nawiasky* feierlich werden sollte, wurde erfahrungsgemäß doch immer eine Art „Kolleg" daraus. Der Schüler will es also von vornherein heute damit halten, wie es der Lehrer getan hätte. Jede Erörterung des Zweikammersystems in Deutschland führt heute zurück auf den Namen *Nawiasky*. Das gilt für die Zweite Kammer im Bund-Länder-Verhältnis (also heute den Bundesrat), denn *Nawiasky* war bekanntlich *der* Staatstheoretiker des Bundesstaats. Das gilt auch für eine Zweite Kammer im Einheitsstaat, wie wir sie hier in Gestalt des Bayerischen Senats vor uns haben, dessen Grundidee eine Vertretung des Volkes in seinen körperschaftlichen Gliederungen auf *Nawiasky* zurückgeht. Nun wird man im Schrifttum nicht müde zu behaupten, die im Bund-Länder-Verhältnis nötige föderative Kammer sei etwas *ganz anderes* als eine körperschaftliche Kammer in einem Gliedstaat, der *Einheitsstaat* ist.

Meine Damen und Herren, gründlicher kann man *Nawiasky* nicht verkennen. Ich stütze mich auf nunmehr 21 Jahre alte Handnotizen aus seinem Seminar; sie sind gerade deswegen ziemlich verläßlich, weil wir damals in der zerstörten Münchner Universität nur unsere Knie als Schreibunterlage hatten und ich meinen Arm noch im Gipsverband trug. Da habe ich etwa notiert: „Der föderative Aufbau eines Staates von unten nach oben erschöpft sich nicht nur in der Flächendimension (Gemeinde, Gemeindeverband, Gliedstaat, Gesamtstaat usw.), sondern muß über diese *Gebiets*körperschaften hinaus auch in der *vertikalen* Dimension der *Personal*körperschaften realisiert werden." Da finden sich unter dem Stichwort „Senat" satzfetzenhafte Notizen wie: *„Zuendedenken des Föderalismus"*, oder „Übertragen des föderativen Staatsaufbaugesetzes in die *Vertikale*" usw. Sie werden mir zugeben, daß so ziemlich alles, was wir Epigonen seither über den Bayerischen Senat geschrieben haben, *diesem* Grundgedanken *Nawiaskys* nicht kongenial ist.

Aber wir haben uns — gleichsam in seiner knallharten und abrupten Art, Grundgedanken vorzutragen — schon zu weit vorgewagt.

---

* Veröffentlichung des Bayerischen Senats (1967).

I.

Erfahrungsgemäß sind — vornehmlich auf den Kathedern außerhalb Bayerns — zunächst einige negative Ausgrenzungen vorzunehmen.

1. *Niemand* hat daran gedacht und denkt daran, die egalitär-plebiszitär gewählte Abgeordnetenkammer zu *ersetzen* durch ein ständisches syndikalistisches System. Gerade *Nawiasky* hat stets vor dem österreichischen ständestaatlichen Experiment der Jahre 1934—1938 gewarnt. Er war ebensowenig Ständestaatler, wie es etwa mein Tübinger Amtsvorgänger *Carlo Schmid* und mein jetziger Tübinger Kollege *Theodor Eschenburg* sind, um einige mir von Tübingen her nahestehende Befürworter einer Zweiten Kammer zu nennen. Um zu erkennen, daß es insoweit keine Rückkehr zu den „Lagerfeuern" eines Ständestaates gibt, daß diese Seite für uns umgeblättert ist, hätte es auch für Bayern wahrlich nicht erst des Art. 28 des Grundgesetzes bedurft, jener Homogenitätsvorschrift, wonach in den Ländern *eine* Volksvertretung aus allgemeinen, unmittelbaren, freien, gleichen und geheimen Wahlen hervorgegangen sein muß. Insoweit ist also völlig außer Streit, daß die derart gebildete Abgeordnetenkammer immer auch *rangmäßig* heute die *„Erste* Kammer" ist. Niemand etwa fordert ihr gegenüber ein unübersteigbares Vetorecht für die Zweite Kammer. Die Maximalforderung, die ich erkennen kann (etwa bei *Zacher),* zielt auf ein Vetorecht der Zweiten Kammer, das bei einem bestimmten Quorum auch seitens des Abgeordnetenhauses nur durch ein erhöhtes Quorum überwindbar ist, also etwa nach dem Muster des Art. 77 Abs. 4 des Grundgesetzes für das Einspruchsrecht des Bundesrates.

2. Dem Modell des Bayerischen Senats liegt kein Affekt gegen die *politischen Parteien* zugrunde, jedenfalls bei *Nawiasky* nicht. Das berühmte Wort vom „Überborden rein parteipolitischer Einflüsse" referiert er nur; das ist auch gar nicht *seine* Art zu sprechen. Und auch ich kann, offengestanden, mit diesem mystischen Wort nichts anfangen. Wenn damit gemeint sein sollte, daß eine kontinuierliche Zweite Kammer nicht im Rhythmus der Wahlkämpfe denkt und lebt, wie es in der diskontinuierlichen Abgeordnetenkammer legitimerweise geschieht, dann hören wir noch davon. Richtig ist nur soviel, daß *Nawiasky, Carlo Schmid* usw. aber auch gar nichts von einer Zweiten Kammer hielten, die gleichsam nur wieder die Zusammensetzung der Ersten Kammer auf Flaschen destilliert, die nur der „Abklatsch" der Ersten Kammer ist. *Nur* deswegen, also der *anderen* Zusammensetzung wegen, lehnte *Nawiasky* und ihm folgend dann die Verfassung die unmittelbare Volkswahl oder die Wahl durch den Landtag ab. Auf der anderen Seite wurde eine *Ernennung von Delegierten* zu einem „Staatsrat" (als

Rat der Weisen) wegen mangelnder demokratischer Legitimation im Grundsatz abgelehnt.

3. Damit aber ist man bei einer Apologie gegenüber dem schwersten Vorwurf, den man gegen eine Zweite Kammer hört: Eine Kammer, die nicht aus egalitären, plebiszitären Volkswahlen hervorgehe, sei letztlich *nicht* (lupenrein) *demokratisch*. Der Sache nach finden Sie wohl diesen Vorwurf wissenschaftlich am schärfsten in *Joseph Kaisers* These von der „Unvereinbarkeit verschiedener Repräsentationsmodi in unserer Demokratie". Dazu ein Doppeltes:

a) Einmal ist ja in radikaldemokratischer Sicht *jedes* Repräsentantenhaus, also auch die Abgeordnetenkammer, keine *Ideallösung*. *Rousseau* etwa, der von einer „phobie des groupements" besessen war, dieser Meister der Fiktionen, der so tat, als gebe es zwischen Staatsbürger und Staat gar nichts, ließe auch die Erste Kammer und die sie beschickenden Parteien nicht gelten, jedenfalls nicht ohne ständige und wenigstens nachträgliche Plebiszite durch Volksabstimmung. Insofern scheint mir also ein Ausschließlichkeitsanspruch für die Erste Kammer, *nur* sie könne das Volk repräsentieren, gemessen an der demokratischen Grundidee von vornherein nicht sehr überzeugend zu sein.

b) Ein zweites kommt ganz kurz und trocken-positivistisch hinzu. Kein Land braucht nach den Homogenitätsgesetzen des Bundesstaates „demokratischer zu sein als der Bund", so heißt es bei *Maunz / Dürig*. Es ist aber noch nie jemand auf den Gedanken gekommen, der Bundesrat entbehre deshalb einer demokratischen Legitimation, weil er bekanntlich nicht aus unmittelbaren und gleichen Wahlen hervorgeht. Insbesondere finden wir auch beim Bundesrat im Blick auf die Erfolgswertgleichheit oder Wählerstimmen, die natürlich beim Senat infolge der sehr verschiedenen Wahlkörperschaften in der Tat unterschiedlich ist, bei den landesrechtlichen Ausgangswahlen jene Ungleichheit, nach der etwa die Stadtstaaten gegenüber den Flächenstaaten im Bundesrat ganz gewiß „überrepräsentiert" sind.

c) Man sollte sich daher nicht zu sehr bei der Kontroverse aufhalten, ob überhaupt noch ein *anderes Organ* als die egalitär plebiszitär gewählte Abgeordnetenkammer das Volk demokratisch repräsentieren kann. Selbstverständlich ist das rechtlich möglich.

II.

Und nun endlich ist die Sicht frei für das, was in Art. 34 und 35 der Landesverfassung eigentlich geschehen ist, und was eben, bei aller Leidenschaftslosigkeit, mindestens als *„kühner Wurf"* bezeichnet werden muß: Ohne im geringsten von dem späteren Modewort der „pluralistischen Gesellschaft“ beeindruckt zu sein, ohne sich im geringsten darum zu kümmern, ob hinter das spätere Modewort von der „Herrschaft der Verbände“ ein Fragezeichen gehört oder nicht, kurz, ohne im geringsten für den Staat ein Zerflattern in Körperschaftsegoismen zu befürchten, greift die Verfassung in das wirkliche Leben hinein. Sie nimmt die Verbände als völlig normal zur Kenntnis, sie hält sich keinen Augenblick bei der Legitimationsfrage des Verbandswesens auf, und *„integriert“* Verbände als senatsfähig *„in die Verfassung hinein“*. Rückschauend betrachtet — nach all diesen oft künstlich hochgeschaukelten, meist abfällig gebrauchten Schlagworten wie „Pluralismus“, „Verbandsdemokratie“ usw. — geschah dies so undoktrinär und gewissermaßen herzerfrischend naiv, daß man staunen muß. Es ist gar nicht zu leugnen: Soviel Unbefangenheit und Unbekümmertheit, wie sie etwa im Katalog der senatsfähigen Verbände und ihrer Sitzverteilung oder gegenüber ihren Rechtsformen (z. B. öffentliches oder privates Recht) zum Ausdruck kommt, kann nur eine Verfassung haben, die staatsrechtlich „bei null“ einsetzt. Später (Württemberg-Baden, Nordrhein-Westfalen, Baden-Württemberg) zerstreitet man sich erfahrungsgemäß bereits hoffnungslos darüber, welche Verbände die Zweite Kammer beschicken sollen und wie ihr Stimmenproporz aussehen soll. Ich meine daher auch nicht, daß das bayerische Beispiel in absehbarer Zeit in Deutschland Nachahmung finden wird.

Das sollte jedoch in Bayern niemanden verdrießen, und es geht nicht einmal um ein „Bavaricum“, das *deswegen* unwiederholbar ist (sonst stünde ich nicht hier). Was den Staatstheoretiker und Staatstechniker fasziniert, ist, daß hier normativ eine letztlich hochmoderne und wirklichkeitsnahe „Tat“ des Verfassungsrechts gewagt und im Prinzip gelungen ist.

1. Da ist zunächst einmal die wirklichkeitsnähere und darum richtigere *Sicht des modernen Menschen.* Es stimmt doch einfach empirisch-soziologisch nicht, wenn man entsprechend der Doktrin des 19. Jahrhunderts, welche Staat und Gesellschaft trennte und *gegenüberstellte,* demgemäß den Menschen zur „Schizophrenie“ verurteilt: Da ist hier der Staatsbürger als „homo politicus“. Und dort in der staatsfreien Gesellschaft tummelt sich irgendwo und irgendwie *derselbe* Mensch als „homo oeconomicus“, „homo faber“, „homo christianus“, „homo ludens“ usw. Der allein maßstabliefernde „Tatsachenstoff“ — und das ist der Mensch, das sind *wir* — zeigt doch, daß ziemlich jedermann mehrfach und vielfach körperschaftlich „in Verfassung“ ist. Es ist doch für den Staatsrechtler und Sozialwissenschaftler *ein und derselbe* Personenverband, der sich, grundrechtlich dazu freigesetzt, legitimerweise diese Verbände

konstituiert hat. Es ist ontologisch *ein und derselbe* Mensch, der hier wie dort lebt, handelt, wirkt, wählt usw.

2. Dabei ist es uns heute selbstverständlich, daß sich um den Menschen als Mittelpunkt in flächenmäßig immer größer werdenden Kreisen bis zum Gesamtstaat hinauf *Gebietskörperschaften* ziehen, denen er angehört. Das ist nach unserer geltenden Verfassungsstruktur ein Gemeinplatz, und die Bayerische Senatslösung nimmt auch, mir will scheinen zu Recht, diese territoriale Gliederung im Senat nur ganz am Rande wieder auf. Aber man muß sich im Jahre 1967 doch Rechenschaft darüber abgeben, ob wir hiermit noch die eigentlichen Vitalbeziehungen oder, wie die Soziologen sagen, die *„Primärbeziehungen"* des modernen Menschen treffen. Von den Verfassungen ganz bewußt durch die Grundrechte der Freizügigkeit, der Niederlassungsfreiheit, der freien Arbeitsplatzwahl usw. begünstigt, wird es eigentlich immer „zufälliger", wo man wohnt. Der Prototyp des arbeitenden Menschen ist heute der „Pendler". Das ist nicht schauriger *„Orwell"*, sondern empirischer Befund, überprüfbar durch jeden, der sich abends auf unsere Bahnhöfe oder Straßen stellt. Kleine Gemeinden werden als rationelle Verwaltungseinheiten immer fraglicher, andere explodieren (München ist keine Stadtgemeinde mehr, sondern eine Landschaft). Die wirtschaftliche „Region" hält sich nicht an Gemeinde- und Ländergrenzen. Unsere Raumplaner — wir haben in Baden-Württemberg elf Planungsgemeinschaften — reden nur noch von Großräumen, Ballungszentren, Industrielandschaften, Verflechtungsräumen und dergleichen. Unsere territorialen Gliederungen geraten noch einmal in den Magnetismus des „Brüsseler Föderalismus", also der Europäischen Gemeinschaften, die gerade der bayerische Föderalismus — vornehmlich von *Hans Ehard* ausgesprochen — stets gewünscht und begrüßt hat. Und nun das merkwürdige dialektische Resultat, daß gerade diese Gemeinschaften unsere bundesstaatlichen Sorgen als „querelles allemandes" abtun. Sie sind außer uns durchweg aus Einheitsstaaten gebildet, und jedenfalls meiner Erfahrung nach werden unsere bundesstaatlichen Probleme von den anderen nicht einmal verstanden. Aber was hier auch immer territorial ins Gleiten gekommen ist und was sich noch an Fluktuationen in der Zukunft ergeben wird, Bayern als der „Hort des deutschen Föderalismus" hält als Merkposten ein *anderes* föderatives Aufbauprinzip parat, den Staatsaufbau von unten nach oben über Personalkörperschaften. Ich *fürchte* fast, und diese Furcht ist bei jedem Kommunalrechtler und Bundesstaatrechtler ehrlich, daß eine Bestandsaufnahme heute in 20 Jahren, wenn also der Bayerische Senat die vierzigjährige Lebenserfahrung hat, die er von seinen Mitgliedern erwartet, ergeben wird, daß *dieses* Modell des personalkörperschaftlichen Staatsaufbaues das *modernste, vitalste* und *lebensfähigste* ist.

3. Die normative Tatsache, daß hier eine Verfassung erstmalig *überhaupt* die modernen Personalkörperschaften in einem *gemeinsamen Staatsorgan* (eben dem Senat) zur Kenntnis nimmt, unterbricht einen reichlich weinerlichen Circulus vitiosus. Dieses Klagelied ohne rechten Anfang und ohne Ende besteht darin, daß man einerseits das Apokryphe und Unterirdische des Verbändewesens im Verhältnis zum Staat und die unkontrollierten und unkanalisierten Zugänge der Verbände zur Staatsmacht beklagt, andererseits sich aber strikt weigert, diese Gruppen in der Verfassung auch nur zu registrieren, geschweige zu integrieren. Sie wissen, wie lange es gedauert und wie sehr man es als „sensationell" *(Leibholz)* gewertet hat, daß eine deutsche Verfassung (ich meine Art. 21 GG) die Parteien zur Kenntnis nahm und ihre mitwirkende Rolle bei der politischen Willensbildung des Volkes offen anerkannte. Man darf die faktische Kraft des Normativen nicht unterschätzen. „Partei" kommt auch von „pars" und das heißt nun einmal auch „der Teil", und dennoch sind *diese* Teilgliederungen des Volkes, spätestens seit man sie also (aus der früheren juristischen Verbannung im BGB als nichtrechtsfähige oder rechtsfähige Vereine) verfassungsrechtlich hervorholte, ganz zweifelsfrei vor der Öffentlichkeit am Gemeinwohl legitimiert. Und diese Notwendigkeit, sich ständig vor der Öffentlichkeit am Gemeinwohl zu legitimieren, erreicht man nun auch bei sonstigen Teilgliederungen unseres Volkes ganz gewiß *nicht*, indem man sie — wie etwa die Gewerkschaften — konstant und hartnäckig in der Verfassung verschweigt; ganz abgesehen von dem wissenschaftlichen Stoßseufzer des Verfassungsjuristen, daß auf diese Weise von uns auch niemand saubere Diagnosen oder gar eine Therapie im Verhältnis „Staat und Verbände" erwarten kann. Und diese Therapie ist doch wohl kaum das staatsrechtliche *„Außenseitertum"* der Verbände, sondern ihre *Aufnahme* in die Öffentlichkeit der Verfassung, also die Anerkennung ihrer *gliedhaften* und allein damit immer auch *dienenden* Rolle in der res publica. Öffentliche Mitbeteiligung von Rechts wegen hat noch *niemals* dismembrierend oder desintegrierend gewirkt. Das *wissen* wir längst aus dem betrieblichen Arbeitsrecht; das hört sich etwa für das Bundes-Länder-Verhältnis bei *Maunz / Dürig* so an, „daß in den Ländern die psychologische und politische *Hinwendung* zum Bund um so stärker ist, als man ihnen *Anteil* am Bundesgeschehen gibt", das war *Eschenburgs* Konzept einer Zweiten Kammer, die Badener und Württemberger gerade *zusammenführen* sollte, usw.

4. Darum darf ich, obwohl es mir als Auswärtigem natürlich nicht zusteht, *in concreto* für den Bayerischen Senat *mehr potestas* über seine gegenwärtigen Befugnisse hinaus zu fordern, als Staatstheoretiker doch gleichsam in einer abstrakten, mathematischen Formel sagen: Je *mehr* Sie diesen Senat am Geschehen des bayerischen Staates beteiligen,

desto mehr schaffen Sie in den senatsfähigen Verbänden gemeinsame Staats- und Gemeinwohlverantwortung. Eine andere Formel — es ist eine von mir notierte *Nawiasky*-Formel: Die *Qualität* der Demokratie wird um so besser, je mehr einzelne und Gruppen man an ihr *teilhaben* läßt. Zu diesen Ihnen bekannten positiv-rechtlichen Befugnissen des Senats darf ich aber (gleichsam in Klammern gesprochen) gerade als neutraler Beobachter vielleicht doch feststellen: Der Senat hat, nicht zuletzt *außerhalb* Ihres Landes, mehr „auctoritas" als er wirklich „potestas" hat. Sicher spielt da außerhalb Bayerns eine Verwechslung mit den Senaten, also den Regierungen der Stadtstaaten hinein (wenn etwa die „Stuttgarter Zeitung" meldet: „Der Bayerische Senat hat entschieden, daß ..."); aber immerhin kann doch ein evtl. Reformprogramm immer nur lauten: *Anhebung* der positiv-rechtlichen Befugnisse an die erworbene und anerkannte auctoritas. Auch habe ich soviel Kontakt mit bayerischen Leuten und Kollegen, um insoweit mit Fug vor „Pyrrhus-Siegen" des Landtags (z. B. durch zu kurze Anhörungsfristen, durch prinzipielle „Trotzreaktionen" auf Einwendungen usw.) zu warnen. Für ganz unqualifiziert halte ich das Kostenargument, das bei uns in Schwaben, wie könnte es anders sein, letztlich bei der Ablehnung einer zweiten Kammer auch eine gewisse Rolle spielte. Rein *betriebswirtschaftlich* gesehen zahlt sich nichts mehr aus, als ein gutes Gesetz; und ist nichts kostspieliger, als ein schlechtes Gesetz mit seinen unausweichlichen Streitfragen und Prozessen.

5. Zur Zusammensetzung des Senats zurückkehrend, denke ich nun gar nicht daran, vor Ihnen den Katalog des Art. 35 BV im einzelnen durchzugehen. Wo die *„Webfehler"* sind (etwa bei Industrie- und Handelskammern, die wegen ihrer bundesrechtlichen Zwangsmitgliedschaft in *dieser* Form mit Gewißheit als senatsfähig „auslaufen" müssen), wissen Sie besser als ich. Für unmöglich halte ich übrigens auch, nicht die „Bestimmung" der Senatoren durch die Religionsgemeinschaften (Art. 36 Abs. 1 letzter Satz BV), sondern ihre Revokationsmöglichkeit, also die Abberufungsmöglichkeit nach Art. 17 Abs. 3 des Senatsgesetzes (so geht das einfach nicht). Aber bleiben wir beim Wesentlichen, das heute doch vielleicht einige neue, noch nicht „ausgeschriebene" Aspekte erhält.

Nur einem auswärtigen Beobachter fällt offenbar auf, daß sich um einen engeren Ring der ökonomischen Verbände, denen man also so gern — nur in der Bayerischen Verfassung nicht — Egoismus unterstellt, von vornherein ein Ring klar *„altruistischer* Verbände" zieht; etwa die Wohltätigkeitsorganisationen, oder (jedenfalls in meiner Sicht) die Hochschulen (Schule ist immer „altruistisch", sonst wären wir Professoren in den Massenfächern gleich Manager bei Mannesmann geworden). Als wir auf der Staatsrechtslehrertagung in Würzburg vor zwei Jahren über das Thema „Staat und Verbände" sprachen, machte unser Hamburger Kollege *Wacke* zur allgemeinen Verblüffung einmal eine kurze Übersicht dieser altruistischen Verbände auf. Das verschlug uns die Sprache: „A" gleich Arbeiterwohlfahrt und ADAC-Dienst; „B" gleich Bergwacht und Bayerisches Rotes Kreuz; „C" gleich Caritas, „D" gleich Deutsche Lebensrettungsgesellschaft usw., usw.

Meine Damen und Herren, das sind Hunderttausende und Millionen Menschen, die auf freiwilliger Verbandsgrundlage anderen dienen und helfen. Unsere sogenannte pluralistische Gesellschaft *ist* doch gar nicht so impotent und beunruhigend egoistisch, wie man oft tut. Und wieder zeigt sich etwas Merkwürdiges: Sobald man in einer gemeinsamen Verfassungsinstitution auch derart klar altruistische Verbände zu Wort kommen läßt, bestimmen sich der Gemeinwohlpegel und Gemeinwohlstandard dieser Institutionen insgesamt nach *diesen* der *Zahl* nach am Rande stehenden „Grenzkörperschaften". Man bricht eben nicht in Verbandsegoismen aus, wenn Innere Mission, Caritas, Professoren der Kinderheilkunde usw. zuhören. Man hält sich schon deswegen unter gemeinwohlorientierter Kontrolle.

6. Und noch etwas unterschätzt man in einer derartig pluralistischen Institution. Diese sogenannte pluralistische Gesellschaft hat nämlich einen ganz klaren Trend zum *Standard überhaupt* und empfindet Gruppenegoismen als durchaus unpopulär. Vielleicht ist es bloß Mißgunst, wahrscheinlich aber der Sog der grundrechtlichen Gerechtigkeitsgleichheit, daß auch insoweit unsere Gesellschaft besser ist als ihr Ruf. Es besteht ein Gemeinwohlkonsens, der auf einseitige und selbstherrliche Verbandsegoismen absolut allergisch reagiert. Allen Respekt vor einem noblen Präsidenten, dem es gelingt, in einer solchen körperschaftlichen Kammer den noblen „senatorialen Typ" zu erreichen und durchzuhalten, der nicht „wir" sagt („wir Genossenschaftler, Gewerkschaftler" usw.). Die sicherste Gewähr für Gemeinwohlorientierung aber ist noch immer allein die effektive *Öffentlichkeit* im Plenum und in den Ausschüssen. Ich habe z. B. schon des öfteren mit Television zu tun gehabt; aber, wenn (natürlich ohne gezielte Skandal-Regie) „live" gesendet wird, niemals ein Wort gehört, das vor dem bonum commune nicht standgehalten hätte. Erschrecken Sie nicht — und das gilt für jedes parlamentarische Gremium —, wenn auch *hier* Interessen laut werden sollten. Wer Interessen ausgleichen soll, wer Interessenprioritäten setzen soll, muß doch legitimerweise erst einmal die Interessen *kennen*. Um das einzusehen, braucht man nicht aus der „Tübinger Schule der Interessenjurisprudenz" zu kommen. Jedes „clearing" setzt eben „hearing" voraus. Kein Senator braucht insoweit von *Verfassungs*

wegen enthaltsamer zu sein als sein Kollege im Landtag. Es ist gut, wenn es ohne „Interessen-clinch" geht; aber es ist kein Grund zur Aufregung, wenn Interessen zu hören sein sollten. Ganz erbarmungslos wird die Glocke des Vorsitzenden letztlich erst, wenn zum Mittel der Interessen*pressionen* (z. B. in Form unfairer Demagogie) gegriffen wird (eine Gefahr übrigens, die die Kehrseite jeder öffentlichen Sitzung ist).

7. Verzehren Sie sich nicht in einem *Rechenwerk,* ob der Katalog der in Art. 35 BV genannten Körperschaften „stimmt" und ob die Sitzverteilung „gerecht" ist. Gemessen an irgendwelchen Statistiken, gemessen am Sozialprodukt, errechnet an Mitgliedstärken (letzteres fiele übrigens auch für die politischen Parteien nicht gut aus) *hat* das nie gestimmt und *ist* das gar nicht in Übereinstimmung zu bringen. Wie soll das jemals aufgehen etwa bei Millionen (wenigstens nomineller) Christen mit vier Vertretern und andererseits — Präsident *Dr. Singer* wird es mir nachsehen — den Genossenschaften mit deren fünf. Natürlich fehlen etwa die „Kriegsfolgeverbände" (z. B. die Kriegsversehrten); aber wer verfassungsrechtlich „normieren" will, muß letztlich „normalisieren" und kann nicht Gemeinsamkeiten eines fürchterlichen anomalen Schicksals als bleibende Normsituation setzen. Natürlich fehlen etwa die Konsumenten- und Hausfrauenverbände; aber das diffuse und gelegentliche Zusammengehen (z. B. beim Milchpreis) macht solche amorphen Interessen*ansammlungen* noch nicht zur *„versammelten"* Körperschaft mit Stetigkeitscharakter. Verzeihen Sie das unseriöse Argument: Gegen zu teures Bier sind wir alle, dazu braucht man nicht einen senatsfähigen Verband in der Charta der Verfassung. Nur ein Zweifaches zu diesen in der Verfassung genannten zehn Gruppen und diesem dauernd kritisierten Katalog:

a) Wenn man als Verfassungsgeber überhaupt eine mit dem Abgeordnetenhaus in etwa rivalisierende Zweite Kammer will — und diese Rivalität und Inkompatibilität (Art. 38 Abs. 1 BV) sind für mich *das* Kriterium für die „Zweite" Kammer —, muß man ihre Zusammensetzung schon in eben diese Verfassung schreiben. Dann kann man ihre Zusammensetzung nicht erst eben jener rivalisierenden Ersten Kammer überlassen. Die „Reichswirtschaftskammer" etwa, die Art. 165 der Reichsverfassung von Weimar vorsah, und die heute ganz bewußt nicht als Vorbild für diesen Senat zitiert wurde, war schon erledigt, als die Reichsverfassung das Eigentliche der Disposition des Reichstags überließ. Kein Parlament der Welt konstituiert sich selbst einen Rivalen. Das kann nur die übergeordnete Verfassung selbst erzwingen. Es gehört z. B. auch kaum Phantasie zu der Annahme, daß ohne den *Verfassungs*katalog des Art. 35 jeder Bayerische Landtag die Zusammensetzung des Senats verändert hätte.

b) Das ergibt (vor allem bei der Schwierigkeit in Bayern, die Verfassung zu ändern) ohne Frage eine Erstarrung der Zusammensetzung, z. B. wenn ein Staat vom Agrarstaat zum Industriestaat wird. Aber — und ich weiß nicht, ob ich jetzt klar genug werden kann — das bedeutet auch, daß überhaupt eine *Pluriformität gewährleistet* bleibt. Denn das wirkliche Schreckgespenst, auf das insoweit Ihre Verfassung antwortet, ist doch nicht der *Plural* der Körperschaften, sondern der Weg, den totalitäre Systeme gegangen sind, in denen *eine* der Gruppen sich den Alleinbesitz der Macht verschafft und alle anderen Konkurrenten entmachtet, vernichtet und sich unterworfen hat. *Daran* sollte man doch denken, wenn man bei Art. 35 anfängt zu rechnen. Und damit ist man dann auch bei der Ratio des Art. 179 BV mit seinem Verbot der Zwangsmitgliedschaften. Es geht dabei um *bewußte Polemik* gegen „geschlossene Systeme" *ohne* Pluriformität, *ohne* Ausweichmöglichkeit vor einem evtl. *Totalitäts*anspruch. Anders gesagt: Auf die Gefahr hin, nicht auf dem jeweiligen letzten Stand der Statistik usw. zu sein, verhindert die Verfassung insoweit das große „Türenzuschlagen" *einer* Gruppe, wie wir es erlebt haben und anderwärts noch erleben. Dieser heilsame *Zwang zur Vielfalt,* der hier zum Ausdruck kommt, scheint mir in der Literatur nicht einmal ansatzweise erkannt zu sein.

8. Und wir kommen zum Schluß. Sie vermissen sicher die „Rechtlichkeit", die „Sachkenntnis" und die „Erfahrung", die es doch im Anschluß an Art. 36 Abs. 2 und 3 der Verfassung beim Senat zu rühmen gelte. Kein Wort davon! Nicht, weil wir als Studenten in der Münchener Aula, wo die Verfassung in unserer Anwesenheit beraten wurde, bereits gescharrt haben (Zischen kam als studentische Mißfallensäußerung erst später wegen der Krepp- und Gummisohlen auf), als die vierzig Lebensjahre für den Senator Gesetz wurden, sondern weil es einfach meine wissenschaftliche Meinung ist, daß man diese Tugenden der Rechtlichkeit, Sachkenntnis und Erfahrung alle auch und genauso ausgeprägt im Abgeordnetenhaus findet. Was speziell die vierzig Jahre betrifft, so darf ich meinerseits die Lebenserfahrung beisteuern, daß ich heute eigentlich auch nicht klüger bin als mit 39 Jahren. Doch noch sind wir nicht beim frohsinnigen Teil des heutigen Jubiläums. Gar nicht erfreulich ist nämlich die gewohnheitsrechtliche Verfassungspraxis des Deutschen Parlamentsrechts, wonach jeweils durch die Wahlen Intervalle und Zäsuren in der Parlamentsarbeit eintreten. Das ist hektisch. Lassen wir ganz das Schielen nach dem *Wähler,* also die empirisch feststellbare Intensivierung der Leistungsgesetzgebung (Stichwort „Wahlgeschenke") vor den Wahlen. Lassen wir auch die Überbeanspruchung gerade unserer politischen Spitzenkräfte durch das mörderische Geschäft der Wahlkämpfe, nach denen unsere Parlamentarier, gerade wenn die

Parlamentsarbeit *beginnen* soll, zunächst einmal einfach physisch und psychisch am Ende sind. Wir sprechen objektiv von der *Diskontinuität* der *Legislaturperioden* und meinen damit im Staatsrecht, daß mit dem Ablauf der Wahlperiode die bei dem alten Parlament eingebrachten Gesetzesvorlagen, Anträge, Anfragen usw. automatisch ihre Erledigung finden und daß das neue Parlament mit ihnen nur befaßt werden kann, wenn sie bei ihm formgerecht *neu* eingebracht werden. Die Diagnose dieses Prinzips der Diskontinuität ergibt unerbittlich zwei schwere Folgen. Durch diese Fieberkurve, in der — je nach Sicht — die Wahlkämpfe und die Wahlen Höhepunkte oder Tiefpunkte sind, werden entweder gegen Ende der Legislaturperiode Gesetze übereilt „hinausgepeitscht" oder aber — und das ist genauso schlimm — Gesetze immer wieder eingefroren, so daß dann bis zum Überdruß der schon einmal damit befaßten Parlamentarier alles wieder ab ovo losgeht. In einem parlamentarischen Regierungssystem ergreift dieser ganze hektische Rhythmus natürlich auch das Kabinett und die politischen Beamten. Im wissenschaftlichen Beirat für Wahlrechtsfragen des Bundesinnenministeriums mußte ich mich einmal intensiv mit dieser Diskontinuität der Parlamente befassen. Hier nur als Schnörkel: Auf diese Weise hätten wir heute noch kein BGB. Es ist natürlich kaum eine nennenswerte Therapie, wenn man, wie derzeit vielfach erwogen wird, einfach die Legislaturperiode verlängert; für die laufende Legislaturperiode geht das verfassungsrechtlich ohnehin nicht. Eine gute Therapie ist jedoch — wir wissen das vom kontinuierlichen Bundesrat — eine Zweite Kammer, wie der Bayerische Senat. Die Zweite Kammer geht nicht in den Wahlkampf; sie schläft sich aber auch nicht davon aus. Sie ist ein *ständiges* Staatsorgan. Es gibt den ersten, zweiten, dritten usw. Bayerischen Landtag, aber immer nur *den* Bayerischen Senat. Und allein die Tatsache — auch das wissen wir vom Bundesrat —, daß ein Gesetzgebungsorgan anders atmet als die jeweils kurzatmige Erste Kammer, wirkt gewaltenteilend. Bewußt sage ich nicht gewalten*hemmend*. Denn das Bremsen, das Retardieren, das Einschalten der berühmten „Denkpause" ist immer nur *eine* Seite des Zweikammersystems. In den hinter uns liegenden Jahren unserer Staatlichkeit, angesichts oft improvisierter Maßnahmegesetze, war es wohl, wenn man dem Schrifttum folgt, auch die vornehmste Aufgabe. Aber — und jetzt stimme ich *Joseph Kaiser* bei — der „Plan" regiert die Stunde. Das Gesetz wird und muß immer mehr wieder abstrakt-generellen Planungscharakter erhalten. (Wie geht es denn weiter, wenn wir in einigen Jahren weder mit Kohle noch mit Öl, sondern mit Kernenergie arbeiten, frage ich etwa als Mitglied der Atomkommission.) Damit aber stellt sich die Kontinuitätsaufgabe der Zweiten Kammer auch immer mehr in ihrer anderen Seite dar, nämlich als leitende, planende, programmierende Zielbestimmung, als Förderung und Durchhalten der großen Linie und Richtung des Staates. Dazu wünsche ich diesem Haus viel Glück. Und einem Professor erlauben Sie, gleich die nächste langweilige Kollegstunde anzusagen: Heut in zehn Jahren, hier im Maximilianeum.

Zur Bedeutung und Tragweite des Art. 79 Abs. III des Grundgesetzes*

(ein Plädoyer)[1]

Herr Präsident, meine Herren Richter!

Ich muß mich entschuldigen, daß ich hier als Verfahrensbevollmächtigter plädiere, obwohl ich in derselben Sache ein Rechtsgutachten erstattet habe (*Dürig / Evers*, Zur verfassungsändernden Beschränkung des Post-, Telefon- und Fernmeldegeheimnisses, 1969). Das ist an sich kein guter Stil. Aber ich glaube das verantworten zu können. Einmal, weil ich das, was im Gutachten steht, auf jeden Fall auch ohne den Gutachtenauftrag der *Hessischen Landesregierung* geschrieben hätte; zum anderen, weil ich hier in einem abstrakten Normenkontrollverfahren fungiere, das nicht im eigentlichen Sinne konkrete Streitende kennt. Allerdings, daß die Verhandlung *so* wenig kontradiktorisch sein und die Bundesorgane keine Verfahrensvertreter entsenden würden, hatte ich nun wieder auch nicht vermutet.

---

* In: Spanner u. a. (Hrsg.), Festschrift für Th. Maunz zum 70. Geburtstag (1971), S. 41 bis S. 53.

[1] Gehalten vor dem 2. Senat des Bundesverfassungsgerichts am 7. 7. 1970 in der Normenkontrollklage betr. Art. 10 Abs. II GG neuer Fassung (sog. „Abhörstreit"). Der Wortlaut und der forensische Stil sind unverändert. Es gilt also zu beachten, daß sich Worte anders ausnehmen, je nachdem sie etwa in einem Fahrplan, einem Lehrbuch oder in einem Plädoyer verwendet werden. Es handelt sich um einen Teil des Gesamtplädoyers. Neben der obigen Thematik nahm vor allem die Frage unverhältnismäßig viel Raum ein, ob die Änderung des Art. 10 im Hinblick auf die Ablösung der alllierten Vorbehaltsrechte aus Art. 5 Abs. II Deutschlandvertrag hingenommen werden müsse (wobei jetzt Einigkeit hergestellt ist, daß das nicht der Fall war, so daß für die Zukunft der deutsche Gesetzgeber freie Hand für eine rechtsstaatlich einwandfreie Regelung hat). In anderen Spezialfragen plädierte Prof. *Hans-Ulrich Evers*. Das Urteil des Gerichts und das Sondervotum dreier Richter v. 15. 12. 1970 — BvF 1/69, 2 BvR 629/68, 308/69 — sind veröffentlicht in: NJW 1971, S. 275 mit Anm. von *Hans Heinrich Rupp* (den man in der Presse meist mit dem dissentierenden Bundesverfassungsrichter *Hans Rupp* verwechselt hat) = JZ 1971, S. 171 mit einem Aufsatz von *Häberle* (S. 145 ff.) = DÖV 1971, S. 49 = DVBl. 1971, S. 49 = BayVBl. 1971, S. 99 ff., 142 ff. mit Anm. von *Kalkbrenner*. Vgl. ferner *Weber*, JuS 1971, S. 204; *Walter Seufert*, F.A.Z. v. 9. 3. 1971, Nr. 57, S. 10; *von Pollern*, Verwaltungspraxis 1971, S. 50. Zur komischen Seite vgl. *Günter Krauss*, „Die Welt" v. 6. 4. 1971, Nr. 81, S. 10 (Er hat Recht, „Dürig ist kein Moses").

I. Wir haben es hier nicht mit der Frage der Verfassungswidrigkeit *originärer* Verfassungsnormen zu tun. Wir sind nicht beim *pouvoir constituant*, nicht beim Verfassungsschöpfer, sondern beim *pouvoir constitué*, beim verfassungsändernden Gesetzgeber. Das bedeutet zunächst einmal, daß die einzige Stellungnahme, die wir von den Bundesorganen Bundestag, Bundesrat, Bundesregierung heute vorliegen haben — nämlich den Schriftsatz des Bundesinnenministeriums vom 25. 3. 1969 — völlig falsche Entscheidungen des Gerichts zitiert. Sowohl in der Entscheidung Bd. 1, S. 32 als auch in den Entscheidungen Bd. 3, S. 232 und 4, S. 296 ging es um die Frage, ob der *pouvoir constituant* „von seinen eigenen Grundsatznormen Ausnahmen statuieren kann". Bekanntlich hat das Gericht diese Möglichkeit als zum Wesen des Verfassungs*schöpfers* gehörig bejaht, hat es ihm nur „äußerste Grenzen der Gerechtigkeit" gezogen und ausgeführt, daß die theoretische Möglichkeit *originärer* verfassungswidriger Verfassungsnormen bei einem freiheitlich demokratischen *„Verfassungsgeber"*, also *nicht* beim verfassungsändernden *Gesetzgeber*, „einer praktischen Unmöglichkeit nahezu gleichkommt" (BVerfGE 3, 233). Eine richtige Bezugnahme des Bundesinnenministeriums hätte etwa die Wehrpflichtentscheidung in Bd. 12, S. 50 nennen müssen, in der das Gericht eine *nachträgliche* Verfassungsänderung ganz selbstverständlich prüft. *Diese* Prüfungsbefugnis über nachträglich verfassungsändernde Gesetze hat noch *niemand* in Frage gestellt, da sie eine aus der Verfassung, nämlich aus Art. 79 Abs. III, *abgeleitete* Befugnis ist, so daß sich also hier der mögliche Vorwurf, ein Verfassungsorgan erhebe sich durch *Selbst*interpretation seiner Kontrollbefugnisse *über* die Verfassung, nicht stellt. Zu der Frage, ob es *zulässig* ist, Gesetze, die nachträglich die Verfassung ändern, zu überprüfen, braucht m. E. das Gericht kaum ein Wort zu verlieren. Es konzentriert sich alles auf den *materiellen* Aussagewert des Art. 79 III.

II. Zunächst einmal zur *Wortlautinterpretation*, die ich im Gutachten wegließ, weil ich sie für zweifelsfrei hielt. Jedoch liegt Ihnen sicher eine sehr frische Stellungnahme zu unserem heutigen Thema vor, die übrigens die einzige negative Rezension des Gutachtens *Dürig / Evers* enthält. *Christian Rasenack* (Der Staat, 1970, S. 273) bemerkt: „Grundsätze lassen schon sprachlich Ausnahmen zu" ... „Man möchte wissen, wie der verfassungsändernde Gesetzgeber im Rahmen des Art. 79 III anders vorgehen könnte, als die partiell zur Disposition gestellten Grundsätze des Art. 20 einzuschränken oder außer Kraft zu setzen." Hier wird also folgender Fehler begangen: Art. 79 III wird gelesen: Eine Änderung dieses Grundgesetzes, durch die die in den Art. 1 und 20 niedergelegten *Grundsätze* berührt werden, ist *grundsätzlich* unzulässig (also können die Grundsätze der Art. 1 und 20 durch Ausnahmen außer Kraft gesetzt werden). Ich halte das glatt für falsch und würde das bereits in einer studentischen Hausarbeit als Fehler werten. Die Grundsätze der Art. 1 und 20 gelten *absolut,* und von ihnen gibt es keine Ausnahme. Sie sind durch Art. 79 III eben *nicht* „partiell zur Disposition gestellt“, wenn es nur eben Grundsätze im Sinne der Art. 1 und 20 sind.

III. Die Bezugnahme auf „Grundsätze“ meint selbstverständlich *sachlich* nur einen „Verfassungs*kern*“, ein „änderungsfestes *Minimum*“, das *dann* aber überhaupt *jeder* Verfassungsänderung entzogen ist. Das war und ist an sich unstreitig. Und ich bedauere es sehr, daß gerade jüngst ein Autor, der mir durch seine Allergie gegen die *ganze* 17. Verfassungsnovelle jede *differenzierte* Argumentation unmöglich gemacht hat, ausgerechnet im speziellen Bund-Länder-Verhältnis und ausgerechnet in Sachen Besoldungsrechts-Rahmenkompetenz des Bundes, die Verletzung des Art. 79 Abs. III rügt. Damit wird fälschlicherweise Art. 79 Abs. III zur kleinen Münze. Damit wird natürlich eine Rigidität und Starre der Verfassung insgesamt behauptet, die das Bundesverfassungsgericht „verprellen“ muß — etwa in dem Sinne: jetzt sollen wir stets und ständig auch noch *jegliche* Verfassungsänderung überprüfen (bisher sind es wohl 29), obwohl doch immerhin verfassungsändernde Mehrheiten in Bundestag und Bundesrat entschieden haben. Bei diesem verfassungsfesten Minimum i. S. des Art. 79 III, von dem ich sprach, geht es überhaupt nicht um die *Quantitäten,* die Zahl von Verfassungsänderungen usw., sondern um eine *Qualitäts*bewahrung der ursprünglichen Verfassung. Und das ist ja eben *das* erregende Thema unserer heutigen Verhandlung und darum stehe ich auch hier. Wenn *das* hält, was wir hier als verfassungswidrige Verfassungsnorm rügen, dann hält dem verfassungsändernden Gesetzgeber gegenüber *überhaupt* nichts mehr, trotz Art. 79 III. Dann kann in Zukunft der verfassungsändernde Gesetzgeber die von Art. 79 III geschützten Staatsfundamentalnormen, die die Qualität des Grundgesetzes ausmachen, ändern, ohne daß Sie ihn stoppen können. Insofern stimmt es schon: es ist heute eines der wichtigsten Verfahren seit Bestehen des Gerichts. Wir verhandeln heute in der Tat um ein *Qualitäts*problem der Verfassung, auch wenn man das gelegentlich verniedlichen will: es gehe ja „bloß“ um die postalische Übermittlung, bloß um wenige Verdächtige, um einen konkreten Lebensbereich. Lassen wir dabei die Widersprüchlichkeit dahingestellt, warum man dann die Verfassungs*tendenz* verbiegen muß, wenn schon der zu regelnde Lebensbereich gegenständlich und personell angeblich so begrenzt ist (was übrigens faktisch durch die technisch bedingte Einbeziehung unbeteiligter Dritter gar nicht stimmt).

IV. Und grenzen wir in der Frage der *Interpretationsmethode* von vornherein noch die üblichen Einwände von *Forsthoff* bis *Luhmann* aus.

Ich sprach gerade von „Tendenzen". Der Einwand wird lauten: Die „Grundsätze" i. S. des Art. 79 Abs. III seien nur „Tendenzen" und „Intentionen"; deren *Richtung* aber könne man nicht eindeutig festlegen, folglich auch nicht verfassungsrichterlich auf Abweichungen hin kontrollieren. Aber es war doch ganz eindeutig und unbestrittenermaßen das *Ziel* des Verfassungs*gebers*, die Grundrechte *aufzuwerten* und die richterliche Kontrolle *auszudehnen*. Auch kommt natürlich der monotone Einwand, nur „Rechtssätze" könnten kontrolliert werden, nicht aber *Werte*, geschweige eine Wertordnung oder Wertrangordnung festgestellt werden. Und man wird sagen, Art. 79 Abs. III mit seinen Verweisungen auf die Grundrechte der Art. 1 und 20 enthielten eben keine rechtlich genügend ergiebigen Verfassungs*rechtssätze*. Nun, Herr Präsident, unser Mentor *Nawiasky* war gewiß kein Hymniker, der im Nebel eines Wertehimmels schwebte. Er war durchaus ein glasklarer Normlogiker und Positivist, aber er prägte genau *hierfür* den Begriff der „Staatsfundamental*normen*". Und diese Staatsfundamentalnormen lassen sich eben nicht *à la Savigny* oder *à la Talcott Parsons* bestimmen. Und ich wiederhole zum Überdruß: Es war nicht das Bundesverfassungsgericht, das diese Werte wie „Menschenwürde", „Wesensgehalt" usw. gefunden hat, sondern sie stehen als normative Befehle in der positiven Verfassung. Ferner: Die positivrechtlich gebotene Ausfüllung dieser Wertbegriffe ist auch in unserer pluralistischen Gesellschaft viel exakter möglich, als manche behaupten. Sie verschwimmt keineswegs in Subjektivismen. Es gibt einen sehr exakten Konsensus (nach dem Erfahrungsunterricht unseres Volkes), wie eine Staats- und Gesellschaftsordnung *nicht* aussehen soll. Diese gleichsam *negative* Interpretationsmethode ist im Verfassungsrecht durchaus legitim, denn jede Verfassung — und das gilt für das Grundgesetz ganz besonders stark — ist eine Antwort, eine Reaktion auf einen früheren Verfassungszustand. Natürlich sollte man sich nicht anmaßen, das Menschenwürdeprinzip *positiv* verbindlich zu interpretieren, aber man kann sagen, was dagegen *verstößt*. Und die ganze Rechtsprechung Ihres Gerichts hat sich an diese *schrankensetzende* Funktion der Verfassungsgerichtsbarkeit bei der Interpretation wertausfüllungsbedürftiger Verfassungsbegriffe gehalten. Denn Ihre Interpretation hat ja gerade das Ziel und die von der Verfassung gestellte Aufgabe, Wertungen aus dem *ganz* diffusen Subjektivismus herauszuheben und sie halbwegs verbindlich zu machen. Ihre Wertinterpretation bedeutet einen *Zuwachs* an Rationalität und Durchsichtigkeit für die von der Verfassung verwendeten wertausfüllungsfähigen und -bedürftigen Begriffe. Noch ein letztes zur Interpretationsmethode, die Ihre Grundrechtsjudikatur durchzieht. Der erlebte Angriff auf den Menschen und seine Würde war total und lückenlos. *Darauf* antwortete das Grundgesetz mit einer ebenso lückenlosen Wertschutzordnung. *Des-*

wegen sprechen Sie in ständiger Rechtsprechung mit Recht von einer Wertordnung. Deswegen habe ich stets für diese *Interdependenz* der wertsetzenden Verfassungsbestimmungen gekämpft und übrigens auch für Ihre Rechtsprechung immer wissenschaftlich den Kopf hingehalten. Und diese Interdependenz bekommt man mit einem Kästchendenken nicht in den Griff, das jedes Grundrecht isoliert betrachtet als Antwort auf eine spezifische historische Gefährdungslage. Der historische Angriff auf die Menschenwürde war total und hielt sich nicht an spezielle Normen und Lebensbereiche. Folglich besteht die Interdependenz des *Schutzes* in einem Hineinwirken des Art. 1 Abs. I über alle Grundrechte, über die Wesensgehaltsperre des Art. 19 Abs. II bis hin zu den hier und heute interessierenden Unantastbarkeiten des Art. 79 Abs. III. Diese durchgezogene Linie als solche ist wertmäßig und normativ so einleuchtend, daß man doch wirklich nicht als Argument, wie es unter Geltung des Grundgesetzes *nicht* sein soll, okkasionell und isoliert aus der hiermit vorgezeigten Preußischen Gesetzessammlung den § 7 des GestapoG vom 10. 2. 1936 zitieren muß. Das verengt nur den Blick auf das, worum es heute geht: den Blick auf die Wertordnung des Grundgesetzes *insgesamt,* die von Art. 10 Abs. II neuer Fassung verfehlt wird. Man kann mit den Menschen, die unter dem Grundgesetz leben, nicht so verfahren, daß man ihnen kein Verfahren, kein individuelles Rechtsschutzverfahren gibt. Das geht nicht einmal bei Kriminellen.

V. Wenn Sie heute Ihre eigene Interpretationsmethode (durchgehalten bis zum noch druckfeuchten Bd. 27, S. 1 ff. „Stichwort Mikrozensus") nicht plötzlich aufgeben, kann es sich der Senat leichter machen als ich zunächst dachte. Ich habe in meinem — zugestandenermaßen „im Zorn" geschriebenen — Gutachten behauptet (S. 8), der Art. 79 Abs. III habe in Ihrer Judikatur noch keine Rolle gespielt.

Den *Zorn* habe ich heute noch. Ich liebe dieses Grundgesetz; nicht so sehr, weil ich beruflich darauf eingeschworen bin, sondern weil ich es als Wissenschaftler und als Bürger einfach für gut halte im Sinne eines Annäherungswertes an das Humanum. Ich lasse mir nicht gern die Verfassung kaputtmachen. Ich zitiere aus einem Flugblatt von heute morgen[2] ... und so geht das Tag für Tag. Ich lasse mich im Hörsaal nicht gern auslachen, wenn ich bestimmte Verfassungsnormen zitiere. Und ich leide darunter, wenn ich nicht in der Lage bin, eine Norm wie den Art. 10 Abs. II neuer Fassung auch nur *einem* Studenten einsichtig zu machen. Vielleicht liegt das an meiner pädagogischen Unfähigkeit. Aber so viel glaube ich sagen zu können: Ich gehörte nicht zu jenen,

[2] Es folgt der Sprachstil der „heilsamen studentischen Unruhe", an diesem Tag zufällig aufgehängt am Thema Studentengehalt (Scheißfetzen, den Scheißer ohne Eier einmal Grundgesetz nannten, usw. usw.).

die emotional oder aus bequemer Anbiederung bei Studenten die sog. Notstandsverfassung insgesamt verdammt haben. Ich habe vier Wochen lang damals — und zwar ziemlich allein — bis an den Rand des physischen Zusammenbruchs den „Argumenten" des Fanatismus und des „teutonischen" Irrationalismus standgehalten. Für den eigentlichen Spannungs- und Verteidigungsfall hätte die 17. GG-Novelle noch viel härter und schneidiger ausfallen können, und jeder Vernünftige hätte es hingenommen. Aber dieses *Vorziehen* der geheimen und rechtsschutzlosen Überwachung in die verfassungsrechtliche Normallage, in den juristischen Alltag, ist niemandem einsichtig zu machen. Das korrumpiert die ganze Charta. Soviel zum „Zorn".

Aber sachlich stimmt meine Behauptung nicht, das Bundesverfassungsgericht habe mit Art. 79 Abs. III noch nicht zu tun gehabt. Natürlich hatte das Gericht damit zu tun, nämlich beim eingangs genannten Wehrpflichturteil, und der Sache nach geradezu exemplarisch.

1. Hier ist zunächst der Sache nach ausgesagt, daß sich die Bedeutung des Art. 79 Abs. III nicht darin erschöpft, revolutionäre antidemokratische Bewegungen, die mit demokratischen Mitteln scheinbar legal das Grundgesetz zerstören, in die Illegalität zu drängen. Natürlich kam es dem Parlamentarischen Rat eingedenk der These *Hitlers* von der „legalen Machtergreifung" in erster Linie, aber nicht ausschließlich, darauf an, für Verfassungsfeinde die Berufung auf die Verfassung beim Umsturz der Verfassung auszuschließen. Der Art. 79 Abs. III hat primär sicherlich denselben Sinn, wie die direkten Abwehrnormen gegen Verfassungsgegner in den Art. 9 Abs. II, 18 und 21 II, bei denen übrigens gerade rechtliches Gehör und gerichtliches Verfahren peinlich genau vorgeschrieben sind. Ich muß gestehen, daß ich, je länger ich über unserem Thema grüble, desto weniger einsehe, warum das bei den hier in Frage stehenden Beschränkungen des Brief-, Post- und Fernmeldegeheimnisses geradezu um 180 Grad anders gemacht werden soll. Ich begreife einfach auch nicht, warum nachrichtendienstlich nicht jener *verfahrensrechtliche Standard* gewährt wird, den die StPO (vgl. etwa §§ 100 b, 101 StPO) bei Ermittlungen von politischen Delikten dem potentiell Kriminellen gewährt. Ich begreife es einfach nicht[3].

[3] In der mündlichen Verhandlung hat der „Beobachter" des Bundesinnenministeriums auf Befragen des Gerichts erklärt und auf meine Rückfrage (ich glaubte nicht recht gehört zu haben) wiederholt, daß vom nachrichtendienstlichen Standpunkt des Bundesamtes für Verfassungsschutz aus keine Bedenken gegen eine dem Strafprozeß entsprechende Lösung bestünden. Es war die einzige Verhandlungssituation, in der die Zuhörer aus Überraschung erregt und laut reagierten, weil damit eigentlich das Verfahren zugunsten des Antrags entschieden schien.

2. Aber es ist, soweit ersichtlich, zweifelsfrei und wird auch im Wehrpflichturteil vorausgesetzt, daß darüber *hinaus* Art. 79 Abs. III eine der — wie es *Hesse* (Grundzüge, 3. Aufl., S. 251) nennt — *„konstruktiven* Verfassungssicherungen" enthält. Die Begrenzung der Verfassungsänderung nach Art. 79 Abs. III gehört in dieselbe Linie, auf der durch Art. 19 Abs. II einer Aushöhlung der Grundrechte durch übermäßige Ausnutzung der Gesetzesvorbehalte vorgebeugt werden soll; auf der die für das Grundgesetz typische Stärkung der rechtsprechenden Gewalt liegt; auf der Verfassungsdurchbrechungen mit Hilfe des Art. 79 Abs. I Satz 1 ausgeschlossen werden. Für diesen *konstruktiven* Verfassungsschutz ist Adressat und Normunterworfener eben nicht der Verfassungs*gegner,* sondern der durchaus *verfassungsloyale* Gesetzgeber. Und ich lege ausdrücklich Wert auf die Feststellung, daß es in diesem Verfahren nicht um Vorwürfe geht, sondern um die objektive Feststellung, ob zum *Schutz* der Verfassung in den Mitteln und Methoden fehlgegriffen wurde.

VI. Und genau dies war auch die materielle Kernfrage, die sich idealtypisch gegenüber einer Verfassungsänderung im Wehrpflichturteil stellte. Und hier war dann auch mit gutem Grund nicht mehr davon die Rede, daß es auch zum *Wesen* des *pouvoir constitué* gehöre, Ausnahmen von den Grundsatznormen der Verfassung zu statuieren; hier wurde einfach Gehorsam gegenüber den vorgefundenen Grundsatznormen (Gebot der unbedingten Achtung der Menschenwürde, Verhältnismäßigkeit aller staatlichen Maßnahmen) gefordert, und dies wurde überprüft. Hier bei der Kontrolle einer nachträglichen Verfassungsänderung griff man mit Recht nicht mehr nach den Sternen eines überpositiven Rechts, sondern blieb völlig innerhalb der Grundgesetzaussagen und prüfte systemimmanent normative Widersprüche, die durch die Änderung in das Grundgesetz hineingekommen sein könnten. Und eben dies scheint mir der Sinn des ganzen Art. 79 III zu sein: Auch im Wege der Verfassungsänderung dürfen nicht Grundwidersprüche in ein und derselben Verfassung normativ geschaffen werden, die die Normsituation der verfassungsrechtlichen Normallage verkehren. Aber gerade das tut der neugefaßte Art. 10 Abs. II. Auch der Art. 79 Abs. III ist Staatsschutz, aber Schutz dessen, wofür dieser Staat eintritt. Auch Art. 79 Abs. III ist Verfassungsschutz, aber Schutz dessen, wofür die Verfassung einsteht. Art. 79 Abs. III soll verhindern, daß der oberste Zweck allen staatlichen Rechts, Schutz und Achtung der Menschenwürde, von diesem staatlichen Recht durch Verfassungsänderung verfehlt wird, auch wenn das *gutgemeinte* Motiv des Änderungsgesetzes Staats- und Verfassungsschutz ist. Ich bin mir darüber klar, daß ich falsche Bundesgenossen habe in Leuten, die im übrigen alle Lebens-

J. P. Schaefer, AöR 10, 404 (421) – Kritik subj. Komponente der Objektnorm –

bereiche gerade verstaatlichen wollen und sich dennoch in unserer heutigen Streitfrage als Schützer individueller Freiheit vom Staat wild gebärdeten und gebärden. Aber die Staatlichkeit nach den Aussagen des Art. 79 Abs. III in Verbindung mit Art. 1 besteht unbestechlich nicht in staatlicher Effizienz und staatlicher Kompetenz-Kompetenz, sondern darin, was dieser Staat unabdingbar *nicht* darf.

VII. Eine Methode des Verfassungsschutzes, die den Menschen überhaupt nicht als Subjekt eines Verfahrens zur Kenntnis nimmt, die den Menschen einfach technologisch als Wahrnehmungsmaschine in Dienst stellt, widerspricht dieser obersten Achtungs- und Schutzverpflichtung unseres Rechts. Wir können doch nicht wieder mit dem Lügendetektor und seiner Problematik beginnen. (Wir tun Dir ja nichts. Wir wollen ja gar nichts von Dir, schon gar nicht, wenn Du bloß Zeuge bist. Wir tun Dir auch nicht physisch weh. Wir wollen „bloß“ von Dir erfahren, was los ist, „was sich so zusammenbraut“.) Ich dachte, wir hätten es längst hinter uns, daß es so unter dem Grundgesetz nicht geht. Und nun fangen wir wieder von vorn an. Denn auch hier bei Art. 10 Abs. II neuer Fassung wird der Mensch wie eine Sache behandelt, die einer geheimen Bestandsaufnahme, Registrierung, Erfassung seiner personalen Kommunikation dient.

VIII. Es wäre nun naiv, wollten wir uns in einer hochdifferenzierten, modernen Industriegesellschaft Entwicklungen entgegenstellen, die zur Koordinierung von gesellschaftlichen Bedürfnissen einerseits, mit staatlicher Leistungsplanung andererseits, Automation, Kybernetik, technische Datenermittlung usw. mit sich bringen. Das ist unausweichlich, und wir können nicht zu irgendwelchen „Lagerfeuern“ zurück. Aber die *Gesamtsumme* an freiheitlicher Substanz muß erhalten bleiben. Nach *Zeidler* (Festschrift für Gebhard Müller, 1970) liegt — und dem habe ich nichts hinzuzufügen — daher eine Hauptaufgabe der Rechtsordnung in den kommenden Jahren und Jahrzehnten darin, diese Entpersönlichung im Sozialen zu kompensieren durch einen Zuwachs an Möglichkeiten zur freiheitlichen Existenz im privaten Raum. So gesehen, ist das Grundgesetz eine der modernsten Verfassungen der Welt, denn es liefert das rechtliche Instrumentarium hierfür. Und Rechtsprechung und Lehre haben es bislang auch beispielhaft genutzt. Wir haben diese „letzten unantastbaren Bereiche menschlicher Freiheit“, die überhaupt der öffentlichen Gewalt entzogen sind, in Lehre und Judikatur in der Regel geschützt, indem wir das betreffende Grundrecht als *subjektives* Recht verstanden, das wir inhaltlich mit Art. 1 Abs. I ausfüllten. Mit der Wesensgehaltsperre des Art. 19 Abs. II haben wir kaum gearbeitet, obwohl m. E. dieser Art. 19 Abs. II nur das Thema des Art. 1 Abs. I hinter der Klammer des Grundrechtskatalogs wieder aufnimmt. Wenn man jedoch an den neugefaßten Art. 10 Abs. II diese Sonde des Art. 19 Abs. II anlegte, käme man auch zu dem Ergebnis, daß der Art. 10 durch völlige Entpersönlichung denaturiert wurde. Z. B. erklärt *Roellecke* (Begriff des positiven Gesetzes, 1969, S. 297) unter Berufung auf OVG Hamburg, *Krüger, Dürig, v. Mangoldt, Zivier* und *Peter Schneider* bündig: „Der Wesensgehalt eines Rechtes besteht in der Möglichkeit, gegen die Grundrechtseinschränkung die Gerichte anzurufen.“ Meiner Ansicht nach gehört es in der Tat zum „Wesensgehalt“ eines subjektiven Rechts, daß man sich mit einem individuellen Rechtsschutz wehren kann; und ein subjektives Recht ohne diese Möglichkeit verliert *qualitativ* den Charakter eines subjektiven Rechts. Was verbleibt, ist allenfalls die Gewährleistung eines grundrechtlichen objektiven Funktionszusammenhangs, aus dem dann gelegentlich (wenn es dem Staat beliebt) „Reflexe“ zugunsten des Bürgers herauspurzeln.

IX. Dies leitet über zu jener institutionellen und funktionalen Sicht der Freiheitsrechte, die trotz der Aktualisierungsnorm des Art. 1 Abs. III (leider) im Vordringen ist. Wenn man in Art. 19 Abs. II nicht den Schutz der Grundrechte als subjektive Rechte sieht, sondern *nur* oder *auch* ihren Schutz als Gewährleistungen grundrechtlicher objektiver Funktionszusammenhänge, dann gibt es in BVerfGE 2, 285 einen Ansatz, ein *obiter dictum* Ihres Gerichts. Dann wäre zu fragen nach der Bedeutung, die Art. 10 nach dem Ausschluß der Benachrichtigung und des individuellen Rechtsschutzes noch „für das soziale Leben im Ganzen“ behält. Die Antwort wäre sehr kurz: Fast *keine mehr.* Man sollte hier nichts bagatellisieren, es gehe ja nur um bestimmte Verdächtige, einzelne Briefe, Ferngespräche usw. Der neue Art. 10 Abs. II gibt viel mehr her, und das Ausführungsgesetz hat ja davon auch ganz ruppigen Gebrauch gemacht. Hier werden doch (schon aus technischen Gründen) ganze Dienststellen, Redaktionen, Anwaltskanzleien, Fraktionsbüros usw. einbezogen. Es wird, da ja keine Benachrichtigung, also keine nachträgliche „Entgiftung“ erfolgt, viel mehr vergiftet als der private Schonraum des „Unter-Sich-Seins“. Es geht eben auch um die Kommunikation mit dem ganzen Personenkreis, wie er etwa in § 53 StPO umschrieben ist, vom Geistlichen angefangen. Und die Verfassungsbeschwerde des Rechtsanwalts *Haag,* hinter der wir ja wohl immerhin den Deutschen Anwaltverein sehen müssen, ist nur ein Wetterleuchten auf die Sorge aller Berufe, deren Informationsfluß, deren Kommunikationsverpflichtung usw. vergiftet werden, weil sie ganz bewußt von der Überwachung nie etwas erfahren sollen. Da der Personenkreis auch bei unbeteiligten Dritten praktisch unbegrenzt ist und auch nicht einmal hier Unrecht nach rückwärts abgeschichtet wird, also jeder potentiell Betroffener ist und bleiben soll, ergibt auch eine funktionale und institutionelle Betrachtung des neugefaßten Art. 10, daß es ein „Jedermann-Problem" ist und Art. 10 in dieser Neufassung für das „soziale Leben im Ganzen" fast bedeutungslos gemacht wurde, also Art. 10 in der ursprünglichen Fassung in seinem „Wesensgehalt" getroffen wurde.

Das Bundesverfassungsgericht hat direkt diese Sperrnorm des Art. 19 Abs. II noch nie angewendet. Es erreicht dessen Schutzzweck in der Regel mit dem Verfassungsprinzip der Verhältnismäßigkeit. Je intensiver der Eingriff die engere persönliche Lebenssphäre berührt, desto wichtiger muß das Schutzgut sein, desto rechtsstaatlicher müssen Art und Weise des Eingriffs, desto stringenter der Rechtsschutz sein. Nur erinnere ich daran, daß es nach Ihrer Rechtsprechung (angefangen von Bd. 6, S. 40 bis Bd. 27, S. 6) „unantastbare Bereiche menschlicher Freiheit" gibt, die *überhaupt* der öffentlichen Gewalt entzogen sind, so daß Sie auch mit dem Grundsatz der Verhältnismäßigkeit keine verfassungskonformen Sperren und Korrekturen beschränkt nur auf das *Ausführungsgesetz* zu Art. 10 vornehmen können.

X. Der Senat muß m. E. ganz vorbehaltlos prüfen, wozu Art. 10 Abs. II neuerdings *ermächtigt* und was der einfache Gesetzgeber aus dieser Verfassungsnorm, so wie sie dasteht, alles machen *kann,* auch wenn der *derzeitige* Gesetzgeber und der *derzeitige* Gesetzesanwender gegen den Vorwurf des Mißbrauchs gefeit sind. Und ich möchte den hohen Senat geradezu beschwören, heute der Frage der „verfassungswidrigen Verfassungsnorm" *nicht* auszuweichen, etwa eben durch bloße Korrektur des Ausführungsgesetzes. Sie müssen es sonst angesichts der technologischen Entwicklung später doch einmal tun, aber dann ohne die verfassungsrechtliche Position, die Sie heute aufgeben würden. Denn, ich wiederhole es, das ist doch das Bedrückende und Erregende des heutigen Verfahrens: Wenn *das* hält, was Sie heute an Art. 79 Abs. III in Verbindung mit Art. 1 Abs. I zu messen haben, dann gibt es schlechterdings auch für die Zukunft keinen Lebensbereich mehr, der nicht durch Verfassungsänderung um rechtliches Gehör und Gerichtsschutz gebracht werden könnte. Dann ist die Verfassung nicht mehr das, als was sie angetreten ist, eben als Antwort auf einen fürchterlichen Erfahrungsunterricht der Nation.

XI. Niemand wird hier und heute verlangen, daß Sie an Hand einer konkreten gerügten Norm ein staatstheoretisches Kompendium gleichsam in Urteilsform verfassen. Und gerade ich habe immer wieder etwa Kritikern, die an Ihrer Rechtsprechung puristische Methodenkritik übten, entgegengehalten, daß jedes Gericht zunächst einmal konkrete Fälle zu entscheiden habe. Aber ich darf vielleicht doch noch einmal auf meine drei staatstheoretischen Bemerkungen in dem Rechtsgutachten, das vor Ihnen liegt, verweisen. Es geht um jenen Teufelskreis, daß sich auch der durchaus abwehrbereite Rechtsstaat von seinen Hassern und Gegnern nicht die Methoden aufdrängen lassen darf, weil sich sonst auch jener Unterschied auflöst, den es doch gerade zu verteidigen gilt. Und zur *Staatsräson* glauben Sie mir bitte: Der Rechtsstaat, der sich nicht die Methoden seiner Gegner aufzwingen läßt, büßt nur scheinbar an Effizienz und Abwehrkraft ein. Ein solcher Staat verliert viele Gefechte — bis auf die entscheidenden und die letzten.

XII. Auf jeden Fall aber sollten Sie bitte Ihrer eigenen Kasuistik treu bleiben, die ich nicht noch einmal von Bd. 6, S. 40 bis Bd. 27, S. 1 ff. zu wiederholen brauche. Diese Rechtsprechung ist auf einen einheitlichen Konsensus getroffen. Und dieser Konsens ist ja schließlich für die normative Lebens- und Abwehrkraft einer Verfassung und für die Verteidigungsbereitschaft der unter einer solchen Verfassung lebenden Menschen das Entscheidende. Nur was den wenigstens nachträglich zu gewährenden Gerichtsschutz angeht, darf ich Sie noch einmal an die Entscheidung in Bd. 9, S. 98 erinnern. Sie sollten im heutigen Streitfall nicht dem Charisma der verfassungsändernden Mehrheiten erliegen, das ich im übrigen auch durchaus respektiere. Aber bitte glauben Sie mir, daß gerade diese Entscheidung, in der von der Verpflichtung gesprochen wird, den Betroffenen Gelegenheit zu geben, sich wenigstens nachträglich „zu wehren“, nicht einmal durch einen *bewußten* verfassungsändernden Akt überspielt wurde. Man hat diese Entscheidung einfach nicht gekannt und war erstaunt, als ich sie (freilich zu spät) in die Beratungen des Bundestages und des Bundesrates überhaupt erst einführte. Und ich meine, auch schlichte Unkenntnis höchstrichterlicher Entscheidungen ist eine Mißachtung des Bundesverfassungsgerichts, also eines anderen Verfassungsorgans durch die Gesetzgebungsorgane. Sie haben die *Freiheit* der *politischen* Entscheidung des Gesetzgebers im Verfassungsrahmen stets nachdrücklich betont. Aber, und ich zitiere *Seuffert*, NJW 1969, S. 1373: „was das Gericht als Bestandteil seiner Rechtsprechung z. B. über die Wertordnung des GG ... gesagt hat, sind *auch* politische Wahrheiten“.

XIII. Auch der verfassungsändernde Gesetzgeber sollte politische Wahrheiten dieser Art kennen und respektieren, denn sonst gerät auch *politisch* das ausgewogene Balancesystem der Verfassungsorgane, zu denen das Bundesverfassungsgericht gehört, ins Wanken. Man hat in Art. 10 Abs. II neuer Fassung den Menschen in diesem geschützten Lebensbereich entmachtet, indem man ihm bei Eingriffen nicht einmal nachträglich ein Forum gewährt. Man hat die „dritte Gewalt“ ausgeschaltet. Das Bundesverfassungsgericht steht als Verfassungsorgan von der Legislative ebenso entfernt wie von Exekutive und Judikative. Sie entscheiden heute auch über diese Position des Bundesverfassungsgerichts. Ich habe Tag für Tag mit hunderten junger Menschen zu tun, die so ziemlich alle Autoritäten kritisieren und in Frage stellen. *Eine* Autorität wird bislang nicht in Frage gestellt — und Sie haben ja in diesem Plenarsaal massenhaft ein studentisches Auditorium vor sich, das den Beweis liefert — es ist die Autorität *dieses* Gerichts. Der Grund ist einfach. Sie haben in allen Ihren Entscheidungen das Recht stets über reine Zweckerwägungen gestellt. Tun Sie es auch heute. Der Art. 79 Abs. III in seiner Inhaltsbestimmung durch Art. 1 Abs. I, als dem obersten Konstitutionsprinzip unserer Rechtsordnung, berechtigt und verpflichtet Sie dazu.

Diskussionsbeitrag auf der Staatsrechtslehrertagung 1970 zum Thema „Das demokratische Prinzip im Grundgesetz"*

Ich bitte um Nachsicht, daß ich noch einmal grundsätzlich werde; Sie wissen aber, das geht bei mir immer sehr kurz und schnell. Ich glaube nicht, daß wir im Demokratiebegriff ohne Einsatztat auskommen, nämlich ohne eine bestimmte Anthropologie. So leicht können wir nun den alten *Rousseau* auch nicht hinwegdiskutieren. Es geht doch um die Vorstellung, wie man's mit dem Menschen als solchem hält. Hat man eine pessimistische Auffassung vom Menschen: dumm, feige, böse, faul usw. müssen Sie zu anderen Verfassungsarchitekturen kommen; etwa zur „Erziehungsdiktatur" oder zu einem Politik-ZK, das allein im Besitz der Wahrheit und des Richtigen ist. Demokratie ist nur nach- und mitzuvollziehen, wenn man einen gewissen Optimismus dem Menschen gegenüber hat, wenn man letztlich „ens" und „bonum" für vertauschbar hält. Natürlich ist da bei *Rousseau* viel Hymnik, Schwarmgeisterei und Realitätsdefizit. Aber auch wenn wir auf dem Teppich bleiben und beim realen Menschen nicht an geheimnisvolle Mutationen glauben, denken wir doch etwa schon beim demokratischen Mehrheitsprinzip bewußt oder unbewußt mit, daß der Mensch als solcher im Letzten irgendwie gut und vernünftig ist, daß es eigentlich nur so gerechtfertigt werden kann, weil so gesehen die „maior pars" der Quantität nach dann im Prinzip auch die „sanior pars" der Qualität nach ist.

Und ein Zweites. Weil wir in politicis als Realisten keine absoluten Heilslehren, keine Ausschließlichkeitsansprüche gelten lassen, denken wir in den westlichen Demokratien — in den Texten nirgends ausgesprochen — immanente Spielregeln der Korrigierbarkeit und Revozierbarkeit mit, die aber mehr sind als bloße Spielregeln, vielmehr durchaus zum Inhalt des Demokratiebegriffs gehören: Daß, wo eine Mehrheit vorhanden ist, wenn man nicht mit den berühmten 99 %-Wahlen lügt, auch eine Minderheit vorhanden ist. Daß die überstimmte Minderheit von heute die Chance hat, die Mehrheit von morgen zu sein. Daß es sich bei Wahlen — Herr *Leibholz,* Herr *Maurer,* das ist Ihr Problem der Alternative — um Auswahl mindestens unter zwei Möglichkeiten,

* VVDStRL 29 (1971), S. 126 bis S. 128.

etwa zwei Parteien, handeln muß. Daß nach der Wahl die überstimmte Minderheit als staatsrechtliche Größe, als Opposition anerkannt wird, womit nun der demokratische Machtauswechselungsvorgang von vorn beginnt, in dem keine Türen endgültig zugeschlagen werden.

Und hier habe ich nun drittens, mit Ihnen Herr *Herzog*, gerade bei dieser Korrekturmöglichkeit und dieser Revozierbarkeit eine präzise Sorge beim Demokratiebegriff. Wenn man nämlich im Demokratisierungsrausch erst einmal alle Lebensbereiche demokratisiert, potentiell öffentlich, politisch gemacht hat, wenn Staat und Gesellschaft deckungsgleich werden, dann, meine Herren, gehen mal wieder die Lichter aus. Dieser Vorgang ist nämlich nicht mehr revozierbar. Ich finde jedenfalls in derart durchsozialisierten Systemen dafür keinen historisch-empirischen Beleg. Sie können nicht einem derartigen totalitären System — und die totale Gesellschaft ist für mich genau so gefährlich wie der totale Staat, weil sie sich darüber hinaus nämlich nicht um machtteilende Zuständigkeiten kümmert — gleichsam von rückwärts her und nachträglich wieder Freiheitsräume und ausgrenzende Grundrechte einziehen. So etwas hat noch nie geklappt und wird es auch nie geben.

Und ein Letztes zum Demokratiebegriff. Herr *von Simson*, es geht um den erregenden Aspekt in Ihrem Leitsatz 34. Hier erleben wir eine Schere, die immer größer wird. Es klang vorhin an, daß die supranationalen Organisationen oft autokratisch arbeiten. Ich würde sagen „technokratisch“ und denke an die gesamte Technologie, die ganz anders verfaßt ist, als demokratisch auf Egalisierung tendierend. Die Technologie ist ganz präzise vertikal geschichtet, mit elitären Befehlssträngen von oben nach unten. Und auch das Team ist ja als solches nicht demokratisch, sondern eine Form der Arbeitsteilung, bei der einer der Boß ist. Und so erklärt sich wohl auch viel in der Mentalität unserer jungen Leute, mit denen wir es täglich zu tun haben. Es ist die Angst, daß sie im Leben in ganz dezidierte Befehlshierarchien hineinkommen werden, sei es am Operationstisch, im Industriemanagement, im Cockpit, bei der NASA-Leitstelle oder wo immer Sie wollen. Und da sie wissen, daß wir technologisch nicht mit der großen Verweigerung zu den Lagerfeuern zurückkönnen, werden alle Schonräume, in denen scheinbar noch egalitäre demokratische Verfahren möglich sind, bis zum Exzeß ausgenützt. So wird etwa auch der Freiraum der Universität „durchdemokratisiert“. Nur muß man sich allmählich darüber klar werden, daß die organisationsrechtlich überdrehte „moderne“ Universität mit ihren legitimierten internen Gruppenkämpfen um „Macht“ eine ständestaatliche Karikatur der Demokratie ist. Daß also — und dies ist nun wirklich hier meine allerletzte Sorge — die Universität in der heutigen „demokratisierten“ Form das Ziel des Einübens demokratischen Verhaltens diametral verfehlt. Anders gesagt: Was heute an der neuverfaßten Universität ausgetobt wird, ist ein Anschauungsunterricht, der bei 90 % unserer Studenten die *Staats*form der Demokratie insgesamt in Mißkredit bringt.

Diskussionsbeitrag
auf der Staatsrechtslehrertagung 1971 zum Thema „Grundrechte im Leistungsstaat"*

Meine sehr geehrten Herren! Haben Sie keine Angst, daß ich Ihnen mit Art. 2 komme. Sie kennen vielleicht auch meine Aversion gegen die funktionale und institutionelle Sicht der Grundrechte — gegen die modische „objektive Dimension". Vielleicht bin ich dabei durch Justitiabilitätsfragen und durch Richtertätigkeit etwas verdorben. Mit diesen funktionalen und institutionellen Modellen kann — meiner Erfahrung nach — jedenfalls kein Instanzgericht etwas anfangen. Wir müssen wieder einfacher in der Diktion werden. Wenn wir an unsere Studenten denken, die televisions-getrimmt sind und visuell aufnehmen, ergibt sich für mich eigentlich folgendes Bild: Wir haben hier gleichsam als Fußboden eine Reihe von Basisrechten, die durchaus egalitär und statisch sind: Persönliche Rechtsgleichheit, Daseinsvorsorge, Existenzminimum, alles was *Häberle* dem status processualis zurechnete, u. dgl. Es geht hier also um Bedingungen und Voraussetzungen für das Gebrauchmachen von — und jetzt kommt das für manche offenbar schon leidige Wort — individuellen, ja egoistischen Freiheitsrechten, freilich auch mit ihren Risiken. Diese Freiheitsrechte sind dynamisch, streben also gleichsam von der Basis aus senkrecht nach oben. Bei ihrer Entfaltung kommt es naturgemäß bereits im Verlauf eines Lebens zu Ungleichheiten mit anderen; — Ungleichheiten, die man eben der Freiheit wegen nicht statisch abblocken und egalisierend plattwalzen darf. Die Risiken dieser konkurrierenden Freiheiten fangen wir — sonst wäre eine Leistungsgesellschaft in der Tat inhuman — auf durch eine neue Horizontale. Im Bild ist es gleichsam die Decke auf den senkrechten Stützpfeilern der Freiheit: Ich meine Sozialhilfe, Versorgung, Versicherung. Nun können Sie natürlich hier auf diese Decke noch alles mögliche daraufpacken, etwa bis zur Pflicht, der Staat habe gefälligst auch für — das soll ja ein großes Problem sein — die glückliche Freizeitgestaltung der Bürger alle Leistungen zu erbringen. Und Sie können verbal hier im Bild zwischen Fußboden und Decke noch weitere egalitäre Zwischenrechte einschieben, gleiche Startchancen auch noch für einen vierten Bildungsweg und nach einer fünften Drogenentziehungskur.

* VVDStRL 30 (1972), S. 154 f.

Aber meine Herren, dieses Modell ist nicht unbegrenzt belastbar. Als derartige Decken kann nur tragen, was Sie für die produzierende Generation als Stützpfeiler freisetzen und freigesetzt belassen, also Individualrechte mit Initiative, Anreiz, Eigenverantwortung usw. Wenn Sie diese in der Vertikalen stehenden Leistungsfreiheiten kappen, fällt die Decke auf den Fußboden. Dann bricht dieses Verfassungsmodell, in dem m. E. allein der Antagonismus von Freiheit und Gleichheit ausbalanciert werden kann, zusammen. Und was hier im Bild als senkrechte Stützpfeiler erscheint, dazu kennen Sie, meine Herren, meine Meinung. Das sind nichts anderes als schulmäßig schlichte subjektive öffentliche Rechte mit Anspruchsinhaber, Anspruchsgegner und ausgrenzendem Anspruchsinhalt; und nichts wolkig Institutionelles und nichts von „objektiver Dimension". So würde ich bildlich das Konzept unseres sozialen Rechtsstaates in grundrechtlicher Sicht entwerfen. Und ich erinnere nur noch an *Häberles* Feststellung abgewandelt: Sie können in ein solches prinzipiell liberales System sehr viel sozial-egalitäre Zwischenschichten — z. B. wiederholter Startchancen — einschieben. Aber wenn, um im Bild zu bleiben, die Decke auf den Fußboden fällt, weil man die klassischen liberalen Freiheitsstützpfeiler plattgewalzt hat, kann man sie nachträglich nie mehr wieder einziehen.

Diskussionsbeitrag auf der Staatsrechtslehrertagung 1979 zum Thema „Staatsaufgabe Umweltschutz"*

Wenn ich von einem Thema viel verstehe, das war gestern, halte ich in der Diskussion den Mund. Sie können also auf die Qualität meines heutigen Diskussionsbeitrags schließen. Die „Ökologische Vernetzung" als „Ökologische Wende" kann einem ja im bösen Traum kommen. Tröstlich ist nur, daß so etwas menschenunmöglich ist. Das schafft auch kein Staat, nicht einmal als Diktatur. In der Sicht der beiden Referate mag es fast ketzerisch klingen, aber wir sollten uns zunächst und primär mit dem harten Geschäft der eigentlichen repressiven und präventiven Gefahrenabwehr begnügen. Bei der Staatsaufgabe Umweltschutz stehen wir doch vor einem ganz verquollenen Ökologiebegriff. Man hat ihn vor allem durch folgende drei Erweiterungen aufgepumpt. Erstens ist da die Einbeziehung der Ästhetik; es muß in Stadt und Land alles „schön" sein, auch wenn es sich für den Polizeirechtler um bloße Geschmacklosigkeiten und Belästigungen handelt. Da ist ferner jener „grandiose" Gesundheitsbegriff der WHO, wonach Gesundheit nicht bloß die Abwesenheit von Krankheit und Schwäche ist, sondern völliges körperliches, geistig-seelisches und soziales „Wohlbefinden". Dies als Staatsaufgabe muß man erst einmal auf der Zunge zergehen lassen. Aber m. E. sind „Aktiv- und Passivrauchen", „Margarine oder Butter" usw. nun einmal keine abendfüllenden Themen für ausgewachsene Staatsrechtler. Und da ist drittens das Ausufern in Sentimentalität und Romantik. Jeder Baum, der dazu gehörende Rehbock sowieso, jeder Tümpel (der Lurche wegen) ist dann allemal gut für eine Bürgerinitiative und einen Verwaltungsprozeß. Manche Ökologiegruppen spüren nicht einmal, wie sollten sie auch, daß ihr Vokabular jedenfalls Leute meiner Generation verdammt an die gehabte „Blut- und Boden"-Terminologie erinnert. Wenn man dies und noch mehr über den Ökologiebegriff alles zur Staatsaufgabe Umweltschutz macht, dann *muß* ja, wie im frischen Hamburger Giftmüll-Skandal, die simple und nüchterne Gefahrenabwehr notleidend werden. Ich habe es nie sehr lustig gefunden, wenn man Industrien, die rund um die Uhr drei Schichten fahren, durch Gewerbeaufsichtsbehörden mit 40-Stunden-

---

* VVDStRL 38 (1980), S. 331 bis S. 333.

Woche (und Gründonnerstag frei ab 12 Uhr) beikommen will. In der Tat besteht im Umweltschutz ein „Vollzugsdefizit“, nämlich bei der Gefahrenabwehr. *Frido Wageners* Diagnose von der letzten Tagung stimmt hier ganz besonders. Man macht mit starken ökologischen Vokabeln Pläne, Erlasse, Richtlinien usw., aber man hält nicht viel vom konkreten Verwaltungsvollzug. In Hamburg hätte sich ja dabei jemand die Hände und Stiefel dreckig machen müssen. Ein weiteres fällt mir bei der Staatsaufgabe Umweltschutz auf. Es ist das Springen in der Dimension Zeit auf Kosten des Hier und Heute. Ökologen sehen sich gern als Futurologen, und die „kommenden Generationen“ gehören zum Standard der Argumentation. Mit dieser Futurologie ist ganz merkwürdig jedoch oft Nostalgie verknüpft. Die ganz Progressiven wollen mit dem *Rousseau* in der Tasche zurück, möglichst in die vorindustrielle Epoche. Dieses Changieren mit der Dimension Zeit *muß* ja geradezu bewirken, daß man hic et nunc nicht einmal mehr mit mittleren Katastrophen fertig wird; „mittlere“ deshalb, weil im letzten Winter nur die Hälfte der Republik von Eis und Schnee katastrophal zugedeckt wurde. Es ist doch auch nicht so, daß die Beschränkung auf die Gefahrenabwehr im Umweltschutz von uns und unserem „Job“ — von Bau-, Gewässer-, Gewerbepolizei u. dgl. verstehen wir doch etwas — zu wenig abverlangt. Was ist mit dem Verhältnis von Gefahr und „Restrisiko“? Was ist, da es in der Naturwissenschaft keine Nullwerte gibt, mit Gefahren, die erst durch Summierung entstehen, obwohl aber auch jeder „nur“ tut, was per se polizeilich erlaubt ist, weil es technisch besser (noch) gar nicht geht. Veranschaulicht am „Umkippen“ eines Gewässers, obwohl jeder Haushalt, jeder Betrieb, jede Gemeinde das Abwasser klären, „so gut es geht“, hat man mir schon dreimal dieses Summierungsproblem als Doktorarbeit zurückgegeben. Ich meine also: Wir kümmern uns in der Staatsaufgabe Umweltschutz erst einmal um die Gefahrenabwehr und dann machen wir meinetwegen „Ökologische Wende“ und „Ökologische Vernetzung“.

VI. Lexikon- und Handbücherbeiträge

Staatsformen*

I. System der Staatsformenlehre

1. Methode

Das Anliegen der Staatsformenlehre ist, im Leben der Staaten nach dem personalbestimmten *Ausgangspunkt der Macht* im Staate, dem „Träger der Staatsgewalt“ zu fragen und zu systematisieren. Die Schwäche jeder Staatsformenlehre liegt dabei darin, daß sie mit optischen und gedanklichen Lokalisierungen und Standortbestimmungen arbeiten muß, die Irrtümer über die rechtlichen und soziologischen Wirklichkeiten der Machtverteilung und der Machtauswirkung hervorrufen müssen. Dennoch hält auch die sozialwissenschaftlich orientierte moderne Staatstheorie an einer gesonderten Staatsformenlehre fest und genügt damit wohl nicht nur einem pädagogisch berechtigten Vereinfachungsstreben, sondern auch der allgemeinmenschlichen (visuellen) Fragestellung, „wer“ denn „der“ Machthaber sei. Nur muß heute jede Staatsformenbetrachtung von vornherein auf die Untersuchung der *Herrschaftsverteilung* und der *Herrschaftswirkung* gegenüber dem Beherrschten weiterverweisen. Die Staatsformenlehre bietet nur die gröbsten Unterscheidungsmerkmale der Staatenwelt.

Die Methode der Staatsformenlehre ist trotz aller Orientierung zur Sozialwissenschaft hin nach wie vor die *juristische Methode* geblieben, d. h. der Standort der Macht im Staate wird danach bestimmt, wo nach dem Verfassungsrecht des Staates die Macht liegen soll. Die Staatstheorie ist dabei zwar nicht mehr so rechtspositivistisch, daß sie sich mit dem Wortlaut der Texte allein zufriedengibt; sie scheut sich etwa nicht, eine Staatsform, die der Verfassungswirklichkeit nach eine Diktatur ist, entgegen dem Verfassungswortlaut auch als solche zu qualifizieren. Sie ist andererseits aber nicht so soziologisch orientiert, daß sie heimlichen und faktischen Machtverschiebungen, die rechtlich keinen Niederschlag gefunden haben, nachspüren würde. Die heutige Methode der Staatsformenlehre ist reale Rechtsbetrachtung.

Die elementare Frage, bei „wem“ der Ausgangspunkt der Macht im Staate liegt, beantwortet die Staatsformenlehre seit jeher zunächst mit

---

* In: Handwörterbuch der Sozialwissenschaften, Bd. IX (1956), S. 742 bis S. 752.

reinen *Quantitätsaussagen.* Scheinbar empirisch wertungsfrei entgegnet sie: Die Herrschaft liegt bei „einem" oder bei „wenigen" oder bei „den meisten". Aber diese Anzahlbezeichnungen täuschen. Sie beinhalten in der Staatsformenlehre von vornherein eine Aussage über die Grundarchitektur der Herrschaftshierarchie. Die Einherrschaft etwa ist wesensnotwendig Machtaufbau „von oben nach unten", die Vielherrschaft Machtaufbau „von unten nach oben". Dem Staatstheoretiker drängen sich somit bei jeder Quantitätsaussage über die Anzahl der Herrschaftsträger immer zugleich auch Assoziationen auf über Heteronomie oder Autonomie des staatsbürgerlichen Gehorchensollens, über Beherrschtwerden oder Selbstherrschaft der Beherrschten, über herrschaftliche oder genossenschaftliche Machtorganisation usw. Insoweit ist eigentlich jede Einteilung der Staaten nach der Anzahl der herrschenden Menschen bereits eine zutiefst „polemische" Einteilung, wenn sie nicht gar schon echte Qualitätsbewertungen beinhaltet.

2. Typologie der Staatsformen

a) *Monarchie, Aristokratie, Demokratie:* So trug denn auch bereits die (erste nachweisbare) Staatsformenlehre des *Aristoteles* deutlich diese polemischen Kennzeichen. Der *Dreiteilung* der Staatsformen: „Monarchie", „Aristokratie" und „Politie" (Demokratie im heutigen Sprachgebrauch), verlieh er von vornherein Wert- und Qualitätsakzente dadurch, daß er ihr eine entsprechende Dreiteilung der Entartungsformen entgegenstellte: „Tyrannis", „Oligarchie" und „Demokratie" (Ochlokratie). Zwar sind alle Versuche, gewissermaßen eine „Morphologie" der aristotelischen Staats- und Staatsentartungsformen im Sinne eines (auch nur halbwegs) gesetzmäßigen Ablaufwechsels zu konstruieren, fehlgeschlagen und heute vergessen. Aber als Typologie bleibt — das wird eigentlich erst jetzt einer sozialwissenschaftlichen Staatstheorie wieder recht offenbar — die aristotelische Übersicht unerreicht.

Im Anschluß an *Aristoteles* ergibt sich folgende Staatsformentypologie:

Normale Erscheinungen:

Monarchie	=	Alleinherrschaft
Aristokratie	=	Elitenherrschaft
Demokratie	=	Volksherrschaft

Entartungserscheinungen:

Tyrannis	=	Alleingewaltherrschaft
Oligarchie	=	Cliquenherrschaft
Ochlokratie	=	Pöbelherrschaft

b) *Monarchie und Republik:* Gegenüber dieser nach Quantität und Qualität der Herrschenden differenzierten antiken Staatsformenlehre war es fraglos eine formale Verengung, wenn *Macchiavelli* am Beginn seines „Principe" „alle Staaten und Gewalten, welche Herrschaft über die Menschen gehabt haben", auf die *Zweiteilung* „Fürstentümer und Republiken" reduzierte. Diese auf die äußere Gestaltung der Staatsspitze abstellende Zweiteilung hat aber seither unsere Staatsformenlehre beherrscht, und auch wo unsere geltenden Verfassungstexte (vgl. etwa Art. 20, 28 Grundgesetz) den Begriff „Republik" verwenden, kennzeichnen sie damit nur die Gegenposition zur Monarchie.

c) *Monokratie und Demokratie:* Wenn auch durch diese „moderne Zweiteilung" der Fundamentalunterschied der Staatsformen (Machtaufbau von oben nach unten oder von unten nach oben) gekennzeichnet ist, so wird sie doch den wirklichen Staatsphänomenen der Gegenwart nicht gerecht. Vor allem das Auftreten moderner *Führersysteme* hat hier endgültig den Rahmen überkommener Begriffe gesprengt. Man kann nicht einen Führerstaat, nur weil er, gemessen an formaler Fürstenstellung, eine „Nichtmonarchie" ist, den „Republiken" zurechnen. Der Anschauungsunterricht dieser mit üblichen Republiken nicht vergleichbaren modernen Alleinherrschaften machte aber lediglich eine Schwäche besonders offenkundig, die der Zweiteilung Monarchie—Republik bereits anhaftet, seit die Monarchien nicht mehr „absolute" Monarchien sind. Seither mußte man zwar nach wie vor die Republik auf dem Subtraktionswege als „Nichtmonarchie" bestimmen, konnte aber andererseits die (nunmehr „beschränkte") Monarchie positiv kaum befriedigend definieren. Alle die Wirklichkeit der Herrschaftsverhältnisse erfassenden Definitionen der Monarchie als „Einherrschaft", „Herrschaft eines physischen Willens", „Vereinigung aller Befehlsgewalt bei einer Person, in deren Auftrag sie ausgeübt wird" usw. stimmen nur für absolute Monarchien, die es im abendländischen Kulturraum nicht mehr gibt.

In der durch den Willen anderer Staatsorgane „beschränkten Monarchie" muß die Definition der Monarchie den Aussagen über die eigentlich interessierenden Herrschaftsverhältnisse ausweichen und muß sich mit Beschreibungen der äußeren und formalen Organstellung des Fürsten begnügen. Wenn schließlich — und das ist heute die Situation in den „parlamentarischen Monarchien" — der Volksvertretung ein so großes Machtübergewicht zukommt, daß dem Fürsten keine eigentliche Sachentscheidungsgewalt mehr verbleibt, dann erschöpft sich die Definition der Monarchie in der Schilderung formaler Ehrenvorzüge. Wenn diese Staatsform, die in Wirklichkeit eine Demokratie ist, an deren Spitze als Staatspräsident ein Fürst steht, oft auch als „demokratische

Monarchie" bezeichnet wird, so zeigt diese widerspruchsvolle Bezeichnung hinreichend, wie unbrauchbar der Begriff der Monarchie zur Erkenntnis wirklich entscheidender und unterscheidender Machtverhältnisse geworden ist. Mit Recht scheint sich daher heute zur Kennzeichnung der Einherrschaft die Bezeichnung „Monokratie" („Autokratie") durchzusetzen, der dann als zweite Grundform des Staates die „Demokratie" gegenübergestellt wird.

II. Monokratie

1. Monarchie

a) Grundprinzipien

Das entscheidende Kriterium der Monarchie liegt im *Prinzip der Dynastie.* Der Herrscher wird in sein Amt auf Grund erb- oder familienrechtlicher Tatsachen berufen und leitet seine Legitimation aus der Würde seines Fürstengeschlechts her. Die Wahlmonarchie ist staatstheoretisch eine Ausnahmeerscheinung. Das oft zitierte Gegenbeispiel des Heiligen Römischen Reiches Deutscher Nation ist nicht sehr überzeugend, weil auch hier auf vorhandene Fürstengeschlechter zurückgegriffen, also nach durchaus dynastischen Berufungsgründen verfahren wurde. Jeder gewählte Fürst — sogar *Napoleon I.* — hat im übrigen nach dynastischer Perpetuierung seiner Herrschaft gestrebt. Heute sind alle bestehenden Monarchien wieder Dynastien.

Ein zweites Kriterium der Monarchie besteht darin, daß der Herrscher sein *Amt auf Lebenszeit* innehat. Der „König auf Zeit" ist kein Monarch. Die Rechtsfiguren des Thronverzichts und der Regentschaft ändern nichts an dieser Erkenntnis.

Dagegen sind die einzelnen Ehrenvorzüge, wie Repräsentationsrechte, Begnadigungsrechte, völkerrechtliche Vertretung nach außen, staatsrechtliche und strafrechtliche Unverantwortlichkeit usw. keine entscheidenden Wesensmerkmale der Monarchie, weil sie sich regelmäßig auch bei einem auf Zeit gewählten Staatspräsidenten finden.

b) Absolute Monarchie

Die klarste Form einer Monarchie ist die *absolute Monarchie,* die als Staatsform das 17. und 18. Jh. beherrschte. In ihr vereint der Fürst alle Funktionen des Staates in sich und ist das einzige unmittelbare Staatsorgan. Er ist wirklich der „Souverän". Alle anderen Staatsorgane sind von ihm bestellt und handeln in seinem Namen und Auftrag. Diese bedingungslose Befehlsgewalt über untergeordnete Organe, verbunden mit der Macht, jede Entscheidung an sich zu ziehen und über jede gesetzte Norm zu disponieren, macht die absolute Monarchie immer auch objektiv zur *Despotie.* Eine gesonderte Staatsform der Despotie neben der absoluten Monarchie wird darum (entgegen *Montesquieu)* nicht anerkannt. Dagegen hängt es vom subjektiven Urteil der Untertanen ab, ob eine unbeschränkte Monarchie zur *Tyrannis* wird. Der zeitgenössische Vorwurf der Tyrannei ist dabei inhaltlich regelmäßig der Vorwurf des Fürstenegoismus, noch pointierter, der Vorwurf der Bereicherungsabsicht.

c) *Konstitutionelle Monarchie*

Historisch wurde die absolute Monarchie von der *konstitutionellen Monarchie* abgelöst, die für das 19. Jh. kennzeichnend war. Auch sie ist noch — das hat sie mit der ständischen Monarchie des Mittelalters gemein — der Monokratie zuzurechnen, obwohl strenggenommen der Fürst nicht mehr „Mon-arch" ist. Aber der Fürst ist in der konstitutionellen Monarchie, die überall fast die gleichen verfassungsrechtlichen Züge aufweist, noch eindeutig das höchste Staatsorgan. Zwar hat er keinerlei Sachbefugnisse mehr auf dem Gebiet der Rechtsprechung. Aber in der Gesetzgebung liegt die Erteilung der Sanktion noch beim Fürsten, und in der „ersten" Kammer sitzen seine Sendlinge oder Getreuen. In der Exekutive ernennt und entläßt er die Minister, die des Vertrauens des Parlaments nicht bedürfen. Auf dem wichtigen Gebiet der militärischen Kommandogewalt ist er sogar absoluter Monarch geblieben, da er hier nicht einmal die Gegenzeichnung der Minister braucht. Es gilt zu seinen Gunsten im übrigen die staatsrechtliche Vermutung, daß in zweifelhaften Fällen die Zuständigkeit bei ihm liegt. Die bereits *dualistische Herrschaftskonstruktion* der konstitutionellen Monarchie ist nicht zu leugnen. Aber die Staatsformenlehre kann mit gutem Grund noch von einer Monokratie sprechen, wo ein dynastisch legitimierter, unabsetzbarer Fürst die echten Sachentscheidungsbefugnisse hat, die ihn als höchstes Staatsorgan ausweisen.

d) *Parlamentarische Monarchie*

Die heute in Europa anzutreffenden Monarchien (England, Norwegen, Schweden, Dänemark, Belgien, Niederlande, Luxemburg, Liechtenstein — in Spanien ist die Monarchie auf Zeit suspendiert —) sind als *parlamentarische* oder *demokratische Monarchien* nicht mehr eigentlich den Monokratien zuzurechnen. Wo der Fürst Gesetze vollziehen muß und allenfalls noch ein suspensives Vetorecht hat, wo er nur Minister bestellen darf, die das Vertrauen des Parlaments besitzen, wo er militärische Kommandoakte gegenzeichnen lassen muß, wo die Vermutung für die Zuständigkeit des Parlaments oder parlamentarisch kontrollierbarer Organe spricht, da besteht eine demokratische Staatsform. Hier ist der Fürst zur Repräsentationsfigur geworden und hat im übrigen weniger echte Sachentscheidungsgewalt als der Staatspräsident einer Demokratie mit strenger Gewaltenteilung ohne parlamentarisches Regierungssystem.

Die moderne Staatstheorie gibt heute nur noch solchen Monarchien eine Chance, die sich mit dieser äußeren dekorativen Repräsentationsaufgabe bescheiden, und sieht keine Monarchie mehr als stark genug an, einen wirklichen Machtkampf mit der Volksvertretung zu überdauern. Dabei wird jedoch übereinstimmend darauf hingewiesen, daß die nach außen werbende, nach innen als einheitserhaltender Integrationsfaktor wirkende, über der politischen Tagespolemik stehende Kraft des Monarchen und der „Krone" keinesfalls übersehen werden darf. Beispiel für diesen metajuristischen Magnetismus einer Krone ist das Verbleiben der Republik Indien im Verband des britischen Commonwealth.

2. Führerherrschaft (Diktatur)

a) Kommissarische Diktatur

Eine der Staatstheorie seit jeher geläufige Form der Monokratie ist die von einer bestehenden nichtmonokratischen Verfassungsordnung zugelassene Einherrschaft zur Überwindung eines *Ausnahmezustandes.* Diese Machtkonzentration in einer Hand zur Überwindung anomaler Not- und Gefahrenlagen beinhaltet begrifflich auch anomale (d. h. von positiv-rechtlichen Schranken befreite) Machtbefugnisse. Wenn aber die Staatstheorie diese Machtkonzentrationen als „Diktaturen" bezeichnet, so macht sie sich zunächst keineswegs den generellen Vorwurf der Illegitimität zu eigen, der heute im politischen Sprachgebrauch des Wortes „Diktatur" stets mitschwingt. Es wäre auch angesichts der Staatengeschichte (angefangen bei der Diktatur des römischen Rechts und endend bei den weitgehenden Kriegsvollmachten des amerikanischen Präsidenten) wirklichkeitsfremd, die Rechtsfigur der verfassungsmäßigen Diktatur zu leugnen. Für die *verfassungsmäßige Diktatur* ist die Bezeichnung „kommissarische Diktatur" üblich geworden. Diese monokratische Machtkonzentration weist vier Tatbestandsmerkmale auf: Die Macht ist

aa) *anvertraut,* d. h. eine an sich nichtmonokratische Verfassung sieht die Machtkonzentration ausdrücklich vor (z. B. Art. 48 Weimarer Verfassung) oder läßt zumindest eine Machtdelegation seitens der verfassungsmäßigen Organe zu (etwa Ermächtigungsgesetze);

bb) *zeitlich beschränkt,* d. h. die Diktatorstellung ist auflösend bedingt durch das Ende der Krisenlage, oder ist von vornherein terminmäßig befristet oder ist von dem Widerrufsvorbehalt der delegierenden Organe als Wollensbedingung abhängig;

cc) *gegenständlich beschränkt,* d. h. die Macht ist nicht „total" delegiert. In der Mannigfaltigkeit der delegierten positiven Machtbefugnisse in Exekutive und Legislative (Oberbefehl über die bewaffnete Macht, Verhängung des Belagerungszustandes, Suspension einzelner Grundrechte usw.) läßt sich dabei die staatstheoretische Erkenntnis herausstellen, daß selbst die allgemeinste Ermächtigung nicht (mehr) richterliche Gewalt an den Diktator delegiert;

dd) *final gebunden,* d. h. die Machtkonzentration erfolgt, „um" die Wiederherstellung des normalen verfassungsmäßigen (nichtmonokratischen) Zustands zu bewirken.

b) Souveräne Diktatur

aa) *Begriff:* Anders als bei der kommissarischen (immer auch temporären partiellen und finalbegrenzten) Diktatur verfügt die Staatstheorie noch nicht über gesicherte Tatbestandsmerkmale zur Erfassung moderner *Führersysteme,* die sich heute als die eigentlichen Diktaturen darstellen. Gemeinsam ist ihnen, daß der Diktator seine Macht benutzt, um die alte nichtmonokratische Verfassungsordnung durch eine nunmehr monokratische zu ersetzen. Als abstrakten terminus technicus für Diktaturen, die die vorgefundenen Verfassungsschranken durchbrechen, um sich endgültig monokratisch zu etablieren, hält die Staatstheorie die Bezeichnung *„souveräne Diktatur"* bereit (die sie freilich auch für die Herrschaft revolutionsbedingter Nationalversammlungen verwendet). Der Komplexität moderner Führersysteme genügt dieser Kunstausdruck nur unvollkommen.

Für eine Standortbestimmung der Herrschaft im Staate als Anliegen der Staatsformenlehre lägen dann die Dinge sehr einfach, wenn der moderne Diktator noch der einsame („souveräne") Machtusurpator wäre, der (allenfalls gestützt auf eine militärische Elite oder eine politische Camarilla) dem Volk seine Einherrschaft in einem Publizitätsakt der Machtergreifung aufdrängte. Zwar mag es auch heute noch möglich sein, daß ohne Resonanz von unten im Wege eines Staatsstreichs eine Diktatur ein anderes letztlich monokratisches System ablöst. Jedoch gelingt es keinem Einzelnen mehr, gegen den Willen und ohne Mittun der Massen in einer nichtmonokratischen Staatsform zur Einherrschaft zu gelangen. Es ist demnach geradezu ein Spezifikum der modernen Führersysteme, daß in ihnen die Macht in der Tat einmal von „unten nach oben" delegiert wurde und daß dem Diktator sein Charisma zunächst einmal von Volksmassen beigelegt wurde, ehe er es in staatsrechtliche Aktion umzusetzen vermag.

Wo die Diktatur auf formal legalem Wege des vorgefundenen Verfassungsrechts einsetzt, kann sie für viele Jahre die Maßstäbe dafür verdunkeln, ob sie noch die verfassungsmäßige kommissarische Diktatur zur Überwindung von Notständen oder schon die umstürzlerische Diktatur zur Verewigung der monokratischen Staatsform ist.

bb) *Schema der Machtergreifung:* Der Vorgang der *„legalen Machtergreifung"* verläuft im wesentlichen nach einem Schema, für das der deutsche Fall der 1930er Jahre symptomatisch ist: Das Instrument, dessen sich der (spätere) Diktator bedient, ist regelmäßig eine *Partei,* die in sich monokratisch organisiert ist. Diese Partei wird zur Massenpartei durch die Massensuggestion der modernen *Propaganda,* die die ganze Spannweite vom Anrühren niedrigster Instinkte bis zum Aufzeigen eines Religionssurrogates umfaßt. Als die massenpsychologisch wirksamsten Ideologien erweisen sich dabei einerseits die Forderung nach der Herrschaft der besitzlosen Klasse, andererseits die Forderung nach einem nationalistischen Staatsbau. Dabei hat erfahrungsgemäß trotz aller ideologischen Dynamik keine dieser Bewegungen eine Chance, wenn sie nicht als Gegenbewegung gegen eine bestehende Ordnung aufzutreten vermag, wie sie zweifelsfrei nicht sein soll. Erwächst aber diese Massenbewegung auf dem Nährboden einer vorhandenen sozialen oder nationalen Not- oder Krisenlage, dann kann sie eines Tages den bisher nur innerhalb der Partei monokratischen Führer an die Staatsspitze tragen.

Der Führer geriert sich zunächst nur als *kommissarischer Diktator,* der vom Volk berufen sei, die Krise zu überwinden. Er nutzt dabei alle legalen Möglichkeiten der vorgefundenen Verfassung (Notstandsregelungen, Möglichkeit von Ermächtigungsgesetzen usw.) aus, um die erste — für ihn kritische — Zeit zu überdauern. Daneben aber verläuft von vornherein ein staatsrechtlich reichlich apokrypher Vorgang: Die ehemalige Kampfpartei wird zur *Staatspartei* und als alle Lebensbereiche kontrollierendes Organ etabliert; die Beziehungen von Beamtentum und Armee zum Staat werden entinstitutionalisiert und personalistisch auf den Führer und damit auf die von ihm nach wie vor geführte Partei bezogen; die normalen Staatsfunktionen werden durch einen gesonderten Sicherheitsdienst überlagert, der in sich lediglich wieder führerbefehlsgebunden und nicht mehr dem Staat als solchen verpflichtet ist.

In diesem Vorgang ist es — vor allem auch für die Beherrschten selbst — oft sehr schwierig, den eigentlich „umstürzlerischen" Außenakt zu erkennen, von dem ab die alte nichtmonokratische Staatsordnung zerbricht. Abstrakt gesehen, schlägt die verfassungsmäßige Diktatur in dem Augenblick in eine souveräne Diktatur um, wo für die Mehrheit des Volkes keine Möglichkeit mehr besteht, den Diktator „wegzuwählen“. Dieser Augenblick des Ausgeliefertseins wird aber verdunkelt durch das Versprechen des Diktators, wenigstens von Zeit zu Zeit wiederkehrende nachträgliche Plebiszite über seine Politik zu veranstalten. Das staatstheoretisch sicherste Indiz für den Umschlag in eine nicht mehr durch Notzeit auflösend bedingte und durch die Verfügungsmacht des Volkes befristete Diktatur, also zu einer monokratischen Machtetablierung ohne Korrekturmöglichkeit, dürfte sein, wenn sich der Diktator das erste Mal *richterliche Befugnisse* anmaßt. Überdauert der Diktator unangefochten auch diesen Zeitraum, ist es für seine Beseitigung von innen heraus erfahrungsgemäß zu spät. Dann ist die Beseitigung des Herrschaftssystems zumeist nur noch von einer fremdbewirkten nationalen Niederlage zu erwarten, nach der es bei den Siegermächten liegt, ob der Staat bestehen bleibt. Die Spekulation der Diktatur ist dabei, daß im Ernstfall die Mehrzahl der Bürger für die nationale Existenz kämpft und somit gleichzeitig doch wieder mittelbar zum Kämpfer für das mißbilligte System wird.

Spätestens mit dem Augenblick, von dem ab die Diktatur — sei sie formal legal oder revolutionär entstanden — unkorrigierbar wird, setzt heute die Staatslehre mit dem Unwerturteil der *„Tyrannis“* ein. Daß die Staatstheorie hier formaler und schneller zu diesem Unwerturteil gelangt als bei den absoluten Monarchien, wo sie pointiert egoistisches Fürstenwillkürstreben voraussetzte, dürfte seinen erkenntnistheoretischen Grund darin haben, daß moderne Führersysteme auch jegliche objektiven transzendentalen Bindungen ausdrücklich zu leugnen oder faktisch zu ignorieren pflegen.

Die Einstellung des geltenden deutschen Verfassungsrechts zur monokratischen Diktatur ist eindeutig ablehnend. Der Versuch des Grundgesetzes, vor allem durch Art. 79 Abs. III GG, die demokratische Staatsform axiomatisch zu verewigen (vgl. unten Abschn. III 2. b), bb)), will ja in erster Linie Gegenposition gegen die Einmanndiktatur beziehen. Diesem Streben des Grundgesetzes, die demokratische Staatsform absolut zu setzen, hat gerade die demokratische Staatstheorie am „Relativismus“ der Demokratie orientierte Einwände entgegengehalten, die von einer „unbegreiflichen Illusion“ sprechen. Gewiß lassen sich durch Normen revolutionäre Bewegungen letztlich nicht aufhalten. Aber mit Normen kann man „formal legale Machtergreifungen“ verhindern und im betroffenen Volk ein Unrechtsbewußtsein erwecken. Dagegen kann es fraglich sein, ob das Grundgesetz mit Art. 37, 81, 91 und 143 geeignete

Handhaben bereit hält, um auch dem legitimen Anliegen jeder Verfassung zur Überwindung ausgesprochener Notsituationen gerecht werden zu können.

III. Demokratie

1. Grundlagen

Demokratische Verfassungen pflegen den Ausgangspunkt der Macht im Staate durch die plastische Formel zu lokalisieren: „Alle Staatsgewalt geht vom Volke aus" (so jetzt Art. 20 Abs. II Satz 1 GG). Als normative Aussage über einen Ordnungszustand ist die Formel durch die Worte zu ergänzen: „... und wirkt auf eben dieses Volk zurück." Man kann daher die Demokratie als die Staatsform definieren, die eine *Identität von Subjekt und Objekt der Herrschaftsgewalt* anstrebt („Volkssouveränität", „Regierung durch das Volk über das Volk für das Volk"). In dieser Identitätsvorstellung werden als vorausgesetzte Grundprinzipien das Prinzip der Freiheit und Gleichheit von vornherein mitgedacht.

a) Prinzip der Freiheit

Historisch und psychologisch ist die Demokratie eine gedankliche Auflehnung gegen ein heteronomes Beherrschtwerden. Man will sich selbst regieren, um nicht regiert zu werden. Dieses demokratische Prinzip der *politischen Freiheit* darf nicht mit der liberal-rechtsstaatlichen Freiheit verwechselt werden, von der etwa die klassischen Grundrechte ausgehen. Zwar läßt sich — das lehrt bereits die französische Revolution — die monokratische Staatsform mit dem Ruf nach Freiheit vom Staate bekämpfen und überwinden. Im Augenblick des Sieges aber zeigt sich, daß die Demokratie begrifflich nicht mit Menschen im ausschließlichen status negativus zu verwirklichen ist. Die demokratische politische Freiheit ist wesensnotwendig Freiheit zum (Mitwirken am) Staate. Sie ist letztlich Verantwortung.

b) Prinzip der Gleichheit

Jünger und wohl auch peripherer ist das im Begriff der Demokratie mitgedachte Prinzip der Gleichheit. Die demokratische Gleichheit ist an sich etwas anderes als die relative aristotelische Gerechtigkeitsgleichheit, mit der es der Grundrechtsinterpret zu tun hat. Vom Standpunkt einer Gerechtigkeitsgleichheit aus, die (im Sinne von „aequus") jedem das Seine gibt, wäre die *egalitäre demokratische Gleichheit,* die ihren Hauptanwendungsfall im Wahlrecht hat (Allgemeinheit der Wahlberechtigung, Gleichwertigkeit der Stimmen usw.) eine Ungerechtigkeit. Wer jedoch erst einmal in Polemik gegen vorgefundene Herrschaftsformen die Heteronomie der Herrschaft als politische Ungerechtigkeit empfindet, muß folgerichtig auch die politische Berechtigung von herrschaftsbegründenden qualitativen Verschiedenheiten zwischen Regierenden und Regierten leugnen. Wer die Heteronomie der Herrschaft leugnet, leugnet das „aliud" der Herrscherqualität und muß für sich ein potentielles „idem" an politischer Gewalt beanspruchen. Das polemisch egalitäre Gleichheitsprinzip darf aber keinesfalls zum Inhalt des materiellen Gleichheitssatzes der Verfassungen erhoben werden. Man kann allenfalls politische Machtpotenzen mechanisch und arithmetisch nivellieren, man kann jedoch nicht allgemein organische Verschiedenheiten einebnen, ohne die materielle Gerechtigkeit zu verletzen.

c) *Mehrheitsprinzip*

Die auf politischer Freiheit und politischer Gleichheit gründende demokratische Idealvorstellung von der Identität zwischen Herrschern und Beherrschten erfährt bereits aus der Tatsachenwelt starke Abstriche. Einmal erweist es sich als utopisch, daß sich die „Sichselbstregierenden" untereinander stets einig sind. Ferner erweist es sich — wenigstens in modernen Flächenstaaten — als utopisch, daß die Beherrschten selbst unmittelbar als Herrschaftsorgan handeln. Damit wird der Begriff der *Repräsentation* für jede demokratische Staatsform aktuell.

Daß in der Demokratie bei staatsgestaltenden Akten die „Mehrheit" entscheidet, ist eine so selbstverständliche Maxime, daß manchmal die Demokratie schlechthin als „Herrschaft der Mehrheit" definiert wird. In neuerer Zeit besteht freilich Einigkeit darüber, daß der Funktionsmodus als solcher nicht das demokratische Mehrheitsprinzip ausmacht. Es wird als Quantität, innerhalb der das Majoritätsprinzip gilt, bereits die überwiegende *Mehrheit des Staatsvolkes* vorausgesetzt, und es wird nicht als demokratisch anerkannt, wenn das Mehrheitsprinzip nur als Arbeitsmodus innerhalb einer staatsbeherrschenden Minderheit (z. B. innerhalb des Kollegiums einer Staatspartei) angewandt wird.

Die *Rechtfertigung des Mehrheitsprinzips* suchte *Rousseau*, der theoretische Begründer der modernen Demokratie, in der Fiktion, daß der Wille der Minderheit als lediglich irrender Wille in der „volonté générale" enthalten sei. Der gängigste Rechtfertigungsversuch wird demgegenüber aus dem Prinzip der demokratischen *Gleichheit* hergeleitet. Damit wird jedoch das egalitär-arithmetische, demokratische Gleichheitsprinzip einer Zerreißprobe ausgesetzt, der es nicht gewachsen sein kann. Mechanische Summierungen können für die Minderheit kein Gehorchensollen rechtfertigen. Der bereits im kulturgesetzlichen Sein und erst recht in der Ebene des normativen Sollens versagende mathematisch-mechanische Charakter des Majoritätsprinzips bildet darum auch den ständigen Angriffspunkt keineswegs nur antidemokratischer Staatstheorien. Besser fundiert ist die Rechtfertigung des Mehrheitsprinzips aus dem Gedanken der *Freiheit.* Wenn die staatsgestaltenden Akte — so läßt sich argumentieren — einstimmig gefaßt werden müßten, so würden wenige der Mehrzahl die Freiheit nehmen, sich autonom zu beherrschen. Im Sinne einer maximalen Autonomie sollen daher, wenn schon nicht alle, so doch möglichst viele Menschen in der Selbstherrschaft frei sein.

Zur einleuchtendsten Rechtfertigung des Majoritätsprinzips gelangt man im Wege einer tief angesetzten Vereinfachung: Es geht einfach um die *Wertvorstellung vom Menschen.* Alle Staatslehren lassen sich auf die Kernfrage zurückführen, ob sie eine pessimistische oder optimistische Einstellung zum Menschen haben. Die demokratischen Staatstheorien haben jedenfalls die Vorstellung gemeinsam, daß der Mensch als solcher im letzten gutwillig und vernünftig sei. Hat man aber diesen Glauben, so ist die Vermutung gerechtfertigt, daß der „maior pars" der Quantität nach auch der „sanior pars" der Qualität nach ist. Dann ist eine befriedigende Erklärung dafür gefunden, warum in der Demokratie die Majorität recht haben soll.

d) Prinzip der Repräsentation

Selbst wenn alle Angehörigen des Volkes stets dasselbe wollten, so daß die Problematik des streitentscheidenden Mehrheitsprinzips nicht auftauchte, verbliebe die Tatsache, daß nicht alle Angehörigen des Volkes alle politischen Angelegenheiten gemeinsam und persönlich entscheiden können.

Überall erfolgt eine *Ausklammerung von Personengruppen* minderen Rechts aus der Aktivbürgerschaft. Diese Ausklammerung ist zwar nicht frei von Momenten echten politischen Kampfes (um Frauenstimmrecht, frühes Wahlalter, politische Rechte für die Soldaten usw.), ist aber staatstheoretisch gesehen ein überall üblicher Vorgang gewissermaßen einer „ersten allgemeinen Repräsentation" von politisch Unmündigen durch die Aktivbürgerschaft.

Erst nach dieser generellen Ausklammerung der politisch Unmündigen setzt wieder das idealdemokratische Streben nach Identität von Herrschenden und Beherrschten ein. In diesem Sinne wäre Idealdemokratie nur eine *„unmittelbare Demokratie"*, bei der das Volk selbst als handelndes Subjekt der Staatsgewalt auftritt, sei es unmittelbar in einer Versammlung der Urwähler, sei es im Wege von Volksbegehren und Volksentscheid (Referendum). Diese Form der Demokratie schwebte konsequenterweise *Rousseau* vor, und in sie hatte etwa die Weimarer Reichsverfassung große Hoffnungen gesetzt. Die Erfahrung hat aber gezeigt, daß die Form der unmittelbaren Demokratie in volkreichen Flächenstaaten nicht mehr praktikabel ist. Im Sinne dieser Erkenntnis sieht das Grundgesetz eine Referendumsmöglichkeit nur noch bei der Neugliederung des Bundesgebietes gemäß Art. 29 GG vor.

Die normale Form der modernen Demokratie ist die *mittelbare Demokratie*. In ihr übt das Volk die Herrschaft mittelbar aus und zwar durch Wahl eines Vertretungskörpers (Parlament). Dabei entsteht hier aber nicht das die Vertretung im technischen Sinne kennzeichnende Rechtsverhältnis, bei dem der Vertreter nach Weisungen des Vertretenen handeln muß. Infolgedessen gibt es auch für den einzelnen „Volksvertreter" im Verhältnis zu seinem Wahlkreis und seiner Partei usw. kein „mandatum" im Sinne eines gebundenen Auftragsverhältnisses (Art. 38 Abs. I Satz 2 GG).

Die Staatslehre verwendet für das Verhältnis von Volk und Volksvertretung den verfassungsrechtlichen Begriff der *Repräsentation*. Er besagt, daß das rechtsabwesende Volk als ideelle Ganzheit durch das Repräsentativorgan Parlament gegenwärtig und real handlungsfähig gemacht wird. Die ontologische *Zweiheit von Volk und Parlament* wird also nicht hinweggedacht und Volk und Parlament werden existentiell nicht als identisch aufgefaßt. Dennoch erfolgt zumindest eine juristische „Identifikation", weil die Entscheidungen des repräsentierenden Parlaments dem Volk als dessen Willensäußerungen zugerechnet werden. Dies gilt auch dann, wenn in concreto die Parlamentsentscheidungen dem wirklichen Willen des Volkes widersprechen. Wenn dann (wie etwa im Grundgesetz) für das Volk keine plebiszitäre Möglichkeit besteht, das Parlament abzurufen, ist, gemessen am demokratischen Identitätsideal, der Vorwurf nicht fern, die Repräsentation begründe in Wirklichkeit eine Sonderstaatsform der Aristokratie (bzw. Oligarchie) oder laufe auf eine bloße Fiktion des demokratischen Volkswillens im Parlamentswillen hinaus. Beides ist jedoch eine rechtliche Unterschätzung des sich ständig wiederholenden plebiszitären Vorgangs der Parlamentswahl und der plebiszitären Nach- und Vorwirkungen dieses Kreationsvorganges, aus dem das Parlament seine demokratische Legitimität bezieht.

Heute ist damit in der repräsentativen Demokratie der Kreationsvorgang der *Wahl* die eigentliche (und im Grundgesetz einzige) plebiszitäre verfassungsrechtlich relevante Kundmachung der demokratischen Identität von Herrschenden und Beherrschten. Folgerichtig ist daher die Ausgestaltung des *Wahlrechts* zum Kernproblem der modernen Repräsentativdemokratie geworden.

e) Parlament und Kabinett

Jenseits der Grundfeststellung, daß jede repräsentative Demokratie als Repräsentativorgan ein *Parlament* aufweist, also in diesem Sinne wesensmäßig „parlamentarische" Demokratie ist, schillern die konkreten Verfassungsgestaltungen der Demokratie in den verschiedensten Spielarten, mit denen es die Staatsformenlehre nicht mehr zu tun hat. (Etwa: Das Parlament besteht aus zwei Kammern, die „zweite" Kammer ist eine Stände- oder eine Länderkammer; an der Legislative wirkt ein Verfassungsorgan besonderer Art mit, das — wie der Bundesrat — nicht aus Abgeordneten besteht; an der Spitze der Exekutive steht ein vom Volk oder vom Parlament gewählter Staatspräsident; das Staatsoberhaupt ist ein dynastisch in sein Amt berufener Fürst). Bereits die allgemeine Staatslehre jedoch muß beachten, daß sich die Demokratien wesentlich danach unterscheiden, welche Stellung dieses für die Demokratie heute essentielle Parlament im Verhältnis zur *Regierung* (im technischen Sinne) hat.

In Demokratien mit *parlamentarischem Regierungssystem* (England, Frankreich, Bundesrepublik) ist die Regierung vom Parlament abhängig. Diese Abhängigkeit zeigt sich deutlich in den drei Stadien der Regierungszeit: Bei Regierungsbildung ist das vermutete Vertrauen, das ausdrücklich erklärte Vertrauen oder gar die Wahl seitens des Parlaments nötig. Das Ende der Amtsdauer der Regierung hängt von der Amtsdauer des Parlaments ab und keine Regierung überdauert das Parlament. Während der Amtsdauer ist das Kabinett dem Parlament verantwortlich. Die stärkste Waffe des Parlaments, die Regierung zur Verantwortung zu ziehen, und gleichzeitig das sicherte Erkennungszeichen für parlamentarische Regierungssysteme ist dabei das Mißtrauensvotum.

Dem steht gegenüber die *streng gewaltenteilende Demokratie* (USA), in denen eine scharfe Grenzlinie zwischen dem Parlament und der Exekutive gezogen wird. Das führt in den drei entsprechenden Stadien zu entgegengesetzten Folgen: Der Chef der Exekutive wird ohne Mittun des Parlaments unmittelbar vom Volk gewählt. Er bestellt seine „Minister" (besser: Staatssekretäre), die, wie er selbst, dem Parlament nicht anzugehören brauchen, die nur ihm verantwortlich sind und des Vertrauens des Parlaments nicht bedürfen. Die Amtsdauer des Staatschefs und seiner Mitarbeiter hängt nicht von der Amtsdauer des Parlaments ab. Das Parlament kann den Chef der Exekutive und seine „Minister" nicht vorzeitig abberufen.

Die Gegenüberstellung der Demokratie mit parlamentarischem Regierungssystem und der streng gewaltenteilenden Demokratie muß bereits in der Staatsformenlehre erfolgen, weil sie zeigt, daß das streng gewaltenteilende System viel näher bei der Staatsform der konstitutionellen Monarchie liegt als etwa eine Demokratie, die zwar einen Fürsten an der Staatsspitze, im übrigen aber ein parlamentarisches Regierungssystem aufweist.

f) Einzelne Staatsfunktionen

Nach geltendem Verfassungsrecht der Bundesrepublik beruht zwar nur die Legislativtätigkeit auf Repräsentation des Volkswillens, sind aber auch alle anderen Staatstätigkeiten Emanationen der Staatsgewalt des Volkes. Für die in sich hierarchisch gegliederte *Exekutive*, deren ministerielle Spitze jeweils parlamentsverantwortlich ist, ist das ebenso zweifelsfrei wie für den *Bundespräsidenten*, der die parlamentsverantwortliche ministerielle Gegenzeichnung braucht.

Neuerdings mehren sich aber die Versuche, die *Rechtsprechung* von der demokratischen Legitimierung im Volkswillen zu emanzipieren und einzig und allein dem Recht und der Gerechtigkeitsidee unterzuordnen. Die richterliche Gewalt ist aber lediglich Emanation der demokratischen Verfassung, und der Normalfall der richterlichen Tätigkeit ist Rechtsfindung im Sinne der durch demokratische Organe erlassenen „Gesetze“. Nur ein Widerspruch von „Gesetz“ und „Recht“ ermöglicht es, in der Rechtsprechungsgewalt eine von der Staatsgewalt des Volkes losgelöste Sondergewalt zu konstruieren. Die *Verfassungsgebung* selbst ging durchaus von der Einsicht aus, daß der Satz: „Das souveräne Volk kann alles“ falsch sei und in einem völlig antiquierten Gesetzespositivismus ende. Nicht zuletzt auf diese Einsicht gründet sich eine bisher unbekannte Überhöhung der rechtsprechenden Gewalt (mit Kontrollbefugnissen über das Parlament und seine Werke).

Es war jedoch eine Fehlentwicklung, wenn auf Grund der Einsicht, daß es noch höhere Normen als staatlich gesetztes Recht gibt, für die *Verfassungsrechtsprechung* die Macht in Anspruch genommen wurde, die Verfassung selbst auf Verfassungswidrigkeiten hin zu kontrollieren. Denn in der Demokratie bleibt die Entscheidung über die Verfassung stets beim Volk als dem pouvoir constituant oder allenfalls beim Parlament als konstituiertem Verfassungsrevisor. In Wirklichkeit gehen diejenigen, die zwischen demokratischer Staatsgewalt des Volkes und richterlicher Gewalt einen Dualismus errichten wollen und sich zum Beleg auf die meist selbst aufgestellte Prämisse vom (verfassungs-) richterlichen Prüfungsrecht über die Verfassung berufen, schon von einem Nichtmehrbestehen eines demokratischen Verfassungszustandes aus. Eine solche Situation kann aber keinesfalls als Normsituation gesetzt werden, um nach geltender Verfassungsordnung die Rechtsprechung vom demokratischen Monismus der allein vom Volk ausgehenden Staatsgewalt abzuspalten.

2. Bedeutungswandel des Demokratiebegriffs

a) „Volksdemokratie“

Im Verhältnis zur überkommenen („westlichen“) Demokratie stellen die „Volksdemokratien“ zumindest einen Bedeutungswandel, wenn nicht gar eine neue Staatsform dar. Ihre staatstheoretische Erfassung ist deshalb schwierig, weil der äußerlich oft gar nicht sehr von gewohnten Formulierungen abweichende Wortlaut der Verfassungen die Verfassungswirklichkeit nicht widerzuspiegeln pflegt.

aa) *Normativer Unterschied:* Von den Verfassungstexten her ergeben sich vor allem folgende Unterschiede:

— Das Prinzip der Gewaltenteilung wird verworfen. Das wäre im Verhältnis von Parlament und Regierung lediglich eine Form des „Parlamentsabsolutismus“, wie er auch in westlichen Demokratien noch denkbar wäre. Die kritische Stelle ist das *Verhältnis zur rechtsprechenden Gewalt.* Daß Verfassungsgerichtsbarkeit und richterliches Prüfungsrecht fehlen, ist dabei auch nichts Außergewöhnliches. Den westlichen Demokratien fremd ist jedoch eine parlamentarische Abberufungsmöglichkeit von Rechtsprechungsorganen aus eigenem Recht des Parlaments und die Denaturierung der Gerichte zu Agenturen der Politik.

— Die Demokratie wird nicht nur *„formal“* sondern *„real“* verstanden, und zwar im Sinne einer „sozialen“ Demokratie. Es wird die sozialistische Gesellschaftsordnung als spezifisch demokratisch bezeichnet und die Methode der demokratischen Willensbildung inhaltlich festgelegt auf sozialistische Wirtschaftsverfassung, Güterverteilung usw. Dieses verfassungsrechtliche Junktim zwischen dem demokratischen Formalprinzip der Methode politischer Willensbildung und einem sozialistischen Inhalt bedeutet, daß das Ob und Wie staatlicher Sozialgestaltung in Wirklichkeit nicht mehr zur demokratischen Disposition stehen. Die westliche Staatstheorie hat dagegen immer daran festgehalten, daß der verfassungsrechtliche Begriff der Demokratie keinen bestimmten Inhalt wirtschaftsverfassungsrechtlicher Art (etwa im Sinne der „Wirtschaftsdemokratie“) hat. Dabei hat sie freilich manchmal umgekehrt aus dem Demokratieprinzip positive Entscheidungen für die verfassungsrechtliche Nichtentscheidung auf sozialem und ökonomischen Gebiet hergeleitet und so der fragwürdigen Gleichsetzung von Demokratie mit fehlender staatlicher Sozialgestaltungskompetenz oder mit liberalistischem Wirtschaftssystem Raum gegeben.

bb) *Wirklicher Unterschied:* Der wirkliche Unterschied zwischen den Demokratien „westlicher Prägung" und den „realen Volksdemokratien" beruht auf den zu Grunde liegenden *Prinzipien ihres Funktionierens.* Die „Spielregeln" der Demokratie sind in Wirklichkeit die eigentlich westlichen Verhaltensmaximen der Demokratie als Methode politischer Willensbildung.

Das *Mehrheitsprinzip* bedeutet nach überkommener Auffassung nicht nur einen der Demokratie gemäßen Auszählungs- und Streitentscheidungsmodus. Es beinhaltet die Vorstellung, daß die überstimmte Minderheit von heute die potentielle Mehrheit von morgen ist. Nach traditioneller westlicher Auffassung ist mit dem demokratischen Mehrheitsprinzip die Chance für die Minderheit untrennbar verbunden, ihrerseits zur Mehrheit werden zu können.

Daraus ergeben sich nach überkommener Auffassung drei *Minderheitenrechte,* die als immanente Rechte auch anerkannt werden, wenn sie nicht positiviert sind:

— Vor der Wahl: Die Minderheit hat das Recht, sich zur Vorbereitung der Parlamentswahl zu organisieren. Geht man davon aus, daß der organisatorische Zusammenschluß in Form von Parteien erfolgt, so ist die westliche Demokratie wesensmäßig Mehrparteienstaat.

— Bei der Wahl: Die Minderheit hat ein Recht darauf, daß der entscheidende Wahlvorgang auch ein Auswahlvorgang unter mehreren (mindestens zwei) Wählergruppen ist, die das Parlament beschicken.

— Nach der Wahl: Aus diesem Recht der Oppositionsbildung fließt für die nun bestehende *parlamentarische Opposition* das Recht auf Anerkennung als staatsrechtliche Größe und auf parlamentarische Betätigung.

cc) *Begriffliche Folgerungen:* Nach der Frage, ob für die Minorität die freie Chance besteht, ihrerseits zur Majorität zu werden, bedarf die Staatsformenlehre klarer begrifflicher Scheidungen. „Volksdemokratien", die schon von Verfassungs wegen oder doch faktisch klar erkennbar Einparteistaaten sind, stellen im Verhältnis zum überkommenen Demokratiebegriff eine neue selbständige Staatsform dar. Dies gilt auch dann, wenn (anders als in der Einmanndiktatur) innerhalb der Partei demokratisch verfahren wird, wenn also etwa Mehrheitsprinzip und kollegiale Zusammensetzung der Parteigremien beachtet werden. Diese Staatsform mit unkorrigierbarem Ausschließlichkeitsanspruch einer Partei stellt die *„Diktatur der Staatspartei"* dar. Im Sinne der aristotelischen Typologie handelt es sich um die moderne Erscheinungsform der „Oligarchie".

Der staatstheoretische Schnitt einer Sonderstaatsform ist aber nicht schon dort zu vollziehen, wo noch das Bestehen mehrerer Parteien vorausgesetzt wird. Das betrifft vor allem die Verhältnisse in der Deutschen Demokratischen Republik, die übrigens die Selbstbezeichnung als „Volksdemokratie“ sorgsam vermeidet. „Einheitsliste“ beim Wahlvorgang und systematische Einbeziehung der Opposition in die Regierung haben auch hier fraglos bereits den überkommenen Begriff der Demokratie verwandelt. Die Staatsformenlehre als solche kann hier aber schon deshalb noch nichts Verbindliches aussagen, weil eine kritische Analyse des *„Blocksystems“* als Methode zur Herstellung einer technischen Homogenität der politischen Willensbildung noch aussteht. Als reiner Kunstgriff per se läßt sich dieses Blocksystem jedenfalls nicht abtun.

b) „Westliche“ Demokratie

aa) *Merkmale eines Bedeutungswandels:* Auch am westlichen Demokratiebegriff hat sich ein Bedeutungswandel vollzogen, der sich am deutlichsten am *Verfassungsrecht der Bundesrepublik Deutschland* ablesen läßt.

Auf *ökonomischem* Gebiet hat die Demokratie westlicher Prägung im Gegensatz zu den „Volksdemokratien“ weitgehend neutralen und relativistischen Charakter behalten. Das demokratische Formprinzip kann nach wie vor einen „Wohlfahrtssstaat“ ebenso wie einen „Nachtwächterstaat“, ein dirigistisches Wirtschaftssystem ebenso wie ein liberalistisches zum Inhalt haben. Der Bedeutungswandel trat demgegenüber auf *politischem* Gebiet ein. Demokratie als relativistische Methode verstanden kann konsequenterweise auch dazu führen, daß die Methode zur Durchsetzung antidemokratischer Inhalte verwendet wird. Danach wäre es eben auch demokratisch, wenn die Mehrheit einen Diktator an die Macht wählt. Da der Begriff der Repräsentation nicht allein dem Parlamentarismus vorbehalten ist, wäre das auch in der Tat der Fall, wenn die demokratische Korrekturmöglichkeit verbliebe, man den Diktator also auch wieder wegwählen könnte. Da die Erfahrung zeigt, daß dies Illusion ist, kommt der Relativismus einer Demokratie oft ihrer Selbstpreisgabe gleich.

bb) *Typ der „abwehrbereiten“ Demokratie:* Nur vor dem Hintergrund der erfahrenen Schwäche einer relativistischen Demokratie wird die im Grundgesetz festgelegte Form der Demokratie verständlich. Hier handelt es sich um eine „abwehrbereite Demokratie“, um einen *Verfassungsschutz* auf der Ebene der Verfassung selbst. Das Schutzgut ist die im übrigen nicht näher definierte „freiheitlich-demokratische Grundordnung“. Um welche Verfassungsgrundsätze es hierbei geht, zeigt § 88 Abs. II Strafgesetzbuch. Die spezifischen verfassungsrechtlichen Mittel des Verfassungsschutzes sind die Entpolitisierung des individuellen Grundrechtsträgers (Art. 18 GG), das Korporationenverbot (Art. 9 Abs. II) und das Parteienverbot (Art. 21 Abs. II). Neu ist daran, daß die abwehrbereite Demokratie die Chance, Mehrheit zu werden, nur noch solchen Richtungen gibt, die nach Verhalten und Zielsetzung die Gewähr dafür bieten, daß sie demokratische Spielregeln auch dann beachten werden, wenn sie ihrerseits die Mehrheit erkämpft haben. Abwehrbereitschaft der Demokratie ist zunächst nichts anderes als Sicherung einer Mindesthomogenität gemeinsamen politischen Stils. Dabei geht es dem Grundgesetz nicht um generelle Abwehr von Gegnerschaft gegenüber etablierten Machthabern.

Während die Maxime: „Keine Freiheit den Feinden der Freiheit" auch noch vor dem traditionellen Demokratiebegriff mit dem legitimen demokratischen Streben nach einer minimalen Homogenität gerechtfertigt werden kann, rührt der Versuch des Grundgesetzes, bestimmte Entscheidungen zu verewigen, naturgemäß an das Wesen des gewohnten Demokratiebegriffes. Über den Wert der freiheitlichen Funktionierensmethode hinaus erhebt Art. 79 Abs. III GG noch eine Fülle anderer Wertentscheidungen zu Staatsfundamentalnormen, die der Disposition der verfassungsändernden parlamentarischen Mehrheiten und — infolge Fehlens plebiszitärer Möglichkeiten — der Sache nach auch der Disposition des souveränen Volkes entzogen sind. Ein solcher Versuch, politische Entscheidungen absolut zu setzen, ist im Prinzip nicht neu (z. B. Französische Verfassung vom 14. 8. 1884). Trotz aller Kritik sind diese *Verabsolutierungsversuche* insoweit als demokratisch legitim anzusehen, als sie gerade den späteren Jahrzehnten die Freiheit zur Selbstbestimmung durch Mehrheitsentscheid erhalten wollen. Das ist selbst für eine Demokratie ein legitimes Anliegen, die an nichts anderes glaubt, als an die Richtigkeit ihrer relativistischen Methode. Wo es sich um die Absolutsetzung von Werten handelt, die dem Einzelmenschen und dem Volk eben jene jederzeitige Entscheidungsfreiheit sichern sollen, ist die axiomatische Ewigkeitsentscheidung des Art. 79 Abs. III GG auch vor dem Demokratiebegriff gerechtfertigt. Dagegen dürfte vom Wesen selbst einer werterfüllten Demokratie her betrachtet entschieden über das Ziel hinausgegangen sein, wo die Zukunft auch auf opportunitätsbedingte Organisationsentscheidungen (z. B. „Gliederung des Bundes in Länder") festgelegt werden soll.

Gleichheit

Der Gleichheitssatz als Verfassungsrechtssatz*

I. Die gedankliche Prämisse des verfassungsrechtlichen Gleichheitspostulats

Das verfassungsrechtliche G.s-Postulat gehört zwar zu den „klassischen" Bestandteilen der modernen Grundrechtskataloge (vgl. die Nachweise bei *Ipsen,* in: Neumann / Nipperdey / Scheuner: Die Grundrechte, II, 1954, S. 111 ff.). Dennoch ist seine Erfassung eine der schwierigsten Aufgaben der Grundrechtsinterpretation geblieben.

Denknotwendig enthält jede G.s-Aussage immer einen „Vergleich" von Verschiedenheiten in Beziehung auf ein Drittes (d. h. auf ein tertium comparationis). Jede G.s-Aussage ist also (im Gegensatz zur Identitätsaussage) immer schon eine Bewertung, die Ungleichheiten als realiter vorhanden voraussetzt. Auch jeder verfassungsrechtliche G.s-Satz beruht gedanklich auf der Prämisse einer tatsächlich vorgegebenen Andersartigkeit und Unwiederholbarkeit jedes einzelnen Menschen. Sein Postulat ist es nun, daß trotz ihrer tatsächlichen Verschiedenartigkeit die Menschen rechtlich in gewissen Beziehungen gleichbewertet werden sollen. Worauf sich diese Gleichbewertung erstrecken soll (also die rechtliche Reichweite des G.s-Satzes), läßt sich niemals abstrakt und allgemeingültig bestimmen, ergibt sich vielmehr jeweils aus den einer konkreten Verfassung zugrunde liegenden Wertentscheidungen. Aus Rechtsgeschichte und Rechtsvergleichung lassen sich jedoch einige grundrechtsdogmatische Gemeinsamkeiten gewinnen, die der konkreten G.s-Aussage des Art. 3 GG voranzustellen sind.

II. Das extreme Gleichheitspostulat führt zu Fiktionen

Der wertfreien Rechtslogik nach kann das verfassungsrechtliche Gebot des Gleichbewertensollens so weit ausgedehnt werden, daß normativ die ontologische Andersartigkeit der Rechtsgenossen überhaupt nicht mehr zur Kenntnis genommen wird. Aber ebendieselbe Rechtslogik zwingt dann auch zu der Erkenntnis, daß man folgerichtig in dem

---

* In: Staatslexikon, hrsg. von der Görres-Gesellschaft, 6. Aufl. 1959, Bd. III, Sp. 983 bis Sp. 989.

gleichen Maß in den Bereich rein rechtlicher Fiktionen (also lebensunwirklicher juristischer „Notlügen“) hineingerät, in dem man entgegen der Lebenswirklichkeit die menschlichen Verschiedenartigkeiten normativ gleichmacht.

Da rechtliches Sollen, das nicht im natürlichen Sein gegründet ist, niemals richtiges Recht sein kann, muß der Grundrechtsinterpret bereits hier im Vorfeld ethischer Wertentscheidungen eine große Warnung aussprechen. Wir sehen im allg. die Tatsache, daß sich totalitär-kollektivistische Verfassungssysteme bereits im rein Fiktiven bewegen, wenn sie etwa unter Ignorierung menschlich-unterschiedlicher Leistungsmerkmale im bes. offenkundigen ökonomischen Bereich eine schematische Egalität der Gütererlangung, -verteilung und -vererbung postulieren. Der Hang, den verfassungsrechtlichen G.s-Satz gewissermaßen als mechanisch-arithmetische Formel zu deuten, besteht aber auch in den freiheitlich-rechtsstaatlichen Verfassungssystemen. Dieser gefährliche Magnetismus, dem in Deutschland die öffentliche Meinung fast ganz erlegen zu sein scheint, geht von der politischen „Wahlrechts-G.“ aus. Gewiß gehört es zu den heute selbstverständlichen Maximen der Demokratie, daß die Stimmbewertung bei Wahlen und Abstimmungen „gleich“ ist, daß also etwa die Stimmen eines Nobelpreisträgers und eines Analphabeten arithmetisch mit dem Stimmwert „eins“ belegt werden. Es muß jedoch dringend vor der Gefahr gewarnt werden, dieses demokratische Funktionierensprinzip zum Inhalt des G.s-Grundrechtes zu machen. Die materielle Gerechtigkeit würde mit derartigen, der Mathematik entlehnten Verallgemeinerungen schweren Schaden nehmen. Es sollte offenkundig sein, daß verschiedenartige menschliche Qualitäten (wie „dumm“ — „klug“; „faul“ — „fleißig“; „feig“ — „tapfer“ usw.) nicht schlechthin zu arithmetisch gleichen Quantitäten nivelliert werden können, ohne daß grobe Ungerechtigkeiten entstehen.

III. Das Spannungsverhältnis zwischen Gleichheit und Freiheit

Sehr lange hat die Staatstheorie geglaubt, „liberté“ und „égalité“ ließen sich in der Staatspraxis reibungslos nebeneinander realisieren. Eigentlich hat erst der Anschauungsunterricht extrem kollektivistischer Staatssysteme unbezweifelbar gemacht, daß sich letztlich G. und Freiheit ausschließen. Auf ökonomischem Gebiet werden solche Erkenntnisse immer bes. plastisch: Ein Staat etwa, der radikal das G.s-Postulat auf die Güterverteilung erstreckt (jeder nur 2 Kühe), vernichtet im gleichen Maß die Freiheit (hier: eine weitere Kuh zu erwerben). Aber umgekehrt gilt dasselbe: ökonomische Freiheit, als hemmungslose Willkür verstanden, muß mit Folgerichtigkeit zu unerträglichen Un-G.en (etwa im Verhältnis zu den durch Bomben oder Vertreibung Expropriierten) führen. Fraglos versuchen nun zwar alle Verfassungen der Welt, dieses Spannungsverhältnis von G. und Freiheit in einer Synthese zu versöhnen. Man muß hier aber unterscheiden, wie die Akzente gesetzt werden. Es läßt sich die Behauptung wagen, daß sich heute eine staatstheoretische Grenzlinie um den Globus danach ziehen läßt, ob der Freiheit oder der G. Präponderanz beigemessen wird. Hier: Präponderanz der Freiheit — damit aber Risiko zum Scheitern, Risiko objektiv falscher Entscheidungen usw. Dort: Präponderanz der G. — damit aber risikolose Sicherheit, Schutz vor sich selbst, Sicherheit vor dem Ausfall individueller Fähigkeiten. Diese geistige Disharmonie, die hier etwas kühn, aber durchaus exakt belegbar, auf den Globus projiziert wurde, kehrt ebenso in der Brust jedes einzelnen von uns wieder. Wir alle sind sehr leicht geneigt (bes. auf ökonomischem Gebiet), Freiheit vom Staat zu fordern, und erhoffen doch im stillen bei einem eventuellen Scheitern von eben diesem Staat seinen sichernden Ausgleich. Aber wie dem auch sei, hier genügt die Feststellung, daß heute keine Erfassung des G.s-Postulates mehr ohne ständigen Hinblick auf die Auswirkungen für die Freiheit möglich ist.

IV. Die Rechtsanwendungsgleichheit

An die positivrechtliche Wendung der „G. vor dem Gesetz" (vgl. Art. 3 I GG; so bereits auch Art. 109 I WRV; zur weiteren Rechtsvergleichung s. *Ipsen*) muß man, wie es auch der Wortlaut gebietet, zunächst ganz formal herantreten. Danach soll das tertium comparationis für das rechtliche Gleichbewerten der Menschen vom Gesetz geliefert werden, das als bereits bestehend gedacht wird. Nur die Anwendung des bestehenden Rechts soll danach ohne Ansehen der Person erfolgen. Insoweit enthält das G.s-Grundrecht zunächst einmal zweifelsfrei ein subjektives öffentliches Recht auf Rechtsanwendungs-G. Aber dieses Recht fragt nicht danach, *was* rechtens ist. Es setzt eine gleiche Unterworfenheit unter die existente Rechtsordnung voraus und gewährt dann andererseits jedem in gleicher Weise einen Anspruch auf Schutz der ihm nach Maßgabe dieser Rechtsordnung zustehenden Rechte.

Mit dieser Deutung des verfassungsrechtlichen G.s-Satzes im Sinn einer bloßen Rechtsanwendungs-G. hat sich zunächst die Weimarer Verfassungsinterpretation begnügt. Unter Führung von *Triepel, E. Kaufmann, Leibholz* erfuhr Art. 109 I WRV jedoch einen gewaltigen Bedeutungswandel. In Anlehnung an schweizerische und amerikanische Vorbilder erhob man den G.s-Satz zu einem allg. Gerechtigkeitsprinzip und unterstellte folgerichtig auch die Parlamente als Rechtssetzer seiner Bindung. Geistesgeschichtlich war das ohne Frage in erster Linie eine

Abkehr vom Gesetzespositivismus. Man sollte jedoch nicht vergessen, daß auch „ein starkes Kontingent von Gegnern der parlamentarischen Staatsform“ *(Rümelin)* diese Lehre aus ganz anderen Gründen mitvollzog.

V. Der Gleichheitssatz des Art. 3 I GG

Für das GG ist nicht mehr zu bezweifeln, daß Art. 3 I den G.s-Satz als allg. Rechtsgleichheit im Sinn der Weimarer Umdeutung versteht. Die positiv-rechtlichen Belege liefern die ausdrückliche Bindung des Gesetzgebers (Art. 1 III) und die ausdrückliche Erstreckung auf „alle Menschen“ (Art. 3 I).

Im Gesamtsystem der Grundrechte ist Art. 3 I die positivrechtliche Folge der in Art. 1 I enthaltenen Aussage, daß allen Menschen gleiche Würde eigen ist. Rechtstechnisch ist die Menschenwürde das tertium comparationis, hinsichtlich dessen die Menschen rechtlich verglichen werden sollen. Materiellrechtlich liefert sie den Wertmaßstab der rechtlichen Gleichbewertung, der früher außerhalb der geschriebenen Charta gesucht werden mußte.

Der G.s-Satz setzt — durch das Hauptfreiheitsrecht des Art. 2 I unbezweifelbar gemacht — unstreitig die Entfaltungsfreiheit der Persönlichkeit voraus. Damit aber ist eine Grundentscheidung für die „Präponderanz der Freiheit“ (*H. Peters*) gefallen. Das GG gestattet Verschiedenheiten, die sich aus dem verschiedenen Gebrauch der Freiheit ergeben, ohne sie stets mit dem G.s-Satz abzuwehren. Eine Verfassung, die den Wert der freien Entfaltung menschlicher Anders- und Einzigartigkeiten dergestalt der G. voranstellt, entscheidet sich klar gegen eine unterschiedslose Egalität in allen Beziehungen. „Gleich“ im Sinne des Art. 3 I ist nicht im Sinn der Kampfthese der jakobinischen Konstitution als „égal“ zu deuten, sondern im Sinn des lateinischen Ursprungswortes „aequalis“ aufzufassen. „Aequus“ aber bedeutet „gleich“ im Sinn von „billig“, „gerecht“, „angemessen“, „entsprechend“. „G. ist die relative Gerechtigkeits-G., die jedem das Seine gibt, das heißt jene G., die ohne ihren Komplementärbegriff der Un-G. nicht zu denken ist“ *(Leibholz)*. Da der G.s-Satz nach der Konzeption des GG die freie Entfaltung des Menschen voraussetzt, verbietet er geradezu, „wesentlich Ungleiches gleich zu behandeln“. Der G.s-Satz des Art. 3 I ist demnach von vornherein kein geeignetes Mittel, das zur egalitären Kollektivierung, Nivellierung und Schematisierung der Menschen benutzt werden könnte.

Nun hat jedoch diese relative Gerechtigkeits-G. einen absoluten Kernbereich (Wesensgehalt im Sinn des Art. 19 II), der durchaus egalitär ist und in dem es keinerlei rechtliche Verschiedenheiten geben darf.

Dieser Teil des G.s-Satzes, der dazu zwingt, immer vorhandene natürliche Verschiedenheiten rechtlich nicht anzuerkennen, sondern sie als „wesentlich gleich" zu bewerten und zu behandeln, ist sogar der verfassungsrechtlich wichtigere.

Jede Relativierung der G. durch Anerkennung von Unterschiedlichkeiten endet zugunsten einer unbedingten Egalität dort, wo eine innere Beziehung des Rechtsverhältnisses zur gleichen Menschenwürde besteht. Und rechtliche Egalität, bei der es schlechterdings keine Unterschiede gibt, besteht für alles, was der Mensch als solcher benötigt, um das von Art. 1 I anerkannte oberste Konstitutionsprinzip der Menschenwürde realisieren zu können. Die Menschenwürde als solche ist das absolut gesetzte tertium comparationis jedes rechtlichen Gleichbewertens, das erkennbar macht, was als „wesentlich" Gleiches anzuerkennen und folglich als absolut „gleich" zu behandeln ist.

Da in diesem Schluß von der wesentlichen Übereinstimmung zur rechtlich als vollständig anzusehenden Übereinstimmung seinerseits wieder ein hohes Maß (ungleich wertender) Subjektivität enthalten ist, mußte man seit jeher den G.s-Satz abstrahieren und ihn als generelles Willkürverbot auffassen.

Die herkömmliche Deutung des G.s-Satzes als Willkürverbot ist zutreffend und bestätigt sich gerade im Hinblick auf Art. 1 I neu. Von staatlicher Seite geduldete oder selbst ausgeübte „Willkür" bedeutet auf seiten des Menschen Mißachtung seiner Würde, weil er schutzlos staatlichem Tun oder Unterlassen „ausgeliefert" ist und reines „Objekt" des Geschehens wird.

Diese Willkür verlangt begrifflich nicht, daß subjektiv schuldhaftes Staatshandeln vorliegt. Schuldhaftes Verhalten der Staatsorgane („Willkür" aus Haß, Rache usw.) wird zwar in der Regel auch willkürliches Verhalten im Sinn des Art. 3 I sein. Unbedingt nötig ist dies aber nicht. Für einen Willkürtatbestand im Sinn des Art. 3 I ist nicht der innere Vorgang entscheidend, der zu ihm führte, sondern der äußere Tatbestand als Ergebnis. Dieser äußere Tatbestand ist „willkürlich", wenn für einen objektiven Betrachter kein vernünftiger, sich aus der Natur der Sache ergebender Grund für das Vorhandensein des Staatsaktes erkennbar ist. Der Mangel an „ernsthaften Erwägungen", innere „sachfremde Motivation" usw. sind nur als Willkürindizien verwertbar. Eine richterliche Beurteilung eines Willkürtatbestands ist demnach nicht Nach-denken innerer Gedankengänge, die zum Staatsakt führten, sondern deren Zu-Ende-denken; ist die Erwägung, ob nach einer am „Gerechtigkeitsgedanken orientierten Betrachtungsweise" (BVerfGE 1, 264) der Staatsakt durch sachgerechte Gesichtspunkte getragen wird und aufrechterhalten werden kann.

Eine Untersuchung des an Art. 1 I orientierten Willkürbegriffs, die über die Klauseln „vernünftige Gründe“, „Natur der Sache“, „einleuchtende Gründe“, „sachgerechte Gesichtspunkte“, „sachliche Erwägungen“ usw. hinausführt, steht noch aus. Ein erster Überblick ergibt, daß folgende Vorgänge den Menschen als solchen zum Objekt des Geschehens machen und daher niemals „vernünftig“, „sachgerecht“ usw., sondern im Sinn des Art. 3 I „willkürlich“ sind:

1. Vorenthaltung der persönlichen Rechts-G. des Menschen in seiner formalen Stellung in der Rechtsordnung. Die unterschiedslose persönliche Rechts-G. in der formalen Stellung des Menschen in der Rechtsordnung äußert sich wie folgt:

a) Die systematischste Degradierung des Menschen zum Objekt und die konsequenteste Mißachtung der Menschenwürde wäre es selbstverständlich, wenn das Recht den Menschen nicht als Rechtspersönlichkeit anerkennen würde. Es gibt keine Unterschiede, die es ermöglichen, diese persönliche Rechts-G. im Sinne gleicher Rechtsfähigkeit auszuschließen.

b) Die nächste unabdingbare Unterform der persönlichen Rechts-G. ist die persönliche Rechtsschutz-G. Jeder hat ohne Rücksicht auf Unterschiede das Recht auf Verfahren und Rechtsgewährung, und der G.s-Satz verbietet dementsprechend jegliche „Rechtsverweigerung“. Hierher gehört systematisch auch das Verbot der Ausnahmegerichte und das Recht auf den gesetzlichen Richter (Art. 101 I).

c) Damit hängt eng das absolut gleiche Recht auf eine Durchführung des Verfahrens zusammen, das den Menschen nicht zum willenlosen Objekt degradiert, vor allem, daß ihm rechtliches Gehör (Art. 103 I) gewährt wird.

d) Aus der persönlichen Rechts-G. folgt ferner das Recht auf Rechtsanwendungs-G. im technischen Sinn. Dieses Recht ist in dreifacher Weise egalitär, d. h. unterschiedslos: jeder hat ein Recht darauf, daß der staatliche Rechtsanwender nicht bewußt von einer ausdrücklichen Rechtsnorm abweicht; jeder hat ein Recht darauf, daß der staatliche Rechtsanwender eine vorhandene Rechtsnorm nicht unangewendet läßt; jeder hat das Recht darauf, daß der Rechtsanwender das zu seiner Disposition stehende Ermessen nicht mißbraucht.

2. Die Vorenthaltung der Möglichkeit, elementare Grundrechte auszuüben (Menschenrechts-G.). Unterschiedslose Menschenrechts-G. ist überall dort vorhanden, wo die Menschenwürde gebietet, allen Menschen gleiche elementare Freiheiten zu ihrer Verwirklichung zu belassen. Egalitär (unterschiedslos gleich) ist hierbei freilich immer nur die recht-

liche Möglichkeit zur Verwirklichung, nicht die tatsächliche Möglichkeit und das „Wie“ der speziellen Realisierung im Einzelleben.

a) Absolut gleich müssen etwa die rechtlichen Möglichkeiten zur Ausübung folgender Elementarrechte gewährt werden: Lebenserhaltung, Weitergabe von Leben, Eheschließung, sittlich-religiöse Vervollkommnung.

b) Absolute G. gilt weitgehend auch auf rein ökonomischem Gebiet. Infolge der Präponderanz der Freiheit gilt sie aber nur am ökonomischen Ausgangspunkt, eben der rechtlichen Möglichkeit nach (Berufswahl, Wahl der Ausbildungsstätte, Eigentumserwerb). „Wirtschaftliche G.“ im Sinn des Art. 3 I ist G. der rechtlichen Chance. Sie ist nicht: Nivellierung tatsächlicher Unterschiede, die in concreto die Wahrnehmung der Chance verhindern; Egalität im ökonomischen Wirtschaftsablauf; Egalität in der Güterverteilung.

c) Will man aber nicht in eine Friktion mit dem vom GG in Art. 1 I vorgezeichneten Menschenbild geraten, dann muß man ein (sich mittelbar auch auf die Güterverteilung auswirkendes) unterschiedsloses Elementarrecht des Menschen auch am ökonomischen Endpunkt anerkennen, d. h., man muß dem Menschen, der von seiner ökonomischen Freiheit keinen Gebrauch mehr machen kann, bei Versagen von Dritthilfe und der Hilfe engerer Verbände ein gleiches subjektives öffentliches Recht auf das menschenwürdige Existenzminimum zuerkennen.

3. Der Mensch wäre dem Staat trotz aller ihm verfassungsrechtlich zugestandenen Freiheit als „Opfer“ und als „Objekt“ ausgeliefert, wenn der Staat unter alleiniger Berufung auf das öffentliche Interesse Eingriffe in Freiheiten vornehmen könnte, die ein besonderes, anderen nicht zugemutetes „Opfer“ fordern, wenn er nicht gehalten wäre, dieses ungleiche, besondere, unzumutbare Opfer wieder vermögensrechtlich auszugleichen. „Der G.s-Satz wird zum Opferausgleichssatz, wenn er aus Gründen des überwiegenden öffentlichen Interesses durch Auferlegung besonderer unzumutbarer, also ungleicher Opfer durchbrochen werden muß“ *(Dürig)*.

Daneben stellt die Verfassung selbst noch spezielle Maßstäbe für die Verletzung des G.s-Satzes auf. In bisher kaum gesehener Folgerichtigkeit wiederholt sich beim G.s-Satz die Verfassungsarchitektur, die der Systematik der Freiheitsgrundrechte zugrunde liegt. Wie Art. 2 I lex generalis und Auffangrecht im Verhältnis zu den benannten Freiheitsrechten ist, so ist Art. 3 I das Hauptgleichheitsrecht, auf das erst dann (aber dann auch immer) zurückzugreifen ist, wenn die speziellen Erscheinungsformen des G.s-Satzes (Art. 3 II, 3 III, 6 V, 33 I—III usw.) thematisch versagen.

Es ist nötig, diese Skizzierung des allg. G.s-Satzes mit einem Hinweis für die Rechtsanwendung zu beenden. Es mehren sich die Fälle, wo der G.s-Satz fälschlicherweise so aufgefaßt wird, als zwinge er auch zur „G. im Unrecht". Diese Bedeutung hat das G.s-Grundrecht nie gehabt und nie gewonnen. Beispielsweise berechtigt es niemals zu der Forderung, daß der Staat ein rechtswidriges Verhalten des Bürgers dulden müsse, weil er in anderen Fällen gegen ein solches nicht eingeschritten ist.

VII. Glückwünsche, Nachrufe

Willibalt Apelt zum achtzigsten Geburtstag*

Am 18. Oktober 1957 begeht Staatsminister a. D. Geheimrat Professor Dr. *Willibalt Apelt* seinen 80. Geburtstag.

Eine Aneinanderreihung der Daten, Fakten, Schriften usw. spräche zwar auch beredt genug, würde aber nur ein sehr vordergründiges Bild dieses inhaltreichen Lebens zeichnen. Als *Apelts* Schüler, der zahllose fachliche und menschliche „*Nikodemus*-Stunden" mit ihm verleben durfte, darf ich es wagen, die Rolle des reinen Chronisten zu verlassen. Nebenbei bemerkt, wäre *Apelt* der erste, der mir bei einer solchen Skizzierung seiner Gesamtpersönlichkeit väterlich lächelnd den Stift aus der Hand nehmen würde.

Willibalt Apelt ist einer der letzten großen Weimaraner. Er gehört etwa in dieselbe Linie wie *Theodor Heuß* oder *Hugo Preuß,* der ihn 1918 als Verfassungsreferenten in das Reichsamt des Innern berief und dessen rechte Hand er bei der Schaffung der Weimarer Verfassung war. Die Weimarer Verfassung bedeutet für *Apelt* daher auch heute noch mehr als ein „kühner Wurf", mehr als ein konkret-historisches Verfassungskonzept. Es hängt Herzblut daran. Seine ganze „Geschichte der Weimarer Verfassung" (1946) ist darum eigentlich auch durchzogen von dem Staunen eines Hochherzigen, wie ein Volk das reine Wollen der Verfassungsschöpfer so leichtfertig mit Undank vergelten konnte. Daß *Apelt* — und 1946 hörten das die Sieger nicht gern — dabei auch die fremdbewirkten Gründe, die zum Ende Weimars führten, nicht verschweigt, erscheint bei ihm selbstverständlich. Man muß dabei gewesen sein, wenn in seinen Münchener Kollegs die Weimarer Verfassung lebendig wurde; wenn er vom Katheder wegtrat und etwa schilderte, wie die Väter der Verfassung beim Begriff der „Maßnahme" im Sinne des Art. 48 nur an traditionelles Gefahrenabwehrrecht gedacht hätten und wie dann plötzlich gesetzesvertretende Verordnungen unter diesen Begriff gebracht wurden. Aus dem Schatz des „Dabeigewesenen" eine kleine Geschichte: *Hindenburg* hatte im Text der Verfassung alles, was ihn anging, blau (d. h. in der Taktik: „eigene Truppe"), das Parlamentsrecht dagegen rot (d. h.: „der Feind") unterstrichen.

Wollte man *Apelt* formelhaft auf Standorte festlegen, könnte man ihn als „national-liberal" bezeichnen. Aber solche Schablonen passen

---

* AöR 82 (1957), S. 157 bis S. 162.

auf ihn nicht. Vom Nationalismus trennt ihn ein urbaner Humanismus (die besten *Plato*-Übersetzungen stammen aus seiner Familie); von einem autonomen Liberalismus trennen ihn konservative Traditionen, die *Kant*'sche Philosophie und eine wahrhaft als Bindung empfundene und gelebte Religiosität. Studentische Bierzeitungen ulkten manchmal, er sehe zwar aus wie *Bismarck*, sei aber in Wirklichkeit „der letzte 1848er". In der Tat kann man sich *Apelt* im Professorenparlament der Paulskirche gut vorstellen. Zu kurz kommt in dieser Charakterisierung jedoch die stets zeitnahe Aufgeschlossenheit *Apelts* gegenüber Tagesproblemen. Als nach dem Zusammenbruch — lange vor aller offiziellen Diplomatie — die ersten deutschen Juristen in Washington empfangen wurden und *Apelt* als ihr Sprecher fungierte, da sprach weder ein „1848er" noch ein „Weimaraner", sondern einfach der von der deutschen Nachkriegsnot umgetriebene Staatsrechtler.

Damit sind wir bereits beim zweiten Charakteristikum, das dieses achtzigjährige Leben bemerkenswert macht. Dieses Leben zeichnet sich aus durch eine selten glückende Synthese von Theorie und Praxis. Die Lebenslinie des Staatstechnikers und Verwaltungspraktikers und die Lebenslinie des Forschers und Lehrers haben sich immer wieder überschnitten, so oft überschnitten, daß sich letztlich beide in einer großen Harmonie vereinigten. Ich habe dies jahrelang selbst erfahren. Als Behördenchef ist er — bewirkt durch die wissenschaftliche Komponente seines Lebens — frei von aller kleinkarierten Anschafferei, leitet er souverän unter Belassung freier Untergebeneninitiative; — als Wissenschaftler dagegen holt der Praktiker *Apelt* alles Einseitig-Doktrinäre stets wieder auf die Erde zurück. (Mir hat er so mit Recht manches dogmatische „Glasperlenspiel" zerschlagen.)

Der Praktiker *Apelt* kommt aus der Innenverwaltung seiner sächsischen Heimat (geboren in Löbau — Abiturient des Vitzthum'schen Gymnasiums Dresden — Leipziger Doktorand bei *Strohal*). Wie zahllose Verwaltungsjuristen vor und nach ihm dient er sich über Referendar- und Assessor-Zeit zum Regierungsrat (1916 an der Amtshauptmannschaft Leipzig) empor. Nach dem ersten Weltkrieg folgen zwei Jahre im Reichsamt des Innern als Mitarbeiter von *Hugo Preuß* in Berlin und Weimar. Von 1920 bis 1923 leitete er als Ministerialrat im Sächsischen Volksbildungsministerium die Hochschulabteilung. Gleichzeitig ist er Vorsitzender der Verwaltungsakademie Dresden und (bis 1933) Erster Vorsitzender des 1921 von ihm mitbegründeten Reichsverbandes Deutscher Verwaltungsakademien. Von 1927 bis 1929 ist *Apelt* im damals schon radikalisierten Lande Sachsen als reiner Fachminister in einer demokratisch-bürgerlichen Regierung Staatsminister des Innern und stellvertretender Ministerpräsident. Die Jahre 1928 bis

1930 sehen ihn als Referenten und (nach Ausscheiden aus dem Reichsrat) als Sachverständigen bei den Arbeiten zur Reichsreform. Diesem Anliegen der Reichsreform dienen zahlreiche Schriften *Apelts* aus der damaligen Zeit. Nach der Katastrophe des 2. Weltkrieges macht man ihn zunächst zum Ortsvorsteher einer kleinen bayerischen Gemeinde. Es folgen Ämter in der akademischen Selbstverwaltung der Universität München (Prorektor, Dekan, Institutsdirektor usw.). Und der bunte Kreis praktischer Aufgaben und Tätigkeiten schließt sich gewissermaßen, als Apelt auch zum Richter — und zwar am Bayerischen Verwaltungsgerichtshof — ernannt wird.

Nicht minder inhaltreich ist das Leben des Wissenschaftlers *Apelt.* Er habilitiert sich 1916 bei *Otto Mayer* mit der (1920 erschienenen) bekannten Monographie „Der verwaltungsrechtliche Vertrag". Der in der Praxis stehende Ministerialbeamte wird 1920 zum Honorarprofessor der Universität Leipzig ernannt. Die 1922 gegründete Vereinigung der Deutschen Staatsrechtslehrer geht weitgehend auf seine und *Heinrich Triepels* Initiative zurück. 1923 siegt in *Apelt* der Hochschullehrer über den Praktiker und er folgt einem Ruf auf ein Ordinariat für öffentliches Recht in der berühmten Leipziger Juristenfakultät, der er — unterbrochen durch seine Ministerjahre — bis zu seiner Amtsverdrängung im Jahre 1933 angehört. Als die Münchener Universität 1946 wieder ihre Pforten öffnet, kehrt auch *Apelt* aus seinem Exil in den oberbayerischen Bergen wieder auf das Katheder zurück. Heute ist er zwar seit einigen Jahren emeritiert, aber der Emeritus hält immer noch eine Übung ab. Ebenso ist *Apelt* nach wie vor aktiv tätig an der Münchener Hochschule für politische Wissenschaften, deren Führungsgremien er angehört. *Apelts* wissenschaftliche Leistung[1] erfuhr eine große internationale Anerkennung, als er aus Frankreich anläßlich des 150jährigen Bestehens des Conseil d'Etat aufgefordert wurde, die deutsche Publizistik in der Festschrift und beim Festakt zu repräsentieren („L'Acte de Gouvernement dans la Jurisprudence et la Doctrine en France et en Allemagne",

---

[1] Aus seinem Nachkriegsschaffen sind zu nennen: Geschichte der Weimarer Verfassung, 1946; Zum Kampf gegen den Rechtspositivismus, DRZ 1946, S. 174; Die bayerische Verfassung, DRZ 1947, S. 1; Die Rechtsnatur der Rüstungsverträge, DRZ 1947, S. 393; Hegelscher Machtstaat oder Kantsches Weltbürgertum (1948); Hundert Jahre deutscher Verfassungsgeschichte, DRZ 1948, S. 149; Betrachtungen zur Rechtsnatur der Rüstungsverträge, BB 1948, S. 133; Betrachtungen zum Bonner Grundgesetz, NJW 1949, S. 481; Die Gesetzgebungstechnik, 1950; Zum Begriff Föderalismus, Festschr. f. Kaufmann, 1950, S. 1; Die Gleichheit vor dem Gesetz nach Art. 3 Abs. I GG, JZ 1951, S. 353; Erstreckt sich das richterliche Prüfungsrecht auf Verfassungsnormen?, NJW 1952, S. 1 und 733; Ist der Streit um die Verfassungsmäßigkeit des EVG-Vertrages eine Streitigkeit im Sinne des Art. 93 GG?, NJW 1953, S. 641; Verfassung und richterliches Prüfungsrecht, JZ 1954, S. 401; Ist der Betrieb des Rundfunks im heutigen Deutschland öffentliche Verwaltung?, Festschr. f. Nawiasky, 1956, S. 375.

Paris 1951). Wie lebendig *Apelt* bis heute am wissenschaftlichen Leben teilnimmt, zeigt vielleicht am besten die Tatsache, daß er noch kürzlich an der Sorbonne — übrigens in fließendem Französisch — einen Vortrag über die Beziehungen zwischen Parlament und Regierung hielt.

Es ist nach allem nicht verwunderlich, daß die Münchener Juristenfakultät *Apelt* als Wissenschaftler durch Darbringung einer Festschrift ehren wird.

Diese wenigen herausgestellten markanten Punkte in *Apelts* Lebenswerk zeigen ein weiteres Charakteristikum. *Apelt* hat sich nie aufgedrängt. Er ist kein Manager der Wissenschaft und kein von Äußerlichkeiten beeinflußbarer Staatsmann. Kennzeichnend für ihn ist vielmehr ein stilles vornehmes Warten, mit dem er seine Kenntnisse, Fähigkeiten und Dienste bereithält, bis man ihn braucht und holt. Braucht man ihn aber, dann dient er dem Gemeinwohl ohne Rücksicht auf dessen fragwürdige Größenrelationen. Dann sieht ihn die Gemeinschaft als Minister, der über Hundertschaften kasernierter Polizei verfügt, oder aber auch als Ortsvorsteher, der für ein Hundert Gebirgler von der Besatzungsmacht Passierscheine erbettelt. Dann steht er einer Gesamtuniversität mit derselben Intensität vor, wie er sich um die persönlichen Sorgen seiner Seminarteilnehmer kümmert. (Seine liebenswerte Frau *Christa*, geb. *Schnorr v. Carolsfeld*, nannte uns keineswegs nur deswegen die „Kinderstube", weil wir in seinem gastlichen Haus vor der Währungsreform meist nur Grießbrei bekamen, um satt zu werden. Heute sind — fast möchte ich sagen: leider — die Insassen der Kinderstube selbst schon wieder Bundestagsvizepräsidenten, Landgerichtsräte, Bankdirektoren und, wie figura zeigt, Ordinarien des öffentlichen Rechts.)

Und ein Letztes, was *Apelt charakterisiert*, sei hier hervorgehoben. Er ist nie umgefallen. Er blieb sich und dem, was er für wahr und gerecht erkannt hatte, in jeder Stunde seines Lebens treu. Auf wissenschaftlichem Gebiet zeigte sich das etwa, als er am Beginn seiner akademischen Laufbahn gegen Willen und Lehrmeinung seines Habilitationsvaters *Otto Mayer* der Rechtsfigur des verwaltungsrechtlichen Vertrages ihren Platz in der Systematik des öffentlichen Rechts erkämpfte. Und das bestätigte sich bis hinein in die letzten Arbeiten *Apelts*, mit denen er der Mode gewordenen Überschätzung der Verfassungsgerichtsbarkeit zur Lösung aller — auch politischer — Fragen entgegentrat. (Dabei sei mir die Bemerkung gestattet, daß mein Lehrer *Apelt* und mein Freund *Bachof* in ihrer bekannten Kontroverse über „verfassungswidrige Verfassungsnormen" insofern aneinander vorbeigeredet haben, als es *Apelt* niemals um die materiell-rechtliche Leugnung des überpositiven Rechts als solchen, sondern stets nur um die

Leugnung des formellen verfassungsrichterlichen Prüfungsrechts hinsichtlich derartiger Wertnormen ging.)

Von dieser Treue gegen sich selbst war *Apelts* ganzes Leben beherrscht. Der Demokrat *Apelt* fiel nicht um, als ihn 1933 (sein eigener Assistent denunzierte ihn) das System unter dem Rechtstitel „Wiederherstellung des Berufsbeamtentums" (sic) von seinem Lehrstuhl vertrieb und er, um der Verfolgung zu entgehen, in die oberbayerischen Berge flüchten mußte. Unter diesem System, das ihn mit Schmach und Schande aus dem Amt verdrängt hatte, mußte *Apelt* seine beiden einzigen Söhne, die kurz vor der Habilitation standen, opfern, ohne je ihr Grab zu sehen. Im Vorspruch zur „Geschichte der Weimarer Verfassung" hat *Apelt* seinen Söhnen Dr. jur. *Friedrich Apelt* und Dr. jur. *Heinrich Apelt* ein erschütterndes Denkmal gesetzt.

Aber er blieb sich auch treu, als er nachher wieder lehrte. Über seine Lippen kam nicht ein einziges — nach allem doch naheliegendes — von persönlichem Ressentiment erfülltes Wort der Klage oder Anklage. Auch das muß man erlebt haben. Es war die Zeit, wo uns der US-Universitätsoffizier nicht zum Studium zuließ, weil man — sagen wir — Rittmeister gewesen war. Man glaubte nicht recht zu hören, daß ein Mann z. B. auszusprechen wagte, daß *Friedrich II.* trotz allem „der Große" zu nennen sei, daß *Bismarck* trotz allem ein großer Kanzler gewesen sei, daß Bayern trotz allem unlösbar zu Deutschland gehöre, daß man trotz allem wieder ein deutsches Vaterland — er sagte 1946 in der Tat „Vaterland" — aufbauen müsse, und daß dazu gerade wir gebraucht würden. Jeder, der in der zerbombten Münchener Universität in umgearbeiteten Uniformstücken frierend dabei war, wird es bezeugen: *Apelts* große pädagogische Tat der Nachkriegsjahre war es, 12 bis 15 Jahrgängen von Hitlerjungen und Panzerschützen, die geistig und körperlich angeschlagen waren, erstmalig mit dem für uns völlig neuen demokratischen Rechtsstaat bekannt zu machen, ohne uns gültige patriotische Ideale zu zerbrechen. Er stürzte und geißelte rücksichtslos, was vom Übel war, aber er verband die Wunden und zeigte helfende Lösungen. Man hätte insgesamt unserem Volk damals eine solche Staatsbürgerkunde gewünscht, in der kraft einer Persönlichkeit vor- und nachher abgegriffene und mißbrauchte Vokabeln wieder Aussagewert bekamen. Die Vernichtung lebensunwerten Lebens war wieder ein Verbrechen und der Kampf für sein Land war nicht mehr ein Delikt.

Am 18. Oktober werden zahllose Schüler an diesen gütigen und vornehmen Gelehrten denken. Ich persönlich verehre in ihm den Mann, der mich als Lehrer in die Wissenschaft und als Mensch in die Weisheit einführte.

Auf noch viele Jahre, Herr Geheimrat! *Günter Dürig*

Willibalt Apelt

† 16. 6. 1965

Eine Grabrede, die nie gehalten wurde*

Lieber toter „Chef"! Sie haben sich jegliche „Laudatio" verbeten. Aber wie ich Sie kenne, würden Sie jetzt mit ihrem unvergeßlichen Lächeln sagen: „Das wußte ich doch, daß mein Schüler *Dürig* nicht den Mund halten kann; er hat mir nie gehorcht." Dabei, Herr Geheimrat, bin ich nie jemandem so gefolgt wie Ihnen.

Aber ich habe einige Aufträge zu überbringen:

Als Vorstandsmitglied der Vereinigung der Deutschen Staatsrechtslehrer bin ich gebeten, Ihnen einige Blumen zu bringen. Wir sprechen nicht von „letzten Grüßen". Es werden auch nicht die letzten Grüße sein, wenn wir uns bei der nächsten Tagung zu Ihrem Gedenken erheben. Wer den „Verwaltungsrechtlichen Vertrag", „Die Geschichte der Weimarer Verfassung" usw. geschrieben hat, bekommt in unserer Gelehrtenprovinz immer wieder stille Grüße; und nie sind es „die letzten". Sie gehören zu den Gründungsmitgliedern unserer Vereinigung. Es wären Gemeinplätze, wollten wir jetzt vom bedeutenden Fachmann und dem liebenswerten Kollegen sprechen. Aber ich glaube, daß es wohl keine Fachvereinigung so wie unsere trifft und erschüttert, wenn einer ihrer großen alten Männer stirbt. Für uns gehen damit stets auch Repräsentanten ganzer Epochen im Staatsrecht und im Verfassungsleben unserer Nation dahin. Sie haben als aktiver Verwaltungsjurist die Kaiserzeit noch bewußt miterlebt. Sie haben die Weimarer Epoche verantwortlich als Professor und Minister mitgestaltet. Wir sind froh, daß Sie uns wenigstens Ihre Lebenserinnerungen hinterlassen haben, nachdem Sie mündlich nicht mehr zu uns sprechen können.

Namens meiner Tübinger Juristenfakultät soll ich ausrichten:

Wir sind sehr stolz darüber, daß Sie in Ihrem gewiß an Fahrten nicht armen Leben gerade bei uns zum letzten Mal auf dem Katheder standen und den Schülern Ihres Schülers Ihr letztes Kolleg hielten. Ich persönlich habe niemals so stolz und zugleich demütig die akademische Traditionskette erlebt, wie damals in unserem muffigen Hörsaal neun.

* AöR 90 (1965), S. 378 f.

Und liebe Frau *Christa,* so wie wir ihn dort noch kürzlich erlebten, sollten wir ihn in Erinnerung behalten. Der Mann auf dem Krankenbett, selbst der im sonnigen Florenz kurz vor seinem Tode noch Schönheit genießende Emeritus, ist nicht der eigentliche Geheimrat *Apelt* gewesen. Aber dort in diesem schlecht gelüfteten Hörsaal auf dem Katheder, das war er. Die eine Hand in der Tasche, vor dem Katheder wieder federnd wie ein gespannter Bogen, und es formulierte aus ihm. Und die Studenten waren begeistert. Und das, und nicht die heutigen Klageweisen sollten Sie, Frau *Christa,* im Ohr behalten, wenn Sie an ihn denken. Er hatte improvisiert. Aber ich glaube nicht, daß in unserem Jahrhundert je ein derartig eindrucksvoll komprimiertes Kolleg über Staatslehre und Staatsethik gehalten wurde. Es war das Fazit eines christlichen Staatstheoretikers und Staatspraktikers nach einem vollendeten Leben. Ein großer Wissenschaftler und Praktiker des öffentlichen Rechts hatte die Bilanz gezogen und der Ring hatte sich geschlossen. Die Bilanz war positiv und frei von allen Bitterkeiten über vergangene und gegenwärtige Ausfallserscheinungen in Recht, Staat, Gesellschaft und wissenschaftlichem Beruf. Mein Versuch, dieses erfüllte Leben in AöR 82, S. 157 ff. zu umgreifen, war weggewischt von einem, der nun endgültig wußte, worum es rechtlich und moralisch im Leben eines deutschen Staatsrechtsprofessors geht.

Als Vertreter Ihrer Schüler, Herr Geheimrat, kann ich nur einen Satz sagen: Sie werden — obwohl manche von uns wiederum schon Professoren sind — immer das bleiben, was Sie für uns bei Lebzeiten waren: „*Der* Herr Professor.“

Was ich persönlich zu sagen hätte (als Freund, wie Sie mich nannten), kann ich nicht formulieren. Ich möchte meinen Lehrer nicht dadurch blamieren, daß seinem Schüler nun gerade jetzt Stimme und Zeilen vor Schmerz umkippen. Sie wären der erste, der sagen würde: „Schüler *Dürig,* so etwas darf einem Dozenten nicht passieren.“ Auf Wiedersehen, Chef! Sie waren der nobelste Mann, den ich kannte. R. i. P.!

Ihr Schüler, Kollege und Freund *Günter Dürig*

VIII. Glossen

Ein Trauerspiel in (bisher) 4 Akten*

Wenn eine Maschine allzu präzise und perfekt läuft, dann scheint ihre Bedienung uninteressant zu werden. Nur so ist es wohl erklärlich, daß die Zivilistik, die mit Recht auf die Durchgeformtheit und Exaktheit ihrer Materie stolz ist, immer wieder dem dynamischen Magnetismus verfassungsrechtlicher Fragen verfällt. Beseelt von dem ehrlichen Willen, auch in das angeblich so verschwommene Verfassungsrecht die gewohnte Präzision „hineinzubringen", ist dann das Ergebnis dieser Bemühungen für den Verfassungsjuristen oft kaum noch wiederzuerkennen. So erlebten wir beispielsweise unter Leitung eines großen Zivilisten und eines weitgehend doch zivilistisch orientierten Höchstgerichts, wie seinerzeit klare verfassungsrechtliche Formalbegriffe, wie „Eigentum" und „Enteignung", derart „aufgelöst" wurden, daß sie mit den ursprünglichen Begriffen nur noch den Namen gemeinsam hatten. Ein ähnlicher Auflösungsprozeß spielt sich zur Zeit um die Gleichberechtigung nach Art. 3 II des Grundgesetzes ab.

Der erste Akt des Schauspiels war recht verheißungsvoll. Öffentlichrechtler und Arbeitsrechtler erkannten das ihnen durch Art. 3 II GG auferlegte Gebot und traten in auf hohem Niveau geführte Auseinandersetzungen über den Einfluß dieser Norm auf die Lohn- und Arbeitsbedingungen der Frauen ein. Denn worum ging es in dieser Norm vor allem, nachdem in der Weimarer Zeit bereits die völlige Gleichberechtigung im *politischen* status activus der Frauen erreicht worden war? Es ging um die soziale Stellung (status activus *socialis)* der berufstätigen Frau; und hier wiederum vor allem um die soziale Stellung der zahllosen berufstätigen Frauen, deren Leben sinnlos geworden zu sein scheint, weil ein männermordender Krieg ihnen die Lebenserfüllung durch Ehe und Familie unmöglich gemacht hat. Diese Situation, gegen die *sächliche* Kriegszerstörungen geradezu belanglos erscheinen, *wollte, konnte* und *kann* Art. 3 II GG primär ansprechen und mit den naturgemäß behelfsmäßigen Mitteln des Rechts im sozialen Bereich „angleichen" und „ausgleichen".

Im nächsten Akt schwiegen die Sozialrechtler bereits. Die Routiniers des Familienrechts stellten die Weiche in das von Art. 3 II GG doch wohl nur sekundär angesprochene forum internum der bestehenden

---

* JZ 1953, S. 740 f.

Familie, übersahen dabei zwar, daß z. B. in Frankreich — im Gegensatz zu den doch wohl kaum zur Rechtsvergleichung geeigneten sowjetisch beeinflußten Rechtsgebieten — niemand ernsthaft daran denkt, den verfassungsrechtlichen Gleichberechtigungssatz auch *familienrechtlich* zu realisieren, erstickten aber jedenfalls mit der Quantität von Spezialfragen (er heißt *M*aier, sie heißt *M*eier und will ihren Namen zum Mannesnamen setzen) die Qualität der bisherigen publizistisch-arbeitsrechtlichen Diskussion. Man spielt auf der Klaviatur der Güterstände, fühlt sich bei der Entscheidung über den Prozeßkostenvorschuß in der Sphäre des Verfassungsrichters, wird aber andererseits absolut humorlos, wenn ein Glossator einmal die Frage wagt, ob denn eine „Gleichberechtigung judge made" nun wirklich *so* schlimm sei. Daß dabei in Schrifttum und Rechtsprechung zum Teil Ergebnisse auftauchen, die eine eindeutige *Schlechterstellung* der Frau bedeuten, kann selbstverständlich nur diejenigen in Erstaunen versetzen, die überhaupt einmal erkannt hatten, daß Art. 3 II GG nie „gleichmachen" und „nivellieren", sondern *bisherige Schlechterstellungen* der Frau der sozialen Stellung des Mannes „angleichen" wollte. (Manchmal glaubt man übrigens Entscheidungen zu erkennen, die seinerzeit durch ganz *bewußte* Skurrilität den Gesetzgeber — der erst neuerdings zwar zur zeitgewinnenden formellrechtlichen *Sistierung* [Fristverlängerung im Rahmen des Art. 117], nicht aber bereits zur materiellrechtlichen *Lösung* [Familienrechtsnovelle] bereit zu sein scheint — noch während der *ersten* Legislaturperiode zum Sprechen bringen wollten —, Entscheidungen, die irgendwie an die Geschichte von jenem berühmten bayerischen Amtsrichter erinnern, der, um endlich seine Pensionierung durchzusetzen, Landstreichen und Betteln mit der Todesstrafe ahndete. Nebenbei bemerkt, besteht bei der Realisierung der Zeitgewinnungstendenz die Gefahr, daß sich ein weiterer — diesmal formal verfassungsrechtlicher — Akt unseres Trauerspiels anbahnt. Pressemeldungen sprachen schlicht von einer zeitweisen Außerkraftsetzung des Art. 3 II GG [!]. Selbst wenn hiermit vernünftigerweise eine Fristverlängerung im Rahmen des Art. 117 GG gemeint ist, darf man skeptisch sein, ob ein solches verfassungsänderndes Gesetz das *Rückwirkungsproblem* [vor allem für inzwischen rechtskräftig gewordene Entscheidungen] befriedigend lösen kann.)

Da nun das Problem schon auf dem Nebengeleise des Familienrechts lief, obwohl es in erster Linie ein Problem der gewaltsam zur *Familienlosigkeit* gezwungenen Frauen ist, konnte es gar nicht ausbleiben, daß man in weltanschaulich vermintes Gelände geriet. Der Glossator ist ein entschiedener Gegner eines säkularisierten Familienrechts, aber er bedauert es, daß auch in der Theologie die durch Art. 3 II GG wirklich aufgeworfenen moraltheologischen Probleme der gewaltsamen Ehe-

losigkeit eines großen Teiles der Frauen (und deren Befreiung aus elementarer Lebensangst durch soziale Gleichstellung) von canonistischen Teilfragen des Eherechts überspielt zu sein scheinen.

Und wieder hob sich der Vorhang und der vierte Akt zeigte eine strafrechtliche Szenerie. Als Student hatte man bereits erkannt, daß es in der Strafrechtsdogmatik nirgends eine Schlechterstellung der Frau gibt (und als man als Referendar an den ersten Urteilsberatungen teilnehmen durfte, sah man, daß Frauen bei der Urteilsfindung und Strafzumessung — mit einer nie zugestandenen rudimentären männlichen Ritterlichkeit selbst gegenüber der kriminellen Frau — meistens milder behandelt werden). Aber auch hier unterlag man der Verwechslung von „Gleichmacherei" und „sozialer Angleichung" und ging daran, die Strafrechtsdogmatik dort zu korrigieren, wo der *Mann* schlechter gestellt ist. Dieser Tiefpunkt an Verkennung und Verkehrung der Verfassungsnorm des Art. 3 II GG ist bisher noch nicht unterschritten worden, und kann auch nur dadurch unterschritten werden, daß man im Zeichen des Art. 3 II GG über die Kriegsleistungspflicht der Frau diskutiert.

Die Verfassungsrechtler aber schweigen. Dabei sind sie es doch, die — ähnlich wie bei der Auflösung des Enteignungsbegriffs — dann letzten Endes für eine Fehlentwicklung verantwortlich gemacht werden.

Neues vom Kampf um die losen Blätter*

I.

Mit Trauer und Erbitterung mußten unlängst die Gegner der in der juristischen Literatur überall im Vormarsch begriffenen Loseblatt-Sammlungen erleben, daß *Günter Dürig*, ihr Vorkämpfer, der einst in dieser Zeitschrift[1] mit funkelnden Worten das Unwesen der losen Blätter in die Schranken gewiesen hatte, endgültig ins Lager der Loseblatt-Freunde hinübergewechselt ist. Kein Wort der Erklärung, nicht einmal einen Abschiedsgruß widmete er seinen früheren Gefährten; vielmehr überraschte er sie mit der Frucht seines Verrates: der ersten Lieferung seines Loseblatt-Kommentars zum Grundgesetz, den er zusammen mit *Theodor Maunz* herausgibt.

Freilich, die Skeptiker im Lager der Anti-Loseblatt-Juristen sahen sich schon vor vier Jahren von *Dürig* verlassen, als er begann, die „Gesetze des Landes Baden-Württemberg" in jener fatalen Loseblatt-

* JZ 1959, S. 69.

[1] JZ 1953, S. 126.

Form erscheinen zu lassen. Aber die meisten seiner Anhänger wollten es damals noch nicht glauben, daß *Dürig* für immer die Front gewechselt habe; man sprach von einem zwar bedauerlichen, aber immerhin verzeihlichen, sicher einmaligen Fehltritt, dessen Wirkungen sich zudem in territorialen Grenzen halten würden. Die so dachten, waren keine Realisten.

Schwarz steht nun die Zukunft vor den Alleingelassenen. Lohnt es sich noch, so fragen sie, weiterzukämpfen?

Dr. *Johann Georg Reissmüller,* Tübingen

II.

Wo er recht hat, hat er recht.

Prof. Dr. *Günter Dürig,* Tübingen

Der „Schein-Standesbeamte"*

Den Tübinger Rechtsstudenten wurde zum Schluß des vergangenen Wintersemesters innerhalb der Übungen im öffentlichen Recht für Vorgerückte (Dozent: Prof. Dr. *G. Dürig)* folgender Fall zur Klausurbearbeitung vorgelegt. Nach Meinung der Schriftleitung der FamRZ — die sich insoweit dem Kampf „wider den tierischen Ernst" anschließt — verdient es dieser Vorgang, im Druck festgehalten zu werden.

Faschingsklausur

Der Bürgermeister *Gescheitle* im Städtchen Witztoll ist sehr spaßig. Und wiedergewählt werden will er auch. Unter allgemeinem Jubel der Bevölkerung übergibt er für die drei tollen Tage den Schlüssel des Rathauses dem örtlichen Faschingsprinzen und erklärt sich bis zum Aschermittwoch für abgesetzt. Prinz *Humba-Humba der Erste* (bürgerlicher Name: *Krause;* Beruf: Südfrüchteimporteur) beginnt munter zu regieren. Alles hat Spaß, als er sich die Einwohnersteuer erläßt, seiner Prinzengarde Kommunalabgaben stundet, usw. Die Stimmung im Rathaus erreicht ihren Höhepunkt, als er am Rosenmontag das auf die Trauung wartende Brautpaar *Hübsch* in das Zimmer bittet, wo sonst *Gescheitle* als Standesbeamter fungiert. Alles ist wie sonst. Nur die Rede ist besser, und das Harmonium spielt nicht so falsch. Die Eintragung erfolgt unter „*Prinz Humba-Humba I.,* z. Z. regierender Bürgermeister und Standesbeamter".

* FamRZ 1965, S. 257.

In der ernüchterten Katerstimmung des Aschermittwochs kommen allen Beteiligten doch erhebliche Zweifel, ob das Brautpaar Hübsch eigentlich verheiratet ist oder nicht.

Bemerkungen

I.

Liebe FamRZ-Leser!

Nachdem der Karneval (Fasching, Fasnet) vorbei ist, bekomme ich doch „kalte Füße“, ob ich meinen Übungsteilnehmern nicht Unrecht getan habe. In der Besprechung habe ich nämlich argumentiert, daß § 11 II EheG hier nicht nur einen sonst „nichtigen“ Verwaltungsakt „heilt“, sondern sogar „Nicht-Akte“ (etwa des Hauptmanns *von Köpenick)* als existent fingiert. Zur Lösung dieses „Falles des täglichen Lebens“, der dogmatisch für die Lehre vom fehlerhaften Verwaltungsakt insgesamt übrigens gar nicht so läppisch ist, wie es zunächst aussieht, bitten meine Studenten und ich nun „letztinstanzlich“ doch um die Hilfe der kundigen FamRZ-Leser.

Prof. Dr. *Günter Dürig*, Tübingen

II.

Lieber Herr Kollege *Dürig!*

Ehe der Karneval vorbei ist, will ich Ihnen doch noch schnell mein Kompliment zur „Faschingsklausur“ machen. So also betreibt man in Tübingen öffentliches Recht und wagt sich dann auch noch ins Familienrecht hinein!

Spaß beiseite. Sie wollen von mir eine Lösung. Prima vista wollte ich Narr tatsächlich den § 11 II EheG hier anwenden; aber ich meine jetzt, fast schon wieder ernüchtert, es liegt doch de facto gar kein Verwaltungshandeln vor; m. a. W.: Prinz *Humba-Humba* hat gar nicht „das Amt eines Standesbeamten öffentlich ausgeübt“. Ich habe das früher mal einen „Nicht-Akt“ (nicht bloß „nichtigen Verwaltungsakt“) genannt. Ein Nullum oder Nihil bleibt ein Nichts, so leid es mir als Anhänger des Konsensprinzips im Eherecht auch tut[1].

Und nun bitte ich mir meine Lösung mit Prädikat auszuzeichnen, evtl. den verdienten Übungsschein zuzusenden.

Bad Godesberg, am Karnevals-Dienstag 1965 Ihr *F. Bosch*

---

[1] Zum „Mißbrauch der Eheschließung“ — allerdings in ganz anderer Richtung — vgl. nun auch die äußerst interessanten Darlegungen von *Bydlinski*, ÖsterrJurBl. 1965, S. 220 f.

IX. Besprechungen, Berichte

Besprechung von „Demokratie und Rechtsstaat"

Festgabe zum 60. Geburtstag von Zaccaria Giacometti*

Wenn sich eine Rezension, wie die vorliegende, um drei Jahre verzögert, so scheint dies *Joseph de Ghellincks* Aperçu zu bestätigen, daß Festschriften eine „Begräbnisstätte" der besten Arbeiten seien. Der Schein trügt. Insbesondere ist es mehr als ein Akt der Courtoisie, wenn hier insgesamt einmal festgestellt wird, daß bei uns in Deutschland keine Zeile der Schweizer Fachgenossen ungelesen verlorengeht. Und das gilt auch für die Festgabe, die *Zaccaria Giacometti* zum 60. Geburtstag von den Schweizer Juristen *Max Imboden, Werner Kägi, Julius G. Lautner, Hans Nef, Werner Niederer* und *Karl Oftinger* dargebracht wurde. Es ist hier nicht nötig, des *Anlasses* dieser Festgabe noch einmal zu gedenken. *Hans Nawiasky* und *Hans Peters* haben dies in Gestalt ihrer Beiträge zur Festgabe repräsentativ für die deutsche Publizistik getan.

Die Festgabe umfaßt elf Monographien, die dem Rahmenthema „Demokratie und Rechtsstaat" eingeordnet sind. Sie sind es nicht nur — wie so häufig bei Festschriften — dem Titel, sondern auch der Sache nach; sie fügen sich geschlossen in das Gesamtthema ein.

An die übliche Rezensentenentschuldigung — die hiermit auch angebracht sei —, daß man unmöglich den ganzen Inhalt des Werkes würdigen könne, wird man auch in der Schweiz gewöhnt sein.

Am erregendsten ist fraglos der Beitrag *Hans Kelsens: „Was ist die Reine Rechtslehre?"* Man hat mit Recht festgestellt, daß *Kelsen* hier sein Lebenswerk noch einmal in klassischer Klarheit und Kürze dargestellt hat. Der Leser wird hin- und hergerissen zwischen Bewunderung und Abneigung. Die Bewunderung zollt der Jurist als Logiker, die Abneigung ergreift ihn als Sozialwissenschaftler. Der Rezensent kann nicht verschweigen, daß bei *ihm* eindeutig die Abneigung überwiegt — die Abneigung gegen *Kelsens* zum Überdruß wiederholte und widerlegte Eliminierung von Seinsgegebenheiten einerseits und Wertvorstellungen andererseits aus der Rechtslehre. Vielleicht ist es eine Generationenfrage, aber man kann den Relativismus gegenüber dem

---

* AöR 81 (1956), S. 496 bis S. 499.

„richtigen Recht“ nicht mehr hören. Lesefrucht (S. 161): „Von einer noch zu Recht bestehenden oder gar in Rechtskraft erwachsenen richterlichen Entscheidung zu sagen, sie sei falsch, ist juristisch ebenso sinnlos wie von einem rechtskräftig wegen Verbrechens Verurteilten zu sagen, er sei unschuldig verurteilt.“

Eröffnet wird die Festgabe durch einen Beitrag von *Maurice Batelli* über die Entwicklung des Begriffes der Volkssouveränität in den Genfer Verfassungen des 19. Jahrhunderts (*„La notion de souveraineté du peuple dans les constitutions genevoises du XIX. siècle“*). Die für deutsche Leser nicht sehr ergiebige — weil thematisch zu spezielle — Abhandlung hinterläßt das beruhigende Gefühl, daß es Gemeinwesen gab und gibt, in deren Verfassungsentwicklung offenbar die vielerörterte Antinomie von Demokratie (= Volkssouveränität) und Rechtsstaat *keine* Rolle gespielt hat.

Eben jene Antinomie analysiert *Werner Kägi* in seiner beachtlichen Abhandlung über *„Rechtsstaat und Demokratie“*. *Kägi* vereinigt die *einzelnen* Dogmen des Demokratismus zu einem *System,* und damit entsteht dann in der Tat ein ziemlich schauriges Bild vom „demokratischen Leviathan“. Aber *Kägi* begnügt sich nicht mit der Analyse, sondern versucht, die Antinomie in einer *Synthese* zu heilen. (Man sollte bei uns einmal darauf achten, wie sich in Schweizer Arbeiten an die Diagnose *stets* auch eine helfende konstruktive Therapie anschließt.) *Kägi,* der stets dem Dezisionismus das Normative entgegengesetzt hat, bleibt sich treu. Aber es ist ein anderer Normativismus als der *Kelsensche.* Lesefrucht (S. 135): „In der Behauptung der Unbeschränktheit und Unbeschränkbarkeit der obersten Instanz der staatlichen Normsetzung kapituliert das Ethos vor der Logik des geschlossenen Systems.“ Seine Thesen: Die demokratische Mehrheit entscheidet nicht absolut; die demokratische Mehrheit ist nicht allzuständig; auch die demokratische Mehrheit ist an die Rechtsformen gebunden; die Demokratie kann nur als gewaltenteilige bestehen; die Entscheidung der Mehrheit ist nicht eo ipso gerecht. Für das moderne deutsche Verfassungsrecht, das *Kägi* nicht beizieht, sind diese Thesen nicht so sensationell, wie sie angesichts des traditionellen Demokratiebegriffs anderwärts erscheinen mögen.

Es ist daher begrüßenswert, daß *Hans Peters* die *„Entwicklungstendenzen der Demokratie in Deutschland seit 1949“* darstellt. Die von *Peters* geschilderten Tendenzen unseres Verfassungsrechts (vgl. etwa Art. 79 III GG) und unserer höchstrichterlichen Rechtsprechung (beginnend mit BVerfGE 1, 14 Leitsatz 27) liegen genau auf der Linie der von *Kägi* erarbeiteten Synthese. Auch sonst müssen wir es begrüßen, daß der Beitrag von *Hans Peters* mit Resonanz über die Grenzen deutlich macht, daß unser neues Staatsrecht (etwa beim „konstruktiven Mißtrauensvotum“ usw.) nicht bloß eine „Neuauflage des Anschütz“ ist.

Der Rezensent ist persönlich am meisten beeindruckt von *Hans Hubers* Beitrag, der von einer echten, weil phrasenfreien ethischen Höhenlage aus *„Niedergang des Rechts und Krise des Rechtsstaats“* untersucht. *Hubers* Ergebnis (S. 87): „In dieser Lage des Rechtsstaats sind doch wohl die Grundrechte berufen, das Recht aller Stufen auf den rechtsstaatlichen Ausgangspunkt zurückzuführen, auf die Würde des Menschen.“ Jawohl, so ist es; und genau das ist der Grund, warum der Rezensent (vgl. AöR 81, 117 ff.) nicht von Art. 1 GG loskommt. Seinen Vorschlag (S. 87), die einseitige „Frontstellung“ der Grundrechte aufzulockern, hat *Huber* inzwischen im Sonderheft „Aktuelle Verfassungsprobleme“ der Zeitschrift für schweiz. Recht Bd. 74, Hefte 4 und 5, S. 173 ff. näher verdeutlicht. Seine dortigen Verwirklichungsvorschläge (S. 196 ff.) sind aber so behutsam und differenziert, daß *Huber* keineswegs — wie es neuerdings manchmal geschieht — als Streithelfer für die neue von *Nipperdey* geführte Lehre der *unmittelbaren Grundrechtsanwendung* im Privatrecht in Anspruch genommen werden kann.

Max Imboden behandelt das Thema *„Gemeindeautonomie und Rechtsstaat“*. Seine einleuchtende Feststellung, man brauche in der Schweiz gar keine umfassende Justizförmigkeit der Verwaltungskontrolle, weil jeglicher Willkür durch die Gemeindeautonomie (d. h. durch die Verlagerung der Gesetzeshandhabung in den engeren Verband und durch die Demokratisierung der kommunalen Verwaltung) eine wirksame Schranke gesetzt werde, wird manchen mit Neid erfüllen, der auch bei uns nicht glauben mag, daß der „Rechtsstaat“ in einem „Rechtswegstaat“ *(Jahrreiß)* bestehen müsse.

In diesem Zusammenhang gewinnt *Hans Nawiaskys* Untersuchung Bedeutung: *„Von der unmittelbaren Demokratie; die Bereitschaft der Schweiz — die Zurückhaltung in Deutschland.“* *Nawiasky* hat sicherlich mit dem Vorwurf recht, daß wir es uns mit dem Größen- und Flächenargument zu leicht machen. Auf der Gemeindeebene zieht es nicht und trotzdem gibt es bei uns kaum unmittelbare Demokratie auf der Gemeindeebene. (Die neue Gemeindeordnung von Baden-Württemberg sieht z. B. als Möglichkeit „Gemeinden mit Gemeindeversammlung“ durchaus vor, dennoch hat bisher noch keine Gemeinde diese Verfassungsform gewählt.) *Nawiaskys* historische Argumente mögen zum Teil die deutsche Abneigung erklären. Entscheidender aber dürfte sein, daß in einem Staat, der strukturell nach zwei Katastrophen zum Wohlfahrtsstaat, Gesetzgebungs- und Verwaltungsstaat geworden ist, die Verwaltung auch auf Gemeindeebene permanent generelle Belastungen und Pflichten durchsetzen muß. Es überwiegen einfach quantitativ bei uns die zur unmittelbaren Volksentscheidung ungeeigneten Situationen — gewissermaßen die Situationen, derentwegen man in Deutschland stets Finanzreferenden als unmöglich ausschloß und man diese auch in der kantonalen Schweiz als durchaus fragwürdig bezeichnet (vgl. *Imboden,* Festgabe für Großmann, 1949, S. 117).

Hans Nef untersucht in seinem Aufsatz: *„Die Fortbildung der schweizerischen Demokratie“* neuere spezifische Fragestellungen des Schweizer Staatsrechts. Der deutsche Leser — man gönne uns auch etwas Stolz auf traditionelle demokratische Institutionen — liest immer mit Spannung die Schweizer Meinungen zum Frauenstimmrecht. Es ist schade, daß sich *Nef* nicht klarer (etwa im Sinne seines Schlußsatzes, S. 228) für das Frauenstimmrecht entscheidet. Wir haben hier kaum ein Organ dafür, daß es „sinnvoll“ sein soll, wenn man mit dem „sachlich richtigen Ergebnis“ gegen das Frauenstimmrecht argumentiert.

Als Vertreter Österreichs steuert *Adolf Merkl* eine Abhandlung über *„Idee und Gestalt der politischen Freiheit“* bei. Der Rechtsstaat ist nach *Merkl* „der Inbegriff der Rechtseinrichtungen, die die politische Freiheit gewähren und gewährleisten“.

André Grisel behandelt die Verantwortlichkeit des Staates für rechtmäßiges Handeln seiner Organe (*„La responsabilité de l'Etat fédéral pour l'activité licite de ses organes“*). Auch in der Schweiz hat man noch keine Zauberformel für die Abgrenzung der entschädigungspflichtigen Enteignung von der entschädigungslosen normativen Eigentumsbeschränkung gefunden.

Ein Beitrag von *Jacob Wackernagel* über *„Die Besteuerung der Gratisaktien in rechtsstaatlicher Sicht“* schließt die wertvolle Festgabe für *Zaccaria Giacometti* ab.

X. „Geheimkommentar“

Kommentierte Stichwörter

Vorbemerkung

Die Gesetzessammlungen des C. H. Beck-Verlags (und auch andere) haben am Schluß Sachverzeichnisse, die es dem Leser ermöglichen, die von ihm gesuchten gesetzlichen Bestimmungen über Stichworte aufzufinden. Besonders beliebt ist dieser Stichwortkatalog bei Studenten, die sich damit, vor allem in den Anfangssemestern, viel Sucharbeit ersparen. Sie in erster Linie will *Günter Dürig** auch ansprechen, wenn er bei einigen Stichworten, über den Verweis auf die in Bezug stehenden rechtlichen Vorschriften hinaus, kommentiert. Fünf „kommentierte Stichwörter“ wurden für diesen Sammelband ausgewählt und sind im folgenden abgedruckt.

Hanno Kühnert (in: Die Zeit v. 3. 9. 82), von dem auch der Ausdruck „Geheimkommentar“ stammt, schreibt dazu: „*Günter Dürig* hat das Sachverzeichnis in seiner Sammlung der Gesetze des Landes Baden-Württemberg ... zum Kommentieren benutzt: Es ist, als hätte sich der renommierte alte Löwe der Verfassungskommentierung in ein Sachregister zurückgezogen, um noch einmal richtig brüllen zu können ...“

(Die Herausgeber)

1. Pflichtenverhältnis, Allgemeines

Vgl. LVerf. Bad.-Württ., Art. 1: „wechselseitige Rechte und Pflichten“; keine Rechte ohne Pflichten und umgekehrt; Ausnahme „Robinson“ auf der Insel Nirgendwo gleich „Utopia“ (bis Freytag auftauchte). Es gibt auch ein allgemeines *vorstaatliches* (unabhängig von Zeit und Raum existierendes, und schon bei den Phöniziern aufgeschriebenes) Pflichtenverhältnis. Man nennt es die *„Goldene Regel“ (regula aurea);* es ist das elementare Gesetz allen Rechts schlechthin; es ist eine „Gegenseitigkeitsregel“ ... und lautet einfach: „Was Du nicht willst, das man Dir tu, das füg auch keinem anderen zu“ oder in Frageform: „würde ich selbst so behandelt werden wollen, wie ich andere behandele“; hierauf basiert z. B. als „Grundnorm“, daß gegenseitige Verträge einzuhalten sind — *pacta sunt servanda* — und zwar vom Kaufvertrag eines Brötchens bis hin zu völkerrechtlichen Verträgen; das

* Gesetze des Landes Baden-Württemberg, Textsammlung mit Verweisungen und Sachverzeichnis, 10. Aufl. (München 1984)

„Christliche Sittengesetz“ ... wendet dies in der Bergpredigt (*Matth.* 7, V. 12) positiv: Alles, was ihr wollt, daß euch die Leute tun sollen, das tut Ihnen auch; dabei ist zu beachten, daß die Pflicht zur Nächstenliebe ... lautet „wie Dich selbst“, also einen gesunden Egoismus durchaus voraussetzt (der Hl. Martin, ein Schutzheiliger in Ba.-Wü. hat seinen Mantel mit dem Schwert genau geteilt, nicht ganz weggeben); so lautet auch die verfassungsrechtliche Eigentumsformel „zugleich“ (Recht und Pflicht). Der Satz: „Eigentum ist Diebstahl“ stammt nicht von dem krassen Egoisten *Karl Marx,* sondern vom *Hl. Basilius* (und das war ein Mönch; diese „monastische“ Formel hat dann *Proudhon* übernommen); auch sind *Schuld* (Verschulden) und *Sühne* (Schadensersatz, Entschädigung, Wiedergutmachung) durchaus sowohl theologische wie juristische Kategorien; nur gehören unweigerlich hierher auch noch *Reue und Vergebung.* Papst Johannes Paul II. hat dies als ehemaliger Diözesanbischof des polnischen KZ Auschwitz ausdrücklich und mehrfach anläßlich seines Deutschland-Besuchs 1980 auch der „Großen Deutschen Nation“ zugestanden. Diese *Vergebung* vergißt und entschuldigt gar nichts, aber sie verzeiht; statt dessen wird von vielen Seiten (bewußt oder unbewußt) einer Jugend für die Sünden der Großväter das moralische Rückgrat gebrochen (auch juristisch durch Erpreßbarkeit z. B. unseres Staates), indem man auf Schuld und Sühne verharrt und ihr die theologischen und juristischen Kategorien Reue und Vergebung verschweigt (das ist, weil die gleiche Dimension verkürzend, falsch bis bösartig); wer die „Goldene Regel“ für zu primitiv hält, sollte z. B. bedenken, daß alle rechtlichen Verfahren, die „rechtliches Gehör“ für *beide* Seiten verlangen *(audiatur et altera pars)* ... hierauf beruhen und daß z. B. der Marxismus, der sich auf Dialektik beruft, in strenger „Parteilichkeit“ dies gerade nicht tut (er setzt die These absolut, läßt die Antithese nicht zu und verteufelt jede Synthese als faulen Kompromiß); obwohl fast alle exakten Begriffe des Verfassungsrechts säkularisierte theologische Begriffe sind *(dignitas — Menschenwürde),* wäre es natürlich absurd, alle Organisationsfragen aus dem „Christlichen Sittengesetz“ ... herleiten zu wollen; anders als die teutonischen „Zwei-Klassen-Denker“ oder „Freund-Feind-Denker“ hat die Kirche selbst *zwischen* Himmel und Hölle immerhin das Fegefeuer erfunden, also eine Mischform, die Grauzonen des Denkens und Halbheiten im Sinne von bloßen Annäherungswerten gestattet (der moderne Atheismus ist i. d. R. so militant, daß er dergleichen nicht gestattet); ein Hinweis ist jedoch noch bei dieser *Elementarpflicht* nötig; die *regula aurea* vgl. „wie dich selbst“ hat als Gegenseitigkeitsregel niemals *Notwehr und Nothilfe* als Rechtfertigungsgründe ausgeschlossen; zur Feindesliebe und zum Hinhalten der anderen Backe s. oben den *Hl. Basilius;* das „Christliche Sittengesetz“ verlangt aber keine Heiligen; was es jedoch verbietet, sind dabei egoistische Exzesse; selbst der scheinbar so blutrünstige alttestamentarische Satz: „Aug' um Aug' — Zahn um Zahn“ enthielt bereits eine Rechtspflicht, nämlich die, das Übermaßverbot und das Prinzip der Verhältnismäßigkeit zu beachten ...; er hätte etwa Vergeltung Mann gegen Mann, Familienclan gegen Familienclan, Volk gegen Volk zugelassen, aber niemals Geiselnahme völlig unbeteiligter Mallorca-Urlauber durch irgendwelche „Kämpfer“; es gibt eben gerade keinen Satz des „Christlichen Sittengesetzes“, persönliche Tatschuld oder Lebensführungsschuld zu leugnen und prinzipiell „die Gesellschaft“ (wer ist das eigentlich?) oder den Staat verantwortlich zu machen; das Christliche Sittengesetz verpflichtet den Einzelmenschen, *zunächst* einmal bei sich *selbst* die Frage nach Fehlverhalten zu stellen und dann über Pflichten im zwischenmenschlichen Bereich bis zur Pflicht zur Welthungerhilfe vorzudringen; *deshalb* kann letztlich nie eine

geistige Verbindung von Christentum und *Marxismus* gelingen; der M. steht und fällt mit der Maxime, daß stets andere und anderes schuld sind („der“ Kapitalismus; „die“ Religion; „die“ Monopole, „die“ Unternehmer, „die“ Pfaffen und wenn intellektuell gar nichts mehr geht, „die strukturelle Gewalt“).

2. Pflichtenverhältnis auf freiwilliger Grundlage

95 vom Hundert unserer Bevölkerung sind nicht so „mies“, wie sie von 5 vom Hundert gemacht werden; leider machen diese 5 % i. d. R. die Schulbücher und die Rundfunkprogramme; die *altruistischen Verbände*, die nichts anderes zum Ziel haben, als Hilfspflichten freiwillig zu erfüllen, werden nicht genug gewürdigt ...; meistens in Mehrfachmitgliedschaft beginnt dies bei *„A“* wie *„Arbeiterwohlfahrt“*, geht über *„B“* wie *„Bergwacht“* und *„C“* wie *„Caritas“* (PS-Konto Karlsruhe 202) und *„D“* wie *„Diakonisches Werk“* (PS-Konto Stuttgart 502) und reicht bis *„W“* wie *„Wasserwacht“* und *„Z“* wie *„Zoologische Vereinigung“*; was hier eigentlich vorsichgeht, kriegt eine „kritische Theorie“ nicht einmal andeutungsweise mit; nun sind natürlich „bloße“ Geldspenden noch keine eigentlichen Pflichtenverhältnisse; das ändert sich jedoch bei der freiwilligen *Feuerwehr* ... (die übrigens neuerdings auch Frauen offensteht) und den Organisationen, die z. B. das *RettungsdienstG* ausdrücklich erwähnt ... (das sind aber wiederum nur Beispiele); niemand wird zum Eintritt in die „Bergwacht“ gezwungen, aber *wenn* man dem Dienst beitritt, *dann* entstehen Pflichtenverhältnisse, die nicht nur sehr präzise Kommando- und Gehorsamsstrukturen aufweisen, sondern bis zur Aufopferung des eigenen Lebens führen können. Was die Feuerwehrleute des kleinsten Dorfes wissen, ohne groß davon zu reden, sollten endlich auch Studenten, mindestens wenn sie Jura studieren, wieder einmal zur Kenntnis nehmen.

3. Pflichtverhältnis besonderer Art (Besonderes Pflichtenverhältnis)

Vorab ist zu betonen, daß das *BVerfG* zwar der Rechtsfigur des *„besonderen Gewaltverhältnisses“* ein Ende bereitet hat; aber nur insofern, als der Zweck einer Institution für sich allein (es ging um den Strafvollzug, der nicht kodifiziert, sondern meist nur durch innerdienstliche Vorschriften geregelt war) noch keine Grundrechtsbeschränkungen rechtfertige (verlangt wurde also ein vom Parlament beschlossenes Strafvollzugsgesetz); aber mit keiner Silbe ist je in Frage gestellt worden, daß z. B. das *Beamtenverhältnis* ein *„öffentlich-rechtliches Dienst- und Treueverhältnis* ist ...; daß die Ernennung zum Beamten und Richter nicht *ohne* Einverständnis und schon gar nicht *gegen* den Willen des Bewerbers erfolgen kann, dürfte wohl bekannt sein; wenn beamtete Fluglotsen ein *Streikrecht* fordern, dürfte die Aufklärung genügen, daß sie von der Aufgabe her Polizeibeamte sind wie ihre Kollegen von der Straßenverkehrspolizei; bei Lehrern, die ein Streikrecht fordern, ist meist alles klar, wenn man sie fragt: dann doch wohl auch für die Beamten des Landesamts für Besoldung und Versorgung?; es ist durch Erfahrung belegt, daß Lehrer einschließlich Hochschullehrer meinen — darauf käme kein Metaller oder einer vom Bau —, während des Streiks liefen die Besoldungsbezüge weiter. Überhaupt kommt Klarheit in die Köpfe der Protagonisten des Beamtenstreikrechts, die alle keine gelernten Öffentlich-Rechtler sind, erst, wenn man von der Polizei als Verwarnungsgeldverteiler und vom Finanzamt als Steuereintreiber abhebt, ihnen erklärt, daß insgesamt ca. die Hälfte aller Verwaltungsakte *begünstigende VA* sind und das ganze „Problem“ verlagert auf die Millionen von *Auszahlungen*, die täglich erfolgen (also auf Beamte, die Versicherungen, Versorgung, Sozialhilfe, Hinterbliebenengelder, Renten und nicht zuletzt BAföG als Leistungsverwaltung betreiben); auch ohne große Rechtskenntnisse dürfte jetzt folgendes unmittelbar einsichtig sein: wir haben 60 Mio. Bevölkerung, von denen ca. 3 Mio. Beamte sind (600 000 Lehrer als größte Beamtengruppe); 57 Mio. verlangen (oft sogar durch Grundrechte abgesichert) vom Staat Tun (oder bei Freiheitsrechten Unterlassen); der Staat kann nur handeln durch sein Personal; da er die Rechte der Bevölkerung erfüllen muß, geht das geradezu logisch nur, wenn er sein Personal (3 Mio.) *besonders in Pflicht* nimmt, hier also ständige Dienstbereitschaft fordert, Streik und „Bummelstreik" ausschließt und die Beamten einem besonderen Disziplinarrecht ... unterwirft. Die ganze Konstruktion des besonderen Pflichtenverhältnisses erklärt sich also zutiefst menschlich, nämlich für die Bevölkerung da zu sein, die auf den Staat und seine Einrichtungen angewiesen ist; es ist elitär arrogant und ekelhaft gegenüber jenen 57 Mio., die nicht im öffentlichen Dienst stehen, wenn sich der öffentliche Dienst (3 Mio.) ständig mit sich selbst beschäftigt; im übrigen kompensiert der Staat die besonderen Pflichten durchaus durch besondere Rechte (Unkündbarkeit, Alimentation, Alters- und Hinterbliebenenpension, ohne daß dafür, wie von sonstigen Arbeitnehmern und Freiberuflern gesonderte Beiträge zu zahlen sind); elitäre Beschäftigung des öffentlichen Dienstes mit sich selbst ist auch das zweite Reizthema: Die *Verfassungstreue im öffentlichen Dienst* ...; ein solcher Erlaß kann natürlich nur interpretieren und nicht neues Recht setzen; nur für einige Mitglieder des PEN und die ausländischen Teilnehmer des „Russelltribunals" nochmals zur Erklärung: er wurde von Hamburg angeregt, stammt aus einer Zeit, als man nach außen auf der Krim versprochen hatte, mit der Möglichkeit des Art. 21 Abs. 2 GG stillzuhalten, aber im Inneren offen „der Marsch durch die Institutionen" propagiert wurde; es gibt hier tatsächlich ein speziell deutsches Trauma; nirgendwo in Europa werden in einer Stadt (Berlin) und in einem Vaterland mit gemeinsamer Muttersprache Leute niedergeschossen, weil sie zu Verwandten reisen wollen und der Kommunismus fernab vom Sowjetblock muß zur Kenntnis nehmen, daß in einem Angrenzerstaat (wie 1968 in der CSSR) 3 bis 5 % Genossen in Ämtern ausreichen, die berühmte „brüderliche" Hilfe auszulösen; wem das Wort Treue zu schwülstig ist, kann Verfassungstreue sehr wohl durch Verfassungskenntnis ersetzen; er wird freilich beim Lesen der Verfassung sein Wunder erleben; in Art. 5 Abs. 3, S. 2 GG heißt es nämlich dann doch wieder lapidar: „Die Freiheit der Lehre entbindet nicht von der Treue zur Verfassung"; damit sind direkt die Professoren gemeint und das Grundgesetz wußte warum. Der Jurist ist im allgemeinen sehr vorsichtig mit Erst-Recht-Schlüssen; aber daß diese Treuepflicht z. B. *alle Lehrer* umgreift, ist kein Diskussionsthema; sie sind im übrigen im „sicherheitsrelevantesten Bereich" tätig, den man sich denken kann, denn nichts ist so risikobehaftet wie das Denken und Meinen von Kindern und Jugendlichen vor und in der Pubertät; im übrigen gilt das für den Streik gesagte: 57 Mio. berufen sich dem Staat gegenüber auf Art. 3 Abs. 3 GG; der Staat kann nur handeln durch sein Personal (also z. B. die 600 000 beamteten Lehrer); er kann dieses Grundrecht und die meisten anderen Grundrechte geradezu in zwingender Logik überhaupt nur erfüllen, wenn er seine Beamten und Richter in besondere Pflicht nimmt, etwa durch den Satz in Art. 77 LVerf. Bad.-Württ.: „Alle Angehörigen des öffentlichen Dienstes sind Sachwalter des ganzen Volkes" (also auch Angestellte und Arbeiter im öffentlichen Dienst) oder durch Pflicht zur Unparteilichkeit in § 70 LBG und zur politischen Mäßigung (§ 72 LBG); was in politischen

Dingen bei Beamten, Richtern usw. sogar möglich wäre, steht in Art. 137 GG; und im Kommunalrecht (§ 29 GemO; § 24 LandkrO) wird das auch so praktiziert; der Staat ist keine Firma und die Verfassung kein schlecht ausgehandelter Tarifvertrag; wenn die Verfassung von Treue spricht, dann *meint* sie auch „*Treue*"; im übrigen geht es bei der „freiheitlichen demokratischen Grundordnung" als Eignungskriterium (das Richter- und Beamtenrecht spricht vom „jederzeitigen dafür Eintreten") um *fünf* einfache Dinge, die selbst der Lokomotivführer verstehen sollte: 1. wo eine Mehrheit ist, gibt es auch eine *Minderheit* (Ausnahme Staaten mit den berühmten 99,9 % Wahlen, dreimal darf man raten, wo?); wenn man einmal davon ausgeht, daß sich die Vorformung des politischen Willens in Parteien vollzieht (eine Partei der Parteilosen ist auch eine), geht es um den *Mehrparteienstaat;* dann ist 3. die Wahl eine „*Auswahl*" (wiederum mit mindestens zwei Möglichkeiten, also keine „Einheitsliste als Blocksystem"); dann ist 4. die heute überstimmte Minderheit als *Opposition* eine staatsrechtlich anzuerkennende Größe; und dann muß 5. die Opposition von heute eine rechtlich gesicherte *Chance* haben, die *Mehrheit von morgen* zu sein. Punkt.

4. „Ruhe ist die erste Bürgerpflicht"

Klassisches Fehlzitat; nach der verlorenen Doppelschlacht Jena-Auerstedt (1806/07) Sieg der napoleonischen über die preußisch-sächsischen Truppen, drohte in Berlin Chaos durch Flüchtlinge, Verwundete und Plünderer, in *dieser* Situation wurde die Bevölkerung aufgefordert: „*jetzt ist* Ruhe die erste Bürgerpflicht", R. war in der Tat neben öffentlicher Sicherheit und Ordnung ... in der allgemeinen Polizeiaufgabe früher als *dritter Begriff* genannt; gemeint war jedoch stets die *akustische* Ruhe; zeitweise völlig abgedrängt in die *Feiertagsruhe* ... und das *Ruhen der Jagd* z. B. auf Friedhöfen ... und in die *Ruhezeiten* des Friedhofsrechts ... ist der Begriff R. längst wieder polizeilicher Gefahrenabwehrbegriff ...; nur sind die Vokabeln anspruchsvoller geworden, etwa spricht das Baurecht von *Schallschutz* ... und das *Bundesimmissionsschutzgesetz* ... versteckt die „Geräusche" artig im Untertitel, man müßte sonst zugeben, daß die Urgroßväter moderner waren (auch wenn sie keine Diskotheken kannten; aber Bob Dylan ist ja auch ruhiger geworden); für die „*Milieubedingtheit*" der *jeweils* hinzunehmenden Geräusche ist das *KinderspielplatzG* (§ 4) ganz lehrreich.

5. Wappen

W. gehören wie Flaggen, Farben, Siegel, Titel, Orden, Ehrenzeichen, Namen („Bundesrepublik Deutschland", nicht „BRD"); Eide, Gelöbnisse zu den *Symbolen;* gegen sie gibt es eine dreifache Abneigung: da sind einmal jene, die sehr genau wissen, welchen Wert sie haben, die sie darum bewußt bepinkeln, verschmieren, herunterreißen, um bewußt zu treffen, was dahintersteht, nämlich die Würde, die auch Institutionen haben; dann gibt es die einfach Ungebildeten, die kein Verhältnis dazu haben, weil sie nicht wissen, was Tradition (und „tradere" = weiterreichen) heißt und die geschichtslos sind und damit grau in grau auch „gesichtslos"; hier interessiert die dritte Gruppe; es sind exakte Juristen, die das belächeln und nicht ganz ernst nehmen; für sie der Hinweis, daß der „Erfinder" der „*Integrationslehre*", der große Jurist *Rudolf Smend*, gerade Symbole als „*Integrationsfaktoren*" für ein Gemeinwesen sehr ernst genommen hat; verstanden aber haben ihn nicht seine Kollegen, sondern die NS-Leute, die ihm zutiefst zuwider waren; sie haben dies kultisch derart überhöht und quantitativ entwertet, daß als Reaktion noch zusätzlich die Meinung genährt wurde, Demokratie sei, wenn man grau in grau bleibt, schlechtsitzende Anzüge trägt und Dreck unter den Fingernägeln hat; vernünftiger reagiert dabei wieder die „einfache Bevölkerung"; sie mag es gar nicht, wenn der Anwalt im Rollkragenpullover auftritt oder der Richter ohne *Talar* verhandelt; sie hat dann das Gefühl, nicht „ernst genommen" zu werden; das ist vernichtend für Institutionen wie Anwaltschaft oder Rechtspflege; das sagt ein Mann mit 15—20 Tapferkeitsauszeichnungen, der dennoch keine getragen hat, nicht aus „Snobismus" (wie Hanseaten, die Orden ablehnen), sondern weil das Zeug im Panzer nur hinderlich ist, aber lebenslänglich habe ich den jüngsten Studenten als „Herr" angesprochen und auch so behandelt.

Bibliographie

Bibliographie Günter Dürig

I. Dissertation, Habilitationsschrift

1. Die konstanten Voraussetzungen des Begriffs „öffentliches Interesse" (1949)
2. Freiheitsrecht und Sozialpflicht im Grundgesetz, dargestellt am Eigentum (1952)

II. Aufsätze

1. Die Menschenauffassung des Grundgesetzes, JR 1952, S. 259—263
2. Die Verwirkung von Grundrechten nach Artikel 18 des Grundgesetzes. Ein Beitrag zur öffentlich-rechtlichen Verwirkungslehre, JZ 1952, S. 513—518
3. Verfassung und Verwaltung im Wohlfahrtsstaat, JZ 1953, S. 193—199. Abgedr. auch in: Scheuner (Hrsg.), Die staatliche Einwirkung auf die Wirtschaft (1971), S. 161—174.
4. „Bedürfnis" und „öffentliches Interesse" als Rechtsbegriffe, JZ 1953, S. 535—537
5. Das Eigentum als Menschenrecht, ZgesStW 109 (1953), S. 326—350
6. Art. 2 des Grundgesetzes und die Generalermächtigung zu allgemeinpolizeirechtlichen Maßnahmen, AöR 79 (1953/54), S. 57—86
7. Nochmals zur Problematik von Art. 2 Abs. 1 GG, NJW 1954, S. 1394—1395
8. Zurück zum klassischen Enteignungsbegriff!, JZ 1954, S. 4—12
9. Zum hessischen Sozialisierungsproblem, DÖV 1954, S. 129—131
10. Art. 3 II GG — vom verfassungsrechtlichen Standpunkt gesehen, FamRZ 1954, S. 2—5
11. Art. 9 Grundgesetz in der Kartellproblematik, NJW 1955, S. 729—733
12. Grundfragen des öffentlich-rechtlichen Entschädigungssystems, JZ 1955, S. 521—525
13. Die Verfassungswidrigkeit des § 67 des Personenstandsgesetzes, FamRZ 1955, S. 337—341
14. Der Grundrechtssatz von der Menschenwürde. Entwurf eines praktikablen Wertsystems der Grundrechte aus Art. 1 Abs. I in Verbindung mit Art. 19 Abs. II des Grundgesetzes, AöR 81 (1956), S. 117—157
15. Die Geltung der Grundrechte für den Staatsfiskus und sonstige Fiskalakte, BayVBl. 1959, S. 201—203
16. Die Bundeswehrverwaltung in verfassungsrechtlicher Sicht, BayVBl. 1963, S. 129—133
17. Art. 103 III GG und die „Zeugen Jehovas". Zur Mehrfachbestrafung der Ersatzdienstverweigerer aus Gewissensgründen, JZ 1967, S. 426—431
18. Ein Orwellsches Experiment, ZRP 1968, S. 11

19. Man hielt es nicht für möglich!, Erwiderung auf den voranstehenden Beitrag von Jürgen Glückert, ZRP 1969, S. 179

III. Staatsrechtslehrerreferat

Der deutsche Staat im Jahre 1945 und seither (Mitbericht), VVDStRL 13 (Berlin 1955), S. 27—58

IV. Kommentierungen

in: Maunz / Dürig, Grundgesetz, Kommentar (München)

1. Zu Art. 1 (1958)
2. Zu Art. 2 (1958)
3. Zu Art. 3 (1973)
4. Zu Art. 10 (1973)
5. Zu Art. 11 (1964/1970)
6. Zu Art. 17 (1960)
7. Zu Art. 17 a (1961)
8. Zu Art. 18 (1964)
9. Zu Art. 19 Abs. 3 (1959/1977)
10. Zu Art. 19 Abs. 4 (1958)
11. Zu Art. 20 (Republik, Rechtsstaatlichkeit, 1960)
12. Zu Art. 45 a (1960)
13. Zu Art. 45 b (1960)
14. Zu Art. 45 c (1976)
15. Zu Art. 59 a (1961/1969)
16. Zu Art. 65 a (1961/1969)
17. Zu Art. 79 Abs. 3 (1960)
18. Zu Art. 87 a (1971)
19. Zu Art. 87 b (1962)
20. Zu Art. 103 (1960)
21. Zu Art. 104 (1958)
22. Zu Art. 115 b (1969)
23. Zu Art. 117 (1973)
24. Zu Art. 143 (1968)

V. Beiträge in Festschriften und Sammelbänden

1. Grundrechte und Zivilrechtsprechung, in: Maunz (Hrsg.), Festschrift zum 75. Geburtstag von Hans Nawiasky (München 1956), S. 157—190
2. Der Staat und die vermögenswerten öffentlich-rechtlichen Berechtigungen seiner Bürger, in: Maunz (Hrsg.), Festschrift für Apelt (München, Berlin 1958), S. 13—56
3. Grundrechtsverwirklichung auf Kosten von Grundrechten, in: Summum ius summa iniuria. Individualgerechtigkeit und der Schutz allgemeiner Werte im Rechtsleben (Tübingen 1963), S. 80—96
4. Der Verkündungszeitpunkt von Gesetzen, in: Festschrift für K. G. Kiesinger (Stuttgart 1964), S. 297—304
5. Aktuelle institutionelle Sorgen zur Spitzengliederung der Bundeswehr, in: Stellvertretung im Oberbefehl (Veröffentlichung der Hochschule für Politische Wissenschaften, München 1966), S. 19—33

6. El Estado alemán de 1933 á 1967, in: Perspectivas del derecho pública en la segunda mitad del siglo XX. Homenaje a Enrique Sayagués-Laso (hrsg. v. Léon Cortinas-Pelaez, Madrid 1969), S. 253—270
7. Zeit und Rechtsgleichheit, in: Gernhuber (Hrsg.), Festschrift gewidmet der Tübinger Juristenfakultät zu ihrem 500jährigen Bestehen (Tübingen 1977), S. 21—46
8. Das „UNO-Jahr der Behinderten" und die ZPO, in: Lerche u. a. (Hrsg.), Festschrift für Theodor Maunz zum 80. Geburtstag (München 1981), S. 39—42

VI. Urteilsrezensionen

1. JZ 1953, S. 462—463 (zu BVerfG, Beschl. v. 7. 5. 1953 — 1 BvL 104/52)
2. JZ 1957, S. 169—173 (zu BVerfG, Urt. v. 16. 1. 1957 — 1 BvR 253/56)
3. JZ 1958, S. 22—24 (zu BSG, Urt. v. 19. 3. 1957 — 6 RKa 5/55)
4. DÖV 1958, S. 194—197 (zum „Lüth-Urteil" des Bundesverfassungsgerichts v. 15. 1. 1958 — 1 BvR 400/51)
5. JZ 1961, S. 166—167 (zu OVG Hamburg, Urt. v. 23. 9. 1960 — Bf. I 203/59)
6. AP Art. 103 GG Nr. 2 (zu BSG, Urt. v. 23. 5. 1958 — 7 RAr 46/37)
7. NJW 1959, S. 1173 f. (zu BGH, Beschl. v. 5. 5. 1959 — V BLw 47/58)

VII. Vorträge, Plädoyers

1. Die Zweite Kammer im modernen Staat. 20 Jahre Bayerischer Senat (München 1967), 20 Seiten
2. Zur Bedeutung und Tragweite des Art. 79 Abs. III des Grundgesetzes (ein Plädoyer), in: Spanner u. a. (Hrsg.), Festgabe für Theodor Maunz zum 70. Geburtstag (München 1971), S. 41—53

VIII. Gutachten

1. Zur Frage der Verfassungsmäßigkeit des Gesetzes über die Umwandlung von Kapitalgesellschaften v. 12. 11. 1956, BGBl. I, S. 844 (zusammen mit Alfred Hueck); Ms. Tübingen, München 1960
2. Die Rechtsstellung der Katholischen Privatschulen im Lande Bremen, Recht und Staat, Heft 284/285 (Tübingen 1964), 59 Seiten
3. Rechtsgutachten über die Fragen
   (1) Findet § 17 des Gesetzes über den Wehrbeauftragten des Bundestages auch Anwendung für den Fall, daß ein Wehrbeauftragter nicht vorhanden ist (z. B. Rücktritt, Tod)?
   (2) Welche Regelung gilt, wenn diese Frage verneint wird?;

   Ms. Tübingen 1964, 20 Seiten
4. Die Kompetenz des Landesgesetzgebers zur Einführung des Anwaltsnotariats im Oberlandesgerichtsbezirk Karlsruhe; Ms. Tübingen 1966, 50 Seiten
5. Rechtsgutachten über die Frage, ob und inwieweit nach Inkrafttreten des § 11 StGB i. d. F. des Gesetzes vom 4. 8. 1953 (BGBl. I, S. 735) der Art. 94 der Landesverfassung der Freien Hansestadt Bremen fortgilt; Ms. Tübingen 1966, 26 Seiten

6. Die Zulässigkeit unterschiedlicher Umsatzbesteuerung von Wein, Perlwein, Wermutwein und Bier einerseits und Schaumwein andererseits, gemessen am Gleichheitssatz des Grundgesetzes; Ms. Tübingen 1966, 61 Seiten
7. Zur Neugestaltung des Bundestagswahlrechts. Abweichende Stellungnahme zum Hauptvorschlag des Beirats sowie Besondere Stellungnahme zur Einführung einer Vorwahl (Primary) für die Kandidatenaufstellung (zusammen mit Th. Ellwein und E. K. Scheuch), in: P. Lücke, Ist Bonn doch Weimar? Der Kampf um das Mehrheitswahlrecht (Frankfurt/M., Berlin 1968), S. 146—152 sowie S. 154—159
8. Die Übereinstimmung der Wahlsysteme in Bund und Ländern, in: Tübinger Festschrift für Eduard Kern (Tübingen 1968), S. 65—67
9. Dürig / Evers, Zur verfassungsändernden Beschränkung des Post-, Telefon- und Fernmeldegeheimnisses (Bad Homburg v. d. H. 1969), S. 5—27
10. Zur Verfassungsbeschwerde 1 BvR 254/72 gegen § 39 Abs. 2 Satz 2 und § 44 Abs. 1 Satz 3 des Weingesetzes von 1971 und zur Verfassungsbeschwerde 1 BvR 355/72 gegen § 44 Abs. 1 Satz 3 Weingesetz 1971; Ms. Tübingen 1972, 28 Seiten
11. Vereinbarkeit der geplanten Fusion der Girokasse, Öffentliche Bank und Sparkasse Stuttgart, und der Württembergischen Landessparkasse mit Vorschriften des öffentlichen Rechts; Ms. Tübingen 1974, 54 Seiten
12. Bedeuten die §§ 4, 23 und 29 des Stiftungsgesetzes eine Inhalts- und Schrankenregelung des privatrechtlichen Regelungssystems, hier des Deliktsrechts und des Vertragsrechts, oder bewirken sie den Untergang konkreter zivilrechtlicher Ansprüche, an deren Stelle andere, hier Leistungen einer öffentlich-rechtlichen Stiftung, begründet werden?; Ms. Tübingen 1976, 56 Seiten

IX. Lexikon- und Handbücherbeiträge

1. Freizügigkeit, in: Neumann / Nipperdey / Scheuner (Hrsg.), Die Grundrechte, Handbuch der Theorie und Praxis der Grundrechte, Bd. II (Berlin 1954), S. 507—534
2. Stichwort „Staatsformen", in: Handwörterbuch der Sozialwissenschaften, Bd. IX (1956), S. 742—752
3. Stichwort „Deutschland: Recht und Rechtspflege" (VI. C 1: Gegenwärtige Verhältnisse, Bundesrepublik Deutschland), in: Staatslexikon, hrsg. von der Görres-Gesellschaft, 6. Aufl. (Freiburg 1958), Bd. II, Sp. 842—847
4. Stichwort „Verfassungsrechtliche Eigentumsgarantien", in: Staatslexikon, hrsg. von der Görres-Gesellschaft, 6. Aufl. (Freiburg 1958), Bd. II, Sp. 1079—1090
5. Stichwort „Freizügigkeit", in: Staatslexikon, hrsg. von der Görres-Gesellschaft, 6. Aufl. (Freiburg 1959), Bd. III, Sp. 585—588
6. Stichwort „Gleichheit", in: Staatslexikon, hrsg. von der Görres-Gesellschaft, 6. Aufl. (Freiburg 1959), Bd. III, Sp. 983—989
7. Stichwort „Deutsches Reich" (VI. Das „Dritte Reich"; VII. Die Rechtslage Deutschlands seit 1945), in: Evangelisches Staatslexikon, 2. Aufl. (Stuttgart 1975), Sp. 459—466

X. Glückwünsche, Nachrufe

1. Willibalt Apelt zum achtzigsten Geburtstag, AöR 82 (1957), S. 157—162
2. Willibalt Apelt, † 16. 6. 1965. Eine Grabrede, die nie gehalten wurde, AöR 90 (1965), S. 378 f.
3. Otto Bachof, 65 Jahre, DÖV 1979, S. 128

XI. Glossen

1. Der „Grotius-Tag", JZ 1952, S. 571
2. Die losen Blätter, JZ 1953, S. 126
3. Ein Trauerspiel in (bisher) 4 Akten, JZ 1953, S. 470 f.
4. Neues vom Kampf um die losen Blätter, JZ 1959, S. 69
5. Der „Schein-Standesbeamte", FamRZ 1965, S. 257

XII. Besprechungen, Berichte

1. Deutscher Notartag 1952, JZ 1952, S. 505—507
2. AöR 79 (1953/54), S. 254—258 (zu: Menger, Der Begriff des sozialen Rechtsstaates im Bonner Grundgesetz)
3. JZ 1954, S. 206 (zu: Hamann, Rechtsstaat und Wirtschaftslenkung)
4. AöR 81 (1956), S. 496—499 (zu: Demokratie und Rechtsstaat. Festgabe zum 60. Geburtstag von Giacometti)
5. JZ 1958, S. 99—101 (zu: Staatsrechtslehrertagung 1957, zusammen mit Peter Schneider)
6. JZ 1959, S. 291—293 (zu: Staatsrechtslehrertagung 1958, zusammen mit Walter Mallmann)

XIII. Sonstiges

1. Verfassungsrechtliche Einführung in das Grundgesetz, in: Baumann, Zu den Worten des Vorsitzenden Mao Tse-Tung (Stuttgart 1971), S. 103—140
2. Dürig / Rudolf (Hrsg.), Texte zur deutschen Verfassungsgeschichte, 2. Aufl. (München 1979), 310 Seiten
3. Gesetze des Landes Baden-Württemberg, Textsammlung mit Verweisungen und Sachverzeichnis, 10. Aufl. (München 1984)
4. Grundgesetz, Einführung, 21. Aufl. (München 1983); dtv-Textausgabe

XIV. „Geheimkommentar"

Kommentierungen im Sachverzeichnis der Gesetzessammlung des Landes Baden-Württemberg (s. XIII, 3)